전면개정판
표준 국어문법론

전면개정판
표준 국어문법론

남기심 · 고영근 · 유현경 · 최형용

한국문화사

〈전면 개정판〉에 부쳐

『표준 국어문법론』은 1985년 국정 통일 문법의 출범과 함께 근 35년간 학교 문법의 해설서는 물론 학문 문법에서도 기본서로서의 역할을 충실히 수행해 왔다. 그동안 1993년, 2011년, 2014년에 걸쳐 개정판을 내면서, 변모해 온 국내외의 문법 연구를 반영하고자 끊임없이 노력하였다. 그러나 1985년 초판본의 틀을 그대로 유지하면서 그 안에서 내용을 가감하는 것이었으므로 개정의 내용과 범위에 한계가 있었던 것이 사실이다.

이번에 상재(上梓)하는 <전면 개정판>은, 그 이름에 걸맞게 내용은 물론 체계 전반을 수정하고 보완함으로써 1985년 초판본의 정신은 계승하되 급변해 온 국내외의 문법 연구의 흐름을 보다 적극적으로 반영하는 데 초점을 두었다. 또한 동시에 검인정 교과서 시대로 돌아서면서 학교 문법이 취하고 있는 방향과 요구에도 부응하고자 노력하였다. 이를 위해 저자를 새로 보강하고 별도의 연구진을 갖추어 정기적으로 허심탄회하게 의견을 조율하는 과정을 거치면서 하나의 예문, 하나의 용어를 사용하는 데도 일정 수준의 합의가 도출되도록 하였다.

그 결과, 전체 13장으로 구성된 것은 그 이전과 동일하지만 형태론은 기존 7장 구성을 6장으로, 통사론은 기존 3장 구성을 6장으로 하여 서로 체재상의 균형을 맞추었다. 한편 3장으로 되어 있던 총론 부분은 한 장으로 간소화하여 내용의 집약도를 최대한으로 끌어올리려고 하였다.

이전과는 달리 본문에 따로 공간을 마련하여 내용을 심화하는 한편 다양한 토론이 가능하도록 하였다. 이는 심화 박스로 깊이 있는 문법 지식을 제시함으로써 초판본의 이론적인 틀을 유지하면서도 최근의 연구 쟁점을 수렴하도록 하기 위한 것이다. 각주는 그동안 섞여 있던 내용주와 참조주를 분리하였다. 그리하여 본문 내용의 이해에 도움이 되는 내용주로만 각주를 구성하였다. 대신 참조주의 형식을 지니는 것들은 장의 말미에 따로 '더 읽을거리'로 묶되 이를 주제화하여 연구사적인 검토까지 가능하도록 체계화하였다. 연습 문제와 탐구 문제는 이번 개편 작업에서 가장 많은 공을 들인 부분 가운데 하나인데, 본문에 대한 이해로부터 출발하여 언어 현상에 직접적으로 적용하여 탐구 능력을 배양할 수 있도록 단계적으로 구성하였다. 이때 실제 언어 자료를 폭넓게 제시함으로써 이론과 실제가 조화를 이룰 수 있게 안배하였고 연습 문제와 탐구 문제에 대한 길잡이를 제공하여 독자들이 스스로 학습할 수 있도록 하였다. 또한 독자들의 가독성을 높이기 위해 판형을 키우고 색깔을 넣어 내용이 잘 드러나도록 하였다.

　비교적 오랜 시간 동안 이러한 작업을 성공적으로 진행할 수 있었던 데는 한국문화사의 전폭적인 지원이 큰 힘이 되었다. 출판사의 고유 권한에 해당하는 디자인과 편집의 세부적인 부분에 이르기까지 새로운 집필진의 까다로운 요구를 모두 수용해 주었고 빠듯한 일정에도 불구하고 <전면 개정판>과 관련된 작업을 가장 우선적으로 처리해 준 배려에 진심으로 고마운 인사를 표하고자 한다. 또한 연구진으로서 전체 내용의 꼼꼼한 검토와 함께 '더 읽을거리' 선별과 정리, 연습 문제와 탐구 문제의 개발과 검토에 이르기까지 열과 성을 다해 준 오규환, 김민국 두 분 선생께 특별한 감사의 마음을 전하고자 한다.

2019년 2월
지은이 적음

제4판 머리말

이 책은 1985년에 처음 나왔었고 1993년에는 개정판이라는 이름으로 제2판이 나왔으며 2011년에는 제3판을 낸 바 있다. 그런데 이번의 제4판은 출판사를 옮겼다. 지난 30년에 가까운 세월 동안 우리의 책을 출판하여 국어문법의 대중화에 기여해 준 탑출판사에 대하여 아쉽다는 인사를 표하는 바이다.

이번 제4판에서는 각주를 통하여 우리의 문법 모형을 뒷받침할 수 있는 업적을 제시함으로써 시대적 요구에 부응할 수 있는 문법이 될 수 있도록 만전을 기하였다. 특히 [붙임]의 '국어문법교육론'을 통하여는 그때마다 조금씩 달라지는 문법 교과과정의 틀을 반영하여 이 책이 원래 목표로 하였던 대로 학교문법의 참고문법으로서 사명을 다할 수 있도록 최선을 다하였다.

제4판을 냄에 있어서 우리는 몇 사람의 도움을 입었다. 남가영 교수(아주대)는 [붙임]의 '국어문법교육론'의 미비점을 지적하면서 새로운 내용을 보충하여 주셨다. 오규환 조교(서울대)는 형태론 부분과 통사론 부분의 몇 가지 주제에 대하여 관련 참고 문헌을 보충하는 데 많은 노력을 기울였다. 박이정 대표 박찬익 님은 제4판의 출판을 기꺼이 맡아 주었으며 박이정 편집부의 정봉선 님은 우리의 책을 보기 좋게 꾸미느라고 온갖 정성을 기울였다. 위의 모든 분들에게 진심으로 고마운 인사를 표한다.

2014년 1월 1일
지은이 적음

제3판 머리말

우리의 『표준 국어문법론』은 1985년에 처음 얼굴을 내밀었다. 당시 우리는 고등학교 통일 문법 교과서를 개발하고 이어 대학생과 일반인을 위한 위의 책을 발간하기에 이르렀다. 1993년에는 부분적으로 보완된 문법 체계를 반영하여 제2판을 낸 바 있고 문법 교과서가 달라질 때마다 부분적인 손질을 가하여 문법 지식의 보급을 뒷받침하여 왔다. 지난 20년에 가까운 세월 동안 국어문법학계는 장족(長足)의 발전을 거듭하여 이 상태로는 국어문법 지식의 보급에 한계가 있음을 느껴 제3판을 내게 되었다.

책의 차례를 그대로 유지하면서 잘못된 곳이나 부족한 기술을 보충하는 방향을 취하였으며 특히 각주를 통하여서는 제2판 이후에 나온 국어문법에 관련된 연구 업적을 폭넓게 섭렵(涉獵)하여 보편타당한 내용을 반영하는 태도를 취하였다. 이번의 제3판에서는 초판과 제2판에서 각 장별로 흩어 놓았던 참고문헌을 뒤에 따로 마련하였다. 나라 안팎에서 나오는 관련 저술들이 모두 참고문헌을 한 곳에 모으고 있는 관례를 따랐다.

이번 제3판을 냄에 있어 우리는 많은 사람들의 도움을 입었다. 김혜숙 교수(동국대), 김정대 교수(경남대), 이문규 교수(경북대)를 비롯한 여러분들은 제2판의 잘못된 곳과 부족한 부분을 많이 지적하여 주셨다. 특히 김혜숙 교수는 해외에 계시면서 문장 부호에 이르기까지 잘못된 곳을 낱낱이 지적하여 주셨다. 서울대학교 최윤지, 이경은, 백채원, 김아름과 연세대학교의 조민정 박사와 김신회 등 여러분들은 원본과 입력본과의 대조 및 내용 검토에 이르기까지 갖은 협조를 아끼지 않았다. 제2판의 입력과 편집을 맡아 준 오피에스디자인의 이은아 실장과 입력본과의 대조에 협력한 탑출판사의 황혜정 님에게 고마운 인사를 표한다.

2010년 12월 19일
지은이 적음

개정판(제2판) 머리말

초판을 낸 지 꼭 8년 만에 개정판을 내게 되었다. 우리의 [표준 국어문법론]은 1985년 부터 가르치기 시작한 고등학교 [문법](문교부 저작)의 체계에 기대어 일선교사, 사범대학과 교육대학의 국어교육 전공자는 물론, 일반대학 국문과 학생, 우리말과 글의 발전에 관심을 가진 일반 교양인들을 상대로 국어 문법구조에 대한 보편적 지식을 보급시킬 목적으로 지어졌다. 이 책의 출판이 계기가 되어 그 사이 통일문법체계가 뿌리내릴 수 있었으며 일반인들의 우리말 문법에 대한 관심도 과거 어느 때보다 높아졌다고 믿는다.

그러나 1991년부터 [문법] 교과서의 체계가 부분적으로 바뀌었고 내용도 손질을 한 곳이 더러 있어 우리의 책도 고쳐 쓰지 않을 수 없게 되었다. 더욱이 지난 10여 년 동안 우리의 문법학계는 활발한 연구를 벌여 왔으며 특히 북한의 문법연구를 분석한 업적을 많이 내었다. 이번 개정판에서는 최근의 문법연구의 주요 성과를 받아들이는 한편, 북한 의 문법 연구의 성과도 함께 서술하는 방향의 태도를 취하여 보았다.

그 사이 잘못된 점과 부족한 점을 지적하여 주신 중등학교 국어교사 여러분에게 우선 고마운 인사를 드리는 바이다. 그밖에 국어교육과 국어국문학을 전공하는 학생들, 우리말을 학습·연구하는 외국인, 국어학도 및 언어학도들의 따가운 질정도 크게 도움이 되었음을 밝혀 인사에 대신하고자 한다.

1993년 6월

1996년도 고등학교 <문법>이 개편됨에 따라 그 경위와 개편 내용을 [붙임]의 "국어문법교육론"에 덧붙였다.

1998년 1월

제7차 교육과정에 따라 고등학교 문법 교과서가 2002년도에 개편됨에 따라 그 경위와 개편 내용을 [붙임]의 "국어문법교육론"에 덧붙였다.

2002년 8월

[붙임]의 "국어문법교육론"의 끝에서 제7차 교육과정에 따른 내용 변개에 대한 소견을 붙였으며 [참고문헌]의 여백에 참고문헌을 부분적으로 보충하였다.

2005년 7월

머리말(초판)

이제는 국어문법에 관한 지식이 우리 일상생활의 일부가 되고, 교양 있는 사람들이 반드시 갖추어야 할 조건이 되었다. 글을 짓거나, 새 말을 만들어 써야 할 일이 있을 때, 그리고 바른 문자생활을 하기 위해서 일정한 수준의 문법지식이 있어야 한다. 그만큼 국어문법의 일반인들에 대한 보급이 절실하다.

이 책을 올부터 가르치게 되어 있는 단일문법의 체계에 준거하여 우리말의 형태구조와 통사구조 전반을 될 수 있는 대로 쉽게 풀어서 서술한 것이다. 본래는 사범대학 국어교육과 학생과 중·고등학생 국어 교사를 대상으로 엮었으나 '응용 분석'이나 '연습 문제'를 활용하기에 따라서 교육대학이나 일반 대학 국문과 학생들도 교재로 쓸 수 있을 것이며, 학교를 떠난지 오래된 일반 교양인들에게도 쉽게 읽힐 수 있을 것이다.

이 책의 체제는 다음과 같다.

1. 이 책은 학교문법통일안에 의한 고등학교 단일문법의 체계와 용어에 따라 모두 3편 13장으로 구성하였는데, 제1편은 총설, 제2편은 형태론, 제3편은 통사론이다.

2. 최근까지 이루어진 국어문법의 업적으로서 보편성이 있는 것은 될 수 있는 대로 모두 수용하고자 노력하였다.

3. 본문의 이론을 응용할 수 있도록 '응용 분석' 문제를 두되 실제 자료를 제시하고 '해설'을 자세히 붙였다.

4. '연습문제'에서는 '응용 분석'에서 해설한 문제를 활용하거나, 여러 가지 서로 다른 견해를 비교해 보도록 하는 논술, 또는 토론식의 문제를 내었다. 이곳에서는 '해설'대신 '길잡이'를 두어 문제해결의 실마리가 되게 하였다.

5. '참고 문헌'에서는 각주(脚註)에서 언급한 논저나, 본문의 내용에 관련되는 논저를 배열하여 설명이 보완될 수 있게 하되 지나치게 전문적이거나 세부적인 것은 싣지 않은 것도 있다.

6. 책 끝에 붙임으로 '국어문법교육론'을 두어 문법교육의 성격과 국어문법교육의 역사를 서술하였다.

이 책의 저자별 분담사항은 다음과 같다.

• **남기심** : 제1장, 제2장, 제11장, 제12장의 §12.1(사동과 피동), §12.3(높임법), §12.5 (부정문), 제13장의 §13.1(문장속의 문장), §13.2(이어진 문장), [붙임]의 (1) 문법교육의 성격.

• **고영근** : 제3장, 제4~10장, 제12장의 §12.2(시제와 동작상), §12.4(문장종결법), 제13 장의 §13.3(이야기), [붙임]의 (2) 국어문법교육사.

끝으로, 이 책의 집필의 동기를 만들어 주신 성균관대학교 강신항(姜信沆)교수께 감사의 뜻을 표하며, 거친 원고가 이렇게 모양을 갖춘 책이 되도록 수고해 주신 탑출판사 편집진에도 깊이 감사한다.

1985. 8. 25
지은이

차례

■ '심화 박스' 주제 목록

제1장 국어와 국어 문법

1.1. 언어와 국어

언어는 의사소통을 위한 도구로서 인간으로 하여금 사회생활을 유지하고 문화의 창조 · 발전 · 계승을 가능하게 하는 기본 수단이다.[1] 햇빛이나 공기, 음식 같은 것은 인간이 최소한의 생존을 유지하기 위해 필요로 하는 것이지만 언어는 사람으로 하여금 사람다운 생활을 영위하게 하는 데 없어서는 안 될 요소이다. 언어가 없이는 사회생활, 문화생활은 있을 수 없다. 인간 사회가 있는 곳에는 반드시 그 사회 집단이 사용하는 언어가 있다.

이 지구상에는 수천 종류의 언어가 있다.[2] 그 중에는 아프리카 오지나 남양의 작은 섬 속의 불과 수백 명의 원주민들이 쓰는 언어도 있고,[3] 중국어나 영어처럼 수억의 인구가 사용하는 언어도 있다. 한국어는 재외 동포까지 합하여 약 8,000만에 이르는 우리 민족의 언어로서 세계의 많은 언어 가운데 그 사용 인구가 많기로 상위권에 속하며, 그 분포도 이제는 한반도를 넘어 중국, 중앙아시아의 우즈베키스탄과 카자흐스탄, 러시아, 일본, 미주, 유럽 등 넓은 지역에 걸친다.[4] 옛 만주 땅 연변에는 한민족 자치주가

---

1 언어가 무엇인지에 대해서는 다양한 견해가 존재하지만 크게 두 가지로 나뉜다. 하나는 본문에 기술한 것과 같이 언어를 의사소통 수단으로 보는 관점이고 다른 하나는 언어를 인간의 정신을 반영하는 것으로 보는 관점이다. 전자는 경험주의 철학을 근간으로 하고 후자는 이성주의 철학을 근간으로 하는데 각각의 관점은 기능주의 언어학과 형식주의 언어학의 기본적 정신을 이룬다.

2 국제하계언어학 연구소(SIL International)에서 제공하는 에스놀로그(Ethnologue, https://www.ethnologue.com, 2023년 1월 검색)에서는 전 세계 언어의 수를 7,151개로 보고한 바 있다. 에스놀로그에서는 전 세계 언어를 대상으로 화자, 위치, 방언, 언어 계통, 주요 특성 등의 정보를 제공하고 있다.

3 이러한 소수 언어는 사멸할 가능성이 높고 실제로 사멸되고 있다. 이로 인해 에스놀로그에서 제시하는 전 세계 언어의 수는 매년 계속 줄어들고 있다.

4 에스놀로그(Ethnologue, https://www.ethnologue.com, 2018년 11월 검색)에서는 한국어 사용 인구를 약 7,700만 명으로 보고하고 있고 이는 전 세계 언어 중에서 13위에 해당한다.

형성되어 있어 우리말을 공용어로 사용하고 있다. 수천 종의 언어 가운데 문자를 갖추어 가진 언어는 수십 개 언어에 불과한데 한국어는 문자를 갖춘 얼마 되지 않는 언어 중의 하나다.

언어는 사람만이 가지고 있는 사람된 보람 중의 하나다. 다른 동물에게는 언어가 없다. 사람은 누구나 선천적으로 말을 할 수 있는 능력을 가지고 태어난다. 다른 지능은 사람에 따라 달리 타고나고, 다른 능력은 훈련 여하에 따라 사람마다 다를 수가 있지만, 언어 능력만은 차이가 없이 균일하다. 예컨대, 공차기, 재주넘기, 산수 같은 것을 하는 능력에는 개인차가 있지만 말을 하는 능력에는 개인차가 없이 일정한 나이에 이르면 누구나 모국어를 완전히 습득하여 구사한다. 마치 물고기가 처음부터 물속을 헤엄칠 수 있는 능력을 가지고 태어나는 것과 같다. 전에는 사람이 말을 하는 것은 후천적으로 배워서 하는 것으로서 말을 하기 위한 특수한 능력은 선천적으로 따로 타고나는 것이 아니라는 주장도 있었다. 이러한 주장에 의하면 우리가 말을 하는 데 필요한 신체 기관, 즉 허파나 혀, 이, 입술, 코 같은 것은 사람이 생존하는 데 필요한 호흡 작용이나 영양 섭취를 위한 것이지 말을 하기 위해 있는 것이 아닌 것이다. 이들 기관이 말을 하는 데 쓰이는 것은 부차적인 기능이라고 하는 것이다. 그러나 말소리를 내는 것은 호흡 작용이나 영양 섭취와 함께 이들 기관의 주된 기능이다. 사람의 두뇌(특히 좌반구) 속에 언어를 관장하는 특수 부분이 있다는 것이 증명되고 있다. 사람이 말을 한다는 것은 선천적으로 물려받은 기능인 것이다.[5] 사람을 그와 제일 가까워 보이는 유인원과 구별 짓는 가장 신빙성 있는 척도는 언어를 사용하느냐 않느냐 하는 것이다. 원숭이 등 유인원 중에는 말을 가르치면 어느 정도의 어휘를 이해할 수 있는 것도 있지마는 그 언어 습득에는 일정한 한계가 있다. 특히 통사적 능력은 거의 없다.

이렇게 언어를 가지고 있다는 것이 곧 사람됨의 한 보람인 까닭에 사람만이 가지고 있는 언어의 구조와 특성을 공부하는 것은 우리 스스로 사람됨의 모습이 어떤 것인지를 살펴 이해하는 계기가 되기도 하는 것이다.

우리는 남에게 어떤 뜻(의미)을 전달하기 위해서 말을 한다. 그런데 그 뜻을 실어서

---

5 이러한 가설을 언어의 선천성 가설 또는 생득설이라고 한다. 생성 문법 이론에서는 이러한 가설을 바탕으로 인간에게는 언어와 관련하여 공통적인 보편 문법(普遍文法, Universal Grammar)이 존재한다고 보고 이러한 보편 문법을 밝혀 인간의 마음을 이해하는 것이 언어학의 궁극적 목적이라고 주장한다. 이처럼 인간에게는 언어와 관련된 특수한 기관이 존재하고 언어 능력이 인간의 다른 인지 능력과 독립된 능력이라고 보는 것은 생성 문법 이론이 주류를 이루었던 현대 언어학에서 사실처럼 받아들여졌으나 아직 더 검증될 필요가 있는 '가설'이라고 할 수 있다. 또한 최근의 기능주의 언어학 입장에서는 이러한 가설의 타당성에 대한 문제점도 적잖이 지적하고 있다.

전달하는 도구는 말소리(음성)이다.[6] 즉, 우리는 말소리(음성)에 뜻을 실어서 남에게 전달하는 것이다. 우리의 입 밖으로 나온 말소리는 공기의 진동을 일으키고 이것이 상대방의 청각 신경을 자극하여 듣게 함으로써 의사를 소통하게 된다. 말소리는 의미를 실어 나르는 수단이요, 거기에 실린 의미가 우리가 상대방에게 전달하고자 하는 내용인 것이다.

말소리와 그것이 싣고 있는 의미 사이의 관계는 자의적(임의적)이다. 'ㄷㅏㄹ' 하는 소리가 밤하늘에 떠서 세상을 비춰주는 그 물체를 나타내야 할 필연적인 이유가 있기 때문에 'ㄷㅏㄹ'이라는 소리가 '달[月]'을 표현하게 된 것은 아니다. 만약에 필연적인 관계가 있다면 어떤 언어에서나 '달'은 'ㄷㅏㄹ'이라고 표현해야 할 텐데 그렇지 아니하다. 영어에서는 'ㅁㅜːㄴ'이라 하고 스페인어에서는 'ㄹㅜㄴㅏ', 헝가리어에서는 'ㅎㅗㄹㄷㅡ', 일본에서는 'ㅆㅡㅋㅣ'라고 한다. 그것은 마치 붉은색의 교통 신호등이 정지를 표시하는 것과 같다. 붉은색이 정지를 뜻해야 할 필연적인 이유는 없다. 푸른색을 정지, 붉은색을 진행 표시로 정해도 상관이 없다. 그것이 약속으로 통용되기만 하면 된다. 교통 신호는 색깔로 진행이나 정지를 표시하지만 언어는 말소리로 어떤 뜻을 전달하는 것이다. 말소리는 그릇과 같은 것이요, 의미는 거기에 담긴 내용이다. 그래서 언어는 자의적인 음성 기호의 체계라고 하며 말소리와 의미 사이의 관계는 필연적이 아니고 자의적이다.[7] 언어마다 같은 뜻을 표현하는 말소리가 다르고, 같은 언어의 방언 사이에서도 차이가 날 수가 있다. 같은 국어이지만 '여우'를 '여시'라고 하는 방언이 있고, '새우'를 '새뱅이'라고 하는 방언이 있다. 심한 경우에는 서로 다른 방언을 사용하는 사람들 사이에 의사소통이 되지 않는 경우도 있다. 이것은 언어 기호가 자의적인 것이기 때문이다.[8] 그러나 일단 어떤 말소리에 일정한 뜻이 주어져서 굳어지면 그것은 사회적인 구속력을

---

6 기호는 형식과 의미로 구성되는데 신호등의 예를 들자면 '빨간색'은 형식, '정지(停止)'는 의미인 것이다. 이와 마찬가지로 언어도 음성이라는 형식과 의미로 구성된 기호의 한 종류라고 할 수 있다. 따라서 언어는 인간의 다양한 기호적 의사소통 수단 중 하나일 뿐이다. 한편, 음성과 의미, 두 층위로 구성되는 언어의 특성을 언어의 이원성이라고 한다.

7 언어를 넓은 의미로 정의하는 관점에서는 음성(말소리)뿐 아니라 문자도 언어의 형식이 될 수 있으며 수어(手語)와 같이 손짓이 형식이 되기도 한다. 그러나 문자는 인간이 만든 인위적인 체계이고 문자가 없는 언어도 존재하기 때문에 언어를 좁은 의미로 정의할 때는 음성을 주된 형식으로 본다.

8 언어가 역사적으로 변화하는 것도 언어의 자의성을 보여 주는 것이다. 언어의 형식과 의미 간의 관계가 필연적이라면 시간의 흐름에 따라 언어가 변화하지 않을 것이기 때문이다. 그런데 언어가 완전히 자의적이기만 한 것은 아니다. 예컨대, "지수가 집에 가고 수정이가 학교에 갔다."와 같은 접속문에서 먼저 제시된 선행절은 시간상으로도 먼저 일어난 사건으로 해석되는 것이 일반적이고 '먹다·먹이다'의 쌍에서 알 수 있듯이 더 복잡한 의미를 가지면 더 복잡한 형식을 지닌다. 이처럼 언어는 형식적인 특성과 의미적인 특성이 서로 일치하는 양상을 보이는 것이 일반적인데, 이러한 언어의 특성을 도상성(圖像性, iconicity)이라고 한다.

가지게 되어 개인이 마음대로 바꿀 수가 없게 된다. 그래서 방언적 차이로 인해 같은 언어권 안에서 의사소통에 장애가 있는 것을 피하기 위해 정책적으로 표준어를 정하여 쓰기도 한다.

모든 언어는 자의적인 음성 기호의 체계라는 점에서 공통적이다. 뿐만 아니라 모든 언어는 어느 것이나 말소리가 자음과 모음으로 나뉘며, 반드시 명사와 동사가 있고, 문장은 주어와 서술어로 구성된다. 이러한 보편적인 특질을 공유하면서 개별적인 언어 하나하나는 그 나름대로의 특질을 따로 가지고 있다. 구체적인 말소리, 어휘, 문법에 있어서 각 언어는 그 고유한 성질이 각기 다르다. 뿐만 아니라 각 언어에서는 그 사회의 문화가 반영되어 있다.

개 우는 소리를 우리는 '멍멍' 또는 '왕왕'이라고 하는데 영어에서는 'bow-wow', 노어에서는 'gav-gav'라고 하며, 수탉이 우는 소리를 우리는 '꼬끼오'로 듣는데 일본인들은 'kokekko', 독일인들은 'kikeriki'로 듣는다. 우리는 '에쿠' 하고 놀라는데 영어를 쓰는 사람들은 'ouch' 하고 놀란다.

전통적으로 친족 관계의 윤리적 제도가 발달한 우리 문화에서는 촌수를 정밀하게 따지며 그에 따라 친족 호칭이 세분화되었다. 같은 삼촌도 백부, 숙부, 외숙으로, 사촌도 친사촌, 외종, 고종을 구분하여 부른다. 또 '바가지, 시루, 떡국, 김치, 깍두기, 막걸리, 보릿고개, 질그릇…'과 같은 말들은 모두 우리의 고유문화와 관련해서만 이해할 수 있는 어휘다. 영어에서 'hot'란 말로 표현하는 것을 우리 국어에서는 '뜨겁다'와 '맵다'의 두 말로 표현한다든가, 'cold'로 표현하는 것을 '차다'와 '춥다'로 나누어 표현한다든가 하는 것도 우리말의 특징이며 이것 역시 우리 문화와 관계가 있다고 보아야 한다.

국어에서는 "지금 밖에 눈이 안 오지?" 하는 말에 대해, 만약 그 말처럼 눈이 오지 않는다면 "예, 안 옵니다."라고 한다. 그러나 영어에서는 '예'가 아니라 'No'로 대답을 한다. 국어에서는 '예, 아니요'가 상대방의 말을 긍정하거나 부정하기 위해 쓰이지만, 영어를 비롯한 서양말에서는 대답할 내용의 사실 여부를 표시하기 위해 쓰인다. 국어에서는 또 주어가 없는 문장이 많다. "어제 지호를 만났지?" "그래 요즈음 무얼 하고 지낸대?" 하는 대화에서 보는 바와 같다. 서양말에서는 주어가 없는 문장은 쓰이지 않는다. 가주어를 쓰더라도 주어가 반드시 있어야 한다. 높임법이 정밀하게 발달되어 있는 것도 국어의 한 특징이다.[9]

---

9 전 세계 언어는 보편적 특성을 공유하는 동시에 개별적 특성을 지닌다. 이에 주목하여 전 세계 언어를 대상으로 인간 언어의 보편성과 개별성을 탐구하는 언어학 연구의 한 흐름을 언어 유형론(言語類型論, language typology)이라고 한다. 언어 유형론에 기반을 둔 언어 연구는 인간 언어의 전반을 이해하는 것은

국어의 이와 같은 특징은 우리의 사고방식, 사물을 파악하는 우리 식의 방법을 반영하고 있는 것이다. 우리는 어려서부터 국어를 배움으로써 이러한 문화적 전통을 동시에 습득하고 문화적 동질감을 가지게 되며, 정서적인 유대감이 형성되는 것이다. 문화란 사회적으로 습득된 지식이다. 어려서 습득한 문화적 특징은 쉽게 잊히지 않고, 그 토대 위에서 다시 새로운 문화를 창조해 나가며 그것을 바탕으로 세계 문화와 주체적으로 접촉하고 그것을 수용할 수 있게 된다. 정확한 국어 생활이 왜 중요한가 하는 것은 이러한 맥락 속에서 이해하여야 한다.

1.2. 문법

문법이라고 하면 흔히 귀찮고 까다로우며, 현실 언어와 맞지도 않는 것을 억지로 지키라고 명령하는 것으로 생각하기 쉽다. 외국어를 배울 때 그 문법이 얼마나 성가신 것인지 늘 경험하는 것이며, 국어는 문법을 몰라도 말하는 데 아무 지장이 없다는 생각을 하는 사람이 많다.

문법은 꼭 명령하는 것이 본래의 기능이 아니다. 명령하는 문법은 흔히 규범 문법이라고 하는 것인데, 우리가 표준말을 정해 씀으로써 서로 다른 방언을 쓰는 사람들 사이의 의사소통을 원활히 하고, 맞춤법을 정하여 씀으로써 통일된 문자 생활의 영위를 시도하듯, 학교에서 규범 문법을 가르침으로써 언어생활의 통일성과 정확성을 기하며 언어의 필요 이상의 변화와 분기를 막고자 하는 것이다.

아무리 규범 문법이 명령적이라고 할지라도 그것이 인위적으로 만들어지는 것은 아니다. 복잡한 언어 현상 속에 감추어져 있는 엄격한 질서를 찾아 그것을 규범화한 것일 뿐이다. 눈은 함박눈이나 싸락눈이나 진눈깨비를 불문하고 모두 똑같이 육각형의 모양을 가지고 있듯이 모든 자연 현상에는 일정한 질서가 있으며 또 그것은 정해진 법칙에 의해 움직인다. 과학자들이 발견해 내는 물리적 법칙이나 화학 방정식 같은 것이 이러한 사실을 보여 주고 있다. 언어도 그 조직에 엄격한 질서가 있고 그 운용이 규칙적이다. 언어 속에 내재하고 있는 이러한 규칙과 질서를 찾아내어 기술한 것이 곧 문법이다. 문법을 찾아 정리하는 것은 사람의 하는 일이라 같은 사실을 잘못 보고 기술하는 수도 있고, 또 언어 현상을 기술하는 목적에 따라서, 또는 관점에 따라서 같은 사실이라도

물론 개별 언어를 연구하는 데 있어서도 매우 중요하다. 자신의 모국어에 나타나는 언어 현상에 대해 특별하게 인식하지 못하다가도 다른 언어에서 발견되는 언어 사실을 통해 자신의 언어에 대한 통찰을 얻는 경우가 많기 때문이다.

달리 기술할 수가 있다. 규범 문법은 한 나라 안에서 언어생활의 통일을 기하며 되도록이면 말이 급속히 여러 갈래로 변하여 의사소통에 장애가 되는 것을 막고자 하는 정책적인 배려에 의한 것이기 때문에 명령적인 성격을 띠고 있고, 우리는 그것을 따라야 할 사회적인 의무가 있으나, 순수한 학문적인 문법과는 얼마만큼의 괴리가 있을 수가 있다.[10·11]

앞에서 문법이란 언어에 내재하고 있는 규칙과 질서라고 하였다. 한 언어에 수십만의 어휘가 있어 대단히 복잡해 보이지만 그들은 불과 십여 가지의 품사로 분류가 되며, 각 품사는 일정한 방식으로 서로 이어져 문장을 이룬다. 조사는 명사 뒤에 붙어 쓰이며, 관형사나 부사는 그것이 꾸미는 명사나 용언 앞에 쓰인다. 단어와 단어가 이렇게 결합하여 문장을 이루되, 서로 이웃하는 단어 사이의 관계에는 멀고 가까움의 관계가 있고 결합에 계층이 있다. 예컨대, '아름다운 소녀의 목소리'란 말은 '소녀의 목소리가 아름답다'는 뜻도 되고 목소리의 주인공인 '소녀가 아름답다'는 뜻도 되는데, 그것은 이 세 마디 말의 계층적 결합으로 말미암은 것이다.[12] 즉, '소녀의'와 '목소리'가 먼저 결합하여 '소녀의 목소리'가 되고 거기에 '아름다운'이 결합된 것이면 '소녀의 목소리'가 아름답다는 뜻이 나오고, '아름다운'과 '소녀'가 먼저 결합하여 '아름다운 소녀'가 된 다음에 조사 '의'를 매개로 하여 '목소리'가 결합된 것이면 목소리의 주인공인 소녀가 아름답다는 뜻이 된다.

위에서 설명한 바와 같은 언어의 구조적 질서, 그 속에 내재하는 규칙이 곧 문법이다. 단어와 단어가 어떻게 결합하면 자연스러운 말이 되고 어떤 조건이 부자연스럽거나 뜻이 안 통하는 말이 되게 하는가, 또 단어 하나하나의 내부적 구성은 어떠한가, 말소리는 어떤 방식으로 결합되며 두 단어가 만날 때 일어나는 말소리의 변화는 어떤 법칙에 따르는 것인가 하는 것이 그것이다.

이러한 사실들을 체계적으로 정리하여 파악함으로써 국어에 대한 이해가 깊어지고 국어 생활을 바르게 할 수가 있다.

---

10 규범 문법은 교육이나 올바른 언어생활을 목적으로 한 문법으로 교육 문법, 학교 문법, 처방 문법이라고도 하고 학문 문법은 문법이 학문적 연구 대상이 되므로 언어 사실을 있는 그대로 기술한다는 의미에서 기술 문법, 언어 사실에 대한 설명을 제공한다는 의미에서 설명 문법이라고도 한다.

11 학교에서 규범으로 가르치는 문법을 '학교 문법(學校文法, school grammar)'이라 하는데 학교 문법에서의 '문법'은 '소리'에서부터 '담화'까지, 즉 음운론, 형태론, 통사론, 담화론을 모두 그 범위로 삼고 있다. 반면 학문 문법의 '문법'은 형태론과 통사론만 대상으로 하는 일이 많다.

12 이를 문장 구조의 계층성이라고 하는데 인간 언어가 지닌 무한한 창조성의 밑바탕은 이러한 문장 구조의 계층성에 있다고 할 수 있다.

1.3. 국어의 특징

국어만이 가지고 있는 특징을 앞에서 단편적으로 이야기한 바 있다. 여기서는 좀 더 구체적으로 국어의 구조적인 특징을 살펴보기로 한다.

1.3.1. 형태적 특징

국어는 교착어(또는 첨가어)이다. 즉, 어근(語根·뿌리, root)에 파생 접사가 붙거나 어간(語幹·줄기, stem)에 어미가 붙어서 단어를 이룬다. 예를 들면 다음과 같다.

"깨 뜨리 시 었 겠 더 군 요"
　1　　2　　3　4　5　6　7　8

1의 '깨'는 어근이며, 2의 '-뜨라'는 접사로서 '힘줌'의 뜻을 나타낸다. 1의 '깨'는 "유리창을 깨지 마라."에서와 같이 어근이면서 동시에 어간이기도 하다. "유리창을 깨뜨리지 마라."와 같이 쓰이기도 하는데 이때의 '깨뜨라'는 '깨'에 '-뜨라'가 붙어서 이루어진 어간이다. 3의 '-시'는 높임, 4, 5, 6의 '-었', '-겠', '-더'는 모두 시간과 관련된 어미들이며, 7의 '-군'은 이른바 감탄의 뜻을 보이는 어미로서 문장을 끝맺는 기능을 하는 것이다. '요'는 문장을 끝맺는 어미나 연결 어미에 다시 덧붙여서 말 듣는 사람을 높이는 데 쓰인다. 즉, '갔어:갔어요', '갔지:갔지요', '갔는데:갔는데요'에서 보는 바와 같다.

'씌우개'는 어근 '쓰'에 사역의 뜻을 보이는 접사 '-ㅣ우', 그리고 역시 접사인 '-개'가 차례로 붙어서 이루어진 것이다. '쓰'는 "모자를 쓴다."라고 할 때의 어근인 '쓰'이며 '-ㅣ우'는 '띄우다, 재우다…'에서 볼 수 있는 것이요, '-개'는 '덮개, 깔개…'와 같은 말에서 쓰인 것과 동일한 접사이다. '덧붙이'와 같은 말은, 접사 '덧'이 어근 '붙'의 앞에 붙은 것이 좀 특이하나, '붙'에 '덧'이 붙어서 '덧붙'이 되어 '덧붙고, 덧붙는다…'와 같이 쓰이는데 거기에 다시 '옷걸이…' 등에서 볼 수 있는 접사 '-이'가 붙은 것이다.

위에서 살펴본 바와 같이 국어는 어근을 중심으로 거기에 뜻을 더하거나 품사를 바꾸는 접사가 붙거나, 또는 어간에 어미가 차례로 여럿이 덧붙어서 단어가 이루어지는 첨가적 성격을 띤 언어이다. 접사 중에는 더러 어근 앞에 붙는 것도 있지만 뜻을 더해 주는 접사 중의 일부가 그렇고, 대부분이 뒤에 붙으며 어미는 반드시 어간 뒤에 붙는다.[13]

한편, 중국어와 같이 어근이 그대로 한 단위의 단어인 언어를 고립어라 하며, 영어나 독일어같이 단어의 굴절이 내부적 변화로 표시되는 언어를 굴절어라 한다. 즉, 영어에서 동사 take[teik]의 과거형인 took[tuk]에서 어느 부분이 과거를 나타내는 어미인지 분석해 내기 어려우며, child[ʧaild]의 복수인 children[ʧildrən]에서 어느 부분이 어근이고 어느 부분이 복수를 나타내는 것인지 분간하기 어렵다. 교착어와 성질이 아주 다르다.[14]

▌형태론적인 특성에 의한 언어의 유형 분류▐

전통적으로 단어의 형태론적 변화 방식에 따라 전 세계 언어를 고립어(孤立語, isolated language), 교착어(膠着語, agglutinative language), 굴절어(屈折語, inflectional language)로 나누어 왔다. 고립어는 접사가 발달해 있지 않아 단어의 형태론적 변화가 거의 없는 언어이고 교착어는 접사의 경계가 분명하고 하나의 접사는 대개 하나의 기능에 대응되는 특성을 지닌 언어이며 굴절어는 접사의 융합 정도가 높아 하나의 접사에 여러 개의 기능이 함께 나타나는 특성을 지닌 언어이다. 여기에 전체 문장이 하나의 단어를 이루는 것처럼 보이는 언어인 포합어(抱合語, incorporating language)를 더 추가할 수도 있다. 고립어에는 중국어, 타이어, 티베트어 등이 있으며 한국어와 같은 교착어에는 일본어, 몽골어, 터키어, 핀란드어 등이 있고 굴절어로는 라틴어, 독일어, 영어 등이 있다. 포합어에는 에스키모어를 들 수 있다.

한편, 한 단어 내에 형태소의 수가 얼마나 통합되어 있느냐에 따라 분석적 언어(analytic language), 통합적 언어(synthetic language), 다통합적 언어(polysynthetic language)로 나눌 수도 있다. 고립어는 분석적 언어로, 교착어와 굴절어는 통합적 언어로, 포합어는 다통합적 언어로 분류될 수 있는데, 한국어는 한 단어 내에 형태소의 수가 비교적 많은 통합적 언어라고 할 수 있다.

물론 국어에도 이렇게 명쾌한 분석이 어려운 예가 아주 없는 것은 아니다. '나의 집, 너의 책'이 '내 집, 네 책'으로도 되어 '나의'나 '너의'가 각각 '내', '네'로도 쓰임을 알 수 있으나, '내, 네'에서는 관형격 조사를 분석해 내기가 힘들다. '내, 네'는 본래 '나,

---

13 '가 시 었 겠 다'의 높임을 나타내는 '-시', 시간을 나타내는 '-었', '-겠'과 같은 어미를 일반적으로 선어말 어미(先語末語尾)라고 하고 '-다'와 같이 끝에 오는 어미를 어말 어미(語末語尾)라고 한다. '선어말 어미'란 '-다, -느냐, -군, -는가, -네…' 등과 같은 어말 어미 앞에 오는 어미란 뜻이다. '가시느냐, 가겠군' 등에서도 '-시'나 '-겠'이 어말 어미 '-느냐, -군' 앞에 쓰이는 것을 볼 수 있다. 그러나 이른바 선어말 어미는 어말 어미 앞에 온다고 하는 것보다 어근이나 어간 뒤에 오는 것이며, 어말 어미는 그 맨 끝자리에 와서 단어를 끝맺는 것이라고 하는 것이 더 옳다고 볼 수 있다. 왜냐하면 한국어는 교착어이며, 교착어에서는 어근을 중심으로 접사나 어미가 차례로 붙기 때문이다. 즉, 접사나 어미의 결합 기준은 어근이나 어간인 것이다. 그런데 선어말 어미란 말은 어말 어미를 기준으로 하여 그 앞자리에 온다는 뜻이 되어 교착어의 특성을 잘 드러낼 수 없는 표현이 되므로 적절하다고 할 수가 없으나 오래 써 오던 말이므로 그대로 쓰기로 한다.

14 여기서는 굴절어의 특성을 영어의 예로 설명하였으나 실제로 현대 영어는 굴절어보다는 고립어에 더 가까운 언어이다.

너'에 관형격 조사 'ㅣ'가 붙어서 이루어진 말이다. 중세 국어에서는 모음으로 끝난 체언 다음에는 관형격 조사로 'ㅣ'가 쓰였다. 그리고 'ㅐ, ㅔ'는 중세 국어에서는 이중 모음이 었으므로 이때는, '내, 네'가 '나, 너'와 'ㅣ'로 분석이 되었다. 그러나 후에 이중 모음이었던 'ㅐ, ㅔ'가 단모음으로 변하자 'ㅣ'가 윗말에 엉겨 붙은 것이 되어 분석이 어렵게된 것이다. 이러한 몇몇 예외적인 것이 있으나 위에서 본 바와 같은 국어의 첨가적 성질이 부정되지는 않는다. '내, 네'와 같은 것도 본래 첨가적으로 이루어졌던 것이어서 굴절어와는 근본적으로 성질이 다르다.

1.3.2. 통사적 특징

언어마다 문장을 구성하는 방식이 약간씩 다르지만, 대체로 '주어+목적어+동사', '주어+동사+목적어', '동사+주어+목적어'의 세 가지 유형으로 구분된다. 이 밖에 다른 유형도 있을 수 있으나 극히 드물다.[15] 한국어는 '주어+목적어+동사'의 문장 구성을 갖는언어로, 일본어, 몽골어, 터키어, 버마어, 힌디어, 케추아어 등이 이 유형에 속하며, '주어+동사+목적어'의 문장 유형을 가지는 언어로는 핀란드어, 이탈리아어, 마야어, 노르웨이어, 타이어, 스와힐리어 같은 것이 있고 영어도 크게 보아 이 부류에 속한다. 그리고 히브리어, 마오리어, 마사이어, 웨일스어, 자포텍어 등은 '동사+주어+목적어'의 문장 구성을 가진다. 이들 세 유형의 언어는 각기 얼마만큼의 통사적 특징을 공유하고 있다.

'주어+목적어+동사'의 문장 구성을 가지는 언어의 하나로서 국어에는 다음과 같은 몇 가지 문장 구성상의 특징이 있다. 국어에서는 모든 문법적 형태소(곧, 문장 안에서 체언의 기능을 보여 주는 조사, 용언의 활용 어미 같은 것들)는 반드시 어근이나 어간 뒤에 온다. 즉 조사는 체언 뒤에 붙어 쓰이며, 활용 어미는 용언의 어간 뒤에 쓰인다. 접사에 있어서도 뜻을 더해 주는 것 중에는 어근 앞에 오는 것이 있으나 문법적 기능을 보이는 접사는 반드시 어근 뒤에 온다. 이는 한국어가 핵(核, head)이 뒤에 오는 후핵 언어(後核言語, head-final language)이기 때문이다. 이와는 달리 영어는 대체로 핵이 앞에 오는 선핵 언어(先核言語, head-initial language)이다. 후핵 언어는 좌분지 언어(左分枝言語, left branching language), 선핵 언어는 우분지 언어(右分枝言語, right branching language)

---

15 주어(S), 목적어(O), 동사(V) 세 요소의 순서를 논리적으로 따지면, SOV, SVO, VSO, VOS, OVS, OSV 6가지 유형이 가능하다. 그러나 WALS(the World Atlas of Language Structures) online(http://wals.info)의 Feature 81A에 따르면 SOV, SVO 유형이 전 세계 언어의 75% 이상을 차지하고 나머지 유형은 소수에 불과하다. 그리고 현재까지는 이 가운데 SVO 유형보다 SOV 유형이 더 많은 것으로 되어 있다.

라고도 한다.

(1) 가. 물이 산을 돌아 남쪽으로 흐른다.
　　 나. 한 병사가 죽음을 무릅쓰고 적군의 전진을 저지하였다.

(1)의 예문에서 보는 바와 같이 밑줄 친 조사, 어미, 접사가 모두 어근 또는 어간 뒤에 쓰이고 있다.

다음의 예 (2)와 같이 국어에서는 문장 구성 요소의 자리 옮김이 자유스럽다. 문장 성분의 순서를 흔히 어순(語順, word order)이라고 한다. 어순이 비교적 자유로워 어순을 바꾸더라도 문장의 의미가 크게 바뀌지 않는 언어를 자유 어순 언어라고 하고 어순이 고정되어 있어 어순을 바꾸면 문장의 의미가 전혀 달라지거나 비문법적인 문장이 되는 언어를 고정 어순 언어라고 한다. 한국어는 자유 어순 언어라고 할 수 있다.

(2) 가. 냇물이 남쪽으로 흐른다.
　　 나. 남쪽으로 냇물이 흐른다.
　　 다. 남쪽으로 흐른다, 냇물이.
　　 라. 냇물이 흐른다, 남쪽으로.

부사도 문장 부사의 경우는 그 자리를 문장 안에서 마음대로 옮길 수 있다. 다만 (3)에서와 같이 성분 부사나 관형사는 자리를 옮기지 못한다.

(3) 가. 그 사람은 그림을 잘 그린다.
　　 나. *?그 사람은 잘 그림을 그린다.[16]
　　 다. *?잘 그는 그림을 그린다.
　　 라. 이 근처에 새 건물이 많이 들어섰다.
　　 마. *이 근처에 건물이 새 많이 들어섰다.

---

16 * 표(asterisk, '별표'라고 읽음)는 그러한 문장이 성립하지 않는다는 뜻이며, ? 표는 그러한 문장의 문법성이 의심스럽다는 것을 표시하는 것이다. 생성 문법 이론에서는 문법성(文法性, grammaticality)을 언어 능력 차원의 문제로 다루고 수용성(受容性, acceptability)은 언어 수행, 즉 언어 사용상의 문제로 다룬다. 그런데 실제로 어떠한 문장이 어색하게 느껴질 때 이것이 문법성 차원의 문제인지 수용성 차원의 문제인지 명확히 구별하기 어려운 경우가 있다. 따라서 우리가 문법성을 판단할 때에는 엄격하게 언어 능력 차원의 문제만 관여한다고 보기는 어렵고 일부 언어 수행 차원의 문제도 함께 관여한다고 보는 것이 더 합리적일 것이다.

이와 관련해서 우리는 국어 문장 구성상의 특질을 또 하나 지적할 수 있다. 즉 체언을 꾸며 주는 관형어는 그것이 단어이든 절이든 반드시 꾸밈을 받는 체언 앞에만 온다는 것이다. 위의 예문 (3라)와 (3마)에서 관형사 '새'가 그것이 꾸미는 명사 '건물' 바로 앞에만 나타날 수 있음을 보여 주거니와 다음의 (4)에서 보듯이 관형절의 경우에도 마찬가지이다.

(4) 가. 민지가 부친 편지가 어제 왔다.
　　 나. 내가 어렸을 때 살던 마을은 깊은 산속이었다.
　　 다. 그가 서울에 돌아왔다는 소문이 있다.

이런 사실은 영어와 같은 '주어+동사+목적어'의 구성을 가지는 언어에서 관형절이 체언 뒤에 오는 것과 비교가 된다.[17] 그리고 다른 유형에 속하는 언어는 (4)와 같은 경우에 관계 대명사가 쓰이는데 국어에서는 관계 대명사가 없이 반복되는 체언이 생략되는 것도 특징이다. (4가)에서는 '부치다'의 목적어로서의 '편지', (4나)에서는 '살다'의 처소를 나타내는 '마을'이 관형절 안에서 생략되어 나타나지 않는다.

또 국어에서는 주어가 잇달아 나타나는 문장 구성이 있는 점도 특이하다.

(5) 가. 민지가 마음씨가 곱다.
　　 나. 그 책이 표지가 색깔이 마음에 든다.
　　 다. 이곳에 모인 사람들이 남자가 많았다.
　　 라. 달은 보름달이 밝고 크다.
　　 마. 오늘은 내가 고기가 잘 잡힌다.

이들은 모두 서술절을 가진 예들이다. (5가)는 '민지가'가 주어이고, '마음씨가 곱다'가 서술어로서 이것은 완전한 형태의 문장이 서술절이 되어 서술어의 기능을 하는 것이다. (5나)에서는 서술절이 이중으로 되어 있다. '그 책이'가 전체 주어이고 '표지가 색깔이 마음에 든다'가 서술절인데, 이것은 '표지가'를 주어로 하고 다시 '색깔이 마음에 든다'라는 서술절을 안고 있다. 그래서 주어가 셋이 나란히 나타난 것이다.[18]

---

17 WALS online(http://wals.info) Feature 96A에 따르면 OV 어순과 관계절 어순의 상관성은 명확하지 않다. OV 어순을 취하는 언어라고 할지라도 관계절이 명사 뒤에 오는 경우와 관계절이 명사 앞에 오는 경우가 거의 비슷하게 나타나기 때문이다. 그러나 VO 어순을 취하는 대부분의 언어에서는 관계절이 명사 뒤에 나타나는 경우가 압도적으로 많다.
18 이처럼 한 문장에 여러 개의 주어가 잇달아 나타날 수 있는 언어의 예로는 일본어를 들 수 있다.

이렇게 한 개의 문장이 아무런 변형을 거치지 않고(명사형이 되거나, 관형사형이 되거나 하지 않고) 그대로 서술 기능을 하며, 결과적으로 한 문장에 주어가 여럿이 나란히 잇대어 나타나는 문장 구성 방법은 국어와 유형을 달리하는 다른 언어에는 없는 것이다.

위의 예문 (5)의 나란히 쓰인 주어 사이에는 소유주와 소속물, 전체와 부분 또는 유(類)와 종(種)의 관계가 있음을 알 수 있다. 국어에서는 일반적으로 큰 것으로부터 작은 것으로, 전체로부터 부분으로 범위를 좁혀 들어가면서 명사를 나란히 쓰는 법이 있다. '서울시 종로구 연지동 10번지 5호', '이층 작은 방 책상 왼쪽 서랍', '내가 대학을 졸업하던 해 10월 6일 오후 2시 10분' 등과 같은 표현이 그것이다. 언어에 따라서는 반대로 작은 것으로부터 큰 것으로 나가는 순서를 취하는 것이 있어서 비교가 된다. 따라서 국어에서는 '1시 50분' 또는 '2시 10분 전'이라고 하는 것이 '10분 전 2시'보다 자연스럽다.

국어에는 다음의 (6)과 같이 목적어 역시 여럿이 잇달아 나타나는 일이 있는데 위에서 설명한 것과 같은 맥락에서 이해가 된다.

> (6)   가. 친구들이 <u>나를</u> <u>등을</u> 밀어 무대에 나서게 하였다.
>   나. 그 돈으로 <u>생선을</u> <u>큰 것을</u> <u>한 마리를</u> 사는 것보다 작은 것 여러 마리를
>   사는 것이 낫다.

이러한 예도 다른 언어에서는 보기 어려운 것이다.

국어의 활용 어미는 용언의 일부로서 어간과 더불어 한 단어를 이루지만 그 문법적 기능은 문장 또는 용언구 전체에 미친다.[19]

> (7)   가. 날씨가 풀리<u>면</u> 여행을 떠나겠<u>다</u>.
>   나. 네가 이것을 들어<u>라</u>.
>   다. 민지가 부르<u>던</u> 노래는 김 선생이 작곡한 것이다.
>   라. 그가 죄가 없<u>음</u>이 드러났다.

위의 밑줄 친 어미들은 모두 그것이 붙은 용언의 어간과 더불어 한 단어를 이루고 있는 것이 사실이다. (7가)의 '-면'은 동사 '풀리면'의 한 부분이다. 그러나 이 '-면'은 '날씨가

---

19 용언의 일부로서 어간과 더불어 한 단어를 이루는 것은 어미의 접사적 성격을 보여 주는 것이고 그 문법적 기능이 문장 또는 용언구 전체에 미치는 것은 어미의 단어적 성격을 보여 주는 것이다. 이는 조사의 경우에도 마찬가지이다. 이로 인해 조사와 어미를 단어로 볼 것이냐 말 것이냐가 오랜 시간 논란이 되어 왔는데 준종합주의를 채택하고 있는 현재 학교 문법에서는 조사는 단어로 보되 어미는 단어로 보지 않는다.

풀라' 전체를 조건절이 되게 하고 있다. 다른 어미들도 마찬가지다. (7라)의 명사형 어미 '-음'은 형용사 '없음'의 한 부분이지만 '그가 죄가 없' 전체를 명사화하고 있다. 이런 사실도 국어의 한 특질이다.

1.3.3. 그 밖의 특징

위에서 잠시 얘기했듯이 국어에서는 주어가 없는 문장이 많이 쓰인다. 말하는 이와 말 듣는 이가 함께 주어가 무엇인지 알고 있으면 흔히 주어를 생략한다.

> (8) A: "값이 얼마입니까?"
> B: "오천 원입니다."
> A: "너무 비싼데요."
> B: "그럼 오백 원만 덜 받지요."
> A: "사천 원만 받으세요."
> B: "그렇게는 안 됩니다."

위의 대화에서 맨 처음의 (A)의 말을 빼고는 나머지 대화에서 주어가 한 번도 쓰이지 않았다. 주어를 표시하지 않아도 피차 이해하고 있기 때문이다. 이들 대화에 주어를 표시해야 한다면 첫 번째 (B)의 대답에는 '값이', 그 다음 (A)의 말에도 '값이', 그 다음에는 각각 '제가', '당신이', '당신이'와 같은 것이 될 것이다. 이렇게 분명히 표시하지 않아도 문장의 주어가 자연스럽게 추측 가능한 경우에 주어를 쓰지 않는 습관으로 인하여 국어에는 아예 주어가 표시되기 어려운 문장들이 많다.[20]

> (9) 가. 저 흰 눈이 덮인 들판에는 사슴들이 뛰놀고 있는지도 <u>모른다</u>.
> 나. 그리로 가시면 안 <u>됩니다</u>.
> 다. 길이 넓어서 <u>편하군요</u>.

---

[20] 언어 외적 상황에 의해 주어가 생략된 것이 아니라 애초부터 주어를 상정할 수 없는 문장을 흔히 무주어문이라고 한다. 예를 들면 다음과 같은 것들이 있다.
　ㄱ. 도둑이야!
　ㄴ. 고생 끝에 낙이다.
　ㄷ. 비가 오면 큰일이다.
　ㄹ. 둘에 둘을 보태면 넷이다.
　이에 관해서는 §8.2.1.4을 참고하라.

(9)와 같은 문장의 밑줄 친 서술어에 대한 주어가 무엇인지 정확히 꼬집어 말하기 어렵다. 주어를 꼭 갖추어야 하는 언어에서는 주어가 될 말이 분명치 않으면 가주어(假主語)라도 붙여서 말을 한다.[21] 위의 대화의 예는 언어 외적(言語外的)인 상황에 의하여 주어가 이해되고 따라서 그것이 생략될 수 있음을 보이고 있거니와 한 문장 안에서 주어가 반복될 때도 이를 생략하는 것이 국어의 특징이다.

(10) 가. <u>피곤해서</u> 나는 집에 있겠다.
　　　나. 나는 오늘 하루 종일 어제 친구에게서 <u>빌린</u> 책을 읽었다.

위의 밑줄 친 서술어의 주어가 생략되고 나타나지 않는다. (10가)의 '피곤해서'의 주어는 '나는'인데 그것이 반복되기 때문에 생략된 것이며 (10나)의 '빌린'의 주어도 '나는'인데 주절(主節)에 '나는'이 나타나기 때문에 생략되었다. 다른 유형의 언어에서는 이러한 경우에 주어를 그대로 반복하거나 하나를 대명사화하여 쓰는 일이 있다.

이미 잘 알려진 사실이지마는 국어는 조사, 어미가 대단히 발달하여 다른 유형의 언어라면 부사나 기타 독립된 어휘로 나타내야 할 의미가 조사나 어미로 나타날 수가 있다.

조사는 문장 안에 쓰이는 체언에 문법적인 자격을 부여하는 이른바 격 조사(格助詞) 이외에, 뜻을 보태 주기만 하는 조사가 있다.

(11) 가. 그가 노래<u>는</u> 잘 부르지만 시<u>는</u> 지을 줄 모른다.
　　　나. 너<u>만</u> 갈 것이 아니라 나<u>도</u> 같이 가는 것이 좋지 않을까?
　　　다. 오늘이 무슨 날이기에 집집<u>마다</u> 국기를 달았을까?
　　　라. 더 좋은 것이 없으면 이것<u>이라도</u> 가질 수밖에 없겠다.

이들 조사들을 보조사(補助詞)라고 하거니와 '은/는'은 대조(對照), '만'은 단독, '도'는 한 가지임을 뜻한다. '마다, 이라도', 그리고 그 밖의 '까지, 조차, 부터, (이)야…' 등의 보조사가 이렇게 다양하게 독특한 뜻을 보태어 주는 일을 한다.

---

21 영어의 예로 들자면 "It rains."나 "There is a car in the house."와 같은 문장에서의 it이나 there가 가주어이다. 전자의 예에서는 의미적으로 주어가 없는 문장이지만 가주어 it을 넣어 문장이 이루어진 예이고 후자의 예에서는 의미상의 주어가 문법상의 주어가 될 수 없어 가주어 there를 통해 문장이 이루어진 예이다. 이처럼 주어가 잘 발달해 있고 문장에서 주어가 필수적으로 요구되는 언어를 주어 부각형(subject-prominent language) 언어라고 한다. 이러한 기준에 따르면, 한국어는 주어 부각형 언어의 특성을 일부 지니기도 하고 문장 구성에서 주제가 중요한 역할을 하는 주제 부각형(topic-prominent language) 언어의 특성도 일부 지닌다고 할 수 있다.

이와 함께 용언의 활용 어미도 그 의미가 다양하게 발달되어 있다. 종결 어미는 문법적으로는 서술, 의문, 청유, 명령 등의 범주로 나뉘지만 한 범주 속에 다시 많은 어미가 있어서 '-ㅂ니다, -오, -네, -ㄴ/는다, -아/어'와 같이 말 듣는 사람을 공대하거나 하대하는 높임의 등급을 표시할 수 있다는 것은 널리 알려진 사실이다. 그뿐만 아니라 말하는 사람의 생각을 여러 가지로 표현하는 방법이 있다.

(12) 가. 애, 그러다가 다칠라.
나. 이곳에는 아직 눈이 녹지 않았군.
다. 내일 아침에 떠나렴.
라. 책을 곧 보내 주마.

'-(으)ㄹ라'는 말 듣는 사람으로 하여금 조심하도록 경계하는 뜻을 나타내며, '-군(-구나), -구려'는 비로소 알았다는 뜻, '-(으)렴(-(으)려무나), -구려'는 허락하는 뜻, '-(으)마, -(으)ㅁ세, -리다'는 약속하는 뜻을 나타낸다.

또, 연결 어미가 수십 개 있어서 여러 가지 뜻으로 두 문장을 접속시킨다.

(13) 가. 눈이 와서 길이 미끄럽다.
나. 그는 머리가 좋으니까 시험에 꼭 합격할 것이다.
다. 비가 더 오면 홍수가 나겠다.
라. 날씨가 풀리기는 했지마는 아직도 활동이 자유스럽지 못하다.

(13)에서 보는 바와 같이, 원인, 이유, 조건, 예상에 어긋남 등 여러 가지 뜻으로 앞뒤의 문장이 연결된다. 다른 언어에서는 이러한 뜻이 독립된 어휘나 특수한 문장 구조로 표현된다.

더 읽을거리

1. 언어의 특성 및 국어의 문법적 특징

일반 언어의 특성에 대해서는 허웅(1980), Fromkin et al.(2010), 김진우(2017) 등이 참고된다. 국어의 문법적 특징 전반이나 '문법'의 정의에 대해서는 허웅(1983), 임홍빈·장소원(1995), 이익섭·채완(1999), Sohn(1999), 남기심(2001), 구본관 외(2015), 고영근(2018나), 고영근·구본관(2008/2018) 등의 도입부를 참고할 수 있다.

2. 언어 유형론과 한국어 연구

전 세계 언어에 대한 기본적인 정보는 국제하계언어학 연구소(SIL International)에서 제공하는 에스놀로그(Ethnologue, https://www.ethnologue.com)가 참고된다. WALS online(http://wals.info)에서는 전 세계 언어를 대상으로 언어 유형론적 특성에 대한 정보를 광범위하게 제공하고 있다. 언어 유형론에 대해서는 Greenberg(ed.)(1963, 1966), Greenberg et al.(eds.)(1978가, 나, 다, 라), Comrie(1989), Song(2001, 2018), Haspelmath et al.(eds.)(2001가, 나) Croft(2003), Shopen(ed.)(2007가, 나, 다), Dixon(2010가, 나, 다)를 참고할 수 있다. 언어 유형론적 관점에서 한국어의 형태론적 특징을 살펴본 연구로는 최형용(2013가)가, 한국어 문법 현상 전반을 살펴본 연구로는 고영근(2018가)가 있다.

제2장 형태소와 단어

2.1. 형태소

2.1.1. 형태소의 개념과 분석 기준

'하늘'처럼 의미를 가지는 가장 작은 말의 단위를 형태소(形態素, morpheme)라고 한다. '하늘'은 '하'와 '늘'로 더 분석될 수 있지만 이때 '하'와 '늘'은 '하늘'과 관련하여 아무런 의미를 가지지 못하므로 형태소라고 할 수 없다. 이때 의미는 '하늘'처럼 어휘적인 것일 수도 있지만 '하늘이'의 '이'처럼 문법적인 것일 수도 있다.

우리의 전통 문법에서도 형태소에 대한 인식이 없었던 것은 아니다. 주시경은 일찍이 『말의소리』(1914)에서 한 문장을 형태소에 이르기까지 분석하고 '늣씨'라는 용어를 사용한 일이 있는데 이는 근본적으로 현대 언어학의 형태소의 개념과 큰 차이가 없다. 북한에서는 우리의 형태소를 '형태부'라 불러 구분하기도 한다.[1]

형태소를 분석할 때는 보다 큰 문법 단위를[2] 보다 작은 문법 단위로 분석할 때 사용하는 계열 관계(系列關係, paradigmatic relation)와 통합 관계(統合關係, syntagmatic relation)라는 두 기준에 기대는 일이 일반적이다. 계열 관계란 같은 성질을 가지는 다른 말로 바꿀 수 있다는 의미를 가지므로 이를 달리 '대치'라 부르기도 한다. 이에 대해 통합 관계란 어떤 말의 앞이나 뒤에 다른 말이 올 수 있다는 뜻을 가지므로 이를 달리 '결합'

---

[1] 주시경의 『말의소리』(1914)에서 '해바라기'를 '해^바라^기'로 분석한 것에서 알 수 있듯이 '늣씨'는 의미를 기준으로 가장 작은 단위로까지 나눈 것이다. 형태소라는 단위는 서구 언어학에서 구조주의 시대에 본격적으로 도입되기 시작하였는데, '늣씨'는 이보다 앞선 시기에 지금의 형태소 개념을 나타내고 있었다는 점에서 주목된다. 한편, 북한의 '형태부'는 '단어에서 의미를 지니는 가장 작은 단위'를 나타낸다는 점에서 형태소의 일반적인 개념과는 차이가 난다.

[2] 언어 단위는 크게 소리 단위와 문법 단위로 나뉜다. 소리 단위는 의미를 지니지 않는 단위로 음소, 음절 등이 있고 문법 단위는 의미를 지니는 단위로 형태소, 단어, 구, 절, 문장 등이 있다.

이라 부르기도 한다.

> (1) 하늘이 푸르다.

가령 (1)의 문장은 우선 '하늘이'와 '푸르다'라는 두 개의 문법 단위로 분석된다. 이러한 분석이 가능한 것은 '하늘이'라는 자리에 '강물이'라는 말이 대치될 수 있고 '푸르다'라는 자리에 '흐리다'라는 말이 대치될 수 있으므로 계열 관계를 만족하고 '하늘이'의 앞에 '높은'과 같은 말이, '하늘이'와 '푸르다'의 사이에 '더욱'과 같은 말이 끼어들 수 있으므로 통합 관계를 만족하기 때문이다. 이러한 관계를 알기 쉽게 도식화하면 다음과 같다.[3]

> (2)

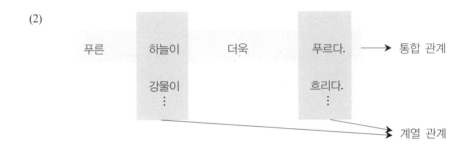

그런데 계열 관계와 통합 관계를 통해 분석한 '하늘이'와 '푸르다'는 그 자체로 각각 하나의 형태소라고 할 수는 없다. 아직 의미를 가지는 최소 단위라고 보기 어렵기 때문이다. 따라서 이들도 계열 관계와 통합 관계를 통해 더 분석할 수 있다.

우선 '하늘이'는 '하늘' 자리에 '물, 강' 등의 다른 말로 바꿀 수 있고 '이'의 자리를 '은'과 같은 말이 대신할 수 있다. 또한 '하늘'과 '이' 사이에는 '만'이 끼어들기도 한다. '푸르다'가 '푸르'와 '다'로 갈라지는 것도 같은 원리의 적용을 받는다. '푸르'의 자리에는 '흐리'가 올 수 있고 '다' 자리에는 '고, 니' 등의 말이 대신할 수 있다. 또 '푸르'와 '다' 사이에는 '겠'과 같은 말이 삽입되기도 한다. 즉 '하늘이'와 '푸르다'를 분석한 것과 마찬가지로 계열 관계와 통합 관계의 기준에 따라 '하늘'과 '이', '푸르'와 '다'가 더 분석되는 것이다. 그리고 이들 '하늘', '이', '푸르', '다'는 일정한 의미를 가지고 있으며 '하늘'과 '푸르'는 더 이상 분석하면 그 의미가 상실되므로 더 이상 분석할 수 없다.

---

3 (2)의 도식에서 알 수 있듯이 통합 관계, 계열 관계는 각각 문법 단위들 간의 가로상의 관계, 세로상의 관계를 나타내므로 '가로 관계', '세로 관계'라고도 한다.

따라서 '하늘이 푸르다.'라는 문장은 최종적으로 '하늘', '이', '푸르', '다'로 형태소 분석된다.

이제 계열 관계와 통합 관계의 기준을 적용해 보다 복잡한 다음 문장을 형태소로 분석해 보자.

(3)   혜미가 동화를 읽었다.

우선 위의 문장은 먼저 다음의 두 마디로 나누어진다.[4]

(4)   혜미가 | 동화를 읽었다.

이렇게 분석되는 것은 '혜미가'의 자리에 '민서가' 등의 말이 대치될 수 있고 '동화를 읽었다'의 자리에 '밥을 먹었다' 등의 말이 갈아들 수 있으므로 우선 계열 관계를 만족시킨다. 그리고 '혜미가'의 다음에 '날마다'와 같은 말이 삽입될 수 있으니 통합 관계의 기준도 충족시킨다.

(4)의 뒷마디는 다시 다음과 같이 나누어진다.

(5)   동화를 ‖ 읽었다.

(5)에서 '동화를' 대신 '동시를'이, '읽었다' 대신 '지었다'가 쓰일 수 있고 '읽었다'의 앞에는 '열심히'와 같은 말이 올 수 있다. 따라서 계열 관계와 통합 관계라는 기준을 충족시킨다. 그러나 (4)와 (5)를 통해 얻어진 마디인 '혜미가', '동화를', '읽었다'는 아직 그 자체로 형태소가 아니다. 역시 계열 관계와 통합 관계를 적용하면 이 문장은 다음과 같이 형태소로 분석할 수 있다.

(6)   혜-미-가 | 동-화-를 ‖ 읽-었-다.

---

4 상식적으로 생각하면 (3)은 '혜미가 | 동화를 | 읽었다'와 같이 평면적으로 분석할 수도 있을 것이다. 그러나 문법 단위는 일정한 계층 구조를 지니고 결합하므로 '혜미가 | 동화를 읽었다'로 먼저 분석하고 여기서 다시 '동화를 ‖ 읽었다'를 분석하는 방법을 취한다([[혜미가] [[동화를] [읽었다]]]). 이처럼 문법 단위의 계층 구조를 고려하여 2분지로 분석할 때 일차적으로 분석되어 나오는 성분을 직접 성분(immediate constituent, 줄여서 IC)이라고 한다. 이와 같은 직접 성분 분석은 모든 문법 단위의 분석에서 기본이 된다. 여기서는 문장의 구조를 분석하는 데 직접 성분의 개념을 이용하였지만 6장에서는 단어의 구조에도 적용하여 해당 단어가 파생어인지 혹은 합성어인지를 판정하는 데 직접 성분의 개념을 사용하게 될 것이다.

‘혜미가’라는 마디가 형태소 ‘혜미’와 ‘가’로 나뉘는 것은 앞의 ‘하늘이’가 형태소 ‘하늘’과 ‘이’로 나뉘는 것과 동일하다. ‘동화를’의 ‘를’도 마찬가지이다. 그런데 ‘동화’의 분석에 대해서는 유의해야 할 필요가 있다. 이 말은 한자어로서 ‘童’과 ‘話’로 구성되어 있다. ‘동’의 자리에 ‘우(寓), 설(說)’ 등이 대치될 수 있고 ‘화’의 자리에 ‘요(謠), 심(心)’ 등의 말이 갈아들 수 있으니 계열 관계의 원리에 따라 ‘동’과 ‘화’로 분석되는 것이다. 다만 이런 경우의 ‘동’과 ‘화’와 같은 한자는 한자어의 구성 요소가 될 뿐이고 그 자체가 문장을 이루는 직접 요소가 되는 일이 없다는 점에서 ‘하늘’과 차이가 있다.[5] ‘읽었다’가 ‘읽, 었, 다’로 분석되는 것도 계열 관계를 통해 증명이 가능하다. ‘읽’의 자리에 ‘보’가 대치될 수 있고 ‘었’의 자리에 ‘겠’이 대치될 수 있으며 ‘다’의 자리에 ‘어’가 대치될 수 있기 때문이다. 이렇게 분석된 단위들인 ‘혜미, 동, 화, 읽’에는 어휘적인 의미를 줄 수 있고 ‘가, 를, 었, 다’에는 일정한 문법적인 의미를 줄 수 있으므로 형태소의 자격을 인정할 수 있다.[6]

2.1.2. 형태소의 종류

계열 관계와 통합 관계의 기준을 적용하여 분석한 형태소는 자립성의 여부와 의미의 허실(虛實)에 따라 자립 형태소(free morpheme)와 의존 형태소(bound morpheme), 실질 형태소(full morpheme)와 형식 형태소(empty morpheme)로[7] 나누어진다.

---

5 ‘동화(童話)’의 ‘동(童)’과 ‘화(話)’는 문장에서 단독적으로 쓰이는 경우가 없지만 계열 관계의 기준을 만족하고 그 의미가 분명하다는 점에서 형태소로 분석하는 데에 큰 어려움이 없다. 그러나 아래의 (ㄱ)과 (ㄴ)에 제시된 한자어는 형태소 분석이 쉽지 않다.
 ㄱ. 사회(社會), 인간(人間), 정의(正義) 등
 ㄴ. 불란서(佛蘭西), 이태리(伊太利), 보살(菩薩) 등
(ㄱ)에서 한자어를 이루는 ‘사(社)’, ‘회(會)’, ‘인(人)’, ‘간(間)’ 등은 ‘동화’에 비해 상대적으로 계열 관계의 기준을 만족하기 어렵지만 의미를 지니는 최소 단위라는 형태소의 개념에 부합하므로 적어도 형태소 분석은 가능하다. 그러나 (ㄴ)의 한자어들은 각각 France, Italia, Bodhisattva(산스크리트어)의 음역어로 한자어를 이루는 각 한자들이 의미를 지닌다고 보기 어려우므로 형태소 분석이 불가능하다. 이렇듯 한자 하나하나에 형태소의 자격을 줄 수 있는지 그렇지 않은지는 경우에 따라 따지는 것이 어려운 경우가 적지 않다.
6 계열 관계와 통합 관계만으로 늘 형태소를 식별할 수 있는 것은 아니다. 예컨대, ‘느닷없이’의 ‘느닷’이나 ‘오솔길’의 ‘오솔’은 각각 ‘없이’와 ‘길’과만 통합하는데 그렇다면 이들을 분석하여야 할지 말아야 할지가 문제가 될 수 있기 때문이다. 이와 같은 형태소를 특히 형태소(unique morpheme)라고 한다.
7 empty morpheme은 형식은 있지만 의미는 없는 ‘공형태소’를 나타내는 데 사용되기도 한다. 이에 대해 의미는 있지만 형식은 없는 것을 ‘영형태소(zero morpheme)’라고 한다. 가령, “영민이는 밥을 먹어.”, “영민이는 밥을 먹었어.”라는 문장의 ‘먹어’와 ‘먹었어’를 비교하면 Ø가 ‘었’과 계열 관계를 이루고 현재 시제의 의미를 지니므로 현재 시제 형태소를 영형태소로 설정할 수 있다. 이와 마찬가지로 “나영이가 예쁘다.”, “나영이가 예뻤다.”라는 문장에서 ‘예쁘다’와 ‘예뻤다’를 비교하면 형용사의 현재 시제 형태소를 영형태소

앞에서 분석된 형태소를 대상으로 그러한 사실을 확인해 보기로 한다.

(7) 가. 하늘, 혜미
　　 나. 푸르, 다, 이, 가, 동, 화, 를, 읽, 있, 다

(7가)는 자립성이 있으므로 자립 형태소, (7나)는 그 자체로는 자립성이 없고 다른 말에 의존해야만 하기 때문에 의존 형태소인 것이다. '동'과 '화'는 한자인데 한자가 국어 가운데 쓰일 때는 이에 대응되는 고유어 어휘가 없는 경우에 자립성이 있고 그렇지 않을 때는 의존 형태소로 쓰이는 것이 보통이다. '天, 地'가 국어에서 자립성을 발휘하는 일이 없는 것은 이들에 대응하는 고유어 '하늘'과 '땅'이 있기 때문이다. 반면 대응하는 고유어가 없는 '窓, 門'은 그 자체로서 자립성을 띠어 고유어처럼 쓰이는 것이다. '동'과 '화'도 '어린이, 아이', '이야기' 등의 고유어가 있으므로 의존 형태소로 쓰이는 것이다.[8]

(8) 가. 하늘, 혜미, 푸르, 동, 화, 읽
　　 나. 이, 가, 를, 있, 다

(8가)의 예들은 구체적인 대상이나 동작, 상태와 같은 어휘적 의미를 표시하므로 실질 형태소라 부른다. (8나)는 실질 형태소에 붙어 주로 말과 말 사이의 관계나 기능을 형식적으로 표시하므로 형식 형태소라 일컫는다. 말과 말 사이의 형식적 관계를 특히 문법적 관계라 하는데 이리하여 실질 형태소를 어휘 형태소(lexical morpheme), 형식 형태소를 문법 형태소(grammatical morpheme)라 부르기도 한다.

로 설정할 수 있다. 형태소는 의미를 가지는 최소 단위라는 정의에 비추어 보면 형식은 있지만 의미는 존재하지 않는 공형태소가, 형식은 없지만 의미는 존재하는 영형태소보다 형태소의 정의 측면에서 보면 더 문제가 크다는 것을 알 수 있다.

8 '의존성'이라는 개념을 세부적으로 나누면 음운론적 의존성, 통사론적 의존성, 의미론적 의존성 등으로 나눌 수 있다. 여기서 어떠한 형태소가 의존 형태소라는 말은 곧 그 형태소가 음운론적 의존성을 띠고 있다는 말과 일맥상통한다. 이와 같은 점을 염두에 둔다면 '새 운동화'의 '새'와 같은 관형사는 항상 후행 체언과 함께 나타나야 하고 '도울 것'의 '것'과 같은 의존 명사는 항상 관형어의 수식을 받아야만 하므로 이들은 통사적 자립성이 없는 것이라 할 수 있다. 따라서 '새'나 '것'과 같은 형태소도 자립 형태소로 볼 수 있을 것이다. 이들은 형태적 자립성이 없는 것이 아니기 때문이다.

형식 형태소에는 단어 형성의 기능을 띤 접사(接辭, affix)도 포함시킬 수 있다.

ㄱ. 까치 한 마리가 지붕(집웅)에서 먹이를 찾고 있다.

(ㄱ)에 쓰인 '지붕'과 '먹이'는 실질 형태소 '집'과 '먹'에 '웅'과 '이'가 붙어서 된 명사이다. '웅'은 '집'이라는 명사의 의미를 한정함으로써 또 다른 명사를 만들고 있으며 '이'는 동사 '먹'에 붙어 그것을 명사가 되게 하는 기능을 띠고 있다.

그런데 이때 접사 '웅'과 '이'는 의존 형태소이자 형식 형태소라는 공통점이 있지만 단어 형성에서 그 성격이 똑같지는 않다. '웅'은 단어 '지붕'을 구성하는 요소일 뿐이고 다른 어근에 붙어 단어를 형성하는 일이 거의 없기 때문에 그 기능이 소극적이고 비생산적이다. 이에 대하여 '이'는 비교적 많은 어근에 결합되며 '칸막이'와 같이 새로 어휘를 만들 적에도 활용되므로 그 기능이 적극적이고 생산적이다. 이러한 점을 중시하여 '웅'과 같은 것을 단어 구성소, '이'와 같은 것을 단어 형성소라 부르기도 한다.

이러한 구성소와 형성소의 구별은 단어 형성뿐만이 아니라 문장 형성에도 적용할 수 있다. '찾는다'의 '는'은 '찾았다'의 '았'과 계열 관계를 형성하므로 역시 의존 형태소이자 형식 형태소임을 알 수 있다. 그러나 '았'은 뒤에 오는 어미에 특별한 제약이 없는 데 비해 '는'은 뒤에 오는 어미가 '다'에 국한된다. 따라서 '는'은 문장 구성소라 할 수 있고 '았'은 문장 형성소라 할 수 있다. 이러한 점에 기반하여 최근에는 형성소와 구성소를 우리말 문법 전반에 적용하는 논의도 찾을 수 있다.

2.1.3. 형태소의 교체

형태소는 모습이 일정하지 않은 경우가 있다. 특히 문법적 기능을 표시하는 형태소들은 그 모습이 달라지는 일이 많다.[9] 앞에서 든 '하늘이'와 '혜미가'의 '이, 가'는 주격이라는 똑같은 문법적 기능을 표시하는 형태소인데도 불구하고 앞의 형태소의 음운론적 환경에 따라 모습이 달라진다. '이'는 자음으로 끝난 말 뒤에, '가'는 모음으로 끝난 말 뒤에 각각 실현된다. 그리고 '동화를'의 '를'도 앞의 말이 자음으로 되어 있으면 '신문을'과 같이 '을'로 실현된다. 이와 같이 하나의 형태소가 환경에 따라 모습을 달리할 때 그것을 각각 '형태(morph)'라고 하고 한 형태소의 교체형들을 그 형태소의 '이형태(異形態, allomorph)'라 한다.[10] 이러한 이형태들은 동일한 환경에서 그 출현이 겹치는 일이

---

9 이러한 사정은 어휘적 의미를 나타내는 어휘 형태소의 경우도 정도는 다르지만 마찬가지이다. 가령, '讀'이라는 어휘적 의미를 지니는 형태소 {읽}은 /읽/(읽어), /잉/(잉는), /익/(익찌), /일/(일꼬) 등과 같이 어떠한 환경에서 나타나는지에 따라 그 모습이 달라진다.

없다. '가'가 오는 자리에 '이'가 오면 안 된다는 것이다. 이를 '배타적 분포'라고 한다. 곧 이형태들은 그 의미나 기능은 동일하면서 전체 분포를 완성하고 있다. 이러한 점을 중시하여 배타적 분포를 '상보적 분포'라고도 부른다.

위에서 언급한 '이/가', '을/를'의 각 형태들은 음운론적 환경의 제약을 받아 나타나므로 음운론적으로 조건 지어진 이형태라 한다. 한편 이형태 가운데는 바뀌는 이유를 음운론적으로 설명할 수 없는 것이 있다. 앞에서 분석된 '읽었다'의 '었'은 양성 모음으로 된 '보다'의 어간 '보' 뒤에서는 '았'으로 교체되므로 두 형태는 음운론적으로 제약된 이형태라고 할 수 있다. 그러나 '하다'의 어간 '하' 뒤에서는 '였'으로 실현되므로 음운론적인 조건으로는 설명되지 않는다. 같은 'ㅏ'로 끝난 말 뒤에서는 '가았다(→갔다)'에서 보는 것처럼 '았'이 붙으나 '하다'에서는 '였'으로 실현되기 때문이다. 이러한 교체는 특수한 말에 국한하여 나타나므로 형태론적으로 조건 지어진 이형태라고 부른다.[11]

2.2. 단어

2.2.1. 단어의 개념과 정립 기준

단어(單語)는 낱말이라고도 일컬어진다. 일상생활에서 쓰이는 '영어 단어장', '낱말 정리, 낱말 풀이'라는 말에서 '단어'와 '낱말'의 쓰임을 볼 수 있다. 문법가의 취향에 따라 '단어'와 '낱말'이 사용되고 있는 경우도 있다. 그러나 이들 용어는 문법적으로는 큰 차이가 있다고 보기 어렵다.

그렇다면 문법론에서 다루는 단어의 뜻은 무엇일까? 문법가에 따라서는 앞에서 확인한 '하늘이'와 같은 어절(語節)을 단어로 보기도 하며 더 분석된 단위를 단어로 취급하기도 한다. 앞에서 들었던 다음 문장을 다시 보기로 한다.

(1) 혜미가 동화를 읽었다.

---

10 '형태'와 '이형태'가 실제로 가리키는 대상은 다르지 않다. 그러나 전자가 단순히 형태소가 구체적으로 실현된 것이라면 후자는 형태소와의 관계까지 고려된 것이라는 차이가 있다. 예컨대, 형태소 {꽃}이 조사 '만' 앞에서 /꼰/으로 실현되었다면(/꼰만/) 이때 /꼰/ 그 자체를 나타낼 때는 형태라고 하지만 형태소 {꽃} 과의 관계에서는 {꽃}의 이형태가 되는 것이다.

11 자음이나 모음은 엄밀하게는 음운이 아니라 음성에 해당하므로 '음운론적으로 조건 지어진'을 '음성적으로 조건 지어진'으로 표현하는 일이 있다. 이와 마찬가지로 '형태론적으로 조건 지어진'에서 '형태론'은 대체로 특정 어휘에 국한되므로 이를 '어휘적으로 조건 지어진'으로 표현하기도 한다.

주시경 등의 초기의 문법가들은 문장 (1)이 다음 6개의 단어로 짜여진 것으로 보았다. 현대적 관점에서 각각의 어미 모두에 적용된 것은 아니지만 그래도 어미에도 단어의 자격을 부여하고 있다는 점에서 특징이 있다. 이러한 입장을 분석적 견해라고 한다.

    (2)   혜미, 가, 동화, 를, 읽, 었다

최현배 등 한글 맞춤법의 제정에 참여하였던 학자들은 (1)의 문장을 다음 다섯 개의 단어로 보았다.

    (3)   혜미, 가, 동화, 를, 읽었다

조사는 물론 어미에도 단어의 자격을 부여하였던 앞의 분석적 견해와는 달리 '었'이나 '다'와 같이 의존 형태소라 하더라도 그것이 붙는 말이 '읽'과 같이 자립성이 없을 때는 단어로 보지 않았다. '읽었다'가 주시경에서는 두 단어였으나 최현배에 와서는 한 단어로 처리된 것이다. 그러나 자립 형태소에 붙는 의존 형태소를 단어로 보는 데는 차이가 없었다. 즉 조사에는 단어의 자격을 부여하고 어미에는 단어의 자격을 부여하고 있지 않은데 이러한 입장을 절충적 견해라고 한다.

그러나 정렬모나, 이숭녕 등의 역사 문법가들은 (1)의 문장을 다음과 같이 세 단어로 분석하였다.

    (4)   혜미가, 동화를, 읽었다

자립 형태소에 붙는 의존 형태소까지 단어로 보지 않았으니 이는 곧 어절을 단어로 보는 관점이다. 북한에서도 조사를 어미와 함께 토라 하여 단어의 한 부분으로 처리하고 있으니 어절을 단어로 보는 관점을 취하고 있다고 말할 수 있다. 이는 결국 조사와 어미 모두에 단어의 자격을 부여하고 있지 않는 입장인데 이를 종합적 견해라고 한다.

위의 어느 문법 모형에 따라도 단어는 형태소와는 같지 않다. 이곳에서는 최현배 등의 절충적 단어관(單語觀)에 따라 국어 단어의 정립 기준을 알아보기로 한다.

(3)에서 우선 '혜미, 동화, 읽었다'가 단어가 되는 것은 이들의 자립성을 인정할 수 있기 때문이다. 자립성을 띠었다는 것은 앞의 '어절'에서 본 바와 같이, 앞뒤에 숨의 끊어짐, 곧 휴지(休止, pause)가 올 수 있음을 의미한다. '혜미'는 자립 형태소가 그대로 단어가 된 것이요, '동화, 읽었다'는 의존 형태소가 결합하여 단어가 된 것이다.

다음으로 (3)의 '가, 를'은 의존 형태소임에 틀림없지마는 많은 학자들에 의하여 단어의 취급을 받아 왔다. '읽었다'의 '었다'와 같이 실질 형태소에 붙는다는 사실에 근거한다면 단어의 자격이 없다고 하겠지만 그 형태소의 구조적 양상이 다르다는 점을 중시하여 달리 처리한 것이다. 곧 '가, 를'이 붙는 말은 자립 형태소인 데 대해 '었다'가 붙는 말은 의존 형태소이다. '읽'은 '었다'와 결합되어야만 자립성을 발휘할 수 있으나 '혜미, 동화'는 그 자체로도 자립할 수 있다. '가, 를'은 의존 형태소이지만 앞의 말과 쉽게 분리될 수 있는 것이다. 이러한 분리성은 그 앞에 다른 조사가 개입될 수 있다는 점에 의해서도 분명해진다.

(5) 가. 혜미만이 동화를 읽었다.
     나. 혜미가 동화까지를 읽었다.

조사를 단어로 인정하는 학자들은 영어의 관사, 전치사나 중국어의 허사(虛辭)가 자립성은 없어도 단어로 인정되는 사실을 들기도 한다. 국어의 조사가 영어, 중국어의 그러한 부류들과 성질이 꼭 같지는 않지만 조사의 단어 성립을 뒷받침할 수 있다.

요컨대 국어 단어의 정립 기준은 자립성과 분리성이라고 말할 수 있다. 그러나 이 두 가지 조건의 제시만으로 단어가 완전히 정립되지는 않는다. 따라서 부대적 조건을 알아 둘 필요가 있다.

(6) 가. 식탁에는 먹을 것이 많다.
     나. 맛이 어떤지 먹어 보아라.

(6가, 나)의 '것'과 '보아라'는 각각 의존 명사와 보조 동사로서 자립성이 결여되어 있다. 그러나 일반적인 자립 형태소가 실현되는 환경에서 나타나고[12] 의미도 완전히 문법적인 것은 아니므로 '준자립어(準自立語)'로 처리될 만한 것이다. 따라서 이런 말들은 단어의 테두리 안에 들어온다.

(7) 사람들이 많이 모였다.

---

12 앞에서 언급한 바와 같이 의존 명사와 보조 동사는 통사적 자립성이 없을 뿐이고 다른 자립 형태소와 마찬가지로 형태적 자립성을 지닌다.

위의 문장에 나타나는 '들'은 자립 형태소 '사람'에 붙었다는 점에서 (5)의 '헤미만이'의 '만'과 차이가 없다. '만'은 모든 명사류에 다 붙을 수 있으나 '들'은 그렇지 않다. 간단한 보기로 "하늘만 쳐다보아라."는 성립하지만 "*하늘들을 쳐다보아라."는 성립될 수 없다. 아무리 체언에 붙는 말이라고 하더라도 보편성이 결여되어 있으면 단어의 자격이 없는 것이다.[13]

이상의 논의에 따르면 단어는 분리하여 자립적으로 쓸 수 있거나 이에 준하는 말과 자립성이 있는 말 다음에 붙어 문법적 기능을 하는 말로 정의할 수 있다. 이렇게 정립된 단어는 어절과 밀접한 관련을 맺고 있다. 한 어절이 그대로 한 단어가 되는가 하면 두 단어가 모여서 한 어절이 되기도 한다. '읽었다'는 '한 어절 한 단어'인 데 대하여 '헤미가, 동화를'은 '한 어절 두 단어'가 되는 것이다.[14]

일반적으로 의존 형태소는 그 앞이나 뒤에 붙임표('-')를 둔다. 그러나 조사와 같은 의존 형태소는 단어의 자격이 있다고 하여 붙임표를 두지 않는다. 이러한 관계를 다음과 같은 방식으로 표시하기로 한다.

(8)   읽-, -었-, -다

'읽-'은 '읽' 다음에 다른 형태소가 필수적으로 와야 함을 가리키고 '-었-'은 '었'의 앞과 뒤에 다른 형태소가, '-다'는 '다' 앞에 다른 형태소가 각각 온다는 사실을 의미하는 것이다.[15]

한 문장은 의미를 기준으로 할 때 궁극적으로 형태소의 결합에 의해 이루어진다. 그러므로 형태소는 문법 기술에서 매우 중요한 자리를 차지한다. 이는 상대적으로 단어의 위치를 낮추는 결과를 가져 온다. 그러나 품사 분류를 논의한다든지 단어 형성의 문제를 이야기할 때는 단어에 대한 지식이 절대적으로 필요하다.[16]

---

13 '들'이 모든 명사류에 결합할 수는 없지만 명사류 이외에도 매우 다양한 단어와 결합할 수 있다는 점에서 조사의 하나로 보는 관점도 있다.

14 '조사'와 '어미'를 단어로 인정하지 않는 종합적 견해에서는 '더 작은 자립 형식으로 분리될 수 없는 자립 형식', 즉 최소 자립 형식(minimal free form)으로 단어를 정의할 수 있다. 실제로 '최소 자립 형식'은 전통적으로 단어를 정의하는 기준으로 널리 사용되어 왔다.

15 이미 1장은 이러한 원칙에 따라 붙임표를 표시한 바 있다.

16 '단어'는 문법론의 용어로 쓰이기 이전부터 다양한 대상을 가리키는 일상어로 널리 쓰여 왔고 문법론에서 다루는 단어라고 할지라도 실제로 매우 다양한 특성을 지녀 단어를 일률적으로 정의하기란 매우 어렵다. 따라서 최근에는 초점에 따라 단어의 범위를 달리 규정하는 일이 늘고 있다. 즉 단어가 지닌 음운적 특성(음운론적 단어: 음운 규칙의 적용 단위), 통사적 특성(통사론적 단어: 통사론의 기본 단위), 인지적 특성(등

2.2.2. 품사 분류 기준과 실제

2.2.2.1. 품사 분류 기준

품사란 단어를 문법적 성질의 공통성에 따라 몇 갈래로 묶어 놓은 것이다. 주시경은 품사를 처음에는 '기'라 불렀고 나중에는 '씨'란 말로 바꾸었다. '씨'를 비롯한 우리말 문법 용어는 최현배에 의해 확대·사용되어 왔다.

국어에는 몇 개의 품사가 있을까? 이 문제를 둘러싸고 역대 문법가들은 적게는 5품사에서 크게는 13품사에 이르기까지 서로 다른 품사 분류론을 펼쳐 왔다. 이렇게 의견이 구구했던 것은, 이미 앞에서 살펴본 바와 같이, 무엇보다 단어를 보는 눈이 서로 달랐기 때문이었다. 그리고 품사 분류에 대한 기준의 차이 또한 커다란 원인으로 지적될 수 있다.

품사 분류의 기준으로는 일반적으로 의미, 기능, 형식의 셋을 든다. 의미(뜻, meaning)란 개별 단어의 어휘적 의미가 아니다.

> (1) 가. 깊이, 깊다
>   나. 높이, 높다

(1가, 나)에는 각각 '깊', '높'이란 말이 공통되어 있고 그 의미도 '深, 高'를 가리키기 때문에 (1가)와 (1나)를 각각 한 테두리에 넣을 수도 있다. 그러나 이때의 의미는 개별적인 단어의 어휘적 의미로서 품사 분류의 기준으로는 큰 의의가 없다. 품사 분류에 필요한 것은 형식적 의미로서 같은 품사로 묶이는 단어들이 공통적으로 가지는 추상적 의미이다. 이를 보다 구체화하면 어떤 단어가 사물의 이름을 나타내느냐 그렇지 않으면 움직임이나 성질·상태를 나타내느냐 하는 것이다. 이렇게 본다면 (1가)의 '깊이'와 (1나)의 '높이'가 오히려 한 덩어리로 묶일 수 있고 (1가)의 '깊다'와 (1나)의 '높다'가 또 다른 덩어리가 될 수 있다. 그것은 앞의 말들이 사물의 이름을 표시하고 뒤의 말들이 그 상태를 표시한다는 형식적 의미의 공통성에 따른 결과이다.[17]

재소: 화자의 기억 단위) 등을 분리하여 이러한 특성에만 초점을 맞추어 단어를 정의하기도 하는 것이다. 종합적 견해는 음운적 특성에 따른 단어의 범위와 직접적으로 관련되고 분석적 견해는 통사적 특성에 따른 단어의 범위와 흡사한 구석이 있다.

17 '의미'는 '기능'이나 '형식'에 비해 다소 모호한 측면이 있어 품사 분류 기준에서 중요하게 다루어지지 않는 경향이 있었다. 그러나 실제로 품사의 정의를 제시할 때에는 의미적 특성이 매우 유용하다. 뿐만 아니라 언어 유형론적 관점에서 서로 다른 언어의 품사를 비교한다면 '의미'가 가장 중요한 기준이 된다.

다음으로 품사 분류 기준으로서의 기능(구실, function)은 한 단어가 문장 가운데서 다른 단어와 맺는 관계를 통해 어떤 역할을 하는가를 가리킨다.

    (2)   가. ① 이 샘의 <u>깊이</u>가 얼마냐?
               ② 저 산의 <u>높이</u>가 얼마냐?
        나. ① 이 샘이 <u>깊다</u>.
            ② 저 산이 <u>높다</u>.

(2가)에서 '깊이'와 '높이'는 다 같이 문장의 주어로 쓰이고 있으므로 이 둘은 문장에서 차지하는 기능이 같다. 또 (2나)에서 '깊다'와 '높다'는 문장의 서술어로 쓰이고 있다. 따라서 이 둘도 문장에서 차지하는 기능이 같다.

우리는 앞에서 '깊이'는 '높이'와 형식적 의미가 공통됨을 확인한 바 있었는데 이곳에서는 이들의 기능적 공통성도 발견할 수 있다. 이렇게 단어들이 그 의미와 기능이 서로 공통되면 같은 품사로 묶여질 수 있는 것이다.

끝으로 품사 분류 기준으로서의 형식(꼴, form)은 단어의 형태적 특징을 의미하는 것으로 문장에서 단어의 모습이 변화하는가를 가리킨다.

    (3) 그래, 혜미가 저 동화를 빨리 읽었다.

만약 (3)에서 '혜미, 동화'에 붙는 '가, 를'을 독립된 단어로 보지 않으면 이들을 변화하는 단어로 보아야 한다. 그러나 이곳에서는 그런 태도를 취하지 않고 '혜미, 동화'는 변화하지 않는 단어로 본다. 변화하지 않는 단어에는 (3)의 첫머리 말인 '그래'와 '저', '빨리'도 포함된다. 그러나 '읽었다'는 사정이 다르다. 이 말은 '읽-'이 어간이 되고 이 말에 어미가 붙어 다음과 같이 여러 가지 모습으로 변화를 일으킨다.[18]

예컨대, 형식이나 기능적 기준에 따르면 국어의 형용사는 동사와 유사한 성격을 지니고 영어의 형용사는 명사와 유사한 성격을 지녀 두 언어에서의 형용사는 비교가 불가능하다. 그러나 '상태를 나타내는 말'이라는 의미적 기준을 적용한다면 비로소 두 언어의 형용사를 비교할 수 있게 된다. 따라서 품사 분류에서 '의미'도 '기능'이나 '형식' 못지않게 중요한 기준이 된다고 할 수 있을 것이다.

18 국어는 교착어이므로 엄밀하게 따지면 동사의 어간 '읽-'의 형식이 그대로 유지된다. 따라서 국어 품사 분류 기준으로 '형식'을 적용하기 어렵다고 주장할 수도 있다. 이러한 경우에는 '형식' 대신 '분포(distribution)'를 품사 분류 기준에 넣을 수 있다. 분포란 어떠한 단어가 어디에 나타나는지를 말하는 것인데, 이에 따르면 동사는 어미 앞에 나타난다는 분포를 바탕으로 분류할 수 있을 것이다.

(4)
$$
\text{읽} \begin{cases} \text{었다} \\ \text{는다} \\ \text{는구나} \\ \text{어라} \\ \vdots \end{cases}
$$

물론 같은 변화하는 말이라도 성질에 따라 모습을 달리하는 일이 있다.

(5)　가.
$$
\text{희} \begin{cases} \text{었다} \\ \text{다} \\ \text{구나} \\ {}^{*}\text{어라} \\ \vdots \end{cases}
$$
　나.
$$
\text{(책)이} \begin{cases} \text{었다} \\ \text{다} \\ \text{로구나} \\ {}^{*}\text{어라} \\ \vdots \end{cases}
$$

　(4)와는 달리 (5가, 나)에는 '-는다' 대신 '-다'가 오고 (4)에 붙는 명령의 '-어라'가 붙지 못한다. 또 (4)에는 '-는구나', (5가)에는 '-구나', (5나)에는 '-로구나'가 붙어 그 모습이 조금씩 다르다.

2.2.2.2. 품사 분류의 실제

　전통적인 품사 분류에서는 의미, 기능, 형식 가운데서 기능이 가장 우선적으로 고려된 경우가 많았다. 여기서는 1963년에 공포된 '학교 문법 통일안'의 9품사 체계에 따라 품사 분류 기준을 적용하여 국어의 품사를 가르기로 한다.

　(6)　혜미가 동화를 읽었다.
　(7)　나도 그것이 더 좋다.
　(8)　사과 하나가 떨어졌다.

　(6)의 '혜미, 동화'는 각각 사물의 명칭을 표시하는 말이다. 이는 앞에서 말한 의미의 기준을 충족시키므로 명사[이름씨]라고 한다. (7), (8)도 같은 의미 기준에 따라 대명사[대이름씨], 수사[셈씨]로 묶인다. (7)의 '나, 그것'은 명사를 대신하여 쓰는 말이기 때문에 대명사라 하고 (8)의 '하나'는 사물의 수량을 가리키는 말이기 때문에 수사라는 이름이 붙었다.
　(6)~(8)에 나타나는 명사, 대명사, 수사는 문장의 몸, 주체(임자)되는 자리에 나타나는

일이 많으므로 체언(體言)[임자씨]이라고 부르기도 한다. 이들 단어류는 목적어나 서술어로 나타나는 일도 없지 않으나 뚜렷한 기능이 주어적인 쓰임이기 때문에 전통적으로 이런 이름이 사용되어 왔다. 명사, 대명사, 수사는 품사 분류 기준 가운데 의미의 공통성에 바탕을 둔 이름이지만 체언은 이들 품사들이 가지고 있는 기능의 공통성에 근거한 이름인 것이다.

한편 (6)~(8)의 체언에는 '가, 를, 도, 이' 등의 말이 붙어 있다. 이 말들은 자립성이 있는 말에 붙어 다른 말과의 관계를 표시하므로 조사(助詞)[토씨]라 부른다. 이들 단어의 중요한 기능이 관계적이라고 하여 관계언(關係言)[걸림씨]이라고 부르기도 한다. '토씨'란 말은 한문을 읽을 때 구두점과 같이 사이사이 넣는 토(吐)[口訣]에서 따온 말이다. 주시경 등의 초기 문법가들은 어미까지 토씨에 포괄시켰으나 최현배에 와서는 체언에 붙는 토에 한정하여 토씨, 곧 조사로 불러 지금까지 쓰이고 있다.

그런데 조사 가운데는 서술격 조사 '이다'도 들어올 수 있다.

(9) 그것이 책이다.

(9)의 '이다'는 이 문장의 주어 '그것이'의 '이'와 비교해 보면 체언에 의존한다는 공통성을 띠고 있으므로 조사의 성격이 있는 것만은 분명하나 (5나)에서 제시한 바와 같이 모습이 변화한다는 또 하나의 특성을 지니고 있다.

(4)와 (5)에서 형식이 변화하는 양상에서 차이가 있었던 단어들은 의미의 측면에서도 공통성을 가지는 것들로 묶을 수 있다.

(10) 가. 아기가 <u>웃는다</u>.
　　　나. 나팔꽃이 <u>핀다</u>.
(11) 가. 혜미는 <u>착하다</u>.
　　　나. 하늘이 <u>흐리다</u>.

(10)의 '웃는다, 핀다'는 움직임을 표시하는 말이다. (10가)는 사람의 움직임, 곧 동작을, (10나)는 자연의 움직임, 곧 작용을 나타낸다. 이 두 움직임, 곧 동작과 작용은 의미면의 기준을 충족시키므로 이들을 동사[움직씨]라 부른다.

(11)의 '착하다, 흐리다'는 성질이나 상태를 형용하는(그려내는) 말이다. (11가)는 사람의 성품을, (11나)는 날씨의 상태를 각각 그려낸다. 성질이나 상태의 형용은 의미면의 공통성이므로 이들을 형용사[그림씨]라 이름 짓는다.

이러한 동사와 형용사는 의미상의 차이뿐만 아니라 형식상의 차이도 보여 준다. (10)에는 종결 어미가 '-는/ㄴ다'로 끝나 있으나 (11)에는 '-다'로 되어 있다. 곧 동사와 형용사는 의미와 형식에 의해서 갈라진 것이다.[19]

동사와 형용사는 공통성도 띠고 있다. 두 단어류가 다 주체를 서술하는(풀이하는) 기능을 갖고 있다. 이런 점에 근거하여 동사, 형용사를 용언(用言)[풀이씨]이라고 부른다. 동사·형용사는 서술격 조사 '이다'와 공통성을 띠고 있다. 세 단어류는 모두 모습이 변화하는 말이다. 이처럼 모습이 변화하는 것을 활용(活用)이라고 하는데 이러한 형식면에 공통성에 근거하여 동사, 형용사, 그리고 서술격 조사 '이다'를 합쳐 활용어(活用語)라 부르기도 한다.

단어 가운데는 다른 말 앞에서 그 말의 내용을 한정해 주는 것들이 있다.

    (12) 가. <u>새</u> 책이 많다.
           나. <u>헌</u> 옷부터 먼저 빨아라.
    (13) 가. <u>어서</u> 다녀오너라.
           나. 꽃이 <u>매우</u> 예쁘다.

(12)의 '새, 헌'은 명사 앞에서 그 뜻을 '어떠한'의 방식으로 좀 더 분명하게 제한해 준다는 기능상의 공통성이 있으므로 관형사(冠形詞)[매김씨]라고 한다. (13)의 '어서, 매우'는 동사 '다녀오너라'와 형용사 '예쁘다' 앞에서 그 뜻을 '어떻게'의 방식으로 좀 더 분명하게 제한해 준다는 점에서 부사(副詞)[어찌씨]라고 한다.

(12), (13)의 관형사와 부사는 공통성도 발견된다. 두 단어류는 크게 보아 다른 말을 수식해(꾸며) 주는 기능상의 공통성이 인정되므로 수식언(修飾言)[꾸밈씨]으로 묶을 수 있다. 수식언은 또 활용하지 않는다는 형식상의 공통성도 있다.

단어들 가운데는 문장의 다른 성분들과 특별한 관계를 가지지 않는 부류도 있다.

    (14) 가. <u>아!</u> 벌써 달이 뜨는구나!
           나. <u>그래</u>, 빨리 가 보자.

위의 '아, 그래'는 화자의 느낌(14가)과 응답(14나)을 표시하는 말이다. 이러한 의미상

---

[19] '재미나다', '모자라다'는 의미적 기준으로 볼 때에는 형용사로 생각될 수 있겠지만 그 품사는 동사이다. 이는 실제로 동사와 형용사를 구분할 때 의미적 기준보다는 형식적 기준인 '-는/ㄴ다'와의 결합 여부가 더 중요하다는 것을 보여 주는 것이다.

의 특징에 근거하여 감탄사(感歎詞)[느낌씨]라고 부른다. 이들은 기능상으로 보아 따라오는 문장과 관련을 짓지 않고 독립해서도 쓰일 수 있으므로 독립언(獨立言)[홀로씨]이라고도 일컫는다. 감탄사도 관형사, 부사와 같이 활용하지 않는다.

지금까지 살펴본 품사들은 형식을 기준으로 할 때는 크게 두 가지로 나눌 수 있다. 활용어는 활용을 하므로 가변어(可變語, inflected word)라 부르기도 한다. 이에 대해 관형사, 부사, 감탄사는 활용을 하지 않는 단어류이므로 불변어(不變語, uninflected word)가 된다. 체언은 자립성을 발휘하므로 역시 불변어의 테두리에 들어온다. 조사는 문법적 관계를 표시한다는 점에서 어미와 비슷한 점이 없지 않다. 그러나 분리적 성격을 중시하여 단어의 자격을 인정하였으므로 역시 불변어의 테두리에 들어온다. 서술격 조사는 이미 활용어에 편입시켰으므로 가변어에 속한다.

이제 이상에서 살펴본 국어의 아홉 품사를 형식, 기능, 의미 기준을 차례차례 적용하여 정리해 보이면 다음과 같다.[20]

(15)

```
            ┌ 체 언 ┌ 명 사
            │       │ 대명사
            │       └ 수 사
            │
      ┌ 불변어 ┤ 수식언 ┌ 관형사
      │       │        └ 부 사
      │       │
단어 ┤       │ 독립언 ─ 감탄사
      │       └ 관계언 ─ 조 사
      │                  (서술격 조사)
      │
      └ 가변어 ┤ 용 언 ┌ 동 사
                      └ 형용사
```

(15)에서 자립성이 상대적으로 가장 강한 것은 감탄사이다. 감탄사는 독립적으로 쓰이는 일이 많다. 다음으로는 체언, 용언으로 순서가 매겨진다. 그 다음으로는 부사와 관형사이다. 부사는 그 자체만으로 질문에 대한 대답이 될 수 있는 등 자립할 수 있는 경우가 없지 않으나 관형사는 자립성이 거의 인정되지 않는다. 체언에 매여서만 쓰일 수 있다.

---

20 전통적인 품사 분류에서는 '기능'을 가장 먼저 적용하고 '형식', '의미'를 차례로 적용하는데, 그 결과는 (15)와 다르지 않다. 왜냐하면 불변어와 가변어를 먼저 구분하지 않더라도 '기능'을 중심으로 '체언', '수식언', '독립언', '관계언', '용언'이 구분되는 데에는 큰 문제가 없기 때문이다.

이런 점에서 보면 관형사는 실질 형태소라는 점 이외에는 조사와 흡사한 부분이 있다.

경계를 긋기가 다소 어려운 점이 없지 않으나 단어를 자립성의 여부에 따라 자립어와 의존어로 나눈다면 그래도 실질 형태소인 관형사까지가 자립어(自立語)이고 조사는 의존어(依存語)가 된다. 그 관계를 정리해 보이면 다음과 같다. 자립어는 자립성의 정도가 한결같지 않으므로 '>'로써 그 정도를 구분하기로 한다.

    (16) 자립어: 감탄사 > 체언 > 용언[21] > 부사 > 관형사
           의존어: 조사

이상과 같이 학교 문법 통일안의 품사 체계를 중심으로 국어의 품사 분류론을 펼쳐 보았다. 그러나 조사를 단어로 인정하는 문법가들 가운데서도 분류 기준의 차이로 말미암아 세부적으로는 일치되지 않는 부분이 많다. 대명사, 수사를 독립시키지 않고 명사에 넣는 일도 있고 수사를 대명사에 넣는 일도 볼 수 있다. 앞서 문제를 제기한 바와 같이 서술격 조사 '이다'를 용언의 한 가지로 보아 지정사[잡음씨]라 부르는 일도 있고 전혀 단어의 자격을 주지 않는 일도 있다. '있다, 없다'를 존재사라 하여 독립된 품사의 자격을 주기도 하고 '그리고, 그러나'와 같은 접속 부사를 접속사라고 하여 독립시키기도 한다. 이러한 문제들은 해당 부분에서 자세히 다루기로 한다.

▌서술격 조사 '이다'와 품사 분류 기준으로서의 '형식' ▌

서술격 조사 '이다'는 조사 가운데 유일하게 형식이 변화하는 단어이다. 따라서 조사에는 형식이 변화하는 것과 변화하지 않는 것 두 가지가 모두 공존함으로써 품사 분류 기준의 적용에 문제를 초래하게 되었다. 최근의 논의에서는 서술격 조사가 다른 용언들과 가지는 공통성에 초점을 두어 용언의 한 가지로 인정하려는 견해도 제시되고 있다. 서술격 조사가 어떤 품사에 해당하는가에 대해서는 여러 가지 견해가 있을 수 있지만 적어도 조사의 일종이 아니라 용언의 하나로 보게 되면 품사 분류 기준의 적용에 따른 모순을 피할 수 있는 길이 열리게 된다.

---

21 품사는 단어를 분류한 것으로서 여기서 용언은 용언 어간과 활용 어미가 결합한 것을 가리킨다. 활용 어미가 결합하지 않은 용언 어간 '읽-', '푸르-'는 단어가 아니다.

더 읽을거리

1. 형태소 분석과 공형태소

형태소 분석의 한계에 대해서는 고영근(1978)을 참고할 수 있다. 고영근(1978)에서는 '음운론적 현현(顯顯) 방식의 유사성'이라는 형식적 기준만으로도 형태소를 분석할 수도 있다고 주장한다. 이러한 방식으로 분석된 형태소는 의미는 없고 형식만 있기에 '공형태소'라고 한다. 그런데 공형태소는 '의미를 가진 최소의 단위'라는 형태소의 정의에 어긋난다는 점에서 논란의 대상이 되어 왔다. 공형태소와 관련한 논란에 대해서는 시정곤(2000), 이선웅(2009), 시정곤(2010), 이홍식(2013) 등을 참고할 수 있다.

한편, 공형태소는 이전 시기의 형태소가 통시적 변화를 겪어 의미는 사라지고 형식만 남아 있는 경우라고 할 수 있다. 이는 형태소 분석에 있어 통시적 사실을 얼마나 고려해야 하는가라는 문제를 고민하게 한다. 형태소는 공시적 쓰임을 고려하여 분석하는 것이 원칙이지만 통시적 사실을 고려한 형태소 분석은 공시적으로 설명하기 어려운 특이한 언어 사실을 설명하는 데 유용하다. 이러한 관점에서 통시적 관점을 고려하여 '(으)려고'와 같은 형태소를 "관형사형 어미 '(으)ㄹ' + 의존 명사 '이' + 서술격 조사 '아' + 선어말 어미 '-거' + 연결 어미 '-고'"로 분석하는 아주 극단적인 입장을 취하는 경우도 있다. 이에 대해서는 서태룡(1988: 103-108)을 참고할 수 있다.

2. 이형태 교체의 조건

이 책에서는 교체의 조건을 음운론적인 것과 형태론적인 것으로 나누었고 이를 각각 음성적인 것과 어휘적인 것으로 간주할 수도 있다고 하였다. 그러나 논의에 따라서 통사론적 조건, 의미론적 조건, 화용론적 조건을 포함시키는 경우도 있다. 예컨대 명령문과 청유문의 부정문에서는 '않다' 대신 '말다'가 쓰이는데 이는 문장 유형이라는 통사론적 조건에 의한 이형태 교체로 볼 수 있고 유정/무정 명사에 따라 부사격 조사 '에'와 '에게'가 교체되는 것은 의미론적 조건에 의한 이형태 교체로 볼 수 있다. 뿐만 아니라 부사격 조사 '에게'와 '한테' 등은 문어/구어와 같은 화용적 환경에 따라 그 쓰임이 결정되므로 화용론적 조건에 의한 이형태 교체로 볼 가능성도 있다. 그러나 '않다/말다', '에/에게', '에게/한테' 등이 한 형태소의 이형태로 볼 수 있을지는 여전히 논란이 된다. 교체의 조건에 대한 최근의 논의로는 고영근(2005, 2018나: 117 각주), 배주채(2017)을 참고할 수 있다.

3. 교체의 동기와 규칙화 가능성

이형태 교체는 교체가 일어나는 동기에 따라 '자동적 교체/비자동적 교체'로 나눌 수도 있고 규칙화 가능성에 따라 '규칙적 교체/불규칙적 교체'로 나눌 수도 있다. 여기서 규칙적 교체와 불규칙적 교체는 규칙성을 어떻게 파악하느냐에 따라 다양한 논의가 가능하다. 가령, 규칙성을 이분법이 아니라 정도성의 관점에서 이해한다면 규칙적 교체 중 일부는 불규칙적 성격을 띨 수 있을 것이며 불규칙적 교체 중 일부는 규칙적 성격을 띨 수도 있다. 또한 규칙화 가능성과 예측 가능성 중 무엇을 기준으로 규칙성을 파악하느냐에 따라 규칙적 교체와 불규칙 교체는 달라질 수 있다. 교체의 성격에 대한 최근의 논의로는 이진호(2014가, 나: 8장), 이홍식·이은경 (2017), 최형용(2013가: 93-100)를 참고할 수 있다.

4. 단어의 정의, 단어 개념의 해체

단어는 문법론의 용어로 쓰이기 이전부터 다양한 대상을 가리키는 일상어로 널리 쓰여 왔고 문법론에서 다루는 단어라고 할지라도 실제로 매우 다양한 특성을 지녀 단어를 정의하기란 매우 어렵다. 이로 인해 단어가 지닌 음운적 특성(음운론적 단어: 음운 규칙의 적용 단위), 통사적 특성(통사론적 단어: 통사론의 기본 단위), 인지적 특성(등재소: 화자의 기억 단위) 등을 분리하여 논의의 목적에 따라 이러한 특성에만 초점을 맞추어 단어를 다시 정의하기도 한다. 이에 대한 논의로는 박진호(1994가), 최형용(2003가: 2장), 시정곤(1998나: 49-60), 황화상 (2001: 36-43)을 참고할 수 있다.

5. 품사 분류에 대한 전반적 논의

품사 분류와 관련된 문제의 전반에 대해서는 이광정(2003, 2008), 구본관(2010), 최형용 (2013가)를 참고할 수 있다. 한편, 품사 분류 기준으로서의 '분포'에 대해서는 Tallerman (2005: 2장)을, 통사론적 관점에서 살펴본 개별 품사의 특징에 대해서 남기심 외(2006)을 참고 할 수 있다.

6. '이다'의 품사 설정 논란

'이다'의 범주에 대해서는 매우 많은 논란이 있었다. 이러한 논란에 대해서는 우순조(2000), 엄정호(2000), 최기용(2001), 시정곤(2002), 양정석(2003), 황화상(2005) 등을 참고할 수 있다. '이다'가 형성하는 구문의 통사적 특성에 대해서는 남길임(2004: 3장, 167-171, 178-180)을 참고할 수 있다.

7. 형성소와 구성소

우리는 생산성에 기반하여 어소라는 개념이 형성소와 구성소로 나뉘고, 형성소와 구성소는 다시 각각 문장 형성소/문장 구성소, 단어 형성소/단어 구성소로 나뉜다는 점을 언급한 바 있다. 이와 관련된 논의는 고영근(1993: 28-42)에서 시작되었다. 최형강(2009)에서는 형성소라는 개념을 원용하여 어근 분리 현상을 설명하고자 한 바 있다. 한편 형성소와 구성소라는 개념에 대한 비판적인 검토는 최형용(2002가)와 오규환(2017)에서 이루어진 바 있다. 고영근(2018나)는 형성소와 구성소의 개념을 우리말 문법의 전반에 걸쳐 적용하고 있다는 점에서 주목을 끈다.

연습 문제

1. 아래에 제시된 자료를 바탕으로 다음의 물음에 답해 보자.

> 국수라고 하면 저마다 떠오르는 이런저런 기억이 있을 것이다. 이를테면 시장바닥에서 쪼그려 앉아 먹는 싼값이지만 감칠맛 있는 잔치국수라든가, 한여름에 할머니가 해 주시던 시원한 콩국수며, 자취방의 늦은 점심으로 신 김치와 고추장을 듬뿍 넣어 벌겋게 비벼 낸 비빔국수 등, 우리는 서로 다르고 그만큼 특색이 있는 여러 국수를 먹어 왔다. 국수라는 공통점이 있지만 이 국수들은 모두 나름의 준비와 절차를 통해 만들어진다. 아무리 그저 허기를 채우려 한다 하더라도 어떤 국수를 만들려면 그에 맞는 구상이 필요하다.
>
> 신형기의 「국수 만들기」 중

(가) 제시된 자료를 계열 관계와 통합 관계를 이용하여 형태소로 분석해 보자.

(나) (가)에서 분석한 형태소를 자립 형태소와 의존 형태소로 분류해 보자.

(다) (가)에서 분석한 형태소를 실질 형태소와 형식 형태소로 분류해 보자.

2. '연습 문제 1'에 제시된 자료를 바탕으로 다음의 물음에 답해 보자.

(가) 분석적 견해의 입장에서, 제시된 자료를 단어로 분석해 보자.

(나) 종합적 견해의 입장에서, 제시된 자료를 단어로 분석해 보자.

(다) 절충적 견해의 입장에서, 제시된 자료를 단어로 분석해 보자.

(라) (다)에서 분석한 단어를 학교 문법의 9품사 체계에 맞추어 분류해 보자.

1. 아래에 제시된 자료를 보고 다음의 물음에 답해 보자.

---

(1) 지수는 학교에서 출발하였다.
　　지수는 영호에게서 선물을 받았다.
　　참고 지수는 학교에 갔다.
　　　　　지수는 영호에게 선물을 주었다.

(2) 지수는 반장으로서 맡은 바 일에 최선을 다했다.
　　아버지께서 집에 일찍 오셨다.
　　참고 지수는 반장으로 맡은 바 일에 최선을 다했다.
　　　　　나는 아버지께 선물을 드렸다.

(3) 지수는 공부를 열심히 하고도 좋은 성적을 받지 못한다.
　　참고 지수는 공부를 열심히 하고 좋은 성적을 받는다.
　　　　　지수는 공부를 열심히 하여 좋은 성적을 얻는다.
　　　　　지수는 공부를 열심히 하여도 좋은 성적을 얻지 못한다.

(가) (1)의 밑줄 친 부분은 형태소 분석이 가능한가? 가능하다면 그 근거는 무엇이고 분석된 각
　　각의 형태소의 의미는 무엇인가? 불가능하다면 그 근거는 무엇인가?

(나) (2)의 밑줄 친 부분은 형태소 분석이 가능한가? 가능하다면 그 근거는 무엇이고 분석된 각
　　각의 형태소의 의미는 무엇인가? 불가능하다면 그 근거는 무엇인가?

(다) (3)의 밑줄 친 부분은 형태소 분석이 가능한가? 가능하다면 그 근거는 무엇이고 분석된 각
　　각의 형태소의 의미는 무엇인가? 불가능하다면 그 근거는 무엇인가?

2. 아래에 제시된 자료를 형태소로 분석하고 다음의 질문에 답해 보자.

---

(1) 맏아들, 풋고추, 헛수고, 되감-, 뒤섞-
(2) 가위질, 놀이, 웃음, 달리기
(3) 사랑하-, 머뭇거리-, 팔라-
(4) 나영이가 학교에서 공부를 하고 있었다.
　　나영이는 앞으로 공부를 열심히 할 것이다.

(가) 분석된 형태소를 실질 형태소와 형식 형태소로 분류해 보자.

(나) 분석된 형태소에서 실질 형태소와 형식 형태소의 구분이 어려운 것들에는 어떠한 것이 있는 가?

(다) 실질 형태소와 형식 형태소로 구분하기 모호한 것이 있다면 형태소가 지닌 의미의 실질성을 정도성의 관점에서 접근해서 그 위계를 세워 보자.

3. 아래에 제시된 자료를 참고하여 다음의 질문에 답해 보자.

(1) 먹어, 먹었다
  막아, 막았다
  하여, 하였다

(2) 먹거니와, 먹으려니와(먹으리어니와)
  하건마는, 먹으련마는(먹으리언마는)

(가) 제시된 자료를 형태소로 분석해 보자.

(나) 분석된 자료에서 이형태들을 찾아보고 그 교체 조건이 무엇인지 기술해 보자.

(다) 서로 다른 형태소의 이형태들 간에 형식 변화의 유사성(음운론적 현현 방식의 유사성)이 발견되는가? 이에 대해 기술해 보자.

(라) 형식 변화의 유사성이 발견된다면 이를 근거로 형태소로 분석할 수 있는가? 분석할 수 있다면 그 근거는 무엇인가? 이와 같은 분석은 언어 연구에서 어떠한 이점을 지니는가?

4. 우리는 §2.1.2에서 '형성소'와 '구성소'의 개념에 대해서 다루었다. 해당 부분의 내용을 자세히 읽고 다음의 질문에 답해 보자.

(가) '-는'은 문장 구성소, '-었'을 문장 형성소라고 한다. '먹는다', '먹었다'는 단어임에도 여기서 왜 '문장'이라는 용어를 썼는가?

(나) '도로', '너무', '자주'는 형태소로 분석이 가능한가? 가능하다면 이때 발견되는 형식 형태소는 단어 형성소인가? 단어 구성소인가? 만약 형태소 분석이 불가능하다는 입장이라면 '지붕'의 형태소 분석의 타당성에 대해 생각해 보자.

(다) '연습 문제 1'에서 분석된 형태소 중에서 단어 구성소로 볼 만한 것이 있는가? 단어 형성소와 단어 구성소를 구분하는 실제 기준은 무엇인가?

5. 아래에 제시된 자료를 바탕으로 다음의 질문에 답해 보자.

빛이 비치고 있다/비치 비치고 읻따/
빛도 비치고 있다/빋또 비치고 읻따/
빛만 비치고 있다/빈만 비치고 읻따/
쪽빛이 비치고 있다/쪽삐치 비치고 읻따/
쪽빛도 비치고 있다/쪽삗또 비치고 읻따/
쪽빛만 비치고 있다/쪽삔만 비치고 읻따/

(가) 형태소 {빛}의 이형태들은 무엇이고 이러한 이형태들이 교체되는 조건은 무엇인가?

(나) 다양한 이형태 중에서 기본형(혹은 대표형)을 설정한다면 어떠한 이형태를 기본형으로 설정해 주는 것이 좋은가? 그 이유는 무엇인가?

(다) (나)에서 설정한 기본형을 '빛'의 표기형과 비교해 보자. 두 형식이 동일한가? 만약 그러하다면 기본형과 한글 맞춤법 간의 상관관계에 대해서 생각해 보자.

6. 아래에 제시된 자료를 바탕으로 다음의 질문에 답해 보자.

(1-1) 영민이가 밥을 먹는다.
(1-2) 영민이가 밥을 먹었다.

(2-1) 영민이가 밥을 먹어.
(2-2) 영민이가 밥을 먹었어.

(가) (1-1)의 문장은 현재 사건을 나타내고 (1-2)의 문장은 과거 사건을 나타낸다. 이러한 시간 의미의 차이는 어떠한 형태소에 의한 것인가?

(나) (2-1)의 문장은 현재 사건을 나타내고 (2-2)의 문장은 과거 사건을 나타낸다. 이러한 시간 의미의 차이는 어떠한 형태소에 의한 것인가?

(다) (2-1)의 문장에서 현재의 사건을 나타내는 형태소를 발견할 수 있는가? 발견할 수 있다면 그 형태소는 어떠한 형식을 지니고 있는가? 발견할 수 없다면 (2-1)의 문장이 어떻게 현재 사건이라는 시간 의미를 지닐 수 있는가?

7. 아래에 제시된 자료를 바탕으로 다음의 질문에 답해 보자.

(1-1) 막는/망는/, 막느냐/망느냐/, 막는데/망는데/
     걷는/건는/, 걷느냐/건느냐/, 걷는데/건는데/

잡는/잠는/, 잡느냐/잠느냐/, 잡는데/잠는데/

(1-2) {막, 갇, 잡}과 같이 'ㄱ, ㄷ, ㅂ'으로 끝나는 어간은(A) 'ㄴ'과 같은 비음으로 시작하는 어미 앞에서(B) 비음화라는 음운 규칙을 통해(C) /망, 간, 잠/과 같은 이형태로 교체된다.

(2) 영수가, 종이가, 커피가…
신발이, 밥솥이, 명품이…

(가) (1-2)를 참고하여 (2)에 제시한 주격 조사의 이형태 교체 규칙을 기술해 보자.

(나) 주격 조사의 이형태 교체가 (1-2)와 같이 기술되는가? 그렇지 않다면 (1-2)의 (A), (B), (C) 중 어느 부분을 기술하기 어려운가?

(다) 주격 조사의 이형태 교체가 (1-2)와 같은 방식으로 기술되지 않는다면 주격 조사의 이형태 교체는 규칙적이라고 할 수 있는가?

(라) '뚝땍', '쭙충', '뽥보', '쏠치'. 이들은 아무렇게나 만들어 낸 가상의 명사들이다. 이러한 명사들에 어떠한 이형태의 주격 조사가 결합할지 충분히 예측 가능할 것이다. 그렇다면 주격 조사의 이형태 교체는 규칙적이라고 할 수 있는가?

(마) (다)와 (라)의 답변을 고려하여 주격 조사가 보이는 이형태 교체의 규칙성에 대해 논의해 보자.

8. 아래에 제시된 자료를 바탕으로 다음의 질문에 답해 보자.

(1-1) 영민이는 {나무에/아이에게} 물을 주었다.
영민이는 {학교에/친구에게} 갔다.
(1-2) 영민이는 {*나무를/아이를} 물을 주었다.
영민이는 {학교를/*친구를} 갔다.

(2-1) 나영이는 학교에 가지 않는다.
나영이는 학교에 가지 않느냐?
나영아, 학교에 가지 말자.
나영아, 학교에 가지 마라.
(2-2) 나는 나영이가 학교에 가지 {않기를/말기를} 바란다
비가 오지 {않아야/말아야} 할 텐데.
나는 나영이가 학교에 가지 {않았으면/말았으면} 좋겠다.

(가) (1-1)의 자료를 참고한다면 조사 '에'와 '에게'는 어떠한 조건에서 교체되는가? 이러한 조

건의 성격은 무엇인가?

(나) (2-1)의 자료를 참고한다면 부정을 나타내는 보조 용언 '않다'와 '말다'는 어떠한 조건에서 교체되는가? 이러한 조건의 성격은 무엇인가?

(다) (1-2)의 자료를 참고했을 때 '에'와 '에게'는 이형태 관계라고 할 수 있는가? 이형태라고 할 수 있다면 그 근거는 무엇인가? 이형태라고 할 수 없다면 그 근거는 무엇인가?

(라) (2-2)의 자료를 참고했을 때 '않다'와 '말다'는 이형태 관계라고 할 수 있는가? 이형태라고 할 수 있다면 그 근거는 무엇인가? 이형태라고 할 수 없다면 그 근거는 무엇인가?

(마) 이형태 교체에 음운론적 조건이나 형태론적 조건 외에 다른 조건이 관여한다면 진정한 의미에서의 이형태 교체라고 할 수 있는가? 그렇지 않다면 왜 그러한가?

9. 아래에 제시된 자료를 바탕으로 다음의 질문에 답해 보자.

(1-1) 새벽같이, 귀신같이, 찰떡같이
(1-2) 눈같이, 꽃같이, 매일같이

(2-1) 천둥소리, 웃음소리, 종소리
(2-2) 바람소리, 방귀소리, 피리소리

(가) 우리 책에 제시된 단어의 정의에 따르면 (1-1)과 (1-2)는 몇 개의 단어로 이루어진 구성인가?

(나) (1-1), (1-2)에 제시된 구성을 온라인 『표준국어대사전』을 통해 검색해 보자. 『표준국어대사전』에서 (1-1)과 (1-2)는 어떻게 달리 처리되고 있는가? 이는 무엇을 의미하는가?

(다) (1-1)과 (1-2)를 달리 처리하는 이유는 무엇인가?

(라) 우리 책에 제시된 단어의 정의에 따르면 (2-1)과 (2-2)는 몇 개의 단어로 이루어진 구성인가?

(마) 앞서와 마찬가지로 (2-1), (2-2)에 제시된 구성을 온라인 『표준국어대사전』을 통해 검색해 보자. 『표준국어대사전』에서 (2-1)과 (2-2)는 어떻게 달리 처리되고 있는가? 이는 무엇을 의미하는가?

(바) (2-1)과 (2-2)를 달리 처리하는 이유는 무엇인가? 합리적 이유를 찾을 수 있는가?

(사) 이상의 답변을 고려하여 '단어 정의의 어려움'에 대해서 논의해 보자.

10. 아래에 제시된 자료를 바탕으로 다음의 질문에 답해 보자.

(1-1) [[마음씨가 예쁜 사람][이]] 저기 있다.

(1-2) [[[우리가 내일 가][-겠]][-다]].

(2-1) /마음씨가 예쁜 사라미 저기 읻따/

(2-2) /우리가 내일 가겓따/

통사적 단어: 통사적 구성에 참여하는 기본 단위.

음운적 단어: 음운 규칙이 적용 범위가 되는 단위. 휴지의 경계가 되는 단위.

(가) (1-1)과 (1-2)의 자료를 참고한다면 조사와 어미가 결합하는 단위의 성격은 어떠한가? 이러한 특성을 고려하여 조사와 어미를 단어라고 한다면 조사와 어미는 어떠한 성격의 단어인가?

(나) (2-1)과 (2-2)의 자료를 참고한다면 '체언+조사', '용언 어간+어미' 구성을 단어라고 할 수 있는가? 만약 이들을 단어라고 한다면 어떠한 성격의 단어라고 할 수 있는가?

(다) (가)와 (나)의 답변을 고려한다면 분석적 견해에서의 단어는 어떠한 성격의 단어이고 종합적 견해에서의 단어는 어떠한 성격의 단어라고 할 수 있는가?

제3장 체언과 조사

3.1. 체언

3.1.1. 명사

3.1.1.1. 명사의 특성

명사는 일반적으로 사물의 이름을 가리킨다고 하여 붙여진 명칭인데 형식상으로는 불변어에 속한다.[1] 다음 예들을 통해 이러한 명사의 의미상의 특성에 대해 보다 자세히 살펴보기로 하자.

(1)　가. 아버지, 혜미, 사람, 개, 고양이, 여우…
　　　나. 꽃, 풀, 진달래, 돌, 바위, 책상…
　　　다. 아침, 낮, 바람, 노을, 번개…
　　　라. 민주주의(民主主義), 개념(槪念), 명제(命題)…

(1가)는 인물이나 동물을 가리키는 명사이다. 이런 부류의 단어들이 가리키는 대상은 감정을 표현할 줄 안다고 하여 유정 명사(有情名詞)라 일컫는다. (1나)는 물체를 가리킨다. 이런 말들이 가리키는 대상은 감정 표현의 능력이 없으므로 무정 명사(無情名詞)라 한다.[2] (1가, 나)의 명사들은 눈으로 볼 수 있을 뿐만 아니라 손으로 만질 수 있는 구체적

1　영어에서 명사를 뜻하는 noun은 라틴어에서 '이름'을 뜻하는 nōmen에 그 기원을 두고 있다.

2　국어 명사의 유정성(有情性, animacy)은 유럽어의 문법적인 성(性, gender) 범주처럼 해당 명사에 고정적인 것은 아니다. 따라서 명사에 따라 유정성은 유동적 양상을 보이기도 하는데, 이는 동일한 명사가 조사 '에'와 '에게' 모두와 결합이 가능한 현상을 통해 쉽게 관찰된다. 가령, "상어{에/에게} 물려 다친 사람들이 많다." 와 같은 문장에서 '상어'는 '에'와 '에게' 모두 결합이 가능한 것처럼 보이는데 이는 '상어'가 무정물로도, 유정물로도 파악된다는 것을 잘 보여 준다. 또한 무정 명사가 은유(隱喩, metaphor)나 환유(換喩, metonymy)

대상을 지시하므로 전형적인 명사라 일컬어져 왔다. 이에 대해 (1다)는 현상에 대해 붙여진 이름이고 (1라)는 추상적 개념을 지시하는 말이다. 즉 (1다, 라)의 명사들은 구체적 대상이 아니라는 점에서 (1가, 나)와 구별된다.[3]

이상과 같은 명사 부류의 의미상의 특수성은 기능상의 특수성과도 밀접한 관계를 맺고 있다. 명사 검증의 기준으로 흔히 사용되는 것은 '무엇이 무엇이다, 무엇이 어찌한다, 무엇이 무엇을 어찌한다'의 틀에 나타나는 '무엇'의 자리를 채울 수 있느냐는 것이다.

> (1) 가'. 그 사람이 <u>혜미</u>이다.
> 나'. 아버지가 새 <u>책상</u>을 사 주셨다.
> 다'. <u>바람</u>이 분다.
> 라'. 우리가 신봉하는 것은 <u>민주주의</u>다.

(1)의 단어들은 (1가', 나')과 같이, 앞의 틀에 나타나는 '무엇'의 자리를 채울 수 있으므로 의미에 상응하여 기능상으로도 명사의 자격을 갖추었다고 할 수 있다.

그런데 의미의 측면에서만 보면 아래의 단어들은 사정이 조금 다르다는 것을 알 수 있다.

> (2) 가. 입학(入學), 독립(獨立), 진학(進學), 합류(合流), 일출(日出)…
> 나. 곤란(困難), 성실(誠實), 신성(神聖), 공평(公平), 무한(無限)…

(2가)는 동작성, (2나)는 상태성의 의미가 파악되므로 (1)의 부류들과는 성격이 다름을

를 통해서도 유정성을 획득하는 경우가 있다. "달에게 소원을 빌었다.", "우리는 검은 바바리에게 은밀히 접근했다."에서 '달'과 '바바리'는 각각 무정 명사가 은유와 환유를 통해 유정성을 획득한 것이다. 이처럼 국어에서 명사의 유정성은 의미 범주로서 유동적이지만 현대 국어의 여격 조사 '에'와 '에게'의 선택이라든지 중세 국어 속격 조사 'ㅅ'과 '익/의'의 선택과 같이 문법 현상에 일정한 영향을 미친다. 다만 유정성이 부여되지 않은 경우에 '에게'가 쓰이는 것을 문법적으로 옳지 않다고 판단하는 것은 여전히 유효하다는 점에 주의할 필요가 있다.

3 (1다)의 명사를 구체 명사(具體名詞, concrete noun), (1라)의 명사를 추상 명사(抽象名詞, abstract noun)라고도 한다. 또한 셀 수 있는 대상을 가리키는 명사를 가산 명사(可算名詞, countable noun), 셀 수 없는 대상을 가리키는 명사를 불가산 명사(不可算名詞, uncountable noun)로 구분하기도 한다. 이러한 구분은 이러한 특성에 따라 명사의 형태·통사적 특성이 달라지는 영어에서는 꽤 유용하지만 국어 명사의 문법 기술에 있어서는 큰 효용이 없다. 그래서 국어에서는 후술하는 바와 같이 명사를 '보통/고유 명사', '자립/의존 명사' 정도로만 구분하여 문법을 기술하는 것이 보통이다. 그러나 '구체/추상 명사'의 구분은 단어 형성법 기술에서 어근의 의미적 특성을 기술하는 데 필요한 경우가 있고 '가산/불가산 명사'의 구분은 명사와 복수 접미사 '-들'의 결합 여부를 기술하는 데 필요하므로 이러한 구분이 전혀 쓸모가 없다고 하기는 어렵다.

알 수 있다. 그러나 이러한 단어들도 '무엇'의 자리를 채울 수 있다는 점에서 명사의
자격을 주는 데는 문제가 없다.

    (2)   가'. ① <u>입학</u>이 어렵다.
            ② <u>독립</u>을 드디어 쟁취하였다.
            ③ 궁극의 목표는 <u>진학</u>이다.
          나'. ① <u>성실</u>이 가장 중요한 기준이다.
            ② <u>곤란</u>을 어떻게 이겨 내는가가 문제다.
            ③ 우리가 지켜야 하는 것은 <u>공평</u>이다.

    다만 (2)의 명사들은 서술격 조사의 앞에 쓰이는 일은 그렇게 흔하지 않고 대부분
'-하'와 어울려 각각 동사, 형용사로 기능한다.[4]

    (2)   가″. 입학한다, 독립한다, 진학한다
          나″. 성실하다, 곤란하다, 공평하다

    (2)와 같은 명사는 한자어 등 외래어에서 흔히 볼 수 있는데 '무엇이다'의 자리에 동사,
형용사로 전성된 형태가 쓰이는 것은 이 말의 의미가 동작성과 상태성을 지녔기 때문이
다.

3.1.1.2. 명사의 종류

3.1.1.2.1. 보통 명사와 고유 명사
명사는 사용 범위에 따라 보통 명사와 고유 명사로 나눌 수 있다.

---

4 (2)의 명사는 동사나 형용사처럼 자신의 개념 구조를 만족시키는 논항을 거느릴 수 있어 '서술성 명사'
혹은 '술어 명사'라고도 한다. 이러한 명사는 자신의 개념 구조에 따라 논항을 거느릴 수 있어 다른 일반적
인 명사와는 매우 다른 문법적 속성을 보이는 경우가 많고 이들 명사를 핵(核, head)으로 하여 명사구를
이룰 때 자신의 논항이 명사구 내에 실현되는 일정한 통사적 규칙도 존재한다. 한편, 여기서는 '하다'의
문법 범주를 파생 접미사로 이해하였지만 자립적인 동사로 쓰일 때에는 '기능 동사', '형식 동사', '경동사
(輕動詞)' 등으로 이해되기도 한다. 기능 동사, 형식 동사, 경동사 등은 용어의 차이가 있지만 실질적 의미를
가지지 않고 서술성 명사를 서술어로 만들어 주는 기능만을 지닌 동사라는 것을 의미한다는 점은 공통적이
다. 예컨대 "민지가 열심히 수학을 공부를 하였다."와 같은 문장에서 논항 구조를 결정하는 것은 술어 명사
인 '공부'이며 '하다'는 논항 구조를 가지지 않는다고 보는 것이다.

(3) 가. 사람, 나라, 도시, 강,   산, 바다…

　　 나. 혜미, 신라, 경주, 한강, 금강산, 동해…

　(3가)의 단어들은 같은 성질을 가진 대상에 대해서는 두루 붙일 수 있는 명사이므로 보통 명사(普通名詞) 또는 통칭 명사(通稱名詞), 달리 두루이름씨라고 한다. 그런데 (3나)의 말들은 같은 성질의 대상 가운데서 어느 하나를 다른 것과 특별히 구별할 필요가 있을 때 사용되는 명사란 점에서 고유 명사(固有名詞) 또는 특립 명사(特立名詞), 달리 홀로이름씨라 한다. 이를테면 '혜미'란 말은 특정한 사람을 다른 사람과 구별하는 이름이고 '신라'는 여러 나라 가운데서 어느 한 나라를 드러내기 위해 붙인 이름이다. '경주, 한강, 금강산, 동해' 등도 '도시, 강, 산, 바다' 등과 비교하면 고유 명사로서의 특수성을 이해할 수 있다.

　고유 명사는 그것이 지닌 특수성을 보여 준다. 우리말에서는 고유 명사를 적을 때 한동안 가로쓰기에는 밑줄을, 세로쓰기에는 왼덧줄을 그을 것을 규정한 바 있었는데 이런 것도 고유 명사의 특수성을 고려한 것이라 할 수 있다. 영어에서는 첫 글자를 큰 글자로 쓰며 일본어에서는 가타카나(片假名) 문장에서는 히라가나(平假名)를, 히라가나 문장에서는 가타카나를 씀으로써 고유 명사임을 특별히 드러내고 있다. 고유 명사는 특정한 대상에 대해 붙여진 이름이므로 그러한 속성을 띤 대상은 오직 하나밖에는 없다. 서울 어느 곳에 사는 '혜미'라는 사람은 달리 없으며 임진왜란 때 왜적을 물리친 '이순신' 또한 하나뿐이고 '신라, 경주' 등 나라나 도시 이름도 마찬가지이다. 그러나 하나밖에 없다고 해도 모두 고유 명사가 되는 것은 아니다. 이를테면 '해'와 '달'은 하나밖에 없지마는 이와 같은 것이 또 나타난다고 해도 같은 이름으로 불릴 것이라는 점에서 고유 명사가 아닌 보통 명사인 것이다.[5]

　고유 명사의 이런 특수성 때문에 고유 명사는 수(數)와 관련된 말과 결합될 수 없다.

---

5 '지시 대상의 유일성'은 고유 명사의 주요 특징 중 하나이지만 '지시 대상의 유일성'만으로는 고유 명사를 판별할 수 없다. 따라서 고유 명사를 판별할 때에는 지시 대상의 유일성 외에도 일정한 개념적 의미를 가지느냐를 고려할 필요가 있다. 예컨대, '해'라고 하면 '태양계의 중심이 되는 항성'이라는 개념적 의미가 성립하지만 '혜미'라고 하면 단순히 혜미라는 사람의 이름일 뿐이지 어떠한 개념적 의미를 가지지는 않는다. 물론 고유 명사가 개념적 의미를 지니느냐 그렇지 않느냐는 언어 철학에서 그 견해가 대립된다. 예컨대, '노래를 찾는 사람들'을 '노찾사'로 줄인 고유 명사는 일정한 개념적 의미를 지니고 있다고 볼 수 있기 때문이다. 한편, '노래를 찾는 사람들'이나 '추락하는 것은 날개가 있다'는 각각 노래패의 이름, 소설의 이름이라는 점에서 고유 명사와 그 성격이 흡사하기는 하지만 단어가 아니라 구나 문장 형식을 취하고 있으므로 이들을 '고유 명사(固有名詞, proper noun)'라는 용어 대신에 '고유명(固有名, proper name)'이라 하여 구별하기도 한다.

(4)　가. *한 혜미가 가고 있다.　　　　cf. 한 사람이 가고 있다.

　　　나. *두 신라가 멸망하였다.　　　cf. 두 나라가 멸망하였다.

　　　다. *경주들에는 사람이 많다.　　cf. 도시들에는 사람이 많다.

　　　라. *한강마다 홍수가 났다.　　　cf. 강마다 홍수가 났다.

(4가, 나)는 고유 명사가 수 관형사와 어울리지 못함을 보인 것이다. (4다)는 복수 접미사 '-들'과, (4라)는 개체 하나하나를 의미하는 조사 '마다'와 쓰일 수 없음을 의미한다.[6] 그런데 고유 명사도 경우에 따라서는 보통 명사가 될 수 있다. 예를 들어 "해군 사관 학교는 많은 이순신들을 길러냈다."의 '이순신'은 보통 명사로서 이처럼 '-들'이 붙을 수 있다.[7]

고유 명사는 또 지시 관형사와 공존하기가 쉽지 않다.

(5)　가. ?이 혜미가 간다.　　　　cf. 이 사람이 간다.

　　　나. *그런 동대문은 처음 본다.　cf. 그런 대문은 처음 본다.

(5가)는 상황에 따라 가능하지 않은 것은 아니지만 일반적으로 잘 받아들여지지 않으며 (5나)는 거의 불가능해 보인다. 이런 용법상의 제약도 고유 명사의 특칭적 의미와 관련이 있어 보인다.

3.1.1.2.2. 자립 명사와 의존 명사

명사는 자립성(自立性)의 유무(有無)에 따라 자립 명사와 의존 명사로 나누어진다.

(6)　가. 사람, 어른, 물건, 일, 장소…

　　　나. 이,　분,　것, 바, 데…

---

6 고유 명사가 늘 수량 표현과 함께 나타나지 못하는 것은 아니다. "우리는 신라면 다섯 봉지를 끓여 먹었다.", "가게 한 구석에는 유통 기한이 지난 신라면들이 나뒹굴고 있었다."와 같은 예가 그러하다. 그렇지만 이러한 예가 본문에서 기술된 고유 명사의 특성에 대한 반례가 되기는 힘들다. 왜냐하면 '신라면'이라는 고유의 대상이 공장에서 대량 복제된 것이기 때문이다. 비유컨대, 홍길동이 분신술을 써서 여러 명의 홍길동이 된 것과 유사한 것이라고 할 수 있는 것이다.

7 여기서 '이순신'은 '바다의 수호자' 정도의 의미를 지니고 보통 명사로 쓰인 것이다. 이러한 예는 유사성에 기반한 인지 과정인 '은유'를 통해 보통 명사가 된 것으로 파악된다. 고유 명사가 보통 명사로 쓰인 예로는 '초코파이', '바바리', '호치키스', '포스트잇' 등을 들 수 있다. 이는 인접성에 기반한 인지 과정인 '환유'를 통해 보통 명사가 된 것으로 볼 수 있다.

(6가, 나)는 비슷한 의미를 지닌 명사끼리 서로 짝을 지어 놓은 것이다.

(6가)는 그 앞에 다른 말이 얹히지 않아도 자립할 수 있으나 (6나)는 다른 말이 얹히지 않으면 다음의 (6나′)과 같이 비문법적인 문장이 되어 버린다.

(6) 가′. ① <u>사람</u>이 온다.   cf. 그 사람이 온다.
      ② <u>어른</u>을 공경해야 한다.   cf. 저 어른을 공경해야 한다.
      ③ <u>물건</u>이 많다.   cf. 살 물건이 많다.
      ④ <u>일</u>이 많다.   cf. 할 일이 많다.
      ⑤ <u>장소</u>부터 고르자.   cf. 앉을 장소부터 고르자.
   나′. ① *<u>이</u>가 온다.   cf. 다른 이가 온다.
      ② *<u>분</u>을 공경해야 한다.   cf. 저 분을 공경해야 한다.
      ③ *<u>것</u>이 많다.   cf. 살 것이 많다.
      ④ *<u>바</u>가 많다.   cf. 얻은 바가 많다.
      ⑤ *<u>데</u>부터 고르자.   cf. 앉을 데부터 고르자.

(6가′)의 명사들과 같이 얹히는 말, 곧 관형어가 오지 않아도 문장 구성에 지장을 받지 않는 명사를 자립 명사(自立名詞)라 하고 (6나′)의 명사들과 같이 관형어의 선행을 필수적으로 요구하는 명사를 의존 명사(依存名詞)라 한다. 의존 명사는 조사나 어미, 접사와 같이 다른 말에 기대어 쓰인다는 점에서는 의존 형태소의 테두리에 들어간다고 할 수 있으나 일반적인 명사가 쓰이는 환경에서 나타나므로 자립 형태소로 보아야 한다.

(6나′)의 뒤의 예문은 (6가′)의 뒤의 예문과 비교해 보면 의존 명사가 쓰이는 환경은, 자립 명사의 그것과 같이, 앞에는 관형어가 오고 뒤에는 조사가 따름을 알 수 있다. 어떤 명사가 자립성을 띠었다고 함은 그 의미가 실질적, 곧 어휘적임을 뜻하고 의존성을 띠었다고 함은 그 의미가 형식적, 곧 문법적임을 가리킨다.[8]

(6나′)의 의존 명사는 '사람, 물건, 일 장소'를 대용(代用)하기 때문에 의존적 성격 이외는 자립 명사와 큰 차이가 없다. 따라서 이들 의존 명사는 관형어와 조사와의 통합에

---

[8] 이로 인해 의존 명사를 '형식 명사'라고도 한다. 의존 명사는 통사적인 자립성이 없다는 특성에 근거한 명명이고 형식 명사는 실질적 의미를 지니지 않는다는 특성에 근거한 명명이다. 이처럼 의존 명사와 형식 명사는 각기 다른 특성에 주목한 명명이기에 그 외연이 완전히 동일하지 않을 수도 있다. 예를 들어, "학교를 설립한다는 미명 아래에 우리에게 기부금을 강요했다."의 '미명'은 늘 관형어의 수식을 받아야 하며, '병설 유치원'의 '병설'은 관형어처럼 늘 후행 명사와 함께 나타나야 한다. 즉, '미명', '병설'은 의존성을 지니지만 의미상으로는 실질성을 지닌다. 또한 의미의 실질성은 정도성의 차이가 있어 "비가 오는 바람에 지각을 하고 말았다."의 '바람'처럼 의존성을 지니지만 그 의미가 완전히 형식적이지 않은 의존 명사도 적지 않다.

있어 큰 제약을 받지 않는다. 이런 의존 명사를 '보편성 의존 명사'라 한다. '것'을 예로 들어보자.

(6) 가". ① 먹는 것이<주격>, 먹는 것을<목적격>, 먹는 것이다<서술격>, 먹는 것에
       <부사격>
     ② 새 것, 헌 것 : 먹는 것, 먹은 것, 먹을 것, 먹던 것

(6가"①)은 주격, 목적격, 서술격, 부사격 등 조사와의 통합이고 (6가"②)는 관형사와 관형사형 등 관형어와의 통합이다.

'것'은 이밖에 다른 기능을 표시하기도 한다.

(6) 나". ① 사람들은 무언지 모르는 행복을 끊임없이 추구하고 있는 <u>것</u>이다.
     ② 더 큰 행복을 위하여 고난도 수난도 감수한 <u>것</u>임을 이해해야 할 것이다.

(6나"①)의 '것'은 관형사형 '-는'과 서술격 조사를 취하고 있는데 '추구한다'에 비하여 필자의 주장이 한층 더 강조되어 있다. (6나"②)의 '것'이 쓰인 부분은 '감수함'으로 바꿀 수 있음을 보아 명사형 내지 명사절 형성의 기능을 띠고 있다.[9] '것'이 대용 이외의 기능을 표시할 때는 이와 같이 관형어와 조사와의 통합에서 많은 제약을 보이게 된다.[10]

그런데 의존 명사 가운데는 특정한 성분으로 쓰이는 것이 많다.

(7)   가. 고향을 떠난 <u>지</u>가 벌써 20년이 가까워 온다.
     나. 저도 그것을 풀 <u>수</u>가 없었습니다.
     다. 그런 말을 할 <u>리</u>가 있나?
     라. 그가 범인이라는 것은 두말할 <u>나위</u>가 없다.

(7)의 '지, 수, 리, 나위'는 주격 조사와 통합되어 주어로 쓰이고 있다. (7나, 다, 라)의 '수, 리, 나위'는 관형사형 '-(으)ㄹ'과 서술어 '있다/없다'와 결합하여 일종의 숙어를 만든다. 이렇게 주어로만 쓰이는 의존 명사를 '주어성 의존 명사'라고 한다.

---

9 이에 대한 보다 자세한 것은 §9.2.1.1 가운데 '명사절로 안김' 기술을 참고할 것.
10 '것'은 실질적 의미가 전혀 없어 '사람'을 제외하고는 거의 모든 지시 대상을 대용할 수 있다. 따라서 '것'은 포괄 명사(general noun)라고 할 수 있는데 이러한 특성 때문에 '것'은 명사절뿐만 아니라 다양한 문법적 구성을 이루는 데 폭넓게 사용된다. 만약 "아니 이것들이 어디라고 행패야!"처럼 '것'이 '사람'을 대용하게 되면 이때는 '사람'을 낮추는 의미를 가지게 된다.

(8) 가. 오로지 최선을 다할 <u>따름</u>이다.

　　나. 하루 종일 책만 읽을 <u>뿐</u>이었다.

　　다. 너는 앞으로 무엇을 할 <u>터</u>이냐?

(8가, 나)의 '따름, 뿐'은 항상 서술격 조사 '이다'와 통합된다. (8다)의 '터'는 '예정'의 의미를 가지고 서술격 조사 '이다'와 결합하고 있다. '터'는 처소의 부사격 '에'가 붙는 일이 없지 않으나 이때는 의미가 달라져서 '사정, 형편'으로 해석된다. 이렇게 서술어로 쓰이는 의존 명사를 '서술성 의존 명사'라 한다.

다음 예들은 부사어로 기능하는 의존 명사이다.

(9) 가. 모자를 쓴 <u>채</u>로 들어오지 말아라.

　　나. 일어난 <u>김</u>에 좀 가져오너라.

　　다. 먹을 <u>만큼</u> 먹었다.

　　라. 시간이 허락되는 <u>대로</u> 그려 보도록 하겠다.

　　마. 정말 한번 읽어 볼 <u>만</u> 한 책이더군요.

(9가)는 '채'가 도구의 부사격 '로'를, (9나)는 '김'이 처소의 부사격 '에'를 취하는 것이다. (9다, 라)의 '만큼, 대로'는 보조사 '은/는, 도' 등과 통합되기도 하나 조사가 붙지 않는 일이 더 많다.[11] 그리고 (9마)의 '만'은 '하다'와 함께 보조 형용사가 되는 것이라고 처리해 왔으나 이곳에서는 의존 명사로 보기로 한다. 그것은 우선 관형사형 아래에 쓰이고 뒤에 조사가 붙을 수 있기 때문이다. '뻔, 체, 양'도 모두 같은 방식으로 처리한다.[12] (9)와 같이 부사어의 기능을 하는 의존 명사를 '부사성 의존 명사'라 한다.

---

11 '만큼'과 '대로'는 관형절 수식을 받을 때에는 의존 명사이지만 체언 뒤에 나타날 때에는 조사이다. 따라서 선행 요소가 무엇이냐에 따라 띄어쓰기에 유의할 필요가 있다. 한편, 체언 뒤에 나타나는 '만큼'과 '대로'도 체언의 수식을 받는 것으로 보아 의존 명사로 볼 수 있지 않느냐는 의문을 제기할 수 있다. "학교에서만큼 은 열심히 공부한다.", "집에서는 집에서대로 회사에서는 회사에서대로 스트레스를 받는다."와 같은 예를 보면, 체언 뒤에 나타나는 '만큼'이나 '대로'는 조사 뒤에 나타날 수 있으므로 명사가 아니라 조사임이 분명하다.

12 『표준국어대사전』에서 '만', '뻔', '체', '양' 등이 의존 명사로 등재되어 있는 동시에 '만하다', '뻔하다', '체하다', '양하다' 등이 보조 용언으로도 등재되어 있다. 따라서 "그가 화를 낼 만도 하다."와 같이 의존 명사 뒤에 조사가 결합되어 있으면 '하'를 띄어 쓰고 "그가 화를 낼 만하다."와 같이 의존 명사 뒤에 조사가 결합되어 있지 않으면 '만하다' 전체를 보조 용언으로 보아 '하'를 띄어 쓰지 않는 것이 맞춤법에 맞는 표기이다. 그러나 관형사형은 용언이 아니라 체언을 수식하는 말이므로 '만하다', '뻔하다', '체하다', '양하다'를 하나의 단어로 보는 것은 문제가 없지 않다. 이러한 점을 중시한다면 이들은 '만 하다', '뻔 하다', '체 하다', '양 하다'와 같이 띄어 쓰는 것이 합리적이라고 할 수 있다.

한편 의존 명사 가운데는 특정한 부류의 명사와 함께 쓰이면서 관형어로는 수량 표현을 요구하는 것들이 있다.

(10) 가. 새 한 <u>마리</u>, 사과 다섯 <u>개</u>, 신 두 <u>켤레</u>, 집 세 <u>채</u>, 손님 두 <u>분</u>, 옷 세 <u>벌</u>, 군함 세 <u>척</u>, 비행기 넉 <u>대</u>, 종이 열 <u>장</u>, 대포 일곱 <u>문</u>…
　　나. 학생 대표 두 <u>사람</u>, 잉크 다섯 <u>병</u>, 막걸리 두 <u>사발</u>, 벼 두 <u>섬</u>, 배추 두 <u>짐</u>, 술 한 <u>상</u>, 나무 세 <u>그루</u>…

(10가)에 나타나는 '마리, 켤레, 채…' 등이 이러한 예인데 선행하는 명사의 수량을 표시하고 있음을 볼 수 있다. 이들은 일반 명사와 같이 조사가 붙을 수 있고 관형어가 앞설 수 있으므로 명사의 범주에 속한다. 그러나 자립성이 결여되어 있기 때문에 의존 명사로 보는 것이다.

(10) 가'.

$$\text{새} \left\{ \begin{array}{c} \text{한} \\ \text{두} \\ \text{세} \\ \vdots \end{array} \right\} \text{마리} \left\{ \begin{array}{c} \text{가} \\ \text{를} \\ \text{에게} \\ \vdots \end{array} \right\} \cdots$$

(10가')을 보면 조사와의 결합에서 제약이 심하지 않다는 점에서는 보편성 의존 명사와 큰 차이가 없다. 그러나 선행하는 명사의 수량을 단위의 이름으로 지시한다는 기능상의 특수성을 띠고 있다는 점을 중시하여 '단위성 의존 명사'라 한다. 단위성 의존 명사의 관형어는 수 관형사 '한, 두, 세, 열… 여러, 몇'에 한정된다. 단위성 의존 명사에는 고유어도 있지마는 한자어도 적지 않다. (10가)의 '척'(隻), '대'(臺), '장'(張), '문'(門)이 한자어이다.

단위성 의존 명사를 포함하여 명사를 분류하는 기능을 하는 일련의 단어들을 '분류사(分類辭, classifier)'라고 한다.[13] (10나)는 자립 명사가 이러한 분류사의 기능을 하는 경우

---

13 예컨대, '명'은 수량화되는 대상이 '사람'일 때, '마리'는 수량화되는 대상이 '동물'일 때 쓰여 수량화되는 대상이 무엇인지 분류하는 기능을 가진다. 이처럼 명사의 수량 표현에서 단위를 표시하면서 수량화되는 대상을 분류하는 기능을 지닌 분류사를 수 분류사라고 한다. 국어의 단위성 의존 명사, 수량 표현에 나타나는 단위 명사가 분류사인지, 단순한 단위사인지는 학자들 사이에서 아직 완전히 합의되지는 않았다. 한편 분류사라는 말 대신 '분류어'(고영근 2018나)라는 말을 쓰는 경우도 있다. '의성어', '의태어' 등을 염두에 둔다면 이러한 명명도 타당성이 있어 보인다.

에 해당한다. 다음 예문을 보면 (10나)에 제시한 명사가 (10가)와는 달리 자립 명사에 해당한다는 것을 알 수 있다.

(10) 나'. 책을 읽는 <u>사람</u>, 병에 들어 있는 <u>잉크</u>, <u>사발</u>에 부은 막걸리, <u>섬</u>에 넣은 벼,
   … <u>그루</u>만 남은 나무

단위성 의존 명사는 셈의 대상이 되는 명사의 의미·내용에 상응하여 결정된다. 짐승에 대해서는 '사람, 분, 명'을 쓸 수 없고 사람에 대해서는 '마리'를 쓸 수 없음과 같다.
한편 이상에서 제시한 의존 명사는 관형어와 통합될 때 제약을 받는 것도 있고 그렇지 않은 것도 있다. (6나)의 보편성 의존 명사 가운데서 '것'은 관형사와 관형사형 어미는 물론 관형격 조사에까지 붙을 수 있다(새 것, 헌 것, 먹는 것, 먹은 것, 먹을 것, 먹던 것, 내[나의] 것). '이, 분, 바, 데'도 정도의 차이는 있으나 대부분이 관형적 요소에 붙을 수 있다. 부사성 의존 명사 가운데서 '대로, 만큼' 등은 관형사형과의 통합이 자유로우나 (먹은 대로, 먹는 대로, 먹을 대로), 주어성 의존 명사와 서술성 의존 명사는 경우에 따라 관형사형이 '-ㄴ'이나 '-ㄹ'에 국한되는 등 그 결합이 극히 제약되어 있다(떠난 지, 풀 수, … 다할 따름, 할 터…).[14]

3.1.2. 대명사

3.1.2.1. 대명사의 특성

대명사는 사물에 이름을 붙이지 않고 다만 가리키기만 하여 명사를 대신한다는 뜻에서 붙여진 명칭인데 명사와 마찬가지로 형식상으로는 불변어에 속한다. 다음 예들을 통해 이러한 대명사의 의미상의 특성에 대해 보다 자세히 살펴보기로 하자.

(1) 가. 너는 <u>거기</u>서 <u>무엇</u>을 찾고 있니?
   나. 일행은 강촌역에서 내렸다. <u>거기</u>서부터 계곡까지는 걷기로 하였다.

---

[14] 이와 같이 그 분포가 극히 제약적인 의존 명사는 '-(으)ㄴ 지 오래다', '-(으)ㄹ 수 있다', '-(으)ㄹ 따름이다', '-(으)ㄹ 터이다' 등과 같이 선행하는 관형사형, 후행하는 서술어와 함께 하나의 구성을 이루는 것으로 이해하는 것이 더 편리한 경우가 많다. 이외에도 의존 명사는 '-을 것 같다', '-을 것이다' 등과 같이 하나의 구성을 이루어 시제, 상, 양태 등의 문법적 의미를 나타내는 경우가 많으므로 실제 언어 사용상의 기능이 더 중요시되는 한국어 교육 현장에서는 개별 의존 명사보다는 의존 명사 구성 전체를 문법 교육 항목으로 삼고 있다.

(1가)의 '너'는 '혜미, 진수' 등 사람의 이름에 대용될 수 있는 말이고 '거기'는 '방, 거실' 등 구체적 장소를 대신할 수 있는 말이다. (1나)의 '거기'는 앞의 문장에 나타나는 '강촌역' 대신 쓰인 말이다. 이렇게 대명사는 명사를 대용하는 기능을 띠고 있다. (1가)의 '무엇'은 미지(未知)의 대상을 가리키고 있다. 대명사란 용어도 이런 관점에서 붙여진 것이다.

그러나 대용성을 띠었다고 해서 모두 대명사가 되는 것은 아니다. '서포'(西浦)는 '김만중'(金萬重)을 대신할 수 있지만 결코 대명사는 아니다. '서포'는 '김만중'만 대용할 수 있으나 '너'는 모든 사람에 대하여 두루 직접 쓸 수 있다. '거기'와 같은 말도 특수한 처소에 한정되어 쓰이는 것이 아니라 모든 처소 표시의 말을 직접 가리킬 수 있다.

대명사는 사물에 일정한 이름을 붙이는 대신 그것을 직접 가리키기 때문에 같은 사물이 형태를 달리하여 지시될 수 있다. (1가)의 '너'와 '거기'가 '진수'와 '방'을 가리킨다고 한다면 대답에서는 다음과 같이 '나'와 '여기'가 된다.[15]

(1) 가'. 나는 여기서 휴대 전화를 찾고 있다.

대명사는 이런 의미상의 특수성을 띠고 있지마는 기능상으로는 명사와 큰 차이가 없다. 대명사는 명사 검증의 틀에 나타나는 '무엇'의 자리를 채울 수 있다. (1가)의 '너'와 '거기'는 '누(구)가 어디서 무엇을 찾고 있니'의 '누(구), 어디'의 자리에 쓰이고 있다. 이곳의 '누(구)'와 '어디'는 크게 보면 '무엇'이라는 부정 대명사(不定代名詞)로 대표할 수 있다. 이런 명사와의 기능상의 공통성 때문에 우리의 문법가 가운데는 대명사를 따로 두지 않고 명사에 편입시키는 일도 많았다.

그러나 우리말의 대명사는 다른 체언에는 나타나지 않는 형태 및 기능상의 특수성이 발견되므로 독립된 품사로 대접해 주는 것이 편리할 때가 많다. (1가)의 '너'와 (1가)의 '나'가 주격 조사와 결합되면 '*너가, *나가' 대신 '네가, 내가'로 변하지마는 명사에서는 그런 변화가 없다. (1가)의 '너'는 상대방의 지위 여하에 따라 '당신'으로 바뀌며 어미의 선택에도 영향을 미친다. (1가)의 '나'도 상황에 따라 '저'로 바뀐다. (1가)의 '거기'도

---

15 이와 같이 발화 장면에 따라 언어 표현의 의미나 지시 대상이 달라지는 것을 직시(直示, deixis) 혹은 화시(話示)라고 하고 직시적인 언어 표현을 직시 표현(deictic expression)이라고 한다. 직시의 주요 유형은 '인칭 직시', '장소(공간) 직시', '시간 직시'로 나뉜다. '인칭 직시'의 대표적인 예로는 '인칭 대명사'가 있고 '장소(공간) 직시'의 대표적인 예로는 '지시 대명사', '지시 관형사', '위, 아래, 왼쪽, 오른쪽'의 방향 지시어가, '시간 직시'의 대표적인 예로는 시제 형태소, '어제', '오늘' 등의 시간 부사가 있다.

상황에 따라 '여기, 저기'로 갈아 쓰인다. 무엇보다 인칭에 따른 구별이 있다는 점은 명사나 수사와는 구분되는 대명사만의 특수성이라고 할 수 있다.

3.1.2.2. 대명사의 종류

3.1.2.2.1. 인칭 대명사

인칭 대명사(人稱代名詞)는 사람을 가리키는 대명사로서 인대명사(人代名詞) 또는 사람 대이름씨라고 부르기도 한다.

(2) 가. ① 나(우리), 저(저희) ② 짐(朕), 과인(寡人) ③ 본인(本人), 소생(小生)
  나. ① 너(너희) ② 자네 ③ 당신, 댁(宅), 노형(老兄) ④ 그대, 여러분 ⑤ 귀형(貴兄), 귀하(貴下)
  다. ① 이이, 그이, 저이 ② 이분, 그분, 저분 ③ 이, 그, 저
  라. 누구
  마. 아무
  바. ① 자기 ② 저(저희) ③ 당신

(2가)는 화자에 대용되는 인칭 대명사인데 이를 제일 인칭(第一人稱) 또는 자칭(自稱)이라고 한다. (2가①)의 '나'는 제일 인칭 대명사의 기본 형태이다. '나'는 청자의 지위가 화자와 비슷하다든가 화자보다 낮다고 생각될 때 쓰이고 청자가 화자의 의견을 청취하는 공개석상에서도 자주 쓰인다. 그런데 상대방의 지위가 높아서 하십시오체로 대우해야 하는 상황에서는 낮춤말 '저'를 쓰는 것이 예의 바른 말씨라고 하겠다. 괄호 안의 '우리, 저희'는 '나, 저'의 복수로서 화자가 둘 이상일 때 쓰인다.

(2) 가. ①' <u>우리</u>는 너희들과 의견이 다른 점이 많다.
     <u>저희</u>는 여러분들과 의견이 다른 점이 많습니다.

위에 쓰인 '우리'와 '저희'는 모두 청자를 배제하는 데 쓰이고 있다. 그런데 '우리'는 청자를 포함하는 데도 쓰일 수 있다.

(2) 가. ①" <u>우리</u> 모두 힘을 뭉쳐 살기 좋은 마을을 건설합시다.

이런 경우는 '우리'의 낮춤말인 '저희'는 허용되지 않는다. '저희'는 상대방에 대해 자신을 낮추는 말이므로 청자를 포함하는 데는 쓰일 수 없다고 생각된다.

한편 '우리'는 단수적인 상황에서 나타나기도 한다.

(2) 가. ①‴ 지금까지 살펴본 <u>우리</u>의 논의는 다음과 같이 간추릴 수 있다.

위의 예문의 '우리'는 필자(글 쓴 사람)를 대신할 수 있는데 사람에 따라서는 '나'를 쓰기도 한다. 의미상으로는 명백히 단수이나 이렇게 복수 형태가 쓰이고 있다. 이런 의미의 '우리'는 논문이나 논설문 등에서 서술을 객관화할 필요가 있을 때 채택될 수 있다.

단수적 용법의 '우리'는 '우리 아버지, 우리 오빠, 우리 남편, 우리 집, 우리 학교, 우리 나라'에서도 나타난다. '우리 집'은 상황에 따라 '내 집'이 가능할 수도 있으나 나머지는 '*내 아버지, *내 오빠, *내 남편, *내 학교, *내 나라'가 불가능하거나 자연스럽지 못해 보인다. 이 경우에는 상황에 따라 '우리' 대신 '저희'가 쓰일 수 있다. '우리'의 꾸밈을 받는 말이 가족이나 구성원들의 공유(共有)의 대상이 되거나 친밀감을 나타낼 수 있다는 점에서 '나' 아닌 '우리'의 선택을 설명할 수 있다.

(2가②)의 '짐(朕), 과인(寡人)'은 오늘날 영화나 방송극의 대사에서나 들을 수 있는 한자어 계통의 제일 인칭 대명사이다. '짐'은 천자(天子)가 스스로를 일컫는 것이고 '과인'은 왕이 자기를 낮추어 말하는 것이다. (2가③)의 '본인(本人)'과 '소생(小生)'도 한자어 계통이다. '본인'은 연사가 자신을 가리킬 때 쓰이고 '소생'은 주로 편지를 쓸 때 자신을 낮추는 뜻으로 사용되어 왔으나 요즈음은 많이 쇠퇴해 가고 있다. 이러한 '소생'과 같은 계열의 제일 인칭에는 '우생(愚生), 불초(不肖), 소제(小弟), 우부(愚父), 우형(愚兄)' 등이 있다.

(2나)는 청자에 대용될 수 있는 인칭 대명사인데 이를 제이 인칭(第二人稱) 또는 대칭(對稱)이라고 한다. (2나①)의 '너'는 나이 젊은 사람들 사이나 또는 연장자가 나이 젊은 청자에게 말을 할 때 쓰이는데 청자의 수가 둘 또는 그 이상일 때는 복수 형태 '너희'로 바뀐다. 복수 형태 '너희'는 앞의 '우리'와 같이 단수적 상황에서도 쓰일 수 있다. '너희 아버지, 너희 오빠, 너희 남편, 너희 집, 너희 학교, 너희 나라'로 쓰이지 '*네 아버지, … *네 나라'는 불가능하거나 자연스럽지 못하다. (2나②)의 '자네'는 하게체로 대우해야 할 사이에 쓰이는데 상대방이 장성한 연하이거나 장성한 친구일 때 나타나고 처부모가 사위를 부르거나 이를 때나 결혼한 남자가 처남을 부르거나 이를 때도 쓸 수 있다.

(2나③)의 '당신, 댁(宅), 노형(老兄)'은 하오체로 대우해야 하는 사이에서 주로 사용된다. '당신'은 시(詩) 등의 문장에서 상대방을 높일 때 많이 쓰이고 일상 담화에서는 부부 사이에 흔히 사용되지만 다툼의 장면에서 쓰이면 오히려 상대방을 낮잡는 의미로도 쓰인다. '댁'과 '노형'은 현대 전기 국어에서는 많이 쓰였으나 지금은 그리 흔히 쓰이지

않는다. (2나④의 '그대'와 '여러분'은 쓰임이 특이하다. '그대'는 시 작품에서 '너'보다 조금 더 높임의 뜻으로 쓰이며 연인들의 편지에서 많이 사용되었다. '여러분'은 공적인 상황에서 대중을 부를 때 흔히 쓰이는 것으로 복수적이면서 높임의 의미를 가지고 있다. (2나⑤)의 '귀형'(貴兄)과 '귀하'(貴下)는 편지와 같은 문어체에서 상대방을 높이는 뜻으로 쓰여 왔으나 앞의 제일 인칭의 '본인, 소생'과 같이 지금은 많이 쇠퇴해 가고 있다.

(2다)는 화자와 청자 이외에 이야기를 듣는 제삼자에 대용되는 인칭 대명사인데 이를 제삼 인칭(第三人稱) 또는 타칭(他稱)이라고 한다. 삼인칭 대명사는 앞에 나온 사람을 대용하는 기능도 띠고 있다. 우리말의 삼인칭 대명사는 고유한 형식이 있는 일·이인칭과는 달리 (3다①, ②)에서 보는 바와 같이 지시 관형사와 의존 명사의 합성으로 이루어진 경우가 많다.[16] 이는 우리말이 삼인칭에 해당하는 명사가 다시 나올 때에 그 명사를 대명사로 바꾸지 않고 그대로 다시 사용하는 특성과 관련되어 있다. (2다③)의 예들은 일상적인 말에서는 쓰이는 일이 드물고 문어체에 보편적이다. '그'는 오늘날 삼인칭 대명사로 널리 쓰이고 있다. '그녀'는 문인들이 삼인칭 여성 대명사로 만든 말이다. '이, 저'는 인칭 대명사로는 그 자체로 쓰이는 일이 거의 없고 복수 접미사 '-들'이 붙은 '이들, 저들'이 실용되고 있다. 다만 '이, 저'가 단독으로 쓰이는 일도 있는데 이때는 인칭 대명사가 아니라 지시 대명사로 쓰이는 경우가 일반적이다.

지시 관형사와 명사의 결합으로 성립된 제삼 인칭 대명사는 화자와 청자를 축으로 하여 이야기의 현장에 있는 인물을 가리키는 기능을 띠고 있다. '이' 계열은 화자에게 가까이 있는 인물을, '그' 계열은 청자에게 가까이 있는 인물을, '저' 계열은 화자와 청자로부터 비슷한 거리에 있는 인물을 가리킬 때 각각 나타난다.[17] '이, 그, 저' 계열의 인칭 대명사를 종전에는 근칭(近稱), 중칭(中稱), 원칭(遠稱)이라고 불러 왔으나 이는 거리를 중심으로 하는 언어에 어울리고 화자나 청자를 중심으로 하는 국어에는 알맞은 용어라

---

[16] 따라서 엄밀한 관점으로 보면 국어에서 삼인칭 대명사로 볼 수 있는 것은 '그'와 '그녀' 정도이고 이마저도 20세기에 들어와 인위적으로 만들어져 문어에서도 주로 소설에서만 한정적으로 쓰인다. 이는 국어가 삼인칭 대명사가 잘 발달하지 않은 언어라는 것을 보여 주는데, 언어에 따라 삼인칭 대명사가 잘 발달한 언어가 있는가 하면 그렇지 않은 언어도 있다. 이에 따라 국어는 일인칭, 이인칭, 삼인칭의 세 인칭 대명사 체계가 아니라 일인칭, 이인칭의 두 인칭 대명사 체계로 간주하는 경우도 있다.

[17] 이는 지시 관형사 '이', '그', '저'에서 기인하는 것으로 지시 대명사를 포함한 모든 지시어의 일반적 특성이다. 즉, '지시 관형사+명사'로 형성된 삼인칭 대명사는 '사람'을 지시한다는 사실을 제외하고는 지시 대명사와 동일한 특성을 지니는 것이다. 따라서 이들을 삼인칭 대명사로 보지 않는 것도 가능하고 이는 삼인칭 대명사가 잘 발달하지 않은 국어의 언어 사실을 더 정확하게 반영하는 것일 수도 있다. 더욱이 일반 언어학적으로 인칭 대명사와 지시 대명사는 지시 대상의 종류가 아니라 인칭 대립 체계를 이루느냐, 공간 대립 체계를 이루느냐에 따라 구분된다는 것을 고려하면 '지시 관형사+명사'로 형성된 삼인칭 대명사를 삼인칭 대명사로 보아야 할지는 앞으로 더 논의할 필요가 있을 것이다.

고 하기 어렵다.[18]

제삼 인칭 대명사에는 미지(未知), 부정(不定), 재귀(再歸)의 대명사도 포함될 수 있다.[19] 미지와 부정을 구별하지 않는 일도 있으나 이곳에서는 구분하여 설명하기로 한다.

(2라)의 '누구'는 흔히 미지칭(未知稱)이라고 일컫는 것으로서 가리킴을 받는 사람의 이름이나 신분을 정확하게 모를 때 사용한다. "그 사람이 누구냐?"는 물음에 대해 "혜미 야."라고 답한다면 '누구'는 사람의 이름에 관계되고 "우리 누나야."로 답한다면 신분에 관계된다.

(2마)의 '아무'는 흔히 부정칭(不定稱)이라고 말하는 것인데 특정한 사람을 가리키지 않을 때 쓰인다. (2라)의 '누구'는 미지를 의미하는 것으로 설명하였지만 이들은 부정의 의미를 표시하기도 한다.[20]

(2) 라. ①′ 누가(누구가) 왔다.
　　　　①″ 누가 왔니?

(2라①′)은 '누구'가 평서문에 나타났으므로 부정의 의미가 명백하지만 (2라①″)에서 는 미지와 부정의 두 가지 의미로 해석된다. '누'에 힘을 주고 끝을 내리면 미지가 되고 '누'에 힘을 주지 않고 끝을 올리면 부정이 된다. 이에 따라 앞의 경우는 "혜미가 왔다." 와 같은 대답이 가능하고 뒤의 경우는 "누가 오기는 왔다."와 같은 대답이 가능하다.[21]

(2바)는 전통적으로는 재귀칭(再歸稱)이라 불러 왔고 최근에는 재귀 대명사로 흔히 부

18　통언어적(cross-linguistic)으로 지시어의 대립 체계는 크게 '거리 중심 체계'와 '인칭 중심 체계'로 구분된다. 한국어의 지시어는 화자와 청자를 기준으로 하여 화자에게 가까운 것, 청자에게 가까운 것, 화·청자에게 먼 것을 구분하므로 한국어 지시어의 대립 체계는 '인칭 중심 체계'라고 할 수 있다.

19　미지의 대명사는 의문의 뜻을 나타내는 대명사이므로 '의문 대명사'라고도 하고 부정(不定)의 대명사는 일정하게 특정하게 정해져 있지 않은 대상을 지시하므로 '비한정(非限定, indefinite) 대명사'라고도 한다. 여기서는 사람을 가리키는 대명사를 인칭 대명사로 보고 있기 때문에, '누구', '아무'를 삼인칭 대명사로 분류하였지만 최근에는 '누구', '무엇', '어디', '언제' 등을 인칭 대명사나 지시 대명사에서 분리하여 의문 대명사, 부정 대명사로 보는 것이 더 일반적이다. 이와 마찬가지로 재귀 대명사도 삼인칭 대명사의 하나가 아니라 독자적인 대명사의 하나로 설정하는 것이 더 일반적이다. 한편 '미정어'라는 상위의 개념을 세워 놓고 그 아래 '미지 미정어', '부정 미정어'를 두는 견해도 있는데(고영근 2018나: 68) 이때 앞의 것은 종전의 의문사, 뒤의 것은 종전의 부정사를 가리킨다.

20　통언어적(cross-linguistic)으로 미지의 대명사와 부정의 대명사의 형태가 동일한 언어는 상당히 많고 부정 의 대명사는 미지의 대명사를 바탕으로 만들어지는 것이 일반적이다.

21　이처럼 문말 억양만으로 부정의 대명사와 미지의 대명사를 명확히 구별하기란 쉬운 일이 아니다. 그래서 부정의 대명사는 서술격 조사 '아'와 의문형 어미 '-ㄴ가'를 결합한, '누군가', '어딘가', '언젠가' 등으로 쓰이는 것이 더 일반적이다.

르고 있는 것인데, 앞에 나온 제삼 인칭 주어가 되풀이됨을 피할 때 쓰이는 인칭 대명사이다.[22]

> (2) 바. ①′ 혜미는 <u>자기</u> 동생을 매우 귀여워한다.
> ②′ 누구든지 <u>제</u> 자식은 귀여워한다.
> ②″ 회원들은 <u>저희들</u>끼리 뭉치기로 굳게 다짐하였다.

(2바①′)의 '자기'는 인물에 대한 보편적 재귀 대명사이다. (2바②′)의 '제'(<저의)는 단수형, (2바②″)의 '저희'는 복수형으로서 지금은 '자기'만큼 널리 쓰이지는 않는다. "박색이 <u>저</u> 못난 줄 모른다. 중이 <u>제</u> 머리 못 깎는다."와 같은 속담에 주로 '저'가 나타나는 것을 보면 '저'는 약간 굳어진, 낡은 투의 말임을 알 수 있고 선행하는 주어 명사가 낮춤의 의미를 띠고 있을 때 더 적절하다는 사실을 깨달을 수 있다.

(2바③)의 '당신'은 주어 명사가 높임의 자질을 띠고 있을 때 사용된다.

> (2) 바. ③′ 할아버지께서는 생전에 <u>당신</u>의 장서를 소중히 다루셨다.

위의 예문의 '당신'은 높임의 주어 명사 '할아버지'를 가리키는데 앞의 '저, 저희'와 같이 낡은 투의 말로서 젊은 층의 사람들에게는 매우 생소하게 느껴지고 있다. '당신' 대신 '자기'는 바뀌어 쓰일 수 있으나 '저'는 불가능하다는 사실을 통해서 '자기, 저, 당신'의 용법상의 특징을 어느 정도 엿볼 수 있다.

3.1.2.2.2. 지시 대명사

지시 대명사(指示代名詞)는 사물을 가리키는 대명사를 일컫는다. 대명사란 원래 지시성을 띤 것인데 '지시'란 말을 쓰는 것은 불합리하므로 사물 대명사[몬대이름씨]란 용어가 합리적이라고 하는 일도 없지 않으나 이곳에서는 관습을 따라 지시 대명사를 그대로 사용하기로 한다.[23] 지시 대명사는 사물과 장소 표시의 말로 나누어진다.

---

22 곧 행위를 수행한 주어의 행위가 다른 대상에게 가지 않고 자신에게 다시 돌아오는 행위를 '재귀적 행위'라고 하는데 이러한 재귀적 행위를 나타내는 데 쓰이는 대명사를 '재귀 대명사'라고 한다.

23 '사물을 지시한다'라고 할 때의 '지시(指示)'는 'reference'를 의미하고 '지시 대명사'의 '지시(指示)'는 'demonstrative'를 의미하므로 서로 구분할 필요가 있다. 즉, 'reference'의 지시는 명사나 대명사가 대상을 가리킴을 뜻하는 것이고 'demonstrative'의 지시는 현장 지시, 즉 발화 현장에 있는 것을 직접 가리킴을 뜻하는 것이다. 한편, 지시 대명사는 "지금 네 손에 들고 있는 그것은 뭐니?"의 '그것'처럼 발화 현장에 있는 것을 직접 지시하는 기능 외에도 "지수가 나에게 새로운 소식을 알려 줬다. 그것은 바로 그에 관한

(3) 가. ① 이것, 그것, 저것   ② 무엇
     나. ① 여기, 거기, 저기   ② 어디

　(3가)는 사물 표시의 지시 대명사이다. 사물 표시의 지시 대명사는 대부분 관형사와 명사의 합성으로 되어 있다. (3가①)은 앞의 인칭 대명사의 경우와 같이, 화자와 청자를 축으로 하여 물건을 가리키는 기능을 띠고 있다. (3가②)는 물건에 대한 정보가 없을 때 쓰이는 미지의 의미를 띠고 있다. '무엇'은 앞의 '누구'와 같이 미지 이외에 부정의 의미를 표시할 수도 있다.

(3) 가. ②′ 목에 <u>무엇</u>이 걸렸나 보다.
        ②″ <u>무엇</u>을 보니?

　(3가②′)은 '무엇'이 평서문에 나타나 있으므로 부정의 의미가 분명하지만 (3가②″)은 의문문이므로 두 가지 의미로 해석된다. '무엇'에 힘을 주고 끝을 내리면 미지가 되나 '무엇'에 힘을 주지 않고 끝을 올리면 부정이 된다. 따라서 앞의 경우는 "그림을 보고 있다."와 같은 대답이 가능하고 뒤의 경우는 "무엇이 보이기는 한다."와 같은 대답이 가능하다.
　(3나)는 처소 표시의 지시 대명사이다. (3나①)은 (3가)와 같은 체계로 구성된 처소 지시어이다. ②의 '어디'는 미지인데 앞의 '무엇'과 같이 부정의 의미를 표시할 수도 있어 역시 대답으로 두 가지가 모두 가능하다.

(3) 나. ②′ <u>어디</u>에 좀 가려고 합니다. <부정>
        ②″ <u>어디</u>에 가시겠어요? <미지, 부정>

　방향을 표시하는 '이리, 그리, 저리'를 지시 대명사로 처리하는 일이 없지 않으나 '로'를 제외한 격 조사가 붙지 못하므로(*이리가, *이리를, *이리에…) 부사로 보는 태도를 취하였다.

소식이었다."의 '그것'처럼 앞 문맥에 나온 것을 이어 받는 조응(anaphora)의 기능도 있다.

　　학자에 따라서는 지시 대명사를 삼인칭 대명사의 틀 안에 넣어 분류하는 경우가 있다. 이는 가령 영어의 'it, they'를 삼인칭 대명사로 분류하는 경우를 참고한 것으로 보인다. 이러한 처리는 'it, they'가 사물에만 국한되지 않고 경우에 따라서는 사람을 지시하기도 한다는 사실이 고려된 것일 수 있다. 국어의 '이것', '그것', '저것'도 낮잡는 의미에서는 사람에 대해서도 쓸 수 있으므로 일견 공통된 처리라고 할 수 있다. 그러나 영어에서 'it, they'를 삼인칭 대명사로 분류하는 것은 'it'뿐만이 아니라 전형적인 삼인칭 대명사인 'he, she'의 복수로 'they'가 쓰이고 'it'이 be 동사와 함께 쓰일 때 'I am', 'You are'와 같은 일인칭, 이인칭 대명사가 아니라 'He/She is'와 같은 삼인칭 대명사와 동일한 형식을 가진다는 문법적 사실이 더 크게 고려되었다고 할 수 있다. 국어는 인칭이 형태론적으로 표시되는 문법 범주가 아니기 때문에 영어에서 보이는 이러한 정도의 문법적 공통성은 발견되지 않는다. 따라서 인칭 대명사와 대등한 자격을 가지는 지시 대명사를 상정하는 것에 큰 문제가 있다고 보기는 어렵다.

3.1.3. 수사

3.1.3.1. 수사의 특성

　수사는 사물의 수량이나 순서를 가리키는 품사로 명사, 형식상으로는 대명사와 마찬가지로 불변어에 해당된다.

　　(1)　가. 나는 사과 하나를 사 왔다.
　　　　　나. 입상자 가운데서 첫째가 보라이고 둘째가 현철이다.

　(1가)의 '하나'는 이에 앞서는 '사과'의 수량을 가리키고 (1나)의 '첫째, 둘째'는 이에 앞서는 '입상자'의 순서를 가리킨다. 이처럼 대상을 가리킨다는 점에서 수사는 대명사와 비슷하다. 이런 점을 중시하여 수사를 대명사에 편입시키는 문법학자도 없지 않다. 그러나 대명사와는 다르다는 사실을 알 필요가 있다. 대명사는 같은 대상이라도 상황에 따라 달리 표현되지만 수사는 그렇지 않다. '사과'라는 대상을 이름 대신 '이것'으로 지시할 때 상황에 따라 '그것, 저것'으로도 지시될 수 있지마는 '사과 하나'라고 할 때의 '하나'는 상황의 변화에 관계없이 그 수량이 일정하다.

　　이런 의미상의 차이에도 불구하고 수사는 명사, 대명사와 기능상의 차이를 크게 드러내지 않는다. 수사는 명사 검증의 틀인 '무엇'의 자리를 채울 수 있다. 이런 점 때문에 수사를 명사에 포함시키는 일도 있다. 그러나 자세히 보면 기능면에 있어서도 차이가 발견된다. 수사는 한 문장의 다른 성분과 관련시킬 수 있지마는 대명사는 그렇지 않다.

    (1)   가'. 나는 <u>사과 하나</u>를 사 왔다.

위에서 보듯이 '하나'는 같은 문장 가운데의 '사과'를 지시하는 데 대하여 대명사 '나'의 지시 대상은 이 문장 안에서는 확인할 수 없고 이 문장이 발화된 맥락 전반을 고려하지 않으면 안 된다. 수사의 이런 기능은 단위성 의존 명사와 비슷하다. 아래의 표를 (1가')와 비교하면 양자 사이의 공통성이 뚜렷해진다.[24]

    (1)   가''. 나는 <u>사과 한 개</u>를…

명사와 대명사는 조사가 붙지 않아도 그 성격에 변화가 없지마는 수사는 조사가 붙지 않으면 부사의 성격을 띠게 된다. (1가')의 수사에 붙는 '를'이 명사에 붙어 "나는 사과를 하나 사 왔다."가 되면 '하나'는 부사적 성격을 강하게 드러낸다.
  수사에는 사람의 수효를 특별히 가리키는 말이 있다.

    (2)   우리는 <u>둘이</u>서 산길을 걸었다.

'둘이'는 선행하는 '우리'의 수효를 가리키는 인수사(人數詞)인데 이 말은 주격 조사로 흔히 '서'를 취한다.[25] 이는 수사의 특징으로서 명사나 대명사에는 볼 수 없는 현상이다.
  수량과 순서를 의미한다고 하여 모두 수사가 되는 것은 아니다. '하루, 이틀…, 8·15, 3·1절, 6·25…, 처음, 끝, 갑절' 등은 수량과 순서에 관련된 말이기는 하나 특정한 대상에 대한 이름이므로 명사로 처리해야 한다. 수사는 모든 사물의 수량을 두루 가리키는 보편적 지시 특성을 띠고 있기 때문이다.

---

24 명사를 수량화하는 방법에는 '수 관형사+명사(두 아이)', '수사+의+명사(하나의 문장)', '명사+수사(아이 둘)', '수 관형사+분류사+의+명사(두 송이의 꽃)', '명사+수 관형사+분류사(꽃 두 송이)'가 있는데, 이 중에서 '아이 둘', '꽃 두 송이'처럼 수사나 분류사 구성이 명사 뒤에 후치되는 것이 가장 자연스럽고 일반적으로 쓰이는 듯하고 '수사+의+명사' 구성은 거의 쓰이지 않는다.
25 이때의 '서'에 대해서는 주격 조사 외에도 보조사, 부사격 조사 등의 견해가 있어 왔다. 이에 대한 자세한 사정은 3장 '더 읽을거리 7'을 참조.

3.1.3.2. 수사의 종류

3.1.3.2.1. 양수사

양수사는 (1가)의 '하나'와 같이 사물의 수량을 지시하는 수사이다. 우리말의 양수사는 고유어 계통과 한자어 계통이 있다.

> (3)　가. 하나, 둘, 셋, 넷, 다섯, 여섯, 일곱, 여덟, 아홉, 열, 스물, 서른, 마흔, 쉰,
> 　　　　예순, 일흔, 여든, 아흔
> 　　　나. 한둘, 두셋, 서넛, 두서넛(二, 三, 四), 너덧(넷 가량), 댓(五, 六), 너더댓(四,
> 　　　　五, 六), 대여섯, 예닐곱, 일여덟,… 여럿, 몇…

위의 수사는 모두 고유어 계통이다. 1부터 99까지는 고유어 수사가 쓰이고 있으나 그 이상은 '백(百), 천(千), 만(萬), 억(億), 조(兆)'와 같이 한자어만 존재한다. 중세 국어에서는 '百, 千'을 표시하는 고유어 '온, 즈믄'이 사용되었으나 지금은 쓰이지 않는다. (3가)는 정확한 수량을 나타내는 정수(定數)이며 (3나)는 개략적인 수량을 나타내는 부정수(不定數)이다.[26] 부정수는 단순한 수사의 합성이 아니고 '한둘, 두셋, 서넛'처럼 첫째 요소와 끝 요소의 소리가 바뀌기도 한다. 부정수에는 '두셋'과 같은 두 숫자의 부정수와 '두서넛'과 같은 세 숫자의 부정수가 있다.

(3가)의 양수사는 대상에 대한 수량을 나타낼 뿐만 아니라 수 자체에 대한 이름이 되기도 한다. 곧 '一'은 '하나', '二'는 '둘'이라고 이름을 지을 때는 명사의 용법을 띠고 있으나 이런 경우도 수사로 처리하는 것이 보통이다. 우리말의 수사에는 앞서 언급한 바와 같이 사람의 수효를 지시하는 특수한 수 표시어가 있다.

> (4)　혼자, 둘이, 셋이, 넷이… 여럿이, 몇이

이들 수 표시어들은 사람의 수효를 지시하는 데 쓰인다고 하여 인수(人數)라 부르는 일도 있다. 이에 대해 앞의 (3가)는 주로 물건의 수효를 지시할 때 쓰인다고 하여 물수(物數)라고 한다. 인수는 대상의 수량을 지시하는 데만 쓰일 뿐이고 수의 이름을 가리키는 데는 쓰이지 못한다. '둘이…'에 나타나는 '이'는 물수 '둘'을 인수되게 하는 접사인데

---

[26] 수학에서는 '부정수'를 개략적인 수를 나타내는 것이 아니라 가령 'n개의 정수가 있다고 했을 때…'의 n처럼 그 범위가 정해져 있지 않은 수를 말하는 것으로 사용한다는 점에 주의할 필요가 있다. 따라서 이를 더 분명하게 구별하면 (3나)의 것들은 '어림수'라고 하는 것이 보다 더 정확할 것이다.

이는 '돌'(石)에 '이'가 붙으면 '돌이'라는 사람 이름이 되는 것과 비슷하다.

(5) 영(零) [또는 공(空)], 일(一), 이(二), 삼(三), 사(四)… 십(十), 백(百),
     천(千), 만(萬), 억(億), 조(兆)

(5)의 예들은 한자어 계통으로서 정수인데 고유어 계통에 없는 '영'과 '백' 이상의 수사가 있어 고유어보다 체계가 잘 갖추어져 있다.

3.1.3.2.2. 서수사

서수사는 (1나)의 '첫째, 둘째'와 같이 대상의 순서를 가리키는 수사이다. 서수사에도 고유어 계통과 한자어 계통이 있다.

(6) 가. 첫째, 둘째, 셋째, 넷째, 다섯째…, 열째, 열한째, 열두째, 열세째…, 스무째…
     나. 한두째, 두어째, 두세째, 두서너째, 서너째, 댓째, 여남은째…, 몇째

위의 예는 고유어 계통의 서수사인데 수 관형사와, 순서를 의미하는 단위성 의존 명사 '자히'에서 발전한 '-째'와의 결합인 점이 양수사와 다르다.[27] (6가)는 정수인데 형성법이 특이한 면이 있다. '첫째'의 '첫' 자리에는 '열한째'의 '한'으로 미루어 보면 '한째'가 되어야 할 것이나 모습이 다른 '첫'이 그 자리를 보충하고 있다. '첫'은 기원적으로는 '처음'(<처엄)과 관련이 있어 보인다. 이처럼 규칙적으로 예측되는 형태 대신 다른 형태가 사용되는 현상을 보충법(補充法, suppletion)이라고 한다. 영어, 독어 등 다른 언어에도 서수사의 일부가 보충법으로 형성되는 일이 많은데 국어처럼 첫 번째에 해당하는 경우만 보충법으로 형성되는 경우가 가장 흔하다. 영어는 이와 달리 'first, second, third' 즉 세 번째까지가 보충법에 해당한다. 이렇게 보면 (4)의 인수 '혼자'도 일종의 보충법적 형태라 할 수 있다.

'둘째'는 '열두째'와 비교하면 '두째'가 되어야 하고 이를 '두 개째'의 의미를 가지는 '둘째'와 구별하여 사용하였으나 현재는 이 두 가지를 구별하지 않고 '둘째'를 표준어 서수사로 사용하고 있다. '셋째, 넷째'도 마찬가지이다. (6나)는 부정수인데 형성법이 정수와 차이가 나서 '한두째'의 경우 '*첫두째'가 되지 않는다.

---

27 현재 『표준국어대사전』에서는 '째'를 접미사로 처리하고 있으나 수 관형사는 명사와 결합한다는 분포상의 특성을 고려할 때 이 '째'가 예전에는 의존 명사였음을 알 수 있다.

(7)   제일(第一), 제이(第二), 제삼(第三)…

위의 예는 한자어 계통의 서수사인데 한자어의 양수사에 순서 표시의 접두사 '제'(第)가 붙어 형성되었다. 이 예는 정수이지만 '제이삼의 인물'의 '제이삼'처럼 부정수도 존재한다.

3.1.3.3. 수사 읽기

고유어 수사와 한자어 수사는 쓰임이 정해져 있어서 바꾸어 쓸 수 없는 경우도 있고 그렇지 않은 경우도 있다.[28] 수 관형사도 포함하여 두 계열의 쓰임을 살펴보기로 한다.
일상생활에서 물건의 수효를 셀 때는 고유어계 수사를 주로 쓴다. '사과'를 낱개로 세어서 살 때 '하나, 둘…'이라고 하지 '일, 이…'라고 말하지 않는다. '백'부터는 고유어가 없으므로 '백 열 하나'와 같이 한자어가 대용된다. 그러나 계산을 한다든지 수학 문제를 풀 때는 '넷 더하기 다섯은 아홉'이라고 하는 대신에 '사 더하기 오는 구'로 읽는 것이 관습으로 되어 있다.
수 관형사가 단위성 의존 명사와 함께 쓰일 때는 그것이 고유어이면 고유어계로 읽히지만 한자어일 때는 규칙을 일반화하기가 어렵다.

(8)   가. 옷 5벌[옷 다섯 벌], 신발 3켤레[신발 세 켤레], 소 2마리[소 두 마리]…
      나. 사과 1개[사과 한 개], 술 5잔[술 다섯 잔], 소 4필[소 네 필], 물 10병[물 열 병], 책 3권[책 세 권], 종이 1장[종이 한 장], 고기 2근[고기 두 근]…
      다. 배 10척[배 열 척, 배 십 척], 학생 9명[학생 아홉 명, 학생 구 명], 땅 10평 [땅 열 평, 땅 십 평]…
      라. ① 25원[이십오 원]
         ② 2017년 6월 25일[이천십칠 년 유월 이십오 일], 25분 30초[이십오 분 삼십 초]
         ③ 10리[십 리]

(8가)는 거의 예외 없이 고유어 명사로서 고유어계의 수 관형사로 읽힌다. '마장'과 같은 말은 고유어임에도 불구하고 '*한 마장'이라고 하지 않고 '일 마장'으로 말한다.

---

[28] 수사 읽기는 국어를 모국어로 하는 화자들에게는 그리 어렵지 않으나 일정한 규칙이 없어 국어를 처음 배우는 외국인에게는 매우 어렵고 복잡하게 느껴진다.

(8나)는 한자어 계통의 단위성 의존 명사임에도 불구하고 그 관형사는 고유어계로 읽힌다. (8다)는 한자어계로서 고유어계와 한자어계가 동시에 용인된다. 낮은 숫자일수록 고유어계가 자연스럽고 높을수록 한자어계가 자연스러워 보인다.

(8라)는 한자어계로만 읽히는 예들이다. (8라①)은 돈의 단위다. 이에 유추하여 외국 화폐도 '일 달러 오십 센트'와 같이 읽는다. 그러나 옛날 화폐 단위인 '푼'은 '한 푼, 두 푼'과 같이 읽었다. (8라②)는 시간 표시의 단위 명사이다. '년, 월, 일, 분, 초'뿐만 아니라 '(5)개년, (21)세기, (60)년대'의 경우에도 모두 한자어계로 읽는다. 이곳에서 주의할 것은 한자어계 수사가 '월'(月)과 어울릴 때 나타나는 음의 변화이다. '육'(六)과 '십'(十)은 '*육월, *십월'이 아니고 '유월, 시월'이다. 같은 시간 단위의 명사라 하더라도 '시, 시간' 앞에서는 고유어계로 읽히는 점이 '분, 초'와 다르다. 이 말들은 '분, 초'와는 달리 옛날부터 쓰여 오던 시간 표시의 명사이기 때문에 고유어계로 읽힌다고 생각한다. 그러나 기차역, 버스 터미널, 공항에서는 하루를 24시간으로 통산하여 기차의 출발 시간과 도착 시간을 표시하는 23시 30분을 한자어계로 읽기도 한다. (8라③)은 거리 표시의 단위 명사인데 한자어계로 읽는 것이 관습화되어 있다. 이에 유추되었음인지 '(3)미터[삼 미터], (2)킬로미터[이 킬로미터]'등 서양 외래어 계통의 단위 명사도 한자어계와 어울린다.[29]

3.1.4. 체언과 복수

이상 살펴본 명사, 대명사, 수사는 의미는 조금씩 다르지마는 모두 '무엇'의 자리를 채울 수 있기 때문에 기능상으로는 큰 차이가 없다. 목적어나 서술어의 자리에 나타나기도 하지마는 주어의 자리에 나타나서 문장의 주체, 곧 몸의 노릇을 하는 것이 중요한 기능이라 할 수 있다.

(1)
아기
저것   이/가   웃는다.
감 하나   무궁화이다.
                  떨어진다.

(1)의 예를 보면 알 수 있듯이, 체언은 명사 검증의 틀 '무엇'의 자리에 나타나서 각

---

29 이외에도 양수냐 서수냐에 따라 수사 읽기가 달라지는 경우도 있다. 예컨대 "10반 학생들이 모두 왔다."의 10이 양수라면 '열'이라고 읽어야 하고 10이 서수라면 '십'이라고 읽어야 한다.

문장의 주어가 되어 있다. 체언 대신 몸말 또는 임자씨란 이름이 붙여진 것도 모두 같은 이유에서이다.

체언이 지시하는 대상의 수효가 하나일 때 이를 단수(單數)라 하고 둘 이상일 때 복수(複數)라고 한다. 영어, 독일어 등의 인도·유럽어에서는 복수의 표시가 동사는 물론, 관사, 형용사까지 영향을 미치기 때문에 수(數, number) 범주의 설정이 문법적으로 큰 의의를 띠고 있으나 국어에서는 그러한 사실이 확인되지 않는다고 하여 수의 문제를 크게 다루어 오지 않았다.[30] 그러나 국어에도 인도·유럽어만큼 현저하지는 않지만 어느 정도 규칙적인 수 표시의 질서를 찾을 수 있다.

복수 표시의 접미사로 흔히 거론되는 것은 '들, -희, -네'이다. '-네'는 '우리네, 어르신네, 민지네, 갓난이네'에 나타나는 것인데 복수성을 더한다기보다 무리나 집을 의미하는 접미사로 보는 것이 온당해 보인다.[31] 국어의 복수는 명사와 대명사에만 표시될 뿐 수사에는 나타나지 않는다.

(2) 가. 사람들이 많이 모였다
　　 나. 너희들은 어디로 갈 예정이냐?
　　 다. *학생 셋들을 만났다.

(2가)는 명사에 접미사 '-들'이 붙은 것이고 (2나)는 대명사 '너'에 복수를 나타내는 접미사 '-희'가 결합하고 있는데도 다시 '-들'이 붙었다. (2다)는 수사에는 '-들'이 붙지 못함을 보인 것이다. 수사와 통사적 기능이 비슷한 단위성 의존 명사에도 '-들'이 붙을 수 없다.

(2) 다'. *학생 세 명들을 만났다.

---

[30] 국어에서는 수 범주의 표시가 필수적이지 않다. 그래서 복수성을 띠는 명사라고 할지라도 복수의 접미사 '-들'이 필수적으로 결합하지 않는다. 가령, "산에는 나무가 많다."에서 '나무'는 복수성을 지니고 있지만 '-들'이 나타나지 않아도 문장의 문법성에는 전혀 문제가 없다. 따라서 국어에서는 수 범주가 문법 범주를 이루지 않는다고 보는 것이 일반적이다.

[31] '-네'는 어떠한 개체를 중심으로 이와 관련이 있는 개체들이 하나의 연합체, 즉 집단을 형성하여 복수를 이룬다는 점에서 '연합적(associative) 복수' 또는 '집단 복수'를 나타낸다고 할 수 있다. 예를 들어, '영희네'는 '영희'가 여럿이 모여 복수를 이루는 것이 아니라 '영희'를 비롯하여 그와 관련이 있는 사람들이 집단을 이루어 복수를 이루는 것이다. 연합적 복수를 나타내는 접미사에는 '-희'도 포함될 수 있다. 가령, '너희'는 이인칭 '너'를 중심으로 하여 이와 관련된 인물들이 집단을 이루어 복수를 형성한다.

명사는 특정한 상황에서 가산성(可算性)을 띤 대상을 지시하는 경우에 한하여 접미사 '-들'이 붙을 수 있다.

(3) 가. 사람들이 운동장에 많이 모였다.
     나. *사람들은 만물의 영장이다.
     다. *물들이 많이 흐른다.

(3가)는 특정한 시간과 장소에 사람이 많이 모였다는 뜻인데 이때의 '사람'은 둘 이상의 대상을 가리키기 때문에 '-들'이 붙었다. 같은 가산성의 명사라도 특정한 상황이 전제되지 않을 때는 '-들'이 붙을 수 없다. (3나)가 성립되지 않는 것은 이때의 '사람'은 특정한 문맥 가운데 놓인 말이 아니라 총칭적인 속성을 가지기 때문이다. 이런 경우의 명사는 수(數)에 대하여 중립적이다. '-들'은 '질량성(質量性)'을 띤 명사에는 붙지 못한다. (3다)가 성립되지 않는 것은 '물'이 질량성 명사이기 때문이다. '물'은 '사람'처럼 개체로 나누어 셀 수 없다.[32]

(3가)와 같이 수량을 표시하는 부사나 형용사가 쓰였을 때는 '-들'을 붙이지 않고도 복수의 의미가 표시될 수 있다. 이런 경우는 '-들'의 사용이 필수적이라 할 수 없다. 그러나 특정 상황에 쓰인 가산성 명사라 하더라도 지시 관형사와 어울리면 '-들'의 사용은 필수적이다. '이(그, 저) 사람'만으로는 단수를 의미하고 '-들'이 붙은 '이(그, 저) 사람들'에 의해 복수가 표시된다. '-들'은 무정 명사보다 유정 명사에 더 흔히 사용된다는 사실도 기억해 둘 만하다.[33] '사람들, 동생들'이란 말은 자연스럽지만 국어에서 '책상들, 연필들'은 상당히 거북하게 들리는 것이다.

대명사의 복수 표시는 명사보다 복잡하기는 하지만 그 사용이 규칙적이다. 앞의 인칭 대명사를 보면 우선 '우리'는 단수 제일 인칭과는 형태가 다르다. '너 : 너희, 저 : 저희'로 미루어 보면 '*나희'로 되어야 할 것이나 '우리'로 대치되었으므로 보충법적 형성이라고 할 것이다. 제일 인칭의 낮춤말 '저희'와 제이 인칭 '너희'는 '저, 너'에 접미사 '-희'가

---

32 일반적으로 질량 명사(質量名詞, mass noun)는 추상 명사, 고유 명사와 함께 셀 수 없는 명사, 즉 불가산 명사에 포함되고 이러한 불가산 명사들은 복수를 형성하지 못한다. 그러나 국어에서는 수 범주가 문법 범주를 이루지 않으므로 "주변의 오염된 물들이 그냥 하천으로 쏟아져 하천 주변 생태계가 위협받고 있다."의 예에서처럼 '물'과 같은 질량 명사에도 '-들'의 결합이 전혀 불가능하지만은 않다. 논의에 따라서는 이와 같이 '-들'의 사용이 확대되는 이유를 영어를 비롯한 외국어의 영향 때문이라고 설명하기도 한다.
33 무정 명사보다는 유정 명사가 더 쉽게 복수를 형성하는 것은 통언어적(cross-linguistic)으로도 일반적이다. 이는 인간은 인지적으로 사물의 수보다는 사람의 수를 뚜렷하게 구별할 수 있을 뿐만 아니라 사물의 복수보다는 사람의 복수를 구분하는 것이 더 유용한 경우가 많았기 때문이다.

붙었다.[34] 이는 복수성을 의미하는 접사라 할 것이다. 보충법과 접미법으로 형성된 복수 대명사에 다시 '들'이 붙을 수 있다는 점에 국어 대명사 복수의 특징이 있다.

(4) 가. 나 : 우리(들), 저 : 저희(들)
　　나. 너 : 너희(들)
　　다. (이) : 이들, 그 : 그들, (저) : 저들, 자기 : 자기들
　　라. ① [?]그것들(이것들, 저것들)을 잘 지켜보아라.<사물 지시>
　　　　② [*]거기들(여기들, 저기들)이 삼각산이다.<처소 지시>

대명사는 명사와 달리 특정한 상황에서 쓰이기 때문에 단수만으로 복수를 표시하는 일이란 있을 수 없다. (4가)는 제일 인칭의 단수와 복수의 체계이고 (4나)는 제이 인칭의 단수와 복수의 체계이다. (4다)는 제삼 인칭 대명사 가운데서 대표적인 것을 제시한 것인데 앞서 언급한 바와 같이 '이, 저'는 단수로는 잘 쓰이지 않고 '들'이 붙은 '이들, 저들'이 더 빈번히 사용된다. 인칭 대명사는 그것이 지시하는 대상이 복수적이면 반드시 복수 대명사를 요구한다. (4라)에서 보는 바와 같이 같은 대명사라고 하더라도 사물 표시의 지시 대명사는 '들'의 쓰임이 흔하지 않고 처소 표시의 지시 대명사는 '들'이 결합될 수 없다고 본다.

'들'은 가산성 명사와 대명사에 붙어 그것이 가리키는 대상이 복수임을 표시하지마는 가산성을 띠지 않은 명사나 기타 다른 성분에 붙어 주어가 복수임을 표시하는 기능도 띠고 있다.

(5) 가. 빨리 물들 떠 오너라.
　　나. 공부들 부지런히 해라.
　　다. 여기들 잠자코 있어라.
　　라. 어서들 오너라.
　　마. 어디에들 갔니?
　　바. 우선 입어들 보아라.

(5가)는 질량성을 띤 명사 '물'에 '들'이 붙은 것인데 (3다)와는 달리 목적어의 자리에 놓여 있다. (5나)는 추상성의 명사 '공부'에 '들'이 붙은 것으로 역시 목적어의 자리를

---

³⁴ '희'는 '나', '저'에만 극히 제한적으로 나타나고 공시적으로 더 이상 새로운 단어를 만들지 못하므로 접미 사로 보기 어렵다고 할 수도 있다. 『표준국어대사전』에서도 이를 접미사로 따로 처리하고 있지 않다.

차지하고 있다. (5다)는 처소 표시의 지시 대명사 '여기'에 '들'이 붙은 것으로 부사어의 자리에 놓여 있다. (5가)~(5다)의 '물들…'이 주어의 자리에 쓰이면 비문법적 문장이 되는데 주어 이외의 자리에서는 아무런 흠 없이 쓰일 수 있다. (5라)는 부사에, (5마)는 부사격 조사에, (5바)는 연결 어미에 '들'이 붙었다.[35]

(5)의 예들은 '들'이 붙는 말이 명사든 대명사든 셈의 대상이 될 수 없으며 부사나 부사어 등도 역시 그러하다. 이런 경우의 문장들은 대개 주어가 나타나지 않는 일이 보통인데 주어에 있던 '-들'이 자리를 옮긴 것으로 해석하기로 한다.[36]

(5)　가'. (너희들) 빨리 물 떠 오너라.

　　　라'. (너희들) 어서 오너라.

주어가 복수임을 표시하는 '들'의 구조적 양상은 가산성 명사에 붙는 '-들'과 다르다. (5라)~(5바)의 예들은 보조사가 나타나는 환경과 차이가 없다. 이런 점을 중시한다면 (5)에 나타나는 '들'은 보조사로 볼 수 있다.

3.2. 조사

3.2.1. 조사의 특성

조사는 자립성이 있는 말에 붙어 그 말과 다른 말과의 관계를 표시하는 품사로 정의되고 있다.

(1)　가. 제가 먼저 책을 읽겠습니다.
　　　나. 운동장에서만 공놀이를 할 수 있다.
　　　다. 퍽 빨리도 걷는구나!

(1가)에서 '가, 을'이 조사이다. '가'는 대명사 '저'에 붙어 '저'(제)가 이 문장의 주어가

---

[35] 뿐만 아니라 "빨리 먹어들!"에서와 같이 종결 어미 뒤에도 결합할 수 있다.

[36] 이러한 '-들'은, 보다 자세히 언급하자면 명사가 가리키는 개체의 복수성이 아니라 문장이 나타내는 사건의 복수성을 표시한다. 그리고 이때 '-들'은 단순히 복수의 사건이 일어났다는 것만을 의미하는 것이 아니라 복수의 개체에 각각 동일한 사건이 적용된다는 것을 나타낸다. 예컨대, "네 친구들은 밥을 많이들 먹는구나!"는 '밥을 많이 먹는' 사건이 복수의 주어에 동일하게 적용되어 그 사건이 복수성을 띠는 것이다.

됨을 표시하며 '을'은 명사 '책'으로 하여금 후행하는 '읽다'의 목적어가 되도록 한다. (1나)의 '운동장에서만'은 표면상으로는 조사가 합성되었다고 할 수 있으나 사실은 그렇지 않다. '에서'는 '운동장'이라는 단어에 붙은 것이지만 '만'은 '운동장에서'란 어절에 붙어 있다. '에서'는 '운동장'으로 하여금 뒤의 구에 대하여 부사어가 되게 한다고 할 수 있으나 '만'은 어떤 뜻을 별도로 첨가한다고 보는 것이 좋다. (1다)의 '도'는 부사 '빨리'에 붙어 있는데 역시 어떤 뜻을 더하고 있다. 이런 점들을 두루 살펴보면 조사는 단어 또는 어절에 연결되어 그 말의 다른 말과의 관계를 표시하거나 어떤 뜻을 더해 주는 것이라고 고쳐 정의할 수 있다.

조사가 자립성이 있는 말과 어울릴 때는 스스로 형태를 바꿀 수도 있고 앞의 말에 영향을 미칠 수도 있다. (1가)의 '을'(책을)과 (1나)의 '를'(공놀이를)은 앞의 말이 자음으로 되어 있느냐 모음으로 되어 있느냐에 따라 교체된 것이다. 이렇게 음운론적 조건에 따라 교체되는 형태들을 음운론적 이형태라 부르는데 이런 조건에 따라 형태를 달리하는 조사에는 다음과 같은 것이 있다.

(2)　가. 는/은, 를/을, 야/아
　　　나. 과/와, 으로/로, 이고/고, 이며/며, 이나/나, 이든지/든지, 이나마/나마, 인들/
　　　　　ㄴ들, 이랑/랑, 이라도/라도
　　　다. 이/가

(2가)는 모음으로 된 말 아래에서는 '는, 를, 야'(아기는, 아기를, 혜미야)이던 것이 자음으로 된 말 아래에서는 '은, 을, 아'(동생은, 동생을, 유경아)로 교체된다. '은, 을'은 'ㄴ'과 'ㄹ'이 탈락되었고 '아'에서는 '야'의 반모음 /j/가 탈락된 것이다. (2나)에서는 자음으로 된 말 아래에서는 '과, 으로, 이고…'이던 것이 모음으로 된 말 아래에서는 '와, 로, 고…'로 교체된다. '와'(/wa/)는 '과'(/kwa/)에서 /k/가 떨어진 것이고 '로'는 '물로'에서 보는 바와 같이 모음 이외 'ㄹ' 아래라는 환경이 더 추가된다. '로'는 '으'가 탈락되었고 '고, 며' 등은 '이'가 탈락되었다. (2다)는 자음으로 된 말 아래에서는 '이'가, 모음으로 된 말 아래에서는 '가'가 각각 선택된다. (2가, 나)에서는 교체되는 두 형태들이 부분적인 유사성을 띠고 있으나 (2다)에서는 모습이 전혀 다르다.

한 형태소가 환경에 따라 두 가지 이상의 형태로 교체될 때는 그 중의 어느 한 형태를 대표 형태로 정해 둘 필요가 있다. 이 대표 이형태를 기본형이라 한다.[37] 형태들이 음운론

---

37 '기본형'은 가령 '먹다'처럼 용언 어간 '먹'이 어미 '-다'와 결합하여 사전에 실릴 때의 형태를 지시하는

적인 조건의 영향을 받을 때는 다른 이형태로의 변이 조건을 설명하기 간편한 쪽을 기본형으로 택하여야 한다.[38] 어떤 요소가 첨가된 것으로 보는 것보다는 탈락된 것으로 보는 것이 경제적이므로 (2가)에서는 '는, 를, 야'를, (2나)에서는 '과, 으로, 이고…'를 대표형태로 정할 수 있다. '은, 을, 아 : 와, 로, 고'를 기본형으로 삼으면 어떤 음운이 첨가되는지 예측할 수 없지만 '는, 를, 으로…'를 기본형으로 삼으면 자음 내지 모음 아래서는 특정 음운이 탈락된다고 말하는 것으로 충분하다.[39]

(2다)는 사정이 조금 다르다. 두 이형태에 공통되는 부분이 없으므로 특정 음운이 탈락되었다고 볼 수 없다. 따라서 기본형은 관점에 따라 '이'(/i/), 또는 '가'(/ka/)의 어느 것으로도 가능하다. 그러나 역사적으로 '가'가 후세에 나타났고 지금도 '가'가 쓰여야 할 자리에 '이'가 나타나는 일이 있음을 생각하면 '이'를 기본형으로 잡는 것이 온당해 보인다.[40]

체언에 조사가 붙을 때 영향을 많이 받는 것은 대명사이다. (1가)의 '제가'는 '저'에 '가'가 붙은 것인데 대명사가 '제'로 모습을 바꾸고 있다. 이런 현상은 주격에서 가장 현저하고 관형격과 부사격에서도 목적된다.

    (3) 가. 내가, 제가, 네가, 누가 ─<주격>
         나. 내(<나의), 제(<저의), 네(<너의), 뉘(<누구의)─<관형격>
         다. 내게(<나에게), 제게(<저에게), 네게(<너에게)─<부사격>

(3가)의 '내가, 제가, 네가'는 '가'의 통합에 의해 '나, 저, 너'가 '내, 제, 네'로 바뀐 것인데 적어도 표준어에서는 '나가, 저가, 너가'로 되는 것을 허용하지 않는다. '누가'는 '누구'에서 '구'가 탈락된 것으로 '나, 저, 너'와는 성격이 다르다. (3나)는 '나의, 저의'로 나타나기도 하는데 대명사와 관형격 조사가 화합(amalgam)되어 있다. (3다)는 부사격

일도 있다. 따라서 이와 구분하기 위해 대표 이형태를 '대표형'이라고 부르는 일도 흔하다.

38 형태소 {빛}은 '빛이/비치/', '빛도/빋또/', '빛만/빈만/', '쪽빛이/쪽삐치/'. '쪽빛/쪽삗또/', '쪽빛만/쪽삔만/'에서처럼 그 환경에 따라 /빛/, /빋/, /빈/, /삗/, /삔/, /삔/의 6개의 이형태를 지닌다. 이중 /빛/이 국어의 여러 가지 음운 현상을 통해 나머지 5개의 이형태로의 변이 조건을 모두 설명할 수 있으므로 /빛/이 기본형으로 설정된다.

39 그러나 이것이 국어의 일반적 음운 현상으로 설명되는 것은 아니다. 예컨대, 국어는 'ㄱ'이 모음 뒤에서 실현될 수 없다는 제약이 없으므로 '과'가 모음으로 끝나는 단어 뒤에서 'ㄱ'이 탈락하여 '와'로 실현되는 이유를 설명할 수 없다는 것이다. 그래서 편의상 이들을 표기할 때는 기본형만을 써 주기보다는 '은/는', '을/를', '과/와', '(으)로', '(이)고' 등과 같이 이형태를 모두 써 주는 것이 더 일반적이다.

40 그러나 이때도 기본형만을 써 주기보다는 '이/가'와 같이 이형태를 모두 써 주는 것이 더 일반적이다.

조사의 앞부분 '에'가 대명사에 화합되어 있는데 이러한 형태 교체가 역시 필연적인 것은 아니다.

3.2.2. 조사의 종류

앞의 (1가, 나)의 '가, 을, 에서'와 (1나)의 '만', (1다)의 '도'를 중심으로 조사를 두 갈래로 나눌 수 있는 가능성을 타진한 바 있다. 전통 문법에서 조사를 크게 격 조사와 보조사로 구분해 온 것도 같은 취지에서 비롯된 것이다. 여기서는 이들 외에 접속 조사를 더 설정하여 모두 세 가지로 조사를 나누기로 한다.

3.2.2.1. 격 조사

격 조사는 원칙적으로 체언에 붙어 그 말의 다른 말에 대한 관계를 표시하는 것이다. 곧 체언으로 하여금 일정한 자격을 갖도록 한다. 격 조사에는 주격, 서술격, 목적격, 보격, 관형격, 부사격, 호격의 7격이 있다.

> (4) 가. 준희가 일찍 학교에 간다.
> 나. 저것이 칠판이다.
> 다. 영수도 그림책을 샀다.
> 라. 그것은 종이가 아니다.
> 마. 나의 연필은 어디 있을까?
> 바. ① 영미는 집에 있다.
>   ② 그것은 부산에서 가져 왔다.
>   ③ 어디로 가십니까?
>   ④ 칼로(써) 사과를 깎아라.
>   ⑤ 배꽃의 희기가 눈과 같다.
>   ⑥ 나와 함께 가지 않겠니?
>   ⑦ 뽕밭이 바다로 바뀌었군!
>   ⑧ "이제 밥을 먹자."라고 아버지가 말씀하신다.
>   ⑧' 이제 밥을 먹자고 아버지가 말씀하신다.
> 사. 민서야, 빨리 일어나라.

(4가)의 '준희가'의 '가'가 주격 조사(主格助詞)이다. 주격 조사는 체언에 주어의 자격을 주는 조사이다. 이 조사는 자음으로 된 체언 아래에서는 '이'로 바뀐다. 주격 조사에는 높임의 '께서', 단체의 '에서', 인수의 '서' 등 특수한 형태가 많다.[41]

(4)   가'. 아버지께서 진지를 드십니다.<높임>
           우리 학교에서 응원상을 받았다.<단체>
           혼자서 어디로 가니?<인수>

(4나)의 '칠판이다'의 '이다'가 서술격 조사(敍述格助詞)이다. 서술격 조사는 체언으로
하여금 주어의 내용을 지정·서술하는 기능을 갖도록 해 준다. 이런 점을 중시하여 '이
다'를 지정사(指定詞) 또는 잡음씨라고 부르는 일도 있으나 학교 문법에서는 그 비자립적
성격을 고려하여 조사로 보기로 하였으므로 격 조사의 한 갈래로 간주하게 되었다. '이
다'의 '아'는 다음과 같이 탈락될 수 있으나 그러한 현상이 필수적인 것은 아니다.

(4)   나'. 저것이 의자다.

'의자다'는 '의자이다'에서 '아'가 빠진 것인데 둘 다 허용된다는 점에서 (2나)의 '이
고/고, 이며/며…' 등과는 성격을 달리한다. "저것은 돌다리다."와 같이 '이'로 된 명사
아래서는 '아'를 줄이는 것이 더 자연스러우며 '사상, 감정의 표현 도구인(*도군) 언어'
에서와 같이 관형사형 앞에서는 '이'를 줄이기가 어렵다. 같은 '이다'라도 주어의 내용을
확인·지정하는 기능이 없으면 서술격 조사로 보기가 어렵다.

(4)   나''. 그는 매사에 성실이다.

위의 예의 '성실'은 상태성 명사로서 '이다' 대신 접사 '-하'를 붙여도 그 의미에 변화
를 일으키지 않으며 따라서 이때의 '이다'는 순수한 서술격 조사와는 거리가 멀다.
    (4다)의 '그림책을'의 '을'이 목적격 조사(目的格助詞)이다. 목적격 조사는 선행하는 명
사로 하여금 후행하는 타동사의 목적어가 되게 하는 것이다. '을'은 '종이를'과 같이
모음으로 된 명사 아래에서는 '를'로 형태를 바꾼다.
    (4라)의 '종이가'의 '가'가 보격 조사(補格助詞)이다. 보격 조사는 형태상으로는 보편적
주격 조사 '이/가'와 차이가 없다. 대표적으로 서술격 조사의 부정어인 형용사 '아니다'
와 동사 '되다' 등의 지배를 받는 '이/가'가 보격 조사이다.[42]

---

41 이외에도 의고적이기는 하지만 '께서'보다 더 높임을 나타내는 '께옵서'도 주격 조사로 볼 수 있다. 또한
    논의에 따라서는 "어떤 사람이라서 이 고통을 감당하겠는가?"의 '(이)라서'도 주격 조사로 설정하기도 하
    고 자격을 나타내는 부사격 조사 '(으)로서'도 주어 자리에 나타날 수 있다고 보기도 한다. 주격 조사 '에서'
    에 대해서는 §8.2.1.2에서 보다 자세히 논의하기로 한다.

(4마)의 '나의'의 '의'가 관형격 조사(冠形格助詞)이다. 관형격 조사는 선행하는 체언으로 하여금 후행하는 체언에 대해 관형어가 되게 하는 기능을 띠고 있다. 모든 격 조사가 체언으로 하여금 동사와 직접 관계를 맺도록 해 주는 기능을 띠고 있음에 대하여 관형격 조사는 먼저 체언에 걸리고 다음으로 동사와 관계를 맺도록 하고 있다.

    (4)   마'. 나의 연필은 어디 있을까?

(4바)의 예들이 부사격 조사(副詞格助詞)이다. 부사격 조사는 그것이 붙는 체언으로 하여금 부사어가 되도록 하는 것인데 형태가 많고 그 의미가 또한 다의적(多義的)이어서 그 체계를 정확하게 파악하기가 쉽지 않다. (4바①)의 '집에'의 '에'는 처소(낙착점)의 의미를 나타내는데 이러한 부류의 조사에는 '에, 에게, 한테, 께, 더러, 보고' 등이 있다.[43] (4바②)의 '부산에서'의 '에서'는 처소(출발점)를 의미하는 것으로 '서'가 붙은 '에게서, 한테서'와, '로부터'가 여기에 속한다. (4바③)의 '어디로'의 '로'는 처소(지향점)를 의미하는 것인데 '(으)로'와 그것이 붙은 '에게로, 한테로' 및 '에'가 이러한 범주에 속한다. (4바④)의 '칼로(써)'의 '로써'는 도구를 의미하는데 보통 '로'로 쓰이는 일이 많다. (4바⑤)의 '눈과'의 '과'는 비교의 대상이 됨을 의미하는데 이러한 부류에는 '처럼, 만큼, 보다' 등이 있다. (4바⑥)의 '나와'의 '와'는 동반의 뜻을 표시하는데 접속 조사 '하고, (이)랑'도 비슷한 기능을 띠고 있다. (4바⑦)의 '바다로'의 '로'는 변성(變成)의 의미를 띠고 있다. (4바⑧)의 '라고'는 직접 인용의 조사이고 (4바⑧')의 '고'는 간접 인용의 조사이다.

(4사)의 '야'는 선행하는 체언을 부름의 자리에 놓이게 하여 독립어가 되도록 하는데 이를 호격 조사(呼格助詞)라고 한다. '야'는 모음으로 된 체언 뒤에 나타나지만 자음으로 된 말 아래서는 '아'가 선택된다.[44]

3.2.2.2. 접속 조사

격 조사와 성질이 비슷한 것으로 접속 조사가 있다.

---

42 보어의 범위와 보격 조사의 문제에 대해서는 §8.2에서 자세히 논의한다.

43 이 가운데 '에', '에게'는 '주다', '보내다' 등과 같이 수여의 의미를 지니는 수여 동사와 함께 나타나는 경우가 많아서 이를 '여격(與格, dative) 조사'라고도 한다.

44 호격 조사에는 '아/야' 외에도 문어에서 특수한 의미 효과를 주기 위해 사용되는 '(이)여'와 이보다 더 높임의 의미를 지니는 '(이)시여'가 더 있다.

(5)　가. 혜지와 연수는 놀이터에서 놀았다.

　　　나. 벼루하고 먹하고 가져 오너라.

　　　다. 옷이며 신발이며 죄다 흩어져 있었다.

　　　라. 밥에다 떡에다 잔뜩 먹었다.

　　　마. 머루랑 다래랑 먹고 즐겁게 놀았다.

　위의 예들에서 밑줄 친 조사들은 둘 이상의 체언을 같은 자격으로 접속시켜 주는 기능을 띠고 있다. (5나)의 조사는 (5가)의 조사와 뜻의 차이가 심하지 않다.[45] '하고'가 되풀이 되는 점이 다르다. (5다)~(5마)의 '(이)며, 에다, (이)랑'도 '하고'와 같이 병렬되는 체언에 다 붙는다. 이런 조사를 접속 조사(接續助詞)라고 하는데 문법가에 따라서는 열거격(列擧格) 또는 접속격이라고 하여 격 조사에 넣는 일도 없지 않으나 이곳에서는 분리시켰다. 서술어와 직접적 관련을 맺지 않고 단순히 체언을 병렬시키는 기능을 격으로 처리하는 것은 격의 일반적 정의에 어긋난다고 생각된다.

　격 조사와 접속 조사 가운데는 의미는 큰 차이가 없지만 문체적인 차이를 수반하는 것이 있다. 부사격 가운데의 처소(낙착점)의 '한테', 처소(출발점)의 '한테서'와 동반의 '하고', 접속 조사의 '하고'는 각각 '에게(서)'와 '과/와'로 바꾸어 쓸 수 있다.

(6)　가. 그것은 동생한테 주었지요.

　　　나. 졸업 선물로 친구한테서 받은 겁니다.

　　　다. 동생하고 같이 외가에 다녀왔습니다.

　　　라. 사과하고 배하고 사 오너라.

(6)　가'. 그것은 동생에게 주었다.

　　　나'. 졸업 선물로 친구에게서 받았다.

　　　다'. 동생과 같이 외가에 다녀왔다.

　　　라'. 사과와 배를 사 오라고 일렀다.

　(6)의 예는 일상 회화나 소설의 대화 등의 구어체(口語體)인데 이런 문체에서는 '한테(서), 하고'가 적절하며 실제로 이런 상황에 많이 나타난다. (6가~라)의 예는 (6)의 것을 '에게(서), 와'로 바꾸어 쓴 것이다. 이런 문체는 설명문, 논설문, 소설 지문의 문어체에 가까운 것인데 이런 경우에는 '에게(서), 과/와'가 더 적절해 보이며 실제의 쓰임 또한

---

45 과거에는 변형 생성 문법의 관점에서 (5가)의 문장을 "혜지는 놀이터에서 놀았다."와 "연수는 놀이터에서 놀았다."의 두 문장이 이어진 것으로 보기도 하였지만 최근에는 이를 겹문장(복문)으로 보는 견해는 그렇게 많지 않다. 이에 대해서는 §9.2.2.5의 심화 박스 <와/과'와 이어진 문장>을 참고할 것.

그러한 점이 많다.

부사격 조사에도 '과/와'가 존재하고 접속 조사에도 '과/와'가 존재하므로 이들 사이에 구별이 모호한 경우가 있다. 이를 다음 예문을 통해 살펴보기로 한다.

ㄱ. 윤수와 민지가 결혼하였다.

(ㄱ)에서의 '와'는 경우에 따라서는 부사격 조사일 수도 있고 접속 조사일 수도 있다. 먼저 부사격 조사일 때는 '윤수'와 '민지'가 서로 결혼 당사자일 때다. 이때는 '윤수'와 '민지'가 서술어 '결혼하다'의 지배를 받아 다음과 같은 문장으로 바꿀 수 있다.

ㄴ. 윤수가 민지와 결혼하였다.

한편 접속 조사일 때는 '윤수'와 '민지'가 결혼 당사자가 아니라 각각 다른 사람과 결혼을 하였을 때이다. 따라서 (ㄱ)은 가령 다음과 같은 의미를 담고 있어 윤수와 민지가 각각 기혼자라는 의미를 나타내는 것으로 볼 수 있다.

ㄷ. 윤수는 혜지와 결혼하였다.
ㄹ. 민지는 영수와 결혼하였다.

이때는 '윤수'와 '민지'가 '결혼하다'의 직접 지배를 받는 것이 아니므로 이러한 의미로 해석되는 문장이라면 (ㄱ)의 '와'는 부사격 조사가 아니라 접속 조사로 판정된다.

3.2.2.3. 보조사

(1나, 다)의 '만'과 '도'를 중심으로 조사에는 단순한 자격 표시 이외에 특수한 뜻을 더하는 조사가 있음을 확인하였다.

(7) 가. 민수는 좋은 아이이다.
　　나. 선생님이 민수는 더 사랑하신다.
　　다. 선생님이 민수는 상을 주셨다.
　　라. 민수는 먼저 가거라.
(8) 가. 민수도 좋은 아이다.
　　나. 선생님이 민수도 사랑하신다.
　　다. 선생님이 민수도 상을 주셨다.
　　라. 민수도 가거라.

(9)　가. 민수만 점심을 먹는다.
　　　나. 선생님이 민수만 사랑하신다.
　　　다. 선생님이 민수만 상을 주셨다.
　　　라. 민수만 먼저 가거라.

　(7~9)는 '는, 도, 만'과 같은 조사가 각각 공통된 의미를 띠고서 여러 가지 격에 두루 쓰임을 보인 것이다. '는'이 (7가)에서는 주격의 자리에, (7나)에서는 목적격의 자리에, (7다)에서는 부사격의 자리에, (7라)에서는 호격의 자리에 각각 놓여 있다. '는'이 표시하는 격은 다르지만 그 의미는 대조(對照)의 한 가지로 고정되어 있다. (8), (9)에 나타나는 '도'와 '만'에 대해서도 '는'에서와 같은 격의 기능을 설정할 수 있으며 공통적으로 추출되는 의미로 각각 '역시'와 '단독'을 설정할 수 있다.

　이와 같이 체언의 격을 표시하는 격 조사와는 달리 뜻을 더해 주는 조사를 보조사(補助詞) 또는 도움토씨라고 하며 여러 격에 두루 쓰인다고 해서 특수 조사(特殊助詞)라 부르는 일도 있다. 보조사에는 이밖에도 '부터, 까지, 조차, 마다, (이)나, (이)든지, (이)라도, 마저, (이)나마' 등이 있으며 그 의미 또한 단순하지 않다.[46]

　보조사의 이런 특수성은 그들의 분포에도 영향을 미쳐 체언뿐만 아니라 격 조사 아래에도 쓰일 수 있으며 부사와 연결 어미 아래에도 붙을 수 있다.

(10)　가. 이곳에서는 수영을 할 수가 없습니다(다른 곳에서는 할 수 있지만).
　　　나. 그 사람이 일을 빨리는 합니다(잘하지는 못하지만).
　　　다. 이 책을 읽어는 봐라(그러나 가져가지는 말아라).

　(10가)는 보조사 '는'이 격 조사 '에서'에, (10나)는 부사 '빨리'에, (10다)는 연결 어미에 각각 붙어서 체언에 쓰일 때와 같은 '대조'의 의미를 표시하고 있다.[47]

---

[46] 보조사는 유사한 의미를 지니고 있지만 미세한 의미의 차이를 지니는 경우가 많다. 예컨대, '도', '까지', '조차', '마저'는 모두 [포함(역시)]의 의미를 지니지만 포함되는 대상에 대한 화자의 기대가 어떠한가에 따라 달리 사용된다. 또한 '(이)나'와 '(이)나마', '(이)라도'는 모두 [차선(次善)]의 의미를 나타내지만 '(이)나'는 차선의 선택 대상에 대한 부정적 감정이나 평가를 나타내는 반면에 '(이)나마', '(이)라도'는 차선의 선택 대상에 대한 긍정적 감정이나 평가를 나타낸다는 차이가 있다.

[47] 보조사는 그것과 결합한 요소 대신 갈아들 수 있는 것들의 집합, 즉 대안 집합(代案集合, alternative set)과 어떠한 의미적 관계를 맺느냐를 표시하는 것이 주된 기능이라고 할 수 있다. 예컨대, "지수만 집에 왔다."에서 [단독]의 '만'은 집에 올 수 있는 사람의 집합인 {영숙이, 지현이…}를 배제하는 의미를 나타낸다. 이러한 관점에서 보면, (10가, 나, 다)의 각각의 예에서 괄호 안에 제시된 내용들은 '이곳', '일을 빨리 하다', '이 책을 읽다'와 의미적 관계를 맺고 있는 대안 집합 내의 한 요소라고 할 수 있다.

격 조사도 부사나 연결 어미 아래에 쓰이는 것 같은 것들이 있다.

(11) 가. 내 말을 곧이를 듣지 않는다.
　　　나. 아무리 보아도 마음에 들지가 않는군요.
　　　다. 우선 먹어를 보아라.

(11가, 다)는 목적격 조사와 외형이 같은 '를'이 부사와 보조적 연결 어미 아래 통합된 것이고 (11나)는 주격 조사와 외형이 같은 '가'가 보조적 연결 어미에 붙은 것이다. 격은 기본적으로 체언이나 체언의 역할을 하는 말이 가질 수 있는 것이므로 이때의 '가, 를'의 기능은 보조사적 용법이라고 보는 것이 온당해 보인다.

이상의 보조사들은 명사, 부사, 용언의 연결 어미에 두루 쓰이므로 통용 보조사(通用補助詞)라고 한다. 그런데 보조사 가운데는 주로 문장 끝에 쓰이는 것이 있다.

(12) 가. 봄이 왔어요.
　　　나. 봄이 왔다마는 꽃이 안 핀다.
　　　다. 봄이 왔네그려.
　　　라. 봄이 왔구먼그래.

(12가)의 '요'는 높임[공대]의 뜻을 표시하고 (12나)의 '마는'은 뒤에 뒤집는 말이 올 때 쓰인다. (12다, 라)의 '그려'나 '그래'는 감탄을 표시한다. 이런 보조사를 앞의 통용 보조사에 대해 종결 보조사(終結補助詞)라고 한다.

3.2.3. 조사의 생략과 상호 결합

3.2.3.1. 조사의 생략

조사 가운데 격 조사와 접속 조사는 생략될 수 있다.

(13) 가. 그 사람(이) 무슨 책(을) 읽었니?
　　　나. 넌 중학생(이고), 난 고등학생이다.
　　　다. 어디(로) 가셔요?　　　　　　cf. *황무지가 옥토(로) 변했다.
　　　라. 동굴(의) 입구　　　　　　　　cf. *나(의) 집
　　　마. 공책(과), 연필을 주셔요.

(13가)는 주격과 목적격 조사가 생략된 경우인데 주로 구어체에서 현저하다. '책 읽다' 라는 서술부가 있으니 '그 사람'은 주어가 될 수밖에 없고 '책'도 타동사 '읽었니'가 후행하니 목적어임이 분명하다. 이런 생략 현상은 체언만으로도 격 관계가 분명할 때 나타나는데 주어와 목적격뿐만 아니라 (13나)와 같은 서술격, (13다)와 같은 부사격, (13라)와 같은 관형격, (13마)와 같은 접속 조사에서도 나타난다. 부사격과 관형격의 경우는, 오른쪽 예문과 같이 조사의 생략을 허용하지 않는 일이 있기 때문에 조사의 생략을 부정격(不定格)이라고 하여 격의 일종으로 다루는 일도 없지 않다.[48] 또한 조사의 생략을 인정하지 않고 이를 실현과 비실현으로 나누어 조사가 실현된 것과 조사가 비실현된 것을 대등하게 다루는 견해도 있다. 이러한 견해에서는 가령 주격 조사를 주어임을 표시하는 조사로 정의하는 대신 주어임을 분명하게 하는 조사로 정의한다. 주어임을 표시하는 조사로 주격 조사를 정의하게 되면 주격 조사가 나타나지 않았는데도 주어가 되는 현상을 설명하기 어렵기 때문이다.[49]

3.2.3.2. 조사의 상호 통합

앞에서 우리는 (1나)의 예를 통하여 조사가 겹쳐 나타나는 현상을 보았다.[50]

   (14) 가. 인수를 처음 만난 것은 대구에서가 아니고 광주에서였습니다.
        나. 부산에도 물론 유명한 박물관이 있다.
        다. 영수만을 만나야겠다.
        라. 그 책만은 보지 말자.

(14가)는 격 조사끼리 결합된 것이다. 이런 예는 처소의 부사격에 주격(보격), 서술격, 관형격, 목적격, 지향점의 부사격이 붙는 것이 대부분이다. '에서가, 에가, 에게가, 에서이다, 에서의, 에서를, 에게로' 등이 그러하다. (14나)는 격 조사에 보조사가 붙은 예인데 이때의 격 조사는 부사격 조사에 국한된다. (10가)의 예문도 그러한 것이다. 주격, 서술

---

48 주격과 목적격도 그 환경에 따라 생략 또는 비실현되지 않는 경우가 있다. 따라서 이러한 경우에도 부정격으로 볼 가능성은 충분히 있다.

49 조사의 생략은 그 용어를 포함하여 매우 복잡한 문제를 안고 있다. 이에 대해서는 §8.2.1과 §8.2.3에서 보다 자세히 논의하기로 한다.

50 둘 이상의 조사가 결합하여 하나의 조사가 된 것은 합성 조사이므로 각각 독립적인 조사의 결합 구성과 구별할 필요가 있다. 예컨대, '출발점'을 나타내는 '(으)로부터'는 언뜻 보기에 '(으)로'와 '부터'가 결합한 것처럼 보이지만 '(으)로부터'가 나타내는 기능은 '(으)로'와 '부터'의 결합으로 설명되지 않는다. 따라서 이는 조사의 결합 구성이 아니라 합성 조사인 것이다.

격, 관형격, 목적격, 호격에는 보조사가 붙을 수 없고 부사격 조사만 보조사의 통합을 허용한다.

(14다)는 보조사가 격 조사를 취하는 것인데 격 조사의 후행을 허락하는 보조사에는 '만, 마다, 부터, 까지, 조차, 마저'가 있고 '은/는, 도' 등은 격 조사의 후행은 물론 아예 격 조사와 함께 사용되지 않는다. (14라)는 보조사끼리 결합한 것인데 그렇게 활발하지는 않다.

3.2.4. 조사 통합의 불완전성

조사는 원칙적으로 체언에 붙어 그 말의 다른 말에 대한 관계를 표시하는 것이다. 조사를 관계언(關係言) 또는 걸림씨라고 하는 것도 이러한 이유 때문이다. 체언이 문장 가운데서 일정한 문법적 관계를 표시하기 위해서는 원칙적으로 조사가 붙어야 한다. 조사 없이도 문법적 관계가 표시될 수 있으나 그런 경우는 우선 조사의 생략으로 처리하였다. 이렇게 체언에 조사가 붙어 문법적 관계가 표시되는 현상은 인도·유럽어의 명사의 격 변화에 대해 사용하던 '곡용'(曲用, declension)에 견줄 만하다. 그러나 국어의 체언과 조사의 결합은 이와 사정이 똑같지는 않다. 인도·유럽어의 격 변화에 나타나는 문법적 요소는 단어의 일부인데 우리는 조사를 단어의 일부분이 아니라 독립된 단어로 보는 관점을 취하였기 때문이다.

지금까지 살펴본 조사가 체언에 붙는 양상을 정리하면 다음과 같다.

(15)

$$
\text{사람}
\begin{cases}
\text{이} \\
\text{이다} \\
\text{을} \\
\text{에게} \\
\text{과} \\
\text{으로} \\
\text{은} \\
\text{도} \\
\text{만} \\
\vdots
\end{cases}
\qquad
\text{소}
\begin{cases}
\text{가} \\
\text{다} \\
\text{를} \\
\text{에게} \\
\text{와} \\
\text{로} \\
\text{는} \\
\text{도} \\
\text{만} \\
\vdots
\end{cases}
$$

대부분의 체언은 (15)에서 보는 바와 같이 거의 모든 조사와 결합될 수 있어서 빈칸이 생기지 않는다. 그러나 의존 명사와 일부의 자립 명사 가운데는 조사와 결합될 때 상당한 제약을 받아 조사 결합의 불완전성이 드러나는 일도 있다.

(16) 가. 고향에 간 <u>지</u>가 벌써 5년이 되었다.

나. 저도 그 문제를 풀 <u>수</u>가 있습니다.

다. 너무 힘들어 그저 의자에 앉아 있을 <u>뿐</u>이었다.

라. 아이들이 떠드는 <u>통</u>에 정신이 없었다.

(16)의 예들은 의존 명사에 하나의 격 조사만 허용하는 것이다. (16가, 나)의 '지, 수'는 주어성 의존 명사로서 주격 조사 '가'만 붙고 (16다)의 '뿐'은 서술성 의존 명사로서 서술격 조사만 붙는다. (16라)의 '통'은 부사격 조사를 각각 취하는 것이다. 의존 명사 가운데서 보편성 의존 명사를 제외한 나머지는 이렇게 조사와의 통합에서 빈칸이 생기는 것이다.

다음 (17)의 예들은 자립 명사가 조사와 통합될 때 제약을 받는 것이다. 이런 현상은 한자어에서 두드러지게 나타난다.

(17) 가. 그들은 <u>불굴(不屈)</u>의 의지로 왜경과 싸웠다.

나. 1950년에 우리 민족은 <u>미증유(未曾有)</u>의 전란을 겪었다.

다. 매우 <u>고무적(鼓舞的)</u>인 일입니다.

라. 그것은 저것과 <u>마찬가지</u>입니다.

(17가, 나)는 명사 '불굴, 미증유'가 관형격 조사 '의'와만 통합됨을 보여 주는 것이다. 특정한 조사와만 통합된다는 것은 그 결합이 굳어질 가능성이 높다는 것을 뜻하며 하나의 어휘로 굳어질 경우에는 어휘화 현상의 하나로 취급된다. (17다)의 '고무적'은 '고무'란 명사에 접미사 '-적'이 붙은 것인데 서술격 조사 '이다', 보격 조사 '이', 부사격 조사 '으로' 정도만 허용한다. 일부의 제한된 조사만 붙는 한자어에는 '가관(可觀)', '가망(可望)', '재래(在來)', '무진장(無盡藏)', '불가분(不可分)' 등이 있다. (17라)의 '마찬가지'는 서술격 조사 '이다', 보격 조사 '가', 관형격 조사 '의', 부사격 조사 '로' 정도만 붙는데 '이다'가 붙을 때는 거의 형용사에 가까운 기능을 띤다.

더 읽을거리

1. 명사(구)에 대한 전반적 논의

국어 명사(구)의 문법에 대한 전반적 기술로는 이현우(1995), 김병일(2000), 정희정(2000), 김인균(2005) 등이 있고 구어·문어 말뭉치를 기반으로 국어의 체언의 사용 양상 및 문법적 특성을 총체적으로 기술한 연구로는 배진영 외(2014)가 있다. 명사의 논항 구조 및 술어 명사(서술성 명사)의 문법에 대한 전반적 기술로는 이선웅(2005나), 이병규(2009) 등이 있다. 명사의 유정성에 대해서는 김은일(2000), 유현경(2007), 김형정(2012) 등이 참고가 되며 명사 변화의 불완전성에 대하여는 고영근(2018나: 210)이 참조된다. 우리 책에서는 '보통 명사/고유 명사', '자립 명사/의존 명사'의 구분만을 바탕으로 명사의 문법을 기술하였지만 본문의 기술이나 각주를 통해 명사는 의미적 특성에 따라 매우 다양하게 분류될 수 있음을 언급하였다. 뿐만 아니라 명사의 의미적 특성은 다양한 문법 기술에 유용하게 활용된다. 의미적 특성에 따른 명사의 분류에 대한 연구는 최경봉(1998)을 참고할 수 있다.

2. 고유명과 고유 명사

고유 명사의 특성과 그 범위에 대해서는 언어 철학에서부터 논란이 되어 왔고 여전히 논란의 대상이 된다. 이에 대해서는 이향천(1989), 윤홍섭(2010), 최성호(2016)이 참고가 된다. 국어 고유 명사에 대한 논의로는 이현주(1996), 김현주(2003), 박재연(2008, 2012), 이정택(2011가), 이홍식(2016) 등이 있다. 단어가 아니라 구나 문장 형식으로 이루어진 고유명도 고유 명사로 볼 수 있느냐의 문제에 대해서는 이경호(1998), 송원용(2002, 2005: 211-225)를 참고할 수 있고 고유 명사의 형태소 분석 문제를 다룬 논의로는 이상복(2012)를 참고할 수 있다.

3. 의존 명사와 형식 명사

의존 명사 전반에 대한 연구로는 고영근(1970), 임동훈(1991), 이병모(1995), 신서인(2000), 안효경(2001), 안정아(2007) 등이 있다. 2000년 이전까지의 의존 명사 관련 연구는 민현식(1998)에 잘 정리되어 있다. 의존 명사가 지닌 통사적 의존성과 의미적 형식성 중 어느 측면에 주목하느냐에 따라 의존 명사는 형식 명사라고도 하는데, 이선웅(2004)에서는 통사적 의존성만을 기준으로 한다면 기존에 의존 명사로 다루어지지 않은 명사들도 의존 명사에 들어갈 수 있으므로 의존 명사와 형식 명사를 동일하게 볼 수 없음을 지적하였다. 최근, 김창섭(2007, 2011)은 "그는 국문과 출신이다."의 '출신'처럼 자신의 보충어에 의존적인 명사를 '부접 명사'로 설정하기도 하고 이영제(2016)은 의존성을 띠고 기능 요소적인 특성을 띠는 명사들을 '기능 명사'로 설정하여 기존 연구에서 의존 명사에 포함되지 않았던 의존적 성격의 명사들을 모두 아울러 의존 명사 연구의 지평을 넓혔다.

4. 단위성 의존 명사, 분류사, 단위사

단위성 의존 명사의 종류와 분류에 대한 전반적 논의는 정제한(1998)을 참고할 수 있다. 국어의 단위성 의존 명사는 분류사의 성격을 지니고 있어서 분류사로 다루어지는 경우가 많다. 언어 유형론적 관점에서 세계 언어의 분류사를 살펴본 논의로는 Aikhenvald(2003)이 대표적이다. 분류사의 측면에서 국어 단위성 의존 명사와 단위사로 쓰인 명사에 대한 특성을 살펴본 연구로는 채완(1990가), 우형식(2001), 진려봉(2012) 등이 있다. 국어의 단위성 의존 명사와 단위사로 쓰인 명사는 분류사의 속성도 있지만 수량 표현의 단위를 이루는 것이 핵심적 기능이므로 단위사로 보아야 한다는 주장도 제기되는데, 단위사 구성을 포함하여 국어 수량 표현 전반에 대해 살펴본 최근의 논의로는 채옥자(2014), 최정도(2017) 등이 있다.

5. 대명사에 대한 전반적 논의

국어 대명사에 대한 전반적 논의로는 김미형(1995)를 참고할 수 있다. 언어 유형론적 관점에서 국어 대명사의 전반에 대해 살펴본 논의로는 박진호(2007)이, 언어 유형론적 관점에서 국어 인칭 대명사를 살펴본 논의로는 송경안(2010)이 있다.

국어는 삼인칭 대명사가 잘 발달하지 않았기 때문에 삼인칭 대명사를 어떻게 보느냐에 따라 대명사 체계의 설정이 달라질 수 있다. 우리 책에서는 삼인칭 대명사를 일인칭/이인칭 대명사와 마찬가지로 사람을 가리키는 것으로 보아 지시 대상의 종류에 따라 인칭 대명사와 지시 대명사를 구분하였다. 그러나 이익섭·채완(1999: 145-146)은 영어의 삼인칭 대명사가 사물을 가리키기도 한다는 점에 주목하여 사람을 가리키는 삼인칭 대명사뿐만 아니라 사물을 가리키는 지시 대명사도 결국 삼인칭이므로 삼인칭 대명사에 포함시키기도 한다.

국어 인칭 대명사의 복수 표지에 대한 전반적 논의로는 고영근(2012나)가 있다. 복수 인칭 대명사 중 일인칭 복수 대명사 '우리'는 매우 다양한 용법을 지니고 있다. 이에 대해서는 김정남(2003), 윤재학(2003), 최동주(2009), Lim(2017) 등을 참고할 수 있다.

지시 대명사는 '이', '그', '저' 형식의 지시어 연구 전반에서 주로 다루어졌다. 국어 지시어에 대한 연구로는 장경희(1980), 김일웅(1982), 신지연(1998), 양명희(1998), 민경모(2008) 등이 참고된다.

대명사의 특성을 보다 면밀히 이해하기 위해서는 직시 또는 화시의 개념과 속성부터 먼저 살펴볼 필요가 있다. 직시 또는 화시의 개념과 속성에 대해서는 박철우(2011), 민경모(2012)가 좋은 참고가 된다.

6. 의문 대명사, 부정 대명사, 재귀 대명사

의문 대명사와 부정 대명사에 대한 연구로는 김광해(1983), 김미형(1994), 김충효(2000), 이선웅(2000가), 이은섭(2005) 등을 참고할 수 있다.

생성 문법에서는 재귀 대명사의 결속 범위, 즉 재귀 대명사가 나타날 수 있는 범위를 통사 구조를 통해 설명하려 하였다. 그런데 국어 재귀 대명사의 결속 범위는 이러한 설명이 잘 들어

맞지 않아서 생성 문법이 통사론 연구의 흐름을 지배할 때에는 생성 문법 이론 내에서 재귀 대명사의 결속 범위를 설명하려는 논의가 꾸준히 이어졌다. 생성 문법 이론 내에서 재귀 대명사를 논의한 연구로는 임홍빈(1987가)가 가장 대표적이다. 한편, 국어 재귀 대명사가 생성 문법 이론 내에서 잘 설명되지 않았던 것은 재귀 대명사의 발생 동기가 언어마다 다르기 때문으로 볼 수 있는데, 이에 대해서는 박진호(2007)에 자세히 설명되어 있다.

7. '서'의 문법적 지위에 대한 논란

고영근(1968)에서 인수의 주격 조사 '서'를 설정한 이래로, 이를 둘러싸고 매우 다양한 논의가 이루어졌다. 인수의 주격 조사 '서'와 관련한 최근의 논의로는 이정택(2009), 황화상(2009가), 김민국(2009나), 김창섭(2010), 조현주(2011), 김인균(2015) 등이 있는데, 고영근(2008가)에서는 그간의 인수 주격 조사에 대한 논의를 검토·반박하고 '서'가 인수의 주격 조사임 재확인하였다. 한편, 인수의 주격 조사와 관련한 논쟁에서는 그 통시적 기원을 살펴보는 것도 매우 중요한데, 인수의 주격 조사에 대한 통시적 논의로는 이현희(2006), 김현주(2015)가 있다. 한편 고영근(2018나: 299)에서는 인수의 조사 '서'(<셔)가 존재사 '이사-'에서 기원하였다고 하여 후치사로 처리한 바 있다.

8. '들'의 문법적 지위에 대한 논란

복수 접미사 '들'이 나타내는 복수 의미에 대한 최근의 논의로는 강범모(2007, 2008), 전영철(2007), 박철우(2010), 임동훈(2012나) 등을 참고할 만하다. 복수 접미사 '네'와 '희'는 '들'과 달리 연합적 복수를 나타내는데, 국어의 연합적 복수에 대한 연구로는 사례(2015)가 있다. 주어가 복수임을 표시하는 '들'을 보조사로 보는 데에는 연구자들 사이에서 큰 이견이 없다. 하지만 복수의 접미사 '들'은 새로운 단어를 형성하는 기능이 없으므로 접미사로 보기 어렵다는 주장도 제기된다. 이에 대해서는 구본관(1999), 송원용(2000)을 참고할 수 있다. 한편, '공부하는 학생들'에서 확인할 수 있듯이 '들'은 단어보다 큰 구 범주와도 결합할 수 있는 것으로 볼 수 있으므로 접미사로 보기 어려운 면이 적지 않다. 이러한 측면에서 임홍빈(1989)에서는 '통사적 파생'이라는 개념을 제안하고 '들'을 통사적 파생 접미사로 규정한 바 있다.

9. 조사에 대한 전반적 논의

국어 조사에 대한 기존의 연구들을 정리하는 것은 책 한 권 분량의 지면을 할애하여도 모자랄 정도이다. 한국어학회 편(1999)에서는 2000년 전까지의 국어의 격과 조사에 대한 연구를 망라하여 제시하였다. 이와 유사한 맥락에서 임동훈(2002), 채완(2006)에서는 그간의 국어 조사 연구의 현황을 정리하고 앞으로의 조사 연구가 어떻게 이루어져야 하는지를 전망한 바 있다. 개별 조사의 용법 전반에 대해서는 김승곤(1989), 남기심 편(1993), 이희자·이종희(1998) 등과 각종 사전류를 참고할 수 있다. 한편 고영근(2018나: 293-311)에서는 우리말 조사와 후치사류에 대하여 통공간적 변이와 통시대적 변화를 총체적으로 서술하였고 특히 종래 조사로 보던 일련의 문법 형태를 후치사로 다루어 20세기 중반에 움텄던 알타이 문법으로 회귀하면서 언어 유형론적 사고도 곁들이고 있다.

10. 격의 정의와 격 조사

격은 크게 '형태', '기능', 의미 세 가지 측면에서 이해할 수 있는데, 국어 문법론 논의에서 격을 어떻게 이해해 왔는가에 대해서는 남기심(1987), 김기혁(1988), 고석주(2004: 2장) 등을 참고할 수 있다. 국어 문법론 연구에서는 문법 기능 중심으로 격을 파악하여 격과 문장 성분을 일치시켜 온 전통이 깊지만 일반 언어학적으로 격은 형태 중심으로 이해되는 것이 보통이다. 그래서 최근에는 형태 중심으로 격을 이해할 필요가 있다는 주장이 꾸준히 제기되고 있다. 이에 대해서는 엄정호(2011), 이선웅(2012), 이호승(2012), 김민국(2016가) 등이 참고된다. 남기심(2001: 56-64)은 형태 중심으로 격을 이해하는 가장 극단적 입장으로, '주격', '목적격', '부사격' 등의 기존의 격 명칭이 문장 성분을 연상시키므로 이러한 용어를 아예 폐기하고 '가' 격, '를' 격, '의' 격 등으로 순수한 격 형태 중심의 격 명칭을 사용할 것을 주장하였다.

격은 굴절어인 인구어의 명사 곡용을 바탕으로 성립된 개념이므로 인구어의 격 현상을 교착어인 국어에 그대로 적용하면 국어에서는 격 범주를 설정할 수 없게 된다. 그래서 고석주(2004: 27-106)에서는 국어에는 격이 없다는 주장을 제기하기도 하였지만 통언어적(cross-linguistic)으로 격 범주는 명사 곡용뿐만 아니라 교착 접사, 접어(clitics), 전치사나 후치사와 같은 부치사(adposition)를 통해서도 드러난다는 사실을 고려하면 국어가 격이 없는 언어라고 하기는 어려울 것이다. 언어 유형론적 관점에서 세계 언어의 격 범주를 살펴본 논의로는 Blake(2004)가 대표적이다. 한편, 국어의 주격 조사 '이/가'와 목적격 조사 '을/를'은 문법적 관계만을 표시하는 것이 아니라 일정한 의미·화용적 기능을 담당한다. 이에 주목하여 한정한(1999), 목정수(1998나), 고석주(2004: 123-133)에서는 각각 '이/가'와 '을/를'을 화용격 조사, 한정 조사, 양태 조사로 보기도 하였다. 이러한 주장은 '이/가'와 '을/를'이 지닌 격 조사로서의 성격을 어떻게 설명할 것인가가 여전히 문제로 남지만 '이/가'와 '을/를'의 의미·화용적 기능을 밝혔다는 점에서 그 의의가 크다. 최근에는 정보 구조(information structure)의 측면에서 '이/가'와 '을/를'이 지닌 의미·화용적 기능이 초점 표시에 있다는 것이 밝혀지고 있는데, 이에 대해서는 전영철(2009), 임동훈(2015), 최윤지(2016), 김민국(2016나) 등을 참고할 수 있다. 한편 고영근(2018나: 5장)에서는 격 표지와 후치사의 격 기능을 종합적으로 고찰하고 있어 이 방면 연구의 이정표를 마련한 바 있다.

11. 부사격과 형태가 동일한 주격 조사

부사격과 형태가 동일한 주격 조사의 문제에 대해서는 8장의 '더 읽을거리 2' 참고.

12. 보조사에 대한 전반적 논의

보조사의 의미·기능에 대한 전반적 논의로는 채완(1990나), 홍사만(2002), 임동훈(2015), 박진호(2015), 고영근(2018나) 등이 좋은 참고가 된다. 보조사 '은/는'은 주제를 표시하는 기능을 지니고 있어, 정보 구조 이론의 관점에서 많은 논의가 이루어졌다. 이에 대해서는 박철우(2003: 5장), 임동훈(2012가), 최윤지(2016), 함병호(2018) 등을 참고할 수 있다. 한편, 일부 의존 명사나 접미사는 보조사와 유사한 속성을 지니고 있어 보조사와 이들 인접 범주를 어떻게 구별할 것인가가 문제가 될 수 있다. 이에 대한 논의는 최형용(1997), 황화상(2015) 등을 참고할 수 있다.

13. 격 조사의 생략

격 조사의 생략의 문제에 대해서는 고영근(2018나: 560-562)와 8장의 '더 읽을거리 3'을 참고.

14. 조사의 결합 순서와 합성 조사

조사의 결합 순서에 대한 논의로는 황화상(2003), 임동훈(2004), 유하라(2005, 2006) 등을 참고할 수 있다. 조사의 결합 구성이 통시적으로 굳어지면 하나의 합성 조사를 이루기도 하는데, 합성 조사의 문제에 대해서는 남윤진(2000: 161-164), 김진형(2000), 이규호(2001), 고영근(2018나: 304) 등이 참고가 된다.

15. 불완전 계열과 관형 명사

체언이나 용언이 의미적이거나 통사적인 이유 없이 조사나 어미와의 결합에 제약을 보이기도 하는데, 이러한 체언과 용언은 불완전한 계열 관계를 형성한다고 하여 이른바 '불완전 계열'이라고 한다. 이러한 불완전 계열에 대한 논의로는 고영근(1987), 김영욱(1994), 정경재(2008), 고영근(2018나: 210-211) 등을 참고할 수 있다. 불완전 계열은 특정 어미나 조사와만 결합하므로 이들 결합 구성은 통시적으로 굳어져 하나의 단어를 형성할 가능성이 큰데, 불완전 계열을 단어 형성의 측면에서 살펴본 연구로는 최형용(2003가: 5장), 오규환(2008) 등이 있다.

한편, 일부 명사는 조사와의 결합이 전혀 불가능하고 후행 명사를 꾸미는 기능만을 한다. 김영욱(1994)에서는 이러한 명사를 '관형명사'라고 하였고 『연세한국어사전』에서는 이러한 명사를 '형성소'라는 범주로 등재하였으며 고영근(2018나: 282-283)에서는 관형사로 처리하였다. 고신숙(1987: 89-94)에서는 관형명사를 포함하여 파생어의 어근으로 나타나지만 명사성을 지니고 있는 단어를 '어근적 단어'라고 하였는데, 이에 대해서는 이선웅(2000나), 노명희(2003), 김일환(2000, 2003), 시정곤(2001), 황화상(2016) 등을 참고할 수 있다. 이러한 어근적 단어들은 일반적인 명사에 비해 그 명사성이 매우 약하다고 할 수 있는데, 이들의 명사성에 대한 논의는 이영제(2014), 이선웅(2014)를 참고할 수 있다.

1. 아래의 자료에서 체언을 모두 찾고 다음의 질문에 답해 보자.

> 나는 오랜만에 동향 출신의 친구를 만나기 위해 집에서 나왔다. 오랜만에 만나는 친구라서 설레는 마음으로 약속 장소로 발걸음을 옮겼다. 약속 장소에 거의 다다랐을 때, 갑자기 벼락이 치고 소나기가 내리기 시작하였다. 오늘 비가 올지도 모르니 우산을 꼭 챙기라는 어머니의 말씀을 듣지 않은 것이 후회되었다. 주위를 둘러보니 마침 십여 미터 거리에 비를 피할 곳이 보였다. 저기까지만 가면 비를 피할 수 있겠다는 생각에 걸음을 재촉하다가 그만 발을 헛디뎌 넘어지고 말았다. 그때, 먼저 와서 나를 기다리던 친구가 내게 다가와 말을 건넸다. "지호야, 덤벙대는 것은 예나 지금이나 여전하구나?"

(가) 자료에서 찾은 체언을 '명사', '대명사', '수사'로 분류해 보자.

(나) (가)에서 분류한 명사를 '자립 명사'와 '의존 명사'로 분류해 보자.

(다) (나)에서 분류한 '자립 명사'를 '유정 명사'와 '무정 명사'로 분류해 보자.

(라) (나)에서 분류한 '자립 명사'를 '보통 명사'와 '고유 명사'로 분류해 보자.

(마) (나)에서 분류한 '자립 명사'에 복수 접미사 '-들'을 결합시켜 복수화할 수 있는 명사에는 어떠한 것이 있는가? 복수화가 불가능하거나 전혀 불가능하지는 않지만 다소 어색한 것들이 있는가? 이러한 명사들에는 어떠한 것이 있는가?

2. '우리말샘' 웹 검색 창(https://opendict.korean.go.kr/main) 우측의 '자세히 찾기'를 눌러 '구분'란의 첫 번째 줄에는 '단어'만, 두 번째 줄에는 '일반어'만, 세 번째 줄에는 '전체'를 체크한다. 그 다음 '품사'란의 '품사선택' 버튼을 눌러 '의존 명사'를 찾아본 후 다음의 물음에 답해 보자.

(가) 검색된 의존 명사 중 30개를 대상으로 이들을 일반적인 의존 명사와 단위성 의존 명사로 구분해 보자.

(나) (가)에서 분류한 일반적인 의존 명사를 대상으로 하여 보편성 의존 명사와 제한적인 분포를 보이는 의존 명사를 찾아 구분해 보자.

(다) (나)에서 분류한, 제한적 분포를 보이는 의존 명사를 대상으로 하여 이들과 주로 어울려 쓰이는 선행 요소와 후행 요소를 자세히 기술해 보자.

(라) (가)에서 분류한 단위성 의존 명사를 대상으로 하여 이들이 어떠한 대상의 단위로 쓰이는지 기술해 보자.

(마) (가)에서 분류한 단위성 의존 명사 중 자립 명사로서의 쓰임도 함께 지니는 것에는 어떠한 것이 있는지 모두 찾아보자.

3. '우리말샘' 웹 검색 창(https://opendict.korean.go.kr/main) 우측의 '자세히 찾기'를 눌러 '구분'란의 첫 번째 줄에는 '단어'만, 두 번째 줄에는 '일반어'만, 세 번째 줄에는 '전체'를 체크한다. 그 다음 '품사'란의 '품사선택' 버튼을 눌러 '대명사', '대명사·감탄사', '대명사·부사', '대명사·관형사', '대명사·부사'에 체크한 뒤 '대명사'를 찾아보고 다음의 물음에 답해 보자.

(가) 검색된 대명사 중 30개를 대상으로 이들을 인칭 대명사와 지시 대명사로 구분하여 보자.

(나) (가)에서 분류한 인칭 대명사를 일인칭/이인칭/삼인칭 대명사로 분류해 보자.

(라) (가)에서 분류한 인칭 대명사 중 미지칭과 부정칭 대명사를 모두 찾아보자.

(마) (가)에서 분류한 인칭 대명사 중 재귀칭 대명사를 모두 찾아보자.

(바) (가)에서 분류한 지시 대명사를 사물 표시/장소 표시 대명사로 분류해 보자.

(사) (가)에서 분류한 지시 대명사 중 미지의 대명사와 부정의 대명사를 모두 찾아보자.

(아) '우리말샘'을 검색한 결과, 아주 다양한 대명사를 확인할 수 있을 것이다. 이들을 모두 대명사로 볼 수 있는지 생각해 보자. 대명사로 보기 힘든 예를 하나 이상 들고 그 이유에 대해서 생각해 보자.

4. '우리말샘' 웹 검색 창(https://opendict.korean.go.kr/main) 우측의 '자세히 찾기'를 눌러 '구분'란의 첫 번째 줄에는 '단어'만, 두 번째 줄에는 '일반어'만, 세 번째 줄에는 '전체'를 체크한다. 그 다음 '품사'란의 '품사선택' 버튼을 눌러 '수사', '수사·관형사', '수사·관형사·명사'에 체크한 뒤 '수사'를 찾아보고 다음의 물음에 답해 보자.

(가) 검색된 수사 중 30개를 대상으로 양수사와 서수사로 분류해 보자.

(나) (가)에서 분류한 양수사 중 부정수(不定數), 즉 어림수를 나타내는 수사를 찾아보자.

(다) (가)에서 분류한 서수사 중 부정수(不定數), 즉 어림수를 나타내는 수사를 찾아보자.

5. 아래의 자료에서 조사를 모두 찾아 격 조사, 보조사, 접속 조사로 분류하고 격 조사는 다시 '주격, 서술격, 목적격, 보격, 관형격, 부사격, 호격'으로 분류하여 보자.

> 최근 대학 사회에서는 '남이야 어떻든지 간에 나만 성공하면 된다.'라는 생각을 하는 사람들이 늘어나고 있는 듯하다. 많은 학생들이 자신의 학점을 높이기 위하여 수업 시간에 필기한 내용을 친구에게 보여 주지 않을 뿐만 아니라 심지어 부정행위를 저지르기까지 한다. 이와 같은 생각은 결국 자신과 그 공동체의 몰락을 가져올 뿐이다. 이와 같은 사정은 교수들도 마찬가지여서, 본인이 몸담고 있는 학과의 대승적인 발전을 꾀하기보다는 본인의 연구 업적을 쌓기 위하여 학과의 일은 내팽개치는 교수들을 자주 목격할 수 있다. 이러한 현실만큼은 극복하여야 한다. 나는 '나만 성공하면 된다.'가 아니라 '우리가 성공하면 된다.'라는 생각을 가진 대학 사회가 다가오기를 기대한다.

6. '우리말샘' 웹 검색 창(https://opendict.korean.go.kr/main) 우측의 '자세히 찾기'를 눌러 '구분'란의 첫 번째 줄에는 '단어'만, 두 번째 줄에는 '일반어'만, 세 번째 줄에는 '전체'를 체크한다. 그 다음 '품사'란의 '품사선택' 버튼을 눌러 '조사', '의존 명사·조사'에 체크한 뒤 '조사'를 찾아보고 다음의 물음에 답해 보자.

(가) '우리말샘'에는 조사의 이형태가 개별적으로 등재되어 있다. 검색된 조사 중 50개를 대상으로 하여 각각의 이형태로 제시된 조사를 하나로 묶어 제시해 보자.

(나) (가)에서 각각의 이형태를 하나로 묶은 조사들을 대상으로 하여 격 조사, 보조사, 접속 조사로 분류하여 보자.

(다) (나)에서 분류한 격 조사를 대상으로 '주격, 서술격, 목적격, 보격, 관형격, 부사격, 호격'으로 분류하여 보자.

(라) (나)에서 분류한 보조사 중 종결 보조사가 있다면 모두 찾아보자.

(마) (나)에서 분류한 접속 조사를 체언이 접속되는 의미 관계에 따라 분류해 보자.

(바) (나)에서 제시한 조사 중 구어에서 주로 사용되거나 문어에서만 주로 사용되는 등의 사용 환경에 따른 제약을 보이는 조사가 있다면 이들을 찾아보자.

(사) (나)에서 제시한 조사 중 둘 이상의 조사가 결합하여 하나의 조사가 된 합성 조사가 있다면 이들을 모두 찾아보자.

탐구 문제

1. 아래에 제시된 자료를 바탕으로 다음의 질문에 답해 보자.

> (1) 철수, 영희, 수지, 지영…
> (2) 언어정보연구원, 한국어학당, 국어문화원, 이대역, 신촌역, 남대문, 서대문우체국…
> (3) 노래를 찾는 사람들, 동갑내기 과외하기

(가) (1)은 인명을 나타내는 고유 명사의 예를 보인 것이다. 이들 고유 명사가 지시하는 인물이 여러 사람이 될 수 있는가? 예컨대, '철수'라는 이름을 가진 사람이 여러 명이 있다면 이때 '철수'는 동의어인가? 동음이의어인가?

(나) (1)의 고유 명사는 개념적 의미를 지니는가? 예컨대, '철수'라는 명사를 통해 '철수'라는 인물의 속성 등을 파악할 수 있는가?

(다) (2)는 기관이나 장소를 나타내는 고유 명사의 예를 보인 것이다. 이들 고유 명사가 지시하는 장소가 여러 곳이 될 수 있는가? 예컨대, '언어정보연구원'이라는 이름을 가진 기관이 여러 곳이 있다면 이때 '언어정보연구원'은 동의어인가? 동음이의어인가?

(라) (2)의 고유 명사는 개념적 의미를 지니는가? 예컨대, '언어정보연구원'이라는 명사를 통해 '언어정보연구원'이라는 기관의 속성 등을 파악할 수 있는가?

(마) 일반적으로, 고유 명사는 개념적 의미를 지니지 않으므로 다른 언어로 번역이 불가능하다고 알려져 있다. 실제로 (1)의 예가 그러하다. 그렇다면 (2)의 고유 명사는 어떠한가? 이들 중 완벽하게 번역되는 것과 그렇지 않은 것은 무엇인가?

(바) 이상의 답변을 바탕으로 고유 명사의 특성에 대해서 논의해 보자.

(사) (3)은 각각 노래패의 이름과 영화 제목을 보인 것이다. 이들은 각각 명사구, 명사절의 형식을 지니고 있다. 따라서 이들은 '좋은 노래를 찾는 사람들', '힘들게 동갑내기 과외하기' 등과 같이 통사적 확장이 가능한데, 이렇게 통사적으로 확장된 구성과 (3)의 예가 동일한 대상을 지시한다고 볼 수 있는가?

(아) (사)의 답변을 바탕으로 구나 문장 형식의 고유명을 고유 명사로 볼 수 있을지에 대해서 논의해 보자.

2. 아래에 제시된 자료를 바탕으로 다음의 질문에 답해 보자.

> (1) 그녀는 심심했는지 옆에 있는 <u>총각</u>{에/에게} 대뜸 말을 걸었다.

호랑이{에/에게} 물려 가도 정신만 차리면 산다.
할아버지는 우리에 있는 닭{에/에게} 모이를 주었다.
우리는 바다에 빠져 상어{에/에게} 물려 죽을 뻔했다.
아이가 벌{에/에게} 심하게 쏘여 울고 있다.
각종 병균과 바이러스{에/에게} 감염된 환자들이 병원을 찾고 있다.
아버지는 마당에 심은 화초{에/에게} 물을 주고 계셨다.

(2) 그들은 사악한 혼령{*에/에게} 목숨이라도 바칠 요량이었다.
억울하게 죽은 영혼들{*에/에게} 진혼제를 올려 주기 위해 제단을 차렸다.
이번 사고로 목숨을 잃은 사망자들{*에/에게} 조의를 표했다.
우리는 주검{에/*에게} 가까이 가 죽은 사람이 누구인지를 살펴보았다.

(3-1) 우리는 하루 종일 모니터 앞에 앉아 컴퓨터{에/*에게} 자료를 입력했다.
(3-2) 인간에게 쉬운 것이 도리어 컴퓨터{*에/에게}는 어려울 수 있다.

(4) 주민들은 마을에서 난동을 부리던 사람을 경찰{에/에게} 신고했다.

(가) (1)의 밑줄 친 명사는 모두 생물체를 지시한다. 각각의 예에서 이들 명사가 '에'와 '에게' 중 어느 것과 결합하는 것이 자연스러운지 판단해 보자. '에'와 '에게'가 모두 자연스럽다 느껴진 다면 이 또한 가능하니 이에 대해서도 기술해 보자. 그리고 '에'와 '에게'가 모두 결합할 수 있는 것이 있다면 그것은 무엇인지 말해 보자.

(나) 일반적으로 '에'와 '에게'는 명사의 유정성에 따라 그 선택이 달라진다. 무정 명사에는 '에' 가 선택되고 유정 명사에는 '에게'가 선택된다. 그렇다면 (가)의 답변을 바탕으로 (1)에 제 시된 명사의 유정성을 판단하고 유정성의 경계에 대해 기술해 보자.

(다) (2)의 밑줄 친 명사는 모두 생명이 없는 대상을 가리키기에 엄밀하게 따지면 무정 명사라 고 할 수 있다. 그러나 '에'와 '에게'의 선택에 있어 차이를 보이는데, 이를 바탕으로 한다면 국어 명사의 유정성 판단에 있어 가장 중요한 기준은 무엇이라고 할 수 있는가?

(라) (3)의 밑줄 친 '컴퓨터'는 무정 명사이다. 그러나 (3-2)에서는 '에게'와의 결합이 자연스럽 고 '에'와의 결합은 어색하다. 그 이유를 (3-1)의 '컴퓨터'와 (3-2)의 '컴퓨터'의 차이를 바 탕으로 설명해 보자.

(마) (4)의 밑줄 친 '경찰'은 유정 명사이다. 그러나 '에'와 '에게'의 결합이 모두 자연스럽다. 그 렇다면 '에'와 결합한 '경찰'과 '에게'와 결합한 '경찰'은 동일한 의미를 지닌다고 할 수 있는 가? 만약 동일하지 않다면 '에'와 결합했을 때의 '경찰'과 '에게'와 결합했을 때의 '경찰'의 의 미적 차이에 대해서 설명해 보자.

3. 아래에 제시된 자료를 바탕으로 다음의 질문에 답해 보자.

(1-1) 이번 일에 두 사람은 <u>관계가</u> 없다.
(1-2) 아버지는 사업 <u>관계로</u> 자주 출장을 다니셨다.

(2-1) 나는 그의 친절이 <u>한편으로</u> 고맙기도 하고 <u>한편으로</u> 부담스럽기도 했다.
(2-2) 그는 농사를 짓는 <u>한편</u> 양식장을 돌보느라 정신이 없었다.

(3-1) 그는 아비 <u>노릇도</u> 제대로 못한다며 자신을 탓했다.
(3-2) 이거야 정말이지 기가 찰 <u>노릇</u> 아니겠습니까?

(가) (1-1)과 (1-2)에 제시된 '관계'는 서로 동일한 의미인가? 이와 마찬가지로 (2-1)의 '한편'과 (2-2)의 '한편', (3-1)과 (3-2)의 '노릇'은 각각 서로 동일한 의미인가?

(나) (1-2)의 '관계', (2-2)의 '한편', (3-2)의 '노릇'은 이들이 나타날 수 있는 환경이 제약적이다. 이들이 나타날 수 있는 환경을 이들의 선행 요소와 후행 요소를 중심으로 기술해 보자.

(다) (나)의 답변을 바탕으로 한다면 (1-2)의 '관계', (2-2)의 '한편', (3-2)의 '노릇'은 통사적 의존성을 보이는가? 그렇다면 이들 명사의 의미적 실질성은 어떠한가?

(라) (다)의 답변을 바탕으로 (1-2)의 '관계', (2-2)의 '한편', (3-2)의 '노릇'을 의존 명사로 볼 수 있을지 논의해 보자. 의존 명사로 볼 수 있다면 그 근거는 무엇이고 그렇지 않다면 그 근거는 무엇인가?

4. 아래에 제시된 자료를 바탕으로 다음의 질문에 답해 보자.

(1-1) 이게 우리가 집에 가져가야 할 <u>것이니</u>?
(1-2) 아마도 아버지는 내일 길을 떠나야 할 <u>것이다</u>.

(2-1) 이 물은 얼음이 녹아서 물이 된 <u>것이다</u>.
(2-2) 찬형은 수연에게 같이 여행을 떠날 것을 제안했다. 즉, 이제 그들에게 같이 여행을 가는 것쯤은 당연한 일이 된 <u>것이다</u>.

(3-1) 지수가 열심히 뛰어가는 <u>것을</u> 보고 우리는 무슨 일이 일어났음을 직감했다.
(3-2) 어머니는 무뚝뚝하시지만 나는 어머니가 우리를 사랑한다는 <u>것을</u> 느낄 수 있었다.

(가) (1-1), (2-1), (3-1)의 밑줄 친 '것'이 가리키는 대상은 무엇인가? 그 대상을 찾을 수 없다면 이때 '것'은 다른 명사로 대용이 가능한가?

(나) (1-1), (2-2), (3-2)의 밑줄 친 '것'이 가리키는 대상은 무엇인가? 그 대상을 찾을 수 없다면 이때 '것'은 다른 명사로 대용이 가능한가?

(다) (나)에서 '것'이 가리키는 대상을 찾을 수 없거나 다른 명사로의 대응이 불가능하다고 판단했다면 이때 '것'은 어떠한 기능을 하는가?

5. A와 B 두 사람의 실제 대화로 이루어진 아래의 자료를 보고 다음의 질문에 답해 보자.

> A: 뭐 타고 가? B: 지하철. A: 아침에 몇 시에 타고 가? B: 아침에 일찍 가면은 일곱 시 십오 분 차를 타고, 늦게 가면은 삼십 분 차를 타지. A: 삼십 분? B: 응, 일곱 시 삼십분, A: 사람 많아? B: 일곱 시 삼십 분에 육호선은 사람 별로 없는데. 이호선으로 딱 넘어가면, 운이 좋아야 지 앉아 갈 수 있지. A: 육호선 타고 몇 분 가다가 몇 분 정도 가지? B: 이십분 삼십분? A: 어쨌든 이십분 정도 가는 거지? B: 다섯 정거장이니까 십분. A: 그러면 일곱 시 사십분? B: 응. 일곱 시 사십분. A: 그때부턴 사람이 많은가? B: 일곱시 사십분이라도 사람 되게 많아. A: 정말? B: 운 좋으면 앉아 가.

(가) 위의 자료에서 인칭 대명사가 쓰여야 할 곳에서 인칭 대명사가 생략된 경우를 찾고 어떠한 인칭 대명사가 생략되었는지 기술해 보자.

(나) (가)의 사실을 바탕으로 하여 실제 대화에서 발견되는 인칭 대명사 사용 양상의 특성에 대해 기술해 보자.

6. 아래에 제시된 자료를 바탕으로 다음의 질문에 답해 보자.

> (1-1) (논문에서) 우리는 2장에서 대명사를 인칭 대명사와 지시 대명사로 나누어 보았다.
>
> (1-2) A: 너는 아메리카노에 설탕을 넣어 먹니?
>
> B: 에휴, 우리는 설탕 없이 그냥 커피는 도저히 못 먹겠더라.
>
> (2) 우리 회사, 우리 형님, 우리 어머니…

(가) (1-1)과 (1-2)의 '우리'는 단수로 쓰인 것인가? 복수로 쓰인 것인가? 그렇게 판단한 이유는 무엇인가?

(나) (1-1)과 (1-2)의 '우리'를 복수로 본다면 이때의 '우리'는 청자를 포함하는 '우리'인가, 청자를 배제하는 '우리'인가?

(다) '우리'가 가리키는 대상은 화자인 '나'와 화자가 아닌 다른 사람들의 합으로 이루어진다. 이러한 사실을 고려할 때, 단수의 '나'를 써도 되는 상황에서 '나' 대신 '우리'를 씀으로써 어떠

한 효과를 얻을 수 있는가?

(라) (2)의 '우리'는 단수로 쓰인 것인가? 복수로 쓰인 것인가? 그렇게 판단한 이유는 무엇인가?

(마) (2)의 '우리'를 복수로 본다면 이때의 '우리'는 청자를 포함하는 '우리'인가, 청자를 배제하는 '우리'인가?

(바) 어떠한 대상을 소유하여 그 대상에 대한 통제권을 지니는 것을 소유 관계로 본다면 (2)에 제시된 '회사', '형님', '어머니'는 '나'의 소유 대상이라고 할 수 있는가?

(사) (2)에 제시된 '회사', '형님', '어머니'가 '나'의 소유 대상이 아니라면 '내 회사'와 '우리 회사'에서 '내(나의)'와 '우리'는 소유와 관련하여 어떠한 의미적 차이를 보이는가? 이를 바탕으로 일인칭 관형어 '내(나의)'와 '우리'의 의미 차이에 대해서 설명해 보자.

7. 아래에 제시된 자료를 바탕으로 다음의 질문에 답해 보자.

(1) '청자'를 포함하는 '우리'(포괄적 '우리')
    예) 지수야, 우리 내일 야구 보러 갈래?
    '청자'를 배제하는 '우리'(배제적 '우리')
    예) 지수야, 우리는 내일 소풍 간다! 부럽지?

    이처럼 우리'는 청자를 포함하는 포괄적 '우리'와 청자를 배제하는 배제적 '우리'로 구분된다. 따라서 청자가 포함되는 포괄적 '우리'에는 낮춤말(겸손 표현)인 '저희'를 쓸 수 없다. 청자까지 함께 낮추어 버리는 표현이 되기 때문이다.

(2) 마츠모토 씨, 일제 식민 통치를 겪은 <u>저희 나라</u> 입장도 이해해야 하지 않을까요?

(3) 부장님, 왜 <u>저희</u> 팀만 야근을 하는 거죠? 부장님은 억울하지도 않으세요?
    교수님, <u>저희가</u> 내일 어디서 회의를 하기로 했죠?

(가) (2)의 '저희'는 청자를 포함하는 일인칭 복수인가? 청자를 배제하는 일인칭 복수인가?

(나) 일반적으로 (2)의 '저희 나라'는 잘못된 표현이라고 지적된다. (가)의 답변과 (1)에 제시된 사실을 고려한다면 (2)의 '저희 나라'가 잘못된 표현이라고 할 수 있는가?

(다) (나)의 답변과 관계없이 (2)의 '저희 나라'가 잘못된 표현이라고 할 수 있다면 그 근거는 무엇인가?

(라) (3)은 청자를 포함하는 일인칭 복수에 '저희'가 쓰인 예를 보인 것이다. (1)에 제시된 사실을 고려한다면 (3)의 '저희'는 잘못된 표현이라고 할 수 있을 것이다. 그런데 실제로 (3)의 예가 어색하게 느껴지는가? 실제 발화 상황을 고려한다면 (3)의 예에서 '저희'와 '우리' 중

무엇을 쓰는 것이 더 자연스러운가?

(마) (라)의 답변을 바탕으로 한다면, 청자를 포함하든 그렇지 않든 '저희'가 낮추는 대상은 동일 하다고 할 수 있는가?

8. 아래에 제시한 자료를 보고 다음의 질문에 답해 보자.

(1) 사람은 <u>자신을</u> 위협하는 세력에 적개심을 품기 마련이다.
　　김 사장은 그간 <u>자신의</u> 잘못 때문에 고민이 깊었던 모양이었다.
　　그는 <u>자신보다</u> 강한 사람을 만나면 늘 승부욕이 끓어올랐다.

(2) 그간 구설수에 올랐던 것을 떠올리며 그는 <u>스스로를</u> 단속하며 지냈다.
　　지수는 <u>스스로의</u> 힘만으로 그 어려운 문제를 해결해 나갔다.
　　수지는 <u>스스로에게</u> 끊임없이 질문을 던지며 고민을 멈추지 않았다.

(3) 지수 <u>자신도</u> 모르는 사이에 그녀의 소문은 멀리 멀리 퍼져 나갔다.
　　이 소설은 작가 <u>자신의</u> 신변을 떠올리게 해 더욱 흥미롭다.
　　김 박사는 환자 <u>자신을</u> 위해서라도 진통 치료를 중단하는 것이 좋다고 생각했다.
　　무턱대고 지수를 옹호하는 것은 그녀 <u>자신에게도</u> 도움이 되지 않는다.

(가) (1)과 (2)의 밑줄 친 '자신'과 '스스로'가 무엇을 대신 가리키는가? 그리고 그것의 문장 성 분은 무엇인가?

(나) (1)과 (2)의 밑줄 친 '자신'과 '스스로'는 재귀 대명사 '자기'로 교체될 수 있는가? 이러한 사실과 (가)의 답변을 고려하여 (1)과 (2)의 밑줄 친 '자신'과 '스스로'의 품사를 결정해 보 자.

(다) (3)의 밑줄 친 '자신'은 무엇을 대신 가리키는가? 그리고 그것의 문장 성분은 무엇인가? (1)의 '자신'이 대신 가리키는 요소의 문장 성분과 어떠한 차이가 있는가?

(라) (1)의 '자신'과 (3)의 '자신'의 생략 가능성에 대해 생각해 보자. (1)과 (3) 중에서 '자신' 을 생략했을 때 문법성이나 문장의 명제 의미가 그대로 유지되는 것은 어느 것인가?

(마) (다)와 (라)의 답변을 바탕으로 한다면 (3)의 '자신'은 재귀 대명사로서의 기능을 한다고 할 수 있는가? 만약 재귀 대명사로서 기능을 하지 않는다면 이때 '자신'은 어떠한 기능을 하 는가?

9. 아래에 제시한 자료를 보고 다음의 질문에 답해 보자.

> (1) 아이는 필통에서 연필 <u>하나</u>를 꺼내 필기를 하기 시작했다.
> (2) 우리가 서로 다른 현상이라고 생각했던 것이 결국은 <u>하나의</u> 현상이었다.
> (3) 우리 모두 <u>하나가</u> 되어 이 나라를 지킵시다.
> (4) 기초가 없어서 선생님이 설명하는 것을 <u>하나도</u> 이해하지 못했다.
> (5) 지수는 낯빛 <u>하나</u> 안 변하고 능청스레 거짓말을 했다.
> (6) 우리 아들, 공부는 못해도 노래 <u>하나는</u> 정말 잘하는구나.
> (7) 우리 집에서 아버지에 대한 얘기는 누구도 하면 안 된다는 <u>하나의</u> 금기처럼 여겨졌다.

> (가) 위의 자료에서 밑줄 친 '하나'를 '둘', '두 개', '두 명' 등의 다른 수량 표현으로 대체해 보자. 다른 수량 표현으로 대체되는 예는 무엇인가?

> (나) (가)의 답변을 바탕으로 (1)~(7)에서 제시된 '하나'의 품사를 결정해 보자. (1)~(7)의 '하나' 중 수사로 볼 수 없는 것은 무엇인가? 그리고 그 근거는 무엇인가?

> (다) (나)에서 수사가 아닌 '하나'로 분류한 것들은 어떠한 기능이나 의미를 지니는지 기술해 보자.

10. 앞서 우리는 조사의 기본형을 설정하는 방법을 살펴본 바 있다. 이를 바탕으로 아래에 제시한 자료를 보고 다음의 질문에 답해 보자.

> (1-1) <u>책과 연필은</u> 많이 있으니 걱정하지 마라.
> (1-2) <u>지호와 영미는</u> 집에 간다.
>
> (2-1) 그가 동물 <u>애호가인</u> 줄 전혀 알지 못했다.
> (2-2) 건조한 날씨에 <u>불놀이를</u> 즐기는 것은 매우 위험하다.
>
> (3-1) <u>나무가</u> 무럭무럭 자란다.
> (3-2) <u>벚꽃이</u> 흐드러지게 피었다.

> (가) (1)에 밑줄 친 조사 '와/과'와 '은/는'의 기본형을 '과'와 '는'으로 설정하였을 때 이러한 기본형으로 '와'와 '은'의 교체를 어떻게 설명할 수 있는가?

> (나) (가)의 답변을 바탕으로 한다면 (2)에 제시한 '애호가'의 'ㄱ'과 '불놀이'의 'ㄴ'이 탈락될 것으로 기대되는가? 그렇다면 (2)의 '애호가'와 '불놀이'가 각각 '애호아'와 '불올이'로 되지 않는 이유는 무엇인지 생각하여 보자.

> (다) (가), (나)의 답변을 고려할 때 '와/과'와 '은/는'의 교체 양상은 (3)의 '이/가' 교체 양상과

비슷한 성격을 띠는가? 혹은 그렇지 않은가? 그리고 그렇게 판단한 이유를 고민하여 보자.

11. 아래에 제시한 자료를 보고 다음의 질문에 답해 보자.

(1-1) 술을 조금만 마시고 공부해라.
(1-2) 술을 좀만 마시고 공부해라.

(2-1) 공부를 조금 해라.
(2-2) 공부를 좀 해라.
(2-3) 공부 좀 해라.

(3-1) 민지는 노래를 조금 한다.
(3-2) 민지는 노래를 좀 한다.

(가) (1)의 '조금'과 '좀'의 의미는 동일한 것으로 이해할 수 있다. 그렇다면 (2)와 (3)에서 '조금'과 '좀'의 의미는 동일한가? 만약에 동일하지 않다면 어떠한 의미 차이가 있는가?

(나) (1)의 '조금'과 '좀'은 무엇을 수식하는가? 그리고 (2)와 (3)의 '조금'과 '좀'은 무엇을 수식하는가? (1)의 '조금'과 '좀'이 수식하는 성분과 (2), (3)의 '조금'과 '좀'이 수식하는 성분은 동일한가? 동일하지 않은가?

(다) (가), (나)의 답변을 바탕으로 하여 (1)의 '좀'과, (2)와 (3)의 '좀'이 동일한 품사인지, 그렇지 않은지를 설명해 보자.

12. 아래에 제시한 자료를 보고 다음의 질문에 답해 보자.

(1) 계산을 해 보니 우리는 인형 하나당 만 <u>원꼴로</u> 산 셈이다.
(2) 내가 집에 도착했을 <u>때쯤에는</u> 이미 그는 떠나고 없었다.
(3) 같은 학교 <u>사람들끼리</u> 친하게 지내 봅시다.
(4) 학생이 무슨 돈이 있다고 그렇게 비싼 <u>물건씩이나</u> 사오 그래?

(가) (1)~(4)에 제시된 '꼴', '쯤', '끼리', '씩'은 무엇과 결합하는가? 단어와 결합하는가? 단어보다 더 큰 구와 결합하는가?

(나) (1)~(4)에 제시된 '꼴', '쯤', '끼리', '씩'은 새로운 단어를 형성하는가? 즉, '원꼴', '때쯤', '사람들끼리', '물건씩'을 새로운 단어가 형성된 예로 볼 수 있는가?

(다) (1)~(4)에 제시된 '꼴', '쯤', '끼리', '씩'을 『표준국어대사전』에서 검색해 보면 이들은 '접사'로 등재되어 있다. (가)와 (나)에서 발견된 사실을 바탕으로 한다면 이들을 '접사'로 볼

수 있는가? 만약 '접사'로 볼 수 없다면 이들은 무엇으로 볼 수 있는가?

13. 아래에 제시한 자료를 보고 다음의 질문에 답해 보자.

---

(1) 민지는 <u>일말</u>의 기대조차 하지 못하는 현실을 부정하고 싶었다.
　　오늘 모임에 참석하신 분들을 위하여 <u>소정</u>의 기념품을 준비하였습니다.
(2) 이번 책은 그의 기나긴 노력의 <u>소산</u>이다.
　　평화의 <u>미명하에</u> 정의를 버렸다.
(3) 무성 영화는 코미디와 다큐멘터리 <u>일색</u>이다.
　　남성 <u>일변도</u>의 사관 학교에 여성들이 입학한 지도 수십 년이 지났다.
(4) 우리 학교는 <u>공립</u> 고등학교이다.
　　요 며칠, <u>국제</u> 뉴스를 접하지 못했다.

(가) (1)의 밑줄 친 '일말'과 '소정'에 결합할 수 있는 조사에는 무엇이 있는가? 또한 '일말'과 '소정'이 관형어의 수식을 받을 수 있는가를 생각하여 보자.

(나) (2)의 밑줄 친 '소산'과 '미명하'는 관형어가 앞에 나오지 않아도 쓰일 수 있는가? 또 '소산'과 '미명하'에 결합하는 조사에는 무엇이 있는가를 생각하여 보자.

(다) (3)의 밑줄 친 '일색'과 '일변도'에 선행할 수 있는 관형어는 극히 제한되어 있다. '일색'과 '일변도'에 선행할 수 있는 관형어에는 어떠한 것들이 있는지 생각하여 보자. 또한 '일색'과 '일변도'에 후행할 수 있는 성분은 무엇인지도 생각하여 보자.

(라) (4)의 밑줄 친 '공립'과 '국제'에 결합할 수 있는 조사가 있는가? 만약에 있다면 어떠한 조사가 결합할 수 있는가를 생각하여 보자.

(마) (가)~(라)의 답변을 바탕으로 (1)~(4)에 밑줄 친 자료들을 명사로 이해할 수 있는지 그렇지 않은지를 생각하여 보자. 만약에 밑줄 친 자료들이 명사가 아니라면 그 근거는 무엇인가? 명사라고 생각한다면 그 근거는 무엇인가?

제4장 용언과 어미

4.1. 용언

4.1.1. 동사

4.1.1.1. 동사의 특성

동사는 사물의 움직임을 과정적으로 표시하는 품사로서 형식상으로는 가변어에 속한다.

> (1)　가. 학생들이 책을 <u>읽는다</u>.
> 　　　나. 해가 <u>솟는다</u>.

위의 '읽는다'와 '솟는다'는 이 문장의 주체인 '학생들'과 '해'의 움직임을 시간 가운데서 과정적으로 파악하여 표현한 것이다.

같은 움직임의 의미를 지니고 있더라도 다음 말은 동사가 아니다.

> (1)　가′. <u>독서</u>는 책을 읽는다는 뜻이다.
> 　　　나′. <u>일출</u>은 해가 솟는다는 뜻이다.

'독서', '일출'은 '읽다', '솟다'와 의미에 있어 큰 차이가 없다. 그러나 전자는 움직임을 대상으로 파악한 것으로 명사인 데 대해 후자는 동사로서 그것을 과정으로 파악하여 서술한다는 차이점이 있다.

과정으로서의 움직임이라는 동사의 의미상의 특수성은 기능면에서도 드러난다. 동사 검증의 틀로 흔히 사용되는 것은 '무엇이 어찌한다. 무엇이 무엇을 어찌한다'의 틀에 나타나는 '어찌한다'의 자리를 채울 수 있느냐는 것이다. (1가)의 '읽는다'는 뒤의 틀에 맞고 (1나)의 '솟는다'는 앞의 틀에 맞으므로 두 단어는 기능상으로도 동사의 요건을 충족시키고 있다.[1] 과정으로서의 움직임은 주체의 성격에 따라 여러 종류로 가를 수 있다. 앞의 예만 대상으로 하더라도 (1가)는 사람의 움직임이고 (1나)는 자연의 움직임이다.

(2)　가. 읽다, 잡다, 던지다, 뛰다…
　　　나. 사랑하다, 믿다, 생각하다…
　　　다. 자다, 살다, 쉬다, 앓다…
　　　라. 흐르다, 피다, 솟다…

(2가)는 구체적인 움직임이고 (2나)는 마음속에서 일어나는 움직임이므로 추상적이고 따라서 (2가)에 비해서는 움직임의 정도가 덜하며 (2다)는 움직임을 지닌 상태이다.[2] 한편 (2라)는 자연의 움직임을 표시하는 말이다.

(2가~다)와 같이 사람 등의 유정 명사의 움직임을 동작(動作)이라 하고 (2라)와 같이 자연 등의 무정 명사의 움직임을 작용(作用)이라 하는 일도 있으나 그 경계를 명백히 하기가 쉽지 않다.[3] 사람의 움직임은 명령문과 청유문이 성립될 수 있으나 자연의 움직임은 이런 문장이 성립되기 어렵다.

(2)　가'. 책을 읽어라, 책을 읽자.
　　　라'. *물아, 흘러라, *물아, 흐르자.

(2라')의 예문은 시나 노래 같은 데서는 쓰일 수 있겠으나 이때에는 자연물을 의인화시킨 것으로 보편적 용법으로 보기가 어렵다.[4]

---

1 동사는 움직임을 과정적으로 나타내므로 움직임이 일어난 시간, 과정을 나타내는 문법 범주인 시제나 동작상 범주가 실현될 수 있다. 그러나 명사는 움직임의 의미를 나타낸다고 하더라도 이를 과정적으로 나타내지 않으므로 시제나 동작상의 문법 범주가 실현되지 않는다.

2 즉 (2나)는 '-ㄴ/는다'와 결합되므로 그 품사는 동사이지만 의미상으로는 상태를 나타낸다고 볼 수도 있다. 이로 인해 (2나)의 동사는 진행상을 나타내는 '-는 중아'와 결합하는 것이 (2가)에 비해 어색하다. 이와 마찬가지로 (2다)의 '앓다'도 '-는다'와 결합하므로 품사는 동사이지만 상태의 의미를 나타내는 정도가 (2나)보다도 높아서 (2가), (2나)보다는 '-는 중이다'와의 결합이 어색하다.

3 예컨대, '돌다'는 "아이들이 운동장을 한 바퀴 돌았다.", "지구는 태양을 중심으로 돈다."와 같이 유정 명사의 움직임과 무정 명사의 움직임을 모두 나타낸다. 이와 같이 하나의 동사가 동작과 작용을 모두 나타내는 것은 아주 흔히 나타나서 '동작'과 '작용'의 구분이 큰 의미를 지니지 못하는 경우도 많다.

4 (2라')의 화행 의미가 명령이나 청유가 아니라 기원(祈願)으로 해석된다면 무정물 주어가 나타난 문장이라도

4.1.1.2. 동사의 종류

동사는 그 움직임이 주어에만 미치느냐 주어 이외의 목적어에도 미치느냐에 따라 나누어질 수 있다. (1나)의 '솟다'와 같이 움직임이 주어인 '해'에 미치는 동사를 자동사(自動詞, intransitive verb) 또는 제움직씨라 하고 (1가)의 '읽다'와 같이 움직임이 주어 이외의 목적어 '책'에도 미치는 동사를 타동사(他動詞, transitive verb) 또는 남움직씨라고 한다.[5]

국어의 자동사는 본래부터 자동사인 것과 타동사가 자동사가 된 것의 두 가지가 있다.

(3) 가. 앉다, 눕다, 서다, 돌다, 남다…
     나. 보이다, 먹히다, 쫓기다, 들리다…

(3가)는 본래부터 자동사이고 (3나)는 타동사 '보다, 먹다, 쫓다, 듣다…'에 피동사 형성의 접미사가 붙은 것이다.[6]

타동사도 본래부터 타동사인 것과 자동사 혹은 타동사가 다시 타동사가 된 것의 두 가지가 있다.

(4) 가. 먹다, 깎다, 놓다, 넣다, 주다…
     나. ① 앉히다, 눕히다, 남기다, 세우다, 웃기다…
         ② 먹이다, 읽히다, 지우다, 맡기다…

명령형이나 청유형이 나타날 수 있다. 화행과 문장 유형에 대해서는 §9.1 문장의 유형 기술을 참고할 것.

5 타동사(他動詞)는 영어의 'transitive verb'의 번역어인데, 이때 'transitive'는 행위의 'transition(이행移行)'을 나타내는 것이다. 예컨대, "지호가 밥을 먹는다."라는 문장은 '먹는' 행위가 행위자인 '지호'로부터 그 대상인 '밥'으로 이행되는 사태를 나타낸 것이다. 이러한 의미적 특성이 '목적어'라는 문법적 특성으로 나타난다. 예컨대 "민지가 빵을 먹는다."라는 문장에서는 '먹다'가 가지는 움직임의 의미가 주어인 '민지'에서 목적어인 '빵'으로 이행되고 있으므로 '먹다'는 타동성이 크다고 할 수 있다. 또한 타동성은 '있다/없다'로 양분되는 개념이 아니라 '강하다/약하다' 정도로 표현되는 상대적인 개념이라는 점도 유념할 필요가 있다. 따라서 동일한 동사라고 하더라도 목적어가 나타날 수도 있고 그렇지 않을 수도 있다("나는 민지를 만난다." vs. "나는 민지와 만난다.").

6 사동(使動, causative)은 결합가(valency)가 증가하는 작용이므로 (3가)와 같이 한 자리 서술어인 자동사에 사동 접미사가 붙으면 결합가가 증가하여 두 자리 서술어인 타동사가 된다. 이와는 반대로 피동(被動, passive)은 결합가가 감소하는 작용이므로 '잡히다', '먹히다' 등과 같이 두 자리 서술어인 타동사에 피동 접미사가 붙으면 결합가가 감소하여 한 자리 서술어인 자동사가 된다. '피동'과 '사동'에 대해서는 12장을 참고하고 '결합가'에 대해서는 §8.2.2.2의 서술어와 자릿수 기술과 고영근(2018가: 130, 160, 2018나: 87-91)을 참고할 것.

(4가)는 본래부터 타동사이다. (4나①)은 자동사 '앉다, 눕다, 남다, 서다, 웃다'에 사동사 형성의 접미사가 붙어서 된 타동사이다. (4나②)는 타동사 '먹다, 읽다, 지다, 맡다…'에 사동사 형성의 접미사가 붙은 타동사이다.[7]

한편 동사 가운데는 접미사가 붙지 않고 그대로 자동사와 타동사로 공용되는 것이 있다.

> (4) 가'. 아기의 눈물이 그쳤다. (자동사)
>   나'. 어머니가 아기의 눈물을 그쳤다. (타동사)

위의 '그치다'가 그러한 동사인데 이런 동사를 자타 양용 동사(自他兩用動詞) 혹은 중립 동사(中立動詞)라 부르며 사람에 따라서는 능격 동사(能格動詞)라 일컫기도 한다.[8] 자타 양용 동사에는 이 밖에도 '멈추다(차), 다치다(몸), 움직이다(바위), 울리다(종)' 등을 더 들 수 있다.[9]

동사 가운데는 앞서 나온 동사를 되받는 동사가 있다.

> (5) 가. 이러다, 그러다, 저러다
>   나. 어찌하다

이러한 동사를 지시 동사라 하는데 (5가)에서 볼 수 있는 바와 같이 이미 언급한 삼 인칭 대명사나 지시 대명사와 마찬가지로 화자와 청자를 축으로 하여 특히 유정 명사

---

7 (4가)와 (4나②)의 동사는 목적어를 필요로 하는 타동사라는 점에서는 공통적이다. 그러나 (4가)는 주어와 목적어를 필수적으로 요구하는 두 자리 서술어이지만 (4나②)는 주어와 목적어 외에도 필수적 부사어를 요구하는 세 자리 서술어라는 차이가 있다.

8 '자타 양용 동사'는 자동사와 타동사의 용법을 모두 지닌다는 점에 중점을 둔 용어이고 '중립 동사'(혹은 중간 동사(middle verb))는 (4가')이 능동과 피동의 중간적 성격을 지닌다는 점에 착안한 용어이다. '능격 동사(能格動詞, ergative verb)'는 (4가')이 '절대격능격' 언어에서의 격 표시 양상과 유사하다는 점에 착안된 용어이다.(고영근 2018가: 554, 659) '중립 동사'는 태(態, voice) 범주와 관련하여 능동태의 형식을 지니지만 능동성을 지니지 않는 일련의 동사를 가리키는 데 일반적으로 쓰이고 '능격 동사'는 피동작주(被動作主, Patient)가 목적격의 목적어로 나타나지 않고 주격의 주어로 나타나는 일련의 동사를 가리키는 데 일반적으로 쓰인다. 그런데 이러한 동사들이 모두 자동사와 타동사의 용법을 지니는 것은 아니다. 따라서 자동사와 타동사가 서로 공용되는 동사라는 점에 주목한다면 '자타 양용 동사'라는 용어가 가장 적절하다고 생각된다.

9 동일한 형식의 동사라도 다의어를 이루는 경우, 해당 의미 항목(sense)에 따라 자동사가 되기도 하고 타동사가 되기도 한다. 예컨대, "팽이가 돈다."의 '돌다'와 "달이 지구 주위를 돈다."의 '돌다'가 그러하다. 그러나 이러한 동사를 자타 양용 동사라고 하지는 않는다는 점에 주의할 필요가 있다. 자타 양용 동사는 '그치다'와 같이 동일한 의미 항목에서 자동사와 타동사의 용법이 모두 나타나는 것을 지시하는 용어이기 때문이다.

인 주체의 동작을 대용하는 기능을 가지고 있다. 한편 (5나)의 '어찌하다'는 미지나 부정(不定)의 의미를 가지는 지시 동사의 예이다. "너는 어찌하여 이곳까지 왔니?"의 '어찌하다'는 미지, "하여튼 어찌하여 여기까지 오게 됐어."의 '어찌하다'는 부정의 의미를 갖는다.[10]

■ 동사의 분류 ■

여기서는 주로 목적어라는 문법적 특성을 중심으로 동사를 분류하였지만 동사의 의미적 특성과 문법적 특성에 따라 대칭 동사, 이동 동사, 상호 동사, 수여 동사, 사실 동사, 심리 동사, 피동사, 사동사 등 더 다양하게 동사를 분류할 수 있다. 이때 유의해야 할 점은 의미적 특성만을 기준으로 하여 동사의 분류가 이루어지는 경우는 거의 없다는 사실이다. 타동사가 타동성(他動性, transitivity)이라는 의미적 특성이 목적어라는 문법적 특성으로 드러나듯이 동사의 의미적 특성은 문법적 특성으로 이어진다. 따라서 동사의 분류가 의미적 특성에 따라 이루어진다고 하더라도 이는 어디까지나 그 문법적 특성이 반영된 결과임을 잊어서는 안 될 것이다.

한편 특정 문법 현상을 설명할 때에는 동사의 의미에 따른 분류가 유용할 때가 있다. 예를 들어 국어의 환유 관련 표현 중에서는 '커피를 끓이다', '터널을 뚫다'와 같은 표현이 있는데, 이는 조금 더 정확하게 표현하면 '물을 끓여서 커피를 만들다', '산이나 언덕을 뚫어서 터널을 만들다'와 같이 표현할 수도 있을 것이다. 이처럼 '끓이다', '뚫다' 등과 같은 동사를 가리킬 때에는 '만들기 동사'와 같은 표현도 가능할 것이다. 이와 유사한 관점에서 접근해 보자면 국어의 진행상을 나타내는 '-고 있'과 같은 표현은 탈것에 탑승하는 행위를 나타내는 동사나 의복류를 착용하는 행위를 나타내는 동사들과 결합할 때에 중의적인 해석을 유발한다. 예컨대 "나는 버스에 타고 있다."는 버스에 타고 있는 상태를 의미하기도 하지만 정류장에서 버스에 막 오르려는 순간을 나타내기도 한다. "나는 치마를 입고 있다."라는 문장이 치마를 입고 있는 상태를 묘사하기도 하고, 치마를 입는 중이라는 진행의 의미를 나타내는 것도 개별 동사 부류가 가지는 의미적 특성에 기인한 것이다. 이와 같은 점에서 '타다'를 탑승 동사로, '입다'를 착용 동사로 부르는 것도 가능할 것이다. 또한 활용의 관점에서는 동사를 규칙(정칙) 동사와 불규칙(변칙) 동사로 나눌 수도 있고, 의미론적인 관점에서는 실질 동사와 형식 동사(dummy verb)로 나눌 수도 있을 것이다. 후술하겠지만 동사는 자립적으로 서술어가 될 수 있느냐를 고려하여 본동사와 보조 동사로 나누기도 하는데 이것도 동사를 일정한 기준에 따라 나눈 것이라고 할 수 있다.

---

10 『표준국어대사전』에 따르면 '이러다', '그러다', '저러다'는 각각 '이리하다', '그리하다', '저리하다'의 준말로 처리되어 있다. 한편 '이렇게 말하다', '그렇게 말하다', '저렇게 말하다'의 의미를 지니는 '이러다', '그러다', '저러다'는 지시어의 성격이 있기는 하지만 일반적으로 지시 동사로 다루어지지는 않는다.

4.1.2. 형용사

4.1.2.1. 형용사의 특성

형용사는 사물의 성질이나 상태를 표시하는 품사로서 동사와 마찬가지로 형식상으로는 가변어에 속한다.[11]

(6) 가. 이 약은 맛이 <u>쓰다</u>.
     나. 오늘은 마음이 <u>즐겁다</u>.

(6가)의 '쓰다'는 이 문장의 주체인 '약'의 속성(屬性)을 표시하고 '즐겁다'는 화자의 즐거운 마음의 상태를 표시한다. 동사가 주체의 움직임을 과정적, 동태적으로 표시하는 것이라면 형용사는 주체의 성질·상태를 상태적, 정지적으로 표시하는 것이라고 할 수 있다.[12]

같은 성질·상태의 의미를 띠었다고 해서 모두 형용사가 되지는 않는다.

(6) 가'. 누구든지 <u>고난</u>을 이겨 내야 한다.
     나'. <u>즐거움</u>을 만끽하였다.

(6가')의 '고난'과 (6나')의 '즐거움'은 성질이나 상태의 의미와 관련이 있음에 틀림없지만 그것을 대상으로만 파악하고 있을 뿐 주체의 속성을 상태화하여 서술하는 능력은 없다.[13] 따라서 이들은 성질·상태의 의미를 띠었지만 명사에 해당한다.

주체의 속성을 상태화하여 서술하는 형용사의 의미상의 특수성은 기능상의 특수성과

---

11 최근의 언어 유형론적인 연구 성과에 따르면 형용사가 개방 부류인 언어도 있고 폐쇄 부류인 언어도 있는데 적어도 크기(dimension), 나이(age), 가치(value), 색(color) 등을 나타내는 형용사는 대부분의 언어들에서도 존재한다고 한다.

12 형용사는 상태나 속성을 나타내므로 동사가 나타내는 움직임보다 시간적 안정성이 높다. 또한 움직임은 시작점과 끝점을 상정할 수 있지만 상태나 속성은 일반적으로 그렇지 않다. 이로 인해 형용사는 시제 범주와는 결합할 수 있지만 '-고 있'이나 '-어 있'과 같은 동작상 범주와는 결합하기 힘들다는 특성을 지닌다.

13 이처럼 국어의 형용사는 동사와 유사한 속성을 지녔지만 언어에 따라서는 형용사가 명사와 유사한 속성을 지닌 경우도 있다. 예컨대, 영어의 형용사가 그러하다. 이러한 측면에서 국어의 형용사는 동사성 형용사라고 할 수 있고 영어의 형용사는 명사성 형용사라고 할 수 있다. 이처럼 형용사가 동사적 성격을 띠는 언어도 있고 명사적 성격을 띠는 언어도 있는 것은 상태나 속성이 지닌 시간 안정성이, 움직임이 지닌 시간 안정성과 사람이나 사물 등의 개체가 지니는 시간 안정성의 중간적 성격을 지니기 때문이라고 해석할 수 있다.

상관성을 띠고 있다. 형용사 검증의 틀로 사용되는 것은 '무엇이 어떠하다'의 '어떠하다'의 자리를 채울 수 있느냐는 것이다. 앞의 '쓰다, 즐겁다'는 모두 이 자리에 나타날 수 있으므로 형용사임에 틀림없다.

4.1.2.2. 형용사의 종류

형용사는 주체의 성격에 따라 몇 갈래로 나눌 수 있다. (6가)는 주체가 '약'인 데 대하여 (6나)는 주체가 화자 자신이다.

> (7) 가. 검다, 달다, 시끄럽다, 거칠다, 차다, 빠르다, 멀다, 높다…
> 나. 착하다, 모질다, 아름답다, 성실하다…
> 다. 같다, 다르다, 낫다…
> 라. 있다, 없다
> 마. 고프다, 아프다, 싫다, 좋다…

(7가)는 감각적 의미를 표시하는 것이다. '검다'는 시각적, '달다'는 미각적, '시끄럽다'는 청각적, '거칠다, 차다'는 촉각적, '빠르다, 멀다, 높다'는 시간·공간적이다. (7나)는 화자의 대상에 대한 평가를, (7다)는 비교를, (7라)는 존재를 표시한다. (7마)는 심리적, 물리적 요인의 영향을 받아 변할 수 있는 화자의 심리 상태를 서술하는 형용사이다. 이때의 화자를 경험주(經驗主, Experiencer)라고 한다.[14]

이상의 형용사의 분류가 문법적으로 어느 정도 의의가 있는지는 쉽게 판정할 수 없지만 적어도 (7가~라)와 (7마) 사이에는 문법적 차이가 인식되기도 한다. 후자는 '-어하다'가 붙어 형용사문을 동사문으로 바꿀 수 있지마는 전자에는 그런 점이 확인되지 않는다.

> (7) 가'. 빛이 검다. →*빛을 검어한다.
> 나'. 그 아이가 착하다. →*그 아이를 착해한다.
> 다'. 이것은 그것과 다르다. →*이것을 그것과 달라한다.
> 라'. 서울에 집이 있다. →*서울에 집을 있어한다.
> 마'. 나는 혜미가 좋다. →나는 혜미를 좋아한다.

---

14 더 정확하게 말해서, 화자의 심리 상태를 서술하는 형용사가 서술어인 문장에서 주어가 경험주(經驗主, Experiencer)의 의미역을 지닌다. 심리 형용사의 주어뿐만 아니라 '듣다', '보다' 등과 같은 인지나 지각을 나타내는 동사가 서술어인 문장에서의 주어도 경험주의 의미역을 지닌다.

이상의 사실에 근거하여 (7가~라)의 형용사를 '객관성 형용사', (7마)의 형용사를 '주관성 형용사' 또는 '심리 형용사', 달리 '느낌 형용사'라 하여 구별하기도 하나 그 경계를 세우기가 쉽지 않다.[15] 같은 형용사라 할지라도 경우에 따라 '-어하다'가 붙기도 하고 안 붙기도 한다. '좋다'가 (7마)에서는 '좋아한다'로 바뀌지만 "날씨가 참 좋군!"과 같은 예에서는 "*날씨를 참 좋아하군!"으로 바꿀 수 없다.[16] (7)의 예들과 같이 대상의 속성이나 상태를 표시하는 형용사를 특히 '성상 형용사(性狀形容詞)'라 부르기도 한다.

형용사에도 동사와 마찬가지로 성상 형용사로 표현된 말을 지시하는 형용사도 있다.

(8) 가. 이러하다, 그러하다, 저러하다(이렇다, 그렇다, 저렇다)
     나. 어떠하다, 아무러하다(어떻다, 아무렇다)

이러한 형용사를 지시 형용사라 하는데 괄호 속의 형태는 '이러하다' 등의 '하'의 'ㅏ'의 탈락을 거쳐 축약된 것이다. 위의 형용사는 앞의 삼인칭 대명사나 지시 대명사와 같이 화자와 청자를 축으로 하여 성상 형용사로 표현된 주체의 성질이나 상태를 대용하는 기능을 띠고 있다.[17] (8나)는 특히 미지와 부정(不定)의 의미를 각각 표시한다. 또한 지시 형용사는 성상 형용사에 앞서는 배열상의 특징이 있다.

(8') 그렇게 예쁜 꽃은 처음 본다.

(8')에서 '그렇게'는 지시 형용사 '그렇다'의 연결형인데 성상 형용사의 관형사형 '예쁜'

---

15 (7가, 나)의 객관성 형용사는 "커피가 달다."와 같이 'NP₁이 Adj'의 문형을 지니고 (7마)의 주관성 형용사는 "나는 팔이 아프다."와 같이 'NP₁이 NP₂가 Adj'의 문형을 지닌다는 차이가 있다. 그러나 객관성 형용사가 아래의 (ㄱ)과 같이 'NP₁이 NP₂가 Adj'의 문형으로 나타나 주관성 형용사처럼 쓰이는 경우가 있고 반대로 아래의 (ㄴ)과 같이 주관성 형용사가 'NP₁이 Adj'의 문형으로 나타나 객관성 형용사처럼 쓰이는 경우도 있다. 문형에 대해서는 §8.5의 '기본 문형' 기술을 참고할 것.
   ㄱ. 이 커피가 달다.(객관성 형용사) ↔ 나는 이 커피가 너무 달다.(주관성 형용사)
   ㄴ. 나는 호랑이가 무섭다.(주관성 형용사) ↔ 호랑이는 무섭다.(객관성 형용사)
   '-어하'는 심리 형용사(주관성 형용사)와 결합하여 심리 동사를 만드는 것이 일반적이나 "지수는 자리가 불편한지 계속 비좁아했다.", "어머니는 아들이 듣는 록 음악을 시끄러워했다."의 '좁다', '시끄럽다'와 같은 객관성 형용사와도 결합하는 것이 전혀 불가능한 것은 아니다. 이는 앞서 살펴본 바와 같이 객관성 형용사가 주관성 형용사로도 쓰일 수 있다는 사실과 관련이 있다.
16 이는 "날씨가 참 좋군!"에서의 '좋다'가 객관성 형용사로 쓰였기 때문이다. '좋다'는 앞의 각주 15)에서 언급한 바와 같이 객관성 형용사와 주관성 형용사가 서로 통용되는 예이다.
17 지시 형용사는 '이', '그', '저'를 포함하는 지시 관형사, 지시 대명사, 지시 부사, 지시 동사 등과 마찬가지로 화자에게 가까운 것, 청자에게 가까운 것, 화·청자에게 먼 것 중 무엇을 지시하느냐에 따라 '이', '그', '저'가 대립 체계를 형성한다. 이는 물론 지시 동사의 경우에도 마찬가지로 적용된다.

에 앞서 있다.[18]

지금까지 살펴본 (1)~(5), (6)~(8)은 각각 동사와 형용사로서 주체를 서술하는 기능을 띠고 있다. 이러한 성격을 가진 말을 용언(用言)이라고 함은 이미 언급한 바 있다. 이는 보통 문장의 주체로 쓰이는 명사, 대명사, 수사와 같은 체언(體言)에 대립되는 말로서 품사의 중추 부분을 이룬다.

위와 같이 용언을 동사와 형용사로 나누고 동사를 자동사, 타동사, 자타 양용 동사로 나누었지만 그 경계를 칼로 자른 듯이 분명히 짓기가 어려운 일이 없지 않다.[19] 앞에서 본 자타 양용 동사는 관점에 따라 자동사로도 볼 수 있고 타동사로도 볼 수 있으며[20] 자동사 가운데는 형용사와 성격을 같이하는 것도 있다. "이 옷은 나에게 꼭 맞는다/맞다."의 '맞다'는 종결형을 보면 동사와 형용사로 통용된다고 할 수 있으나 관형사형을 보면 " ~ 꼭 맞는 옷"이 되어 동사의 성격을 띠고 있다.[21]

4.1.3. 보조 용언

4.1.3.1. 보조 용언의 특성

용언 가운데는 앞서 살펴본 동사, 형용사와 같이 자립성을 띤 것이 대부분이지마는 경우에 따라서는 의존적 성격을 띤 것도 없지 않다.

---

18 "지난번과는 다르게 이런 색을 띠는 이유는 뭐지?", "아름다운 저 꽃을 너와 함께 감상하고 싶다."에서처럼 경우에 따라 성상 형용사가 지시 형용사에 앞서는 일이 완전히 불가능한 것은 아니다.

19 자동사와 타동사는 목적어의 유무에 따라 구분되므로 목적어를 어떻게 정의하느냐에 따라 그 구분이 달라질 수 있다. 예컨대, "지수는 학교를 갔다.", "지수는 서울에서 삼 년을 살았다."와 같은 문장에서 '을/를'이 결합한 성분을 목적어로 본다면 '가다', '살다'는 타동사로도 쓰인다고 할 수 있겠지만 이때의 '을/를' 성분이 목적어인지는 논란의 여지가 있다. 이에 대해서는 §8.2.3의 목적어 기술 부분 참고.

20 따라서 자타 양용 동사가 자동사인지, 타동사인지를 따지는 것은 큰 의미가 없다. 목적어 없이 쓰인 경우는 자동사이고 목적어가 존재하는 경우는 타동사이다. 뿐만 아니라 앞의 각주 9)에서 언급하였듯이 동일한 형식의 동사가 의미 항목(sense)에 따라 자동사로 쓰이기도 하고 타동사로 쓰이기도 하므로 어떠한 동사가 자동사냐, 타동사냐를 구분하는 것은 실제 문장에서의 쓰임에서 의의를 지닌다고 하겠다.

21 동사의 관형사형에서는 동사의 활용 특성을 보이므로 『표준국어대사전』에서 '맞다'는 동사로만 등재되어 있다. 동사와 형용사의 품사 통용을 보이는 것으로는 '밝다', '크다', '여물다', '굳다' 등이 있는데, 이들은 동사로 쓰일 때와 형용사로 쓰일 때 그 의미가 다르므로 품사 통용으로 보아야 할지 동음이의어로 보아야 할지 논란의 여지가 있다. 한편, '맞다'와 같이 동일한 의미를 지니고 동사의 활용 특성과 형용사의 활용 특성이 모두 나타나는 예로는 '기막히다', '힘들다', '걸리다', '모자라다' 등이 있다. 또한 '잘생기다', '못나다', '잘나다' 등은 '-ㄴ/는다', '-는'과 결합하지 못한다는 점에서 형용사적 특성을 지니지만 늘 '-었'과 함께 나타날 수 있다는 점에서 형용사로 보기 어려운 측면도 있다.

(9)　가. 감상을 늘 그때마다 적어 <u>둔다</u>.
　　　나. 백두산에 오르고 <u>싶다</u>.

(9가)의 '두다'는 동사이고 (9나)의 '싶다'는 형용사이다. 그러나 일반적인 동사, 형용사와 성격이 같지 않다. '가다, 먹다'와 같은 동사나 '붉다, 고프다'와 같은 형용사는 어휘적 의미도 뚜렷할 뿐만 아니라 자립할 수 있다. 그러나 위의 '두다'와 '싶다'는 어휘적 의미는 물론 자립성마저 인정되지 않는다. 그것은 '적다, 오르다'를 제거한 것만으로는 문장이 성립되지 않음을 통해서 쉽게 알 수 있다.

(9)　가'. [*]감상을 늘 그때마다 둔다.
　　　나'. [*]백두산에 싶다.

한편, 다음과 같이, '두다'와 '싶다'를 제거한 것은 문장이 성립되며 그것을 (9)와 비교해 보면 '두다, 싶다'에는 문법적 의미가 어느 정도 결부되어 있음을 발견할 수 있다.

(9)　가''. 감상을 늘 그때마다 적는다.
　　　나''. 백두산에 오른다.

(9가)에는 적는 행위가 끝나서 그것이 지속된다는 의미가 파악되고 (9나)에는 희망의 의미가 표시된다. 이렇게 다른 말에 기대어 쓰이면서 그 말에 문법적 의미를 더해 주는 용언을 '보조 용언(補助用言)'이라 하고[22] 품사를 구별하여 '보조 동사(補助動詞)', '보조 형용사(補助形容詞)'라 한다. 한편, 보조 용언의 도움을 받는 선행 용언은 '본용언(本用言)'이다.[23]

보조 용언은 의존 명사와 성격이 비슷하다. 보조 용언은 의존 명사와 공통성이 적지 않다. 자립성이 결여되어 있거나 희박하다는 점에서 그렇고 의미에 있어서도 어휘적이

---

[22] 최근에는 보조 용언을 의존 명사와 보조를 맞추어 의존 동사로 부르는 경우도 있다.

[23] 이러한 측면에서 국어의 보조 용언은 영어의 조동사(auxiliary verb)와 유사하다. 그러나 국어는 핵이 뒤에 오는 후핵 언어(後核言語, head-final language)이므로 보조 용언이 본용언 뒤에 오지만 영어는 선핵 언어(先核言語, head-initial language)이므로 조동사가 본동사 앞에 쓰인다는 차이가 있다. 또한 국어는 용언 어간이 어미와 결합하지 않고 서로 연결될 수 없으므로 본용언과 보조 용언이 연결 어미로 서로 연결되지만 영어는 그렇지 않다. 한편, 의미적으로 볼 때에는 본용언이 보조 용언보다 더 중심이 되지만 '본용언+보조 용언' 구성 전체의 통사적 특성이나 분포는 보조 용언에 의해 결정되므로 '본용언+보조 용언' 구성의 핵(核, head)은 보조 용언이 된다는 점에 유의할 필요가 있다.

기보다는 문법적 성격이 더 강하다. 보조 용언은 부정법, 피동·사동법, 동작상의 문법 범주를 형성하기도 하고 화자의 태도와 결부되기도 한다.[24]

4.1.3.2. 보조 용언의 종류

4.1.3.2.1. 보조 동사

보조 동사에는 종류가 많다. 보조 동사 가운데는 그 형태가 본동사와 같아서 보조 동사임을 식별하기 어려운 것이 적지 않다. 보조 동사임을 식별하는 기준으로 많이 사용되는 것은 (9가)과 같이 보조 동사만으로 문장이 성립되는가를 따져 보는 것이다.

> (10) 가. 날씨가 점점 추워 온다.
>   ① 날씨가 점점 춥다.   ② *날씨가 점점 온다.
>   나. 먼지를 말끔히 떨어 버렸다.
>   ① 먼지를 말끔히 떨었다.   ② *먼지를 말끔히 버렸다.
>   다. 마침내 추위를 이겨 냈다.
>   ① 마침내 추위를 이겼다.   ② *마침내 추위를 냈다.

(10가~다)의 예들은 보조 동사를 포함하고 있는 것인데 이를 다시 본용언과 보조 동사로 구별하는 문장을 만든 것이다. ①의 문장, 곧 본용언을 서술어로 하는 문장은 모두 성립되고 ②의 문장, 곧 보조 동사를 서술어로 하는 문장은 모두 성립되지 않는다. 이는 ①의 문장은 (10가~다)의 의미의 한 부분으로 포함되어 있으나 ②의 문장은 (10가~다)의 의미의 한 부분으로 포함되어 있지 않음을 의미한다.

같은 보조 동사라 하더라도 상황에 따라 보조 동사만으로 문장이 성립되는 것처럼 보이는 일이 있다. '두다'가 (9가)에서는 보조 동사였으나 다음의 예에서는 본용언의 기능을 띠고 있는 것으로 생각될 수도 있다.

> (11) 책을 서가에 꽂아 두었다.

---

[24] 여기서 '화자의 태도'와 관련된 의미를 '양태적 의미'라고 하기도 하지만 이러한 '양태적 의미'는 편의적인 것이고 10장에서 다루는 '양태'와는 다르다는 것에 유의할 필요가 있다. 물론, 보조 용언은 부정, 피동, 사동, 동작상 외에도 10장에서 다루는 양태를 나타내기도 하는데, '당위'의 '-어야 하-', '추측'의 '-는가 보-', '-을까 싶-' 등이 그러하다. 한편, 보조 용언 구성처럼 문법적 의미를 지니고 문법 범주를 형성하는 통사적 구성을 우언적 구성(迂言的 構成, periphrastic construction)이라고도 한다. 양태의 개념에 대해서는 §10.3을, 우언적 구성에 대해서는 §10.3.2.3을 참고할 것.

① 책을 서가에 꽂았다.　　② ˀ책을 서가에 두었다.

(11)의 의미는 책을 서가에 아무데나 올려놓거나 얹어 둔 것이 아니고 일정한 자리에 움직이지 않게 배치해 두었다는 것이다. 이러한 의미로는 ①만이 맞고 ②는 맞지 않다. ②는 얹거나 꽂거나 서가의 어느 자리에든지 놓이기만 하면 쓸 수 있는 표현이다. 이렇게 본다면 문장 ② 앞의 물음표는 (9가')과 같이 별표(*)로 바꾸어야 한다.

보조 동사가 본용언과 결합될 때는 일정한 어미를 요구하는 제약을 보여 준다. 이를테면 '가다, 주다'는 연결 어미 '-어' 뒤에 나타날 때만이 보조 동사의 기능을 띤다. 다른 연결 어미 아래 쓰이면 두 개의 본용언의 병치(竝置)로 보아야 한다.

(12) 가. 어머니가 바구니를 들고 가셨다.
　　　① 어머니가 바구니를 들었다.　　② 어머니가 가셨다.
　　나. 나는 동생에게 앨범을 보고 주었다.
　　　① 나는 앨범을 보았다.　　② 나는 동생에게 앨범을 주었다.

(12가, 나)를 ①, ②로 분석해 보면 모두 문장이 성립되는데 연결 어미 '-어' 이외의 어미로 병치된 동사는 위와 같이 두 문장의 결합이라는 사실을 말해 준다. 이 경우의 '-고'는 연결 어미 가운데서도 보조적 연결 어미가 아니라 '-고서'로 대치할 수 있는 종속적 연결 어미에 해당한다.[25]

현대 국어의 보조 동사를 그것이 의존하고 있는 어미와 함께 제시해 보기로 한다. 의미상으로 관련시킬 수 있는 본동사가 있을 때는 다음에 함께 제시하도록 한다. 그 의미는 잠정적으로 전통 문법에서 사용되던 것을 따른다.

(13) 가. 진행(進行)
　　　① (-어) 가다
　　　　이제 청소를 다 해 <u>간다</u>.　　cf. 학교로 <u>간다</u>.
　　　② (-어) 오다
　　　　아침 햇빛이 점점 밝아 <u>온다</u>.　　cf. 집으로 <u>온다</u>.
　　　③ (-고) 있다
　　　　지금 편지를 쓰고 <u>있다</u>.　　cf. 책상 위에 편지가 <u>있다</u>.

---

25 보조적 연결 어미와 종속적 연결 어미는 연결 어미의 하위 부류인데 이에 대해서는 후술하기로 한다. 연결 어미에는 이들 외에 대등적 연결 어미가 더 있다.

④ (-고) 계시다

아버지께서 편지를 쓰고 <u>계신다</u>.   cf. 아버지께서 방에 <u>계신다</u>.

나. 종결(終結)

① (-고) 나다

밥을 먹고 <u>나서</u> 어디로 가겠니?   cf. 그는 권투 선수로 이름이 <u>났다</u>.

② (-어) 내다

진수는 마침내 자격증을 얻어 <u>냈다</u>. cf. 있는 힘을 다 <u>냈다</u>.

③ (-어) 버리다

인수는 운동장으로 나가 <u>버렸다</u>.   cf. 벌써 쓰레기통에 <u>버렸다</u>.

④ (-고야) 말다

기어이 이루어 내고야 <u>말겠다</u>.

다. 봉사(奉仕)

① (-어) 주다

조카에게 종이배를 만들어 <u>주었다</u>. cf. 조카에게 연필을 <u>주었다</u>.

② (-어) 드리다

선생님께 원고를 전달해 <u>드렸다</u>.   cf. 선생님께 책을 <u>드렸다</u>.

라. 시행(試行)

(-어) 보다

나도 한 번 입어 <u>보았다</u>.   cf. 나도 그것을 벌써 <u>보았다</u>.

마. 보유(保有)

① (-어) 두다

공책은 책상 위에 얹어 <u>두었다</u>.   cf. 연필은 책상 위에 <u>두었다</u>.

② (-어) 놓다

공책은 책상 위에 얹어 <u>놓았다</u>.   cf. 연필은 책상 위에 <u>놓았다</u>.

③ (-어) 가지다

그 책을 읽어 <u>가지고</u> 오시오.   cf. 그 책을 <u>가지고</u> 오시오.

바. 사동(使動)

① (-게) 하다

누구를 가게 <u>하느냐</u>?   cf. 누가 <u>하느냐</u>?

② (-게) 만들다

그 일을 잘 되게 <u>만들었다</u>.   cf. 내가 직접 <u>만들었다</u>.

사. 피동(被動)

① (-어) 지다

눈부신 업적이 이루어<u>졌다</u>.   cf. 해가 <u>진다</u>.

② (-게) 되다

나도 가게 <u>된다</u>.   cf. 일이 잘 <u>된다</u>.

아. 부정(否定)

① (-지) 아니하다(않다)

유미는 가지 <u>아니한다</u>(<u>않는다</u>).

② (-지) 말다

유미는 가지 <u>말아라</u>.　　　　　　cf. 더도 말고 다섯 번만 써 오너라.

③ (-지) 못하다

너는 오지 <u>못한다</u>.　　　　　　cf. <u>못하는</u> 일이 없다.

자. 강세(強勢)

(-어) 대다[26]

너무 놀려 <u>대지</u> 마라.

차. 짐작

(-어) 보이다

그 꽃은 좋아 <u>보인다</u>.　　　　　cf. 그 꽃은 잘 <u>보인다</u>.

카. 당위(當爲)

(-어야) 한다

하루에 꼭 한 알씩 먹어야 <u>한다</u>.　cf. 우리는 하루에 한 시간씩 일을 <u>한다</u>.

타. 시인(是認)

(-기는) 하다

하루에 한 알씩 먹기는 <u>했다</u>.　　cf. 우리도 하루에 한 시간씩 일을 <u>했다</u>.

(13)의 보조 동사 가운데서 (13나) 종결의 '말다', (13아) 부정의 '아니하다', (13자) 강세의 '대다'는 자립적으로 쓰이는 동사와 관련이 없으나 다른 것은 오른쪽에 비교해 보인 예문과 의미상의 관련이 어느 정도 맺어진다. 곧 국어의 대부분의 보조 동사는 자립적인 본동사에서 유래하고 있다고 할 수 있다. (13가~차)의 보조 동사는 보조적 연결 어미 '-어, -고, -게, -지' 가운데의 어느 하나를 매개로 하여 본동사에 결합되어 있고 (13카)는 '-어야' 뒤에, (13타)는 보조사 '는'을 취한 명사형 어미 '-기' 뒤에 나타나 있다.[27] (13가), (13다)의 '계시다, 드리다'는 '있다, 주다'의 높임말[공대말]일 뿐 보조 동사로서의 기능에는 차이가 없다. '말다'가 어미 '-지' 아래 쓰이면 (13아②)와 같이 부정을 의미하나 (13나④)와 같이 어미 '-고야' 아래 쓰이면 종결을 의미한다. (13타)의 '하다'는 대동사적인 성격이 강하다.

---

26 '-(어) 대다'는 '그 행동의 정도가 심함'이라는 '강세'의 의미를 나타내기도 하지만 '반복'의 의미를 지니기도 한다. 그리고 이러한 '반복'의 의미는 『표준국어대사전』의 의미 기술에 반영되어 있기도 하다. 이러한 이유로 동작상 논의에서는 '-(어) 대다'를 반복상(iterative)을 나타낸다고 이해하는 경우도 있다.

27 여기서 '-어야는 본용언과 보조 용언을 연결하는 기능을 하고 있지만 보조적 연결 어미로 보기는 힘들다는 점에 유의할 필요가 있다.

전통 문법에서 보조 동사로 처리되어 오던 과거 기회의 '뻔하다', 가식(假飾)의 '체하다, 양하다'는 의존 명사 '뻔, 체, 양'에 '하다'가 붙은 것으로서 보조 동사의 테두리에 넣기가 어렵다. '쌓다'는 동남 방언에 보편적으로 쓰이던 것이 표준어의 지위를 가지게 된 보조 동사에 해당한다.[28]

4.1.3.2.2. 보조 형용사

보조 형용사는 그 수도 얼마 되지 않을 뿐더러 대부분 본용언과 관련을 맺을 수 없다. '본동사'라는 말은 흔히 사용되지만 '본형용사'라는 말은 잘 사용되지 않는 것도 이러한 사정과 관련이 있다.

> (14) 가. 희망(希望)
>   (-고) 싶다
>   금강산에 가고 <u>싶다</u>.
>   나. 부정(不定)
>   ① (-지) 아니하다(않다)
>   오늘은 날씨가 춥지 <u>않다</u>.
>   ② (-지) 못하다
>   그 분은 별로 넉넉하지 <u>못합니다</u>.
>   다. 추측(推測)
>   ① (-ㄴ가, -는가, -나) 보다
>   저 건물이 동대문인가 <u>보다</u>.
>   ② (-는가, -나, -(으)ㄹ까…) 싶다
>   지금 생각하니 내가 잘못한 것이 아니었던가 <u>싶다</u>.
>   라. 시인(是認)
>   (-기는) 하다
>   그 집이 크기는 <u>하다</u>.

(14나) 부정의 보조 형용사로는 '아니하다, 못하다'만 있고 보조 동사에서는 존재하던 '말다'가 없는 것은 형용사에는 명령형과 청유형이 없기 때문이다. 이로서 '아니하다, 못하다'는 본용언이 동사이면 보조 동사, 본용언이 형용사이면 보조 형용사가 된다는 것을 알 수 있다. (14다) 추측의 '보다'는 '-ㄴ가, -는가, -나, -던가' 등의 의문형 어미

---

[28] '(-어) 쌓다'는 행동의 반복이나 그 행동의 정도가 심함을 나타내는 보조 동사로서 '(-어) 대다'와 유사한 기능을 지닌다.

아래에 쓰이는 것으로 본동사로서의 '보다'와는 음상만 같을 뿐 의미상의 관련성은 거의 없다. '싶다'는 (14가)에서와 같이 어미 '-고' 아래 쓰이면 희망을 의미하나 (14다)와 같이 의문형 어미 등과 어울리면 추측을 의미한다. 추측의 '싶다'는 의문형 어미 이외 '-다, -(으)면' 등의 어미와도 어울린다.[29]

4.1.4. 활용

4.1.4.1. 용언 활용의 특성

용언은 주체를 서술하는 힘을 가지고 있다. 체언이 문장 가운데서 여러 가지 문법적 기능을 발휘하는 데 있어서는 조사의 도움이 필요하듯이 용언도 문법적 기능을 여러 가지로 표시하려면 끝이 여러 가지 모습으로 바뀌지 않으면 안 된다.

    (1)   가. 학생들이 책을 <u>읽는다</u>.
           나. 학생들이 책을 <u>읽니</u>?
           다. 학생들은 책을 <u>읽고</u> 어른들은 바둑을 두신다.
           라. 학생들이 책을 <u>읽어</u> 본다.
           마. 책을 <u>읽는</u> 학생들이 많다.
           바. 책을 <u>읽기</u> 싫어하는 학생들도 많다.

위의 예문의 밑줄 그은 동사 '읽는다, 읽니, 읽고, 읽어, 읽는, 읽기'를 살펴보면 앞부분은 '읽-'으로 고정되어 있으나 뒷부분은 '-는다, -니, -고, -어, -는, -기'와 같이 여러 갈래로 바뀌고 있다. 이렇게 단어의 줄기 되는 부분에 변하는 말이 붙어 문장의 성격을 바꾸는 일을 '활용(活用)' 또는 끝바꿈이라고 한다. 이렇게 활용하는 단어를 '활용어(活用語)'라고 한다 함은 이미 살펴본 바 있다.

형용사도 활용의 특성을 지니고 있다.

    (2)   가. 달이 <u>밝다</u>.
           나. 달이 <u>밝니</u>?

---

29 '-으면 싶'은 '추측'의 의미를 나타내기보다는 '-고 싶'과 마찬가지로 '바람'이나 '희망'을 나타낸다. 다만 '-고 싶'은 "나는 집에 가고 싶다."와 같이 바람의 주체와 행위의 주체가 동일한 경우에만 쓰인다면 '-으면 싶다'는 "나는 집에 갔으면 싶었다.", "나는 그가 집에 빨리 갔으면 싶었다."와 같이 바람의 주체와 행위의 주체가 동일한 경우와 그렇지 않은 경우 모두 쓰일 수 있다는 차이가 있다.

다. 달도 <u>밝고</u> 바람도 시원하다.
라. 달이 <u>밝아</u> 있다.
마. <u>밝은</u> 달이 높이 떴다.
바. 달이 <u>밝기</u>가 대낮과 같다.

(1)의 분석 결과를 적용하면 '밝'은 변하지 않는 줄기 부분이고 '-다, -니, -고, -아, -은, -기'는 변하는 부분이다.

활용어에는 위의 두 용언 이외에 서술격 조사도 포함된다.

(3)　가. 그것은 연필<u>이다</u>.
　　　나. 그것은 연필<u>이니</u>?
　　　다. 그것은 연필<u>이로구나</u>.
　　　라. 그것은 연필<u>이고</u> 저것은 공책이다.
　　　마. 내일은 은사<u>인</u> 최선생님을 뵈러 부산에 간다.
　　　바. 저 애가 연수<u>이기</u>를 바라니?

(1), (2)의 분석 결과를 적용하면 '아'는 변하지 않는 부분이고 나머지 '-다, -니, -로구나, -고, -ㄴ, -기'는 변하는 부분임을 쉽게 알 수 있다. 서술격 조사의 활용 양상은 형용사와 비슷한 점이 많다. (3가), (3나), (3마)를 (2가), (2나), (2마)와 비교해 보면 그런 점이 잘 부각된다. 그러나 (3다)와 같이 '로'가 덧붙는 일이 있어 형용사와 다른 점도 발견된다.

'이다'의 부정어(否定語)인 '아니다'도 '이다'와 비슷한 활용을 한다.

(3)　가'. 그것은 연필이 <u>아니다</u>.
　　　나'. 그것은 연필이 <u>아니니</u>?
　　　다'. 그것은 연필이 <u>아니로구나</u>.
　　　라'. 그것은 연필이 <u>아니고</u>…
　　　마'. …은사가 <u>아닌</u> 최선생님을…
　　　바'. …연수가 <u>아니기</u>를…

(3가~바)과 (3가'~바')의 문장을 비교해 보면 알 수 있듯이, '아니다'는 서술격 조사 '이다'의 부정어이다. 그러므로 (3다')와 같이 '아니다'도 '이다'와 같이 '로'를 취하는 활용상의 공통성이 인식된다. 이런 점에 근거하여 '아니다'를 '이다'와 함께 별도의 품사인 지정사(指定詞)로 인정하자는 문법가도 생겼다. 그러나 여기에서는 자립성을 띠고 있

지 않은 '이다'는 서술격 조사로, '아니다'는 활용 양상만 '이다'와 같을 뿐 자립성을 띠고 있으므로 형용사에 넣는 처리 방식을 따르기로 하였다.

　(1), (2), (3)의 동사, 형용사, 서술격 조사의 활용을 종합해 보면 그 방식이 조금씩 다르다는 점을 알 수 있다. (1가, 나), (2가, 나), (3가, 나, 다)는 문장을 종결하고 있다. 이런 활용형을 '종결형(終結形)'이라고 한다. 종결형은 전통 문법의 종지법 또는 종지형에 해당한다. (1다, 라), (2다, 라), (3라)는 문장을 연결시켜 주므로 '연결형(連結形)'이라고 한다. 연결형은 전통 문법의 접속법 또는 접속형에 해당한다. (1마, 바), (2마, 바), (3마, 바)는 문장의 성격을 전성시킨다고 하여 '전성형(轉成形)'이라고 한다. 전성형은 전통 문법의 자격법에 해당한다. 각 활용형은 기능상의 특수성에 따라 더 세분될 수 있다. (1가), (2가), (3가)는 평서형이고 (1나), (2나), (3나)는 의문형이며 (3다)는 감탄형이다. (1다), (2다), (3라)는 대등적 연결형, (1라), (2라)는 보조적 연결형, (1마), (2마), (3마)는 관형사형, (1바), (2바), (3바)는 명사형이다. '형'이 붙은 말은 활용 어미를 가리키지 않고 활용형 전체를 가리킨다는 사실에 주의할 필요가 있다.[30]

4.1.4.2. 어간과 어미

　활용어의 중심되는 줄기 부분을 '어간(語幹)'이라 하고 어간에 가지나 잎사귀처럼 붙는 끝부분을 '어미(語尾)'라 한다. 따라서 어간을 줄기, 어미를 끝이라 부르기도 한다. 어간에 어미 '-다'를 붙인 활용형을 기본형(基本形)이라 하여 활용형의 대표 형태로 삼기도 하고 사전의 표제 형태로 삼아 용언의 뜻풀이에 쓰기도 한다. (1)의 기본형은 '읽다', (2), (3)의 기본형은 '밝다, 이다'이다. 체언은 특별한 조사를 붙이지 않고 사전의 표제어로 삼지마는 용언의 어간은 '-다'를 붙인다. 그것은 용언의 어간은 체언과는 달리 의존 형태소이기 때문이다. 어간에 어미가 붙는 활용 현상은 체언에 조사가 붙어 문법적 관계가 표시되는 것과 비슷하다. 다른 점은 체언에 조사가 붙을 때 불변 요소는 자립 형태소인 데 대해 활용 시의 불변 요소는 의존 형태소라는 사실이다. (1), (2), (3)의 활용 양상을 표로 보이면 다음과 같다.

---

30 알타이어 문법에 기반을 둔 논의에서는 용언의 '종결형'은 '정동사(定動詞)', 용언의 '연결형'은 '부동사(副動詞)', 용언의 관형사형과 명사형은 '동명사(動名詞)'라고 하는데, 알타이어 문법에 기반을 두지 않더라도 이러한 용어를 어렵지 않게 발견할 수 있다.(고영근 2018가: 193-228, 2018나: 161-187)

(4)

가. 읽 { 는다 / 느니 / 고 / 어 / 는 / 기 }

나. 밝 { 다 / 으니 / 고 / 아 / 은 / 기 }

다. (연필)이 { 다 / 니 / 로구나 / 고 / ㄴ / 기 }

우리는 앞에서 형용사와 서술격 조사의 활용상의 차이점과 공통성을 부분적으로 확인한 바 있거니와 이곳에서는 동사, 형용사와 서술격 조사의 활용 양상을 종합적으로 비교해 보기로 한다. 위의 활용표를 보면 동사의 활용과 형용사, 서술격 조사의 활용이 같기도 하지만 다른 점도 있다. '-고, -기, -니'는 세 활용어에 공통으로 나타나며 '-어/아'는 동사와 형용사에 공통으로 쓰인다. 나머지는 조금씩 다르다. 이를 다시 정리해 보면 다음과 같다.

(4) 가′. 읽 { 는다 / 는구나 / 는 }

나′. 밝 { 다 / 구나 / 은 }

다′. (연필)이 { 다 / 로구나 / ㄴ }

(4다′)의 '-로구나'는 앞에서 언급한 바와 같이 서술격 조사와 이의 부정어인 '아니다'에만 사용되는데 동사에서는 '-는구나', 형용사에서는 '-구나'로 나타난다. '-는다'와 '-다'는 문법적 기능이 크게 다르지 않음에도 불구하고 전자는 동사에 붙고 후자는 형용사, 서술격 조사에 붙는다. 관형사형 '-는'과 '-(으)ㄴ'도 같이 설명된다. '-는'은 동사에, '-(으)ㄴ'은 형용사와 서술격 조사에 붙는다. 만약 두 종류의 어미를 바꾸어 쓰면 문장의 의미가 바뀌거나 문장이 성립되지 않는다.

(1) 가′. ?학생들이 책을 읽다.
   마′. ?책을 읽은 학생들이 많다.
(2) 가′. ?달이 밝는다.
   마′. ?밝는 달
(3) 가″. *그것은 연필인다.
   마″. *… 은사이는 최선생님을 …

(1가′, 마′)과 (2가′, 마′) 앞에 물음표를 붙인 것은 그것들이 원래 가지고 있었던 의미가 바뀌었음을 가리키고 (3가″, 마″) 앞에 별표를 붙인 것인 문장이 성립되지 않음을 의미한다. 이리하여 '-는/ㄴ다'와 '-는'의 통합 여부를 동사, 형용사의 변별 기준으로 삼는 일이 많다.[31]

4.1.4.3. '있다', '없다'의 활용

용언 가운데는 활용의 방식이 일정하지 않아 동사와 형용사의 어느 품사에 넣어야 할지 그 소속을 분명히 하기 어려운 단어들이 있다. 전통 문법에서 존재사(存在詞)라 부르기도 했던 '있다', '없다'가 그것인데 이들은 실제로 동사와 형용사의 두 측면을 아울러 지니고 있다.

(5) 가. 이 도시에는 큰 박물관이 <u>있다</u>.   cf. 물이 <u>맑다</u>.
　　　나. 큰 박물관이 <u>있는</u> 도시부터 구경하고 싶다.   cf. <u>가는</u> 사람…
(6) 가. 책상 위에 책이 <u>없다</u>.   cf. 등불이 <u>밝다</u>.
　　　나. 책상 위에 <u>없는</u> 책이 무엇이냐?   cf. <u>먹는</u> 밥…

(5), (6)의 '있다, 없다'는 활용 방식이 (5가), (6가)의 평서형에서는 형용사와 같고 (5나), (6나)의 관형사형에서는 활용 방식이 동사와 같다. 이런 사실은 각 예문의 오른쪽에 제시한 형용사, 동사의 활용형과 비교해 보면 쉽게 알 수 있다.

그런데 '있다, 없다'는 의문형에서는 동사와 같고 감탄형에서는 형용사와 같은 활용형을 보여 준다.[32]

(7) 가. 있느냐   cf. 가느냐
　　　나. 없느냐   cf. 먹느냐
(8) 가. 있구나   cf. 맑구나
　　　나. 없구나   cf. 밝구나

---

[31] 실제로 동사와 형용사를 구분하다 보면 '움직임'이나 '상태', '속성' 등의 의미적 기준은 꽤 모호한 경우가 많다. 그래서 의미적 기준보다 형식적 기준인 '-는다'나 '-는'과의 결합 여부가 동사와 형용사를 구분하는 데 더 유용하게 쓰인다.

[32] '-느냐'는 동사의 어간에 결합하고 형용사 어간에는 '-(으)냐'가 결합된다. 하지만 최근에는 이러한 구분 없이 '-느냐'와 '-(으)냐'의 구분 없이 '-냐'로만 쓰이는 경우가 더 많고 '-느냐'와 '-(으)냐'는 다소 예스러운 느낌을 준다. 이는 '-느-'의 기능 쇠퇴와 관련이 있다.

일부의 전통 문법가들이 이들 단어류를 존재사에 편입시킨 것은 때로는 형용사에 일치하는 활용형을 보여 주고 때로는 동사에 일치하는 활용형을 보여 준다는 형식상의 독자성과, 존재라는 의미상의 특수성을 고려하였기 때문이다. 또 일부의 문법가들이 '있다, 없다'를 형용사에 편입시키고 있는 것은 종결 평서형이 다른 활용형보다 더 기초적이란 사실을 중시했기 때문이다.

　　그런데 소유의 의미를 가지는 '있다'는 형용사에 가깝지만 존재의 의미를 가지는 '있다'는 동사에 가깝다.[33]

> (9)　가. 여기에 <u>있어라</u>.　　　cf. 가거라, 먹어라
> 　　나. 같이 <u>있자</u>.　　　　　cf. 가자, 먹자
> (10)　가. *여기에 <u>없어라</u>.　　cf. *어서 예뻐라, *어서 붉어라
> 　　나. *같이 <u>없자</u>.　　　　　cf. *같이 예쁘자, *같이 붉자

　　(9)에서는 존재의 의미를 가지는 '있다'가 명령형과 청유형을 취할 수 있음을, (10)에서는 '없다'가 명령형과 청유형을 취하지 못함을 보여 주고 있다. 이런 점을 고려하면 존재의 의미를 가지는 '있다'는 동사에 넣을 수 있고 '없다'는 형용사로 간주할 수 있다. 존재의 의미를 가지는 '있다'와 소유의 의미를 가지는 '있다'의 구별은 높임말에서도 그 근거를 찾을 수 있다. 존재의 의미를 가지는 '있다'는 높임말이 '계시다'에 해당하고 소유의 의미를 가지는 '있다'는 높임말이 '있으시다'에 해당하기 때문이다.

4.1.4.4. 활용의 불완전성

　　대부분의 동사는 모든 어미를 다 취하여 활용표상의 빈칸이 생기지 않으나 소수의 동사는 활용이 완전하지 못한 모습을 보여 주는 일이 있다. 이러한 동사를 불완전 동사(不完全動詞)라고 하는데 종전의 전통 문법에서는 불구 동사로 불려 왔다. 이는 명사 가운데서 소수의 자립 명사와 의존 명사의 통합 양상이 불완전했던 것에 비겨 볼 수 있다.

> (11)　가. 동생을 <u>데리고</u> 가거라.

---

[33] 존재의 의미를 지니는 '있다'는 평서형에서는 형용사의 활용 방식을 보이는 것이 일반적이지만 "오늘부터 우리는 여기 있는다.", "다친 사람을 보더라도 '가만히 있는다'라고 대답한 사람이 절반이 넘었다."에서와 같이 동사의 활용 방식을 보이는 경우도 어렵지 않게 찾을 수 있다. 이러한 예도 '존재'의 '있다'가 동사에 가까운 것임을 보여 주는 근거가 된다.

나. 동생을 <u>데려</u> 왔다.

다. *동생을 <u>데린다</u>.

라. *동생을 <u>데려라</u>.

위의 '데리다'가 불완전 동사의 대표적 예이다. (11)에서와 같이 '데라'는 '-고', '-어'의 두 어미만 취할 수 있고 다른 어미는 취할 수 없다.[34] (11다, 라)의 예는 '데라'가 '-ㄴ다, -어라'와 같은 어미와는 결합될 수 없음을 알려 주는 것이다. (11)을 '데리다'의 높임말인 '모시다'의 활용형과 비교하면 '데리다'의 불완전성이 더 뚜렷이 부각된다.

(11) 가′. 선생님을 모시고 가거라.　　　　cf. (11가)

　　　나′. 선생님을 모셔 왔다.　　　　　cf. (11나)

　　　다′. 선생님을 모신다.　　　　　　cf. (11다)

　　　라′. 선생님을 모셔라.　　　　　　cf. (11라)

'모시다'는 높임의 의미 자질이 첨가된다는 점 이외에는 '데리다'와 차이가 없다. 그럼에도 불구하고 활용 양상에 차이가 생긴다. 전통 문법에서는 '달라, 다오'를 불완전 동사의 예로 들었으나 이는 '주라, 주어라'의 보충 형태이므로 참다운 불완전 동사라고 하기 어렵다. 불완전 동사에는 한문 번역투의 문장에 자주 쓰이는 '가로다'도 포함될 수 있다. 이 말은 '가로되, 가론'의 두 활용형만 확인된다.

불완전 동사에는 '대하다, 비롯하다, 관하다, 의하다, 위하다, 말미암다, 즈음하다, 더불다'도 포함된다. 이들이 조사 '에, 를, 과' 뒤에 쓰이면 활용 형태가 '-ㄴ, -어' 등에 국한되어 활용상의 불완전성이 쉽게 인식된다.

(12) 가. 오늘은 자치회에 <u>대한</u> 안건이 토론된다.

　　　나. 우리에게는 거북선을 <u>비롯한</u> 자랑거리가 많다.

　　　다. 본보는 창간 오십 돌에 <u>즈음하여</u> 지면을 배로 늘렸다.

　　　라. 그날은 혜미와 <u>더불어</u> 함께 있었다.

이러한 활용상의 불완전성은 대부분의 사전에서도 그 정보를 따로 밝히고 있다.

4.1.4.5. 활용의 규칙성과 불규칙성

---

34 '데릴사위'에서는 어미 '-ㄹ'을 취하는 모습을 보여 주지만 이는 단어 내부라는 특수성이 있다.

4.1.4.5.1. 규칙 활용

어간에 어미가 붙어 활용할 때는 어간과 어미의 모습이 일정한 것도 있지만 환경에 따라 형태를 바꾸는 일도 많다. 형태 변이 가운데는 일정한 환경에서는 예외 없이 자동적으로 바뀌는 것이 있는가 하면 부분적으로 바뀌는 것이 있다. 후자는 대부분 전통 문법에서 불규칙 활용(不規則活用) 또는 변칙 활용(變則活用)으로 불려 왔다. 그런데 불규칙 활용의 논의에 앞서 규칙 활용의 범위를 명백히 해 둘 필요가 있다. 환경에 따라 형태가 바뀌는 것이 모두 불규칙 활용의 테두리에 들어가는 것은 아니기 때문이다.

(1) 가. 벗어~벋고(벗고), 잊어~읻지(잊지), 좇아~쫃더니(쫓더니)
         같아~갇다(같다), 높았다~놉더라(높더라)
     나. 낚아서~낙지(낚지), 있어~읻지(있지)
     다. 읽어~익지(읽지)~일꼬(읽고), 없었다~업고(없고), 밟아~밥더니(밟더니), 읊더
         니~읍고(읊고), 앉아~안찌(앉지), 넓으니~널따(넓다), 핥아~할떠니(핥더니)

(1)의 예들은 이른바 받침 규칙에 의해 모음 어미 앞에서는 본래의 음가대로 발음되는 것이 자음 어미 앞에서는 이른바 대표음으로 귀착되는 것이다.[35]

(1가)는 홑받침 'ㅅ, ㅈ, ㅊ, ㅌ, ㅍ'을 가진 용언의 어간이 'ㄷ, ㅂ'을 가진 어간으로 교체되는 것이고, (1나)는 쌍받침 'ㄲ, ㅆ'을 가진 용언이 'ㄱ, ㄷ'을 가진 어간으로 교체되는 것이다. (1다)는 겹받침 'ㄺ, ㅄ, ㄼ, ㄿ, ㄵ, ㄾ'을 가진 용언이 자음 어미 앞에서 하나의 받침만을 취하는 예들이다. 받침 규칙에 의한 소리의 바뀜은 용언의 활용뿐만 아니라 체언과 조사에서도 보편적으로 확인된다.

(1) 가'. 옷은~옫도(옷도), 낮이~낟과(낮과)…
     나'. 밭에서~받도(밭도)
     다'. 넋이~넉조차(넋조차), 값을~갑부터(값부터)…

자음 동화에 의한 어간의 교체도 받침 규칙에 의한 어간의 교체와 마찬가지로 예외 없이 나타난다.

---

35 괄호 안은 표기형을 밝힌 것으로 아래도 마찬가지이다. 주지하는 바와 같이 현재 우리의 맞춤법은 이러한 경우 '소리 나는 대로'가 아니라 '어법에 맞도록'의 원칙을 따르고 있다. 여기에서 '어법에 맞도록'이 뜻하는 바는 하나의 형태소는 늘 일정한 형태로 적는다는 뜻이다.

(2) 가. 잡아~잡는(잡는), 덮어~덥는(덮는)
    나. 믿어~민네(믿네), 벗으니~벋는다(벗는다), 쫓어~쫀는(쫓는)
    다. 먹어~멍는(먹는), 겪어~겅는(겪는다)

(2)의 예는 무성 자음으로 끝난 용언이 유성 자음으로 된 어미 앞에서 바뀌는 것인데 (2가)는 'ㅁ'으로, (2나)는 'ㄴ'으로, (2다)는 'ㅇ'(/ŋ/)으로 각각 바뀐다. 자음 동화에 의한 교체 또한 체언에서 목격된다.

(2) 가'. 잎아~임만(잎만)
    나'. 꽃은~꼰만(꽃만)
    다'. 부엌이~부엉마저(부엌마저)

받침 규칙과 자음 동화에 의한 어간의 바뀜은 예외 없이 보편적으로 일어나므로 이를 특히 자동적(automatic) 교체 내지 음성적(phonetic) 교체라 부르기도 한다. 어간 교체에 대한 환경만 알고 있으면 어떤 경우에든지 그 교체를 점칠 수 있다.[36]

이러한 관점에서 '으'로 된 용언의 어간이 모음 어미 앞에서 탈락하는 것에 관심을 기울여 보기로 한다.

(3) 가. 쓰고~ㅆ어(써), 크지~ㅋ었다(컸다)…
    나. 담그고~담ㄱ아(담가), 아프다~아ㅍ아(아파)…
    다. 따르고~따ㄹ아(따라), 다다르면~다다ㄹ아(다다라),
        치르니~치ㄹ어(치러), 들르면~들ㄹ었다(들렀다)

(3가)는 한 음절 어간의 교체이고 (3나, 다)는 두 음절로 된 어간의 교체이다. '으'로 된 모든 용언은 예외 없이 이 규칙의 적용을 받는다. 한글 맞춤법(1988)에서는 '으'의

---

36 자동적 교체는 해당 언어의 강력한 음운론적 제약 때문에 반드시 일어나는 교체이므로 교체가 일어나는 조건이 음운론적 성질을 띠는 음운론적 교체가 된다. 그리고 비음운적 교체는 교체의 환경이 음운론적 제약과 거리가 멀므로 비자동적 교체가 된다. 또한 자동적 교체는 교체가 일어나는 조건을 음운론적으로 일반화하여 규칙화할 수 있으므로 늘 규칙적 교체의 성격을 띤다. 그러나 규칙을 어떻게 이해하느냐에 따라 규칙적 교체의 범위가 달라질 수 있으므로 규칙적 교체가 반드시 자동적 교체가 되는 것은 아니다. 따라서 교체는 규칙적 교체와 불규칙적 교체, 자동적 교체와 비자동적 교체로 나누어 설명할 수 있는 셈인데, 모든 규칙적인 교체가 자동적인 교체는 아니라는 점을 염두에 둘 필요가 있다. 예를 들어 주격 조사 '이/가'의 교체는 그 출현 환경을 예측할 수 있기 때문에 규칙적인 교체이지만 음운론적으로 설명하기는 어려우므로 비자동적 교체로 이해할 수 있다.

탈락을 불규칙 활용으로 다루어 왔으나 이곳에서는 앞의 받침 규칙과 자음 동화에 의한 어간의 교체와 같이 단순한 소리의 탈락으로 간주한다. 종전의 문법에서는 '으' 불규칙 용언이라고 하여 목록을 제시한 적이 있으나 사실은 탈락 규칙만 알고 있으면 누구든지 활용을 시킬 수 있기 때문에 목록을 제시할 필요가 없다. 단, (3다)와 같이 '르'로 된 동사라 하더라도 '흐르다'와 같은 동사는 이 규칙으로 설명되지 않으므로 주의해 둘 필요가 있다.

다음의 예는 특정한 환경에서 용언의 받침 'ㄹ'이 탈락되는 것이다.

(4) 가. 놀다, 놀고, 놀지, 놀면…
　　 나. ① 노는, 노느냐…
　　　　　② 논, 놉니다, 노시고

(4가)와 같이 '-다, -고, -지, -면'으로 된 어미 앞에서는 'ㄹ'이 유지되는 데 대하여 (4나)의 환경에서는 'ㄹ'이 자동적으로 탈락된다. (4나①)은 'ㄹ'이 선어말 어미 '-느' 앞에서, (4나②)는 'ㄹ'이 이른바 매개 모음 '으'를 요구하는 어미 '-ㄴ, -ㅂ, -오, -시' 앞에서 각각 떨어지는 것이다. 한글 맞춤법 통일안(1933)과 한글 맞춤법(1988), 그리고 모든 전통 문법서에서는 'ㄹ'의 탈락을 불규칙 활용으로 처리하였으나 이곳에서는 단순한 소리의 탈락으로 간주하였다. 'ㄹ' 받침을 가진 말이 불규칙 용언이 되려면 (4나)의 환경에서 'ㄹ'이 떨어지지 않는 일이 있어야 하는데 그렇지 않으므로 단순한 소리의 탈락으로 해석하는 것이다. 사람에 따라서는 특히 '-ㄴ, -는' 앞에서 'ㄹ'을 유지하는 일이 없지 않다. '울은, 알은(척), 날으는'이 그러한 예인데 이는 표준어로 인정되지 않는다. 'ㄹ' 탈락 용언은 일일이 제시할 필요가 없다. 'ㄹ' 탈락의 환경만 알고 있으면 누구든지 실수 없이 활용시킬 수 있기 때문이다.

이렇게 보면 교체가 일어나느냐 여부가 규칙 활용과 불규칙 활용을 가르는 기준이 되는 것이 아니라 동일한 환경에서 교체가 예측되느냐 여부가 규칙 활용과 불규칙 활용을 가르는 기준이 된다는 것을 알 수 있다.

어미도 어간과 같이 특정한 환경 아래서 규칙적인 교체를 보이는 일이 있다.

(5) 가. ① 보아라, 오았다(→왔다)
　　　　② 잡아라, 받아
　　　　③ 돕았다(도왔다), 곱았다(고왔다)
　　　　③' 아름답았다(아름다왔다 → 아름다웠다),
　　　　　　괴롭아서(괴로와서 → 괴로워서)

나. 베어라, 개었다, 되어

(5)의 예는 '-아라/어라' 등의 어미가 어간의 모음의 종류에 따라 구분됨을 보여 주는 것이다.

(5가)는 어간의 모음이 'ㅏ, ㅗ'로 되어 있으면 '-아라, -아(서), -았'이 선택된다는 것인데 (5가①)과 (5가③)의 경우만 제대로 지켜지고 (5가②)는 현실적으로 '-어' 등이 선택되는 경향이 강하다. 더욱이 (5가③')은 현행 맞춤법에서 '아름다웠다, 괴로워서'로 규정하고 있다. (5나)는 'ㅏ, ㅗ' 이외의 모음 어간 아래에서는 '-어'가 선택됨을 보이는 것이다. 이를 흔히 모음 조화라고 하는데 어간이 2음절 이상인 'ㅂ' 불규칙 용언을 제외한 모든 용언에 예외 없이 적용된다.

(6)의 예는 어미가 어간의 끝소리 종류에 따라 형태가 같으냐 다르냐를 보여 주는 것이다.

    (6) 가. 잡더라, 잡지, 잡고…   cf. 가더라, 가지, 가고…
          나. 잡은, 잡을, 잡으오, 잡으시고, 잡음…
            cf. 간, 갈, 가오, 가시고, 감 : 운, 울, 우오, 우시고, 욺…

(6가)의 '-더라, -지, -고'는 받침의 유무에 관계없이 일정하다. 그러나 (6나)는 어간의 끝소리에 따라 두 가지로 분간된다. '-ㄴ, -ㄹ, -오, -시, -ㅁ'으로 어미가 모음과 'ㄹ'이외의 자음과 결합하면 그 사이에 모음 '으'가 더 필요하다. 이 모음을 덧들어간 것으로 보아 '매개 모음(媒介母音)'이라고 하는데 소리를 고르는 기능을 가졌다고 하여 고룸소리 또는 조성 모음(調聲母音)이라 일컫기도 한다. '-ㄴ'이라 함은 관형사형 어미를 일차적으로 가리키지만 어미 '-니, -냐, -ㄴ가'도 포함된다. 그러나 '-느'를 앞세운 어미는 제외된다. '-느'로 된 어미나 이의 준말인 '-니' 앞에서는 '으'가 쓰이지 않는다.

    (6) 나'. 먹는, 먹느냐, 먹니   cf. 가는, 가느냐, 가니

'-ㄹ'계의 어미에는 'ㄹ' 관형사형과 'ㄹ'로 시작되는 어미 '-리라, -려고, -러' 등이 포함되고 '-ㅁ'에는 'ㅁ' 명사형 어미와 'ㅁ'으로 시작되는 어미 '-마, -며' 등이 포함된다.

    (6') 잡을, 잡으리라, 잡으려고; 먹음, 먹으마, 먹으며

근래 생성 음운론에 기울어진 사람들은 모음 '으'가 끼어드는 것이 아니고 기저의 단계에는 모음 '으'가 있었던 것인데 모음과 'ㄹ' 받침으로 된 어간 아래에서 탈락되는

것이라고 설명하기도 한다. 곧 '가은, 가을, 가읍니다…' 등이 '간, 갈, 갑니다' 등으로 바뀌는 것으로 보고 있다. 이런 태도는 곧 매개 모음을 인정하지 않는 태도로 자음 뒤에 실현되는 형태를 기본형으로 잡는 설명 방식이다.

이상 살펴본 어간과 어미의 교체는 모두 그에 대한 규칙만 알고 있으면 그 변화를 예측할 수 있다. 따라서 이런 현상은 형태의 가변성에도 불구하고 규칙 활용으로 간주하는 것이다.

▌ 예측 가능성에 따른 규칙적 교체와 불규칙적 교체 ▌

국어의 어미 활용 양상을 이해하기 위해서는 어미를 자음으로 시작하는 '자음 어미', 모음으로 시작하는 '모음 어미', 매개 모음 '으'로 시작하는 '매개 모음 어미'의 세 가지로 구분하는 것이 유용하다. 용언의 활용 양상을 이 세 가지 유형을 통해 거의 모두 포착할 수 있기 때문이다. 이러한 사실을 염두에 두고 '으' 탈락 용언과 'ㄹ' 탈락 용언에 대해서 살펴보자. '(잠을) 자고', '자니', '자서' 등과 같이 모음으로 끝나는 어간은 뒤에 어떤 종류의 어미가 오더라도 어간 말 모음이 탈락하지 않는다. 그러나 '쓰'와 같이 '으'로 끝나는 어간은 모음 어미와 결합할 때에는 이러한 사실에 예외가 되므로 그 활용 양상은 불규칙적 성격을 띠는 것이다. 또한 '먹고', '먹어', '먹으니' 등과 같이 자음으로 끝나는 어간은 어떤 어미가 오더라도 어간 말 자음이 탈락하지 않는다. 그러나 '울'과 같이 'ㄹ'로 끝나는 어간이 매개 모음 어미나 'ㄴ'으로 시작하는 자음 어미와 결합할 때에는 이러한 사실에 예외가 되므로 그 활용 양상은 불규칙 성격을 띠는 것이다. 그럼에도 불구하고 이러한 예외들은 입력('으'로 끝나는 어간, 'ㄹ'로 끝나는 어간), 적용 환경(모음 어미 앞, 매개 모음 어미나 'ㄴ'으로 시작하는 자음 어미 앞), 결과('으'가 탈락, 'ㄹ'의 탈락)를 모두 일반화하여 규칙으로 제시할 수 있고 이러한 규칙만을 알면 해당 용언의 활용형이 쉽게 예측 가능하므로 불규칙적 교체가 아니라 규칙적 교체로 볼 수 있는 것이다. 물론 '으' 탈락 용언과 'ㄹ' 탈락 용언의 규칙화에는 음운론적 정보 외에도 '어간', '어미'라는 형태론적 정보가 들어가므로 순수하게 음운론적 정보만으로 교체를 규칙화할 수 있는 용언과 비교했을 때 예측 가능성이 떨어지고 규칙성의 정도가 낮다고 할 수 있다.

한편, 규칙적 교체를 엄격하게 보는 입장에서는 국어의 음운 규칙으로 설명할 수 없는 교체는 불규칙적 교체로 이해한다. 이러한 관점에서는, '쓰이다', '졸음'과 같은 예에서 알 수 있듯이 국어에는 모음 '으' 뒤에 모음이 이어나지 못한다는 제약이나 자음 'ㄹ'뒤에 '으'가 이어나지 못한다는 제약이 존재하지 않으므로 '으' 탈락 용언, 'ㄹ' 탈락 용언의 교체 양상은 국어의 음운 규칙으로 설명할 수 없는 불규칙적 교체가 된다.

4.1.4.5.2. 불규칙 활용

활용은 크게 어간의 불규칙과 어미의 불규칙으로 나눌 수 있고 이 밖에 어간과 어미가 함께 불규칙 활용하는 경우도 들 수 있다.

4.1.4.5.2.1. 어간의 불규칙성

먼저 어간의 불규칙성에 대해 살펴보기로 한다.

(7)　가. 짓고, 짓지, 짓더라　　cf. 벗고, 벗지, 벗더라
　　　나. 지어, 지으니　　　　　cf. 벗어, 벗으니

‘ㅅ’ 받침을 가진 용언 가운데는 모음 어미 앞에서 그 ‘ㅅ’이 탈락되는 것이 있다.
(7)의 ‘짓다’의 ‘짓’이 (7가)에서는 다른 ‘ㅅ’ 받침 용언과 같이 ‘-고, -지, -더라’ 등의
자음 어미 앞에서 변화가 없으나 (7나)에서는 모음 어미 앞에서 탈락되어 ‘자’로 실현된
다. ‘짓’과 ‘자’는 음운론적 환경의 제약을 받는 이형태인 것이다. 그러나 ‘ㅅ’의 탈락은
모든 ‘ㅅ’ 받침 용언에 다 적용되는 것은 아니다. ‘벗다’는 (7나)에서 확인되는 바와 같이
모음 어미 앞에서도 아무런 형태 교체를 보여 주지 않는다. 이러한 교체를 비자동적(non-
automatic) 교체 또는 형태 음운론적 교체라 부르기도 한다.[37] 받침 규칙과 자음 동화에
의한 교체와 비교하면 ‘ㅅ’ 받침 용언의 비자동적 교체의 성질을 쉽게 이해할 수 있다.
이렇게 ‘ㅅ’이 모음 어미 앞에서 떨어지는 현상을 ‘ㅅ’ 불규칙 활용 또는 ‘ㅅ’ 변칙 활용
이라 부르고 그런 성격을 지닌 용언을 ‘ㅅ’ 불규칙 용언 또는 ‘ㅅ’ 변칙 용언이라고 한다.
한편, 모음 앞에서도 ‘ㅅ’이 유지되는 현상을 ‘ㅅ’ 규칙 활용이라 하고 그런 성격을
지닌 용언을 ‘ㅅ’ 규칙 용언이라고 한다. ‘ㅅ’ 불규칙 용언과 ‘ㅅ’ 규칙 용언은 다음과
같다.

(7′)　‘ㅅ’ 불규칙 용언 : 짓다, 잇다, 젓다, 긋다, 낫다(癒), 잣다, 붓다…<동사>, 낫다
　　　　　　　　　　　　(勝) <형용사>
　　　　‘ㅅ’ 규칙 용언 : 벗다, 빗다, 빼앗다, 씻다, 솟다…<동사>

‘ㅅ’ 불규칙 용언 가운데서 형용사는 ‘낫다’ 하나뿐이며 ‘ㅅ’ 규칙 용언은 전부 동사만
있는 것으로 확인되어 있다. ‘ㅅ’ 불규칙 용언은 대부분 음장(音長)을 가지고 있으며 ‘ㅅ’
규칙 용언은 그 반대인 것으로 알려져 있다. ‘ㅅ’ 불규칙 용언이 모음 어미와 결합되면
음장은 상실된다.

---

[37] 비자동적 교체는 해당 언어의 음운론적 제약을 반영하지 않아 반드시 일어나야 할 동기가 없는 교체이다.
따라서 비자동적 교체는 비음운론적 교체, 즉 형태 음운론적 교체가 된다. 그리고 형태 음운론적 교체는
교체의 동기가 음운론적 제약과 거리가 멀기 때문에 비자동적 교체가 된다.

한때 생성 음운론에 기울어진 사람들은 추상적인 기저 음운을 설정함으로써 전통적인 불규칙 활용을 규칙 활용으로 해석한 바 있다. 첫째는 불규칙 용언의 'ㅅ'의 음가를 무성음 /s/로 보고 그것이 모음 사이에서 유성음 /z/로 바뀌어 탈락된다는 견해이다. 이 견해에 따르면 규칙 용언의 'ㅅ'은 'ㅍ, ㅌ, ㅋ'과 같은 유기음 계열이고 불규칙 용언의 'ㅅ'은 유성음 사이에 나타나는 'ㅂ, ㄷ, ㄱ'과 같은 평음(平音)이라는 것이다. 'ㅂ, ㄷ, ㄱ'이 유성음 /b, d, g/로 바뀌는 것이 규칙 활용이듯이 무성음 /s/가 /z/로 바뀌어 탈락되는 것 또한 규칙적이라고 설명한다. 둘째는 'ㅅ' 불규칙 용언의 어간의 끝소리를 /z/로 잡아 삭제시킴으로써 규칙성을 설명하는 것이다. 그러나 'ㅅ' 불규칙 활용을 규칙 활용으로 해석하고자 하는 어떤 이론도 일관성을 띠고 있지 않다고 생각되어 전통적 견해를 좇기로 하였다.[38] 여기에는 역사적으로 'ㅅ' 불규칙 활용은 반치음 'ㅿ'의 탈락을 거친 것이 많으며 남부 방언에는 아직도 'ㅅ' 규칙 활용을 하는 말이 있다는 방언적 사실도 고려하였다.

'ㄷ' 받침을 가진 동사 가운데에는 모음어미 앞에서 그 'ㄷ'이 'ㄹ'로 바뀌는 것이 있다.

(8) 가. (남에게) 묻다, 묻지, 묻더라　　cf. (땅에) 묻다, 묻지, 묻더라
　　　나. 물어, 물으니　　　　　　　　cf. 묻어, 묻으니

(8가)에서는 일반적인 'ㄷ' 받침 용언과 같이 '-고, -지, -더라' 등의 자음 어미 앞에서 아무런 변이도 목격되지 않으나 (8나)에서는 모음 어미 앞에서 '묻'과 '물'로 실현된다. 앞의 'ㅅ' 불규칙 활용과 마찬가지로 '묻'과 '물'은 음운론적으로 조건 지어진 이형태이다. 그러나 'ㄷ~ㄹ'의 바뀜은 모든 'ㄷ' 받침 용언에 다 적용되지는 않는다. (8나)에서 보는 바와 같이 '(땅에) 묻다'는 아무런 형태 교체가 없다. 'ㄷ' 불규칙 활용도 비자동적 교체인 것이다. 이렇게 'ㄷ'이 모음 어미 앞에서 'ㄹ'로 변이되는 현상을 'ㄷ' 불규칙 활용 또는 'ㄷ' 변칙 활용이라 부르고 그런 성격을 지닌 용언을 'ㄷ' 불규칙 용언 또는

---

38 이와 같이 불규칙 활용은 음운 규칙으로 제대로 설명할 수 없으므로 음운론에서는 각각의 이형태를 모두 기저형으로 설정하기도 한다. 예컨대, '짓다'는 '짓'과 '자'의 복수 기저형이 있어 화자들의 머릿속에는 이 두 가지 기저형이 모두 있다는 것이다. 이러한 설명 방식은 불규칙을 억지로 규칙화하면서 생기는 추상화의 문제를 해결할 수 있을 뿐만 아니라 불규칙 활용의 두 가지 기저형은 결국 화자들이 외워야 하는 것이라는 사실을 고려한다면 실제 언어 현상과도 더 잘 부합하는 것으로 생각된다. 또한, 본문에서 자세히 기술하였듯이 대개의 불규칙 활용은 통시적 음운 변화의 결과이므로 공시적으로 설명되지 않을 수밖에 없다. 이러한 측면을 고려하더라도 불규칙 활용을 무리하게 규칙화하기보다는 복수 기저형으로 설명하는 것이 더 타당성을 지닌다. 아래의 다른 불규칙 활용도 마찬가지이다.

‘ㄷ’ 변칙 용언이라고 한다. 한편, 모음 어미 앞에서 ‘ㄷ’ 받침이 변하지 않는 현상을
‘ㄷ’ 규칙 활용이라 하고 그런 성격의 용언을 ‘ㄷ’ 규칙 용언이라고 한다. ‘ㄷ’ 불규칙
용언에는 동사만 있고 형용사는 확인되지 않는다.

> (8′) ‘ㄷ’ 불규칙 용언 : 묻다(問), 듣다, 걷다(步), 일컫다, 눋다, 깨닫다, 붇다(潤),
> 　　　　　　　　　　　 싣다(載)…
> 　　　‘ㄷ’ 규칙 용언 : 묻다(埋), 닫다, 돋다, 믿다, 쏟다, 얻다…

　앞의 ‘ㅅ’ 불규칙 용언과 같이 대부분의 ‘ㄷ’ 불규칙 용언은 음장을 가지고 있다. 그러
나 모음 어미가 와서 불규칙 활용을 일으키면 그 음장이 소멸된다.
　앞의 ‘ㅅ’ 불규칙 활용과 마찬가지로 ‘ㄷ’ 불규칙 활용에 대해서도 한때 생성 음운론자
들은 규칙 활용의 이론으로 설명하였다. ‘물’을 기본 형태로 삼아 자음 어미 앞에는
‘묻’으로 바뀐다는 것인데 이때 적용된 규칙이 폐구 조음 원칙(閉口調音原則, principle
of close articulation)이다. 폐구 조음 원칙이란 받침 규칙에 의한 내파 현상을 가리킨다.
그러나 역사적으로 ‘ㄷ’이 ‘ㄹ’로 바뀌는 증거가 많이 나타나고 평안 방언에서는 ‘ㄷ’
불규칙 활용이 확인되지 않는 사실을 고려하여 전통적 불규칙 활용론을 따르기로 하였다.
　‘ㅂ’ 받침을 가진 용언 가운데에는 모음 어미 앞에서 그 ‘ㅂ’이 ‘오’나 ‘우’로 바뀌는
것이 있다.

> (9)　가. 돕고, 돕지, 돕더라…　　　　cf. 뽑고, 뽑지, 뽑더라…
> 　　　나. 도와, 도우니, 도우면…　　　cf. 뽑아, 뽑으니, 뽑으면…

　(9가)에서는 일반적인 ‘ㅂ’ 받침 용언과 같이 ‘-고, -지, -더라’ 등의 자음 어미 앞에서
‘ㅂ’이 그대로 유지되어 있으나 (9나)에서는 모음 어미 앞에서 ‘도오(우)-’로 실현된다.
어간이 음성 모음이면 ‘우’로 된다. ‘덥다’가 ‘더워’로 되는 것이 그러한데, 이것은 어간
이 1음절일 경우이다. 어간이 2음절 이상일 때 예외를 보인다는 것은 앞서 언급하였다.
문자상으로는 ‘오(우)’이지만 실제의 발음은 /w/이다. 곧 /tow-/인 것이다. 앞의 ‘ㅅ, ㄷ’
불규칙 활용과 마찬가지로 ‘top~tow’는 음운론적으로 조건 지어져 있다. 그러나 ‘p~w’
의 바뀜은 ‘ㅂ’ 받침을 가진 일부의 용언에 국한되므로 비자동적 교체인 것이다. (9나)의
‘뽑다’는 ‘돕다’와 같은 환경에서 ‘ㅂ’을 가지고 있음에도 불구하고 아무런 변화가 없다.
이렇게 ‘ㅂ’이 모음 어미 앞에서 /w/로 변하는 현상을 ‘ㅂ’ 불규칙 활용 또는 ‘ㅂ’ 변칙
활용이라 하고 그런 성격을 지닌 용언을 ‘ㅂ’ 불규칙 용언 또는 ‘ㅂ’ 변칙 용언이라고

한다.

한편, 모음 어미 앞에서 'ㅂ' 받침이 변하지 않는 '뽑다'와 같은 용언의 활용을 'ㅂ' 규칙 활용이라 하고 그런 성격의 용언을 'ㅂ' 규칙 용언이라 한다. 'ㅂ' 불규칙 용언은 동사와 형용사에 두루 나타난다.

(9') 'ㅂ' 불규칙 용언 : 돕다, 굽다(炙), 깁다, 눕다, 줍다…<동사>, 덥다, 춥다, 곱다,
　　　　　　　　　 접미사 '-답다, -롭다, -스럽다, -업다'가 붙는 말…<형용사>
　　 'ㅂ' 규칙 용언 : 뽑다, 씹다, 입다, 잡다, 접다…<동사>
　　　　　　　　　 굽다(曲), 좁다…<형용사>

'ㅂ' 불규칙 용언도 다른 것과 마찬가지로 음장을 가진 것이 많다. 그러나 모음 어미가 결합하면 그 음장은 소멸된다.

생성 음운론자 가운데는 전통적인 'ㅂ' 불규칙 활용을 규칙 활용으로 해석하려는 사람들이 있었다. /w/를 가진 불규칙 활용의 어간을 대표 형태로 삼아 그것이 자음 어미 앞에서는 /p/로 바뀐다는 설명 방식을 취하고 있다. 이런 방식은 이미 구조 문법 시대에도 시도된 일이 있고 중세 국어의 객체 높임(겸손법)의 선어말 어미 '-습'의 'ㅂ'을 논의하는 자리에서도 부분적으로 나타난다. 그러나 앞의 'ㅅ' 불규칙 활용의 경우와 같이 역사적으로는 'ㅂ'이 'ㅸ'을 거쳐 /w/로 변하였고 남부 방언에서는 아직도 규칙 활용을 하는 일이 있다는 점을 고려하면 불규칙 활용으로 간주하는 것이 아직은 온당해 보인다.

어간이 '르'로 끝나는 대부분의 용언이 모음 어미와 결합하면 '으'가 탈락되고 동시에 'ㄹ'이 덧생긴다.

(10) 가. 흐르지, 흐르고, 흐르며…　　　cf. 치르지, 치르고, 치르며…
　　 나. 흘러, 흘렀다…　　　　　　　cf. 치러, 치렀다…

(10가)에서는 '-지, -고, -더라, -며' 등의 자음 어미 앞에서 다른 '르'로 된 말과 같이 '르'의 형태에 변화가 없지만 (10나)에서는 모음 어미 '-어, -었다' 앞에서 '르'의 '으'가 탈락되고 'ㄹ'이 덧생겨 '흘ㄹ-'이 되어 있다. '흐르~흘ㄹ-'의 교체는 음운론적으로 조건 지어져 있다. 그러나 (10나)에서 비교한 '치르다'는 같은 '르'로 되어 있음에도 불구하고 '으'만 떨어지니 '흐르-'가 '흘ㄹ-'이 되는 것은 비자동적 교체의 성질을 띠고 있다고 할 수 있다. 이렇게 '르'가 모음 어미 앞에서 형태를 바꾸는 일은 '르' 불규칙 활용이라 하고 그런 성격을 띤 용언을 '르' 불규칙 용언이라고 한다. '르' 불규칙 용언은 동사와

형용사에 모두 존재한다. '르' 규칙 용언은 상대적으로 그 수가 상당히 적은데 (3다)의 네 가지 예들 이외에 '우러르다, 잦추르다', 그리고 최근에 표준어의 자격을 획득한 '푸르르다'가 전부인 것으로 생각한다.

> (10') '르' 불규칙 용언 : 흐르다, 가르다(岐, 分), 고르다, 나르다, 누르다(壓), 기르다, 모르다, 오르다, 이르다(謂), 찌르다…<동사>
> 게으르다, 고르다(調), 다르다, 바르다(正), 빠르다, 부르다 (飽), 이르다(早)…<형용사>

'르' 불규칙 활용에 대해서는 두 가지 해석이 있다. 첫째는 우리의 태도와 같이 'ㄹ'의 덧생김을 어간의 변이로 보는 의견이고 둘째는 'ㄹ'의 덧생김을 어미의 변이로 보는 태도가 그것이다. 'ㄹ'을 어미의 일부분으로 보게 되면 '-러'나 '-라'로 시작되는 어미가 생기게 되어 어미 체계가 복잡해지므로 이곳에서는 '르' 불규칙 활용을 어간만의 변이로 해석하였다.

한편, 생성 음운론에 기울어진 사람들은 '르'로 된 용언의 어간을 처음부터 구어체에서 흔히 쓰이는 '흘르-, 불르-'로 잡아 모음 어미 앞에서 '으'가 탈락된다고 설명한다. 이러한 해석 방법도 그 나름대로 근거가 있으나 '흐르-, 부르-'를 표준어형으로 잡고 있는 현행 정서법의 테두리 안에서는 받아들이기 어렵다.

다음 예는 어간의 '우'가 탈락하는 예이다.

> (11) 가. 푸고, 푸지, 푸더라…　　cf. 주고, 주지, 주더라…
> 나. 퍼, 펐다　　　　　　　　cf. 주어, 주었다

'우'로 끝난 '푸다'의 '푸'는 (11나)에서 보는 바와 같이, 모음 어미 앞에서는 '우'가 떨어진다. 이러한 활용을 '우' 불규칙 활용이라고 부른다. 같은 '우'로 된 '주다'의 경우는 아무런 변화가 없는데 '푸다'의 경우는 '우'가 떨어지니 활용의 불규칙성이 분명해지는 것이다.

'푸다'를 불규칙 용언으로 보지 않는 견해가 있다. '푸다'의 '푸'를 '슬프다'의 '프'와 같은 것으로 간주한다면 어간은 '프-'가 되고 그렇다면 '으' 탈락의 일종이 되어 불규칙 활용의 종류가 줄어지는 이득이 있다. '푸다'의 중세 국어 형태는 '프다'였던 것으로 보고되어 있다. 이런 점을 고려하면 '으' 탈락으로 처리할 수 있으나 현행 정서법에서 '푸다'로 쓸 것을 규정하고 있으므로 한 예에 불과하더라도 불규칙 활용으로 처리하지

않을 수 없다.[39]

　지금까지 살펴본 어간의 불규칙성은 어간의 끝소리가 음운론적인 환경의 제약을 받아 변이되는 것이었는데 동사의 어간 가운데는 특정한 어미 앞에서 형태를 송두리째 바꾸어 버리는 것이 있다.[40]

　'주다'는 특정한 어미 앞에서 어간이 '달/다'로 보충된다.

　　(12)　가. 주게, 주오, 주십시오, 주어, 주어요
　　　　　나. 다오, 달라　　　cf. 주어라, 주라

　'주다'는 두 가지 용법을 가지고 있다. 하나는 '남에게 건네다'의 뜻인데 "민지에게 주어라."에 나타나는 '주다'가 그것이다. 다른 하나는 앞의 것과 반대되는 용법으로서 '자기에게 건네다'의 뜻인데 "저에게 주십시오."의 '주다'가 그러한 것이다.

　앞의 뜻으로 쓰일 때는 모든 상대 높임법(존비법)에 걸쳐 어간 '주'가 공통적으로 확인된다. "민지에게 주어라, 주게, 주시오, 주십시오, 주어, 주어요, 주라고 한다."의 활용표를 보면 그런 사실을 분명히 인식할 수 있다. 그러나 두 번째의 뜻으로 사용되면 사정이 다소 다르다. (12가)에서 보듯이 하게, 하오, 하십시오, 해, 해요체에서는 '주'가 공통적으로 확인되지만 (12나)에서 보듯이 해라체와 하라체에서는 '주'가 '다/달'로 보충되어 있다. (12가)로 미루면 '주어라, 주라'로 되어야 할 것이나 '다/달'로 되었으므로 보충법의 일종인 것이다.

　'-오'는, 형태는 하오체이나 실지의 기능은 해라체의 명령형 어미다. '다'는 '달'이 어미 '-오' 앞에서 'ㄹ'이 탈락된 것이다. 이는 'ㄹ' 받침을 가진 용언이 하오체의 명령형 어미 '-오' 앞에서 'ㄹ'이 떨어지는 것과 비슷하다. '다/달'은 해라체와 하라체의 명령형 어미 '-오, -라' 앞에서 나타나므로 다른 상대 높임법에 나타나는 '주'와는 형태론적으로 조건 지어져 있는 것이다. 구어체에서 "이리 주라."라고 하여 '다오'를 쓸 자리에 '주라'

---

[39] 이전 시기 국어의 '프다'는 '프고(자음 어미 앞)', '퍼서(모음 어미 앞)', '프니까(매개 모음 어미 앞)'과 같이 활용하였는데 양순음 뒤에서 'ㅡ'가 'ㅜ'로 변하는 현상(원순 모음화)를 경험하여 용언 어간이 '푸다'로 변화하였다. 그런데 용언 어간의 변화 이후의 활용형은 '푸고', '풔서', '푸니까'가 아니라 '푸고', '퍼서', '푸니까'와 같이 나타난다. 이때 관찰되는 '퍼서'라는 활용형은 마치 고고학에서의 '화석'과 같은 것으로 이해할 수 있다.

[40] 이러한 교체를 보충법적 교체라고 한다. 보충법적 교체는 특정 형태소 앞에서 나타나므로 형태론적 조건에 의한 교체이자 비자동적 교체이고 어떠한 방식으로도 규칙화가 전혀 불가능하므로 불규칙적 교체이다. 보충법적 교체는 그 형태를 완전히 바꾸는 것이므로 불규칙적 교체가 가장 극단적인 양상으로 나타나는 것이라고 할 수 있다.

를 사용하는 일이 없지 않으나 표준어로 인정되지 않는다. 두 가지 용법의 '주다'에 대한 활용표를 제시함으로써 '다/달'의 보충법적 용법을 분명히 하도록 한다.

(12') 동사 '주다'의 활용표

의미 높임법	남에게 건네다(혜미에게 주다)	자기에게 건네다(나에게 주다)
해라	주어라	(다오)
하게	주게	주게
하오	주오	주오
하십시오	주십시오	주십시오
해(요)	주어(요)	주어(요)
하라	주라	달라

부정의 보조 동사 '아니하다(않다)'는 특정한 어미 앞에서 어간이 '말'로 바뀐다.

(13) 가. (먹지) 않는다, 않느냐, 않는구나
　　 나. (먹지) 말아라, 말자, (먹든지) 말든지

(13가)에서 보는 바와 같이 '않'은 평서형, 의문형, 감탄형에서 나타나고 '말'은 (13나)에 나타나 있는 바와 같이 명령형, 청유형과 반복성을 띤 대등적 연결형에서 실현되므로 양자는 형태론적으로 조건 지어진 이형태인 것이다. (13가)의 환경에서는 '말'이 쓰일 수 없고 (13나)의 환경에서는 '않'이 쓰일 수 없다. ''않아라, '않자, '않든지'가 되어야 할 것이 '말아라, 말자, 말든지'가 되었으므로 '말'은 '않'의 보충법적 이형태인 것이다.[41]

4.1.4.5.2.2. 어미의 불규칙성

---

[41] '-거나 말거나', '-거니 말거니', '-나 마나', '-든지 말든지', '-을까 말까' 등의 '말다'는 본용언이므로 본용언 '않다'와 이형태 관계를 이룬다고 해야 할 것이다. 그런데 이때 '않다'와 '말다'는 이형태 관계로 보기 어려울 수도 있다. 왜냐하면 본용언 '않다'는 동사인데, 본용언 '말다'는 '예쁘거나 말거나'와 같이 형용사의 부정에도 쓰이기 때문이다. 따라서 본용언 '말다'와 '않다'는 유의어, 즉 유사한 의미를 지니지만 서로 다른 형태소일 가능성이 더 높다. 또한 보조 용언 '않다'와 '말다'는 "나는 나영이가 학교에 가지 {않기를/말기를} 바란다.", "비가 오지 {않아야/말아야} 할 텐데.", "나는 나영이가 학교에 가지 {않았으면/말았으면} 좋겠다."에서와 같이 상보적 분포를 보이지 않는 경우도 있어 이들이 이형태 관계에 있는지 논란의 여지가 있다.

다음으로 어미의 불규칙성에 대해 살펴보기로 한다. 다음은 '-어' 계열의 어미가 '하' 뒤에서 불규칙적으로 변하는 것이다.

> (14) 가. 하고, 하면, 하지…
>   나. 하여(>해), 하여라(>해라), 하였다(>했다), 하여서(>해서)
>   cf. 파아(>파), 파아라(>파라), 파았다(>팠다), 파아서(>파서)

'하'로 된 용언이나 그것이 붙어 이루어진 용언에 (14가)와 같이 자음 어미가 결합되면 어미에 변화가 생기지 않으나 (14나)와 같이 모음 어미가 붙으면 어미가 불규칙적으로 활용한다. 같은 'ㅏ'로 되어 있는 '파다'의 경우는 (14나)의 오른쪽의 괄호 안에 제시한 바와 같이, 모음 조화 규칙에 따라 'ㅏ' 계통의 어미를 취하는 데 대하여 '하라'의 경우는 '여' 계통의 어미를 취한다. 이런 용언을 '여' 불규칙 용언이라 하고 '여' 계통의 어미를 취하는 현상을 '여' 불규칙 활용이라고 한다. '여'의 불규칙성은 어간과 결합될 때도 나타난다. '파다'의 경우는 '파, 파라…'가 되어 큰 변화가 없으나 '하다'의 경우는 어간과 어미가 화합하되 '해'로 바뀐다.

> (14′) 노력해 보아라, 노력해도 안 된다.

다음은 '르'로 끝난 어간 뒤에 불규칙적인 어미가 붙는 예이다.

> (15) 가. 이르고, 이르지, 이르면…(至)   cf. 이르고, 이르지, 이르면…(謂, 무)
>   나. 이르러, 이르러서, 이르렀다(至)   cf. 일러, 일러서, 일렀다

어간이 '르'로 끝난 몇몇의 용언에 (15가)와 같은 자음 어미가 붙으면 변화가 없지마는 (15나)와 같이 모음 어미가 오면 그것이 '러'로 바뀐다. 같은 '르'로 끝나 있어도 '謂, 무'를 뜻하는 '이르다'는 '르' 불규칙 활용을 하게 되어 어간만 변하나 위의 예와 같이 '至'를 의미하는 '이르다'는 어미에 변화를 일으킨다. 이렇게 '어' 계통의 어미를 '러'로 바꾸는 용언을 '러' 불규칙 용언이라 하고 그러한 현상을 '러' 불규칙 활용이라고 한다. 동사에는 '러' 불규칙 용언이 '이르다'만 있고 형용사에는 '노르다, 누르다(黃), 푸르다'만 확인된다.[42]

---

42 따라서 '르'로 끝나는 어간을 가지는 용언은 '으' 탈락 규칙('따르다'), '르' 불규칙('흐르다'), '러' 불규칙의

'이르러'의 '러'의 'ㄹ'을 어간의 일부분으로 잡아 '이를어'로 보면 어미 체계가 간결화되는 이점(利點)은 있으나 자음 어미 위에서 'ㄹ'이 떨어지는 현상을 설명할 수 없다. 자음 어미 '-고, -지, -면' 앞에서 'ㄹ'이 떨어진다면 그 조건은 이른바 'ㄹ' 불규칙 활용의 조건과는 다르다. '러' 불규칙 용언은 중세 국어에서는 '니를다, 누를다'와 같이 'ㄹ' 받침을 가지고 있었는데 현대어에서는 '어' 위에서만 'ㄹ'이 남아 기본형마저 '이르다'로 책정되고 어미 '러'는 불규칙 활용으로 취급받게 되었다.

다음은 동사 '가다'의 명령형이 특수한 것이다.

(16) 가. 가고, 가서, 가니…
　　　나. 가거라　　　cf. 사라(<사아라)

(16가)에서 보인 바와 같이 동사 '가다'의 '가'에 일반적인 어미가 붙으면 어미 자체에는 변화가 생기지 않으나 (16나)와 같이 명령형 어미가 붙으면 변화가 생긴다. '가'와 같이 'ㅏ'로 끝난 자동사의 명령형은 '가라'가 아니고 '가거라'가 된다. '사다'는 '가다'와 같이 'ㅏ'로 끝나 있으나 타동사이기 때문에 규칙적인 '-아라'가 붙는다는 사실을 고려하면 '가다'의 불규칙적 성격을 잘 알 수 있다. 명령형으로 '-거라'를 취하는 용언을 '거라' 불규칙 용언이라 하고 '-아라' 대신 '-거라'가 붙는 현상을 '거라' 불규칙 활용이라 불렀다.

'거라'는 명령형이므로 이 불규칙 용언은 동사에만 나타난다.

(16′) '거라' 불규칙 용언 : 가다, 자다, 자라다, 일어나다

'가다'에는 이와 다른 동사의 합성어인 '들어가다, 올라가다' 등도 포함된다. (16′)의 동사들은 '-거라'를 취하는 것이 지배적이지만 구어체에서는 '-아라'가 붙은 '가라, 자라, 자라라, 일어나라'가 쓰이는 경향이 늘어나고 있다. '있다, 서다, 들다, 앉다'는 규칙 활용형 '있어라, 서라, 들어라, 앉아라'로 씀이 원칙이지마는 의고적인 표현을 위해서는 불규칙 활용형 '있거라, 서거라, 들거라, 앉거라'도 쓰이고 있다.[43]

'-거라'와 '-거'는 원래 중세 국어에서는 명령형뿐만 아니라 다른 종결 어미와 연결

세 가지 활용을 보이는 셈이 된다. '르' 불규칙은 어간의 불규칙이고 '러' 불규칙은 어미의 불규칙이다.

[43] 이러한 점에 근거하여 제7차 교육 과정에 근거한 교육부(2002)의 고등학교 문법부터는 '거라' 불규칙 활용을 규칙 활용으로 처리하고 있다. '가거라'가 '가라'로 쓰이고 후술하는 '오너라'가 젊은 세대를 중심으로 '와라'로 쓰이는 것을 중시한다면 이들은 모두 불규칙이 규칙으로 변화하고 있음을 의미하는 것으로 해석할 수 있다. 결과적으로 '오다'는 직접 명령형으로 '오거라, 오너라, 와라' 모두가 가능한 셈이다.

어미, 그리고 전성 어미에서도 나타났었는데 자동사, 형용사, '있다, 없다' 등의 이른바 존재사, 그리고 서술격 조사 등 타동사가 아닌 동사의 범주에 연결되었다. 연결 어미 '-거든, -거늘, -거니, -거니와'에 나타나는 '거'도 이러한 용법의 한 흔적이다.

다음은 동사 '오다'에 불규칙적인 명령형 어미가 붙는 예이다.

> (17) 가. 오고, 오면, 오니…
> 나. 오너라   cf. 보아라

자동사 '오다'의 '오-'에 일반적인 어미가 붙으면 (17가)와 같이 어미에 변화가 없으나 명령형이 되면 '-너라'를 취할 수 있다. 같은 'ㅗ'로 끝난 '보다'에는 '-아라'가 붙는다는 사실과 비교하면 '오다'의 불규칙성이 분명해진다. 이런 용언을 '너라' 불규칙 용언이라고 하고 '너라'를 취하는 현상을 '너라' 불규칙 활용이라고 한다. '-너라'는 동사 '오다'와 이의 합성어인 '나오다, 들어오다' 등에만 붙는데 줄어지면 '-ㄴ'으로 되기도 한다. 어린 아기를 대상으로 할 때 쓰이는 "이리 온!"이 그러한 예이다. '-너라'의 '-너'는 중세 국어에서는 '-나'였는데 앞의 '-거'와 마찬가지로 명령형뿐만 아니라 다른 활용형에도 널리 쓰였다.

> (17') 오나라, 오나든, 오나늘 …

다음은 '주다'의 명령형이 불규칙한 것이다.

> (18) 다오   cf. 주어라

'주다'가 '자기에게 건네다'를 의미하면 어간이 '달/다'로 보충된다고 하였는데 명령형도 불규칙성을 보여 '-오'가 붙는다. '남에게 건네다'의 명령형이 '주어라'인 점과 비교하면 앞의 '주다'의 불규칙성이 분명히 드러난다. 이런 현상을 '오' 불규칙 활용이라 부르기로 한다.[44]

---

44 '자기에게 건네다'를 의미하는 '다오'는 최근 '남에게 건네다'와 마찬가지로 '주어라(→줘라)'로 나타나는 일이 흔히 발견된다. 이것은 의미 차이보다는 활용표를 간단하게 만들려는 의도가 작동한 것으로 해석할 수 있는데 앞서 언급한 '가거라, 오너라'가 '가라, 와라'가 되는 현상과 마찬가지 맥락에서 이해될 수 있다. 이와 같이 같이 불규칙한 활용이 규칙 활용으로 바뀌어 가는 현상을 패러다임(paradigm)의 평준화 (levelling)라고 한다. 이러한 패러다임의 평준화 현상은 이러한 예 이외에도 '밥을 퍼고', '도우고 있다',

4.1.4.5.2.3. 어간, 어미의 불규칙성

불규칙 용언 가운데는 어간과 어미가 함께 불규칙적으로 활용하는 것이 있다.

'ㅎ' 받침을 가진 형용사 가운데 대부분이 일반적인 자음 어미와 결합되면 그 어미가 기음(氣音)으로 바뀌는 것 이외에는 별다른 변화가 없다.

(19) 가. 파랗다, 파랗고, 파랗지…
　　 나. 파란, 파라면, 파래지다　　　cf. 좋은, 좋으면, 좋아지다

(19가)의 '파랗다' 등이 '[파라타]' 등으로 바뀌는 것이 그러하다. 그러나 '으'가 삽입되는 어미나 모음 어미와 결합되면 사정이 달라진다. (19나)의 '파란, 파라면'을 규칙용언의 활용형 '좋은, 좋으면'과 비교하면 '*파랗은, *파랗으면'이 되어야 할 것이나 'ㅎ'이 탈락되어 '파란, 파라면'이 되었다. 이런 경우는 어간의 불규칙 활용이라고 할 것이다. 한편 '파랗'이 모음 어미 '-아'와 결합되면 어간과 어미에 동시에 영향을 미친다. '랗'의 'ㅎ'이 탈락되고 어간 모음 'ㅏ'와 어미 '-아'가 화합되어 'ㅐ'로 바뀐다. 같은 'ㅎ' 받침을 가진 '좋아지다'와 비교해 보면 '파래지다'의 불규칙성을 이해할 수 있다. 'ㅎ'이 탈락되기도 하고 또 어미에 변화를 주기도 하는 이런 용언을 'ㅎ' 불규칙 용언이라 하고 그런 현상을 'ㅎ' 불규칙 활용이라 한다.

'ㅎ' 불규칙 용언에는 접미사 '-앟/엏'이 붙은 '까맣다, 노랗다, 빨갛다, 누렇다, 보얗다, 뻘겋다, 부옇다' 등이 있다. 'ㅎ' 불규칙 활용은 형용사에만 나타나며 'ㅎ' 받침을 가진 말 가운데서 규칙 활용을 하는 형용사는 '좋다'만 있는 것으로 알려져 있다. '좋다'의 'ㅎ'도 '으' 앞이나 모음 어미 앞에서 탈락될 수 있다고 하여 'ㅎ' 불규칙 용언과 동일시하려는 일도 없지 않으나 사정이 다르다. 'ㅎ' 규칙 용언은 'ㅎ'은 비록 약화될지라도 주의 깊이 발음하면 매개 모음이 인식되는 데 대해 'ㅎ' 불규칙 용언은 그것이 불가능하며 설사 가능하다고 하더라도 이해할 수 없는 말이 되어 버린다. 더욱이 어미 '-아'가 붙을 때 어간과 화합된 '애'로 바뀌는 것은 활용상의 불규칙성을 크게 뒷받침해

'날으는 자동차' 등과 같이 다양한 불규칙 활용 용언에서 발견되는데, 아직까지 표준어로 인정받지 못한 것이 대부분이다. 한편, 패러다임의 평준화와 반대로 규칙 활용이 불규칙 활용으로 변해 가는 경우도 발견된다. '놀라다', '바라다'가 대표적인 예이다. '놀라다', '바라다'는 '놀랐다', '바랐다', '놀라서', '바라서', '놀라라', '바라라'의 규칙 활용형 대신 '놀랬다', '바랬다', '놀래', '바래', '놀래라', '바래라'와 같이 '여' 불규칙과 유사한 활용형으로 쓰이는 것이 훨씬 더 일반적이다. 특히 일상 구어에서 '바라+아'는 '바래'라고 하지 '바라'라고 하는 경우는 거의 발견하기 어려울 정도이다. 그럼에도 불구하고 이러한 활용형은 표준어로 인정되지 않았으니 유의할 필요가 있다.

준다.[45]

4.2. 어미

용언과 서술격 조사, 곧 활용어는 어간이 중심이 되어 끝을 여러 가지로 바꾸는 활용의 특성을 지니고 있다. 어간에 붙는 가변 요소를 어미라고 한다 함은 이미 살펴본 바 있다. 그런데 어미에는 복잡한 것도 있고 단순한 것도 있다.

(1) 가. 하늘이 <u>푸르다</u>.
     나. 동생이 바지를 <u>입는다</u>.
     다. 선생님은 빨간 넥타이를 <u>매셨다(매시었다)</u>.

(1가)의 '푸르다'에서 '푸르-'가 어간이고 '-다'가 어미인데 이런 어미들은 구성이 단일하다. 그러나 (1나, 다)에서는 구성이 복잡하다. (1나)의 '입는다'에서는 어미가 '-는'과 '-다'로 되어 있고 (1다)의 '매시었다'에서는 '-사', '-었'과 '-다'로 되어 있다. '-는'과 '-사', '-었'은 그 자체만으로는 단어를 완성하지 못하고 반드시 '-다'와 같은 어미를 필수적으로 요구한다. 이런 형태소를 '개방 형태소(開放形態素, nonclosing morpheme)'라 한다. 한편, '-다'와 같은 어미는 이 형태소만으로도 단어를 완성시킬 수 있으므로 '폐쇄 형태소(閉鎖形態素, closing morpheme)'라 한다. 어미 가운데 단어의 끝에 오는 폐쇄 형태소를 어말 어미(語末語尾, final ending)라 하고 이에 앞서는 개방 형태소를 선어말 어미(先語末語尾, prefinal ending) 또는 비어말 어미(非語末語尾, nonfinal ending)라고 한다.

선어말 어미의 앞뒤에 붙임표를 그은 것은, 앞에는 어간 또는 다른 선어말 어미가 옴을 뜻하고 뒤에는 다른 선어말 어미 또는 어말 어미가 옴을, 곧 개방 형태소임을 가리킨다. 그리고 어말 어미의 앞에 붙임표를 둔 것은 어간이나 선어말 어미에 후행함을 의미하지만 그것이 폐쇄 형태소임도 의미한다.

이곳의 선어말 어미를 종전의 전통 문법과 학교 문법에서는 보조 어간(補助語幹) 또는 도움줄기라 불러 어간의 일부분으로 처리한 적이 있었다. 종전의 보조 어간 가운데서

---

45 이와 같은 사정을 조금 더 쉽게 이해하려면 '파랗다'의 기원을 알아 둘 필요가 있다. 현대 국어의 '파랗다'에 대응하는 이전 시기 국어의 단어는 '파라ᄒ다([[[파라+-아]+(-)ᄒ-]+-다)'인데 여기에서 '(-)ᄒ-'는 현대 국어의 '하다'에 대응되기 때문이다. 즉 '파랗다'의 'ㅏ'가 'ㅐ'로 바뀌는 현상은 '하다'의 'ㅏ'가 'ㅐ'로 바뀌는 것과 동궤의 현상인 것이다.

피동, 사동, 강세의 요소들은 어근에 붙어 새로운 어간을 형성하므로 접사의 테두리에 넣기로 하였다. 피동, 사동의 요소들은 문법적 기능도 표시하기 때문에 선어말 어미로 처리하는 일도 없지 않으나 그것이 붙는 어근의 수효가 제한되어 있기 때문에 접사로 보았다. 나머지 보조 어간은 모든 어간에 두루 붙어 일정한 문법 범주를 표시하므로 선어말 어미로 보는 것이다. 곧 어말 어미와 선어말 어미는 어미를 그 위치에 따라 나눈 것이다.

4.2.1. 선어말 어미

선어말 어미는 분포에 따라 두 부류로 나눌 수 있다. 아래는 상대적으로 분포가 넓은 선어말 어미들이다.

>   (2)   가. '-시'
>   나. '-는', '-었', '-겠'
>   다. '-옵'

(2가)는 주체 높임법의 문법 범주를 형성하는데 선어말 어미 가운데서 어미와의 결합 비율이 가장 높다. '-시'는 '잡으시고'와 같이 'ㄹ' 이외의 자음으로 끝난 어간 뒤에 쓰이면 매개 모음 '으'를 요구한다.

(2나)는 일반적으로 시제 범주를 형성한다. '-는'은 자음 어간과 평서형 어미 '-다' 사이에 쓰이는 현재 시제의 선어말 어미인데 이의 이형태 '-ㄴ-'은 모음 어간 아래 쓰이므로 양자는 음운론적으로 조건 지어져 있다. 그런데 '-는'은 '먹는구나, 먹는구먼, 먹는구려; 가는구나, 가는구먼, 가는구려'와 같이 '-구' 계열의 감탄형 어미 앞에서는 모음 어간 아래에서도 '-ㄴ-'으로 교체하지 않는다. '-는/ㄴ-'과 '-는'은 각각 동사의 평서형과 감탄형에만 나타난다는 분포상의 제약이 있기는 하지만 이때는 다른 시제 형태소들과 자유롭게 대치되기 때문에 시제 표시의 선어말 어미로 간주하였다.

>   (2)   나'. 먹는다, 간다, 먹는구나, 가는구나
>   cf. 먹었다, 먹겠다, 갔다, 가겠다, 먹었구나, 갔구나…

'-었'은 과거 시제의 선어말 어미인데 음성 모음으로 된 어간 아래 쓰이며 양성 모음 아래에서는 '-았'이 선택된다.[46] 따라서 양자는 음운론적으로 조건 지어진 이형태가 되

며 '하'나 '하'가 붙은 어간에 선택되는 '-였'은 앞의 것들과 형태론적으로 조건 지어져 있다. '-었'은 높임법의 '-사'에는 미치지 못하지만 대부분의 어미와 결합될 수 있다. '-겠'은 단독으로 쓰이면 미래 시제를 나타낼 수 있으나 '-었'과 결합되면 추측의 의미만 표시하고 후행하는 어미도 '-었'보다는 제한되어 있다.

(2다)의 '-옵'은 화자가 상대방에게 공손의 뜻을 표시할 때 쓰이는데 주로 서간문, 기도문 등 문어체에 쓰인다. 구어체에서는 이미 생산성을 잃었지만 문어체의 경우는 아직 어느 정도 어미와의 결합 비율을 보여 준다. 이는 '-옵'이 중세 국어에 생산적이었던 '-습-'의 직접적 계승형(繼承形)이기 때문이다. '-옵'은 자음 어미 앞에서 실현되는 것이지만 매개 모음을 취하는 어미와 모음어미 앞에서는 '-오-'로 변이된다.

(2) 다'. 가옵고, 가옵더니 <자음 어미 앞> : 가오니, 가오며, 가와 <모음 어미 앞>

(2)에서 살펴본 세 종류의 선어말 어미는 대부분 다른 어미와의 결합에 있어 큰 제약이 없다. 이런 선어말 어미를 '분리적 선어말 어미'라고 한다. 사전에 개별 항목을 분석하여 싣고 있는 것도 이런 분리적 성격을 고려했기 때문이다. 이를테면 '-시고'를 싣지 않고 '-사'를 분리하여 싣고 있는 것이 그러하다.[47]

아래의 어미는 앞의 경우들에 비하면 분포가 상대적으로 좁은 선어말 어미들이다.

(3) 가. '-ㅂ'
     나. '-느-', '-더-', '-라'
     다. '-나', '-것'

(3가)의 '-ㅂ'은 상대 높임법의 하십시오체의 표지다. 이를 공손의 '-옵'과 동일시하기도 하였으나 그렇지 않다. '합니다'와 '하옵니다'를 비교해 보면 '-오-'는 공손의 '-옵'의 이형태이고 '-ㅂ'은 하십시오체의 표지라는 점이 분명해진다. '-ㅂ'은 자음 어간 뒤에서는 '-습'으로 실현된다. 이 선어말 어미는 평서형, 의문형, 감탄형, 명령형, 청유형 등의 5가지 문장 종결법에만 쓰인다.

---

[46] '아름답다'와 같은 경우는 과거형이 '아름다왔다'가 아니라 '아름다웠다'가 표준이기 때문에 언제나 그런 것으로 보기 어려운 측면이 있다.

[47] 다만 '-느'의 경우는 후행하는 어미에 제약이 있기 때문에 후행하는 어미와 함께 사전에 싣는 일도 있다. 『표준국어대사전』에서 '-느'과는 별도로 '-는다', '-는구나'를 싣고 있는 것이 대표적이다.

(3나)는 (2나)의 '-는', '-았', '-겠'과 마찬가지로 서로 계열 관계에 놓여 있는 선어말 어미이다. 현재의 사태를 나타내는 '-느'와 과거 경험의 의미를 가지는 '-더'는 하십시오체의 표지 '-ㅂ' 뒤에서는 '-나, -다'로 바뀌기도 한다. 두 형태소는 평서형, 감탄형, 의문형에서만 나타나고 다른 문장 종결법에서는 쓰이지 않는다. '-라'는 '-겠'과 의미가 비슷하기는 하나 분포가 매우 제약되어 있다는 차이점이 있다.[48] '하오리다' 등을 살펴보면 '-라'는 하십시오체 '-ㅂ' 아래 쓰임이 명백하다. '-오'는 '-ㅂ'이 매개 모음을 취하는 '-라' 앞에서 변이된 것이다. '-라'는 보통 평서형과 의문형에서 나타나나 현대 국어에서는 이미 생명력을 잃어 가고 있다.

(3다)의 '-것, -나'는 강조의 의미를 가지는 선어말 어미에 해당한다. 이 가운데 '-것'은 '-라' 뒤에서는 '-엇'으로 교체되기도 한다. 지금은 잘 쓰이지 않지만 '하렷다'에 나타나는 '-렷'(리엇)이 그것이다. '-나'는 하십시오체의 '-느'의 이형태 '-나' 뒤에서는 '-ㄴ'으로 교체되기도 한다. 지금은 그 쓰임이 거의 확인되지 않는 '합닌다, 합딘다'에 나타나는 '-ㄴ'이 그것이다. 이들 선어말 어미 '-것, -나'는 (3나)의 형태소보다는 더 분포가 좁아서 평서형에서만 나타난다.[49]

(3)의 세 묶음의 선어말 어미들은 전통 문법에서 '-더'와 '-것-'을 제외하고는 보조 어간으로 다루지 않았다. 문법가에 따라서는 '-더'가 붙은 어미를 활용 어미로만 간주할 뿐이고 보조 어간으로 처리하지 않는 일도 있었다. 이렇게 보조 어간으로 보지 않았던 일이 있었던 것은 (2)의 선어말 어미와는 달리 그 분포가 극히 제약되어 있기 때문이다. (3나)는 (3가)보다, (3다)는 (3나)보다 어미와 결합되는 비율이 낮다. 이런 선어말 어미들을 교착적 선어말 어미(膠着的 先語末語尾)라고 한다. 이런 점 때문에 사전에서는 개별 항목을 분석하지 않고 활용형을 그대로 싣고 있다. 이를테면 '-느냐'를 '-느'와 '-냐'로 분석하지 않고 그대로 싣는 것이 그러하다.[50]

선어말 어미의 차례는 일정하여 그 자리를 함부로 바꿀 수 없다. 자리바꿈이 비교적 자유로운 문장의 구성 성분과는 대조적이다. 이를테면 '입으시었다'에 나타나는 '-사'와

---

[48] 이로 인해 『표준국어대사전』에서는 '-라'를 별도로 등재하는 동시에 통합적 관점에서 '-리라'를 종결 어미로 등재하고 있다.

[49] 『표준국어대사전』에서는 강조의 선어말 어미 '-것'과 '-나'를 평서형 어미와 결합한 '-것다', '-니라', '-느니라'의 형태로 등재하고 있다.

[50] 『표준국어대사전』에서는 앞의 '-는다'의 경우에는 '-는'도 별도로 싣고 있지만 '-느냐'의 경우에는 '-느'를 별도로 싣고 있지 않다는 점에서 차이가 보인다. '-더'와 '-라'가 『표준국어대사전』에 등재되어 있다는 사실을 고려하면 이러한 사전 처리 방식은 '-느냐'의 '-느'가 '-더'나 '-라'와 대립할 정도의 독자적 기능이 있는 것으로 보지 않았던 때문으로 생각된다.

'-었'의 순서를 바꾸어 '*입었으시다'로 만들면 이해할 수 없는 말이 되어 버린다. 그러나 "아버지는 조끼를 입으셨다."의 구성 성분의 자리를 바꾼 "조끼를 아버지는 입으셨다."는 의미가 크게 달라지지 않는다.

선어말 어미의 차례는 분포의 넓고 좁음에 비례한다. (2가)의 '-사'가 (2나)의 '-었'보다 앞서는 것은, '-사'는 모든 선어말 어미와 어말 어미에 결합될 수 있지마는 '-었'은 그렇지 않기 때문이다. 이를테면 연결 어미 '-(으)려고-'는 '-사'와는 결합되지마는 '-었'과는 결합될 수 없다. '가시려고 합니다'와 '*갔으려고 합니다'를 비교하면 그 차이점을 엿볼 수 있다. '-었'이 '-겠'보다 앞서는 것은 분포의 차이와 상관성이 있다. '-었'은 '-것'과 결합될 수 있지만 '-겠'은 그렇지 않다. 이를테면 '먹었것다'는 가능하지만 '*먹겠것다'는 불가능하다.

하십시오체의 표지 '-(으)ㅂ-'이 '-나', '-다'에 선행하는 것도 전자는 모든 문장 종결법에 다 나타나나 후자는 평서형과 의문형에 국한되기 때문이다. '-나'가 '-느', '-더'에 후행하는 것은 평서형에만 결합되기 때문이다. '하느니라, 하더니라'에서 '-나'는 평서형에서 나타나나 '-느, -더'는 평서형뿐만 아니라 '하느냐, 하더냐'와 같이 의문형에서도 쓰인다.

분리적 선어말 어미와 교착적 선어말 어미로 나누어 설명했던 것을 종합함으로써 배열의 차례를 순서대로 매겨 보기로 한다.

(4) ① -사-
② -는- <현재>, -었- <과거>, -겠- <미래>
③ -옵-
④ -ㅂ-
⑤ -느-, -더-, -라-
⑥ -것-, -나-

②의 미래 시제 '-겠'은 '-었'에 후행하기도 하는데 이때는 추측의 의미만 파악된다는 점에 대해서는 이미 서술하였다.[51]

---

51 선어말 어미는 주로 시제, 동작상, 양태 등의 문법 범주를 나타내는데 이에 대해서는 10장에서 자세히 논의하게 될 것이다.

　　서법(敍法, mood)은 화자의 심리 태도를 일정한 문법 형태를 통해 드러내는 문법 범주이다. 서양의 언어에서는 이것이 동사의 활용을 통해 나타나는데 국어의 종결 어미도 이러한 서법을 나타내는 문법 요소라고 할 수 있다. 그런데 국어의 선어말 어미도 문법 형태에 해당할 뿐만 아니라 활용에 관여하기 때문에 교착적 선어말 어미 가운데 일부를 서법으로 간주하는 견해도 있다. 이에 따르면 서법은 크게 무의지적 서법과 의지적 서법으로 나뉘는데 선어말 어미는 무의지적 서법을 형성하고 종결 어미는 의지적 서법을 형성하는 것으로 간주한다. 무의지적 서법은 다시 서실법(敍實法, fact mood), 서상법(敍想法, thought mood), 강조법을 하위 요소로 가지고 있는데 서로 계열 관계를 보이는 '-느, -다, -라' 가운데 '-느'는 직설법, '-더'는 회상법으로서 서실법을 형성한다고 보고 '-라'는 추측법으로서 서상법을 형성한다고 본다. 교착적 선어말 어미 가운데 '-나, -것'은 강조법을 실현하는 것인데 '-나'는 원칙법, '-것'은 확인법을 실현하는 선어말 어미로 간주한다. 한편 서구의 전통적인 논의에서는 직설법을 서실법으로, 가정법을 서상법으로 간주하고 언어 유형론적 논의에서는 서실법과 서상법을 현실(現實, realis) 서법과 비현실(非現實, irrealis) 서법으로 부르기도 한다. §4.2.2.2 심화 박스 <전성 어미와 서법>을 참조할 것.

4.2.2. 어말 어미

4.2.2.1. 종결 어미

　　어말 어미는 선어말 어미와는 달리 그 종류가 상당히 많다. 앞의 활용을 살펴보는 마당에서 용언과 서술격 조사는 활용을 함으로써 문장의 성격을 여러 가지로 바꾼다는 사실을 확인한 바 있다.

　　앞에서 제시한 활용형의 체계에 따라 어말 어미의 기능을 대체적으로 분류해 본다.

　　　(5)　가. 민지가 과자를 먹는<u>다</u>.
　　　　　나. 민지가 과자를 먹는<u>구나</u>!
　　　　　다. 민지가 과자를 먹<u>니</u>?
　　　　　라. 민지야, 과자를 먹<u>어라</u>.
　　　　　마. 민지야, 과자를 먹<u>자</u>.

　　(5)에서 밑줄을 친 '-다, -구나, -니, -어라, -자'는 한 문장으로 하여금 종결형이 되게 하는 기능을 띠고 있다. 이러한 어말 어미를 종결 어미(終結語尾)라고 한다. 그러나 각 어말 어미의 문장 종결의 방식에는 차이가 있다. (5가)의 '-다'는 문장을 평범하게 서술하므로 평서형 어미라고 한다. (5나)의 '-구나'는 문장을 감탄의 형식으로 바꾼다고 하여 감탄형 어미, (5다)의 '-니'는 문장을 질문의 형식으로 바꾼다고 하여 의문형 어미, (5라)

의 '-어라'는 문장을 명령의 형식으로 바꾼다고 하여 명령형 어미, (5마)의 '-자'는 문장을 청유의 형식으로 바꾼다고 하여 청유형 어미라고 각각 부른다.

(5)의 예들은 모두 상대 높임법의 해라체이다. 종결 어미들은 모든 상대 높임법에 걸쳐 일정한 형식을 갖추고 있다. 동사의 형식을 중심으로 하되 현재 시제의 선어말 어미 '-는'과 교착적 선어말 어미는 괄호 안에 넣어 그 체계를 보이기로 한다.

(5′) 상대 높임법에 따른 종결 어미 체계

	해라	하게	하오	하십시오	해	해요
평서형	-(는/ㄴ)다	-네	-오	-(ㅂ니)다	-어	-어요
의문형	-(느)냐	-(느)ㄴ가	-오	-(ㅂ니)까	-어	-어요
감탄형	-(는)구나	-(는)구먼	-(는)구려	—	-어	-어요
명령형	-어라	-게	-오	-(ㅂ)시오	-어	-어요
청유형	-자	-세	—	-(ㅂ)시다	-어	-어요

하십시오체의 감탄형 어미는 고유한 형식이 없고 하십시오체의 평서형 어미에 조사 '그려'가 붙은 '-ㅂ니다그려'가 감탄의 의미를 표시하는 일이 있다. 하오체의 청유형 어미도 고유한 형식이 없고 오히려 하십시오체의 청유형 어미 '-ㅂ시다'가 대신 쓰이고 있다.[52]

4.2.2.2. 비종결 어미

4.2.2.2.1. 연결 어미

어말 어미에는 종결 어미와는 반대의 기능을 띤 비종결 어미가 많다. 종결 어미가 문장 종결법과 상대 높임법에 의해 문장을 끝맺는 것이라면 비종결 어미(非終結語尾)는 그러한 기능이 결여된, 문장 접속이나 전성의 기능을 띤 어미를 말한다.

---

[52] 국어의 종결 어미의 기능 중 가장 주요한 기능은 문장 유형과 상대 높임법을 나타내는 것이다. 그런데 격식적인 자리에서 사용하는 종결 어미는 문장 유형과 상대 높임법을 나타내기 위한 용법이 엄격하게 구별되어 발달하였으나(-습니다(평서형 하십시오체 종결 어미) vs. -습니까?(의문형 하십시오체 종결 어미)), 비격식적인 자리에서 사용하는 종결 어미(비격식적 종결 어미)는 이러한 구분이 상대적으로 덜하다. 이는 비격식적 종결 어미가 기원적으로는 연결 어미에 그 기원을 두고 있는 것이 많을 뿐만 아니라 이들이 종결 어미로 굳어진 지도 그리 오래되지 않은 것에서 그 이유를 찾을 수 있다. 따라서 비격식적 종결 어미는 상대 높임법을 나타내기 위하여 '요'를 붙이게 된 것으로 볼 수 있다.

(6) 가. 인생을 짧고 예술은 길다.

나. 볕이 나면서 비가 온다.

다. 가든지 오든지 마음대로 해라.

라. 서리가 내리면 잎이 빨갛게 물든다.

마. 봄이 되니 날씨가 따뜻하다.

바. 비가 오는데 어디로 가니?

사. 서가에 책이 많이 꽂혀(←꽂히어) 있다.

아. 아이들이 공을 차고 있다.

자. 나도 대회에 참가하게 되었다.

차. 아직 아무도 오지 않았다.

위의 예에 나타나는 '-고, -면서, -든지~든지, -면, -니, -는데, -어, -고, -게, -지'는 한 문장을 연결형으로 만들어 주고 있다. 이런 어말 어미를 '연결 어미(連結語尾)'라고 하는 데 연결 방식이 조금씩 다르다.

(6가~다)의 '-고, -면서, -든지~든지'는 문장을 대등적으로 이어준다고 하여 '대등적 연결 어미(對等的 連結語尾)'라고 한다. (6가, 나)의 '-고, -면서'는 주로 문장의 대등적 접속에 쓰이는데 여기에는 '-(으)며, -지만, -(으)나' 등을 추가할 수 있다. (6다)의 '-든지~든지'는 반대되는 두 단어를 접속시키는 데 주로 쓰이는데 여기에는 '-(으)락~(으)락'(오락 가락), '-거나~거나'(오거나 말거나), '-거니~거니'(주거니 받거니), '-느니~느니'(죽느니 사느니) 등이 추가된다.

(6라~바)의 '-면, -니, -는데'는 앞의 문장을 뒤의 문장에 종속적인 관계로써 이어 주는 기능을 띠고 있다. 이런 어말 어미를 '종속적 연결 어미(從屬的 連結語尾)'라고 한다. 종속적 연결 어미에는 대등적 연결 어미와 보조적 연결 어미를 제외한 연결 어미를 소속시킬 수 있으나 상호간의 경계를 잡기가 매우 어렵다.[53]

(6사~차)의 '-어, -고, -게, -지'는 보조 용언을 본용언에 이어 주는 기능을 띠고 있다고 하여 '보조적 연결 어미(補助的 連結語尾)'라고 한다.[54] 보조적 연결 어미는 전통 문법의 부사형 어미에 해당한다. 보조적 연결 어미를 부사형으로 처리하면 문장 성분을 이야기

---

[53] 종속절과 주절 사이의 의미 관계를 고려하면 종속절과 주절의 관계는 크게 셋 정도로 나누어 볼 만하다. 첫째는 시간적 관계(선후 관계, 동시 관계)이고, 둘째는 인과 관계(원인/이유, 목적)이고, 셋째는 논리적 관계(순접, 이접, 역접, 대조, 조건, 양보, 양보적 조건 등)이다.

[54] 그러나 본용언과 보조 용언을 연결해 주는 연결 어미라고 해서 이들이 모두 보조적 연결 어미인 것은 아니다. 예컨대, '-어야 하다'의 '-어야'도 본용언과 보조 용언을 연결해 주지만 이때의 연결 어미를 보조적 연결 어미로 보기 어렵다는 점에 대해서는 이미 언급한 바 있다.

할 때 보조적 연결 어미가 결합된 부분을 부사어로 다루어야 하는데 실제로는 뒤에 오는 보조 용언과 함께 서술어로 처리해 왔다. 이와 같은 모순을 극복하기 위하여 부사형 어미를 연결 어미의 일종으로 처리하였다. 보조적 연결 어미는 '진행', '완료'와 같은 동작상의 표시에 많이 쓰인다.

같은 모습을 가지는 연결 어미가 어느 하나의 기능만 가지고 있는 것은 아니다. '-게'가 대표적인데 이 연결 어미가 보조적 연결 어미의 기능만 수행하는 것은 아니기 때문이다.

(6)　자'. ① 하늘이 맑게 개었다.
　　　　② 이상하게 오늘은 운수가 좋다.
　　　　③ 바깥이 잘 보이게 창문을 활짝 열어라.

(6자'①)의 '맑게'는 '개었다'를 꾸미는 성분 부사의 역할을, ②의 '이상하게'는 '오늘은 운수가 좋다.'라는 문장 전체를 꾸며 주는 문장 부사의 역할을 하는데 이때 쓰인 '-게'는 본용언과 보조 용언을 연결하고 있지 않다. ③의 '보이게'는 '바깥이 잘 보이게'라는 문장을 뒤에 오는 문장에 종속적으로 연결하고 있는데 이때도 '-게'가 사용되고 있다.[55]

4.2.2.2.2. 전성 어미

아래 예에 나타나는 '-는, -ㄴ, -던, -ㄹ, -기, -ㅁ'은 한 문장을 전성형이 되게 하는 일을 한다. 이런 어미를 '전성 어미(轉成語尾)'라고 한다.

(7)　가. 도서관은 책 읽는 사람들로 붐볐다.
　　　나. 청소를 끝낸(내ㄴ) 반은 집으로 돌아가도 좋다.
　　　다. 이것은 제가 쓰던 연필입니다.
　　　라. 해야 할(하ㄹ) 일이 아직도 많다.
　　　마. 학교에 가기 싫어하는 사람도 있다.
　　　바. 나는 혜미의 성격이 원만함(하ㅁ)을 알고 있다.

(7가~라)의 '-는, -ㄴ, -던, -ㄹ'은 한 문장을 관형사처럼 바꾸어 주므로 '관형사형 어미(冠形詞形語尾)'라고 한다. 이 가운데서 '-는, -던'은 교착적 선어말어미 '-느-'와 '-더-'와의 복합 형식이므로 국어의 관형사형 어미는 '-ㄴ, -ㄹ'에 국한된다고 할 수 있다. (7마, 바)의 '-기, -ㅁ'은 문장의 기능을 명사화한다고 하여 '명사형 어미(名詞形語尾)'라고 한다.[56]

---

[55] '-게'의 이러한 다양한 기능은 앞서 본 바와 같이 '-고'가 보조적 연결 어미로도 쓰이고 종속적 연결 어미로도 쓰이는 경우와 일맥상통한다.

[56] 국어의 명사형 어미 '-음', '-기'는 파생 접미사 '-음', '-기'와 형태가 동일하여 단어 형성론에서도 많은

이상 설명한 어말 어미를 정리하면 다음과 같다.

(8)

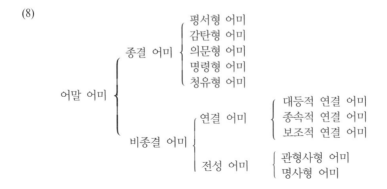

어말 어미
- 종결 어미
  - 평서형 어미
  - 감탄형 어미
  - 의문형 어미
  - 명령형 어미
  - 청유형 어미
- 비종결 어미
  - 연결 어미
    - 대등적 연결 어미
    - 종속적 연결 어미
    - 보조적 연결 어미
  - 전성 어미
    - 관형사형 어미
    - 명사형 어미

▌'종속적 연결 어미'와 '부사형 전성 어미' ▌

연결 어미를 대등적인 것과 종속적인 것으로 나눈 것은 이들이 두 구성을 어떻게 연결하고 있느냐 하는 '방식'에 초점을 둔 것이다. 이에 비해 전성 어미를 관형사형과 명사형으로 나눈 것은 이들이 문장에서 하는 '기능'에 초점을 둔 것이다. 그런데 '방식'에 해당하는 종속적 연결 어미를 문장에서 하는 '기능'에 초점을 두면 전성 어미로 부사형을 인정할 수 있다는 견해가 존재한다.

ㄱ. 하늘이 <u>맑게</u> 개었다.
ㄴ. <u>이상하게</u> 오늘은 운수가 좋다.
ㄷ. <u>바깥이 잘 보이게</u> 창문을 활짝 열어라.

위 예문들은 본문에서 기술한 (6자')을 다시 가져온 것인데 '기능'만 중시한다면 (ㄱ, ㄴ)은 물론 (ㄷ)의 밑줄 친 부분도 그 성격은 부사어에 해당한다고 할 수 있다. 따라서 (ㄷ)은 다음과 같이 '바깥이 잘 보이게'의 위치를 성분 부사의 자리로 옮겨도 큰 문제가 없다.

ㄷ'. 창문을 <u>바깥이 잘 보이게</u> 활짝 열어라.

이러한 점을 중시하여 현재 학교 문법에서는 종속적 연결 어미 대신 부사형 전성 어미를 설정하는 어미 체계도 인정하고 있다.

주목을 받아 왔다. 한 예로, '걸음', '달리기' 등에서 관찰되는 '-음', '-기'를 어떻게 이해하느냐에 따라 이들의 형성 과정을 설명하는 방법이 달라지기 때문이다. '-음', '-기'를 명사 파생 접미사로 이해한다면 이들은 파생에 의하여 형성된 접미 파생어로 이해할 수 있으나, '-음', '-기'를 명사형 어미로 이해한다면 동사의 명사형이 단어로 변화하였다는 식의 설명이 가능하므로, 이들은 접미 파생어로 인정되기 어렵다. 통언어적(cross-linguistic)으로 특정 어휘 범주의 품사를 바꾸는 과정은 어미에 의하여 이루어지기보다는 접사에 의하여 이루어지려는 경향이 강하다. 이러한 점을 고려하면 현대 국어의 '-음', '-기'는 접사적인 성격이 강한 활용 어미로 이해할 수도 있을 것이다.

관형사형 어미와 명사형 어미는 이미 실현된 사태를 나타내는지 화자의 머릿속에서 상정된 사태를 나타내는지에 따라 현실 서법(realis)과 비현실 서법(irrealis)과 관련된다는 해석도 가능하다. 이러한 논의를 따른다면 명사형 어미 '-음'과 관형사형 어미 '-은'은 현실 서법을, 명사형 어미 '-기'와 관형사형 어미 '-을'은 비현실 서법을 나타낸다고 할 수 있다. 이러한 사정은 "나는 그가 훌륭한 {학생임/학생인 것}을 알고 있다."나 "나는 그가 {취업하기/취업할 것}를(을) 기대한다."와 같은 문장은 성립하지만 "나는 그가 훌륭한 학생이기를 알고 있다."나 "나는 그가 취업함을 바란다."와 같은 문장은 성립하지 않거나 어색하다는 점을 미루어 볼 때 잘 알 수 있다. §4.2.1 심화 박스 <선어말 어미와 서법>을 참조할 것.

4.2.3. 어미 결합의 제약

우리는 앞에서 활용어, 곧 동사, 형용사, 서술격 조사의 활용 양상이 조금씩 다름을 확인한 바 있다. 동사에는 '-는/ㄴ다, -는구나, -는' 등의 어미가 쓰이고 형용사와 서술격 조사에는 '-는/ㄴ, -는'가 빠진 '-다, -구나, -ㄴ' 등의 어미가 붙었으며 특히 서술격 조사는 감탄형에서 '로'가 선행된 '-로구나'가 쓰임을 관찰하였다. 하게체의 평서형에서 동사는 '-네'가 붙는데 형용사는 '-(으)이'(붉으이, 기쁘이), 서술격 조사는 '-ㄹ세(책일세)'가 붙는 것도 비슷한 현상이다. 어간 활용에서는 'ㄷ, 우' 불규칙 활용은 동사에만 있고, 'ㅎ' 불규칙 활용은 형용사에만 나타난다는 사실도 확인할 수 있었다. 그런데 어미 가운데는 동사에는 붙지마는 형용사, 서술격 조사에는 쓰이지 못하는 것이 있다.

(9)는 종결 어미 가운데서 명령형과 청유형이 형용사와 서술격 조사에 쓰이지 못함을 비교해 보인 것이다.

(9) 가. 빨리 가거라.   cf. *…희어라, *…(책)이어라
     나. 빨리 가자.   cf. *…희자, *(책)이자

약속의 평서형 어미 '-(으)마', 허락의 명령형 어미 '-(으)려무나'가 형용사, 서술격 조사에 쓰이지 못하는 것도 비슷한 현상이다. 형용사에 따라서는 "참 예뻐라."의 경우와 같이 '-어라'가 붙는 일이 없지 않으나 이는 명령형이 아니라 감탄형이다.

다음 (10)은 연결 어미 가운데서 동사에는 붙지만 형용사나 서술격 조사에는 붙지 못하는 것을 비교해 보인 것이다.

(10) 가. 노래를 부르면서 걷자.   cf. *…희면서, *…(책)이면서…

나. 일을 끝내고서 돌아왔다.　　　　cf. *…희고서…, *…(책)이고서…
다. 까마귀 날자 배 떨어진다.　　　cf. *…희자…, *…(책)이자…
라. 바람이 불다가 비가 오다가 한다.　cf. *…희다가…, *…(책)이다가…
마. 밥을 먹도록 해 주시오.　　　　cf. *…(책)이도록…
바. 편지를 쓰려고 한다.　　　　　cf. *…희려고…, *…(책)이려고…
사. 구경하러 같이 가자　　　　　cf. *…희러, *…(책)이러…
아. 밥을 짓고 있다.　　　　　　cf. *…희고…

이 가운데서 (10가, 다, 라)는 접속 대상이 되는 단어의 성격에 따라 형용사나 서술격
조사에 붙는 일도 없지 않으나 흔한 것은 아니다.

(10) 가′. 희면서 멀건 것을 희멀겋다 한다.<형용사>
　　　다′. 날이 따뜻하자 비가 온다.<형용사>
　　　다″. 그 분은 학자이자 종교인이다.<서술격 조사>
　　　라′. 사이가 퍽 좋다가 그만 의가 상했다.<형용사>
　　　라″. 여태까지 연구생이다가 올봄부터 강사가 되었다.<서술격 조사>

보조적 연결 어미는 동사나 형용사에만 붙고 서술격 조사에는 쓰이지 않는다. 다만
"나는 현명한 아내이고 싶었다."와 같이 서술격 조사가 '-고'를 취하는 일이 없는 것은
아니다. 형용사도 다 붙는 것이 아니고 (10아)와 같이 '-고'와는 결합될 수 없다.[57]

---

[57] 연결 어미의 문법적 제약은 9장에서 다시 자세히 논의하게 될 것이다.

더 읽을거리

1. 동사 분류와 동사 구문

　자동사와 타동사에 대한 전반적 논의는 각각 한송화(2000)과 우형식(1996)을 참고할 만하다. 타동사는 목적어라는 문법적 특성으로 구분되는 것이 보통이지만 타동사를 이해하는 데 있어 '피영향성(affectedness)' 또는 '대상성(objectivity)'이라는 의미적 특성도 매우 중요하다. 이와 관련된 논의는 임홍빈(1980), 우형식(1996: 51-54), 한정한(2015) 등을 참고할 수 있다. 타동사에 대해서는 10장의 '더 읽을거리 5'를 더 읽어보기를 바란다. 정희정(1996)과 홍재성(1989), 도원영(2002) 등에서는 사전 편찬의 관점에서 자동사와 타동사의 구별 문제를 심도 있게 다룬 바 있다. 동사는 개별 품사로서의 성격보다는 동사 구문과 관련하여 통사론적 시각에서 논의되는 것이 보통이다. 동사는 문장의 서술어의 기능을 하며 문장의 형성에 있어 핵심적 역할을 하기 때문이다. 현대 국어의 동사가 어떠한 구문을 이루는지에 대한 논의는 홍재성 외(1997)에서 주도면밀하게 이루어진 바 있다. 한편 이현희(1994)에서는 표현론적 관점에서 중세 국어의 동사 구문이 어떻게 조직되는지를 치밀하게 고찰하였으며 황국정(2009)에서는 국어 동사 구문의 통시적 변천 과정을 서술한 바 있다.

2. 자타 양용 동사, 능격 동사, 중립 동사

　현대 국어의 자타 양용 동사에 대한 전반적인 논의는 김문오(1997), 송창선(2008) 등을 참고할 수 있다. 또한 김태우(2013)에서는 기능주의적 관점과 언어 유형론적 관점을 견지하여 중세 국어의 자타 양용 동사의 특성에 대한 서술을 펼친 바 있다. 국어 문법론 논의에서는 자타 양용 동사를 '능격 동사', '중립 동사(중간 동사)'라고도 하지만 '능격 동사', '중립 동사(중간 동사)'가 의미하는 바는 자타 양용 동사와 다르다. '능격 동사'는 피동작주나 대상역이 자동사의 주어로 쓰이는 동사를 가리키기 위한 용어로서, 대격을 부여하지 못하는 동사라 하여 흔히 '비대격 동사'라고도 한다. 이러한 능격 동사에 대한 연구로는 고광주(2001)을 참고할 수 있다. '능격'이라는 개념은 국어 문법론 논의에서 다소 혼란스럽게 사용되고 있는 측면이 있는데, 이에 대해서는 함희진(2005)를 참고할 만하다. '중립 동사'는 태 범주와 관련하여 능동과 피동의 중간적 성격을 지닌다는 점에 착안된 용어로서, 이러한 관점에서 자타 양용 동사를 살펴본 논의는 연재훈(1989)가 대표적이다.

3. 형용사에 대한 전반적 논의

　국어의 형용사 특성과 형용사 구문을 전반적으로 다룬 논의는 유현경(1998가, 2006)이 있다. 김건희(2005)에서는 국어의 형용사가 취하는 논항 구조에 대한 기술을 꾀하였으며, 남지순(1993)에서는 국어의 심리 형용사 구문이 보이는 통사적 특징에 대하여 언급한 바 있다. 한편 김선영(2011)에서는 형용사와 동사의 용법을 두루 보이는 용언들에 대한 고찰을 시도한 바 있다. 도원영(2008)에서도 '형용성 동사'라는 범주를 설정함으로써 이와 유사한 논의가 이루어진 바 있다. 중세 국어의 형용사 구문에 대한 전반적인 논의는 이영경(2007)을 참조할 수 있다.

4. '이다'의 범주 논란

'이다'의 품사와 관련하여서는 서술격 조사설, 주격 조사설, 통사적 파생 접미사설, 의존 형용사설 등으로 나뉜다. 2000년 이전에 이루어진 '이다' 처리에 관한 논쟁은 김민수(1994), 목정수(1998가)에 잘 검토되어 있다. 서술격 조사설을 따르는 대부분의 논의들은 학교 문법에 그 이론적 토대를 두고 있는 논의들이다. 우리 책도 학교 문법에 대한 해설서의 성격을 강하게 띠고 있으므로 '이다'를 서술격 조사로 처리하고 있다. 주격 조사설을 내세운 대표적인 논의는 우순조(2000, 2001)이며 우순조(2000)에 대한 비판은 엄정호(2000)에서 이루어진 바 있다. 통사적 접사라는 범주를 도입하여 '이다'를 '하다'와 묶어서 일관된 기술을 시도하고자 하였던 대표적인 논의는 임홍빈(1989)를 들 수 있다. 최근에는 '이다'의 활용 양상을 고려하여 '이다'를 의존 형용사로 처리하는 논의가 주를 이루는데 김창섭(2011)에서는 '이다'와 같은 의존 형용사를 부접 형용사라는 용어로 가리켜 '답다', '같다' 등과 평행하게 기술하고자 하였다. '이다'에 대해서는 2장의 '더 읽을거리 6'을 더 읽어보기를 바란다.

5. '있다'의 문법적 특성

'있다'는 이희승(1956)에서부터 다루어졌을 정도로 국어 문법론 논의에서 아주 오래 전부터 주목을 받아 온 용언 중 하나이다. 따라서 '있다'에 대한 연구는 질적으로나 양적으로나 상당한 연구 성과가 축적되어 있다. 신선경(2002)에서는 '있다'의 의미를 검토하고 그 의미와 통사 사이의 상관관계를 밝히고자 하였으며 고석주(1996)에서는 '있다' 구문의 전반적인 특성을 검토한 바 있다. 서정수(1991)에서는 '있다'와 '계시다'의 용법을, 김선영(2014)에서는 '계시다'가 보이는 자동사적 용법과 타동사적 용법을 '있다'와의 관계 속에서 설명하고자 하였다. 김천학(2009)에서는 '있다'가 본동사와 보조 동사로 쓰일 때 보이는 상적 호응의 문제에 관하여 검토한 바 있다. 또한 한영균(2004)에서는 말뭉치 자료에서 '있다'의 출현 양상을 살피고 '있다'가 연어 구성에 참여하는 양상이 통시적으로 변화하였음을 밝혔다. 송철의(2002)에서는 '있다'가 통시적 변화 양상을 고찰한 바 있으며 이안구(2002)에서는 '있다'와 '없다'의 성격이 변화하는 양상을 통시적으로 검토한 바 있다. 또한 정경재(2018)에서는 이전 시기의 '잇다'가 '있다'로 변화한 요인을 반의어 {없다}와의 관계 속에서 포착한 바 있다. 배주채(2000가)에서는 '있다'와 '계시다'의 사전 기술이 어떠한 식으로 이루어져야 하는지를 모색하였다.

6. 보조 용언 (구성)에 대한 전반적 논의

보조 용언의 전반적인 특성을 기술한 논의로는 손세모돌(1996), 강현화(1998), 이선웅(1995) 등을 참조할 수 있다. 통언어적(cross-linguistic)으로 우언적 구성이 시제, 상, 양태 표지로 문법화되는 경향은 빈번히 관찰되는데 국어에서도 이와 같은 현상을 관찰할 수 있다. 최근에는 보조적 연결 어미와 보조 용언이 결합한 단위, 즉 보조 용언 구성이 나타내는 문법 범주에 대한 논의가 이루어지고 있는 추세이다. 보조 용언 '있다'는 '-고'와 결합할 때에는 진행상의 의미를, '-어'와 결합할 때에는 완료상을 나타내는데 이와 관련된 논의로는 한동완(1999, 2000), 문숙영(2007), 박진호(2011가), 김천학(2007, 2018) 등을 참고할 수 있다. 보조 용언 구성이 나타내는 양태 범주에 대해서는 김지은(1998)과 문병열(2007) 등을 참고할 수 있다.

7. 불규칙 활용에 대한 전반적 논의

　불규칙 활용에 대한 논의는 음운론의 소관인지 형태론의 소관인지도 딱 잘라서 말하기 어려운 측면이 있다. 불규칙 활용이라는 개념은 학교 문법에서도 자주 언급이 될 정도로 널리 알려진 개념이고, 이에 따른 연구가 상당히 많이 축적되어 있다. 2000년 이전의 불규칙 활용에 대한 연구사는 한영균(1990)이 좋은 참고가 된다. 불규칙 활용에 대한 개관적인 내용은 여러 음운론 개론서나 형태론 개론서에서 다루고 있으며 배주채(2000나)와 김성규(2000)에서도 그 일면을 엿볼 수 있다. 음운론적인 관점에서 '불규칙'이라는 용어가 뜻하는 바가 무엇인지에 대한 종합적인 고찰은 이진호(2015)에서 주도면밀하게 이루어진 바 있다. 한편 불규칙 용언의 활용형이 어휘부 등재소일 가능성을 타진한 논의로는 한수정(2014)가 있다. 최명옥(1985, 1988)에서는 불규칙 활용의 공시적 기술 방안을 모색한 대표적 논의이고 김현(2006)과 정경재 (2015)는 불규칙 활용이 탄생하게 된 요인을 여러 각도에서 찾고 있는 대표적인 논의라고 할 수 있다. 학교 문법의 관점에서 불규칙 활용을 어떻게 교육하여야 할 것인지는 민현식(1991나)를 참고할 수 있다. 또한 개별 불규칙 활용에 대한 연구도 상당히 많이 이루어졌다. '르' 불규칙 활용에 대한 논의는 장향실(1996), 장윤희(2002), 박선우(2002), 송창선(2010)을 참고할 수 있으며 'ㄷ' 불규칙 활용과 'ㅂ' 불규칙 활용에 대한 논의는 각각 정인호(1997), 유필재(2009)를 참고할 수 있다. 한편 현대어를 중심으로 한 우리말의 불규칙 활용에 대한 통공간적 통시대적 변이와 변화 양상은 고영근(2018나: 117-195)를 참조할 수 있다.

8. 활용에서의 형태소 교체

　교체에 대한 전반적인 논의는 이혁화(2002), 고영근(2005), 이진호(2014가) 등을 참고할 수 있다. 한편 활용형의 변화 유형과 그 요인에 대한 전반적인 논의는 김현(2006)과 정경재(2015) 등을 참조할 수 있다. 불규칙 활용을 하는 용언에 대한 기술은 단수 기저형을 설정하는 방법과 복수 기저형을 설정하는 방법으로 나뉘는데, 최근에는 복수 기저형을 설정하여야 한다는 논의가 힘을 얻고 있다. 이와 관련된 선구적인 업적으로는 최명옥(1985)가 있다. 또한 김성규(1988)에서는 비자동적 교체에 대한 공시적 기술이 어떻게 이루어져야 하는지를 논의한 바 있다. 한편 교체의 조건과 관련하여 화용론적 교체, 문체론적 교체 등의 설정을 비판한 논의로는 박재연(2010)을 참조할 수 있다. 교체에 대해서는 2장의 '더 읽을거리 2'와 '더 읽을거리 3'을 더 참고하길 바란다.

9. 국어 문법 기술에서의 '활용'

국어 용언 활용은 '활용'이라는 용어를 쓰고 있지만 굴절어의 활용이 계열 관계의 측면에서 주로 다루어지는 것과 달리 통합 관계의 측면에서 어간과 어미의 결합 규칙으로 기술되는 것이 일반적이다. 이는 교착어인 국어의 특성상 계열 관계보다는 통합 관계의 측면이 활용의 문법 기술에 더 유리한 점이 많기 때문이기도 하고 20세기를 풍미했던 생성 문법의 영향이기도 하다. 그러나 이러한 전통과 달리 최근에는 국어의 용언 활용도 계열 관계의 측면에서 살펴볼 필요가 있다는 주장이 제기되고 있는데, 이에 대한 논의로는 가와사키 케이고(2011), 정경재(2015), 이찬영(2018), 고영근(2018나) 등을 참고할 수 있다. 한편, 계열 관계에 기반한 용언 활용 기술을 이해하기 위해서는 기본적으로 국어의 어미를 '자음 어미', '매개 모음 어미', '모음 어미'로 분류하는 것이 유용한데, 이에 대한 논의로는 배주채(1997)을 참고할 수 있다. 그리고 배주채(2013: 7장)에서는 이러한 어미 분류를 바탕으로 용언의 활용 양상에 따라 활용 부류를 정리하고 이에 속하는 용언을 망라하여 제시해 놓고 있어 이 또한 좋은 참고가 된다.

10. 선어말 어미에 대한 전반적 논의

선어말 어미는 형태소 분석 방법에 따라 달리 설정될 수 있다. 예컨대, 통합적 분석을 취한다면 '-습니다'는 하나의 종결 어미로, 여기서 선어말 어미를 분석해 낼 수 없다. 그러나 통합 관계와 계열 관계를 중시하는 구조주의적 분석 방법을 취한다면 '-습'이나 '-나'와 같은 선어말 어미를 더 분석해 낼 수 있다. 더 극단적인 분석 방법을 취한다면 '-습', '-느', '-이'도 분석해 낼 수 있는데, 이는 통시적 사실까지 고려한 결과라고 할 수 있다. 통합적 관점은 사전 처리나 문법 기술의 간결성에 이점이 있고 구조주의적 분석은 문법 범주의 체계 수립에 이점이 있으며 극단적 분석은 공시적으로 설명하기 어려운 특이한 언어 사실이나 통시적 변화 양상을 밝히는 데 유용하다. 각각의 관점에 따라 국어의 선어말 어미를 어떻게 분석할 수 있는가는 남기심(1982), 고영근·구본관(2008/2018: 173-175), 서태룡(1988: 5장)이 좋은 참고가 된다.

개별 선어말 어미의 기능과 문법적 특성에 대해서는 이어질 통사론의 10장, 11장에서 자세히 다루어진다. '-사'에 대한 더 읽을거리는 11장의 '더 읽을거리 2'를, '-았'에 대한 더 읽을거리는 10장의 '더 읽을거리 3'을, '-겠'과 '-더'에 대한 더 읽을거리는 10장의 '더 읽을거리 8'을, 현재 시제 '-ㄴ/는-', '-느-'에 대한 더 읽을거리는 10장의 '더 읽을거리 2'를, 서법이나 강조법에 대해서는 고영근·구본관(2008/2018: 174-175)를 참고하기를 바란다.

선어말 어미는 일정한 순서를 지니고 결합한다. 이러한 선어말 어미의 배열 양상을 지배하는 원리가 무엇인지 뚜렷이 밝혀지지 않았다. 이에 대한 논의로는 서태룡(1988: 149-156), 안명철(1988), 조일영(1996), 최동주(2006), 박부자(2006) 등을 참고할 수 있다. 한편, 선어말 어미는 시제·상·서법과 같은 용언의 문법 범주를 나타내는 문법 형태소이다. 이러한 문법 형태소가 용언의 어간에 결합하는 순서는 통언어적(cross-linguistic)으로 일정한 경향성을 띠는데, 이에 대해서는 Bybee(1985: 196-200)이 좋은 참고가 된다.

11. 연결 어미와 종결 어미

　　연결 어미와 전성 어미는 이어진 문장과 안은 문장과 관련하여 9장에서 자세히 논의되고
종결 어미는 문장 유형과 관련하여 9장에서, 상대 높임법과 관련하여 11장에서 자세히 논의되
므로 이에 대한 더 읽을거리는 각각의 장을 참고하길 바란다.

1. 아래의 자료를 바탕으로 다음의 질문에 답해 보자.

그 무렵, 나는 돈이라는 것에 대해서 전혀 아는 것이 없었다. 그저 어머니가 다른 사람에게 무엇인가를 건네주면, 그 사람은 또 으레 무슨 꾸러미나 봉지를 내주는 것을 보고는 '아하, 물건을 팔고 사는 건 저렇게 하는 것이구나.' 하는 생각이 마음속에 자리 잡았다. 그러던 어느 날, 나는 한 가지 결단을 내리기에 이르렀다. 위그든 씨 가게까지 두 구간이나 되는 먼 거리를 나 혼자 가 보기로 한 것이다. 상당히 애를 쓴 끝에 간신히 그 가게를 찾아 커다란 문을 열었을 때 귀에 들려오던 그 방울 소리를 지금도 나는 뚜렷이 기억한다. 나는 두근거리는 가슴을 안고 천천히 진열대 앞으로 걸어갔다. 이쪽엔 박하 향기가 나는 납작한 박하사탕이 있었다. 그리고 쟁반에는 조그만 초콜릿 알사탕, 그 뒤에 있는 상자에는 입에 넣으면 흐뭇하게 뺨이 불룩해지는 굵직굵직한 눈깔사탕이 있었다. 단단하고 반들반들하게 짙은 암갈색 설탕 옷을 입힌 땅콩을 위그든 씨는 조그마한 주걱으로 떠서 팔았는데, 두 주걱에 1센트였다. 물론 감초 과자도 있었다. 그것을 베어 문 채로 입 안에서 녹여 먹으면, 꽤 오래 우물거리며 먹을 수 있었다. 이만하면 맛있게 먹을 수 있겠다 싶을 만큼 내가 이것저것 골라 내놓자, 위그든 씨는 나에게 몸을 구부리며 물었다. "너, 이만큼 살 돈은 가지고 왔니?" "네." 나는 대답했다. 그리고는 주먹을 내밀어, 위그든 씨의 손바닥에 반짝이는 은박지로 정성스럽게 싼 여섯 개의 버찌씨를 조심스럽게 떨어뜨렸다. 위그든 씨는 잠시 자기의 손바닥을 들여다보더니, 다시 한동안 내 얼굴을 구석구석 바라보는 것이었다. "모자라나요?" 나는 걱정스럽게 물었다. 그는 조용히 한숨을 내쉬고 나서 대답했다. "돈이 좀 남는 것 같아. 거슬러 주어야겠는데……." 그는 구식 금고 쪽으로 걸어가더니, '철컹' 소리가 나는 서랍을 열었다. 그러고는 계산대로 돌아와서 몸을 굽혀, 앞으로 내민 내 손바닥에 2센트를 떨어뜨려 주었다. 내가 혼자 거기까지 가서 사탕을 샀다는 사실을 아신 어머니는 나를 꾸중하셨다. 그러나 돈의 출처는 물어 보지 않으셨던 것으로 기억된다. 나는 다만, 어머니의 허락 없이 다시는 거기에 가지 말라는 주의를 받았을 뿐이었다. 나는 확실히 어머니의 말씀에 순종했다. 그리고 그 후로 두 번 다시 버찌씨를 쓴 기억이 없는 것으로 보아, 허락이 있었을 때에는 분명히 1, 2센트씩 어머니가 돈을 주셨던 것 같다. 그 당시로서는 그 모든 사건이 내게 그리 대단한 일이 아니었으므로, 바쁜 성장 과정을 지나는 동안, 나는 그 일을 까맣게 잊고 있었다.

폴 빌라드의 「위그든 씨의 사탕가게」 중

(가) 위의 자료에서 용언을 모두 찾고 품사에 따라 분류해 보자.

(나) (가)에서 찾은 용언 중 보조 용언을 찾고 그 의미·기능에 대해 기술해 보자.

(다) 위의 자료에서 어미를 모두 찾고 '선어말 어미'와 '어말 어미'로 분류해 보자.

(라) (다)에서 분류한 선어말 어미의 의미·기능을 기술해 보자.

(마) (다)에서 분류한 어말 어미를 '종결 어미', '연결 어미', '전성 어미'로 다시 분류해 보자.

(바) (마)에서 분류한 종결 어미를 문장의 유형과 상대 높임법에 따라 다시 분류해 보자.

(사) (마)에서 분류한 연결 어미를 '대등적 연결 어미', '종속적 연결 어미', '보조적 연결 어미'로 다시 분류해 보자.

(아) (마)에서 분류한 전성 어미를 '명사형 어미', '관형사형 어미'로 다시 분류해 보자.

2. '우리말샘' 웹 검색 창(https://opendict.korean.go.kr/main) 우측의 '자세히 찾기'를 눌러 '구분'란의 첫 번째 줄에는 '단어'만, 두 번째 줄에는 '일반어'만, 세 번째 줄에는 '전체'를 체크한다. 그 다음 '품사'란의 '품사선택' 버튼을 눌러 '동사·형용사'에 체크한 뒤, '동사'와 '형용사'가 서로 통용되는 용언을 찾아보자.

(가) 검색된 결과를 대상으로 '동사'와 '형용사'가 서로 통용되는 용언 30개를 찾아보자.

(나) (가)의 용언 목록에서 대다수를 차지하는 용언들은 일정한 공통성을 지닌다. 그 공통성은 무엇인지 기술해 보자.

(다) (가)의 용언이 동사로 쓰이는 경우와 형용사로 쓰이는 경우 그 의미가 완전히 동일하다고 할 수 있는가? 만약 그러하다면 그 근거는 무엇이고 그렇지 않다면 그 근거는 무엇인가?

3. 다음의 질문에 답해 보자.

(가) 서술격 조사 '이다'가 현재와 과거의 시간을 나타낼 때 각각 어떻게 활용하는가?

(나) 동사 '먹다'가 현재와 과거의 시간을 나타낼 때 각각 어떻게 활용하는가?

(다) 형용사 '예쁘다'가 현재와 과거의 시간을 나타날 때 어떻게 활용하는가?

(라) 위의 답변들을 고려한다면 서술격 조사 '이다'를 '조사'가 아니라 다른 품사로 설정한다면 무엇으로 설정할 수 있겠는가?

4. '우리말샘' 웹 검색 창(https://opendict.korean.go.kr/main) 우측의 '자세히 찾기'를 눌러 '구분' 란의 첫 번째 줄에는 '단어'만, 두 번째 줄에는 '일반어'만, 세 번째 줄에는 '전체'를 체크한다. 그 다음 '품사'란의 '품사선택' 버튼을 눌러 '보조 동사', '보조 형용사'에 체크한 뒤 보조 용언을 찾아보고 다음의 질문에 답해 보자.

(가) 검색된 보조 용언 중 30개를 대상으로 이들을 보조 동사와 보조 형용사로 구분하여 보자.

(나) (가)의 보조 용언 목록을 대상으로 '우리말샘'을 참고하여 '-어 버리다', '-어 주다' 등과 같이 보조적 연결 어미와 함께 보조 용언 구성을 기술해 보자.

(다) (나)에서 기술한 보조 용언 구성을 바탕으로 '우리말샘'을 참고하여 이들 보조 용언 구성이 어떠한 기능을 하는지 기술해 보자.

(라) 본용언과 보조 용언으로 모두 기능하는 용언을 10개 찾아보자.

5. 아래에 제시된 자료를 보고 다음의 질문에 답해 보자.

> (1) 너는 여기에 좀 있어라.
> 우리는 여기에 있자.
> 우리는 여기 있는다.
>
> (2) 너는 돈이 좀 *있어라.
> 우리는 돈이 좀 *있자.
> 우리는 돈이 좀 *있는다.
>
> (3) 나영아, 마음이 좀 *예뻐라.
> 나영아, 우리 마음이 좀 *예쁘자.
> 나영이는 마음이 *예쁜다.

   (가) (1)과 (2)의 '있다'는 어떠한 의미 차이가 있는가?

   (나) (3)에 제시된 자료를 고려한다면 (1)과 (2)의 '있다'는 각각 어떠한 품사로 설정할 수 있는가?

6. 아래의 자료에 제시된 '있다'의 품사를 기술해 보자.

> (1) 지수가 이미 병원에 갔으니 오늘 우리는 그냥 학교에 있자.
> (2) 아버지는 내일 회사에 가지 않고 집에 있는다고 말했다.
> (3) 수지야, 떠들지 말고 얌전히 있어라.
> (4) 날이 더워서 요새는 한밤중에도 주로 깨어 있다.
> (5) 아내는 우는 아이를 달래려고 아이를 계속 업고 있었다.
> (6) 수정이가 동생에게 화를 낸 데에는 나름의 이유가 있었다.
> (7) 그는 지방의 국립 대학교 교수로 있다.
> (8) 인간에게 있어서 가장 중요한 가치는 건강과 행복이 아닐까 한다.
> (9) 좋은 차라서 그런지 차 안에 온갖 첨단 장비들이 있었다.
> (10) 우리가 제출한 민원서류는 아직 처리 중에 있다.
> (11) 방 안에 사람들이 많이 있다.
> (12) 오늘은 회식이 있으니 한 분도 빠지지 말고 참석해 주세요.
> (13) 나는 아주 예전에 그녀를 본 적이 있다.
> (14) 나한테까지 돈을 빌리러 온 것을 보면 걔도 아주 어려운 상황에 있는가 보다.
> (15) 지수야, 어제 만난 그 사람 있잖아, 어때? 괜찮아?
> (16) 집안 형편이 풀려서 동생도 이제는 대학에 갈 수 있게 되었다.
> (17) 나한테 그가 범인이라는 증거가 있다.

(18) 너한테 무슨 일이 있게 되면 얼른 부모님께 연락해라.

(19) 우리 집안의 모든 결정권은 아버지에게 있었다.

(20) 이제 두 시간만 더 있으면 모든 일정이 끝난다.

7. '우리말샘' 웹 검색 창(https://opendict.korean.go.kr/main) 우측의 '자세히 찾기'를 눌러 아래의 절차대로 하고 다음 질문에 답해 보자.

1. '구분'란의 첫 번째 줄에는 '단어'만, 두 번째 줄에는 '일반어'만, 세 번째 줄에는 '전체'를 체크한다.
2. '품사'란에서 '동사', '보조 동사', '보조 형용사', '형용사', '동사·형용사'를 체크한다.
3. '찾을 대상' 선택 칸에서 '문법'을 선택한다.
4. 그 옆 선택 칸에는 '포함 문자'를 선택한다.
5. 그 옆 검색란에는 '꼴로 쓰여'를 입력한다.
6. 맨 아래에 있는 '찾기' 버튼을 누른다.

(가) 검색된 결과를 대상으로 하여 활용이 불완전한 용언 30개를 찾아보자.

(나) (가)의 목록을 바탕으로 이들 용언이 어떠한 활용형으로 주로 쓰이는지 기술해 보자.

8. 어간이 불규칙한 불규칙 활용 용언을 30개 찾아 그 목록을 작성해 보자.

9. 우리말샘' 웹 검색 창(https://opendict.korean.go.kr/main) 우측의 '자세히 찾기'를 눌러 '구분'란의 첫 번째 줄에는 '단어'만, 두 번째 줄에는 '일반어'만, 세 번째 줄에는 '전체'를 체크한다. 그 다음 '품사'란의 '품사선택' 버튼을 눌러 '어미'를 찾아본 뒤 다음의 물음에 답해 보자.

(가) 검색된 어미 중 30개를 대상으로 하여 이들을 '선어말 어미', '어말 어미'로 분류해 보자.

(나) (가)에서 분류한 선어말 어미를 그 의미·기능에 따라 다시 분류해 보자.

(다) (가)에서 분류한 어말 어미를 '종결 어미', '연결 어미', '전성 어미'로 다시 분류해 보자.

(라) (다)에서 분류한 종결 어미를 문장 유형과 상대 높임법에 따라 분류해 보자.

(마) (다)에서 분류한 연결 어미를 '대등적 연결 어미', '종속적 연결 어미', '보조적 연결 어미'로 다시 분류해 보자.

(사) '우리말샘'을 참고하여 (마)에서 분류한 종속적 연결 어미의 의미·기능을 기술해 보자.

(아) (다)에서 찾은 전성 어미를 '명사형 어미', '관형사형 어미'로 다시 분류해 보고 '우리말샘'을 참고하여 관형사형 어미가 나타내는 시제 의미에 따라 이를 다시 분류해 보자.

탐구 문제

1. 아래에 제시된 자료를 바탕으로 다음의 질문에 답해 보자.

> (1) (어깨가) 결리다, 시큰시큰하다, (어깨가) 쑤시다, 아리다, 재미나다, 모자라다, (계산이) 틀리다, (답이) 맞다
>
> (2) 알맞다, 기막히다, 속상하다

- (가) 『표준국어대사전』을 참고하여 (1)에 제시한 용언의 품사를 기술해 보자.
- (나) (1)의 용언에 종결 어미 '-ㄴ/는다'와 관형사형 어미 '-는'을 결합하여 평서문과 관형절을 만들어 보자. 이것이 가능한가? 이를 바탕으로 한다면 (1)에 제시한 용언들의 품사는 무엇인가?
- (다) (1)의 용언에 '-ㄴ/는' 없이 종결 어미 '-다'만을 결합하여 평서문을 만들어 보자. 이것이 가능한가? 이를 바탕으로 한다면 (1)에 제시한 용언들의 품사는 무엇인가?
- (라) (1)의 용언은 명령문과 청유문에 쓰일 수 있는가? 이를 바탕으로 한다면 (1)에 제시한 용언들의 품사는 무엇인가?
- (마) 『표준국어대사전』을 참고하여 (2)에 제시한 용언의 품사를 기술해 보자.
- (바) (2)의 용언에 '-ㄴ/는' 없이 종결 어미 '-다'만을 결합하여 평서문을 만들어 보자. 이것이 가능한가? 이를 바탕으로 한다면 (2)에 제시한 용언들의 품사는 무엇인가?
- (사) (2)의 용언에 종결 어미 '-ㄴ/는다'와 관형사형 어미 '-는'을 결합하여 평서문과 관형절을 만들어 보자. 이것이 가능한가? 이를 바탕으로 한다면 (2)에 제시한 용언들의 품사는 무엇인가?
- (아) (2)의 용언은 명령문과 청유문에 쓰일 수 있는가? 이를 바탕으로 한다면 (1)에 제시한 용언들의 품사는 무엇인가?
- (자) 이상의 답변에서 (1)과 (2)에 제시한 용언들의 품사를 일관성 있게 설정할 수 있었는가? 만약 그렇지 않다면 (1)과 (2)의 용언이 지닌 의미적 특성에 비추어 그 이유에 대해 논의해 보자.

2. 아래에 제시된 자료를 바탕으로 다음의 질문에 답해 보자.

> (1) 돼먹다, 되바라지다, 막돼먹다, 막되다, 못나다, 못돼먹다, 못되다, 못생기다, (~처럼) 생기다, 세련되다, 안되다, 잘나다, 잘생기다, 케케묵다, 틀려먹다, (-기는) 틀리다, 해묵다
>
> (2) (-어) 빠지다, (-게) 생기다, (-고) 자빠지다, (-어) 터지다

(가) (1)과 (2)는 각각 본용언과 보조 용언이다. 이들 용언은 '동작'과 '상태(혹은 속성)' 중 무엇을 나타내는가?

(나) (1)과 (2)는 명령문과 청유문에 쓰일 수 있는가?

(다) (1)과 (2)는 종결 어미 '-ㄴ/는다', 관형사형 어미 '-는'과 결합이 가능한가? 또한 '-ㄴ/는' 없이 종결 어미 '-다'와 결합이 가능한가? 이들이 평서문이나 의문문에 쓰이기 위해서는 어떠한 선어말 어미가 반드시 결합해야 하는가?

(라) (가-다)의 답변을 바탕으로 한다면, (1)과 (2)에 제기한 용언들의 품사는 동사인가? 형용사인가?

(마) (1)과 (2)에 제시한 용언들을 동사로 본다면, 어떠한 문제가 있고 이러한 문제를 설명할 수 있는 합리적 근거는 무엇인가? 반대로 (1)과 (2)에 제시한 용언들을 형용사로 본다면 어떠한 문제가 있고 이러한 문제를 설명할 수 있는 합리적 근거는 무엇인가?

3. 앞서 본문에서 우리는 심리 형용사(주관성 형용사)에는 '-어 하'가 결합할 수 있고 이를 통해 경험주의 심리를 나타내는 동사를 만들 수 있음을 살펴보았다. 이러한 사실을 염두에 두고 아래에 제시된 자료를 바탕으로 다음의 질문에 답해 보자.

(1-1) 신나다, 질리다, 싫증나다, 겁나다

(1-2) 아이들은 물놀이를 간다는 소식에 무척이나 <u>신나 했다</u>.
　　　아버지는 매일 김치찌개만 드셔서 김치찌개를 <u>질려 했다</u>.

(2-1) 비좁다, 멀다, 축축하다, 달다

(2-2) 자리가 비좁다, 옷이 축축하다, 학교가 멀다, 커피가 달다

(2-3) 지수는 자리가 비좁았다,
　　　나는 학교가 너무 멀었다.

(2-4) 덩치가 큰 내가 앉자 옆에 앉은 아가씨가 자꾸 자리를 <u>비좁아 했다</u>.
　　　둘째 동생은 버스를 타고 가야만 하는 학교를 <u>멀어 했다</u>.

(3-1) 침착하다, 도도하다, 신중하다, 인색하다

(3-2) 지수가 침착하다, 수지가 도도하다, 아버지가 신중하다, 할머니가 인색하다

(3-3) 아버지가 쓰러졌다는 소식을 듣고도 지수는 애써 <u>침착해 했다</u>.
　　　수지는 그런 남자와는 절대로 사귈 수 없다며 <u>도도해 했다</u>.

(가) (1-1)의 용언은 동사인가? 형용사인가?

(나) (1-1)의 용언은 경험주의 심리 상태를 나타내는 심리 형용사와 비교했을 때, 그 의미가 유사한가? 그리고 (1-1)의 용언은 그 문형이 '나는 선생님이 무섭다'와 같이 'NP₁이 NP₂가 Adj'로 나타나는 심리 형용사의 논항 구조와 비교했을 때 어떠한 차이를 지니는가?

(다) (가)의 답변을 바탕으로 한다면 (1-1)에 '-어 하'가 결합할 수 있는가? 그렇지 않다면 (1-2)의 예가 가능한 이유를 (나)의 답변을 바탕으로 설명해 보자.

(라) (2-2)의 예를 고려한다면 (2-1)의 형용사는 객관성 형용사인가? 심리 형용사인가?

(마) (2-3)의 예를 고려한다면 (2-2)의 형용사는 객관성 형용사인가? 심리 형용사인가?

(바) (라)와 (마)의 답변을 바탕으로 하여 (2-4)의 예와 같이 (2-1)의 형용사에 '-어 하'가 결합하는 이유를 설명해 보자.

(사) (3-2)의 예를 고려한다면, (3-1)의 형용사는 객관성 형용사인가? 심리 형용사인가?

(아) (3-1)의 형용사도 (2-1)의 형용사처럼 (2-2)의 용법과 (2-3)의 용법을 모두 가질 수 있는가? 만약 그렇지 않다면 '-어 하'의 기능과 관련하여 (3-3)의 예가 가능한 이유를 설명해 보자.

4. 아래에 제시된 자료를 바탕으로 다음의 질문에 답해 보자.

(1-1) 많다, 가득하다, 빽빽하다, 빼곡하다, 득실하다, 자욱하다
(1-2) 학교에 학생들이 많다.
　　　영화관에는 관객들이 가득했다.
　　　전철 안에는 사람들이 빽빽하다.
(1-3) 학교에 학생들이 있다.

(2-1) 어색하다, 어렵다, 복잡하다, 미적지근하다
(2-2) 결혼 문제 때문에 나는 요새 아버지와 좀 어색해.
　　　그때 지수랑 싸우고 아직도 지수하고는 여전히 어려워.
　　　여자 친구랑 만난 지 3년이 넘어서 이제는 걔랑 미적지근해.
(2-3) 나는 반 아이들과 친하다.

(3-1) 접다, 그리다, 끓이다
(3-2) 아이들은 종이를 접었다.
　　　지수는 밀가루를 반죽하고 있다.
　　　어머니는 무를 썰고 계셨다.
(3-3) 아이들은 종이학을 접었다.
　　　지수는 수제비를 반죽하고 있었다.
　　　어머니는 채를 썰고 계셨다.
(3-4) 아버지는 의자를 만들었다.

(4-1) 놀리다, 명령하다, 지시하다
(4-2) 아이들은 나를 놀렸다.

김 부장은 직원들에게 퇴근할 것을 명령했다.

대통령은 관계 기관에 대책 마련을 지시했다.

(4-3) 아이들은 나에게 오줌싸개라고 놀렸다.

김 부장은 직원들에게 오늘은 빨리 퇴근하라고 명령했다.

대통령은 관계 기관에 얼른 대책을 마련하라고 지시했다.

(4-4) 친구는 나에게 얼른 학교에 가라고 말했다.

(5-1) 이 커피가 매우 달다.

(5-2) 나는 이 커피가 매우 달다.

(가) (1-1)의 형용사는 대상의 양을 나타낸다. 그런데 (1-2)의 예와 같이 이러한 형용사가 '처소'를 나타내는 'NP-에' 성분과 함께 나타나면 대상의 양과 함께 존재의 의미도 나타낸다. 이를 (1-3)의 '있다'의 논항 구조와 관련하여 설명해 보자.

(나) (2-1)의 형용사는 어떠한 대상의 상태나 화자의 주관적 심리 상태를 나타낸다. 그런데 이러한 형용사가 (2-2)와 같이 'NP-와', 'NP-하고', 'NP-랑'과 함께 나타나면 두 대상이 맺는 관계의 상태를 나타낸다. 이를 (2-3)의 '친하다'의 논항 구조와 관련하여 설명해 보자.

(다) (3-1)의 동사는 (3-2)와 같이 동사가 나타내는 행위에 영향을 입는 대상이 목적어로 나타난다. 그런데 이러한 동사가 (3-3)과 같이 행위의 결과로 만들어지는 창조물이 목적어로 나타나면 '창조'의 의미를 나타낸다. 이를 (3-4)의 '만들다'의 논항 구조와 관련하여 설명해 보자.

(라) (4-1)의 동사는 (4-3)과 같이 '고' 간접 인용절이 함께 나타나면 (4-2)에서는 발견되지 않는 발화(發話)의 의미가 느껴진다. 이를 (4-4)의 '말하다'의 논항 구조와 관련하여 설명해 보자.

(마) 이상의 예를 바탕으로, 객관성 형용사와 심리 형용사가 서로 통용되는 현상을 설명해 보자.

(바) 용언의 의미와 논항 구조는 밀접한 관련을 맺는다. 그렇다면 이상의 예에서 제시한 용언들은 용언이 의미에 따라 그 논항 구조가 결정되는 현상인가? 아니면 용언의 논항 구조에 따라 그 의미가 결정되는 현상인가? 그 근거는 무엇인가?

5. 아래에 제시된 자료를 바탕으로 다음의 질문에 답해 보자.

(1-1) *지수는 잠시 동안 키가 작았다.

*백두산은 잠시 높았다.

(1-2) 나는 잠시 동안 머리가 어지러웠다.

나는 그와 있는 동안 잠시 행복했다.

(2-1) *지수는 8시에 예쁘다.
　　　*나는 8시에 그가 싫다.
(2-2) 출근 버스는 8시에 복잡하다.
　　　나는 8시에 노트북이 필요하다.

(3-1) *지수는 키가 작기 시작했다.
　　　*백두산은 높기 시작했다.
(3-2) 나는 머리가 아프기 시작했다.
　　　날이 점점 흐리기 시작했다.

(4-1) *지수는 키가 다 작았다.
　　　*백두산은 다 높았다.
(4-2) *나는 이제 머리가 다 아팠다.
　　　*날이 다 흐렸다.

(5-1) *백두산은 잠시 높았다.
　　　*백두산은 높기 시작했다.
　　　*백두산은 이제 다 높았다.
(5-2) 나는 잠시 동안 머리가 아팠다.
　　　나는 머리가 아프기 시작했다.
　　　*나는 이제 머리가 다 아팠다.
(5-3) 출근 버스는 8시에 복잡하다.
　　　*출근 버스는 8시부터 복잡하기 시작했다.
　　　*출근 버스는 이제 다 복잡했다.

(가) 형용사는 상태나 속성을 나타낸다. 속성이란 사물의 본질을 이루는 고유한 속성을 말하고 상태(狀態, state)는 사물이 현상이 처해 있는 모양이나 형편을 말한다. 즉, 속성은 대상의 지속적이고도 항구적 특성을 나타낸다면, 상태는 일시적이고 비항구적 특성을 나타낸다. 이러한 사실을 바탕으로 하여 (1)과 (2)의 형용사를 상태를 나타내는 것과 속성을 나타내는 것으로 분류해 보자.

(나) 형용사가 나타내는 상태나 속성은 동사가 나타내는 동작과 달리 그 시작점이나 끝점을 상정하기 어렵다. 그러나 일부 형용사는 이에 대해 예외가 될 수 있는데, (3)과 (4)의 예를 바탕으로 형용사가 나타내는 상태나 속성의 시작점이나 끝점을 상정해 보자.

(다) (5)의 예를 바탕으로 하여 '상태', '속성', '시작점이나 끝점'의 세 가지 기준을 이용하여 형용사가 나타내는 사태의 시간 구조를 분류하여 보자.

6. '이다'는 다양한 용법을 지니는데 (1)의 예와 같이 'NP₁이 NP₂이다'의 형식으로 나타나서 NP_1 과 NP_2가 동일함을 나타내는 것이 가장 전형적인 용법이다. 그리고 이때의 '이다'는 '아니다'를 통해 부정문을 형성한다는 특성을 지닌다. 이러한 사실을 염두에 두고 아래에 제시된 자료를 바탕으로 다음의 질문에 답해 보자.

---

(1) 지수가 범인이다.
　　모자를 쓴 사람이 우리 아버지이다.
(2) 우리 아이는 사춘기이다.
　　아버지는 우리 집안의 기둥이다.
(3) 나는 서울로 출발할 예정이다.
　　그녀는 아쉽다는 표정이다.
(4) (너 뭐 먹을래?) 나는 짜장면이야!
(5) 그는 좋은 직장에 취직한 것이 늘 자랑이다.
　　나 너한테 실망이다.
　　그 사람은 오늘도 회사에 결근이다.
　　그 녀석은 말하는 것이 제법이다.
　　어머니는 나에게 결혼을 하라고 야단이었다.
　　나도 너하고 동감이다.
(6) 불이야!
　　와! 논이다.
　　아이고 깜짝이야!
　　주문하신 아메리카노입니다.
(7) 아이가 배가 고픈 모양이다.
　　모든 사람은 저마다 자기의 짝이 있는 법이다.
　　나는 내일 출발할 것이다.

(가) (2)의 '이다' 구문은 (1)의 '이다' 구문과 어떠한 차이가 있는가? 이러한 차이가 (2)의 '이다' 구문을 (1)의 '이다' 구문으로 볼 수 없는 결정적 근거가 되는가?

(나) (3)의 '이다' 구문은 (1)의 '이다' 구문과 어떠한 차이가 있는가? 이러한 차이가 (3)의 '이다' 구문을 (1)의 '이다' 구문으로 볼 수 없는 결정적 근거가 되는가?

(다) (4)의 '이다' 구문은 (1)의 '이다' 구문과 어떠한 차이가 있는가? 이러한 차이가 (4)의 '이다' 구문을 (1)의 '이다' 구문으로 볼 수 없는 결정적 근거가 되는가?

(라) (5)의 '이다' 구문은 (1)의 '이다' 구문과 어떠한 차이가 있는가? 이러한 차이가 (5)의 '이다' 구문을 (1)의 '이다' 구문으로 볼 수 없는 결정적 근거가 되는가?

(마) (6)의 '이다' 구문은 (1)의 '이다' 구문과 어떠한 차이가 있는가? 이러한 차이가 (6)의 '이다' 구문을 (1)의 '이다' 구문으로 볼 수 없는 결정적 근거가 되는가?

(바) (7)의 '이다' 구문은 (1)의 '이다' 구문과 어떠한 차이가 있는가? 이러한 차이가 (7)의 '이다' 구문을 (1)의 '이다' 구문으로 볼 수 없는 결정적 근거가 되는가?

(사) 이상의 답변을 바탕으로 (2)~(7)의 '이다' 구문 중 (1)의 '이다' 용법으로 볼 수 있는 '이다' 구문과 그렇지 않은 '이다' 구문으로 분류하고, (1)의 '이다' 용법으로 볼 수 없는 '이다' 구문은 어떠한 기능을 하는지 기술해 보자.

7. 아래에 제시된 자료를 바탕으로 다음의 질문에 답해 보자.

(1) 나는 {밥이/밥을} 먹고 싶다.
(2-1) 지수는 {*밥이/밥을} 먹고 싶어 했다.
(2-2) 지수는 <u>어머니가</u> 무섭다. ↔ 지수는 <u>어머니를</u> 무서워했다.
(3) 나는 {*서류가/서류를} 빨리 처리하고 싶었다.
　　 나는 {*헌 옷이/헌 옷을} 수선하고 싶었다.
　　 나는 새로운 {??사실이/사실을} 발견하고 싶었다.

(가) (1)에서 제시하였듯이 '-고 싶' 보조 용언 구문에서 '먹다'의 대상이 되는 논항은 주격으로도, 목적격으로도 나타날 수 있다. 이는 '-고 싶' 보조 용언 구문의 통사 구조를 두 가지로 볼 수 있음을 시사한다. 보조 용언 '싶다'의 품사와 (2)의 현상을 참고하여 '-고 싶' 보조 용언 구문에 나타나는 두 가지 통사 구조의 차이를 기술해 보자.

(나) (3)의 예에서 알 수 있듯이 타동사 서술어와 결합한 '-고 싶' 보조 용언 구문에서 목적격 논항이 항상 주격으로 나타날 수 있는 것은 아니다. 그렇다면 '-고 싶' 보조 용언 구문은 (가)에서 제시한 통사 구조 중 어떠한 통사 구조를 지니는 것이라고 할 수 있는가?

(다) '-고 싶' 보조 용언 구문이 본래는 (나)에서 제시한 통사 구조를 지니지만 (1)에서는 두 가지의 통사 구조를 지닌다면 이는 어떻게 설명할 수 있는가?

(라) '-고 싶' 보조 용언 구문이 (나)에서 제시한 통사 구조를 지닌다고 본다면 어떠한 문제가 있는가? 이러한 문제는 어떻게 설명할 수 있는가?

8. 아래에 제시된 자료를 바탕으로 다음의 질문에 답해 보자.

(1) '흐르다' {흐르고, 흐르니, 흘러}: '르' 불규칙
　 '푸다' {푸고, 푸니, 퍼}: '우' 불규칙
　 '갈다' {갈고, 가니, 갈아}: 'ㄹ' 탈락 용언
　 '돕다' {돕고, 도우니, 도와}: 'ㅂ' 불규칙

(2-1) 계곡에는 물이 <u>흐르고</u> 있었다. / 물이 <u>흐르니까</u> 좀 시원하다.

(2-2) 내가 밥을 <u>퍼고</u> 있었다. / 밥을 <u>퍼니까</u> 그 속에 파란 콩이 보였다.

(2-3) <u>갈은</u> 배를 넣으면 주스가 조금 더 달아질 것이다.

(2-4) 나는 여기서 아버지의 일을 <u>도우고</u> 있다.

(3-1) '(끈을) 풀다' {풀고, 푸니, 풀어}: 'ㄹ' 탈락 용언

　　　'모자라다' {모자라고, 모자라니, 모자라} : 규칙 용언

　　　'바라다' {바라고, 바라니, 바라}: 규칙 용언

(3-2) '흐르다' {흐르고, 흐르니, 흘러} 'ㄹ' 불규칙

　　　'하다' {하고, 하니, 하여(해)} '여' 불규칙

(4-1) 아이가 답답해하는 것 같아서 끈을 조금 <u>풀러</u> 주었다.

(4-2) 돈이 <u>모잘라서</u> 물건을 못 샀다.

(4-3) 나는 그녀가 오길 <u>바래서</u> 오랫동안 자리를 뜨지 못했다.

(4-4) 우리는 돈이 <u>모자래서</u> 물건을 못 샀다.

(가) (2)의 밑줄 친 활용형은 표준으로 인정되지 않지만 우리 주변에서 어렵지 발견할 수 있는 예이다. 여기에는 규칙 활용형이 불규칙 활용형으로 변한 것도 있고 불규칙 활용형이 규칙 활용형으로 변한 것도 있다. (1)을 참고하여 이를 분류해 보자.

(나) (2)의 밑줄 친 활용형을 표준으로 인정한다면 (1)의 불규칙 용언은 어떠한 양상을 띠게 되는가? 이를 바탕으로 (2)와 같은 현상이 나타나는 이유를 설명해 보자.

(다) (4)의 밑줄 친 활용형은 (2)와 마찬가지로 표준으로 인정되지 않지만 (2)의 예보다 훨씬 더 흔히 발견할 수 있는 예이다. (3)을 참고하여 (4)의 예에서 각각 발견되는 변화 양상을 기술해 보자.

(라) (4)에서 발견되는 활용형 변화 양상은 (2)에서 발견되는 활용형 변화 양상과는 매우 다른 특성을 지니고 있다. 그 차이를 기술해 보자.

(마) (4)의 활용형 변화 양상에서도 (2)의 활용형 변화 양상을 통해 얻을 수 있는 효과가 발생 하는가? 만약 그렇지 않다면 (4)와 같은 양상이 나타나는 이유는 무엇인가?

9. 아래에 제시된 자료를 바탕으로 다음의 질문에 답해 보자.

(1-1) 막+는/망는/, 막+느냐/망느냐/, 막+는데/망는데/

　　　걷+는/건는/, 걷+느냐/건느냐/, 걷+는데/건는데/

　　　잡+는/잠는/, 잡+느냐/잠느냐/, 잡+는데/잠는데/

(1-2) {막, 걷, 잡}과 같이 'ㄱ, ㄷ, ㅂ'으로 끝나는 형태소는(A) 'ㄴ'과 같은 비음으로 시작하는 형태소 앞에서(B) 비음화라는 음운 규칙을 통해(C) /망, 건, 잠/과 같은 이형태로 교체된다.

(2-1) 쓰＋어/써/, 써＋어서/써서/

(2-2) {쓰}와 같이 '으'로 끝나는 어간은(A) '-어'와 같이 모음으로 시작하는 어미 앞에서(B) '으'가 탈락하여 /ㅆ/와 같은 이형태로 교체된다.

(3-1) 영수＋-가, 종이＋-가, 커피＋-가…
신발＋-이, 돈＋-이, 명품＋-이…

(3-2) 주격 조사 '이/가'는(A) 모음으로 끝나는 체언 뒤에서(B) /이/로 나타나고 자음으로 끝나는 체언 뒤에서(B) /가/로 나타나는 이형태 교체가 나타난다.

(4) 이형태 교체의 규칙성 설정 기준
   1. 음운 규칙으로 설명이 가능한가? (1-2의 (C))
   2. 교체를 보이는 형태소를 일반화할 수 있는가? (1-2의 (A))
   3. 교체가 나타나는 환경을 일반화할 수 있는가? (1-3의 (B))

규칙성의 정도 비교

①1을 만족 > ②2, 3을 모두 만족 > ③2만 만족하거나 3만 만족 > ④모두 만족하지 않음
(※1이 만족되면 자동적 교체이므로 2와 3이 자동으로 만족됨)

(가) (1-2)의 이형태 교체 규칙은 (4)의 1, 2, 3이 모두 만족되므로 가장 규칙적인 성격을 보인다. 그렇다면 (2-2)와 (3-2)의 이형태 교체 규칙은 (4)의 1, 2, 3을 모두 만족하는가? 만약 그렇지 않다면 어떤 기준을 만족하지 못하는가?

(나) (가)에서 (2-2)와 (3-2)의 이형태 교체 규칙이 (4)의 2와 3을 만족한다고 보았다면, (2-2), (3-2)의 (A)와 (B)중 (1-2)의 (A), (B)에서 나타나는 일반화와 비교해 그 정도성이 동일하지 않다고 볼 수 있는 것은 무엇인가? 그 근거는 무엇인가?

(다) 이상의 답변들을 바탕으로 한다면 (2-2)와 (3-2)의 이형태 교체는 (4)에서 제시한 규칙성의 정도에서 어디쯤에 위치한다고 볼 수 있는가?

(라) 'ㅂ' 불규칙 활용과 '주다'의 보충법적 교체를 (1-2), (2-2), (3-2)와 같이 규칙으로 기술해 보자. (4)의 1, 2, 3중 무엇을 만족하지 못하는가? 이러한 사실을 바탕으로 한다면, 'ㅂ' 불규칙 활용과 '주다'의 보충법적 교체는 각각 (4)에서 제시한 규칙성의 정도에서 어디쯤에 위치한다고 볼 수 있는가?

10. 아래에 제시된 자료를 바탕으로 다음의 질문에 답해 보자.

(1-1) 지수는 밥을 <u>먹고</u> 연희는 빵을 먹는다.
(1-2) 지수는 밥을 <u>먹고</u> 설거지를 하였다.

> (1-3) 지수는 하루 종일 <u>떠들고</u> 즐겼다.
>
> (1-4) 지수는 선두로 <u>치고</u> 나갔다.
>
> (2-1) 지수는 밥을 먹었고 연희는 빵을 먹었다.
>
>   아버지는 운동을 하시고 어머니는 영화를 보신다.
>
> (2-2) 지수는 밥을 먹고서 설거지를 하였다.
>
>   아버지는 운동을 하시고 영화를 보신다.
>
> (2-3) *지수는 하루 종일 떠들었고 즐기셨다.
>
>   *아버지는 하루 종일 떠드시고 즐기셨다.
>
> (2-4) *지수는 선두로 치고서 나갔다.
>
>   *아버지는 선두로 치시고 나가셨다.
>
> (3) 선생님은 학생들을 열심히 <u>지도하고</u> 있다.

(가) (1)에서 밑줄 친 연결 어미 '-고'는 모두 그 성격을 달리한다. '접속의 대등성과 종속성', '절 접속과 동사(구) 접속'이라는 기준에 따라 (1)의 '-고'를 분류해 보자.

(나) (2)는 (1)의 각각의 예에서 밑줄 친 연결 어미 '-고'의 문법적 특성이 서로 다름을 보인 것이다. 이러한 문법적 특성을 바탕으로 한다면 (3)의 '-고 있-' 보조 용언 구성의 '-고'는 (1)의 '-고' 중에서 어느 것과 유사한 성격을 지니는가?

(다) 만약 (3)의 '-고 있-' 보조 용언 구성의 '-고'가 (1)의 '-고' 중에서 어느 것과 유사한 성격을 지닌다는 것이 확실하다면, 연결 어미의 문법 체계 기술과 관련하여 어떠한 이점을 지닐 수 있는가?

11. 아래의 (1)은 본문에서 기술한 내용을 간략히 정리한 것이다. 이를 바탕으로 다음의 질문에 답해 보자.

> (1-1) 하 + 1시(주체 높임법) + 2었(시제) + 3겠(추측) + 4사오(공손) + 5ㅂ(상대 높임법의
> 하십시오체) + 6니(서법)+ 7ㄴ(강조법)+ -다
>
> (1-2) ① 주체 높임법 : -시-
>
>   ② 시제 : -는<현재>, -었<과거>, -겠<미래>
>
>   ③ 추측: '-겠'
>
>   ④ 공손 : -읍
>
>   ⑤ 상대 높임법의 하십시오체 : -ㅂ-
>
>   ⑥ 서법 : -느-, -더-, -라-
>
>   ⑦ 강조법 : -것-, -나-

(1-3) 한 단어에 선어말 어미가 나타나는 최대의 구조체를 가상적으로 상정한다고 하면 (1-1)과 같이 나타낼 수 있고 (1-2)에서 여러 개의 형태소가 나타나는 경우는 (1-1)에서 제시한 각각의 위치에서 대립 체계를 이룬다. 예컨대, ②의 시제 선어말 어미는 (1-1)의 2번 위치에서 계열 관계를 이루며 시제 대립을 이룬다.

(2-1) 하셨느니라: 하 + 1시 + 2었 + Ø1 + 6느 + 7니 + -다
(2-2) 하셨겠소: 하 + 1시 + 2었 + 3겠 + Ø1 + Ø2 + -소
(2-3) 하오: 하 + Ø1 + Ø2 + Ø3 + -오

(가) (1-2)의 ①주체 높임의 '-사'는 주체 높임을 실현할 때에 나타난다. 그렇다면 이러한 주체 높임이라는 문법 범주는 문장에서 반드시 실현되어야 하는가? 이와는 반대로 시제는 어떠한 가? 모든 문장에서 시제가 반드시 표시되어야 하는가? 이러한 물음에 답하다 보면 (1-2)의 문법 범주 중에서 필수성을 지녀 문장에서 반드시 실현되어야 하는 범주는 아무리 많아도 3 개를 넘어서지 않을 것이다. 그 3개의 문법 범주는 무엇인가?

(나) 어떠한 문법 범주가 필수성을 지닌다면, 이에 해당하는 형태소가 나타나지 않더라도 그것이 실현되었다고 보는 것이 타당하다. 그래서 (2)의 예와 같이 Ø 형태소를 상정해 주는 것이 보통인데, (가)의 답변을 고려하여 (2-1)의 Ø1과 (2-2)의 Ø1, Ø2와 (2-3)의 Ø1, Ø2, Ø3이 (1-1)의 선어말 어미 배열 위치상 어느 곳에 위치하며 그 기능이 무엇인지 기술해 보 자.

(다) (가)와 (나)에서 올바른 답변을 했다면, (2-1)의 Ø1과 (2-2)의 Ø1, (2-3)의 Ø2가 서로 같은 위치를 차지함을 알 수 있을 것이다. 이들 각각의 영형태소에 구체적인 기능을 부여해 보자. 이들의 기능은 서로 동일한가? 하나의 계열체 내에서 영형태가 서로 다른 기능을 가지고 대립 체계를 이룬다면, 이는 문법 기술에서 어떠한 문제를 지니게 되는가? 그리고 이러한 문제는 근본적으로 어디에서 발생하는가?

(라) (가)와 (나)에서 올바른 답변을 했다면, (2-2)의 Ø2, (2-3)의 Ø3이 서로 같은 위치를 차 지하고 그 기능도 동일하다는 것을 알 수 있을 것이다. 그런데 이들 형태소가 나타내는 기능을 적극적으로 설정해 주는 것이 타당한가? 그렇다면 그 근거는 무엇이고 그렇지 않다면 그 근거는 무엇인가?

(마) 영형태소는 문법 체계 기술에서 매우 유용하다. 그러나 영형태소는 구체적 형식이 없는 형태소라는 점에서 매우 추상적이므로 되도록이면 적게 설정하는 것이 좋다. 이러한 사실과 (다)와 (라)의 답변을 고려하더라도 (2)에서 없애기 힘든 영형태소는 무엇인가?

제5장 수식언, 독립언과 품사 통용

5.1. 수식언

5.1.1. 관형사

5.1.1.1. 관형사의 특성

관형사는 체언 앞에서 그 체언의 뜻을 분명하게 제한하는 품사로서 형식상으로는 불변어에 속한다.

> (1)　가. 이 거리에는 <u>새</u> 집과 <u>헌</u> 집이 서로 이웃해 있다.
> 　　　나. 이 박물관은 <u>구</u>(舊) 시민 회관 자리에 들어선 것이다.

(1가)의 '새, 헌'과 (1나)의 '구'(舊)가 관형사인데 이들은 모두 명사 '집'과 '시민 회관'을 제한·수식하고 있다. (1가)는 고유어 관형사이고 (1나)는 한자어 관형사이다.

관형사는 체언 이외의 품사는 꾸미는 일이 없다. 관형사가 나란히 놓여 있을 때는 앞의 관형사가 뒤의 관형사를 꾸미는 것처럼 보일 때가 있다.

> (2)　가. <u>저</u> <u>새</u> 책이 누구의 책이냐?
> 　　　나. <u>이</u> <u>헌</u> 구두가 제 것입니다.

그러나 (2)의 '저, 이'는 이어지는 관형사 '새, 헌'을 꾸미는 것이 아니고 명사구 '새 책'과 '헌 구두'를 꾸미므로 관형사의 궁극적인 수식 대상은 명사이다. (1가)의 예로써 수식 관계를 보이면 다음과 같다.

> (2)　가'. 저　새　책 …

명사라고 해서 모두 관형사의 꾸밈을 받는 것은 아니다. 우리는 이미 고유 명사가 관형사의 꾸밈을 받기가 매우 어려움을 확인한 바 있다. '성실(誠實), 무한(無限)' 등의 상태성의 명사도 관형사의 결합이 쉬워 보이지 않는다.

(3) [?]그 성실, [?]저 무한…

관형사는 다른 품사에 비하여 어휘수가 적다.[1] 그럼에도 불구하고 독립된 품사의 대접을 받는 것은 형태 및 기능상의 특수성이 인정되기 때문이다.

(4) <u>새</u> 책   cf. <u>새로운</u> 책, <u>동생</u> 책

(4)의 오른쪽의 '새로운'은 의미에 있어 '새'와 큰 차이가 없다. '새로운'은 '새롭다'가 관형사형으로 활용된 말이지만 '새'는 명사 앞에 놓였다는 점 이외에는 특별한 활용 흔적이 없다. '새로운'은 '새롭다, 새롭고'와 같은 활용형으로 나타날 수 있지마는 '새'는 '*새다, *새고…' 등으로 바뀌지 않는다. '새 책'을 '동생 책'과 비교하면 명사와 같은 성질을 띠었다고 할 수 있으나 명사와는 다르다. '동생 책'의 '동생' 뒤에는 관형격 조사 '의'가 보충될 수 있고 '의' 이외에도 여러 가지 조사가 붙을 수 있지마는 '새'에는 어떤 조사도 붙지 못한다. 곧 '*새의 책'은 물론, '*새가, *새를…'과 같은 말은 적어도 현대어에서는 확인되지 않는다. 다시 한 번 강조하는 바와 같이 관형사는 형태상으로 불변어이고 기능상으로는 수식언인 것이다.[2]

5.1.1.2. 관형사의 종류

5.1.1.2.1. 성상 관형사
다음 (5)의 예들은 꾸밈을 받는 명사의 성질이나 상태를 실질적으로 제한한다고 하여

---

[1] 해당 품사에 속하는 어휘의 수가 적다는 것이 독립된 품사로 인정되지 못할 결정적인 이유가 되지는 않는다. 다른 언어의 예이기는 하지만 가령, 영어의 관사(冠詞, article)는 부정관사 a/an, 정관사 the만 있지만 독립된 품사로 인정된다. 한편 국어에는 2자 한자어 중에는 어떠한 조사와도 결합할 수 없고 후행 성분으로 명사구만 취하는 '國際', '對南', '强力' 등과 같은 한자어들이 존재한다. 이와 같은 형태들은 일반적으로는 관형 명사로 처리되기도 하지만 최근에는 관형사로 간주하는 견해도 있다.(고영근 2018나: 183) 이들을 관형사로 간주할 수 있다면 국어의 관형사는 그 수가 상당히 많아질 것이다.

[2] 관형사(冠形詞)의 '冠'과 '形'은 관사(冠詞, article)의 '冠'과 형용사(形容詞, adjective)의 '形'에서 온 것인데, 체언 앞에만 온다는 점은 영어의 관사와 유사한 특성을 지니고 체언을 수식한다는 점은 영어의 형용사와 유사한 특성을 지닌다는 점에 근거한 것이다. 이에 주목하여 논의에 따라서는 기존의 관형사와 '국제(國際)', '간이(簡易)' 등과 같이 후행 체언을 수식하는 기능만을 갖는 관형 명사를 형용사로 설정하고 기존의 형용사를 동사에 포함시키자는 주장도 있다. 그러나 이러한 품사 설정 방식에 대해서는 논란의 여지가 많다.

성상 관형사(性狀冠形詞)라 말한다.

(5) 가. 새(집, 옷, 해…), 헌(집, 옷, 책…), 옛(집, 말, 사람…)
　　 나. 순(純)(한국말, 유럽산…), 구(舊)(시민 회관, 국제 우체국…),
　　　　 주(主)(고객, 무대…)

(5가)는 고유어이고 (5나)는 한자어이다. 특히 한자어 관형사는 순수(純粹), 구가(舊家),
주요(主要) 등과 같이 한 단어의 일부분으로 나타나는 일이 있는데 이때는 관형사로 보아
서는 안 된다. 이들을 제외한 '수, -가, -요' 등이 체언의 자격을 가질 수 없기 때문이다.[3]

5.1.1.2.2. 수 관형사

다음 (6)의 예들은 대부분 단위성 의존 명사와 결합하여 사물의 수량을 표시한다고
하여 수량 관형사(數量冠形詞) 또는 수 관형사(數冠形詞)라고 한다.

(6) 가. 한, 두, 세(석, 서), 네(넉, 너), 다섯(닷), 여섯(엿), 일곱, 여덟, 아홉, 열, 스무,
　　　　 서른 …
　　 나. 한두, 두세, 서너, 두서너(二, 三, 四)…, 일이(一二), 이삼(二三), 삼사(三四)…
　　　　 여러, 모든, 온, 온갖, 갖은, 전(全)

(6가)는 정수(定數)이고 (6나)의 '한두', '두세', '서너'는 부정수(不定數), 즉 어림수이
다. 수 관형사는 수사와 대응되는 체계를 형성하고 있는데 수사와 형태가 같은 것이
대부분이지마는 기본 수 관형사는 형태를 달리하는 일이 많다. '하나, 둘, 셋, 넷, 다섯,
여섯…, 스물…, 여럿' 등은 명사 앞에 쓰이면 끝소리가 떨어져서 '한, 두, 세, 네, 닷,
엿, … 스무…, 여러'가 된다. 그리고 '셋, 넷'은 특수한 단어 '말[斗]' 앞에서는 '서, 너'로
실현되고 '장(張)' 앞에서는 '석, 넉'으로 나타난다. '세, 서, 석'과 '네, 너, 넉'의 등은
그 실현 조건을 음운론적으로 설명할 수 없으므로 형태론적으로 제약된 이형태들이라

---

3 '순수', '구가', '주요'의 '순, 구, 주' 등은 문장의 형성에 참여하고 있는 것이 아니라 단어의 형성에 참여하
고 있으므로 어근(語根)의 자격을 가진 것으로 분석하기로 한다. 한편, 한자어 성상 관형사가 접두사와 쉽게
구별되지 않는 경우도 있다. 『표준국어대사전』에서 '구(舊)'는 접두사로도 등재되어 있는데, 접두사 '구(舊)'
는 '묵은', '낡은'으로 관형사 '구(舊)'는 '지난날의', '지금은 없는'으로 풀이되어 있으나 그 구별이 명확하지
않다. 또한 '신(新)', '대(大)', '고(高)' 등은 『표준국어대사전』에 접두사로만 등재되어 있지만 '신 영재 교육
프로그램', '신 소비 혁명 시대' 등의 '신(新)'을 접두사로 볼 수 있을지는 논란의 여지가 있다. 따라서 연구
자에 따라 이러한 접두사들을 관형사로 처리하는 경우도 적지 않다.

할 것이다.

　문법학자에 따라서는 '하나, 한', '둘, 두'의 관계를 형태론적으로 조건 지어진 이형태로 보기도 하나, 실현되는 환경이 다르므로 품사를 달리 한다고 생각한다. '하나'는 휴지 사이 및 휴지와 조사 사이에서 실현되지마는 '한'은 명사 앞에서 나타난다. '다섯, 여섯'은 '말[斗]' 앞에서는 '닷, 엿'으로 바뀌는데 반드시 그런 것은 아니고 수의적으로 교체되는 이형태인 것이다. 수 관형사에도 한자어가 있는데 (6나)의 '일이(一二), 이삼(二三), 삼사(三四)', '전(全)'이 그러하다.

5.1.1.2.3. 지시 관형사

　다음 (7)의 예들은 발화 현장이나 문장 밖에 존재하는 대상을 가리킨다고 하여 지시 관형사(指示冠形詞)라고 한다.

> (7)　가. ① 이, 그, 저, 요, 고, 조, 이런, 그런, 저런, 다른[他]
> 　　　② 어느, 무슨, 웬
> 　　나. ① 귀(貴)(신문사…), 본(本)(연구소…), 동(同)(시험장…), 현(現)(국무총
> 　　　　　리…), 전(前)(교육부장관…)
> 　　　② 모(某)(지역…)

　(7가)는 고유어 지시 관형사이다. 이들은 대부분 인칭 대명사의 제삼 인칭과 대응 체계를 이루고 있다. (7가①)은 지시 대상이 정해져 있다. '요, 고, 조'는 '이, 그, 저'의 작은말이다. '이런, 그런, 저런'은 형용사 '이렇다, 그렇다, 저렇다'의 관형사형 '이러한, 그러한, 저러한'의 줄어진 형태인데 전통적으로 관형사로 다루어 왔다. '다른'은 '다르다[異]'의 관형사형과 형태가 같으나 기능이 다르므로 구별해야 한다.

> (7)　가'. 다른 학생들도 같은 생각을 하고 있다.
> 　　　cf. 영수는 인호와는 다른 학생이다.

　참고로 제시한 예문의 '다른'은 '…그 학생이 인호와는 다르다'로 전개할 수 있지마는 (7가)의 예문은 '학생들이 다르다'에서 나온 말이 아니다. 의미도 차이가 있어서 앞의 '다른'은 '딴[他]'이지마는 뒤의 '다른'은 '같지 않다[不同, 異]'이다. (7가②)는 의문이나 부정(不定)을 의미하는 지시 관형사이다.[4]

　(7나)는 한자어 지시 관형사이다. ①은 정적(定的)인 의미를, ②는 부정(不定)의 의미를 표시한다. 이러한 관형사는 대부분 의고체(擬古體) 문장에서 많이 쓰이며 구어체에서는

'전'(前) 이외에는 고유어로 대용되는 것이 보통이다.[5]

지시 관형사는 대체로 성상 관형사와 수 관형사에 앞서는 통사적 특징을 지니고 있다.

(8) 가. 의 헌 집
     나. 저 모든 군중, 의 두 그루의 소나무
     다. 저 모든 새 집

(8가)는 지시 관형사가 성상 관형사에 앞서는 것이고, (8나)는 지시 관형사가 수 관형사에 앞서는 것이다. (8다)는 세 관형사가 배열될 때는 '지시 관형사→수 관형사→성상 관형사'의 순서를 따름을 보여 주는 것이다.[6]

5.1.2. 부사

5.1.2.1. 부사의 특성

부사는 용언이나 다른 말 앞에 놓여 그 말의 뜻을 분명히 제한해 주는 품사로서 형식상으로는 관형사와 마찬가지로 불변어에 속한다.

(1) 가. 꽃이 활짝 피었다.
     나. 과연 그 아이는 재능이 뛰어나다.
     다. 우리 학교 바로 옆이 우체국이다.
     라. 동생은 요즈음 아주 새 차를 몰고 다닌다.

---

4 이러한 특성을 중시하여 논의에 따라서는 이들 관형사를 '부정(不定) 관형사', '의문 관형사'로 설정하는 경우도 있다. 이는 부정칭이나 미지칭의 대명사를 '부정(不定) 대명사'나 '의문 대명사'로 설정하는 것과 유사한 처리 방식이다.

5 (7나①)의 한자어 지시 관형사는 다른 지시 관형사와 비교했을 때 지시의 기능이 상대적으로 약하므로 논의에 따라 이를 지시 관형사로 보지 않는 경우도 있다. 그러나 지시 관형사가 발화 현장이나 문장 밖에 존재하는 대상을 가리키는 관형사라는 정의에 비추어 보면 '귀(貴)'와 '본(本)'은 각각 청자 측과 화자 측을 지시하고 '동(同)'은 공간을, '현(現)'과 '전(前)'은 시간을 지시한다는 점에서 이들을 지시 관형사로 볼 수 있다. 다만 이들 지시 관형사는 '두 전 대통령'의 예에서 알 수 있듯이 수 관형사에 후행하는 경우도 있으므로 전형적인 지시 관형사와는 다소 거리가 있다.

6 관형사 간의 결합 순서를 지배하는 원리를 관형사의 수식 범위로 설명하는 경우도 있고 관형사와 체언의 속성 간의 멀고 가까움으로 설명하는 경우도 있다. 전자의 경우에는 성상 관형사, 수 관형사, 지시 관형사의 순서로 수식의 범위가 넓어진다고 보아 수식의 범위가 넓은 것일수록 체언에서 멀리 위치한다고 설명한다. 후자의 경우에는 성상 관형사가 체언의 속성과 가장 관련이 깊고 수 관형사는 지시 관형사보다는 체언의 속성과 더 관련이 깊으며 지시 관형사는 체언의 속성과 가장 거리가 멀기 때문에 성상 관형사, 수 관형사, 지시 관형사의 순서로 체언에서 멀리 위치한다고 설명한다.

(1가)의 '활짝'은 동사 '피었다'를, (1나)의 '과연'은 '그 아이는…뛰어나다'라는 문장 전체를, (1다)의 '바로'는 명사 '옆'을, (1라)의 '아주'는 관형사 '새'를 제한하고 있다. 뒤의 말을 한정한다는 점에서는 관형사와 공통되지만 한정 받는 말이 관형사는 명사이고 부사는 주로 용언이라는 차이점이 있다. 관형사와 부사를 묶어 수식언이라고 하는 것도 이런 기능상의 공통성에 근거한 것이다. 부사도 불변어이므로 관형사와 함께 활용하지 않는다.

(2)의 예는 보조사가 부사에 붙은 것인데 격 조사가 붙는 일은 원칙상 허용되지 않는다.

> (2)　가. 아직도 시간이 많이 남았다.
> 　　　나. 그 사람이 일을 빨리는 한다.
> 　　　다. 천천히만 걸어라.

"빨리를 가거라."에서와 같이 부사에도 격 조사가 붙는 일이 있다고 하는 경우가 없지 않으나 이때의 '를'은 기능상 보조사로 간주된다. 격 조사가 결합하는 말은 체언 혹은 체언 구실을 하는 말에 한정된다고 보아야 하기 때문이다. 부사를 관형사와 함께 불변어라 하는 것은 이런 형태상의 특수성을 고려하였기 때문이다.

5.1.2.2. 부사의 종류

5.1.2.2.1. 성분 부사

부사는 크게 성분 부사와 문장 부사로 분류할 수 있다.[7] 성분 부사란 (1가)의 '활짝', (1다)의 '바로', (1라)의 '아주'와 같이 특정한 성분을 수식하는 부사를 가리키는데 여기에는 성상 부사, 지시 부사, 부정 부사 등이 있다.
다음 (3)의 예는 성상 부사이다.

> (3)　가. 잘 (구른다), 높이 (난다), 빨리 (가거라), 고루 (나누자)…

---

7 부사의 분류 방식은 논의에 따라 매우 다양해질 수 있다. 수식의 대상에 따라 문장 부사와 성분 부사로 나누거나 용언 수식 부사, 용언구 수식부사, 절 수식 부사, 문장 수식 부사로 나누는 방식과 의미에 따라 시간 부사, 장소 부사, 정도 부사, 양태 부사 등으로 나누는 방식이 가장 대표적이다. 한편 성분 부사는 대체로 자리의 옮김이 자유롭지 못하지만 문장 부사는 그렇지 않다. 또한 성분 부사는 꾸미는 말 바로 앞에 나타나는 것이 일반적이지만 문장 부사는 대체로 문장의 맨 앞에 나타난다. 그러나 이러한 기준으로도 성분 부사와 문장 부사가 명확히 구별되지 않는 경우가 많고 동일한 부사가 어디에 위치해 무엇을 꾸미느냐에 따라 성분 부사가 되기도 하고 문장 부사가 되는 경우도 있다.

나. 매우 (덥다), 퍽 (튼튼하다), 가장 (높다)…

다. 바로 (앞, 위, 옆, 뒤…), 겨우 (하루, 하나…), 아주 (부자, 멋쟁이, 겁쟁이…)

라. ① 땡땡 (울린다), 도란도란 (이야기를 한다), 까옥까옥 (운다)…

　　② 데굴데굴 (구른다), 사뿐사뿐 (걷는다), 깡충깡충 (뛴다)…

성상 부사란 주로 용언의 내용을 실질적으로 꾸미는 것이다. (3가)는 동사를, (3나)는 형용사를 꾸미는 성상 부사이다. (3다)는 체언 앞에 쓰이는 성상 부사인데 모든 체언 앞에 이런 성상 부사가 쓰이는 것은 아니다. '바로'는 위치를 의미하는 명사와 어울리고 '겨우'는 수량 표시의 단어 앞에 놓이며 '아주'는 정도 표시의 단어와 결합된다. 이들이 관형사가 아니라는 사실은 '바로 (가거라), 겨우 (먹었다), 아주 (예쁘다)'와 같이 용언 앞에 쓰임을 통해서 쉽게 알 수 있다. (3라)는 사물의 소리와 움직이는 모양을 모방한 것이다. ①은 소리를 모방한 것이라고 하여 의성 부사(擬聲副詞), ②는 움직이는 모양을 모방한 것이라고 하여 의태 부사(擬態副詞)라고 하며 두 가지를 합하여 '상징 부사(象徵副詞)'라 일컫기도 한다.[8] 상징 부사의 통사적 기능은 동사를 꾸민다는 점에서 (3가)와 차이가 없으므로 성분 부사의 테두리에 들어온다.

다음 (4)의 예는 지시 부사(指示副詞)이다.

(4)　가. 이리, 그리, 저리, 요리, 고리, 조리, 오늘, 어제, 내일, 모레…

　　나. 어찌, 아무리, 언제…

지시 부사라 함은 발화 현장을 중심으로 처소나 시간을 가리키거나 앞에 나온 이야기의 내용을 지시하는 부사를 의미한다. 지시 부사도 지시 관형사와 함께 대명사와 대응 체계를 이루고 있다. (4가)는 지시 대상이 정해져 있다. '요리, 고리, 조리'는 '이리, 그리, 저리'의 작은말로서 기본적인 지시 기능은 차이가 없다. '이리, 그리, 저리'는 처소 이외에 행동의 방식을 가리키는 데 쓰이기도 한다. "누가 이리(요리) 떠드느냐?"의 '이리'와 "이리 오너라."의 '이리'를 비교해 보면 용법상의 차이를 알 수 있다. '오늘, 어제, 내일, 모레'는 모두 발화 현장을 중심으로 앞뒤의 시간을 지시하는 말이다. 한편 (4나)는 지시

---

8 의성어와 의태어는 언어 기호의 음성 형식과 언어 기호의 의미나 내용 사이에 필연적인 상징 관계가 있다고 하여 상징어(象徵語, symbolic word) 또는 음성 상징어(音聲象徵語, sound symbolic word)라고도 한다. 의성어나 의태어가 언어 기호의 형식과 내용이 자의적이지 않은 경우로 지적되는 대표적인 예이기는 하지만 이러한 의성어나 의태어도 언어마다 달리 나타나므로 언어의 자의성을 완전히 부정할 수 있는 예로 보기는 어려울 것이다. 한편, 의성어, 의태어는 일반적으로 부사로 처리되고 실제로 그 품사적 특성도 부사에 가깝지만 그렇지 않은 경우도 적지 않다.

대상이 부정적(不定的)이다.

지시 부사도 지시 관형사와 같은 통사적 기능을 띠고 있다. 지시 부사는 성상 부사에 앞서는 것이다.

(4') 저리 잘 달리는 사람은 처음 본다.

국어의 성분 부사에는 용언의 의미를 부정하는 방식으로 꾸며 주는 부정 부사(否定副詞)가 있다.

(5) 안 (먹는다), 못 (만났다)

국어의 부정 부사에는 위와 같이 '안'과 '못'이 있는데 대체로 앞의 것은 의도 부정, 뒤의 것은 능력 부정으로 쓰인다. 부정 부사는 성분 부사 가운데서 가장 뒤에 놓이는 통사상의 특징이 있다.

(5') 저리 잘 안 먹는 아이는 처음 본다.

지시 부사는 성상 부사에 앞서고 성상 부사는 부정 부사에 앞서 있다.

5.1.2.2.2. 문장 부사
문장 부사는 (1나)와 같이 문장 전체를 꾸며 주는 부사를 가리킨다.
다음 (6)의 부사는 화자의 태도를 표시하는 것이다. 이런 부사를 양태 부사(樣態副詞)라 한다.[9]

(6) 가. 과연, 실로, 모름지기, 물론, 정말…
     나. 설마, 아마, 만일, 설령, 비록, 아무리…
     다. 제발, 아무쪼록, 부디…

(6가)는 화자의 사태에 대한 믿음이 틀림없다든지 서술 내용을 단정할 필요가 있을 때 쓰인다. (6나)는 화자의 믿음이 의심스럽다든지 단정을 회피할 필요가 있을 때 쓰인다.

---

[9] 여기서의 '양태'는 선어말 어미나 우언적 구성과 같이 문법적 수단에 의해 표현되는 문법 범주로서의 양태가 아니라 어휘적 수단으로 표현되는 의미 범주로서의 양태를 말한다. 이에 대해서는 §10.3 참고.

그리고 (6다)는 희망을 표시하거나 가상적 조건 아래서 일이 이루어지기를 바랄 때 나타난다. 이상과 같은 부사의 의미에 상용하여 그 어미도 (6가)에서는 평서형이, (6나)에서는 의문형이, (6다)에서는 명령형이나 조건의 연결 어미가 오는 것이 보통이다.[10]

(6)　가′. <u>과연</u> 그 아이는 재능이 뛰어나다.
　　　나′. <u>설마</u> 그런 곳에 살겠니?
　　　다′. ① <u>제발</u> 다시는 그런 짓 하지 말아라.
　　　　　 ② <u>아무쪼록</u> 공부나 잘 했으면 좋겠다.

　양태 부사란 전통 문법의 화식 부사(話式副詞)내지 진술 부사(陳述副詞)에 해당하는데 사람에 따라서는 양상 부사(樣相副詞)라는 말을 쓰는 일도 없지 않다.[11] 양태 부사는 성분 부사와는 달리 자리옮김이 비교적 자유롭기 때문에 문장 부사라 말하기도 하나 이곳에서는 문장 부사의 범위를 넓혀서 접속 부사까지 포함시키는 태도를 취한다.
　접속 부사에는 다음과 같은 것들이 있다.

(7)　가. 그리고, 그러나, 그러면, 그뿐 아니라, 그러므로, 그렇지마는…
　　　나. 곧, 즉(卽), 또, 또한, 더구나, 도리어, 오히려, 하물며, 따라서…
　　　다. 및, 또는, 혹은

　접속 부사란 보통 (7가, 나)와 같이 앞 문장의 의미를 뒤의 문장에 이어주면서 그것을 꾸미는 부사를 가리킨다.[12] 또 접속 부사에는 (7다)와 같이 단어를 이어주는 말도 포함된다. '소 및 말, 연필 또는 공책' 등에 나타나는 예가 그러한 것인데 구어체보다는 문어체에 더 적합하다. 구어체에서는 조사가 사용되어 '소와 말, 연필이나 공책'으로 나타나는 것이 보통이다.

---

10 양태 부사는 화자의 심리적 태도를 나타내므로 이와 관련되는 문장 성분이나 어미 등과 호응을 이루는 경우가 많다. 예컨대, '비록', '설령', '만일', '아마'는 가상적 상황을 나타내므로 가상적 상황을 나타내는 양보의 연결 어미 '-더라도', '-어도', 조건의 연결 어미 '-(으)면'이나 추측을 나타내는 '-겠', '-을 것이' 등과 호응을 이룬다. 부사의 의미에 따른 호응 양상은 양태 부사 외에도 발견된다. 시간 부사 '이미'나 '아까'는 과거의 시간을 나타내므로 과거 시제 '-았'과 호응을 하며 '절대로', '도저히', '도무지'는 '안', '못', '-지 않다', '-지 못하' 등의 부정 표현과 호응을 하고 '몸소', '친히', '손수'는 부사 '직접'의 높임 표현이므로 주체 높임의 '께서'나 '-(으)시'와 호응을 이룬다.
11 과거에는 논의에 따라서 'manner adverb'를 양태 부사라고 하고 'modal adverb'를 양상 부사(樣相副詞)라고 하는 경우도 있어 '양태 부사'와 '양상 부사'의 용어 사용에 다소 혼란이 있었다. 그러나 최근에는 'manner adverb'는 양상 부사로, 'modal adverb'는 양태 부사로 두 용어를 명확히 구분해서 사용하고 있다.
12 접속 부사의 문장 성분 설정을 둘러싸고 많은 논란이 있었다. 이에 대해서는 §8.2 참고.

(7가, 나)는 '그' 계열이냐 아니냐에 따라 구분한 것이다. 둘 다 문장의 접속과 수식의 기능을 띠고 있지마는 (7나)의 경우가 일반 부사에 더 가까운 면을 지니고 있다. "성적이 우수하고 또 성실한 사람을 뽑기로 하였다."에서 '또'는 문장 접속의 의미가 우세하지마는 '또 읽어라'에서는 일반 부사의 의미가 두드러지게 표시된다. 그러나 '그' 계열의 접속 부사에서는 그런 점이 잘 나타나지 않는다.

5.2. 독립언 - 감탄사

5.2.1. 감탄사의 특성

감탄사는 화자가 자신의 느낌이나 의지를 특별한 단어에 의지함이 없이 직접적으로 표시하는 품사로서 형식상으로는 불변어이다.

(1) 가. 앙! 어머님께서 타계하신 지 벌써 십 년이 넘었구나!
나. 흥, 이웃집 대학생 때문이지요, 뭐.
다. 예, 다섯 시까지 가기로 했어요.
라. 거기가 어디던가, 어, 생각이 잘 안 나네.

(1가, 나)의 '아, 흥'은 화자의 슬픔이나 비웃음과 같은 감정을 표시한 것이다. (1가)의 경우, '아! 어머님께서…' 대신 '슬퍼라, 어머님께서…'와 같이 쓸 수도 있으나 이때는 특별한 단어 '슬프다'의 감탄형이지 감탄사는 아니다. (1다)의 '예'는 화자가 발화 현장에서 상대방의 부름에 대해 자기의 의지를 표출하는 것이다. 감탄사에는 (1나)의 '뭐'와 같이 입버릇으로 내는 말과 (1라)의 '어'와 같이 더듬거리는 말도 포함된다.

감탄사는 그 자체만으로 화자의 감정과 의지가 표현될 수 있어 다음에 다른 말이 계속되지 않더라도 독립된 문장과 같은 기능을 발휘할 수 있다.[13] 따라서 감탄사는 문장의 처음에는 물론, 문장의 가운데와 끝으로 그 자리를 자유로이 옮길 수 있다.[14]

---

[13] 감탄사는 개념을 나타내는 것이 아니라 화자의 감정과 의지를 직접 나타내므로 의성어나 의태어처럼 음성 상징성이 강하고 발화 상황에 따라 쉽게 만들어 낼 수 있다. 그래서 감탄사는 매우 다양한 음성적 변이형을 지닌다는 특성이 있고 서구 문법에서는 의성어를 부사가 아니라 감탄사의 한 종류로 보기도 한다. 한편, 감탄사는 그 자체만으로 독립된 문장의 기능을 수행할 수 있으므로 국어 문법론 논의에서는 감탄사가 독립어가 되기도 하고 독립된 문장으로서 기능하기도 한다고 보는 반면 서구 문법에서는 감탄사가 곧바로 독립된 발화를 이루는 것으로 본다는 차이가 있다.

[14] 영문법에서는 감탄사를 'interjection'이라고 하는데, 이는 감탄사가 문장 사이에 자유롭게 끼어들 수 있다

(2)　가. 여보!(내 말 좀 들어 봐요.)
　　　나. 그건, 글쎄, 그럴 만도 하군!
　　　다. 그게 무슨 소리냐, 응?

(2가)는 감탄사가 단독으로 쓰이는 예이며 (2나, 다)는 감탄사가 문장의 중간과 끝에 쓰이는 것이다.

감탄사는 일반적으로 일정한 어조가 결부되거나 얼굴 표정이나 손짓이 동반되기 때문에 구어체에 많이 쓰인다. '아'라는 감탄사가 여러 가지 어조나 표정, 손짓을 동반하여 슬픔, 반가움, 기쁨, 놀라움 등을 다양하게 표현하는 것도 이런 이유 때문이다.[15]

감탄사도 관형사, 부사처럼 활용하지 않는다. 관형사, 부사, 감탄사를 묶어 불변어라 하는 것은 이런 이유 때문이다. 감탄사에는 조사가 붙는 일이 없다. 이 점은 소수의 보조사가 붙기도 하는 부사와는 다르고 어떤 조사도 붙지 못하는 관형사와는 서로 비슷하다.

5.2.2. 감탄사의 종류

5.2.2.1. 감정 감탄사

감탄사는 다시 감정 감탄사, 의지 감탄사, 입버릇 및 더듬거림의 셋으로 나눌 수 있다. 먼저 감정 감탄사를 다음과 같이 나누어 보기로 하자.

(3)　가. 기쁨 : 허, 허허, 하, 하하…
　　　나. 성냄 : 에, 엣, 에끼…
　　　다. 슬픔 : 아이고, 어이…
　　　라. 한숨 : 허, 허허, 후, 후유…
　　　마. 놀라움 : 아, 애고, 에구머니, 이크, 아따, 저런…
　　　바. 넋떨어짐, 뉘우침 : 어, 엉, 아뿔사, 아차…

이상 여섯 가지의 의미에 따라 감정 감탄사들을 분류하였지만 이 밖에도 더 세분할 수 있다. '허'는 기쁨과 한숨의 항목에 같이 들어 있는데 이때는 어조나 표정 등으로 구별되어 사용된다.[16]

는 특성을 바탕으로 한 명칭이다. 그래서 국어 문법론에서도 감탄사의 이러한 특성을 중시하여 감탄사를 간투사(間投詞)(신지연 1988, 고영근 2018나: 67, 316)라고 하는 경우도 적지 않다.

15 이러한 기능을 중시하여 감탄사를 감동사(感動詞)로 부르는 일도 있다.

16 감탄사가 구어에서 자주 사용된다는 점을 고려하면 동일한 형태의 감탄사라도 그 감탄사에 얹히는 운율이

감정 감탄사가 상대방을 의식하지 않고 감정을 표출하는 것이라면 의지 감탄사는 발화 현장에서 상대방을 의식하며 자기의 생각을 표시하는 것이다.

(4) 가. 아서라, 자, 여보, 여보세요, 애, 이봐…
나. 예/네, 암, 아무렴, 오냐, 응, 그래, 옳소, 글쎄, 아니요, 천만에…

(4가)는 상대방에게 어떻게 행동할 것을 요구하는 말이다. '아서라'는 단념을, '자'는 독려를 의미하고 나머지는 상대방을 부를 때 쓰는 말이다. 한편 (4나)는 상대방의 이야기에 대해 긍정이나 부정 또는 의혹을 표시할 때 쓰이는 대답이다. 이런 감탄사는 상대방의 사회적 지위에 따라 어느 정도 구별되는 형태들을 보여 준다. 긍정 대답은 상대방의 지위가 높거나 대우해야 하는 상황에서는 '네, 예, 그래요, 옳소'가 쓰이고 지위가 낮을 때는 '아무렴, 암, 그래, 응, 오냐'가 쓰인다. 부정 대답은 상대방의 지위가 높을 때나 대우해야 하는 상황에서는 '아니올시다, 아니오, 아니예요, 천만에요' 등이, 지위가 낮을 때는 '아니, 천만에' 등이 쓰이는 것이 보편적이 아닌가 한다. 의혹의 대답으로는 '글쎄올시다, 글쎄요'와 '글쎄'가 지위의 높고 낮음에 따라 선택된다. 즉 감정 감탄사가 자신의 감정을 그대로 전달하기 때문에 높고 낮음의 구별이 없는 데 비해 의지 감탄사는 상대방을 염두에 두어야 한다는 점에서 높고 낮음의 구별이 있다는 차이가 있다.

5.2.2.3. 입버릇 및 더듬거림

앞의 두 부류의 말 이외에 특별한 뜻 없이 나는 소리들이 입버릇 및 더듬거림에 속한다.

(5) 가. 머, 뭐(무어), 그래, 말이지, 말입니다…
나. 어, 에, 저, 거시기, 음, 에헴, 애햄…
다. 부바, 자장자장, 쯤쯤…
라. 구구, 워리, 이랴…

(5가)는 아무 느낌이나 생각 없이 단순히 입버릇으로 섞어 내는 것이고 (5나)는 말이 얼른 안 나올 때 말을 더듬는 모양으로 아무 뜻 없는 소리로 내는 것이다. 최근에는

어떠한지에 따라 그 의미가 달라질 수 있다. 예를 들어 '아'라는 형태의 감탄사는 여기에 얹히는 운율이 어떠한지에 따라 [놀람], [탄식], [기쁨], [주저] 등의 다양한 의미를 가질 수 있는 것이다.

이러한 것들이 다음에 어떤 말이 올 것을 미리 예상할 수 있게 한다는 점에 주목하여 담화 표지라는 이름으로 주목하기도 한다.[17] (5다)는 어린 아이에게 성장 과정에 필요한 동작이나 행동을 가르칠 때 쓰는 말이고 (5라)는 병아리, 개, 소 등을 부를 때 쓰는데 이들도 우선 여기에 넣어 두기로 한다.

5.3. 품사 통용

5.3.1. 품사 전성과 품사 통용

지금까지 살펴본 명사, 대명사, 수사, 조사, 동사, 형용사, 관형사, 부사, 감탄사의 아홉 품사는 각 부류에 소속되는 단어들의 문법적 성질이 일정하다고 생각하고 분류한 것이다. 그런데 단어 가운데는 둘 이상의 문법적 성질을 함께 가지고 있는 것이 있다. 이를 '품사의 통용(通用)'이라고 한다.

> (1) 가. 나도 참을 <u>만큼</u> 참았다.<명사>/나도 그 사람<u>만큼</u> 뛸 수 있다. <조사>
> 　　　나. 그 애는 열을 배우면 <u>백</u>을 안다.<수사>/<u>열</u> 사람이 <u>백</u> 말을 한다. <관형사>
> 　　　다. 오늘은 달이 매우 <u>밝다</u>.<형용사>/벌써 날이 <u>밝는다</u>. <동사>
> 　　　라. 바람이 <u>정말</u> 많이 분다.<부사>/<u>정말</u>! 큰일 났네. <감탄사>

(1가)는 '만큼'이 명사와 조사에, (1나)는 '열'이 수사와 관형사에, (1다)는 '밝다'가 형용사와 동사에, (1라)는 '정말'이 부사와 감탄사에 각각 통용되는 것이다.

우리의 전통 문법에서는 위와 같은 품사의 통용을 '본형 그대로' 몸바꿈하는 것이라 하여 한 품사에서 다른 품사로 전성되는 것으로 설명해 왔다. 이는 곧 한 단어가 아니라 서로 다른 단어로 구별하려는 시각을 반영하고 있다. 그러나 한글학회의 『우리말 큰사전』을 비롯한 국어사전류에는 같은 표제어 아래 두 품사의 기능을 주는 일이 일반적이다. 이곳에서는 이러한 사전의 처리를 따라 한 단어가 둘 이상의 품사적 기능을 공유하고 있는 것으로 설명하기로 한다. 품사의 통용이란 말을 쓴 것은 이러한 이유 때문이다. 품사 전성으로 처리한다면 으뜸 되는 품사를 결정해야 하는데 그 기준을 결정하기가

---

17 다만 담화 표지는 품사의 명칭이 아니라 화자가 선행 담화를 어떻게 후행 담화에 연결시킬 것인가를 나타내어 주는 기능 범주를 포괄하는 것이므로 담화 표지에는 감탄사 외에도 부사, 명사 등 다양한 단어가 포함될 뿐만 아니라 통사적인 구 구성도 포함된다는 점에 유의할 필요가 있다.

매우 어렵고 전성의 절차를 형태론적으로 형식화하기가 또한 쉽지 않다.

영문법에서도 work와 같은 단어는 다음 두 가지 품사의 성질을 띤 것으로 기술하고 있다.

(2) 가. He *works* well. <동사>
     나. His *works* are good. <명사>

물론 영어의 경우는 품사가 어순이나 강세에 크게 기대고 있기 때문에 국어보다 한 단어가 두 가지 이상의 품사로 쓰이는 것이 더 흔하다는 차이가 있다. 그러나 그 현상 자체는 크게 다르지 않다고 판단된다. 이때 두 개의 품사로 쓰이는 단어를 NV(명사 동사), AV(형용사 동사) 등으로 기호화하여 표시하는데 국어의 경우도 같은 방식으로 기호화할 수 있다. 곧, (1가)는 명조류, (1나)는 수관류, (1다)는 형동류, (1라)는 부감류로 각각 표시할 수 있다.

▌ 품사 통용을 바라보는 관점 ▌

품사 통용은 하나의 단어가 두 가지 이상의 품사로 쓰이는 현상을 중립적으로 기술한 것이다. 그러나 품사 통용 현상은 다양한 관점에서 접근할 수 있다. 첫째, 품사 전성 혹은 전환(conversion)이다. 이는 기본적인 품사가 있고 이를 바탕으로 다른 품사를 가진 단어로 전성되어 쓰인다고 보는 관점이다. 둘째, 영접사 파생 혹은 영 파생(zero derivation)이다. 이는 어떠한 품사의 단어에 음성 형식을 지니지 않는 영접사(zero affix)가 더해져 다른 품사를 지닌 새로운 단어가 만들어졌다고 보는 관점이다. 셋째, 영변화(zero modification)이다. 이 또한 품사 통용을 새로운 단어의 형성의 관점으로 접근하는 것이기는 하나 접사의 첨가 없이 새로운 단어가 만들어졌다고 보는 관점이다. 이와 같이 품사 통용을 바라보는 세 관점은 일정한 차이가 있지만 통용되는 품사들 가운데 기본이 되는 품사를 설정한다는 공통점을 지닌다. 따라서 기본 품사를 설정하기 어려운 경우가 많아서 정도의 차이는 있을지언정 품사 통용을 설명하는 데 있어서는 모두 일정한 한계를 지니는 셈이다. 한편, '품사 통용'이 중립적인 용어이기는 하지만 여기에도 일정한 관점이 개입되어 있는 것이다. 품사가 다르지만 형태가 동일한 두 단어를 한 단어로 본다는 관점이 바로 그것이다. 형태가 동일하지만 품사가 다른 단어를 경우에 따라서는 동음이의어로 보는 것도 전혀 불가능하지만은 않기 때문이다.

5.3.2. 품사 통용의 유형

품사 통용 유형은 (1)에 제시한 것 이외에도 꽤 다양하므로 이에 대해 더 자세히 살펴보기로 하자. 다음 (3)의 예는 명사가 다른 품사의 기능을 공유하고 있는 것이다.

(3) 가. 그는 <u>의지적</u>이다.<명사>/그는 <u>의지적</u> 인간이다. <관형사>
     나. <u>내일</u>이 내 생일이다.<명사>/오늘은 그만하고 <u>내일</u> 다시 시작합시다. <부사>
     다. 천세나 <u>만세</u>를 누리소서!<명사>/<u>만세</u>! 대한 독립 만세! <감탄사>
     라. 들은 <u>대로</u> 다 적었다.<명사>/내 말<u>대로</u> 하여라. <조사>

(3가)의 '의지적'은 명관류로서 접미사 '-적(的)'이 붙은 말은 그대로 쓰이면 관형사이나 조사가 붙을 수 있으면 명사로 처리되고 있다. 명관류의 대부분은 이처럼 접미사 '-적(的)'이 붙은 말이다. (3나)의 '내일'은 명부류에 해당하는데 국어에는 이처럼 명사와 부사 통용이 매우 흔하다는 특징이 있다. (3다)는 명사 '만세'가 감탄사로도 통용될 수 있음을 보이고 있다. (3라)의 '대로'는 명조류로서 (1가)의 '만큼'을 비롯하여 '뿐' 등을 더 들 수 있다.

(4) <u>언제</u>가 약속 시간이었더라? <대명사>/우리 <u>언제</u> 만날까? <부사>

(4)의 '언제'는 대명사와 부사로 통용되는 대부류라고 할 수 있는데 국어에는 이처럼 대부류가 매우 드물다.

(5) <u>일곱</u>에 <u>아홉</u>을 더하여라. <수사>/<u>일곱</u> 사람이 <u>아홉</u> 군데를 맞았다. <관형사>

(5)의 '일곱, 아홉'은 (1나)와 마찬가지로 수관류인데 수 관형사와 형식이 같은 수사들이 이에 속한다. 따라서 '하나'와 '한'처럼 수사와 수 관형사의 형식이 다른 경우에는 품사 통용의 관계에 놓이지 않는다는 점에 주의할 필요가 있다.

(6) 마음이 <u>크다</u>.<형용사>/아이들이 <u>큰다</u>. <동사>

(6)의 예는 (1다)와 마찬가지로 형용사 '크다'가 동사의 기능을 공유하고 있음을 보인 것이다. 국어에는 명부류가 적지 않다고 하였는데 형동류도 적지 않아서 이 부류에는 '붉다, 늦다, 굳다' 등뿐만 아니라 '가물가물하다, 간질간질하다'와 같이 반복어에 '-하'

가 결합한 말들도 포함된다.

(7)　네가 나<u>보다</u> 낫구나. <조사>/<u>보다</u> 나은 생활을 해 보자. <부사>

(7)의 예는 조부류이다. 부사 '같이'가 '얼음장같이 차가운…'에서는 조사로 쓰이는데 이때는 부조류라고 하는 것이 온당할 것이다.

(8)　<u>비교적</u>인 시각 <명사>/<u>비교적</u> 고찰 <관형사>/<u>비교적</u> 많은 비 <부사>

(8)의 '비교적'은 앞의 경우와는 달리 명사, 관형사, 부사의 세 품사로 통용되는 경우라 할 수 있다. 그러나 이처럼 셋 이상의 품사 통용은 그 경우가 많지 않다.

▌조사의 비실현과 품사 통용 ▌

지시 대명사 '여기, 거기, 저기' 등을 품사 통용의 대부류로 처리하는 일이 있다. 이와 관련된 문제를 '여기'를 통해 살펴보기로 하자.

ㄱ. <u>여기</u>가 바로 내 고향이다.
ㄴ. <u>여기</u>보다 아름다운 곳을 찾기는 어려울 것이다.
ㄷ. 텐트를 <u>여기</u>에 치면 좋겠다.
ㄷ'. 텐트를 <u>여기</u> 치면 좋겠다.

(ㄱ, ㄴ)의 예문에서의 '여기'는 격 조사와 결합하고 있고 이들 격 조사가 실현되지 않으면 비문법적인 문장이 되므로 이때 '여기'는 대명사라고 할 수 있다. 그런데 (ㄷ)의 경우는 격 조사와 결합하고 있기는 하지만 (ㄷ')의 경우를 보면 격 조사 없이도 비문법적인 문장이 되지 않는다. 따라서 (ㄷ)의 '여기'는 대명사로 (ㄷ')의 '여기'는 부사로 볼 수 있다는 것이 품사 통용 측면에서의 주장이라 할 수 있다. 그러나 (ㄷ, ㄷ')의 경우를 품사 통용으로 간주한다면 '동생의 책'과 '동생 책'의 '동생'도 명사와 관형사로 품사 통용된 것으로 간주해야 할 것이다. 이는 곧 동일한 환경에서 조사가 실현되기도 하고 그렇지 않기도 하는 것은 품사 통용을 판단하는 근거로 보기 어렵다는 것을 의미한다. 결국 (ㄷ)의 '여기'나 (ㄷ')의 '여기'는 모두 지시 대명사에 해당하고 다만 문장 성분이 부사어로 공통된다고 보는 것이 좋을 것이다. 이는 다른 말로 보자면 부사로 쓰인 경우는 어떤 경우이든 그것이 격 조사와 결합할 수 없다고 보아야 한다는 것을 의미한다. 그러나 (ㄷ)은 경우에 따라서는 격 조사와도 결합할 수 있으므로 부사로 보기 어려운 것이다. '거기, 저기'의 경우도 마찬가지이다.

품사 통용의 유형은 품사 통용 현상의 발생 원인과 서로 관련지어 생각해 볼 수도 있다. 품사 통용 현상이 나타나는 원인은 몇 가지로 나눌 수 있어 보인다. 첫째, 분류 작업에는 늘 경계 범주가 발생하게 마련이기 때문이다. 예컨대, '수관류', '명관류' 등은 기존의 품사 분류 기준에 따르면 둘 이상의 품사적 특성을 모두 만족하는데 이들을 어느 한 품사에 소속 시키거나 두 품사의 특성을 별개로 인정하여 동음이의어로 본다면 이들을 굳이 품사 통용으로 설명할 필요가 없다. 둘째, 통시적 변화 과정의 결과 때문이다. '명조류', '조부류', '형동류' 등이 이에 속하는데, 이러한 예는 통시적 변화를 인정하여 동음이의어로 보는 것도 충분히 가능하다. 셋째, 품사 분류의 기준 중 '기능'에 중점을 두어 품사를 분류하는 경향 때문이다. '부감류', '명부류', '대부류'가 그러한 예인데, 부사가 독립어로 쓰이거나 명사나 대명사가 부사어로 쓰이는 현상은 일반적이라는 사실을 고려한다면 이들을 각각 '부사', '명사', '대명사'로 보는 것도 불가능하지 않다.

한편, 일부 논의에서는 품사 통용을 마치 품사 분류 기준이 잘못되었다거나 혹은 품사 분류 기준을 제대로 적용하지 못한 결과라고 간주하는 경우가 있으며 아예 품사 통용은 불합리한 것이므로 인정하기 어렵다고 보는 주장을 펴기도 한다. 물론 이러한 주장에 귀를 기울일 필요는 있겠으나 모든 분류 작업에는 경계 범주가 발생할 수밖에 없다는 사실을 고려할 필요가 있고 언어의 변화가 품사 범주의 변화도 동반하는 일이 적지 않고 그 과정이 어느 시기에선가는 공존할 수 있다는 점, 그리고 품사 통용 그 자체가 언어의 비경제성을 나타내는 것은 아니라는 점 등을 종합적으로 고려한다면 품사 통용 현상이 품사 분류에서 필연적으로 나타날 수밖에 없는 것임을 인정하는 것이 더 타당하지 않을까 한다.

더 읽을거리

1. 관형사의 품사 설정 논란

관형사는 국어의 특성을 잘 보여 주는 품사이다. 이러한 점에서 국어의 관형사의 품사적 독자성은 굉장히 이른 시기부터 인정되어 온 듯하다. 전통 문법에서 국어의 관형사를 어떻게 처리하였는지에 대하여서는 남경완(2017)이 좋은 참고가 된다. 또한 주시경의 품사 체계와 관련한 논의로는 최형용(2012)를 참조할 수 있다. 한편 관형사의 품사적 독자성을 인정하는 논의도 있지만 그렇지 않은 논의도 제법 다수 관찰할 수 있다. 이와 관련된 논의는 목정수(2001), 이정택(2003가) 등이 있다. 목정수(2001)에서는 국어의 관형사를 형용사로 이해하여야 한다고 주장한 바 있으며 이정택(2003가)에서는 기왕의 국어 문법론(품사론)에서 관형사로 분류한 단어들이 수사, 대명사 정도로 이해될 법하다고 주장한 바 있다. 그리고 관형사라는 범주에 대한 종합적 검토는 우형식(2006)과 김선효(2011: 2장)에 일목요연하게 이루어져 있다.

2. 관형사의 유형과 분류

우리는 앞서 관형사를 성상 관형사, 지시 관형사, 수 관형사로 삼분하였으나, 관형사는 연구 목적에 따라 달리 분류될 수도 있다. 장영희(2001)에서는 기왕의 국어 문법론에서 관형사를 어떻게 정의하여 왔는지, 또 관형사와 관련된 쟁점들이 무엇인지를 종합적으로 정리하고 있다. 한편 이규호(2015)에서는 인칭 대명사와 부정/의문 관형사의 설정 여부를 심도 있게 논의하였으며, 이수미·김민국(2009)에서는 양태 관형사라는 새로운 범주를 설정할 가능성을 타진한 바 있다.

이러한 논의 이외에도 개별 관형사 내지는 여러 유형의 관형사에 대한 논의도 활발하게 이루어졌다. 유현경(2008가)에서는 관형사 '한'에 대한 종합적인 검토를 시도한 바 있으며 구본관(2001)에서는 수사와 수 관형사가 맺고 있는 관계를 논의한 바 있다. 최홍렬(2014)에서는 성상 관형사와 접두사를 구분하는 기준을 제시하고 성상 관형사 목록을 다시 제시한 바 있으며, 황문환(2002)에서는 국어의 관형사의 변천 과정을 논의한 바 있다. 한편 한자어 관형사와 관련된 논의는 노명희(2004: 123-127)과 김선효(2011: 64-75)가 좋은 참고가 된다.

3. 부사에 대한 전반적 논의

부사에 대한 논의는 그 수도 상당하고 개별 논의들에서 다룬 내용도 독창적인 내용이 많아 이 자리에서 일일이 언급하기는 쉽지 않다. 부사에 대한 전반적인 논의와 부사의 하위분류에 대한 논의는 서정수(2005), 민현식(1991가), 김경훈(1996), 임유종(1999), 손남익(2016) 등을 참고할 수 있다. 또한 개별 부사에 대한 논의도 부사에 대한 전반적인 논의만큼이나 활발하게 이루어졌다. 배주채(2003)에서는 '물론'이라는 부사의 특성과 '물론'이 관여하는 구문에 대하여 종합적으로 검토하였으며 김옥영(2011)에서는 '어떻게'가 어휘화하는 과정을 검토하고 이에 대응하는 방언형들을 살펴본 바 있다. 또한 엄정호(1996)에서는 선행 성분을 작용역으로 하는 부사류들을 살펴보았으며 황화상(2006가)에서는 '-이' 결합 부사들의 특성을 검토한 바 있다. 신지연(2005)에서는 접속 부사 '그러나'의 의미를, 임채훈(2003)에서는 시간 부사의 문장 의미 구성을 다룬 바 있다. 신서인(2010)에서는 부사적인 용법을 보이는 '한편', '오늘 아침' 등과 같은 명사(구)들을 부사성 명사로 범주화하고 말뭉치 자료에서 부사성 명사의 특징을 검토한 바 있다. 장소원(2008)에서는 원 형식에서 일부 요소가 생략(삭감)된 부사어에 대한 종합적인 검토를 시도한 바 있다. 한편 한송화(2016)에서는 그간 국어 부사 연구에서 쟁점이 되었던 사안들을 담화/화용적인 관점에서 잘 정리하고 있다.

4. 문장 부사와 접속사

문장 부사에 대한 논의는 문장 부사의 설정 여부나 접속사의 품사 인정 문제와 관련된 문제는 물론이요, 개별 문장 부사의 기능을 다룬 논의, 문장 부사의 무표적인 위치가 어디인지를 논의한 연구까지 있을 정도로 상당히 많이 연구되어 왔다. 말뭉치 자료를 대상으로 삼아 문장 부사의 무표적인 위치를 밝혀낸 연구로는 신서인(2011)이 대표적이다. 김태인(2016)에서는 기존의 문장 부사어와 성분 부사어를 더욱 세부적으로 분류한 바 있다. 한편 국어에서 접속이라는 기능을 담당하는 형태를 부사로 간주하여야 할지, 접속사로 간주하여야 할지는 아주 이른 시기부터 논의가 진행되었다. 이 책에서는 최현배(1937)의 논의를 따라 접속사라는 품사를 인정하고 있지 않지만 이희승(1949: 140-143)에서는 접속사라는 범주를 설정한 바 있다. 접속이라는 개념이 무엇인지, 또 접속 형식의 특성이 어떠한지는 이은경(1992)에 잘 정리되어 있다. 국어의 접속 부사가 보이는 특성에 대한 전반적인 논의는 김선영(2003)을 참고할 수 있다. 김원경(2018)에서는 국어에서 접속사라는 품사가 설정될 수 있다는 점을 언급한 바 있다. 오규환(2012)에서는 '또한'이 성분 부사와 접속 부사로 사용될 수 있다는 점을 논의하였으며 안주호(2000)에서는 '그라' 계열 접속 부사의 문법화 과정을 기술한 바 있다.

5. 상징 부사와 의성·의태어

상징 부사에 대한 전반적인 논의는 채완(2000, 2003)이 좋은 참고가 된다. 최호철(1984)에서도 국어의 상징어에 대한 연구가 이루어진 바 있다. 국어의 의성/의태어는 신중진(1998)에서도 논의된 바 있다. 상징 부사와 관련된 쟁점 중에 하나는 상징 부사가 서술성을 지니느냐 그렇지 않느냐인데, 목정수·연재훈(2000)에서는 상징 부사가 독자적으로 서술성을 가지고 있다고 주장한 바 있다. 이와는 달리 김진해(2003)에서는 상징 부사의 비서술성에 대하여 논의하고 있다. 손남익(1998)에서는 국어의 상징 부사어가 특정 단어와 함께 어울릴 때 보이는 제약을, 서상규(1994)에서는 국어 상징어의 문법적 기능이 무엇인지를 논의하였다.

6. 체언 수식 부사

앞서 언급하였듯이 부사에 후행하는 체언을 해석하는 방안은 크게 셋으로 나뉜다. 첫째는 체언 수식 성분을 관형사로 보고 그 문장 성분도 관형어로 보는 견해이고, 둘째는 체언 수식 성분을 부사로 보되 그 문장 성분은 관형어로 보는 견해이고, 셋째는 체언 수식 성분을 부사로 보고 그 문장 성분도 부사어로 보는 견해이다. 이와 관련된 전반적인 논의는 이규호(2008), 황화상(2009나), 이은섭(2011) 등이 좋은 참고가 된다. 이규호(2008), 황화상(2009나)에서는 체언 수식 성분을 부사로 간주하였으나 황화상(2009나)에서는 관형성과 부사성이라는 개념을 도입하여 체언 수식 성분의 정체를 밝히고자 하였다는 점에서 이규호(2008)과는 차이를 보인다. 이하얀·황화상(2017)에서는 '완전'의 기능이 변화한 요인을 검토한 바 있다.

7. 감탄사에 대한 전반적 논의

감탄사의 품사적 독자성은 아주 이른 시기부터 인정되었다. 감탄사라는 품사의 종합적인 검토는 오승신(2006)과 황병순(2015)에서 자세하게 이루어져 있다. 서태룡(1999가, 1999나)와 신지연(1988)도 감탄사의 특성을 자세히 기술하고 있다. 박진호(2008, 2010)에서는 국어의 감탄사 중에서 입버릇 및 머뭇거림을 표현하는 언어 단위가 자리채우미(placeholder)라는 단위라고 언급한 바 있다. 도원영(2017)에서는 구어 말뭉치에 나타난 감탄사의 용례들을 검토하고, 우리가 논의한 감탄사의 사용 빈도를 일목요연하게 제시한 바 있다. 이와 유사한 논의는 전영옥(2009)에서도 이루어진 바 있다. 최호철(2000)에서는 감탄사의 분절 구조를, 허재영(2001)에서는 감탄사가 변화한 과정을 논의하였다. 한편 감탄사와 담화 표지로 쓰이는 경우에 대한 대략적인 논의는 신지연(2001)과 박진호(2008)을 참고할 수 있다.

1. 아래의 자료에서 관형사를 모두 찾아보고 이를 '성상 관형사', '지시 관형사', '수 관형사'로 분류하여 보자.

어서, 차라리 어두워버리기나 했으면 좋겠는데—벽촌의 여름날은 지리해서 죽겠을 만치 길다. 동에 팔봉산. 곡선은 왜 저리도 굴곡이 없이 단조로운고? 서를 보아도 벌판, 남을 보아도 벌판, 북을 보아도 벌판, 아—이 벌판은 어쩌라고 이렇게 한이 없이 늘어 놓였을꼬? 어쩌자고 저렇게까지 똑같이 초록색 하나로 돼먹었노?

농가가 가운데 길 하나를 두고 좌우로 한 십여 호씩 있다. 휘청거린 소나무 기둥, 흙을 주물러 바른 벽, 강낭대로 둘러싼 울타리, 울타리를 덮은 호박넝쿨, 모두가 그게 그것같이 똑같다. 어제 보던 대싸리나무, 오늘도 보는 김서방, 내일도 보아야 할 흰둥이, 검둥이. 해는 백 도 가까운 볕을 지붕에도, 벌판에도, 뽕나무에도 암탉 꼬랑지에도 내려쪼인다. 아침이나 저녁이나 뜨거워서 견딜 수가 없는 염서(炎署) 계속이다. 나는 아침을 먹었다. 그러나 무작정 널따란 백지 같은 <오늘>이라는 것이 내 앞에 펼쳐져 있으면서, 무슨 기사라도 좋으니 강요한다. 나는 무엇이고 하지 않으면 안 된다. 무엇을 해야 할 것인가 연구해야 된다. 그럼—나는 최서방네 집 사랑 툇마루로 장기나 두러 갈까? 그것 좋다.

최서방은 들에 나갔다. 최서방네 사랑에는 아무도 없나보다. 최서방네 조카가 낮잠을 잔다. 아하 내가 아침을 먹은 것은 열 시 지난 후니까, 최서방의 조카로서는 낮잠 잘 시간에 틀림없다. 나는 최서방의 조카를 깨워 가지고 장기를 한판 벌이기로 한다. 최서방의 조카와 열 번 두면 열 번 내가 이긴다. 최서방의 조카로서는, 그러니까 나와 장기 둔다는 것 그것부터가 권태다. 밤낮 두어야 마찬가질 바에는 안 두는 것이 차라리 낫지—그러나, 안 두면 또 무엇을 하나? 둘밖에 없다. 지는 것도 권태여늘 이기는 것이 어찌 권태 아닐 수 있으랴? 열 번 두어서 열 번 내리 이기는 장난이란 열 번 지는 이상으로 싱거운 장난이다. 나는 참 싱거워서 견딜 수 없다. 한번쯤 져 주리라. 나는 한참 생각하는 체하다가 슬그머니 위험한 자리에 장기 조각을 갖다 놓는다. 서방의 조카는 하품을 쓱 하더니, 이윽고 둔다는 것이 딴전이다. 의례히 질 것이니까, 골치 아프게 수를 보고 어쩌고 하기도 싫다는 사상이리라. 아무렇게나 생각나는 대로 장기를 갖다 놓고, 그저 얼른얼른 끝을 내어 져 줄 만큼 져 주면 이 상승장군은 이 압도적 권태를 이기지 못해 제 출물에 가버리겠지 하는 사상이리라. 가고나면 또 낮잠이나 잘 작정이리라.

나는 부득이 또 이긴다. 인제 그만 두잔다. 물론, 그만 두는 수밖에 없다. 일부러 져준다는 것조차가 어려운 일이다. 나는 왜 저 최서방의 조카처럼 아주 영영 방심 상태가 되어 버릴 수가 없나? 이 질식할 것 같은 권태 속에서도 사세(些細)한 승부에 구속을 받나? 아주 바보가 되는 수는 없나? 내게 남아 있는 이 치사스러운 인간 이욕(利慾)이 다시없이 밉다. 나는 이 마지막 것을 면해야 한다. 권태를 인식하는 신경마저 버리고, 완전히 허탈해 버려야 한다.

이상의 「권태」 중

2. 아래의 자료에서 부사를 모두 찾아보고 이를 '성분 부사'와 '문장 부사'로 분류하여 보자.

경기도의 한 은행에서 일하는 30대 은행원 A씨는 지난해 여자친구의 전 남자친구에 대해 알아보기 위해 무단으로 전 남자친구의 계좌기록과 거래내역을 조회했다. A씨는 그의 금융자산 규모는 물론 카드 사용 내용을 추적해 최근 위치와 행적까지 알아보는 등 무려 150여 차례에 걸쳐 고객의 동의도 없이 불법으로 금융정보를 조회하다 경찰에 적발됐다.

서울 용산구의 한 은행 지점장이었던 B씨는 2007년 남동생으로부터 제수씨의 대출금과 계좌내역을 조회해달라는 부탁을 받았다. 동생이 이혼 소송을 준비 중인데 소송과 재산분할에 유리한 자료를 확보하려는 속셈이었다. B씨는 당사자의 동의도 없이 통합고객정보를 조회해 남동생에게 제수씨의 금융거래를 전달했다가 재판에 넘겨졌다.

이렇듯 은행원 등 금융회사 종사자가 사적인 이유로 계좌 잔액 및 거래 내역을 조회하는 일이 있지만 이를 처벌할 법적 규제가 미흡하다. 현행 금융실명거래 및 비밀보장에 관한 법률에 따르면, 금융회사 종사자가 무단조회한 금융거래내용을 제3자에게 건넸을 경우에는 처벌을 받지만 조회하는 것 자체는 처벌이 전혀 불가능하다. 실제 대법원은 2011년 이혼을 준비 중인 누나를 위해 매형의 재산규모 및 거래내역 등을 불법을 조회한 은행원에 대해 "누나에게 해당 정보를 건넸다는 증거가 없다"는 이유로 무죄를 확정했다.

더욱이 고객이 금융회사에 계좌조회기록 내역을 요구해도 금융회사가 이를 거부하면 당사자는 누가 언제 자신의 금융거래를 조회했는지 꼼꼼히 확인·감독할 방법이 없는 것으로 나타났다. AA일보가 국내 4대 은행에 계좌조회기록을 요청한 결과, BB은행은 내규를 이유로 "당사자라 할지라도 계좌조회기록을 제공할 수 없다"며 거절했다. 개인정보이기도 하지만 은행의 업무정보이기도 하다는 이유에서다. 반면 XX은행과 YY은행의 경우에는 개인정보조회 열람 신청서를 받은 뒤 곧바로 조회 기록을 제공했다. ZZ은행도 조회기록을 제공했지만 약 한 달이 걸렸다.

『중앙일보』 2018년 9월 24일 기사, 「당신 계좌, 前애인이 샅샅이 보고있다…처벌 없는 은행원들의 무단조회」 일부 수정

3. 아래의 자료에서 감탄사를 모두 찾아보고 이를 '감정 감탄사', '의지 감탄사', '입버릇 및 더듬거림'으로 분류하여 보자.

김 첨지의 눈은 벌써 개개 풀리기 시작하였다. 석쇠에 얹힌 떡 두 개를 숭덩숭덩 썰어서 볼을 불룩거리며 또 곱배기 두 잔을 부어라 하였다. 치삼은 의아한 듯이 김 첨지를 보며, "여보게 또 붓다니, 벌써 우리가 넉 잔씩 먹었네, 돈이 사십 전일세."라고 주의시켰다.

"아따 이놈아, 사십 전이 그리 끔찍하냐. 오늘 내가 돈을 막 벌었어. 참 오늘 운수가 좋았느니."

"그래 얼마를 벌었단 말인가?"

"삼십 원을 벌었어, 삼십 원을! 이런 젠장맞을 술을 왜 안부어…… 괜찮다 괜찮다, 막 먹어도 상관이 없어. 오늘 돈 산더미같이 벌었는데."

"어, 이 사람 취했군, 그만두세."

"이놈아, 이걸 먹고 취할 내냐, 어서 더 먹어."하고는 치삼의 귀를 잡아채며 취한 이는 부르 짖었다. 그리고 술을 붓는 열다섯 살 됨직한 중대가리에게로 달려들며, "이놈, 오라질 놈, 왜 술을 붓지 않어."라고 야단을 쳤다. 중대가리는 히히 웃고 치삼을 보며 문의하는 듯이 눈짓을 하였다. 주정꾼이 눈치를 알아보고 화를 버럭 내며, "에미를 붙을 이 오라질 놈들 같으니, 이놈 내가 돈이 없을 줄 알고"하자마자 허리춤을 훔칫훔칫 하더니 일 원짜리 한 장을 꺼내어 중대 가리 앞에 펄쩍 집어던졌다. 그 사품에 몇 푼 은전이 잘그랑 하며 떨어진다.

　　"여보게 돈 떨어졌네, 왜 돈을 막 끼얹나." 이런 말을 하며 일변 돈을 줍는다. 김 첨지는 취한 중에도 돈의 거처를 살피는 듯이 눈을 크게 떠서 땅을 내려다보다가 불시에 제 하는 짓이 너무 더럽다는 듯이 고개를 소스라치자 더욱 성을 내며, "봐라 봐! 이 더러운 놈들아, 내가 돈이 없나, 다리뼉다구를 꺾어놓을 놈들 같으니."하고 치삼의 주워주는 돈을 받아, "이 원수엣 돈! 이 육시를 할 돈!"하면서, 풀매질을 친다. 벽에 맞아 떨어진 돈은 다시 술 끓이는 양푼에 떨어지며 정당한 매를 맞는다는 듯이 쨍하고 울었다.

　　곱배기 두 잔은 또 부어질 겨를도 없이 말려가고 말았다. 김 첨지는 입술과 수염에 붙은 술을 빨아들이고 나서 매우 만족한 듯이 그 솔잎 송이 수염을 쓰다듬으며, "또 부어, 또 부어." 라고, 외쳤다.

　　또 한 잔 먹고 나서 김 첨지는 치삼의 어깨를 치며 문득 껄껄 웃는다. 그 웃음 소리가 어떻게 컸는지 술집에 있는 이의 눈은 모두 김 첨지에게로 몰리었다. 웃는 이는 더욱 웃으며, "여보게 치삼이, 내 우스운 이야기 하나 할까. 오늘 손을 태고 정거장에까지 가지 않았겠나."

현진건의 「운수 좋은 날」 중

4. 우리말샘' 웹 검색 창(https://opendict.korean.go.kr/main) 우측의 '자세히 찾기'를 눌러 '구분'란 첫 번째 줄에는 '단어'만, 두 번째 줄에는 '일반어'만, 세 번째 줄에는 '전체'를 체크한다. 그 다음 '품사'란의 '품사선택' 버튼을 눌러 '관형사', '관형사·감탄사', '관형사·명사', '대명사·관형사', '수사·관형사·명사'에 체크한 뒤 관형사를 찾고 검색된 관형사 중 30개를 대상으로 '성상 관형사', '수 관형사', '지시 관형사'로 분류해 보자.

5. 우리말샘' 웹 검색 창(https://opendict.korean.go.kr/main) 우측의 '자세히 찾기'를 눌러 '구분'란의 첫 번째 줄에는 '단어'만, 두 번째 줄에는 '일반어'만, 세 번째 줄에는 '전체'를 체크한다. 그 다음 '품사'란의 '품사선택' 버튼을 눌러 '감탄사', '감탄사·명사', '관형사·감탄사', '대명사·감탄사', '부사·감탄사'에 체크한 뒤 감탄사를 찾고 검색된 감탄사 중 30개를 대상으로 '감정 감탄사', '의지 감탄사', '입버릇 및 더듬거림'으로 각각 분류해 보자.

6. 우리말샘' 웹 검색 창(https://opendict.korean.go.kr/main) 우측의 '자세히 찾기'를 눌러 '구분'란의 첫 번째 줄에는 '단어'만, 두 번째 줄에는 '일반어'만, 세 번째 줄에는 '전체'를 체크한다. 그 다음 '품사'란의 '품사선택' 버튼을 눌러 '감탄사·명사', '관형사·감탄사', '관형사·명사', '대명사·감탄사', '대명사·관형사', '대명사·부사', '동사·형용사', '명사·부사', '부사·감탄사', '수사·관형사', '의존 명사·조사', '수사·관형사·명사'에 체크한 뒤 품사 통용의 예를 15개 찾아보자.

1. 아래에 제시한 자료를 보고 다음의 질문에 답해 보자.

> (1-1) 불굴의 의지, 천혜의 자연 환경, 각고의 노력, 특단의 조치, 소정의 상품
> (1-2) *불굴 의지, *천혜 자연 환경, *각고 노력, *특단 조치, *소정 상품
>
> (2-1) 최신의 뉴스, 불치의 병
> (2-2) 최신 뉴스, 불치병

　(가) (1-1)에서 밑줄 친 '불굴', '천혜', '각고', '특단', '소정'을 『표준국어대사전』에서 검색하여
　　　이들의 품사가 무엇인지 알아보자.

　(나) (가)의 결과를 고려한다면 (1-2)의 구성은 성립하는 것이 자연스럽지만 이와 같은 구성들
　　　은 성립하지 않는다. 그 이유를 생각하여 보자.

　(다) (2-1)에서 밑줄 친 '최신'과 '불치'를 『표준국어대사전』에서 검색하여 이들의 품사가 무엇
　　　인지 알아보자.

　(라) (가)~(다)의 답을 바탕으로 하여 (1-1)의 '불굴의', '천혜의', '각고의', '소정의' 등을 하나
　　　의 단어로 간주할 수 있다면 그 품사는 무엇으로 간주할 수 있는지 생각하여 보자.

2. 아래에 제시한 자료를 보고 다음의 질문에 답해 보자.

> (1-1) 배다른 {형제/자식/누나…}, 괜한 {걱정/노력/거짓말…}
> (1-2) {*형제/*자식/*누나}(이)가 배다르다. {*걱정/*노력/*거짓말}이 괜하다.
>
> (2-1) 다른 {사람/이야기/상품…}
> (2-2) 사자는 고양이와 다르다. 어제 했던 이야기와 오늘 한 이야기가 다르다. 내가 산 상품이
> 　　　네가 산 상품과 다르다.

　(가) (1-1)의 '배다른'과 '괜한'에 후행할 수 있는 명사의 유형이 어떠한지 생각하여 보자. '배다
　　　른'과 '괜한'에 후행할 수 있는 명사의 유형은 다양한가? 그렇지 않은가?

　(나) (가)의 답을 고려하여 (1-2)의 문장이 성립하지 않는 이유를 생각하여 보자.

　(다) (2-1)의 '다른'에 후행할 수 있는 명사의 유형이 어떠한지 생각하여 보자. '다른'에 후행할
　　　수 있는 명사의 유형은 다양한가? 그렇지 않은가?

　(라) (2-2)의 문장은 성립하기는 하지만 '다르다'의 의미가 (2-1)의 명사구에서 관찰되는 '다른'과는

동일하지 않을 것이다. 각각의 의미가 무엇인지를 『표준국어대사전』에서 검색하여 보자.

(마) (가)~(라)의 답을 감안하여 (1-1)에 제시한 '배다른'과 '괜한'을 한 단어로 볼 수 있는지 생각하여 보자. 만약에 이들을 한 단어로 볼 수 있다면 그 근거는 무엇이며, 또 품사는 무엇으로 간주할 수 있는지 생각하여 보자.

3. 아래에 제시한 자료를 보고 다음의 질문에 답해 보자.

> (1-1) 개혁/개혁적, 보수/보수적, 진보/진보적, 낭만/낭만적
> (1-2) 그는 늘 {개혁적/보수적/진보적/낭만적}이다.
> (1-3) 그는 늘 {개혁적/보수적/진보적/낭만적}으로 산다.
>
> (2-1) 국제 단체, 국제 사회, 국제 문제…; 강력 접착제, 강력 살충제, 강력 대응…
> (2-2) *국제가, *국제를, *국제로, *국제의…; *강력이, *강력을, *강력으로, *강력의…

(가) (1-1)에서 '-적(的)'에 선행할 수 있는 명사의 유형은 다양한가? 그렇지 않은가?

(나) (2-1)의 '국제'와 '강력'에 후행할 수 있는 명사의 유형은 다양한가? 그렇지 않은가?

(다) (가), (나)의 답변과 (1-2), (1-3), (2-2)의 자료를 감안하여 '-적(的)'이 결합한 단어와 '국제' 및 '강력' 중에 명사와 더욱 비슷한 것은 무엇인지 생각하여 보자.

(라) 『표준국어대사전』에서 접미사 '-적(的)'이 결합한 단어와 '국제' 및 '강력'을 검색하여 보고, (다)에서 제시한 본인의 생각과 어느 정도 일치하는지를 알아보자. (『표준국어대사전』에서 '-적'이 결합한 단어 찾는 방법: 검색란에 '*적'을 입력함.)

4. 아래에 제시한 자료를 보고 다음의 질문에 답해 보자.

> (1-1) 구(舊) 경성제국대학, 순(純) 한글 표기, 신(新) 국제 질서, 원(原) 계약 당사자…
> (1-2) 구시대(舊時代), 순수입(純收入), 신기술(新技術), 원위치(原位置)…
>
> (2-1) 한 사람, 책 한 권, 말 한 마리
> (2-2) 한 고위 관리가 사직서를 제출하였다.
> (2-3) 한 20분쯤 걸었다.
> (2-4) 한번, 한편, 한쪽, 한때, 한눈, 한마디, 한순간, 한곳

(가) (1-1)에 제시한 '구(舊)', '순(純)', '신(新)', '원(原)'는 단어인가? 접사인가? 만약에 단어라면 그 품사는 무엇일지 생각하여 보자.

(나) (1-2)에 제시한 '구(舊)', '순(純)', '신(新)', '원(原)'는 단어인가? 접사인가? 만약에 단어라면 그 품사는 무엇일지 생각하여 보자.

(다) (2-1), (2-2), (2-3)에 제시한 '한'은 단어인가? 접사인가? 만약에 단어라면 그 품사는 무엇일지 생각하여 보자. 또 (2-1), (2-2), (2-3)에 제시한 '한'이 어떠한 의미를 가지는지 『표준국어대사전』에서 검색하여 보자.

(라) (2-4)에 제시한 '한'은 단어인가? 접사인가? 만약에 단어라면 그 품사는 무엇일지 생각하여 보자. 또한 (다)의 답안을 고려하여 (2-4)에 제시한 단어들을 의미별로 묶어 보자.

(마) (1)에 제시한 '구(舊)', '순(純)', '신(新)', '원(原)'과 (2)에 제시한 '한' 사이에 공통점과 차이점이 있다면 이들을 설명하여 보자.

5. 아래에 제시한 자료를 보고 다음의 질문에 답해 보자.

(1-1) 저 자랑스러운 한국 태극전사	(2-1) 저 강한 헤드라이트의 불빛
(1-2) 저 한국 자랑스러운 태극전사	(2-2) 저 헤드라이트의 강한 불빛
(1-3) 한국 저 자랑스러운 태극전사	(2-3) 헤드라이트의 저 강한 불빛
(1-4) 한국 자랑스러운 저 태극전사	(2-4) 헤드라이트의 강한 저 불빛
(1-5) 자랑스러운 저 한국 태극전사	(2-5) 강한 저 헤드라이트의 불빛
(1-6) 자랑스러운 한국 저 태극전사	(2-6) 강한 헤드라이트의 저 불빛

(가) 좌측의 (1)에 제시한 명사구 중에 성립하는 것과 그렇지 않은 것을 구별하여 보자.

(나) 우측의 (2)에 제시한 명사구 중에 성립하는 것과 그렇지 않은 것을 구별하여 보자.

(다) (1)과 (2)에 제시한 명사구의 구조는 단 하나의 차이만 있을 뿐이다. 그 차이가 어떠한 차이인지 말해 보고, 또 그 차이로 인하여 (가)~(나)의 답변이 어떻게 달라지는지를 생각하여 보자.

6. 아래에 제시한 자료를 보고 다음의 질문에 답해 보자.

(1-1) 대통령이 미국을 방문하였다. <u>또한</u> 기자들이 이 사실을 보도하였다.
(1-2) 대통령이 미국을 방문하였다. 기자들이 <u>또한</u> 이 사실을 보도하였다.
(1-3) 대통령이 미국을 방문하였다. 기자들이 이 사실을 <u>또한</u> 보도하였다.

(2-1) 대통령이 미국을 방문하였다. <u>또</u> 기자들이 이 사실을 보도하였다.
(2-2) 대통령이 미국을 방문하였다. 기자들이 <u>또</u> 이 사실을 보도하였다.
(2-3) 대통령이 미국을 방문하였다. 기자들이 이 사실을 <u>또</u> 보도하였다.

(가) (1-1)의 '또한'이 담당하는 역할은 무엇인가? (2-1)의 '또'와 비교하여 생각하여 보자.

(나) (1-2)의 '또한'이 담당하는 역할은 무엇인가? (2-2)의 '또'와 비교하여 생각하여 보자.

(다) (1-3)의 '또한'이 담당하는 역할은 무엇인가? (2-3)의 '또'와 비교하여 생각하여 보자.

(라) (가)~(다)의 답을 바탕으로 하여, '또한'과 '또'가 문장 부사로 사용되는 환경과 성분 부사로 사용되는 환경을 기술하여 보자.

7. 아래에 제시한 자료를 보고 다음의 질문에 답해 보자.

> (1-1) 물론 지호는 아침을 먹는다.
> (1-2) 지호는 물론 아침을 먹는다.
> (1-3) 지호는 아침을 물론 먹는다.
>
> (2-1) 지호가 약속 장소에 나타나지 않은 것은 물론, 전화도 받지 않았다.
> (2-2) 지호가 약속 장소에 나타나지 않은 것은 물론이고 전화도 받지 않았다.
>
> (3-1) 지호가 만화를 좋아함은 물론이다.
> (3-2) *지호가 만화를 좋아함은 물론이네.
> (3-3) *지호가 만화를 좋아함은 물론일까?
>
> (4-1) 지호가 어제 모임에 갔었니? ― 물론.
> (4-2) 지호가 어제 모임에 갔었니? ― 물론이지.
> (4-3) 지호가 어제 모임에 갔었니? ― 그야 물론이지.

(가) (1)의 '물론'의 품사는 무엇인가? 그리고 (1)에 제시한 세 문장의 의미가 동일한지 그렇지 않은지를 생각하여 보자.

(나) (2)의 '물론'의 품사는 무엇인가? 그리고 (2)에 제시한 두 문장의 의미가 동일한지 그렇지 않은지를 생각하여 보자.

(다) (3)의 '물론'의 품사는 무엇인가? 그리고 (3-2)와 (3-3)에 제시한 문장이 성립하지 않는 이유가 무엇인지를 '물론'의 의미와 관련시켜 생각하여 보자.

(라) (4)의 '물론'의 품사는 무엇인가? 그리고 (4-1)에서 서술격 조사 '이다'가 드러나지 않아도 좋은 이유를 생각하여 보자.

제6장 단어의 구조와 단어 형성의 재료

6.1. 단어의 구조

단어 가운데 어휘적 단어는[1] 그 구조가 단일할 수도 있고 복합적일 수도 있다.

> (1) 가. 집, 신, 높다 …
>   나. 지붕, 덧신, 드높다 …
>   다. 집안, 짚신, 높푸르다 …

(1가)는 실질 형태소 하나로 이루어져 있다는 점에서 구조가 단일한 단어들이다. '높다'는 두 형태소로 구성된 말이지만 '-다'는 다만 이것이 용언임을 나타낼 뿐 어휘적 의미를 가지고 있는 어간 '높'을 기준으로 하면 역시 실질 형태소 하나로 이루어진 단어이다. 즉 '-다'는 순수한 문법적 관계를 표시하는 형식 형태소로서 단어 형성과는 직접적 관계가 없다.[2] (1나)는 (1가)의 말에 '-웅, 덧-, 드-'가 덧붙어 있으니 복합적이다. (1다)도 (1가)의 말에 '안, 집, 푸르-'가 어울려 있으니 그 구조가 역시 복합적이다. 이렇게 (1가)와 같이 실질 형태소 하나로 이루어져 그 구조가 단일한 단어를 단일어(單一語)라 하고 (1나, 다)와 같이 두 개 이상의 형태소로 이루어져 그 구조가 복합적인 말을 복합어(複合語, complex word)라고 부른다.

---

[1] 여기에서 어휘적 단어(lexical word)는 실질 의미를 가지고 있는 단어로서 문법적 단어(grammatical word)의 짝을 이루는 단위를 가리킨다. 그런데 문법적 단어라는 개념은 그 짝으로 음운론적 단어(phonological word)를 가지기도 한다는 점을 염두에 둘 필요가 있다. 즉 어휘적 단어와 짝이 되는 문법적 단어는 문법적(형식적) 의미를 가지는 조사나 어미를 가리키는 것이고, 음운론적 단어와 짝이 되는 문법적 단어는 문법론(형태론과 통사론)에서 언급되는 통사 단위를 일컫는 것이다.

[2] 따라서 이러한 혼란을 막기 위해서는 '높다'를 '높'으로 표시해야 할 것이지만 관례를 따라 '높다'로 표시하기로 한다.

복합어는 그 형성 방식에 따라 다시 세분될 수 있다. (1나)는 (1가)의 실질 형태소 '집, 신, 높'에 형식 형태소 '-웅, 덧, 드'가 붙은 것이고 (1다)는 (1가)의 실질 형태소에 또 다른 실질 형태소 '안, 짚, 푸르-'가 어울려 있다. (1나)와 같이 실질 형태소에 형식 형태소가 붙어서 만들어진 말을 파생어(派生語, derived word)라 하고 실질 형태소들의 결합으로 이루어진 말을 합성어(合成語, compound word)라고 한다.

그런데 실제 단어들에는 형태소가 세 개 이상 결합한 경우도 많아 파생어인지 합성어인지 구별이 어려울 때가 있다. 이때 유용한 개념이 직접 성분(直接成分, immediate constituent)이다.[3] 직접 성분은 어떤 구성이 세 개 이상으로 이루어져 있다고 할 때 처음 갈라지는 두 요소를 일컫는다. 따라서 복잡한 구조를 가지는 단어에도 이를 적용하면 파생어와 합성어의 구별을 확실히 할 수 있다.

(2) 가. 헛손질
    나. 먹이통

(2가)의 '헛손질'은 형식 형태소 '헛'과 '-질'이 포함되어 있고 실질 형태소는 '손' 하나이다. 이에 대해 (2나)의 '먹이통'은 형식 형태소 '-이'가 포함되어 있고 실질 형태소는 '먹'과 '통' 두 개이다. 그런데 이들 단어를 직접 성분으로 분석하면 (2가)는 '헛'과 '손질'이고 (2나)는 '먹이'와 '통'이다. 이때 '손질'과 '먹이'는 모두 형식 형태소를 포함하고 있지만 '헛손질', '먹이통'에서의 역할은 (1)의 '지붕, 집안'의 실질 형태소 '집'과 같다. 따라서 '헛손질'은 '헛'과 '손질'이 결합한 파생어가 되고 '먹이통'은 '먹이'와 '통'이 결합한 합성어가 된다. 이러한 경우들을 염두에 둔다면 파생어는 직접 성분 가운데 어느 하나가 형식 형태소 역할을 하는 단어이며 합성어는 직접 성분이 모두 실질 형태소의 자격을 가지는 단어라고 보다 정확하게 정의할 수 있다.

'지붕, 덧신', '헛손질'과 같은 파생어를 만들어 내는 단어 형성의 절차를 파생법(派生法, derivation)이라 하고 '집안, 짚신', '먹이통'과 같은 합성어를 만들어 내는 단어 형성의 절차를 합성법(合成法, compounding)이라고 이른다. 이제 지금까지의 설명을 표로 보이면 다음과 같다.

---

3 2장에서 언급하였다시피 직접 성분이란 문법 단위의 계층 구조를 고려하여 2분지로 분석할 때 1차적으로 분석되어 나오는 성분을 일컫는다. 이와 같은 점을 고려하면 나중에 살펴볼 '해돋이'와 같은 단어는 '해돋이'로 직접 성분 분석할 가능성과 '해돋-이'로 직접 성분 분석할 가능성이 모두 있다고 할 수 있다.

(3)

　파생법과 합성법은 단어 형성법 가운데 대표적인 것인데 단어 형성법은 달리 조어법(造語法, word-formation)이라고도 한다. 단어 형성에 대한 논의는 전통적으로 분석을 중시하여 단어에서 출발하여 형태소를 확인하는 일에 주된 관심을 기울였는데 생성 형태론 이후 형성을 중시하여 형태소에서 출발하여 단어를 만드는 과정에 큰 관심을 기울이고 있다. 이는 곧 화자의 단어 생성 능력을 찾아내는 방면의 연구를 가리킨다.[4] 이런 태도를 취하면 단어를 구성하는 요소 가운데 단어 형성에 적극적인 역할을 하는 것과 그렇지 못한 것 가운데 앞의 것을 주된 관심 대상으로 삼게 된다. 그리고 이때 단어가 형성되는 것이 규칙(規則, rule)에 의한 것인지 아니면 유추(類推, analogy)에 의한 것인지 하는 것도 최근 큰 관심을 불러일으키고 있다.

　한편 복합어 가운데는 합성어나 파생어로 간주하기 힘든 것들도 있다.

(4)　가. 칼제비(칼국수와 수제비를 한 번에 맛볼 수 있는 음식), 쌈추(쌈용 배추)
　　　나. 열공(열심히 공부함), 즐감(즐겁게 감상함)
　　　　cf. 부먹파(소스를 탕수육에 부어 먹는 사람들), 찍먹파(소스를 탕수육에
　　　　　　부어 먹지 않고 찍어 먹는 사람들)

　(4가)는 앞 단어의 첫 부분과 뒤 단어의 끝 부분을 따서 결합한 단어들이다. 영어의 'smog(smoke+fog)'에서도 이러한 방식을 확인할 수 있는데 이러한 단어들을 특히 혼성어(混成語, blended word)라 부른다. (4나)는 두 단어의 앞 음절만 따서 이를 결합한 단어들이다. 영어의 'APEC(Asian-Pacific Economic Cooperation)'에서도 이러한 방식이 눈에 띄는데 이를 두자어(頭字語, acronym)라 부른다. 국어의 경우에는 첫 글자가 아니라 첫 음절을 따는 일이 많으므로 따로 이를 두음절어라 불러 구분하기도 한다. 학교 문법에서는 (4가, 나)와 같은 단어들을 통틀어 축약어라 부른다. 전형적인 합성어나 파생어는

---

4 이와 같은 흐름에 발맞추어 최근에는 화자의 머릿속 사전인 (심리) 어휘부[(mental) lexicon]의 구조는 어떠한지, 또 (심리) 어휘부에 등재되어 있는 단위는 무엇인지 등에 대한 연구도 활발히 진행되고 있다. 한편 '어휘부'라는 명칭 대신 '사서부'라고 부르는 경우도 있고 최근에는 '어휘광'이라고 부르기도 한다. 이들 명칭은 모두 lexicon에 대해 일정한 관점을 부여하고 있다는 점에 주의할 필요가 있다.

형식의 증가를 가져오지만 이들 단어들은 결합하는 과정에서 일부 요소가 떨어져 나가 므로 형식의 감소를 가져온다는 점에서 특징이 있다.

참고로 제시한 '부먹파'나 '찍먹파'는 최근에 새롭게 만들어진 단어들인데 (4가, 나)는 축약의 절차만을 거치지만 이들은 축약과 파생이 차례대로 적용된 것이라는 점에서 주 목할 필요가 있다. '부먹', '찍먹'까지는 두음절어의 속성을 보이지만 여기에 '-파(派)'라 는 형식 형태소가 결합하고 있기 때문이다.[5]

6.2. 단어 형성의 재료

6.2.1. 어근과 접사

이제 단어 형성에 나타나는 실질 형태소와 형식 형태소의 개념을 좀 더 정확하게 규정 할 필요가 있다. 모든 실질 형태소나 형식 형태소가 단어 형성에 참여하는 것은 아니기 때문이다. 우리는 앞의 (1나, 다)를 구성이 복잡한 단어라고 했는데 복합어의 형성에서 실질적인 의미를 담당하는 부분을 어근(語根, root)이라 하고 형식적인 의미를 담당하는 부분을 접사(接辭, affix)라고 한다.[6] 단어를 형성하는 데 참여하는 어근과 접사는 나무의 뿌리와 거기서 자라난 가지와 비슷하다고 하여 '뿌리'와 '가지'라고 말하기도 한다. 이에 따르면 실질 형태소는 어근이 될 수 있고 형식 형태소 가운데 일부가 접사가 된다고 말할 수 있다.

이처럼 어근은 실질 형태소, 접사는 형식 형태소와 밀접한 관련을 가지지만 앞에서 언급한 것처럼 그 성격이 문장 형성에 나타나는 실질 형태소나 형식 형태소와는 다르다 는 점에 유의할 필요가 있다.

---

5 3장에서 제시한 '노래를 찾는 사람들'을 '노찾사'로 줄여 말하는 것도 (4)의 경우와 일맥상통하는 현상이라 고 할 수 있다. 이들은 모두 단어화를 지향하는 것이라 할 수 있는데 단어의 지위를 가진다고 보기는 어렵지 만 '지켜 주지 못해 미안해!'를 '지못미'처럼 줄이는 방식은 최근 꽤 널리 유행하고 있다.

6 접사를 형식 형태소로 범주화하는 것은 다분히 편의적인 처리이다. 사실 어떠한 언어 단위가 가지고 있는 실질 의미는 '실질 의미가 있다/없다'처럼 이분법적으로 설명하기보다는 '실질 의미가 많다/적다'처럼 정도 성을 가진 것으로 설명하는 편이 낫기 때문이다. 실제로 '헛-', '개-'와 같은 '접두사'라든지 '-쟁이', '-꾼'과 같은 접미사는 실질 의미가 어느 정도 있다고 간주하여야 한다는 점도 이와 같은 사실을 방증하여 준다. 또한 일반 언어학적인 관점에서 접사라는 용어는 굴절 접사와 파생 접사로 나누어 이해하기도 한다. 국어의 조사와 어미는 문법적 의미를 나타내는 일이 많으므로 일반 언어학적인 관점에서 굴절 접사에 가깝다고 할 수 있고 여기에서 다루는 접두사와 접미사는 파생 접사에 속한다고 이해할 수 있다.

(5)　가. 집-이, 집-도, 집-으로 ; 지붕(집-웅), 집-안
　　　나. 덮-고, 덮-지, 덮-으면 ; 덮-개

　(5가)의 앞 묶음은 자립 실질 형태소 '집'에 형식 형태소인 조사가 붙었고, (5나)의 앞 묶음은 의존 실질 형태소 '덮'에 형식 형태소인 어미가 붙은 것이다. 조사와 어미 등의 형태소는 체언과 용언의 어간에 자유롭게 붙어서 문법적 관계를 체계적으로 표시하므로 체계 형태소(體系形態素, system morpheme)라 한다. (5가)의 뒤 묶음 중 '집, 안'은 실질 자립 형태소로서, (5나)의 뒤 묶음 '덮'은 실질 의존 형태소로서 각각 단어 형성의 중심 부분을 이루고 있다. (5가)의 뒤 묶음 중 '-웅'은 접미사로서 특정한 명사에 붙어 그 의미를 한정함으로써 새로운 명사를 만들어 내고 있고, (5나)의 뒤 묶음 중 '-개'는 특정한 동사에 붙어 그것을 명사로 바꾸어 준다. 이렇게 단어 형성에 참여하는 실질 형태소와 형식 형태소를 묶어 근원 형태소(根源形態素, source morpheme)라 부른다. 즉 체계 형태소는 문장 형성에 참여할 수 있다는 점에서 직접적이지만 근원 형태소는 먼저 단어 형성에 참여한 후 문장 형성에 참여할 수 있으므로 간접적이다.

6.2.1.1. 어근의 종류

6.2.1.1.1. 규칙적 어근과 불규칙적 어근

　어근은 먼저 품사를 알 수 있느냐를 기준으로 규칙적 어근과 불규칙적 어근으로 구분될 수 있다. 규칙적 어근은 어근의 품사가 분명하고 다른 말과 자유롭게 통합될 수 있다. 한편, 불규칙적 어근은 품사를 알 수 없는 어근을 가리키는데 따라서 그만큼 다른 말과의 통합이 제약되어 있다. (1나)의 '집, 신, 높'은 그 품사를 명사나 형용사라고 분명히 말할 수 있으며 '-웅, 덧, 드' 이외에도 조사나 어미가 자유롭게 붙으므로 규칙적 어근인 것이다.

(6)　가. 집, 집이, 집을 …
　　　나. *높, 높고, 높아서 …

　(6가)를 보면 명사 '집'은 명사로서 문장에서 단독으로 쓰일 수도 있고 '이'나 '을'과 같은 조사와도 자유롭게 결합할 수 있다. (6나)를 보면 형용사 '높'은 의존 형태소이기 때문에 문장에서 단독으로 쓰일 수는 없지만 '-고'나 '-아서'와 같은 어미와는 자유롭게 결합할 수 있다.

(7) 가. 아름답다   cf. 사람답다, 정답다
     나. 따뜻하다   cf. 건강하다

이에 대해 (7가)의 '아름답다'의 '아름'은 참고로 제시한 '사람답다, 정답다'의 '사람, 정'과 계열 관계를 이루고 있고 이와 함께 '美'의 뜻을 줄 수 있다. 그러나 자립성이 결여되어 있고 격 조사가 붙을 수 없어 그 품사를 분명히 말할 수 없다. 이런 어근은 불규칙적 어근인 것이다.[7] 불규칙적 어근은 대개 '아름답다'에서 보는 바와 같이 제한된 접미사와 통합된다.

(7) 가′. *아름, *아름이, *아름을…cf. #사람#, #사람이, #사람을…

(7나)의 '따뜻하다'의 '따뜻'도 '건강하다'의 '건강'과 계열 관계를 이루며 동시에 '溫'의 의미를 줄 수 있으나 자립성이 결여되어 있고 격 조사가 붙을 수 없으므로 어근이 불규칙한 것이다.

(7) 나′. *따뜻, *따뜻이, *따뜻을…cf. 가난, 가난이, 가난을…

곧 (7)의 '아름'과 '따뜻'은 실질 형태소이므로 어근의 자격을 줄 수는 있으나 그 자체로 단어의 자격을 가지는 '사람, 정', '가난'과는 달리 단어의 자격을 가질 수는 없다. 따라서 이들은 접미사와 결합하여야만 문장 형성에 참여할 수 있다.

6.2.1.1.2. 단일 어근과 복합 어근

어근은 다시 형태소 하나로 이루어져 있는 것과 형태소 두 개 이상으로 이루어져 있는 것으로 나눌 필요가 있다. 형태소 하나로 이루어진 어근은 단일 어근이라 하고 형태소 두 개 이상으로 이루어진 어근을 복합 어근이라 한다.

(8) 가. 아름, 따뜻, 사람, 정
     나. 건강

---

7 실제로 『표준국어대사전』에서는 가령 '어른거리다'의 '어른'에 대해 '어근'으로 범주화하고 있는데 이처럼 『표준국어대사전』에서 '어근'으로 처리되어 있는 것들은 모두 불규칙적 어근에 해당한다.

(8가)의 '아름, 따뜻'은 불규칙적 어근으로서 형태소 하나로 이루어져 있고 '사람, 정'은 규칙적 어근으로서 형태소 하나로 이루어져 있다. 이들은 모두 형태소 하나로 이루어져 있다는 점에서 단일 어근에 해당한다. 이에 대해 (8나)의 '건강(健康)'은 규칙적 어근으로서 형태소 두 개로 이루어져 있다. 따라서 이들은 형태소 두 개가 결합되어 하나의 어근 역할을 하는 복합 어근에 해당한다.[8]

단일 어근과 복합 어근의 구별은 직접 성분이 문제가 되는 경우에 유용한 개념이 된다. 이를 (2)에서 제시한 '헛손질'과 '먹이통' 두 단어를 통해 살펴보기로 하자. '헛손질'은 직접 성분이 '헛'과 '손질'임을 언급한 바 있다. 이때 접사 '헛'을 제외한 '손질'은 어근의 자격을 가지고 있는데 그 안에는 '-질'과 같은 접사가 들어 있다. 한편 '먹이통'은 직접 성분이 '먹이'와 '통'임을 언급한 바 있다. 이때 '먹이'도 어근의 자격을 가지고 있는데 그 안에는 역시 '-이'와 같은 접사가 들어 있다. 따라서 복합 어근은 '건강'의 '건'과 '-강'처럼 다시 어근과 어근으로 이루어진 것도 있지만 '손질'과 '먹이'처럼 어느 하나는 접사의 자격을 가지는 것이 포함된 것들도 있다.

이러한 현상은 '건강하다, 헛손질, 먹이통'이 계층적인 단어 형성 과정을 거쳤기 때문에 나타나는 것이다. 즉 '건강하다'는 합성법과 파생법이 차례대로 적용된 단어이고 '헛손질'은 파생법과 파생법이, '먹이통'은 파생법과 합성법이 차례대로 적용되어 형성된 단어인 것이다.

6.2.1.2. 접사의 종류

6.2.1.2.1. 접두사와 접미사

접사는 어근과 결합되는 자리에 따라 접두사와 접미사로 구분된다.[9] (1나)의 '덧신'과 '드높다'에 나타나는 '덧'과 '드-'는 어근 '신, 높'의 앞에 붙는다고 하여 접두사(接頭辭, prefix)라고 한다. 이를 달리 '앞가지'라고 부르기도 한다. 이들은 단일 어근에 결합하고 있는 접두사임에 비해 (2가)의 '헛손질'의 '헛'은 복합 어근에 결합하고 있는 접두사의 예이다.

---

8 후술하는 접미사 가운데는 '-당하', '-맞이'처럼 형태소 두 개 이상으로 이루어진 것들도 있을 수 있다. 그러나 접두사를 포함하여 대부분의 접사는 형태소 하나로 이루어져 있으므로 어근과는 달리 단일 접사와 복합 접사를 구별하지 않기로 한다.

9 국어에는 접두사와 접미사만 존재한다고 간주하는 것이 일반적인 논의이지만, 일반 언어학적인 관점에서 접사를 분류하면 접두사와 접미사 이외에도 다양한 접사들을 식별할 수 있다. 예컨대 어근의 가운데에 위치하는 접사를 접요사(接腰辭, infix), 어근의 앞과 뒤에 동시에 위치하는 접사를 불연속 접사(不連續接辭, circumfix)로 부를 수 있다.

한편 (1나)의 '지붕'의 '-웅'은 어근 '집'의 뒤에 붙는다고 하여 접미사(接尾辭, suffix)라고 하며 이를 달리 '뒷가지'라고 일컫기도 한다. '-웅'과 마찬가지로 (7)의 '아름답다'와 '따뜻하다'에 결합하고 있는 '-답'과 '-하'도 모두 단일 어근에 결합한 접미사에 해당한다. 이에 대해 (7)에서 참고로 제시한 '건강하다'의 '-하'는 복합 어근에 결합한 접미사이다.

6.2.1.2.2. 한정적 접사와 지배적 접사

접사는 그 기능이 어근의 뜻만을 한정하느냐 아니면 더 나아가 단어의 품사까지도 바꾸느냐에 따라 한정적 접사와 지배적 접사로 나눌 수 있다. (1나)의 '잡웅, 덧신, 드높다'의 '-웅, 덧, 드-'는 명사 어근 '집, 신'과 형용사 어근 '높'에 붙어 그 뜻을 한정함으로써 또 다른 명사 '지붕, 덧신'과 형용사 '드높다'를 파생하고 있다. 이런 접사를 한정적 접사(限定的接辭, restrictive affix)라 하는데 우리의 전통 문법에서는 '뜻 더하기 씨가지' 또는 가의적 접사(加意的接辭)라 불러 왔다. 우리말의 접두사는 대체로 한정적 접사에 해당한다. 따라서 (2가)의 '헛손질'의 '헛-'도 한정적 접사에 해당한다.

이에 대해 (3나) '덮개'의 '-개'는 동사 어근 '덮'에 붙어 품사를 바꿈으로써 동사를 명사로 파생시키고 있다. 이러한 접사를 지배적 접사(支配的接辭, governing affix)라 하는데 우리의 전통 문법에서는 '말 만드는 씨가지' 또는 조어적 접사(造語的接辭)라 불러 왔다. 우리말에서 지배적 접사는 대체로 접미사에 한정된다. (7)에서 제시한 '정답다'의 '-답', '건강하다'의 '-하' 등도 모두 어근의 품사와는 다른 품사인 단어를 형성시키므로 역시 지배적 접사에 해당한다.

6.2.2. 접사와 생산성

접사는 다른 형식 형태소, 이를테면 조사나 어미와 달리 앞뒤에 오는 어근과의 통합에 제약을 받는 것이 보통이다. 그런데 접사 가운데 특히 접미사는 어근과 통합될 때 차등이 심하여 생산성의 정도를 분별하지 않을 수 없다.

다음은 접미사의 생산성(生産性, productivity) 정도를 보여 주는 예이다.

> (9) 가. 지붕(집웅), 꼬락서리(꼴악서니), 읊조리다 …
> 　　 나. 먹이다, 높이, 속삭이다 …

(9가)의 '-웅'과 '-악서니'는 '집'과 '꼴'의 이외의 말에는 붙지 못할 만큼 생산성이

매우 낮다. '-웅'을 '집'과 비슷한 형태로 된 '입'에 붙여 '이붕(口蓋)'이란 말을 만들어 '이붕소리(口蓋音)'란 술어를 사용한 적이 없지 않으나 이런 부류의 접미사는 생산성이 없어 새로운 단어 형성에 거의 이용되지 않는다. 그리고 이런 접사들이 모음으로 시작되어 있으면 원형을 밝히지 않기로 현행 맞춤법에 규정하고 있는데 이러한 조처는 이들 접사의 생산성이 높지 않다는 사실을 고려하였기 때문이다. 이에 대해 (9나)의 '-아, -이, -아'는 (9가)에 비하면 통합되는 어근의 수효가 많은 편이어서 생산성을 띠고 있다. 이런 부류의 접사로서 모음으로 된 것은 원형을 밝히고 있는데 그것은 이들 접미사의 생산성이 아직 유효한 것으로 판단하였기 때문이다. 따라서 이러한 경우에는 현행 맞춤법에서도 그 형태를 밝혀 적도록 하고 있다.

▌'들, 쯤, 짜리'의 지위 ▌

'들, 쯤, 짜리' 등은 그 지위가 접미사와 보조사 혹은 의존 명사 사이에서 논쟁의 여지가 있는 것들이다. 이들을 접미사로 처리하는 입장에서는 다음과 같이 다른 조사가 끼어들 수 없다는 점을 든다.

ㄱ. *아이만들, *그 사람을쯤, *얼마가짜리

『표준국어대사전』에서도 이들을 모두 접미사로 처리하고 있다. 그러나 일반적으로 접사는 그것이 붙는 어근의 수효가 제한되어 있어 접사가 붙어 이루어진 단어는 사전에 올리게 되어 있다. 이러한 점에서 보면 '들, 쯤, 짜리'는 어근의 수효가 제한되어 있다고 보기 어려워 그것이 붙어 이루어진 말이 사전에 등재되어 있지 않다. 더욱이 다음과 같이 구(句)와 결합하는 일이 많아 새로운 단어를 형성하는 일이 주된 본령인 접미사의 정의에 합당하지 않아 보조사나 의존 명사로 처리하는 일이 적지 않다.

ㄴ. [[학교에 온 사람]들]
ㄷ. [[그런 사정]쯤]
ㄹ. [[방 두 개]짜리]

또한 '들'을 '통사적 접사'로 보는 일도 있고 최근에는 '쯤, 짜리'를 별도의 범주인 '후치사'로 보는 견해도 있는데 이들도 모두 같은 고민의 소산으로 볼 수 있다.

6.2.3. 접사 통합의 특수성

접미사는, 앞의 '잡-웅, 닾-개' 등을 통해서 확인한 바와 같이 어근에 직접적, 일회적으로 통합되는 것이 일반적이다. 그러나 국어의 파생어 가운데는 관형사형, 명사형, 보조적 연결 어미를 매개로 하는 간접적 통합도 있고 같은 어근에 접미사가 두 번 되풀이되는 반복적 통합도 있다.

> (10) 가. 앉은뱅이, 앉을깨, 질방…
> 　　　나. 달음질, 귀염성, 붙임성…
> 　　　다. 떨어지다, 떨어뜨리다, 말라깽이…

(10가)는 접미사 '-뱅이'가 관형사형을 매개로 한 것이다. '-뱅이'가 '가난'과 같은 어근에는 직접 통합되어 '가난뱅이'가 되는 데 대해 동사 어근에 붙을 때는 관형사형을 요구하는 것이다. (10나)는 명사형을 매개로 하는 것인데 '-질'이 명사에 붙은 '가위질'과 비교해 보면 '달음질'의 통합상의 특수성을 알 수 있다. '귀염성, 붙임성'도 '인사성'과 비교해 보면 그런 사실이 드러난다.[10] (10다)의 '-자, -뜨라, -깽이'는 보조적 연결 어미를 사이에 두고 어근에 통합되어 있다.[11]

6.2.4. 어근과 어간, 접사와 어미의 관계

가령 '높다'라는 단어의 어근과 어간은 다 같이 실질 형태소란 점에서 공통성이 있다. 또한 형태소 하나로 이루어진 접사와 어미는 형식 형태소란 점에서 공통성이 있다. 구성이 복잡한 단어는 어근과 어간, 접사와 어미가 다르지만 단일한 구성의 단어는 그들이 같을 수가 있어 이들에 대한 이해를 철저히 해 두지 않으면 안 된다.

> (11) 가. 높다
> 　　　나. 높이다

---

10 여기에서는 '-음'이 단어 형성 과정에 참여하는 경우만을 보였지만, '시각 신경'의 유의어인 '보기신경'이나 '날치기, 소매치기 따위의 행동이 날쌘 좀도둑이나 그 무리'를 일컫는 말인 '치기배'에서 확인할 수 있듯이 '-기'도 '귀염성'과 '붙임성'의 '-음/ㅁ'처럼 단어 형성 과정에 참여할 수 있다.

11 이와 같은 설명은 철저히 공시적인 관점에서 단어를 분석한 결과이다. 국어의 특성상 용언의 관형사형에 접미사가 후행하는 경우를 쉽게 상상하기 어렵기 때문이다. 이는 현대 국어의 접미사 중 일부는 기원적으로 접미사가 아니었을 가능성을 보여 주는 것이지, 이전 시기에도 용언의 관형사형 뒤에 접미사가 올 수 있었다는 사실을 보여 주는 것이 아니라는 점을 명심할 필요가 있다. 이와 유사한 현상은 '새롭다'의 내부 구조를 분석하는 데에서도 단적으로 나타난다. 현대 국어의 '새'는 관형사의 용법만을 인정할 수 있으나 이전 시기의 '새'는 명사로도 사용되던 단어였다. 이전 시기에 명사로 사용되던 '새'가 '-롭'과 결합하여 '새롭다'가 형성되었고 이와는 무관하게 '새'가 명사적 용법을 상실하게 되었다. 결국 현대 국어의 '새롭다'의 '새'는 분석을 군이 하자면 관형사로 분석할 수밖에는 없지만 그렇다고 하여 '-롭'이 관형사와 결합하였다는 설명을 하는 것은 문제가 있을 수 있다.

다. 드높이다

  (11가)와 같은 단어는 어근과 어간이 같고 접사는 없다고 보는 것이 좋다. 이런 경우는 단일어이기 때문에 어근과 접사의 개념을 주는 것이 큰 의의가 없다. 그러나 (11나, 다)는 복합적 형성이기 때문에 두 개념을 반드시 구별해서 사용해야 한다. (11나)의 어근은 '높', 접사는 '-아', 어간은 '높아', 어미는 '-다'이다. (11다)의 어근은 '드높', 접사는 '-아', 어간은 '드높아', 어미는 '-다'이다. '드높'에는 접사 '드-'가 들어있고 이때는 '높'이 어근이나 '드높아'의 직접 성분은 '드높'과 '-아'라는 점에 주의할 필요가 있다. 어근은 단어 형성시의 불변 요소이고 어간은 활용시의 불변 요소이다. 이에 대해 접사는 단어 형성시의 가변 요소이고 어미는 활용시의 가변 요소이다. 어근을 R(=root), 접사를 Aff.(=affix), 어간을 S(=stem), 어미를 E(=ending)이라 정하여 (11다)의 계층적 구조를 보이면 다음과 같다.

  (11) 다'.

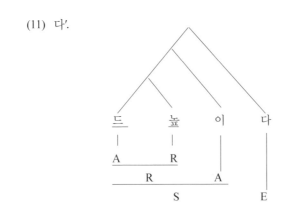

더 읽을거리

1. 어근, 어기, 접사

어근, 어기, 접사의 개념은 논의들마다 크게 다르지 않게 사용되고 있지만, 약간의 의견 차이는 발견할 수 있다. 논의들마다 각각의 용어가 담고 있는 개념의 문제가 다르기도 하지만 어기라는 개념을 국어학계에 도입하여야 하는지와 관련된 문제도 논의들마다 다르게 이해하고 있기 때문이다. 국어학계에서 가장 널리 수용되고 있는 어근, 어기, 접사의 개념은 이익섭(1975)와 남기심·고영근(1985/1993: 191-196), 이익섭·채완(1999: 60-63) 등이 대표적이라 할 수 있다. 이 논의들 이후에 다양한 논의가 계속되어 왔는데, 이호승(2003)에서는 통사적 어근이라는 개념을 제안한 바 있으며, 최형용(2002나)에서는 어근과 어기의 개념에 대한 비판적인 검토가 이루어진 바 있다. 한편 노명희(2009)에서는 복합 형식도 어근의 자격을 가질 수 있다는 점을 논의한 바 있으며, 최형용(2010)에서는 조사, 어미, 어근 접사 등이 품사론적으로 경계적인 속성을 띠고 있음을 언급한 바 있다. 또한 최형용(2017나)에서는 단어 형성의 관점에서 어근, 접사, 어기의 개념을 면밀하게 검토한 바 있다. 한편 고영근(2014/2018가: 347-358, 나: 324)에서는 국어학계와 일본의 한국어학계에서 사용되는 '어기'의 불합리성을 지적한 바 있다. 즉 '어기'는 상대적 개념이며 우리말의 단어 형성론에서 필요한 것은 '어근'과 '접사'뿐이라고 보았는데 이는 한글 맞춤법 통일안(1933)뿐만 아니라 북한의 조선어 철자법류에도 볼 수 있음을 언급하고 국제적으로도 통용되는 개념임을 강조한 바 있다.

2. 국어의 단어 분류 체계

전통적으로 단어는 단일어와 복합어로, 복합어는 파생어와 합성어로 분류되어 왔다. 그런데 이와 같은 분류는 단어의 직접 성분이 어떠한지를 고려한 분류로서, 단어가 개인의 어휘부에 등재되었는지 그렇지 않은지에 따라서 임시어와 등재어로 나눌 수도 있다. 직접 성분이 어떻게 나뉘는지에 따른 단어 분류 체계에 대한 전반적인 연구는 김창섭(1998), 최형용(2003가), 송원용(2007) 등에서 이루어진 바 있다. 특히 최형용(2003가: 123-129)에서는 어미 결합어와 조사 결합어라는 범주까지도 망라한 단어 분류 체계를 제시한 바 있으며, 이와 같은 논의는 손혜옥(2008)과 오규환(2016)와 같은 후속 논의에 영향을 미쳤다. 특히 오규환(2016)에서는 최형용(2003가)의 논의를 바탕으로 삼아 단어 형성 과정과 단어 분류 체계 사이의 상관관계를 규명하고자 하였다. 한편 이상욱(2007)에서는 특정 발화 상황에서 화자의 명명 욕구를 해소하기 위하여 형성되었지만 화자의 머릿속 사전에는 등재되지 않는 단어를 임시어로 정의하고 이들의 형성 과정에 대하여 논의한 바 있으며 이와 유사한 논의는 정한데로(2011)에서도 이루어진 바 있다.

3. '음', '기'의 문법적 지위에 대한 논란

1990년대 이후, 국어 단어 형성론에서 연구자들마다 가장 극명한 입장 차이를 보였던 쟁점 중 하나가 바로 '-음', '-기'의 문법적 지위와 관련된 문제이다. '-음', '-기'를 이해하는 방법은 크게 둘로 나눌 수 있는데, 하나는 '-음', '-기'를 명사 파생 접미사로 이해하는 것이요, 다른 하나는 '-음', '-기'를 명사형 어미로 이해하는 것이다. 생성 형태론의 영향을 받은 논의들 중에서 김창섭(1983, 1996: 134-148)은 '-음', '-기'를 명사 파생 접미사로 이해한 대표적인 논의라고 할 수 있으나 마찬가지로 생성 문법의 영향을 받은 시정곤(1999가)에서는 '-음'을 명사형 어미로 처리하고 있다. 박진호(1994가), 채현식(2003나: 161-169), 최형용(2003가: 137-141), 이상욱(2004) 등에서는 '-음', '-기'를 명사형 어미로 처리한 바 있다. 이와 평행한 관점에서 단어의 내부에서 관찰되는 조사를 어떻게 이해하느냐도 문제가 되어 왔는데 이양혜(2000: 39-46)에서는 단어 내부의 조사를 파생 접미사로 처리하여야 할 것을 주장한 반면에 최형용(2003가: 68-82)와 오규환(2008)에서는 이들을 조사로 파악하여야 할 것을 주장하였다.

4. 단어 형성 기제로서의 '규칙'과 '유추'

국어 형태론의 연구 동향 중 단어 형성 과정에 대한 연구는 어떠한 이론적 기반에 서 있느냐에 따라 크게 둘로 나뉜다. 하나는 생성 형태론의 영향을 직접적으로 받았던 시기의 연구요, 다른 하나는 어휘부학의 영향을 직접적으로 받았던 시기의 연구이다. 전자의 연구의 대표적인 업적은 송철의(1992)와 김창섭(1996)이 대표적이라 할 수 있으며 이 연구들에서는 단어 형성 규칙이라는 기제를 통하여 국어 단어 형성 원리를 규명하고자 하였다. 한편 이와 유사한 논의는 시정곤(1999나)에서도 이루어진 바 있다. 화자의 머릿속 사전인 어휘부에 대한 관심이 높아지면서 인간의 인지 과정인 '유추'에 기반을 둔 단어 형성 과정에 대한 논의가 지속적으로 이루어졌는데 이와 관련된 논의로는 채현식(1999, 2003가, 2003나), 최형용(2003가: 166-175), 송원용(2005: 2장) 등이 좋은 참고가 된다. 한편 단어 형성 원리로서 규칙과 유추에 대하여서는 채현식(2006가)에 일목요연하게 논의된 바 있으며 송원용(2010)에서는 10여 년 동안 이루어졌던 규칙 중심 단어 형성론자와 유추 중심 단어 형성론자의 입장이 잘 제시되어 있다. 또한 황화상(2001: 27-30)에서는 단어의 의미 구조와 형태 구조 사이에서 관찰되는 대칭성과 비대칭성의 문제를 본격적으로 다룬 바 있으며 정한데로(2015)와 오규환(2016)에서는 각각 등재소와 어휘 단위라는 개념이 형성하고 변화하는 양상을 종합적으로 검토한 바 있다.

5. 종합 합성어의 직접 성분 분석에 대한 논란

국어에는 [명사]-[동사/형용사]-[접사/어미]가 계기적으로 연결되어 있는 합성어가 다수 존재한다. 이와 같은 합성어들을 일컬어 종합 합성어(synthetic compound)라고 부르는데, 종합 합성어의 내부 구조를 어떻게 분석하느냐에 대한 논의가 다수 발표된 바 있다. 이와 관련된 선구적인 업적은 이익섭(1965)에서 이루어진 바 있다. 이 논의에서는 단어마다 그 내부 구조를 달리 분석할 가능성을 타진한 바 있다. 또한 황화상(2001: 125-152)에서는 종합 합성어의 의미

구조와 형태 구조가 대칭적이지 않을 가능성을 언급한 바 있으며 채현식(2002)에서는 종합 합성어의 [동사/형용사]-[접사/어미]가 하나의 단위로 인식되어 유추의 기반이 될 수 있다는 점을 언급한 바 있다. 이와 유사한 논의는 채현식(2010)에서도 이루어진 바 있다.

6. 파생법과 합성법

단어 형성 과정으로서 파생과 합성이 지니는 위상은 생성 형태론의 직접적인 영향을 받은 송철의(1985, 1992)와 김창섭(1996)에 잘 제시되어 있다. 이와 같은 논의와는 달리 또 다른 단어 형성 과정에 대한 연구가 진행되어 왔는데 송원용(2005: 183-211)에서는 의사 파생이라는 단어 형성 과정을, 이상욱(2004)에서는 공시적인 관점에서 통사론적 구성의 단어화라는 과정을 제안한 바 있다. 최형용(2004)와 최형용(2006나)에서는 각각 파생어 형성 과정에서 보이는 저지의 문제와 합성어 형성에 관여하는 어순이라는 변인에 대한 종합적인 검토를 시도한 바 있으며 김진해(2014)와 채현식(2006나)에서는 의미적인 요인이 합성어 형성 과정에 관여하는 현상에 대하여 설명한 바 있다. 또한 최윤지(2016)에서는 파생과 합성의 경계에 놓여 있는 다양한 자료들에 대한 일목요연한 설명을 제시하고 있다.

7. 형식의 감소에 의한 단어 형성

단어 형성론과 관련한 대부분의 논의에서는 단어 형성의 결과에서 형식의 증가된 경우에 주된 관심을 쏟았으나 최근의 논의들에서는 형식이 감소되거나 유지되어도 새로운 단어가 형성되는 경우에도 많은 관심을 쏟고 있다. 최형용(2003나)에서는 조사나 어미가 단어 형성에 참여하는 통사적 결합어를 중심으로 형식의 감소 내지는 형식이 유지된 경우를 논의한 바 있다. 이와 같은 논의는 최형용(2009)에서 발전되어 부사 형성이 형식의 증가 없이 이루어지는 경우가 있다는 점을 논의한 바 있다. 이은섭(2007)에서는 형식이 삭감된 단위의 형태론적 정체성에 대하여 논의한 바 있다. 한편 혼성어라는 범주도 최근에 주목을 받고 있는데 이와 관련된 대표적인 업적으로는 노명희(2010)과 이찬영(2016)을 언급할 수 있다.

1. 다음의 단어를 어근과 접사로 나누어 보고 분석하여 낸 접사와 계열 관계를 이루는 어근을 셋 이상 제시하여 보자. 그리고 셋 이상 제시하기 어려운 단어가 무엇인지도 제시하여 보자.

> (1) 번거롭다
> (2) 맹물
> (3) 그토록
> (4) 가느다랗다
> (5) 저희
> (6) 새내기

2. 다음의 단어를 직접 성분 분석하여 보자.

> (1) 짓밟히다
> (2) 엿보이다
> (3) 비웃음
> (4) 해돋이
> (5) 맺음말
> (6) 셋방살이
> (7) 비민주적
> (8) 무계획적
> (9) 지뢰탐지기
> (10) 빛나가다

1. 아래에 제시한 자료를 보고 다음의 질문에 답해 보자.

> (1-1) 추위, 마감, 무덤
> (1-2) 고이, 수이
>
> (2-1) 한여름, 훌쩍
> (2-2) 맛소금, 맛집, 맛술

(가) (1-1)에 제시한 단어들은 단일어인가 복합어인가? 복합어라면 직접 성분 분석하여 보고 파생어인지 합성어인지를 판단하여 보자. 또 그 이유도 언급해 보자.

(나) (1-2)에 제시한 단어들은 단일어인가 복합어인가? 복합어라면 직접 성분 분석하여 보고 파생어인지 합성어인지를 판단하여 보자. 또 그 이유도 언급해 보자.

(다) (2-1)에 제시한 단어들은 단일어인가 복합어인가? 복합어라면 직접 성분 분석하여 보고 파생어인지 합성어인지를 판단하여 보자. 또 그 이유도 언급해 보자.

(라) (2-2)에 제시한 단어들은 단일어인가 복합어인가? 복합어라면 직접 성분 분석하여 보고 파생어인지 합성어인지를 판단하여 보자. 또 그 이유도 언급해 보자.

(마) (가)~(라)의 답을 고려하였을 때, 단일어와 복합어를 구별하는 일이 어려운 이유를 고민하여 보자.

2. 아래에 제시한 자료를 보고 다음의 질문에 답해 보자.

> (1-1) 울보, 먹보
> (1-2) 잠보, 털보, 싸움보, 꾀보
>
> (2-1) 뚱뚱보
> (2-2) 뚱보

(가) (1-1)에 제시한 단어들에서 '-보'에 선행하는 성분의 품사는 무엇인가?

(나) (1-2)에 제시한 단어들에서 '-보'에 선행하는 성분의 품사는 무엇인가?

(다) (2-1)에 제시한 단어에서 '-보'에 선행하는 성분의 품사는 무엇인가?

(라) (2-2)에 제시한 단어에서 '-보'에 선행하는 성분의 품사는 무엇인가?

(마) (가)~(라)의 답을 고려하였을 때, '-보'에 선행하는 성분의 품사는 동일한가? 이를 '지우개', '덮개'의 '-개'에 선행하는 품사와 비교해 보자. 이를 기반으로 (1-1)~(2-2)에 제시한 '-보'는 동일한 접미사로 간주하는 것이 좋은지 그렇지 않은지 고민하여 보자.

3. 아래에 제시한 자료를 보고 다음의 질문에 답해 보자.

(1-1) 왕거미, 왕개미, 왕파리, 왕손, 왕발, 왕만두, 왕찐빵
(1-2) 물시험, 물수능, 물면허
(1-3) 불짬뽕, 불맛, 불갈비

(2-1) 하버드 대학교 문학사, 동 대학원 문학 석사, 동 대학원 문학 박사
(2-2) 남기심·고영근 저, 김지호 역

(가) (1-1)에 제시한 단어들에서 관찰되는 '왕'은 명사인가 접두사인가? 그 이유를 설명하여 보자.

(나) (1-2)에 제시한 단어들에서 관찰되는 '물'은 명사인가 접두사인가? 그 이유를 설명하여 보자.

(다) (1-3)에 제시한 단어들에서 관찰되는 '불'은 명사인가 접두사인가? 그 이유를 설명하여 보자.

(라) (2-1)에 제시한 '동'은 접두사인가 명사인가? 혹은 그 어디에도 속하지 않는가?

(마) (2-2)에 제시한 '저'와 '역'은 접미사인가 명사인가? 혹은 그 어디에도 속하지 않는가?

(바) (가)~(마)의 답을 고려하였을 때 어떠한 언어학적 단위가 접사인지 명사인지가 분명하지 않다는 점을 알 수 있을 것이다. 그렇다면 이와 같은 현상이 왜 관찰되는지를 고민하여 보자.

4. 아래에 제시한 자료를 보고 다음의 질문에 답해 보자.

(1-1) 숫양, 숫염소, 숫쥐
(1-2) 수캐, 수탉

(2-1) 표준어 규정 제7항 수컷을 이르는 접두사는 '수'로 통일한다.(ㄱ을 표준어로 삼고, ㄴ을 버림.)

ㄱ. 수꿩	ㄴ. 수퀑/숫꿩
ㄱ. 수나사	ㄴ. 숫나사
ㄱ. 수놈	ㄴ. 숫놈
ㄱ. 수사돈	ㄴ. 숫사돈
ㄱ. 수소	ㄴ. 숫소
ㄱ. 수은행나무	ㄴ. 숫은행나무

(2-2) 수꿩, 수소, 수은행나무
(2-3) 수나사, 수놈, 수사돈

(가) (1-1)에 제시한 단어들에서 [MALE]의 의미를 더하는 접두사는 무엇인가?

(나) (1-2)에 제시한 단어들에서 [MALE]의 의미를 더하는 접두사는 무엇인가?

(다) (2-2)에 제시한 단어들에서 [MALE]의 의미를 더하는 접두사는 무엇인가?

(라) (2-3)에 제시한 단어들에서 분석되는 '수'에 [MALE]의 의미가 있는가? 그렇지 않다면 (2-2)의 '수', (2-3)의 '수'는 동일한 접사인가 그렇지 않은가?

(마) (가)~(라)의 답을 고려하였을 때 '고양이', '곰', '비둘기', '병아리', '당나귀' 등에 [MALE]의 의미를 더하기 위하여 어떠한 접두사를 사용할 것인가? 그 이유는 무엇인가?

(바) (마)에 제시한 답이 (2-1)에 제시한 설명과 일치하는가? 만약에 일치하지 않았다면 그 이유가 무엇인지 고민하여 보자.

5. 아래에 제시한 자료를 보고 다음의 질문에 답해 보자.

(1-1) 마음껏, 정성껏, 힘껏
(1-2) 지금껏, 여태껏, 아직껏

(2-1) 극히, 속히, 특히
(2-2) 급히, 조용히, 나란히, 영원히

(가) (1-1)에 제시한 단어들에서 '-껏'의 의미가 무엇인지 생각하여 보자.

(나) (1-2)에 제시한 단어들에서 '-껏'의 의미가 무엇인지 생각하여 보자.

(다) (가)~(나)의 답을 고려하였을 때, '-껏'을 동일한 접미사로 처리할 수 있는가? 답을 내리기 전에 '-껏'에 선행하는 성분의 품사도 고려하자.

(라) (2-1)에 제시한 단어들에서 '-히'에 선행하는 성분의 문법적 지위가 무엇인지 생각하여 보자.

(마) (2-2)에 제시한 단어들에서 '-히'에 선행하는 성분의 문법적 지위가 무엇인지 생각하여 보자.

(바) (라), (마)의 답을 고려하였을 때, '-히'는 한정적 접사인가? 지배적 접사인가? 혹은 한정적 접사의 성격과 지배적 접사의 성격을 모두 띠는 접사인가?

6. 아래에 제시한 자료는 어근과 어간에 대한 입장 차이를 보이는 두 논의를 제시한 것이다. 다음의 문장들에서 분석할 수 있는 어간과 어근을 각각의 입장대로 분석하여 보자. 또 복합어로 간주될 만한 단어가 있다면 이를 제시하고 이를 직접 성분 분석하여 보자.

---

(1) 어근: 단어의 중심부를 이루는 형태소이긴 하되, 늘 의존형식이어야 하고 또 굴절 접사가 직접 결합될 수 없는 형태소. 어느 경우나 굴절 접사와 직접 결합될 수 없으며 동시에 자립형식도 아닌 단어의 중심부.

어간: 굴절 접사(어미)와 직접 결합될 수 있거나 아니면 그 단독으로 단어가 될 수 있는 단어의 중심 부분.

어기: 어근과 어간을 묶는, 접사에 대가 되는 것. 단어의 중심부를 이루는, 접사에 대되는 형태소.

(2) 어간: 활용어의 중심되는 줄기부분

어근: 복합어의 형성에 나타나는 실질 형태소 규칙적 어근과 불규칙적 어근으로 나누어진다.

(가) 잠을 많이 자면 뚱보가 된다.

    (1) 어간: 어근: 어기: 복합어:

    (2) 어간: 어근: 복합어:

(나) 눈치가 빠른 사람이 성실하기까지 하다.

    (1) 어간: 어근: 어기: 복합어:

    (2) 어간: 어근: 복합어:

(다) 누구보다 착한 학생들이 학교에서 비웃음을 당하였다.

    (1) 어간: 어근: 어기: 복합어:

    (2) 어간: 어근: 복합어:

(라) 오 선생님의 방이 깨끗은 하다.

    (1) 어간: 어근: 어기: 복합어:

    (2) 어간: 어근: 복합어:

(마) 마른 땅 위에서 민들레가 짓밟힌 것을 보았다.

    (1) 어간: 어근: 어기: 복합어:

    (2) 어간: 어근: 복합어:

제7장 파생법과 합성법

7.1. 파생법

7.1.1. 어근과 접사 결합의 형태 음운론

어근에 접사가 붙을 때는 어근과 접사의 모습이 바뀌는 일이 있다. 이와 같이 형태소와 형태소가 결합될 때 일어나는 교체는 음운론적 제약에 따라 일어나는 것이 아니므로 비자동적 교체 혹은 형태 음운론적 교체라 한 바 있다. 이러한 교체는 접두사와 어근 사이에서도 나타나지만 어근과 접미사 사이에서 더 많이 확인된다.

(1)의 예들은 접두사가 어근과 결합될 때 그들 상호간에 교체가 일어난 것이다.

(1) 가. 멥쌀, 휩쓸다, 오조…
     나. 갈가마귀, 걸터듬다…

(1가)는 접두사가 바뀐 것인데 '멥쌀'은 '메기장, 메벼' 등과 비교하면 '메'가 '쌀' 앞에서 '멥'으로 바뀌었고 '휩쓸다'는 '휘젓다, 휘두르다' 등과 비교하면 '휘'가 '쓸다' 앞에서 '휩'으로 바뀌었으며 '오조'는 '올감자, 올밤'과 비교하면 '올'의 'ㄹ'이 'ㅈ'소리 앞에서 떨어졌다. (1나)는 어근이 바뀐 것이다. '갈가마귀'의 '가마귀'는 '까마귀'의 비표준 형태이다.[1] '걸터듬다'는 '이것저것을 되는 대로 더듬어 찾다'의 뜻인데 이곳의 '터듬다' 역시 '더듬다'의 비표준 형태로 규정된다.[2]

---

[1] 보다 정확하게 언급하자면 현대 국어의 '까마귀'는 '가마괴'의 통시적 변화형이므로 '갈가마귀'는 고어형이 잔존해 있는 것으로 볼 수 있으나 여기에서는 '까마귀'를 기준으로 기술하고 있음에 주의할 필요가 있다.

[2] 또한 (1가)에서 'ㅂ'이 덧나는 현상은 현대 국어의 '쌀'에 대응하는 이전 시기의 단어가 '뽈'이었다는 점과 관련이 깊다. 즉 현대 국어의 '멥쌀'의 'ㅂ'은 이전 시기의 '뽈'의 'ㅂ'이 그 흔적을 남기고 있는 것이다.

(2)의 예들은 접미사가 어근과 결합될 때 그들 사이에 교체가 일어난 것이다.

    (2)   가. 뿌다구니, 바느질, 모가치 ; 가느다랗다, 구이, 누룽지
              나. 까맣다, 까끄라기, 거무데데하다
              다. 강아지, 무게

(2가)의 예들은 접미사가 붙을 때 어근이 교체된 것이다. (2가)의 앞 묶음은 체언 어근에 접미사가 붙음으로써 변이가 일어난 예다. '뿌다구니'의 '뿌'는 '뿔'의 'ㄹ'이 설단음(舌端音) 'ㄷ' 앞에서 떨어졌고 '바느질'의 '바느'는 '바늘'의 'ㄹ'이 구개음(口蓋音) 'ㅈ' 앞에서 떨어졌다.[3] '모가치'는 '몫+아치'로 분석되는데 '몫'의 'ㅅ'이 '-아치'앞에서 떨어진 것이다. '가버치(값어치)'나 '기스락'도 '값, 기슭'에서 'ㅅ, ㄱ'이 탈락되어 이루어진 말이다. (2가)의 뒤 묶음은 용언 어근에 접미사가 붙을 때 일어나는 교체의 예다. '가느다랗다'는 '가늘다'의 'ㄹ'이 'ㄷ' 앞에서 떨어진 것이고 '구이'는 '굽다'의 'ㅂ'이 모음 접미사 앞에서 /w/로 바뀌어 탈락된 것이다. '누룽지'는 '눋+웅지'로 분석되는데 '눋다'의 'ㄷ'이 모음 접미사 앞에서 'ㄹ'로 바뀌었다.

(2나)는 어근에 접미사가 붙을 때 접미사가 교체된 예이다. '까맣다'는 '깜+앟다'로 분석되는데 '꺼멓다(껌+엏다)'의 경우는 '-엏-'이 붙는다. 이렇게 양성 모음으로 된 어근이 오면 '-앟'으로 교체된다. 순서를 반대 방향으로 잡을 수도 있다. '까끄라기'는 '까끌+아기'로 분석되는데 '꺼끄러기'와 비교해 보면 '-아기'가 '-어기'로 교체되었다고 할 수 있다. '거무데데하다'는 '불그데데하다'와 비교해 보면 '검+으데데하다'로 분석할 수 있지마는 맞춤법에서는 소리 나는 대로 적고 있다. 이 말은 '푸르데데하다'와 비교해 보면 어근에 받침이 있기 때문에 '-으데데하다'로 교체된 것이다. 용언의 활용에 나타나는 이른바 매개 모음 '으'와 비슷한 쓰임이라고 하겠다. 다만 '거무데데하다'의 경우에는 '으'가 'ㅁ'의 영향으로 '우'로 더 바뀌고 있다는 점에 주의할 필요가 있다.[4]

이와 같은 양상은 '좁쌀', '햅쌀' 등에서도 관찰할 수 있는데, 이처럼 현대 국어에 흔적을 남기고 있는 이전 시기의 언어 형식을 비유적으로 일컬어 '화석(fossil)'이라고 부르기도 한다는 점에 대해서는 이미 언급하였다.

3 이처럼 국어의 'ㄹ'이 치조음이나 경구개음 앞에서 탈락하는 현상을 유음 탈락이라고 한다. 현대 국어의 유음 탈락은 용언의 활용에서는 자주 관찰되지만 단어 형성 과정에서는 잘 관찰되지 않는다. 예컨대 이전 시기에 형성된 단어인 '따님', '아드님'에서는 '딸'과 '아들'의 'ㄹ'이 탈락한 사실을 관찰할 수 있다. 하지만 '달님'과 같은 단어에서는 'ㄹ'이 탈락하지 않는다. 또한 이전 시기에서는 유음 탈락이라는 음운 과정의 적용 환경이 현대 국어의 그것보다 더 넓었다는 사실도 기억할 필요가 있다.

4 '푸다'의 'ㅜ'도 '프다'의 'ㅡ'가 'ㅍ'의 영향으로 바뀐 채 표준어가 된 것이므로 '거무데데하다'와 동일한 경우라 할 수 있다. 이에 따라 '푸다'는 '퍼'로 활용하여 '우' 불규칙 활용의 유일한 예로 간주되고 있는

(2다)는 어근과 접미사가 결합될 때 모두 교체되는 예다. '강아지'는 명사 '개'에 '작음'을 의미하는 '-아지'가 붙은 것이다. 그런데 결과적으로는 '개'는 '가'가 되고 '아지'는 '-아지'(/ŋaci/)가 되었으니 어근과 접사가 동시에 바뀐 것으로 해석된다. '무게'가 '무겁'과 '이'로 분석된다면 이 말도 어근과 접사가 동시에 바뀐 것이다. 모음 접미사 앞에서 'ㅂ'이 탈락되고 'ㅓ'와 'ㅣ'가 화합하여 '에'가 되었다.[5]

7.1.2. 접두 파생법

국어의 접두사는 어근의 품사를 바꾸는 지배적 기능은 없고 어근의 의미를 제한하는 한정적 기능만 띠고 있다.[6] 한정적 접사에 의한 파생법을 어휘적 파생법(語彙的 派生法, lexical derivation)이라고 한다.

접두 파생법에 의해 형성되는 품사에는 대표적으로 명사, 동사, 형용사가 있다. (3)의 예들은 명사 어근에 접두사가 붙어 다시 명사가 된 것이다.

(3)   개떡, 날고기, 맨손, 돌배, 한겨울

'개떡'의 '개'는 '함부로 되어 변변치 못한, 야생의'를 의미하는 것으로 '개머루, 개살구' 등에 나타나고 '개소리, 개죽음'과 같이 이치에 맞지 않거나 '헛된'의 의미에도 쓰인다. '날고기'의 '날'은 '아직 익지 않은'을 의미하는 것으로 '날고기, 날김치, 날계란' 등에서 나타난다.[7] '맨손'의 '맨'은 '순전하게 다만 그것뿐'의 뜻인데 '맨머리, 맨몸, 맨

사정에 대해서는 이미 4장에서 언급한 바 있다.

5 이전 시기에는 '重量'을 뜻하는 단어가 '무긔'였다. 문헌 자료상에서는 관찰하기 어려우나 이는 '*믁'이라는 어근에 이전 시기의 명사 파생 접미사 '-의'가 결합한 단어였을 가능성이 있다. 또한 이전 시기의 '므겁'은 '*믁'에 형용사 파생 접미사 '-업'이 결합하여 형성되었을 가능성도 있다.

6 이와 같은 사실은 이미 언급한 바와 같이 국어가 후핵 언어라는 점과 관련이 깊다. 일반적으로 핵(head)은 핵이 결합한 구성의 문법적 지위와 분포를 결정하는 요소인데 국어의 접두사는 모두 어근의 앞쪽에 위치하므로 핵이 될 수 없다. 이와 같은 이유 때문에 접미사는 어근의 품사를 바꿀 수 있지만 접두사는 어근의 품사를 바꿀 수 없는 것이다.

7 '날고기'의 '날'은 현대 국어에서는 접두사이지만 '날로 먹다'의 '날로'를 보면 격 조사와 결합하고 있으므로 이전 시기에는 명사였을 것임을 추정할 수 있다. 이처럼 명사와 같은 어휘적 존재가 접사와 같은 문법적 존재로 변화하는 것을 문법화(文法化, grammaticalization)라 한다. 후술하는 '엿'도 동사 어간이 그대로 접두사화한 것이므로 문법화의 예가 되며 조사 가운데 '조차, 부터' 등은 활용형이 그대로 굳어진 것인데 이것들도 모두 문법화의 테두리에 들어온다. 즉 국어에서는 접사화, 조사화가 문법화의 대표적인 예가 되는 것이다.

주먹' 등에서 발견된다. '돌배'의 '돌'은 '야생의, 품질이 낮은'을 뜻하는 접두사인데 '돌감, 돌미나리' 등에서 찾을 수 있다. '한겨울'의 '한'은 '한창인, 가득 찬'의 뜻으로 '한가을, 한더위, 한밤중, 한추위' 등에 쓰인다.

　명사에 붙은 접두사는 관형사와 성질이 비슷하여 관형사성 접두사라 일컫기도 한다. 관형사는 체언과의 분리성이 강하여 그 사이에 다른 말이 끼어들 수 있고 대부분의 명사 앞에 놓일 수 있으나 관형사성 접두사는 어근과의 사이에 다른 말이 끼어들 수도 없을 뿐만 아니라 그것이 붙는 어근의 수효도 제한되어 있다.

　(4)의 예들은 접두 파생 용언이다.

　　(4)　가. 들볶다, 덧나다, 빗나가다, 엿듣다, 짓밟다
　　　　나. 드높다, 새빨갛다, 시퍼렇다, 얄밉다

　(4가)는 동사를 다시 동사로, (4나)는 형용사를 다시 형용사로 각각 파생시킨 것이다. '들'은 '몹시, 함부로'의 뜻인데 '들끓다, 들쑤시다, 들부수다' 등에서도 발견된다. '덧나다'의 '덧'은 '본래 있는 위에 더'라는 뜻인데 '덧내다, 덧붙다, 덧붙이다'로도 쓰인다. 이 접두사는, '덧신, 덧니'에서 보는 바와 같이, 명사 앞에서도 쓰인다. 그러나 역시 품사를 바꾸고 있지는 못하다는 공통점이 있다. '빗나가다'의 '빗'은 '잘못'의 뜻인데 '빗디디다, 빗대다, 빗먹다'에서도 나타난다. 이 접두사도 '빗금, 빗면'처럼 명사와도 결합한다. '엿'은 '몰래'의 뜻으로 중세 국어에서는 동사 어간이던 것인데 현대어에 와서 접두사로 바뀌었다. '짓밟다'의 '짓'은 '함부로'를 뜻하는 접두사로서 '짓씹다, 짓이기다, 짓찧다'와 같은 예를 더 들 수 있다. '덧'과 마찬가지로 '짓고생, 짓망신' 등에서는 명사 앞에도 쓰여 '심한'의 의미를 더한다. (4나)에서 형용사 파생의 접두사는 '드-, 새, 사, 얄'인데 '새, 사'는 색채 표시어에 붙는다. '새, 사'는 '노랗다'와 '누렇다' 앞에서는 각각 '샛, 싯'으로 바뀐다.

　용언 파생의 접두사는 부사와 성질이 비슷하여 부사성 접두사라 일컫기도 한다. 부사는 용언과의 분리성이 강하여 자리를 비교적 자유롭게 옮길 수 있고 수식하는 용언에도 큰 제약을 받지 않으나 부사성 접두사는 어근과의 사이에 다른 말이 끼어들 수 없음은 말할 것도 없거니와 그것이 통합되는 어근도 제한되어 있다.

7.1.3. 접미 파생법

　접미사는 접두사와는 달리 한정적 기능뿐만 아니라 지배적 기능도 띠고 있다. 지배적

접사에 의한 파생법을 통사적 파생법(syntactic derivation)이라 한다. 통사적 파생법이란 접사가 붙음으로써 품사를 바꾸거나 통사 구조에 영향을 미치는 것을 말한다. 접미 파생법은, 접두 파생법과는 달리, 그 수도 많을 뿐만 아니라 모든 품사에 고루 확인된다. 이는 국어의 서술어가 주어나 목적어 다음에 오는 현상과도 관련되어 있다. 대체로 이러한 언어들은 접두사보다 접미사가 훨씬 더 많기 때문이다. 접미 파생법의 경우에는 어휘적 파생법과 통사적 파생법을 (가), (나)로 구분하여 제시한다.

7.1.3.1. 명사 파생법

다음은 명사 파생법의 예이다.

(5) 가. 잎사귀, 모가지, 눈치 <명사에서>
　　　나. ① 물음, 잠, 놀이, 쓰기, 말하기, 덮개, 마개 <동사에서>
　　　　　② 기쁨, 길이, 크기, 검댕 <형용사에서>
　　　　　③ 선생님 <통사 구조 바꿈>

(5가)는 명사에 접미사가 붙어 다시 명사를 파생시켰으니 어휘적 명사 파생법이다. '잎사귀'의 '-사귀'는 '잎' 이외에는 붙은 일이 없다. '모가지'의 '-아지'는 '작음'이나 '얄잡음'을 의미하는 접사인데 '강아지, 송아지, 바가지, 소가지' 등 비교적 많은 단어에 나타난다. '눈치'의 '-치'는 '태도'를 의미하는 접사로서 '눈' 이외의 다른 말에는 나타나는 일이 드문 것으로 보인다.[8]

(5나)는 통사적 파생법이다. ①은 동사를 명사로, ②는 형용사를 명사로 각각 파생시킨다. ③은 명사를 다시 명사로 파생시키는 것이로되 '-님'의 통합이 통사 구조에 영향을 미친다.

①의 '물음, 잠'은 동사 어근 '묻-, 자-'에 접사 '-(으)ㅁ'이 붙은 것인데 비교적 많은 동사와 결합될 수 있다. 접사로서의 '-(으)ㅁ'은 명사형 어미 '-(으)ㅁ'과 형태가 같아 표면상으로는 구별이 되지 않는다.

(5) 나. ①' 저는 민지가 잠을 보았습니다.

이때의 '잠'은 '자는 것'으로 바뀌어 쓰임이 보통이다. 그것은 어쨌든 '잠'이 주어 '민

---

8 이는 해당 접미사의 생산성이 높지 않다는 것을 의미하는데 현행 맞춤법에서도 이러한 점을 고려하여 소리 나는 대로 적는다는 점에 대해서는 6장에서 언급한 바 있다. '주검, 무덤'도 이러한 예에 속한다.

지가'를 서술하므로 동사의 명사형임에 틀림없다. 그것이 서술어인 이상 '잠' 앞에서는 '코를 골면서' 또는 '달콤하게' 등의 부사적 표현이 쓰일 수 있다. 그러나 파생 명사로서의 '잠' 앞에는 이런 말들이 쓰일 수 없으니 이러한 검증법은 접사와 어미가 형태가 같을 때 그것을 구별하는 데 사용될 수 있다. 형용사에도 이런 구분이 가능하다. ②의 '기쁨'도 "내 마음이 몹시 기쁨을 참을 수 없다."와 같이 다소 어색하기는 하지만 형용사의 명사형으로 쓰일 수 있다. ①의 '놀이'와 ②의 '길이'의 '-이'는 동사, 형용사에 붙어 그것을 명사로 파생시키는 것인데 상당히 보편적인 형성법이다.[9] ①, ②의 '-기'도 동사, 형용사를 명사로 파생시키는 것인데 '-이'에 뒤지지 않는 보편성을 띠고 있다.

용언을 명사화시키는 (5나①, ②)의 접사, '-(으)ㅁ, -이, 기' 들은 그 쓰임이 서로 정해져 있어서 함부로 바꿀 수 없다. '-(으)ㅁ'이 붙는 말은 '-이'나 '-기'가 붙을 수 없는 등의 분포상의 제약이 있다. 보통, 어근이 자음으로 되어 있으면 '-이'가 많이 쓰이며(돈벌이, 해돋이, 미닫이), 'ㅂ' 받침을 가진 형용사에는, '즐거움, 괴로움'에서 보는 바와 같이 '-(으)ㅁ'이 붙는다.

용언 가운데서 동사를 명사화시키는 접사로 꽤 널리 쓰이는 것은 (5나①)의 '덮개, 마개'의 '-개, -애'이다. 이들은 대개 한 동작의 기물(器物)이 되는 수단을 의미하는데 '지우개, 이쑤시개, 얼개' 등에서도 확인된다.

(5나③)의 '-님'은 품사는 바꾸지 않으나 이의 부착이 다음과 같이 통사 구조에 영향을 미치기 때문에 그것이 붙은 말은 통사적 파생법으로 보는 것이다.

(5)　나. ③′ 선생님이 벌써 오신다(오시ㄴ다).

'-님'은 역사적으로 보통 명사에만 붙고 고유 명사에는 '씨'가 붙어서 높임의 의미를 부여하였다. 한편 최근에는 '님'이 고유 명사에 붙는 일이 자연스러운데 이처럼 고유 명사에 붙는 '씨'나 '님'에 대해서 『표준국어대사전』에서는 모두 의존 명사로 처리하고 있다. 이는 고유 명사에 결합하는 '씨'나 '님'이 새로운 단어 형성에 참여한 것으로 보지 않은 데 따른 것으로 보인다.

---

9 이전 시기에서는 형용사로부터 척도 명사를 파생하는 접미사가 '-익/의'였다는 점을 고려할 필요가 있다. 예컨대 'depth'를 뜻하는 이전 시기의 척도 명사는 '기픠'였으며 이는 '깊+의'로 분석되는 것이다. 현대 국어에서 '크기'를 뜻하는 파생 명사는 이전 시기에 '킈'였다는 점도 이와 같은 점을 잘 보여 준다. 한편 통언어적(cross-linguistic)으로 척도 명사는 긍정적인 가치를 지니는 것을 어근으로 삼아 형성되는 경향이 우세하다고 한다. 영어의 'length', 'height' 등은 각각 'long'과 'high'와 관련을 맺는다는 점에서도 이와 같은 경향을 확인할 수 있다.

여기에서는 '-(으)ㅁ'을 접미사와 명사형 어미로 구분하였다. 이는 역사적으로 접미사는 '-(으)ㅁ'으로 명사형 어미는 '-(오/우)ㅁ'으로 구분되었던 사실과 관련하면 그 처리의 합리성을 찾을 수 있다. 그러나 최근에는 이 두 가지를 구분하지 않고 모두 명사형 어미로 처리하는 견해도 적지 않다. 이는 현대 국어에서는 접미사와 명사형 어미가 형식적으로 구분되지 않을 뿐만 아니라 '-기'의 경우는 처음부터 형식적으로 이 두 가지가 구별되지 않았던 사실도 고려한 것으로 보인다. 또한 국어에는 어미뿐만이 아니라 조사 가운데도 결과적으로 단어 형성에 참여한 경우가 적지 않은데 그 경우마다 접미사를 설정하여 그렇지 않은 경우와 구별한다는 것은 단어 형성의 측면에서 볼 때도 불합리한 구석이 적지 않기 때문이다. 이러한 관점에 따르면 명사로서의 '잠'과 명사형으로서의 '잠'을 구분하는 것은 여전하되 앞의 '잠'은 명사형 어미 결합체가 명사화한 것으로 처리하게 된다. 그러나 '울음'은 명사이고 명사형으로는 '욺'이 되며 명사형으로는 '싸움'만 가능하고(오늘도 또 {싸움, *쌈}) '쌈'으로 줄어드는 것은 명사에서만 가능하므로('닭싸움, 닭쌈') 접미사와 명사형 어미를 구분하는 것에도 여전히 근거가 없는 것은 아니다.

7.1.3.2. 동사 파생법

다음은 동사 파생법이다.

    (6) 가. 밀치다, 넘치다… <동사에서>
          나. ① 밥하다, 공부하다… <명사에서>
            ② 밝히다, 좁히다, 맞추다… <형용사에서>
            ③ 철렁거리다, 바둥바둥하다… <부사에서>
            ④ 먹이다, 먹히다, 울리다… <통사 구조 바꿈>

(6가)는 동사에 접사 '-치'가 붙어 다른 의미의 동사가 되었으니 어휘적 파생법에 의한 동사의 파생이다. 이러한 형성법에 해당하는 동사에는 이 밖에도 '감치다, 걸치다, 놓치다, 덮치다' 등이 있다.

(6나)는 통사적 파생법이다. ①~③은 다른 품사에서 동사로 바뀐 것이고 ④는 접사의 첨가가 통사 구조에 영향을 미치는 것이다. ①의 '-하'는 문법가에 따라서는 단순한 동사로 보는 일도 없지 않으나 '-되'와 대립하여 능동사의 피동사를 형성한다는 점에서 접사로 보는 것이 합리적이다. 그것은 '밥, 공부, 생산' 등 동작성을 띤 명사에 널리 붙는다. ②는 형용사를 동사화하는 것이고 ③은 의성 부사나 의태 부사를 동사화하는 것인데 '-거라'가 붙을 때는 첩어성을 잃는다. 이러한 규칙이 적용되는 부사에는 네 음절로 된 '기웃기웃/갸웃갸웃, 달랑달랑/덜렁덜렁, 넘실넘실/남실남실' 등의 상징어가 있다. 같은

상징어라도 두 음절로 된 '땡땡, 졸졸'에는 이런 규칙이 적용되지 않는다.

④는 접사의 부착이 품사를 바꾸지는 않지만 앞의 '-님'과 같이 통사 구조에 영향을 미치므로 통사적 파생법으로 처리된다. '먹이다, 울리다'의 '-이(리)'는 타동사를 사동사로 만들고 '먹히다, 울리다'의 '-하, -이(리)'는 타동사를 피동사로 바꾼다. 이를테면 '먹히다, 먹이다'가 쓰인 문장을 이에 대응되는 능동문 및 주동문과 비교해 보자.

> (6)　나. ④′ 요즈음 나는 밥이 잘 먹히지 않는다.
> 　　　　cf. 어머니는 동생에게 젖을 먹이신다.
> (6)　나. ④″ 요즈음 나는 밥을 잘 먹지 않는다.
> 　　　　cf. 동생이 젖을 먹는다.

그러나 '-하, -아'가 쓰인 문장 (6나④′)의 의미가 그것이 결여된 문장 (6나④″)의 의미와 반드시 같다고 하기가 어려우며 피동, 사동 접사 또한 일반적인 선어말 어미와 같이 모든 동사에 규칙적으로 나타나지 않기 때문에 동사를 파생시키는 접사로 보는 것이다.

7.1.3.3. 형용사 파생법

다음은 형용사 파생법이다.

> (7)　가. 말갛다, 거멓다, 높다랗다… <형용사에서>
> 　　　나. ① 가난하다, 꽃답다, 슬기롭다, 행복스럽다… <명사에서>
> 　　　　　② 미덥다, 놀랍다, 미쁘다… <동사에서>
> 　　　　　③ 울긋불긋하다, 반듯반듯하다… <부사에서>

(7가)는 형용사 어근 '맑, 검, 높'에 접사 '-앟/엏-, -다랗'이 붙어 다시 형용사가 되었으니 어휘적 파생법이다. 접사 '-앟/엏-'은 색채 표시어에 널리 분포되어 있는데 '빨갛다/뻘겋다, 노랗다/누렇다, 파랗다/퍼렇다, 하얗다/허옇다' 등이 그것이다. 형용사 '둥글다'에 '-엏'을 붙여 '둥그렇다'를 만들기도 한다. 다만 이들이 현대 국어에서도 새로운 형용사 형성에 적극적으로 참여하고 있다고 판단하지 않아 음소적 표기를 하고 사전에서도 접미사 처리를 하지 않는 경우가 적지 않다는 점을 참고할 필요가 있다. '-다랗'은 길이나 넓이를 표시하는 말에 주로 쓰이는데 '굵다랗다, 길다랗다, 높다랗다, 좁다랗다' 등에서 확인된다.

(7나)는 품사를 바꾸는 통사적 파생법이다. ①은 명사를 형용사화하는 것이다. '-하'는 상태성의 의미 자질을 띤 명사를 형용사화하는 것이다. 앞에서 우리는 동작성을 띤 명사

에 '하'가 붙으면 동사전성의 기능을 띠고 있음을 확인한 바 있다. 이런 형용사 형성법은 '분명(分明), 총명(聰明)'과 같은 한자어에서 많이 발견된다. 그리고 '단단, 씩씩, 무던' 등의 불규칙적 어근 아래서도 쓰임을 목격할 수 있다. '꽃답다'의 '-답'은 '어떤 특성이나 성질이 있다'를 의미하는데 대개 사회적으로나 윤리적으로 긍정적 의미가 내포되어 있다고 평가되는 말에 결합하는 경향이 있다. '슬기롭다'의 '-롭'은 명사뿐만 아니라 불규칙적인 어근 아래에도 쓰이는데(날카롭다, 번거롭다), 명사 어근의 경우는 대체로 '슬기'와 같이 추상성을 띤, 모음으로 끝나는 말과 결합된다. 그러므로 구체적 대상을 지시하거나 추상적이라 하더라도 자음으로 끝나는 명사 어근 아래에서는 '-롭'이 쓰이지 못한다.[10]

　　(7)　　나. ①′ *바보롭다, *사랑롭다

　이때는 '바보스럽다, 사랑스럽다'가 쓰이는 것이다. '행복스럽다, 사랑스럽다, 복스럽다, 자비스럽다'의 '-스럽'은 '바보스럽다'와 같이 사람을 의미하는 말에 붙어 그러한 성격에 근접하여 있다는 사실을 표시할 때도 쓰이나 어떤 기준에 미치지 못함을 아쉬워하는 화자의 의도가 작용할 때도 쓰인다. '행복스럽게 보인다'를 '행복하게 보인다'로 바꾸어 보면 그런 의미가 비교적 잘 파악된다. '-스럽'은 '시원스럽다'에서 보는 바와 같이 불규칙적 어근에 붙기도 한다.

　(7나②)는 동사 어근에 접사가 붙어 형용사화한 것이다. '미덥다'의 '-업'은 양성 모음 아래서는 '-압'으로 나타나는데 동사뿐만 아니라 형용사와 의태어 및 불규칙적 어근에 널리 분포되어 있다. '서럽다'는 형용사 '섧'에서 형성된 것이고 '보드랍다/부드럽다'는 의태어 '보들보들/부들부들'이 첩어성을 상실하여 형성된 것이고 '너그럽다, 더럽다'는 불규칙적 어근 '너글, 덜'에 '-업'이 붙은 것이다. '놀랍다'는 '놀라다'라는 동사에 '-ㅂ'이 붙은 것인데 '그립다, 우습다' 등이 같은 테두리에 들어온다. '미쁘다'는 '믿+브다'로 분석되는데 동사 이외에 불규칙적 어근에도 나타난다. '나쁘다, 바쁘다, 서글프다' 등은 불규칙적 어근 '낮, 밭 서긇'에 '-브'가 붙은 것이다. 이들 접미사도 모두 '-앟/엏'과 마찬가지로 현대 국어에서는 음소적 표기를 하는 것들임에 주의할 필요가 있다. 즉 지금

---

10 이처럼 '-답'과 '-롭'이 보이는 특징을 더욱 잘 이해하기 위하여서는 이전 시기의 언어 사실을 파악할 필요가 있다. 잘 알려져 있다시피 이전 시기에는 명사에서 형용사를 파생하는 접미사가 명사의 음운론적인 조건에 따라 달리 선택되었다. 예를 들어 형용사 파생 접미사 '-둡-'은 선행 명사의 말음이 자음으로 끝났을 때에, '-롭-'은 선행 명사의 말음이 모음이나 활음으로 끝났을 때에 나타날 수 있었다. 이처럼 선행 명사의 음운론적인 조건에 따라 달리 선택되던 '-둡-'과 '-롭-'은 변화를 경험하여 현대 국어에서는 별개의 접미사인 '-답'과 '-롭'으로 간주되고 있는 것이다.

은 새로운 형용사를 만드는 생산성이 있다고 말하기 어려운 것이다.

(7나③)의 예들은 모두 의태어에 '-하'가 붙음으로써 형용사가 된 것이다. 의성·의태어에 '-거라'가 붙어 동사가 될 때는 첩어성을 상실하나 '-하'가 붙어 형용사가 될 때는 변화가 일어나지 않는다.

▌두 가지 종류의 '답'▐

'어떤 성질이나 특성이 있음'의 의미를 더하는 접미사 '답'은 모음으로 끝나는 말과 결합하는 '롭'과는 달리 자음으로 끝나는 말 다음에 결합한다. 따라서 이 두 가지는 예전에는 이형태 관계에 놓여 있었다. 그러나 최근에는 '남자답다'와 같이 모음으로 끝나는 말 다음에도 '답'이 결합하는 일이 있다. 그런데 이 경우에는 '훌륭한 남자답다'와 같이 문장이 확대될 수 있는데 이때 '훌륭한'은 관형어이기 때문에 형용사를 수식할 수 없으므로 이 문장의 구조를 '[[훌륭한 남자]답다]'와 같이 분석하게 된다. 따라서 자음으로 끝나는 말 다음에 결합하여 새로운 단어 형성에 참여하는 '꽃답다'의 '답'은 접미사이고 모음으로 끝나는 말 다음에 결합할 뿐만 아니라 구(句) 이상과 결합하는 '답'은 접미사가 아니라 문장 형성 요소로 보아 구별하려는 견해도 존재한다. 사전에 '남자답다'와 같은 단어가 보이지 않는 것도 이러한 맥락과 관련이 있다.

7.1.3.4. 부사 파생법

다음 (8)의 예들은 부사 파생법이다.

> (8)　가. 곰곰이, 가득히… <부사에서>
> 　　　나. ① 자연히, 집집이, 마음껏… <명사에서>
> 　　　　　② 비로소, 마주, 결단코… <동사에서>
> 　　　　　③ 많이, 멀리, 빨리… <형용사에서>
> 　　　　　④ 없이, 같이, 달리… <형용사에서>

(8가)는 어휘적 파생법이다. 부사 '곰곰', '가득'에 각각 접미사 '-이', '-히'가 결합하여 다시 부사를 만들고 있다. (8나)는 통사적 파생법인데 (8나①)은 명사에서, (8나②)는 동사에서, (8나③), (8나④)는 형용사에서 파생된 것이다. (8나①)의 '자연히'와 같이 명사에 '-히'가 붙어 부사가 되는 것은 이 밖에도 '다행히, 공손히' 등이 더 있다. '집집이'는 '집'이 반복된 복합 어근 '집집'에 '-이'가 붙어 부사가 된 것인데 '다달이, 곳곳이' 등도 이러한 형성을 보인다. '마음껏'은 명사 '마음'에 접미사 '-껏'이 붙어 부사가 된 것인데 '정성껏, 힘껏'과 같은 예들에서도 이러한 부사 형성이 목격된다.

(8나②)의 '비로소'는 '비롯+오'로 분석되는데 현대어의 '비롯하다'보다는 중세 국어의 '비롯다'와 관련시켜야만 동사에서 파생된 부사라고 할 수 있다. '마주'는 '맞(迎)-'에 '-우'가 붙은 것인데 동사와 형용사에 비교적 널리 분포되어 있다. '너무, 도두'는 동사에, '고루, 바투, 자주'는 형용사에 '-우'가 붙은 것이다. '-오/우'는 중세 국어에서는 어미의 자격을 가진 것으로도 논의되나 현대어에서는 그 용법을 확인할 수 없고 이들 부사에서만 보이므로 여기서는 접사로 처리하기로 한다. 역시 음소적으로 처리한 것은 앞의 경우들과 같다. '결단코'는 '결단하+고'로 분석되는데 '한사코, 맹세코' 등도 같은 테두리에 들어온다. 이들과는 달리 '기어코'에서는 '기어하+고'로 분석하기 어렵기 때문에 현대어에서 '-코'가 접사의 자격을 가진 것으로 보는 것이 일반적이다.

(8나③)의 '-이(리)'는 형용사를 부사화시키는 접사의 대표적인 것이다. '-리'는 '르'로 끝난 형용사('다르다' 등)나 'ㄹ' 받침을 가진 일부의 형용사(멀다)에 붙는 것으로 규정하고 있으나 '리'의 'ㄹ'은 어근의 일부분으로 처리된다.

(8나④)의 '-이(리)'는 (8나③)과 같은 형용사의 부사 파생의 접사이나 기능이 다르다. '없이'는 '없다'가 접사 '-이'를 취한 것인데 (8나③)의 부사류와는 달리 주어의 서술어로 쓰이고 있어 용언적 성격이 그대로 유지되어 있다.

(8) 나. ④' ㉠ 배 없이 건너기가 어렵다.
           ㉡ 배 없이 건너기가 어렵다.

위의 예 ㉠에서 보는 바와 같이 '없이'는 주어 '배'의 서술어가 되어 있다. ㉡과 같이 분석한다면 "배 없다."란 문장이 접사 '-이'에 의해 부사화되었다고 할 수 있으나 이곳에서는 ㉠을 취하기로 한다.[11]

'같이, 달리'도 같은 분석법이 적용된다.

(8) 나.④" ㉠ 진희는 꽃과 같이 예쁘다.
            ㉡ 동생은 형과는 달리 몸이 튼튼하다.

위의 ㉠, ㉡의 '같이, 달리'는 주어 '진희'와 '동생'의 서술어가 되어 있다.

---

11 한편 『표준국어대사전』에서는 "없이 사는 설움은 겪어 보지 않으면 모른다."와 같은 문장에서 보이는 '없이'라는 부사에 '재물이 넉넉하지 못하여 가난하게.'라는 뜻풀이를 제시하고 있다. 이와 같은 '없이'의 용법은, 우리가 방금 언급한, 주어의 서술어로 쓰이는 '없이'의 용법과는 차이가 있음에 주의할 필요가 있다.

우리는 지금까지 어근의 품사와 관련시켜 가면서 국어의 파생법을 살펴보았다. 많은 파생어들이 품사가 명확한 규칙적인 어근을 바탕으로 형성되고 있지만 그들 가운데는 품사가 명백하지 않은 불규칙적 어근에 접미사가 붙어 단어를 형성하는 일도 있었다.

(9)　가. 잎사귀, 걸음, 밀치다, 밝히다, 말갛다, 미덥다, 많이
　　　나. 따뜻하다, 까다롭다, 슬프다(슳+브다), 무섭다(뭇업다)

(9가)의 예들은 어근의 품사를 명사, 동사, 형용사라고 말할 수 있으므로 제이차적 파생어(secondary derivative)라 하고, (9나)는 어근의 품사가 분명하지 않다고 하여 제일 차적 파생어(primary derivative)라고 한다. 이때의 불규칙적 어근들은 단어 형성을 통해 야만 문장에서 그 모습을 볼 수 있으므로 '제일차적'이고 규칙적 어근들은 단어 형성을 통하지 않고서도 문장에서 그 모습을 볼 수 있으므로 '제이차적'인 것이다.

7.2. 합성법

7.2.1. 어근과 어근 결합의 형태 음운론

어근에 접사가 붙을 때 어근과 접사의 모습이 바뀌는 일이 있었듯이 어근과 어근이 결합하여 합성어를 이루는 마당에서도 그런 음운의 교체를 목격할 수 있다.

(1)　가. 콧등, 봄비
　　　나. 댓잎, 물약
　　　다. 머리카락, 안팎
　　　라. 좁쌀, 접때
　　　마. 소나무, 화살, 마소, 싸전
　　　바. 섣달, 숟가락, 이튿날

(1)의 합성어들은 일반적 단어의 배열에서는 보기 힘든 특수한 음운의 교체가 일어남을 보여 주는 것이다.

(1가)는 명사가 합성될 때 뒤의 명사가 된소리가 되는 예들이다. 경우에 따라서는 '기와 집, 까치집'과 같이 된소리가 되지 않는 일도 없지 않으나 앞의 명사가 유성음으로 되어 있고 뒤의 명사가 무성 평자음으로 되어 있으면 이런 소리 바뀜의 현상이 발생한다.[12]

(1나)는 뒤의 명사가 모음 /i/(이)나 반모음 /j/(ㅣ)로 되어 있을 때는 /n/(ㄴ)이 덧생기는

예들이다. '물약'을 표면상으로는 'ㄹ'이 덧생기는 것처럼 생각할 수 있으나 '물냑'에서 'ㄴ'이 먼저 발생하고 자음 동화 규칙에 의해 '물략'이 되는 것으로 설명하는 것이 좋다. (1다)는 현대 국어의 관점에서는 'ㅎ'이 덧들어간 것으로 생각된다. '머리카락'은 '머리'에 '손가락, 발가락' 등에 보이는 '가락'이 결합된 것인데 가운데 'ㅎ'이 덧쓰였다. '안팎'은 '안'과 '밖'의 합성어로서 'ㅎ'이 중간에 덧들어갔다. 그러나 중세 국어에서는 '머리', '안'이 'ㅎ'을 가지고 있었기 때문에 역사적으로 보면 덧쓰인 소리라고 할 수 없다. (1라)는 현대 국어의 관점에서는 'ㅂ'이 덧들어간 것으로 볼 수 있다. 그러나 이들도 중세 국어를 고려하면 덧쓰인 'ㅂ'의 예라고 하기가 어렵다. 중세 국어의 '쌀'과 '때'는 '뿔'과 '빼'였는데 합용 병서의 첫소리 'ㅂ'이 윗말의 받침으로 남아 있는 것이다. 그러나 현대 어에서는 'ㅂ'소리가 다른 환경에서 나타나는 일이 없기 때문에 덧쓰인 'ㅂ'으로 해석하게 된다.

(1마)는 현대 국어의 관점에서는 설단음(舌端音) 'ㄴ, ㅅ'과 구개음(口蓋音) 'ㅈ' 앞에서 'ㄹ'이 떨어지는 예들이다. '소나무'는 '솔'과 '나무', '화살'은 '활'과 '살', '마소'는 '말'과 '소', '싸전'은 '쌀'과 '전'의 합성어이다. 그러나 이것도 중세 국어의 현상으로 현대어에서는 '솔나방', '쌀집'처럼 'ㄹ'이 떨어지지 않는다. 한편 같은 환경에서 (1바)는 '설'과 '달', '술'과 '가락', '이틀'과 '날'의 합성인데 앞 명사의 끝소리 'ㄹ'이 자음 앞에서 'ㄷ'으로 바뀌는 것으로 설명되고 있다.[13]

이상과 같은 합성법의 음운 교체의 방식은 앞에서 살펴본 파생법의 그것과 일치한다. 이를테면 (1다)~(1바)의 음운 교체는 파생법의 그것과 근본적으로 일치한다.

> (1) 다′. 암캐(암+ㅎ+개), 수펌(수+ㅎ+범)
>   라′. 찹쌀(찰+ㅂ+쌀), 멥쌀(메+ㅂ+쌀)
>   마′. 겨우내(겨울+내)
>   바′. 잗다랗다(잘+다랗다)

(1다′)의 '암, 수'는 중세 국어에서는 받침소리 'ㅎ'을 가진 명사였으나 현대 국어에서

---

12 이와 같은 현상은 이전 시기의 속격 조사의 용법을 고려하면 이해하기가 더욱 쉽다. 잘 알려져 있다시피 중세 국어 시기에서는 선행 체언의 특성에 따라 '의/의'와 'ㅅ'이 달리 사용되었는데 우리가 여기에서 언급한 'ㅅ'은 이전 시기의 속격 조사의 용법이 화석처럼 남아 있는 것으로 이해할 수 있는 것이다. 즉, 현대 국어의 '콧등'과 '봄비'는 이전 시기의 관점에서라면 각각 '코의 등', '봄의 비' 등과 같은 해석을 할 수 있으므로 '콧등(코+ㅅ#등)'과 '봄비(봄+ㅅ#비)'의 구조로 이해할 수도 있는 것이다.

13 그러나 정확하게 얘기하면 '섣달', '숟가락', '이튿날'에서 'ㄹ'이 탈락한 것으로 보는 것이 합당하다. 따라서 'ㄹ'이 'ㄷ'으로 변한 것이 아니라 'ㄹ'이 떨어진 후 'ㅅ'을 'ㄷ'으로 적게 된 것으로 보아야 할 것이다.

는 접두사의 기능을 띠고 있으므로 파생법에 속하며 (1라')의 '찰, 메'도 모두 접두사이기 때문에 파생법으로 간주된다. (1마)은 접미사 '-내'가 붙었고 (1바)은 접미사 '-다랗'이 붙은 것이므로 역시 파생법이다.

7.2.2. 통사적 합성어와 비통사적 합성어

합성법이란 둘 또는 그 이상의 어근이 결합되어 단어를 형성하는 단어 형성의 절차를 의미한다. 이러한 합성법 가운데는 결합하는 규칙적 어근이 국어의 정상적인 단어 배열법에 일치하는 것도 있고 그렇지 않은 것도 있다.

다음 (2가)는 정상적인 단어 배열법에 일치하는 합성이다.

> (2)　가. 논밭, 작은집, 들어가다, 밤낮
> 　　　나. 늦더위, 늦잠, 검붉다

(2가) 가운데 '논밭'은 두 개의 명사가 어울린 것인데 중간에 쉼[休止]을 두거나(논#밭), 쉼표를 치면(논, 밭) 단순한 단어의 배열로 볼 수 있다. '작은집'은 형용사의 관형사형 '작은'과 명사 '집'이 결합된 것으로 명사 앞에 관형사형이 놓이는 것 또한 우리말의 정상적인 단어 배열법이다. '들어가다'는 동사와 동사가 연결 어미를 매개로 하여 합친 합성어인데 이러한 단어의 배열법 또한 국어의 문장 구성에서 목격할 수 있다. '밤낮'은 부사의 기능을 띠고 있으나 이 말 또한 두 명사의 결합으로 이루어졌다. 이처럼 합성어 가운데서 구성 부분의 배열 방식이 국어의 정상적인 단어 배열법과 같은 합성어를 통사적 합성어라고 한다.

그러나 (2나)의 구성은 다른 면을 지니고 있다. '늦더위'는 (2가)의 '작은집'의 형성법에 따르면 '늦은더위'가 되어야 할 것이나 형용사 어간 '늦'이 관형사형 어미 없이 바로 명사 앞에 놓여 있다. 현대 국어에는 용언의 어간이 명사 앞에 직접 놓임으로써 문장을 구성하는 일은 없다. '늦잠'도 '늦은잠'이 되지 않고 어간 '늦'이 명사 앞에 직접 와 있다.[14] '검붉다'는 정상적인 단어 배열법에 기대면 '검고붉다'로 되어야 할 것이나 형용사의 어간이 어미의 매개 없이 직접 결합되어 있다. 이렇게 구성 부분의 배열 방식이

---

14 이처럼 어미와 결합하지 않고 그대로 명사나 용언에 결합하기 때문에 그 분포가 접두사와 흡사하게 된다. 『표준국어대사전』에서는 '늦더위', '늦잠'의 '늦'을 '늦다', '늦심다'의 '늦'과 함께 접두사로 처리하고 있다. 곧 '늦'을 접두사로 문법화한 것으로 간주한 셈이다.

국어의 정상적인 단어 배열에 어긋나는 합성어를 비통사적 합성어라고 한다. 이러한 비통사적 합성법은 현대 국어에서는 중세 국어만큼 그렇게 생산적이 아니다.[15]

한편 통사적 합성어는 국어의 정상적인 단어 배열법과 동일하기 때문에 단어의 결합인 구(句)나 절(節)과 구별이 잘 안 되는 일이 많다. 일반적으로 문장에서는 합성어는 하나의 단어이므로 전체를 붙여 쓰지만 이에 대해 구나 절은 하나의 단어가 아니므로 띄어 쓰고 있으며 쉼표를 사용하여 단어 연결임을 분명히 할 수도 있다.

(2)　가'. 논, 밭 ; 작은 집 ; 밤, 낮

이와 함께 글을 읽을 때는 단어 사이에 쉼을 두어 합성어가 아님을 구별할 수도 있다.

(2)　가". 논#밭 ; 작은#집 ; 밤#낮

그러나 어떤 단어 연결체를 놓고 그것이 합성어인지 아닌지를 분간하기란 여간 어렵지 않다. (2가)의 '작은집'은 (2가''')에서 보인 바와 같이 구로도 나타날 수 있는데 두 구성의 차이점을 밝히려면 그 사이에 다른 단어가 끼어들 수 있는가를 시험해 보아야 한다.

(2)　가'''. 우선 대문이 <u>작은</u> 집부터 찾았다.

위의 밑줄 그은 '작은'은 뒤에 오는 '집'을 직접 수식하는 것이 아니라 먼저 앞에 오는 '대문이'의 서술어가 되고 다음으로 '집'과 관계를 맺는다. 따라서 '작은'과 '집'은 다른 말에 의해 분리될 수 있다.

(2)　가''''. 우선 대문이 작은 <u>민주네</u> 집부터 찾았다.

한편 합성어로서의 '작은집'은 '작은'이 직접 '집'을 수식하고 있으므로 다른 말이

---

15 비록 비통사적 합성법이 현대 국어에서 생산적인 단어 형성 과정은 아니지만 '접칼', '붉돔', '덮밥' 등과 같은 단어들이 현재까지도 꾸준히 형성된다는 점을 간과하여서는 안 된다. 최근에도 '먹스타'(방송에서 음식을 잘 먹는 사람)가 형성된 이후에 '먹요정'(방송에서 요정처럼 예쁜 모습으로 음식을 잘 먹는 사람)이 형성되었다는 점은 비록 비통사적 합성법이 생산적인 단어 형성 과정은 아니더라도 비통사적 합성법에 의하여 형성된 단어가 그와 유사한 의미를 나타내는 단어를 형성할 때에 영향을 미치는 단어가 될 수 있다는 점을 잘 보여 준다. 이는 곧 비통사적 합성법이라는 단어 형성 과정이 현대 국어에서 사라져 가는 주변적인 단어 형성 과정으로 치부되기 어렵다는 점을 방증한다.

끼어들 수 없다. 그 차이를 그림으로 보이면 다음과 같다.

(2) 가. <u>작은 집</u>

   가‴. …대문이 <u>작은 집</u>…

이렇게 같은 '작은'의 문법적 관계가 다르니 의미 또한 달라지지 않을 수 없다. (2가)의 '작은집'은 '따로 사는 아들' 또는 '아우의 집'을 의미하는 데 대해 (2가‴)의 '작은 집'은 '(무엇이) 작은 집'을 가리킨다. 합성어는 이렇게 의미의 특수화를 수반하는 일이 많다.

이상 띄어쓰기, 쉼, 분리성 등에 의해 합성어의 성립 조건을 제시하였지만 모든 합성어에 두루 적용되는 기준을 설정하기란 쉽지 않다.

▌대등 합성어와 종속 합성어 ▌

통사적 합성어와 비통사적 합성어는 합성어를 구성하는 요소가 국어의 단어 배열법과 일치하느냐 여부를 기준으로 나눈 분류이다. 이와는 달리 합성어를 구성하는 요소 사이의 의미 비중이 어느 한쪽으로 치우쳐 있는지 그렇지 않은지를 기준으로 합성어를 나눌 수도 있다. 대등 합성어란 합성어를 구성하는 요소 사이의 의미 비중이 어느 한쪽으로 치우쳐 있지 않은 합성어를 말하고 종속 합성어란 합성어를 구성하는 요소 사이의 의미 비중이 어느 한쪽으로 치우쳐 있는 합성어를 말한다.

ㄱ. 논밭, 높푸르다
ㄴ. 늦더위, 검붉다

(ㄱ)은 대등 합성어의 예인데 '논밭'의 '논'과 '밭'은 의미의 비중이 서로 대등하고 '높푸르다'의 경우도 그 의미가 '높고 푸르다'의 의미이므로 어근의 의미 비중이 대등하다. 이에 대해 (ㄴ)은 종속 합성어의 예인데 '늦더위'는 '늦은 더위'의 의미이므로 '늦'은 '더위'의 의미에 종속되어 있고 '검붉다'는 '검은 빛을 띠며 붉다'의 의미이므로 '검'은 '붉다'의 의미에 종속되어 있다. 국어의 경우는 합성어의 선행 요소가 후행 요소의 의미에 종속되는 일이 일반적이다.

한편 '밤낮'은 명사로서 '밤과 낮'의 의미를 가질 때는 대등 합성어에 속하지만 부사로서 '늘'의 의미를 가질 때는 구성 요소의 의미와 다른 의미를 가지게 되는데 이를 융합 합성어라고 부른다. 융합 합성어는 그 의미를 구성 요소만으로는 알 수 없다는 의미에서 붙여진 이름인데 결국 의미의 중심이 합성어 바깥에 있다는 의미를 지니므로 이러한 측면을 강조하여 외심 합성어라고도 부른다. 이에 대해 의미의 중심이 합성어 내부에 있는 경우는 내심 합성어라고 불러 서로 구분한다. (ㄱ), (ㄴ)은 모두 내심 합성어의 예가 된다.

7.2.3. 품사별 합성법

7.2.3.1. 명사 합성법

다음 (3)의 예들은 명사 합성법에 기대어 형성된 합성 명사다. 명사 합성법에는 통사적 합성법과 비통사적 합성법이 두루 확인된다.

(3)　가.　① 논밭, 똥오줌, 마소
　　　　　　② 길바닥, 돌다리, 눈물, 샘물
　　　나.　새해, 새마을, 이것, 그것
　　　다.　어린이, 작은집, 작은형, 큰아버지, 날짐승, 열쇠
　　　라.　갈림길, 지름길, 비빔밥, 디딤돌
　　　마.　늦더위, 늦잠, 감발, 부슬비

(3가)는 명사끼리 결합되어 형성된 합성 명사들이다. 그러나 합성 방식이 다르다. ① 은 두 명사가 대등한 자격으로 결합되어 있는 대등적 합성어이고 ②는 앞의 명사가 뒤의 명사를 수식·한정하는 종속적 합성어이다. ①의 명사는 "책, 연필이 놓여 있다."와 같은 문장의 단어 배열 '책, 연필'의 구성과 일치하고, ②의 명사는 "어머니 심부름을 다녀왔다."란 문장의 단어 배열 '어머니 심부름'에 일치하므로 통사적 합성어이다. 앞에서 살펴본 된소리 현상은 예외 없이 ②와 같은 종속적 합성어에 나타난다.[16] 종속적 합성법은 명사 합성법 가운데서 가장 생산적이어서 가령 '집'만 하더라도 '집안, 집비둘기, 집사람, 집터' 등 많은 합성 명사를 만들어 낼 수 있다. 종속적 합성 명사는 관형격 조사 '의'가 생략되는 것이 보통이지만 경우에 따라서는 '의'가 나타나기도 한다. '쇠고기(소의 고기), 남의집살이, 도둑놈의지팡이(식물이름)'가 그러한 예인데 이런 합성 명사는 '시냇가의 조약돌'과 같은 단어 배열에 일치하는 통사적 명사 합성법이다.[17]

(3나)는 관형사와 명사가 결합된 것이다. '새해, 새마을'은 성상 관형사와 명사가 결합된 것인데 이에 상대되는 '*헌해, *헌마을'이 성립되지 않음을 통해서도 이의 합성어적인

16　한편 'N₁-N₂'형 합성 명사에서 'N₁이 N₂의 형상', 'N₁이 N₂의 수단이나 방법', 'N₁이 N₂의 재료'일 때에는 후행 명사의 초성이 경음화되지 않는 경향이 우세하다. 예를 들어 '고추잠자리'(N₁이 N₂의 형상), '불고기'(N₁이 N₂의 수단이나 방법), '나무다리'(N₁이 N₂의 재료) 등과 같은 단어들은 각각 [고추잠자리], [불고기], [나무다리] 등과 같이 실현된다.

17　조사 '의'가 단어 형성 과정에 참여한 또 다른 단어로는 '달걀'이 있다. 잘 알려져 있다시피 현대 국어의 '달걀'은 이전 시기에 '닭-이#알'과 같은 구조를 지니던 단어였는데, 여기에서 관찰되는 '익'는 이른바 무정 체언에 결합하는 이전 시기의 관형격 조사였기 때문이다.

특징을 잘 알 수 있다. '새 책'은 이에 상대되는 '헌 책'이 있으므로 관형사와 명사가 배열된 통사적 구성인 것이다. '이것, 그것'은 지시 관형사와 의존 명사의 합성인데 이러한 단어 형성법은 대명사에 흔하다. '이것, 그것'은 '저것'과 함께 사물 표시의 지시 대명사를 이루며 '이이, 그이, 저이'와 이의 높임말(공대말)인 '이분, 그분, 저분'은 삼인칭 대명사로 쓰이고 있는데 역시 지시 관형사와 의존 명사의 합성이다.

(3다)는 관형사형과 명사와의 합성이다. 관형사형 어미 가운데서 단어 형성에 참여하는 것은 주로 '-(으)ㄴ, -(으)ㄹ'이다. '어린이… 큰아버지'는 '-(으)ㄴ' 관형사형 어미에 의한 합성법이고 '날짐승, 열쇠'는 '-(으)ㄹ' 관형사형 어미에 의한 합성법이다. '-는' 관형사형도 '가는귀, 맺는말, 먹는장사, 세는나이, 우는소리'에서 보는 바와 같이 합성법에 참여한다.

(3라)는 동사의 명사형과 명사가 합성된 것이다. '갈림, 지름, 비빔, 디딤'은 '웃음보, 잠귀, 물음표' 등의 합성 명사에 나타나는 '웃음, 잠, 물음'과는 달리 자립성이 없고 기능상으로도 뒤에 오는 명사의 서술어가 되어 있으므로(길이 갈리다, 길을 지르다, 밥을 비비다, 돌을 디디다) 명사형임이 틀림없다. 명사형이기는 하지만 일반적인 종속적 합성 명사에 나타나는 된소리 현상이 있다는 사실 ([갈림낄],…[디딤똘])로 미루어 볼 때 (3라)의 명사들은 합성 명사의 테두리에 들어온다.

(3마)는 비통사적 합성법에 의한 명사의 합성이다. (3가)~(3라)는 국어의 문장 구성법에 일치하는 통사적 합성법에 의한 명사의 형성임에 대해 (3마)는 이에 해당하는 문장 구성법을 찾을 수 없다. '늦더위, 늦잠'은 형용사 어간 '늦'이 명사 '더위, 잠'과 결합되어 있고 '감발'은 동사 어간 '감'이 명사 앞에 놓여 있다. '부슬비'는 의태어 '부슬부슬'이 첩어성(疊語性)을 상실함으로써 명사 앞에 놓인 것인데 문장 구성에서는 이러한 배열을 찾을 수 없다. 현대어에서는 어간이 명사에 직접 붙어 명사가 형성되는 일은 그렇게 생산적이 아니나 의태어를 앞세운 형성법은 비교적 생산적이어서 '선들바람, 촐랑새, 절름발이, 헐떡고개' 등의 예를 들 수 있다.

비통사적 합성 명사의 수식 부분은 접두사와 혼동되기 쉽다. '덧신'에 나타나는 '덧'이 접두사인데 이 말은 동사와 형용사의 어간으로 나타나는 일이 없다. 그러나 앞의 '늦더위, 감발, 부슬비'의 '늦, 감, 부슬'은 형용사 '늦다', 동사 '감다', 부사 '부슬부슬'에서 쓰이고 있다.

7.2.3.2. 동사 합성법

다음 (4)의 예들은 동사 합성법에 기대어 형성된 합성 동사들이다. 동사 합성법에도 명사 합성법과 같이 통사적 구성과 비통사적 구성이 두루 나타난다.

(4) 가. 힘들다, 빛나다, 겁나다, 동트다, 멍들다
　　나. 본받다, 힘쓰다, 등지다, 선보다, 마음잡다
　　다. ① 앞서다, 뒤서다, 마을가다
　　　　② 거울삼다
　　라. ① 들어가다, 쓸어버리다, 돌아가다, 갈아입다, 알아듣다
　　　　② 들고나다, 파고들다, 타고나다
　　　　③ 내려다보다, 넘어다보다, 돌아다보다
　　마. 가로막다, 잘되다, 그만두다, 가만두다
　　바. 굶주리다, 뛰놀다, 지새다, 어녹다, 검기울다

(4가)는 '주어+서술어'의 구성으로 된 형성법이다. '힘이 들다, 빛이 나다, 겁이 나다, 동이 트다, 멍이 들다'란 절에서 주격 조사가 소거(消去)되어 형성된 것이다. 이런 유형의 합성 동사에는 이 밖에도 '정들다, 길들다, 끝나다' 등 많은 예를 들 수 있다. (4나)는 '목적어+서술어'의 구성으로 된 형성법이다. '본을 받다, 힘을 쓰다, 등을 지다, 선을 보다, 마음을 잡다'란 구에서 목적격 조사가 소거되어 만들어졌다. 이 밖에도 '욕보다, 힘입다, 배곯다' 등 수많은 예가 있다.

(4다)는 '부사어+서술어'의 구성 형태인데 부사격 조사의 소거를 거쳐 형성된 것으로 생각된다. ①은 '앞에 서다, 뒤에 서다, 마을에 가다'란 구에서 처소의 부사격 조사 '에'가 소거되었다. ②의 '거울삼다'는 '거울로 삼다'에서 도구의 부사격 조사 '로'가 떨어졌다.

(4라)는 두 개의 동사가 연결 어미를 가운데 두고 결합된 합성 동사이다. ①과 같이 연결 어미 '-어'를 매개로 한 동사의 결합이 합성 동사냐, '본동사+보조 동사'의 구성이냐 아니면 단순한 두 동사의 나열이냐를 결정하기란 쉽지 않다. 그런 차이를 구별하지 않는다는 뜻에서 그냥 동사란 말을 써서 전체를 포괄하기로 한다. '들어가다, 쓸어버리다'가 본동사와 보조 동사의 합성이라면 '-어'는 보조적 연결 어미가 될 수 있고 '돌아가다, 갈아입다, 알아듣다'가 두 본동사의 합성이라면 '-어'는 종속적 연결 어미가 될 수 있다. ②는 대등적 연결 어미 '-고'에 의해 합성 동사가 된 것이다. ③은 '내려, 넘, 돌'이 종속적 연결 어미 '-어다'를 매개로 하여 '보다'와 결합한 것인데 '건너다보다, 들여다보다, 내다보다, 바라다보다' 등도 같은 유형에 속한다.

(4마)는 '부사+서술어'의 구성 형태에 일치하는 합성어이다. 이 가운데서 '가만두다'는 의태 부사 '가만가만'이 첩어성을 상실함으로써 형성된 합성 동사이다.

(4바)는 비통사적 동사 합성법이다. 제시된 예들의 앞 성분을 보면 모두 동사의 어간

으로서 연결 어미를 매개로 하지 않고 직접 뒤의 동사와 결합되어 있다. '굶주리다'는 '굶어서 주리다'의 구성과 비슷하다. '뛰놀다'는 '뛰면서 놀다', '지새다'는 '지고 새다', '어녹다'는 '얼다가 녹다'와 관련시킬 수 있다. '검기울다'는 형용사의 어간 '검'이 동사 '기울다'와 결합된 것인데 의미상으로 보면 '검게 기울다'로 해석된다.

▌조사의 생략과 합성어의 형성 ▌

여기에서는 '주어+서술어', '목적어+서술어', '부사어+서술어'의 통사적 구성에서 조사의 소거를 통해 단어가 형성된 것으로 설명하였지만 단어를 형성할 때부터 조사가 단어 형성 과정에 참여하지 않았다고 설명하는 방법도 있다. 일반적으로 국어의 조사가 문장의 격을 표시해 주는 기능을 담당한다는 점, 또한 조사의 실현 여부가 정보 구조와 밀접하게 연관된다는 점 등을 고려하면 오히려 조사가 단어 형성 과정에 참여하는 일이 드물다는 점을 쉽게 알아챌 수 있다. 또한 여기에서 언급한 '명사+동사'형 합성 동사들에서 선행 명사와 후행 동사의 의미론적 관계를 고려할 필요도 있어 보인다. 예를 들어 '멍들다'의 '멍'이라는 명사에 후행하는 동사의 수는 '밥'이라는 명사에 후행하는 동사의 수보다 적을 것이고, 이와 같은 사정은 '동트다'의 '동'의 경우에도 마찬가지이다. 이러한 까닭 때문에 이들이 합성법에 의하여 형성된 것이 아니라 통시적으로 굳어졌다는 설명을 하기도 한다. 다만, 여기에서 언급한 '명사+동사'형 합성 동사들이 통사적 구성으로 형성되었다고 하더라도, 그 통사적 구성의 성격은 '밥을 먹다, 밥을 버리다, 밥을 팔다, 밥을 짓다…' 등과 같은 통사적 구성과는 다소 차이를 보인다는 점을 간과하여서는 안 될 것이다.

한편 조사의 소거로 단어 형성을 바라볼 때도 '부사어+서술어'의 경우는 문제가 된다. 주격 조사와 목적격 조사는 문법격 조사이지만 부사격 조사는 의미격 조사이다. 문법격 조사는 나타나지 않는 일이 적지 않지만 부사격 조사는 나타나지 않는 일이 드물기 때문이다. 이러한 점 때문에 조사의 소거로 단어 형성을 바라볼 때는 가령 '앞서다'를 '앞에 서다'에서 '에'가 소거되었다고 보는 대신 '앞을 서다'에서 '을'이 떨어진 것으로 간주하기도 한다.

7.2.3.3. 형용사 합성법

다음 (5)의 예들은 형용사 합성법에 기대어 형성된 합성 형용사이다.

> (5) 가. 값싸다, 배부르다, 시름없다, 맛나다
> 나. 눈설다, 남부끄럽다, 남다르다, 번개같다
> 다. 깎아지르다, 게을러빠지다
> 라. 다디달다, 떫디떫다, 붉디붉다, 머나멀다, 하고많다
> 마. 검붉다, 높푸르다

(5가)는 '주어+서술어'의 구조로 된 절에서 주격 조사의 소거를 거쳐 형성된 합성

형용사이다. '값싸다, 배부르다'는 뒤의 성분이 형용사이고 '맛나다'는 동사이다. 합성
동사 가운데는 그러한 경우를 찾기 어렵지만 합성 형용사 가운데는 원래의 품사는 동사
일지라도 합성법을 거치게 됨에 따라 형용사로 바뀌는 것이 있다. 이런 합성 형용사에는
'기차다, 목마르다' 등을 더 들 수 있다.

(5나)는 '부사어+서술어'의 구성과 일치한다. '눈설다'는 '눈에 설다', '남부끄럽다'는
'남에게 부끄럽다', '남다르다'는 '남과 다르다', '번개같다'는 '번개와 같다'에서 해당
부사격 조사가 각각 소거되어 형성되었다.[18]

(5다)는 용언이 연결 어미 '-어'를 매개로 하여 합성 형용사가 된 것이다. '깎아지르다'
는 동사끼리의 합성이고 '게을러빠지다'는 형용사와 동사의 합성이다.

(5라)는 평서형으로보다는 관형사형으로 나타나는 것이 더 자연스럽다. 다른 형용사
에 비하여 활용이 제한되어 있을 뿐 아니라 문어체에 더 어울리는 듯이 보인다.

(5) 라'. 다디단(사탕), 떫디떫은(감), 붉디붉은(천), 머나먼(길), 하고많은(이야기)

위의 예들 가운데 '-디, -나'는 종전의 전통 문법에서는 형용사에 붙는 강세의 연결
어미로 다루어 왔다. 그러나 최근 들어 합성어로 보는 경향이 우세해지고 있으므로 형용
사의 합성법에서 다루었으나 아직도 보완의 여지가 많다.

(5마)는 비통사적 형용사 합성법이다. 제시된 예들의 앞 성분을 보면 모두 형용사의
어간으로서 연결 어미를 매개로 하지 않고 직접 뒤의 형용사와 결합되어 있다. 의미상으
로 보면 '검붉다'는 '검게 붉다', '높푸르다'는 '높고 푸르다'로 해석된다.

7.2.3.4. 관형사 합성법, 부사 합성법

다음 관형사와 부사의 합성법은 명사, 동사에 비할 때 숫자도 많지 않고 상대적으로
생산성을 띠고 있지도 않다.

(6) 가. 한두, 서너, 여남은
     나. ① 밤낮, 여기저기
        ② 한바탕, 한참, 한층, 온종일 ; 어느덧 ; 어느새, 요즈음

---

18 'N같다'형 합성 형용사는 통사적 구성인지 그렇지 않은지를 구별하기가 매우 어렵다. 예를 들어 "그것은
   팥알이 아니라 깨알 같다."와 같은 문장에서의 '깨알 같다'는 통사적 구성에 가깝지만, "지호의 글씨는
   깨알같다."와 같은 문장에서의 '깨알같다'는 합성 형용사로 이해할 수 있기 때문이다. 단어적인 성격이
   강한 'N+같다' 구성의 대표적인 예로는 '똥딴지같다', '한결같다', '굴뚝같다' 등이 있다.

③ 이른바, 이를테면
④ 곧잘, 잘못, 좀더

(6가)의 '한두, 서너'는 수 관형사끼리 결합된 합성 관형사이다. 5 이상의 숫자에서도 '대여섯(개), 예닐곱(개)'과 같이 합성 관형사가 없지 않으나 이들은 합성 수사와 형태가 같다. '여남은'은 '남은'을 접사로 본다면 파생어로 볼 수 있으나 '열에서 남은'의 의미로 해석하여 합성 관형사로 처리하고자 한다.

(6나)는 합성 부사의 예이다. ①은 명사 또는 대명사끼리 모여서 된 부사이다. ②는 관형사와 명사가 어울린 것으로 앞 묶음은 수 관형사 '한, 온'이 붙었고 뒤 묶음은 지시 관형사 '어느, 요'가 와 있다. ③은 '이르다'의 관형사형과 의존 명사가 합쳐졌고, ④는 부사끼리 어울려 있다.

7.2.4. 반복 합성법

국어에는 다음 (7)의 예들처럼 같은 말 또는 비슷한 말이 반복되어 이루어진 반복 합성어가 많다.

> (7) 가. 사람사람, 집집
> 나. ① 구석구석, 군데군데, 도막도막, 마디마디, 하나하나, 몇몇 ; 미주알고주알, 검불덤불
> ② 고루고루, 오래오래, 부디부디, 어서어서
> ③ 두고두고 ; 가나오나, 들락날락, 오다가다
> 다. ① 찰싹찰싹 < 철썩철썩, 콜록콜록 < 쿨룩쿨룩, 흥얼흥얼 ; 톡탁 < 툭턱, 왈가닥달가닥 < 월거덕덜거덕
> ② 고불고불 < 구불구불, 깡충깡충 < 껑충껑충, 대굴대굴 < 데굴데굴 ; 곤드레만드레, 뒤죽박죽, 알뜰살뜰
> ③ 딸랑딸랑 < 떨렁떨렁, 사박사박 < 서벅서벅, 탈탈 < 털털

(7가)는 명사끼리 어울려서 다시 합성 명사가 된 것이다. 국어의 반복 합성어는 합성 명사에서보다 합성 부사에서 더 흔하다. (7나①)은 명사나 수사가 서로 겹쳐 부사가 된 것이다. ①의 '구석구석, … 마디마디'는 '명사+명사'의 구조로 되어 있고 '하나하나, 몇몇'은 '수사+수사'로 되어 있다. '미주알고주알, 검불덤불'은 명사 '미주알'과 '검불'의 첫소리를 다른 음절로 바꾸어 반복함으로써 합성 부사를 만들고 있다. 그 의미도 '미주알'과 '검불'에서 거리가 먼 추상성을 띠고 있다. 첫 음절의 소리를 바꾸는 현상은 (7다)

의 의성·의태 부사에서 많이 발견된다. (7나②)는 부사가 서로 겹쳐서 부사가 된 것이다. ③의 '두고두고'는 동사의 활용형이 겹친 것이고 '가나오나, 들락날락, 오다가다'는 첫 음절과 반대되는 어간이 어미를 매개로 하여 겹쳐진 것이다.[19]

　(7다)의 예들은 의성 부사와 의태 부사이다. 이들은 같은 또는 비슷한 소리가 되풀이 되어 있기는 하나 그 자체가 자립성이 있는 단어는 아니다. 이들은 반복 합성어에 넣는 것이 보통이나 자립성이 있는 단어가 되풀이되는 (7가, 나)와는 구별해야 한다. (7가, 나)가 전형적인 반복 합성어라면 (7다)는 의사 반복 합성어라고 부를 수 있다. 의성· 의태 부사는, '<' 표시로 보인 바와 같이, 어감(語感)이 작은말과 큰말로 분화되는 일도 있고 센말과 거센말의 대립을 보여 주기도 한다. ①은 의성 부사인데 앞 묶음은 같은 소리가 반복되어 있고 뒤 묶음은 뒤 부분이 모습을 바꾸어 반복되고 있다. ②는 의태 부사인데 반복 방식에 따라 두 묶음으로 갈랐다. ③은 의성·의태 부사로 공용되는 것이 다. 이처럼 의성 부사와 의태 부사가 반복에 의해 합성되는 일은 국어 단어 형성이 가지 는 특징 가운데 하나라는 점을 염두에 둘 필요가 있다.

▐ 파생어의 합성, 합성어의 파생 ▐

　국어의 단어 가운데 적지 않은 수의 단어들은 세 개 이상의 형태소로 구성되어 있고 따라 서 직접 성분을 기준으로 할 때 파생어가 다시 합성에, 합성어가 다시 파생에 참여하는 일이 있다. 이를 확대하면 경우의 수로는 파생어가 다시 파생에, 합성어가 다시 합성에 참여하는 일도 가능하다. 이를 파생어 '웃음'이 포함된 다음 단어들을 대상으로 살펴보기로 한다.

　ㄱ. 눈웃음
　ㄴ. 웃음기, 헛웃음
　ㄷ. 호걸웃음
　ㄹ. 눈웃음치다

　(ㄱ)의 '눈웃음'은 직접 성분이 '눈'과 '웃음'이므로 파생어 '웃음'이 합성어 형성에 참여 하고 있음을 보여 준다. (ㄴ)의 '웃음기'와 '헛웃음'의 '-기'와 '헛'은 각각 접미사와 접두사에

---

19 일반 언어학적인 관점에서는 최근 합성과 중첩(reduplication)을 구별하는 입장이 더욱 설득력을 얻고 있다. 국어학계에서는 완전 중첩을 통하여 형성된 단어를 합성어로 간주하는 논의도 없지는 않으나, 완전 중첩을 통하여 형성된 단어와 합성어의 차이점에 주목하여 이를 '중첩어'로 간주하는 논의도 있다. 중첩에 의하여 형성된 단어들은 주로 '증대(increased quantity)'로 포괄되는 의미, 즉 '복수성'(드문드문, 집집 등), '강조' (깊이깊이, 자꾸자꾸 등) 등의 의미를 가지지만 합성법에 의하여 형성된 단어들은 이보다 더 다양한 의미를 지닐 수 있기 때문이다. 이러한 점을 감안하면, 합성법과 중첩을 구별하는 것도 합리적인 방안이 될 수 있을 것으로 보인다.

해당한다. 따라서 '웃음기', '헛웃음'은 파생어가 다시 파생에 참여한 것이다. (ㄷ)의 '호걸웃음'은 직접 성분이 '호걸'과 '웃음'인데 '호걸'은 합성어이고 '웃음'은 파생어이므로 합성어와 파생어로 이루어진 합성어임을 알 수 있다. (ㄹ)의 '눈웃음치다'는 직접 성분이 '눈웃음'과 '치다'인데 '눈웃음'은 이미 파생어가 합성어 형성에 참여하고 있다고 한 바 있다. 따라서 '눈웃음치다'는 파생어가 합성어 형성에 참여한 '눈웃음'에 다시 '치다'가 결합한 합성어임을 알 수 있다. 즉 직접 성분을 기준으로 할 때 '웃음', '호걸', '눈웃음'은 모두 단일 어근이 아니라 복합 어근에 해당하는 것이다. 이러한 과정을 염두에 두면 6장에서 살펴본 '헛손질, 먹이통'도 각각 파생어의 파생, 파생어의 합성을 거친 단어임을 알 수 있다.

이처럼 내부 구조가 복잡한 단어들 가운데 그동안 특히 관심을 받아온 것들은 다음과 같다.

ㅁ. 해돋이, 피돌기
ㅂ. 고기잡이, 글짓기
ㅅ. 감옥살이, 아래닿기 ; 가을걷이, 앞차기

(ㅁ~ㅅ)은 접미사 '-이', '-기'를 제외하면 각각 '주어+서술어' 구조를 가지는 '해돋, 피돌', '목적어+서술어' 구조를 가지는 '고기잡, 글짓', '부사어+서술어' 구조를 가지는 '감옥살, 아래닿, 가을걷, 앞차'가 발견된다. 따라서 (ㅁ~ㅅ)을 합성어의 파생이라 언급하는 경우도 있다. 그러나 접미사를 제외한 부분이 모두 합성 용언으로서는 존재하지 않는다는 점에서 이들을 합성어의 파생으로 보지 않고 가령 '해돋이'를 '해'와 '돋이'로 분석하여 파생어의 합성으로 간주하는 견해도 있다.

7.3. 한자어 조어법

국어의 어휘 가운데는 고유어 어휘 이외에 한자어 어휘가 상당한 비중을 차지하고 있다. 한자는 근본적으로 글자 하나가 독립된 뜻을 가진 형태소이기 때문에 서로 결합시키면 수많은 어휘를 만들어 낼 수 있다. 이를테면 '인(人)'이란 글자는 의존 형태소로서 다른 글자의 앞이나 뒤에도 설 수 있고 한 단어의 끝에도 올 수 있다.

(1) 가. 인간(人間), 인류(人類), 인정(人情), 인사(人事)…
     나. 위인(偉人), 거인(巨人), 살인(殺人)…
     다. 한국인(韓國人), 외국인(外國人), 예술인(藝術人)…

(1가, 나)는 '인(人)'이 다른 글자의 앞이나 뒤에 붙는 것이고 (1다)는 한 단어 아래 붙어서 접사와 비슷한 기능을 띠고 있는 것인데 의미가 약간 달라져 '어떤 표식을 가진 인물'을 표시한다. 그러나 고유어에는 한 형태소가 한 단어의 구성 성분이 되었다가 접

사로 나타나는 일은 쉽게 발견되지 않는다. '가(家)'라는 한자도 앞의 '인(人)'과 같이 다른 글자의 앞뒤에 쓰이며(家庭, 宗家), 한 단어 아래에 쓰여서 접사의 기능을 발휘하기도 한다(小說家).[20]

우리말 가운데에 쓰이는 한자어는 한문의 문장 구성 유형 '서술어+목적어'나 '서술어+부사어'의 구성으로 된 어휘가 많다.

(2)　가. 독서(讀書), 구인(求人), 급수(給水), 문명(問名)…
　　　나. 하산(下山), 등산(登山), 하차(下車), 등교(登校)…

(2가)는 '책을 읽다, 사람을 구하다, 물을 주다, 이름을 묻다'로 새겨지니 '서술어+목적어'의 구성이고 (2나)는 '산에서 내려오다, 산에 오르다, 차에서 내리다, 학교에 출석하다'로 옮겨지니 '서술어+부사어'의 구성인 것이다. 이 경우 고유어는, 앞의 합성법에서 살펴본 바와 같이, '목적어+서술어', '부사어+서술어'의 순서로 배열된다. '본받다, 앞서다'가 그러한 예이다.

한편, 단어 형성 과정에서 나타나는 음운의 교체도 고유어의 그것과 사정을 달리한다.

(3)　가. 절단(切斷), 일상(日常), 열중(熱中)
　　　나. 부단(不斷), 부실(不實), 부재(不在), 부자유(不自由)

고유어 합성법에서는, '여닫이, 마소, 싸전' 등에서 확인한 바와 같이, 'ㄹ'이 설단음과 구개음 앞에서 떨어지기도 하나 한자어에서는, (3가)에서 보는 바와 같이, 그대로 유지되어 있다. 그러나 '불'(不)이란 글자는, (3나)에서 보는 바와 같이, 'ㄹ' 받침을 가지고 있어도, 'ㄷ, ㅅ, ㅈ' 앞에서 탈락되니 일관된 교체 규칙을 찾기가 어렵다.

한자어 가운데서 여러 글자로 된 말은 중심 되는 두 글자를 따서 결합시키는 절단(切斷) 현상이 상당히 보편적이다.

(4)　가. 대한민국(大韓民國) → 한국(韓國), 자포자기(自暴自棄) → 포기(暴棄)
　　　나. 임시정부(臨時政府) → 임정(臨政), 노동조합(勞動組合) → 노조(勞組)
　　　다. 임진왜란(壬辰倭亂) → 임란(壬亂), 행정고시(行政考試) → 행시(行試)

---

20 따라서 2장의 논의를 참고한다면 이때 '가(家)'는 전형적으로 단어 형성소로서의 자격을 갖는다고 할 수 있는 것이다.

(4가)는 둘째, 넷째 글자를 딴 것이고 (4나)는 첫 글자와 셋째 글자를 딴 것이며 (4다)는 첫 글자와 넷째 글자를 딴 것이다. 절단에 의한 한자어 형성법은 (4나)와 같은 방식이 보편적이다. 이처럼 한자어의 경우에서 절단에 의한 단어 형성이 흔히 일어나는 것은 한자 하나하나가 뜻을 가지고 있다는 사실에서 그 이유를 찾을 수 있다. 그러나 최근에는 고유어에서도 이러한 절단에 의한 단어 형성이 널리 세력을 얻어가고 있다. 역시 가장 많은 수를 차지하는 것은 (4나)의 방법이라는 점에서 한자어와 공통되는 부분이 있다.[21]

절단 현상은 일상생활에서 자주 쓰이는 말에서 주로 나타나는데 여러 글자로 된 말이라도 동격의 관계로 배열된 것은 이런 현상이 발생하지 않는 듯하다.

(4) 나'. 축구 경기(蹴球競技) → *축경(蹴競)

'축구 협회(蹴球協會)'는 '축구'와 '협회'가 종속적 관계로 결합되어 있기 때문에 '축협'과 같은 절단이 가능하나 (4나')는 '축구'와 '경기'가 동격이기 때문에 '*축경'과 같은 절단은 일어나지 않는 것으로 해석된다.

국어의 문장 가운데 운용되는 한자어의 각 글자들은 자립 형태소인 것도 있지만 대부분은 의존 형태소로서 서로 결합되어야만 자립성을 발휘할 수 있다. (1가)의 '인정(人情)'의 '정(情)'은 자립 형태소이지만 '인(人)'은 그 자체로는 '사람'을 표시하는 말로서 자립성이 없다. '인간(人間)'의 '간(間)'도 '사이'라는 뜻으로 국어의 문장 가운데 자유로이 쓰이는 일은 확인되지 않는다.

'인정'의 '정(情)'과 같이 한자 하나가 자립 형태소가 되어 고유어처럼 쓰이는 예를 들어보기로 한다.

(5) 가. ① 산(山), 책(冊), 상(床), 미(美), 복(福), 색(色), 종(鍾), 막(幕)…
     ② 단(但), 즉(卽)…
     ③ 순(純), 전(前)…
   나. ① 자(者), 법(法), 리(理), 감(感), 식(式), 중(中)…
     ② 관(貫), 리(里), 명(名), 분(分)…

---

21 최근에 새로이 만들어진 단어들 중에 '치느님(치킨+하느님)', '호캉스(호텔+바캉스)' 등과 같은 단어들은, 본래 절단할 수 없는 단위들을 절단한 이후에 절단된 요소들을 결합시켜 만든 단어들이라는 점에서 '대한민국 → 한국', '노동조합 → 노조'와는 다른 양상을 보이는 것이라 할 수 있다. 다만 이들 단어 형성은 결합되는 두 단어 가운데 어느 한 단어의 음절수와 같다는 특징이 있다. '치느님', '호캉스'는 '하느님', '바캉스'와 음절수가 같다.

(5가)는 자립성이 있거나 이에 가까운 성질을 띤 말들로서 고유어와 기능이 동일시된다. ①은 보통 명사로서 이에 해당하는 고유어가 없어서 자립성을 획득하게 된 한자들이다. '산(山)'은 이에 대응되는 고유어 '뫼ㅎ'이 폐어화하였기 때문에 한자 '山'이 이에 대체되어 자립 형태소가 된 말이다. '들'을 의미하는 '야(野)'는 고유어 '들'이 존재하기 때문에 자립 형태소로는 쓰이지 못하고 '평(平)'과 결합된 '평야(平野)'만이 '들'의 의미로 쓰이는 것이다. ②는 부사로 쓰인다. 유의적(類意的)인 고유어 '다만, 곧' 등과 공존하여 쓰인다. ③은 관형사로 쓰인다. 특히 ①의 한자어 가운데서 '산(山), 책(冊), 상(床), 색(色)' 등은 서로 결합되어 합성어를 이룰 수 있고 고유어와도 자유롭게 결합될 수 있어서 고유어와 기능상으로 거의 차이가 없다.

(5) 가. ①' <u>산</u>비탈, <u>책</u>상, <u>책</u>꽂이, <u>색</u>종이, <u>종</u>소리

(5나)는 의존 명사나 그에 가까운 성질을 띠고 있다. '자(者), 리(理)'는 의존 명사이고 나머지는 의존 명사에 가까운 기능을 띠고 있다. ②는 단위성 의존 명사이다.

아래의 밑줄 친 부분들은 접사의 성격을 띠고 있다.

(6) 가. <u>가</u>교사(假校舍), <u>귀</u>금속(貴金屬)
     나. 요리<u>사</u>(料理師), 애국<u>자</u>(愛國者)

(6가)의 '가(假)-', '귀(貴)-'는 단어의 일부분으로 쓰이기도 하지만 여기서는 특별한 의미를 띠고서 한 단어 앞에 쓰였으므로 접두사로 처리할 수 있다. 이에 대해 (6나)의 '-사(師)', '-자(者)'도 단어의 일부분으로 나타나는 일이 있지만 이곳에서는 한 단어의 뒤에 붙었으므로 접미사로 간주될 수 있다.

한자 가운데서 접미사의 기능이 가장 분명한 것은 '-적(的)'이다.

(7) 가. 그는 인간<u>적</u>(人間的)이다.
     나. 그는 <u>아주</u> 인간적(人間的)이다.

'-적(的)'은, (7가)와 같이, 한자어에만 붙는다.[22] '인간'과 비슷한 의미를 표시하는 '사

---

22 최근에는 '마음적'이나 '느낌적'과 같이 고유어에도 '-적'이 붙는 경우가 있다. 특히 앞의 '마음적'은 '심적'이라는 단어가 있는데도 쓰이고 있다는 점에서 주목할 만하다. 이처럼 고유어에도 결합하는 현상은 '-적'이 가지는 높은 생산성을 보여 주는 것으로 해석할 수 있다.

람'에 '-적'이 붙을 수 없다는 사실로써 그것을 잘 알 수 있다.

    (7)   가'. [*]그는 사람적이다.

'-적(的)'은 고유어 접사 '-스럽'과 비슷한 의미를 표시하기도 한다. 그런데 같은 한자어라도 '-스럽'이 붙는 말은 '-적'이 오지 못하고 '-적'이 붙는 말은 '-스럽'이 첨가되지 않는 일이 많다.

    (8)   가. 고통(苦痛)[스럽다/[*]적이다], 다정(多情)[스럽다/[*]적이다]
           나. 개방(開放)[[*]스럽다/적이다], 문화(文化)[[*]스럽다/적이다]

또한 '-적'은 한자어 가운데서도 구체적 대상을 표시하는 말과는 결합되지 않는 것이 일반적이다. '[*]활자적(活字的), [*]학교적(學校的), [*]의자적(椅子的)'이란 말이 성립되지 않음을 통해서 그런 사실을 인식할 수 있다. 이는 후술하는 바와 같이 '-적'이 정도성을 가지는 말과 결합하는 사실과 관련이 있다. 한편 '-적'이 붙은 명사에 결합되는 조사도 서술격 '이다', 보격 '이', 부사격 '으로'에 국한되고 주격과 목적격은 결합되지 못한다. 또 부정어가 될 때에도 '비(非)-'는 허용되지만 '미(未)-'나 '무(無)-'는 결합되지 않는다.

    (7)   가". 그는 [비인간적(非人間的)/[*]미인간적(未人間的)/[*]무인간적(無人間的)]이다.

'무계획적(無計劃的)'이란 말이 없지 않으나 이때는 '-적'이 '무계획'에 붙은 것이다. 이는 곧 [[무[계획]]적]과 같이 형식화할 수 있다. '비계획적(非計劃的)'이란 말이 '계획적'에 '바'가 붙은 것과 서로 대조적이다.
    '-적(的)'이 붙는 말의 가장 큰 특징은 (7나)와 같이 정도를 의미하는 부사가 올 수 있다는 점이다. 고유어도 주관적으로 평가 가능한 말은 '매우'나 '아주'와 같은 정도 부사가 올 수 있다.

    (7)   나'. 그는 <u>아주</u> 바보다. 그는 <u>매우</u> 깍쟁이다.
           나". [*]그는 <u>매우</u> 군인이다. [*]그는 <u>아주</u> 의사다.

(7나")의 '군인, 의사'에 '매우, 아주'가 못 붙는 것은 이들이 주관적으로 평가될 수 있는 말이 아니기 때문이다. "[*]그는 매우 인간이다."와 같이 인간 앞에 '매우'가 쓰일

수 없는 것도 같은 원리로 설명할 수 있다. (7나)에서와 같이 '인간적'에 '아주'가 붙는 것은 그것이 정도의 의미 특성을 띠고 있기 때문이다. 이런 점으로 보면 한자어에 널리 쓰이는 '-적(的)'은 선행하는 명사에 정도의 의미를 부여하는 접사라 할 수 있다.[23]

---

23 일반적으로 접사가 단어 이하의 범주에 결합하는 의존 형태라는 점을 염두에 두면 '的'이 구 이상의 단위에 결합하는 현상을 설명하기 어려울 수도 있다. 예를 들어 "형태론은 음운론과 통사론의 중간적 성격을 띠는 언어학의 하위 분과이다."라는 문장에서 '음운론과 통사론의 중간적 성격'이라는 명사구의 구조는 [[[음운론과 통사론의 중간 [적]] [성격]]과 같이 이해할 수 있는데 이때 '的'은 [음운론과 통사론의 중간] 이라는 명사구에 통합되어 있기 때문이다. 이러한 점을 염두에 두어 '的'을 접미사로 처리하지 않고 특이한 유형의 의존 명사로 처리하는 논의도 있다.

더 읽을거리

1. 합성어의 형태 음운론

　　단어 형성 과정에서 관찰되는 형태 음운론적 교체를 다룬 논의는 주로 생성 형태론에서 논의된 이완 합성어와 긴밀 합성어를 구별하여 전개된 바 있다. 그리고 이때, 이완 합성어는 합성어를 이루는 두 요소 사이의 경계가 형태소 경계인 합성어를, 긴밀 합성어는 합성어를 이루는 두 요소 사이의 경계가 단어 경계인 합성어를 일컫기 위하여 사용된다. 이현희(1991)과 이진호(2003)이 대표적이라 할 수 있다. 이현희(1991)에서는 생성형태론에서 논의된 바 있는 긴밀 합성어와 이완 합성어의 차이를 감안하여 중세 국어 시기의 합성 명사가 경험하는 다양한 음운 변동에 대하여 주도면밀한 논의를 펼친 바 있다. 또한 이진호(2003)에서는 이현희(1991)의 논의를 확장시켜 이전 시기의 단어 형성 과정에서 관찰되는 다양한 음운 변동의 양상을 설명하였다. 김창섭(2005)에서는 이완 합성어를 합성어의 선행 요소나 후행 요소가 확장될 수 있는 합성어(쌀밥 → [[[보리]·[쌀]][밥]])로, 긴밀 합성어를 합성어의 선행 요소나 후행 요소가 확장될 수 없는 합성어로 정의한 바 있다.

2. 파생법에 대한 전반적 논의

　　파생법과 관련된 논의는 일일이 그 수를 헤아리기 어려울 정도로 많이 이루어져 왔다. 파생법에 대한 전반적인 연구사는 구본관(2002가)에 자세하게 언급되어 있다. 구조주의 문법의 영향을 받은 고영근(1999: 601-653)에서 파생 접사의 목록을 정리하였다면 이를 바탕으로 삼아, 생성 형태론의 영향을 직접적으로 받은 송철의(1992)와 김창섭(1996: 4장, 5장)에서는 국어 파생법과 관련된 쟁점의 거의 대부분이 언급되었다고 무방할 정도로 치밀한 논의가 이루어졌다. 특히 송철의(1992: 31-32)에서는 이전 시기에는 파생어였으나 현대 국어에서는 단일어로 처리되는 단어들이 어휘화(lexicalization)를 경험하였다고 언급하였으며, 김창섭(1996: 5장)에서는 '-하'에 의한 파생과 '-답', '-스럽' 등에 의한 파생에 대한 자세한 설명이 베풀어져 있다. 또한 국어의 파생법에 대한 전반적인 논의는 최형용(2016: 13장)에서도 이루어진 바 있다. 한편 송철의(1985)에서는 파생어의 어기의 의미와 파생어의 의미가 보이는 다채로운 양상에 대한 기술이 이루어졌으며 구본관(2002나)에서도 파생어 형성에서 관찰되는 의미론적 양상이 어떠한지를 설명한 바 있다. 또한 구본관(1998)에서는 15세기 국어를 대상으로 삼아 그 당시의 파생법이 어떠하였는지를 검토하였고, 송철의(1997)에서는 파생법이 시대마다 어떻게 달라졌는지에 대한 서술이 잘 이루어져 있다. 최형용(2004)에서는 파생어 형성에서 저지(blocking) 현상이 시사하는 바가 무엇인지를 다룬 바 있으며 최형용(2008)에서는 동의 파생어의 관계가 어떠한지를 꼼꼼하게 기술한 바 있다. 최근에는 국어의 전성 어미가 접미사적인 성격을 띨 수도 있다는 점을 염두에 둔 단어 형성론도 전개된 바 있는데, 이와 관련된 대표적인 논의는 김민국(2009가)이다.

3. 합성법에 대한 전반적 논의

합성법에 대한 논의도 파생법과 마찬가지로, 양적으로나 질적으로 상당히 훌륭한 연구가 많이 이루어져 왔다. 국어 합성법에 대한 전반적인 양상을 살펴볼 수 있는 논의로는 김창섭 (1998)과 최형용(2016: 14장)이 좋은 참고가 된다. 한편 김창섭(1996: 2장, 3장)에서는 합성 명사와 합성 동사의 형성 과정을 생성 형태론의 관점에서 치밀하게 논의한 바 있으며 채현식 (2003가, 나)에서는 유추라는 인지 작용이 복합 명사 형성에 어떻게 관여하는지를 고찰한 바 있다. 이러한 일반적인 논의 이외에도 합성법 내지는 합성어와 관련된 많은 논의가 이루어져 왔는데 최형용(2006나)에서는 합성어 형성 과정에 어순이라는 개념이 어떻게 관여하는지를 언급한 바 있으며, 최형용(2014)에서는 복합어의 구성 요소들이 보이는 의미적인 관계를 여러 유형으로 나누어 기술한 바 있다. 한편 합성어를 이루는 요소들의 각각의 의미의 합만으로는 도출되기 어려운 제삼의 의미와 관련된 논의는 채현식(2006나)와 김진해(2014)에서 기술된 바 있다. 한편 김창섭(1983)에서는 잠재어(potential word)라는 개념을 도입하여 '갈림길'이나 '줄넘기'의 '갈림'과 '넘기' 같은 단어들이 분석될 수 있는 일련의 단어들에 대한 기술을 시도 한 바 있으며, 이선영(2006)에서는 우리가 비통사적 합성어로 분류한 단어들을 '어간 복합어' 로 규정하고 이들이 형성하고 변화하는 양상을 일목요연하게 서술한 바 있다. 이익섭(1967)에 서는 복합 명사와 통사적 구성의 액센트 차이를 밝히고 액센트 차이라는 음운론적 정보를 통하 여 단어와 통사적 구성의 차이를 설명하고자 한 바 있다. 최근에는 복합 명사와 통사부의 관련 성을 따지는 논의도 이루어지고 있는데 이와 관련된 논의는 이상욱(2018)이 대표적이다. 또한 합성 동사와 통사적 구성, 동사 연결 구성의 관련성을 염두에 둔 논의는 주지연(2008)이 있으 며, 함희진(2010)에서는 국어의 합성 동사의 형성 과정에 대한 통시적 서술을 이루고 있다.

4. 합성어와 구의 경계

앞서 언급하였다시피 합성어와 통사적 구성을 깔끔하게 구별할 수 있는 선을 긋기란 쉬운 일이 아니다. 이와 같은 사정은 비단 국어뿐만 아니라 통언어적(cross-linguistic)으로 많은 언어 들에서 관찰된다. 이와 관련된 대표적인 논의는 Haspelmath & Sims(2010: 190-195)에 잘 제시 되어 있다. 생성 형태론에 기반을 둔 국어 형태론에서는 단어인지 구인지를 가늠하기 어려운 단위들을 일단 단어로 간주하고 논의를 진행하여 온 듯하다. 그런데 비교적 최근의 논의인 김창섭(2005)에서는 '소구(小句)'라는 범주를 제안하고, 이 '소구'가 명사구와 합성 명사의 중 간 범주적인 속성을 두루 띠고 있다는 점을 지적한 바 있다. 또한 오규환(2016)에서는 실질 의미를 가지고 있는 단어, 다단어 구성, 관용 표현 등을 아울러 설명하기 위하여 어휘 단위 (lexical unit)라는 범주를 설정하고 이들의 형성과 변화 양상을 설명한 바 있다. 한편 최윤지 (2013)에서는 합성과 파생의 경계가 모호하다는 점을 지적한 바 있으며, 채현식(2002)와 황화 상(2001: 125-152)에서는 이른바 종합 합성어로 불리는 단어들의 형성 과정과 종합 합성어의 형태 구조와 의미 구조가 대칭적이지 않을 수도 있다는 점을 언급한 바 있다.

5. 반복 합성어와 중첩

어떠한 언어 단위가 그 형태를 바꾸지 않고 연속하여 배열되는 현상을 완전 중첩으로 이해할 수 있는데, 기왕의 국어 단어 형성론에서는 이러한 완전 중첩을 합성의 일종으로 간주할지 합성과는 다른 현상으로 이해할지가 논란이 되어 왔다. 이익섭(1982)에서는 반복복합어라는 개념을 제안하면서 완전 중첩이라는 현상이 합성법의 한 유형이 될 수 있다는 점을 지적한 바 있다. 한편 이와는 달리 채완(1986: 50-54)과 채완(2003: 45)에서는 완전 중첩에 의하여 실현되는 기능이 일반적인 합성의 그것과는 다르다는 점에 착안하여 '반복'이라는 개념을 합성법과는 다른 개념으로 국어 단어 형성론에 도입하고자 하였다. 국어에서 완전 중첩과 부분 중첩이 가장 활발하게 이루어지는 경우는, 이른바 의성어와 의태어 형성 과정에서 관찰되는데 이와 관련된 논의는 신중진(1998)에서 이루어진 바 있다. 한편 송정근(2010)에서는 중첩을 형태론적 중첩과 음운론적 중첩으로 나누어 이들의 특성을 기술한 바 있다.

6. 비연쇄적 과정에 의한 단어 형성

일반적으로, 단어 형성의 입력부에서 보이는 형식의 크기보다 단어 형성의 출력부에서 보이는 형식의 크기가 큰 단어 형성 과정이 더 자주 관찰된다. 이와 같은 과정을 연쇄적 과정(concatenative process)이라 하고, 그 반대의 경우를 비연쇄적 과정(non-concatenative process)이라고 한다. 통언어적(cross-linguistic)으로 연쇄적 과정의 대표적인 예는 바로 합성과 파생이고, 비연쇄적 과정의 대표적인 예는 혼성(blending)이나 두음절어 형성(acronym)이라 할 수 있다. 최근의 국어 단어 형성론에서는 비연쇄적 과정에 대한 연구가 활발하게 이루어지고 있는데 이와 관련된 대표적인 논의로는 노명희(2010)과 이찬영(2016)이 있다. 노명희(2010)에서는 혼성어의 유형을 나누고 개별 유형의 특성을 주도면밀하게 기술한 바 있으며 이찬영(2016)에서는 최근에 형성된 혼성어의 형성 과정에 대한 설명이 잘 이루어져 있다. 이영제(2015)에서는 acronym을 두음어라고 부르고 이들이 혼성어와 어떠한 차이를 보이는지를 설명하였으며, 이호승(2014)에서는 혼성어와 약어의 개념적인 차이가 무엇인지, 또 이들의 특성이 무엇인지를 기술한 바 있다. 한편 이은섭(2007)에서는 형식이 삭감되어 형성된 단위가 띠는 특성이 어떠한지를 논의한 바 있으며 최형용(2009)에서는 형식의 증가가 없이 형성된 국어의 부사 형성 과정에 대한 기술이 이루어진 바 있다.

7. 한자어 형태론에 대한 전반적 논의

한자어 형태론과 관련된 현상들을 기술하는 방법은 크게 셋으로 나뉜다. 첫째는 한자어와 고유어 문법을 별개의 문법으로 파악하여 논의를 전개하는 방법이고, 둘째는 한자어 문법과 고유어 문법이 동일한 문법이라는 점을 전제로 삼아 논의를 진행하는 방법이고, 셋째는 한자어 문법과 고유어 문법이 어느 정도는 동일한 문법을 공유하지만 이 둘 사이에는 어느 정도의 차이도 함께 보인다는 입장에서 논의를 전개하는 것이다. 최근에는 이 중에서 세 번째 입장의 논의가 가장 활발하게 이루어지고 있다. 국어 한자어 형태론에 대한 전반적인 논의는 노명희

(2004)에 일목요연하게 잘 제시되어 있다. 한편 안소진(2012)에서는 국어 한자어가 심리 어휘부에 어떻게 표상되어 있는지, 또 이와 관련된 문제들은 무엇인지를 논의하고 있으며, 김창섭(2013)에서는 '的'의 경음화 현상을 '원사'와 '차사' 개념을 도입하여 설명하고자 하였다. 마지막으로 주지연(2015)에서는 김창섭(2013)의 논의를 확장시켜, 원사로만 사용되는 한자어, 차사로만 사용되는 한자어 등의 분포를 정리한 바 있다.

1. 다음의 파생어들을 직접 성분 분석하여 보고 그 파생어들이 접두 파생어인지, 접미 파생어인지를 구별하여 보자(단, 용언의 경우에 '다'는 분석하지 않는다.). 또, 접사와 어근이 각각 현대 국어에서 얼마나 생산적으로 사용되는지도 생각하여 보자.

> 개살구, 장난꾸러기, 부딪히다, 거추장스럽다, 짓밟히다, 좀도둑, 소매치기, 아름답다, 장사치, 새내기, 풀이법, 헛것, 치기배, 덧니, 높이뛰기, 발걸음, 새벽같다, 덮개, 풍보, 고기잡이

  (1) 접두 파생어:

  (2) 접미 파생어:

  (3) 접두 파생어로도 볼 수 있고 접미 파생어로도 볼 수 있는 단어:

2. 다음의 합성어들을 직접 성분 분석하여 보고 각각의 합성어가 종속 합성어인지, 대등 합성어인지를 구별하여 보자.

> 아들딸, 잘못, 고추잠자리, 지방정부, 꽃소금, 짝수, 논밭, 날아가다, 얽히고설키다, 먹고살다, 곧잘, 닭의장, 막냇삼촌, 검푸르다, 깎아지르다, 머나멀다, 파고들다, 바로잡다, 뜬소문, 살아생전, 갈림길, 하고많다

  (1) 종속 합성어:

  (2) 대등 합성어:

  (3) 종속 합성어로도 보기 힘들고 대등 합성어로도 보기 힘든 단어:

3. 다음의 한자어들을 직접 성분 분석하여 보고 분석한 한자어가 어근으로 사용되는지, 접사로 사용되는지, 어근으로도 사용되고 접사로도 사용되는지를 구별하여 보자.

> 재혼(再婚), 긍정(肯定), 군중(群中), 가감(加減), 금탑(金塔), 윤년(閏年), 비율(比率), 가치(價値), 학자(學者)

  (1) 주로 어근으로 사용되는 한자어:

  (2) 주로 접사로 사용되는 한자어:

  (3) 어근으로도 사용되고 접사로도 사용되는 한자어:

4. 다음의 접두사들을 결합시켜 새로운 단어들을 만들어 보고 본인이 만든 단어들과 『표준국어대사전』에 등재된 접두 파생어가 어떠한 공통점과 차이점을 보이는지를 생각하여 보자.

> 덧-신, 강(强)-[추위], 막-노동, 맨-눈, 불-호령, 외-아들
> 『표준국어대사전』에서 '덧'으로 시작하는 단어 찾는 방법: 검색란에 '덧*'을 입력함.

덧:

강(强)-:

막:

맨:

불:

외:

5. 다음의 접미사들을 결합시켜 새로운 단어들을 만들어 보고 본인이 만든 단어들과 『표준국어대사전』에 등재된 접미 파생어가 어떠한 공통점과 차이점을 보이는지를 생각하여 보자. 단, 용언의 경우에는 '-다'를 제외한 부분까지만 접사로 이해하여야 한다.

> 나무-꾼, 장난-꾸러기, 마음-껏, 가증-스럽다, 먹-음직스럽다, 잡-히다, 문-지기, 가위-질
> 『표준국어대사전』에서 '꾼'으로 끝나는 단어 찾는 방법: 검색란에 '*꾼'을 입력함.

-꾼:

-꾸러기:

-껏:

-스럽:

-음직스럽-:

-히-:

-지기:

-질:

탐구 문제

1. 아래에 제시한 자료를 보고 다음의 질문에 답해 보자.

> (1-1) 따님, 소나무, 마소
> (1-2) 달님('달05'을 의인화하여 높여 이르는 말), 방울나무('플라타너스'의 북한어), 말솔(말의
>   털을 씻거나 빗겨 주는 솔)
>
> (2-1) 봄옷, 들나물, 밤고구마
> (2-2) 겨울 내지 봄옷, 산 또는 들나물, 물 또는 밤고구마
>
> (3-1) 푸르스름하다, 평화롭다, 장난꾸러기
> (3-2) 푸르 내지 파르스름하다, 평화 및 자유롭다, 장난 내지 말썽꾸러기
>
> (4) 복합어를 이루는 두 요소 사이에 형태소 경계(+)가 있는 복합어는 단어 경계(#)가 있는
>   복합어보다 두 요소의 관계가 더욱 긴밀하다.

(가) (1-1)에 제시한 단어들은 단일어인가 복합어인가? 복합어라면 직접 성분 분석하여 보고 파
   생어인지 합성어인지를 판단하여 보자. 또 그 이유도 언급해 보자.

(나) (1-2)에 제시한 단어들은 단일어인가 복합어인가? 복합어라면 직접 성분 분석하여 보고 파
   생어인지 합성어인지를 판단하여 보자. 또 그 이유도 언급해 보자.

(다) (가), (나)의 답변을 비교하면 동일한 환경에서 각기 다른 음운 변동을 경험한 단어의 쌍을
   찾을 수 있을 것이다. (4)의 설명을 바탕으로 (가), (나)의 차이가 왜 발생하였는지 고민하
   여 보자.

(라) (2-1)에 제시한 단어들은 단일어인가 복합어인가? 복합어라면 직접 성분 분석하여 보고 파
   생어인지 합성어인지를 판단하여 보자. 또 그 이유도 언급해 보자.

(마) (2-2)에 제시한 자료들의 적격성에 대한 수용도는 어떠한가? 성립하는가? 그렇지 않은가?
   만약에 성립한다면 이들은 단어인가 통사적 구성인가를 고민하여 보자.

(바) (3-1)에 제시한 자료들은 단일어인가 복합어인가? 복합어라면 직접 성분 분석하여 보고 파
   생어인지 합성어인지를 판단하여 보자. 또 그 이유도 언급해 보자.

(사) (3-2)에 제시한 자료들은 그 적격성에 대한 수용도는 어떠한가? 성립하는가? 그렇지 않은
   가? 만약에 적격성에 대한 수용도가 떨어진다면 그 이유는 무엇일지 고민하여 보자.

(아) (1-1)~(3-2)에 제시한 자료들의 단어성(wordhoodness, 전형적인 단어가 가지는 특성)

의 정도에 어떤 차이가 있는 비교해 보자.

2. 아래에 제시한 자료를 보고 다음의 질문에 답해 보자.

> (1-1) 너는 꼭 <u>너 같은</u> 일만 골라서 하는구나?
> (1-2) 네 아들이 하는 일이 꼭 <u>너 안 같다</u>.
>
> (2-1) 너는 꼭 <u>뚱딴지 같은</u> 말만 골라서 하는구나?
> (2-2) *너는 왜 <u>뚱딴지 안 같은</u> 말만 골라서 하니?
>
> (3-1) 너도 이제 <u>성인같구나</u>.
> (3-2) 너도 이제 <u>[어엿한 성인]같구나</u>.
>
> (4-1) 명예롭게 죽음을 택하는 일을 부끄럽게 생각하지 말자.
> (4-2) 명예스럽게 죽음을 택하는 일을 부끄럽게 생각하지 말자.
> (4-3) *명예같게 죽음을 택하는 일을 부끄럽게 생각하지 말자.

   (가) (1-1)과 (1-2)에서 밑줄 친 '너 같다'는 단어인가, 통사적 구성인가? 그 이유도 함께 설명해 보자.

   (나) (2-1)과 (2-2)에서 밑줄 친 '뚱딴지 같다'는 단어인가, 통사적 구성인가? 그 이유도 함께 설명해 보자.

   (다) (가), (나)의 답변을 고려하여, (3-1)과 (3-2)에 제시한 '같다'가 단어인지 접사인지를 고민하여 보자.

   (라) 만약에 (다)에서 '접사'라는 답변을 했다면 (4-3)의 '명예같다'가 성립하지 않는 이유가 무엇인지 고민하여 보자.

3. 아래에 제시한 자료를 보고 다음의 질문에 답해 보자.

> (1-1) 나는 <u>손아래뻘</u> 되는 사람에게도 늘 예의를 지킨다.
> (1-2) 그 일은 <u>절차상</u> 문제가 많다.
> (1-3) 이 송아지는 금년생(今年生) 송아지이다.
>
> (2-1) 유 선생님은 나에게는 [삼촌이나 작은아버지]뻘이 된다.
> (2-2) [우리가 계획한 작전]상 이 일을 해야 한다.
> (2-3) 우리 아들은 [2012년 9월 27일]생이다.

(3-1) 그는 언제나 <u>학자다운</u> 풍모를 보인다.

(3-2) 그는 언제나 [<u>훌륭한 학자]다운</u> 풍모를 보인다.

(3-3) 그는 언제나 [<u>훌륭한 학자]같은</u> 풍모를 보인다.

(4-1) 날이 더워지자 바다로 <u>고기잡이</u>를 나가는 일이 줄었다.

(4-2) 날이 더워지자 바다로 [<u>명태 및 고등어]잡이</u>를 나가는 일이 줄었다.

(가) (1-1), (1-2), (1-3)에 제시한 '뻘', '상', '생'의 문법적 지위가 무엇인지 고민하여 보자.

(나) (가)의 답변을 고려하여 (2-1), (2-2), (2-3)에 제시한 '뻘', '상', '생'의 문법적 지위가 무엇인지 고민하여 보자. (가)의 답변과 (나)의 답변이 일치하는가? 일치한다면 그 이유는 무엇이고, 일치하지 않는다면 '뻘', '상', '생'을 어떻게 처리하는 것이 좋을지 고민하여 보자. 단, '뻘', '상', '생'이 새로운 단어를 만들 수 있는 힘이 있는지를 고려하라.

(다) (3-1)에서 밑줄 친 '학자다운'을 직접 성분 분석하고 분석되어 나온 성분 중 후행 성분의 문법적 지위가 무엇인지 고민하여 보자. 단, 이때 어미는 고려하지 않아야 한다.

(라) (3-2)에서 밑줄 친 '훌륭한 학자다운'을 직접 성분 분석하고 분석되어 나온 성분 중 후행 성분의 문법적 지위가 무엇인지를 (3-3)의 밑줄 친 부분의 '같다'와 비교하여 고민하여 보자. 단, 이때 어미는 고려하지 않아야 한다.

(마) (4-1)의 밑줄 친 단어에서 '-이'의 문법적 지위가 무엇인지 고민하여 보자.

(바) (마)의 답변을 고려하여 (4-2)의 밑줄 친 부분에서 '-이'의 문법적 지위가 무엇인지 고민하여 보자.

(사) 지금까지 살펴본 '뻘', '상', '생', '답다', '같다', '이'의 공통점과 차이점을 설명하여 보자.

4. 아래에 제시한 자료를 보고 다음의 질문에 답해 보자.

(1-1) 공고(工高), 구약(舊約), 대검(大檢)

(1-2) 공업고등학교(工業高等學校), 구약성서(舊約聖書), 대검찰청(大檢察廳)

(2-1) 골캉스(족) (golf+vacance+족(族))

　　　 휴가를 골프장에서 보내는 사람. 또는 그런 무리.

　　　 노캉스(족) (no+vacance+족(族))

　　　 여름에 경제적인 사정으로 피서나 휴가를 떠나지 못하는 사람. 혹은 그 무리.

　　　 늦캉스(족) (늦다+vacance+족(族))

　　　 성수기를 피해 비교적 늦게 휴가를 즐기는 사람. 또는 그런 무리.

(2-2) -족5 族 접사

1. (민족 이름을 나타내는 대다수 명사 뒤에 붙어) '민족'의 뜻을 더하는 접미사.
2. (몇몇 명사 뒤에 붙어) '그런 특성을 가지는 사람이나 사물의 무리' 또는 '그 무리에 속하는 사람이나 사물'의 뜻을 더하는 접미사.

(3-1) 먹부심 (먹다+自負心) 먹는 일에 대하여 느끼는 <u>자부심</u>.
 몰래바이트 (몰래+Arbeit) 남들 모르게 하거나 특정 사실을 숨기고 하는 <u>아르바이트</u>.
 라볶이(라면+떡볶이) 라면과 떡, 채소, 어묵 따위를 넣고 양념을 하여 <u>볶은 음식</u>.
(3-2) 개짱이 (개미+베짱이) 개미의 부지런함과 베짱이의 느림을 함께 조화시키는 <u>사람</u>.
 군대스리가 (軍隊+Bundesliga) 우리나라 군인들이 군대에서 하는 <u>축구</u>를 독일의 프로 축구 리그인 분데스리가(Bundesliga)에 빗대어 이르는 말.
 군통령 (軍隊+大統領) 부대 위문 공연에서 매우 큰 인기를 얻은 <u>연예인</u>을 이르는 말.

(가) (1-1)에 제시되어 있는 단어들은 단일어인가? 복합어인가? 만약에 이들이 복합어라면 합성법에 의하여 형성된 것이라 할 수 있는가? (1-2)를 참고하여 답변을 해 보자.

(나) (2-1)에 제시되어 있는 단어들은 단일어인가? 복합어인가? 만약에 이들이 복합어라면 어떠한 과정에 형성된 것이라고 할 수 있는가? 소괄호 안의 자료와 (2-2)에 제시한 '-족(族)'의 뜻풀이를 참고하여 답변을 해 보자.

(다) (3-1)에 제시한 단어들과 (3-2)에 제시한 단어들의 밑줄 친 부분을 고려하였을 때, (3-1)과 유사한 유형의 '새로운 단어'가 더욱 많이 형성될지, (3-1)과 유사한 유형의 '새로운 단어'가 더욱 많이 형성될지를 고민하여 보자.

(라) (다)의 답변을 고려하면 '부심', '바이트', '볶이' 등의 문법적 지위를 무엇으로 이해할 수 있는지 고민하여 보자.

5. 아래에 제시한 자료를 보고 다음의 질문에 답해 보자.

(1-1) 그가 툭 던지는 말이 나에게는 상처가 되었다.
(1-2) 그가 툭툭 던지는 말이 나에게는 상처가 되었다.
(1-3) 그가 툭툭툭 던지는 말이 나에게는 상처가 되었다.

(2-1) 지호는 방글방글 웃으며 영미에게 다가갔다.
(2-2) 지호는 방글 웃으며 영미에게 다가갔다.
(2-3) 담벼락에 불법 전단지가 덕지덕지 붙어 있다.
(2-4) 담벼락에 불법 전단지가 덕지 붙어 있다.

(3-1) 창가에 쌓여 있던 눈이 사르르 녹기 시작했다.

(3-2) 창가에 쌓여 있던 눈이 사르르르르 녹기 시작했다.
(3-3) 창가에 쌓여 있던 눈이 사르르 녹기 시작했다.

(4-1) 건망증이 심해져서 지난주에 있었던 일을 이미 다 잊어 버렸다.
(4-2) 건망증이 심해져서 지지난 주에 있었던 일을 이미 다 잊어 버렸다.

(가) (1-1), (1-2), (1-3)에 제시된 문장들의 적격성을 판단하여 보자. 그리고 적격한 문장들이 있다면 그 문장들 간의 의미 차이를 발견할 수 있는지 고민하여 보자. 또한 그 의미 차이는 어디에서 비롯되는지도 고민하여 보자.

(나) (2-1), (2-2), (2-3), (2-4)에 제시된 문장들의 적격성을 판단하여 보자. 그리고 적격한 문장들이 있다면 그 문장들 간의 의미 차이를 발견할 수 있는지 고민하여 보자. 또한 그 의미 차이는 어디에서 비롯되는지도 고민하여 보자.

(다) (3-1), (3-2), (3-3)에 제시된 문장들의 적격성을 판단하여 보자. 그리고 적격한 문장들이 있다면 그 문장들 간의 의미 차이를 발견할 수 있는지 고민하여 보자. 또한 그 의미 차이는 어디에서 비롯되는지도 고민하여 보자.

(라) (4-1), (4-2)에 제시된 문장들의 적격성을 판단하여 보자. 그리고 적격한 문장들이 있다면 그 문장들 간의 의미 차이를 발견할 수 있는지 고민하여 보자. 또한 그 의미 차이는 어디에서 비롯되는지도 고민하여 보자.

(마) (가)와 (나)의 답변을 고려할 때, '툭툭'과 '방글방글'이 형성된 과정과 '덕지덕지'가 형성된 과정이 같은지 다른지를 고민하여 보자.

(바) (다)와 (라)의 답변을 고려할 때, '사르르르르'와 '지지난 주'가 형성된 과정이 같은지 다른지를 고민하여 보자.

6. 아래에 제시한 자료를 보고 다음의 질문에 답해 보자.

(1-1) 영미의 얼굴은 둥그렇다.
(1-2) 영미는 얼굴이 둥그레서 많은 사람들의 호감을 산다.

(2-1) 오늘 하늘이 매우 새파랗다.
(2-2) 어제 내가 산 책의 표지는 매우 시퍼렇다.

(3-1) 오늘 하늘이 매우 새파래서 기분이 좋다.
(3-2) 개울가에 핀 꽃이 시퍼레서 그런지 몰라도 사람들이 그 꽃을 꺾기 위해 모였다.

(4-1) 지호는 하루에 열 시간씩 수학을 공부한다.
(4-2) 열심히 공부해서 원하는 결과를 얻고 싶다.

(가) 앞서 우리는 (1-1)의 '둥그렇다'는 파생어라고 언급한 바 있다. 이러한 점을 염두에 두어 (2-1)의 '새파랗다'와 (2-2)의 '시퍼렇다'를 파생어로 간주할 수 있을지를 고려하여 보자. 만약에 이들이 파생어라면 어근이 무엇인지도 고민하여 보자.

(나) 앞서 우리는 '둥글다'에 '-엏'이 결합하여 '둥그렇다'가 형성된다고 설명한 바 있다. 우리말샘 웹 검색 창(https://opendict.korean.go.kr/main) 우측의 '자세히 찾기'를 눌러 '구분' 란의 첫 번째 줄에는 '단어'만, 두 번째 줄에는 '일반어'만, 세 번째 줄에는 '전체'를 체크한다. 그 다음 '품사'란의 '품사선택' 버튼을 눌러 '접사'를 체크하여 접사의 목록을 확인한 후에 'ㅎ'으로 끝나는 접미사에는 무엇이 있는지를 알아보자. 또 형용사에 '-엏'이라는 접사가 결합한 형용사에는 또 무엇이 있는지 고민하여 보자.

(다) (4)에 제시한 '공부하다'는 이른바 불규칙 활용을 하는 동사이다. (1-1), (1-2), (2-1), (2-2), (3-1), (3-2)에 제시한 자료를 보고 이들이 규칙 활용을 하는지 불규칙 활용을 하는지를 고민하여 보자. 그리고 그 이유도 무엇인지 설명하여 보자.

(라) (가)~(다)의 답변을 바탕으로 하였을 때, '새파랗다'와 '시퍼렇다'의 형성 과정은 어떻게 설명할 수 있는지도 고민하여 보자.

7. 아래에 제시한 자료를 보고 다음의 질문에 답해 보자.

(1-1) 걸음, 울음
(1-2) 말하기, 걷기

(2-1) 오리걸음, 까치걸음, 제자리걸음; 속울음, 건성울음, 개구리울음
(2-2) 이어말하기; 오른쪽 걷기

(3-1) 산울림, 반올림, 눈가림
(3-2) 공차기, 글짓기, 줄넘기

(4-1) 공들인이(ending credit), 허튼쪽지(spam mail)
(4-2) 챙길거리(must have), 누빌망(roaming), 쓸거리(content)

(5-1) 진실로, 가뜩이나, 기왕에
(5-2) 갈수록, 되도록, 어쨌건

(6) 통언어적(cross-linguistic)으로 단어 형성에 관여하는 파생 접미사는 단어보다 큰 언어학적 단위에는 결합하지 못한다.

(가) (1-1)과 (1-2)에 제시되어 있는 자료들이 파생어라면 (2-1)과 (2-2)에 제시된 자료들도 파생어인지 아닌지를 생각하여 보자.

(나) (가)의 답변을 바탕으로 (3-1)과 (3-2)에 제시한 자료들이 파생어인지, 합성어인지를 고민하여 보자. 단, 이때에는 (6)의 설명을 바탕으로 답을 하여 보자.

(다) 일반적으로 합성은 둘 이상의 어근이 결합하여 만들어진 단어로 정의된다. 그렇다면 (4-1)과 (4-2)에 제시한 순화어들은 합성어인가?

(라) (다)의 답변을 고려하여, (4-1)과 (4-2)에 제시한 자료들이 합성어라면 이 순화어들은 '-은', '-을'을 파생 접미사로 이해하고 파생법에 의하여 '공들인', '허튼', '챙길', '누빌', '쓸'이 파생어로 형성된 이후에 합성법을 거쳐 형성된 단어들로 이해할 수 있는가? 그렇지 않다면 그 이유는 무엇인가? 그리고 만약에 이 순화어들을 파생법에 이은 합성법으로 설명하기 어렵다면 어떠한 과정을 통하여 형성된 것으로 이해할 수 있을지를 고민하여 보자.

(마) (5-1)에 제시한 단어들을 직접 성분 분석하고, (다), (라)의 답변을 고려하여, (5-1)의 단어들에서 직접 성분 분석된 성분 중 후행 성분의 문법적 지위가 무엇인지 고민하여 보자. 그리고 그 결과를 바탕으로 (5-1)에 제시한 단어를, 우리가 설명한 복합어 분류 체계에서 어떻게 처리하여야 할지를 고민하여 보자.

(바) (5-2)에 제시한 단어들을 직접 성분 분석하고, (다), (라), (마)의 답변을 고려하여, (5-2)의 단어들에서 직접 성분 분석된 성분 중 후행 성분의 문법적 지위가 무엇인지 고민하여 보자. 그리고 그 결과를 바탕으로 (5-2)에 제시한 단어를, 우리가 설명한 복합어 분류 체계에서 어떻게 처리하여야 할지를 고민하여 보자.

(사) (마), (바)의 답변을 고려하여, 이 책에서 언급한 복합어의 분류 체계에, (5-1)과 (5-2)에 제시한 자료들을 편입시킬 수 있는가? 그렇지 않다면 이를 보완할 수 있는 체계가 어떠한지를 고려하여 보자.

제8장 문장의 성분과 기본 문형

8.1. 문장 성분과 재료

국어의 모든 문장은 궁극적으로 다음의 세 가지 중에 하나에 해당된다.

    (1)   가. 무엇이 어찌한다
              나. 무엇이 어떠하다
              다. 무엇이 무엇이다

이때의 '어찌한다, 어떠하다, 무엇이다'의 의미에 따라 문장은 다음의 (2)와 같이 여러 가지 형식을 취한다.

    (2)   가. 바람이 분다.
              나. 아이들이 공을 던진다.
              다. 물이 얼음이 된다.
              라. 국이 짜다.
              마. 그 사람이 범인이 아니다.
              바. 민지가 천재이다.

이 문장들은 서술어의 종류에 따라 각기 그 문장을 구성하는 데 없어서는 안 될 최소한의 필수적 성분을 갖추어 가지고 있다. 예컨대, (2가)는 동사 '불다' 외에 필수적 성분으로서 '바람이'가 있으며, (2나)의 동사 '던지다'는 '불다'와 달리 '공을'과 같은 말을 하나 더 요구한다. (2다)의 '되다'는 또 '불다' 같은 동사와 달리 '얼음이' 같은 말이 있어야 문장이 성립한다. 그리하여 (2가)에서는 동사 외에 '무엇이'에 해당하는 말만 있으면 한 개의 완전한 문장이 성립하는데, (2나)에서는 '무엇이'와 '무엇을'에 해당하는 말이 있어야 하며, (2다)에서는 '무엇이' 외에 또 하나의 '무엇이'가 있어야 한다. 한편 (2라)에서는 형용사 '짜다'가 '국이'만을 필요로 하는데, (2마)에서는 '아니다'가 (2라)에서와 같은 '무엇이' 외에 또 하나의 '무엇이'를 요구한다. 이러한 성질로 말미암아 다 같은 동사라도 (2가)의 '불다'는 자동사, (2나)의 '던지다'는 타동사… 하는 식으로 하위 분류를 하는 것이다.

위에서 살펴본 바와 같이 한 문장이 성립하기 위해서는 몇 가지 성분이 필요하다. 앞의 예문 (2나)는 '누가', '무엇을', '어찌한다'의 세 성분으로 이루어졌다. 이렇게 한 문장을 구성하는 요소들을 문장의 성분이라 한다.

문장의 성분에는 주성분(主成分)과 그에 딸린 부속 성분(附屬成分)이 있다. 앞의 예문 (2)에 나타나는 성분들은 모두 주성분이다. 주성분은 문장의 성립에 필수적인 것으로 그것이 빠지면 불완전한 문장이 된다.

주성분에는 주어[임자말], 서술어[풀이말], 목적어[부림말], 보어[기움말]가 있다. '무엇이(또는 누가) 어찌한다(또는 어떠하다, 무엇이다)'의 '무엇이'에 해당하는 말이 주어이고, '어찌한다, 어떠하다, 무엇이다'에 해당하는 말이 서술어이다. 위의 (2)에서 '바람이, 아이들이, 물이, 국이, 그 사람이, 민지가'와 같은 말이 각기 그 문장의 주어이고, '분다, 던진다, 된다, 짜다, 아니다, 천재이다'가 서술어이다. 서술어가 타동사이면 문장은 (2나)와 같이 '무엇이 무엇을 어찌한다'의 형식을 취하게 되는데 이때의 '무엇을'에 해당하는 말, 곧 (2나)의 '공을'과 같은 말이 목적어이다. 특히 타동사의 주어를 동작주(動作主), 목적어를 피동작주(被動作主)라 한다.[1] 그리고 (2다)의 '얼음이', (2마)의 '범인이'는 보어(補語)이다. 이 말들이 없으면 (2다)는 '물이 된다', (2마)는 '저 사람이 아니다'와 같이 불완전한 문장이 된다. 동사 '되다'나 형용사 '아니다' 등의 용언은 주어 이외에 보어를 요구한다.

한편, 다음 예문을 보자.

(3)   형이 새 집을 잘 지었다.

---

1 동작주(動作主, Agent)와 피동작주(被動作主, Patient)는 문장이 나타내는 사태에서 차지하는 의미상의 역할, 즉 의미역(意味役, thematic role)을 분류한 것이다. 이들은 각각 '행위나 동작의 주체', '행위나 동작에 의해 영향을 받는 대상'을 말하는데 '행위주', '피행위주'라고 하기도 한다. 주어와 목적어가 동작주와 피동작주의 역할을 하는 것이 가장 일반적이나 주어와 목적어가 반드시 동작주와 피동작주의 역할을 하는 것은 아님을 유의할 필요가 있다. 한편, 의미역은 필요에 따라 매우 다양하게 구분될 수 있으나 동작주와 피동작주는 그 어떤 의미역 구분에서도 늘 포함되는, 가장 기본적인 의미역이다. 굳이 의미역이라는 용어를 빌려 오지 않더라도 동작주, 피동작주는 각각 주체, 객체 정도로 이해해도 무방할 것이다.

(3)의 밑줄 그은 말, '새', '잘'은 각각 목적어 '집'과 서술어 '지었다'를 꾸며서 뜻을 더해 주는 말인데 이들이 없어도 위의 (3)은 "형이 집을 지었다."와 같이 온전한 문장이 된다. 이들은 이렇게 문장의 골격을 이루는 데 아무 기여를 하지 못하고 다른 성분에 딸려 있는 까닭에 부속 성분이라 한다. 부속 성분은 문장 성립에 필수적으로 요구되는 것이 아니므로[2] 수의적 성분이라고도 한다. 부속 성분에는 (3)의 '새'와 같은 관형어[매김말], '잘'과 같은 부사어[어찌말]가 있다.[3]

이 밖에 독립 성분인 독립어[홀로말]가 있다.

　　(4) <u>아차</u>, 내가 약속을 잊고 있었구나.

(4)의 '아차'는 놀람을 나타내고 있는데, 이 말은 그 뒤에 오는 말에 부속되지 않고, 그와 직접적인 관련이 없이 독립되어 있다. 이러한 말을 독립어라고 한다.[4]

문장의 성분이 될 수 있는 말의 단위는 단어, 구(句, 이은말), 절(節, 마디)이다. 조사는 그 단독으로는 문장의 성분이 될 수 없고 반드시 체언이나 체언의 구실을 하는 말에 붙어서 그들과 한 덩어리가 되어 문장의 성분이 된다. 곧 체언과 함께 문장 성분의 재료가 된다.

　　(5)　가. <u>우리 집</u>이 여기서 별로 멀지 않다.
　　　　나. 뭐가 그리 바빠서 <u>그렇게 빨리</u> 가니?
　　　　다. 그 꽃송이가 <u>무척 탐스럽다</u>.
　　　　라. 그 집 앞에 <u>아주 새</u> 차가 한 대 서 있었다.
　　　　마. 오늘은 웬일인지 차가 <u>무척 빨리</u> 달리는 것 같았다.

위의 밑줄 그은 말들이 구(句)이다. 둘 이상의 단어가 한 덩어리가 되어 마치 한 품사의

---

2 그렇지만 모든 부사어가 수의적 성분은 아니다. "아버지는 영수를 사위로 삼았다."와 같은 문장에서 '삼다'는 '사위로'를 반드시 요구하기 때문이다.

3 '주어', '목적어', '서술어' 등의 문장 성분의 명칭은 해당 문장 성분이 지닌 문법 기능(文法機能, grammatical function) 혹은 문법 관계(文法關係, grammatical relation)를 나타내는 것이기도 하다. 문법 기능이란 어떠한 문장 성분이 문장 내에서 작용하는 문법적 기능을 말하는데, 문법 관계와 거의 동일한 뜻으로 사용된다. 따라서 문장 성분의 분류와 이에 따른 명칭은 문장 성분이 지닌 문법적 기능에 의거한 것이라고 할 수 있다. 한편, 2장에서 품사 분류의 기준으로 '의미', '기능', '형식'을 제시하였는데 이때 '기능'이 바로 '문법 기능'을 말하는 것이다.

4 '독립어'는 문장 내의 다른 성분들과 문법적인 관계를 맺지 않는다. 따라서 '독립어'를 문장 성분의 하나로 설정하더라도 다소 예외적인 혹은 특수한 문장 성분이라고 할 수 있다.

단어처럼 쓰이고 있다. (5가)의 '우리 집'은 명사구, (5나)의 '그렇게 빨리 가니'는 동사구, (5다)의 '무척 탐스럽다'는 형용사구, (5라)의 '아주 새'는 관형사구, (5마)의 '무척 빨리'는 부사구이다. 이들은 그 문장 안에서 주어, 서술어, 관형어, 부사어로 쓰였다.[5]

절(節)이란 주어와 서술어를 다 갖춘 온전한 문장이 어느 한 품사의 단어처럼 쓰이는 것을 일컫는다.[6]

(6) 가. <u>그 사람이 우리를 속였음</u>이 분명하다.
나. 농구 선수들은 <u>키가 대단히 크다.</u>
다. 나는 <u>민지가 유학을 떠난</u> 사실을 전혀 몰랐다.
라. 흰 눈이 <u>밤이 새도록</u> 내려 쌓인다.

(6)의 밑줄 그은 부분은 각각 명사절[7], 서술절[8], 관형절[9], 부사절[10]로서 주어, 서술어, 관형어, 부사어로 쓰였다. 이에 대해서는 제9장에서 다시 자세히 설명될 것이다.

---

5 '구(句, phrase)'는 어떠한 단어를 중심으로 하여 다른 단어가 딸려 있는 문법 단위를 이른다. 예컨대, (5가)의 '우리 집' (5나)의 '그렇게 빨리 가니', (5다)의 '무척 탐스럽다', (5라)의 '아주 새', (5마)의 '무척 빨리'는 각각 명사 '집', 동사 '가다', 형용사 '탐스럽다', 관형사 '새', 부사 '빨리'를 중심으로 다른 단어가 이에 딸려 있다. 이와 같이 구에서 중심이 되는 단어를 핵(核, head)이라고 하는데, 구 전체의 품사적 속성은 핵의 품사에 의해 결정된다.

6 '절'의 범위와 관련하여서는 논란이 있다. 하나의 주술 관계를 이루되 독립적인 문장으로 쓰이지 않은 문법 단위를 절로 보는 것이 일반적이지만 하나의 주술 관계를 이루는 문법 단위를 절로 보는 경우도 있다. 후자의 입장에서는 "민지가 유학을 떠났다."와 같은 예를 절인 동시에 문장으로 보는 것이다.

7 명사절은 체언의 역할을 하는 절이므로 체언절이라고 하는 것이 더 정확할 것이다. 다만, 대명사절이나 수사절이 따로 구별되지 않기 때문에 명사절이라는 용어를 쓰더라도 큰 문제가 없을 것이다.

8 서술절의 '서술'이란 말은 품사가 아니라 문장 성분인 '서술어'에서 빌려 온 것이다. 그러므로 '서술절'은 다른 절들처럼 동사절이나 형용사절로 부르거나 최소한 용언절(用言節)이라 하는 것이 옳을 것이다. 그러나 '서술절'은 명사절의 '-(으)ㅁ, -기', 관형절의 '-(으)ㄹ, -(으)ㄴ, -는, -던' 등과 같은 절 표지(節標識)가 따로 없고 일반적인 문장과 똑같은 형식을 지니고 있어 독립된 문장과 구별되지 않는다. 따라서 '서술절'은 (6나)와 같이 특수한 위치, 곧 별도의 주어를 가진 위치에서 서술어의 기능을 하는 것으로 한정해야 할 필요가 있고 그 때문에 '서술절'이란 이름으로 부르게 된 것이다. 한편 고영근(2018나)에서는 '다'를 '다1'과 '다2'로 나누되 전자는 동사절, 곧 용언절의 표지로, 후자는 문장 종결의 기능을 주고 있다. 이러한 입장을 따르게 되면 명사절, 관형절, 부사절이 모두 절 표지를 갖게 되는 이점이 있다.

9 전성 어미를 통해 형성된 절의 명칭은 품사의 명칭을 따르는 것이므로 '관형사절'이라고 하는 것이 옳을 것이나 이를 줄여 '관형절'이라고 부르는 것도 일반적이다.

10 부사절은 종속적 연결 어미로 이어진 문장과 관련하여 매우 복잡한 문제를 안고 있다. 이에 대한 문제는 9장에서 자세히 논의하기로 한다.

▌문장을 이루는 최소의 문법 단위·단어와 어절 ▌

국어에서 문장을 이루는 최소의 문법 단위를 단어로 볼 것인가, 어절로 볼 것인가에 대한 논란이 많다. 2002년도 문법 교과서 및 교사용 지도서에서는 문장 구성의 최소의 단위를 어절로 보고, 단어는 형태론의 문법 단위로서 문장 구성에 직접적인 성분이 되지 않는다고 기술한 바 있다. 그러나 어절을 문장의 최소 문법 단위로 보면 다음과 같은 문장에서 문장 성분을 분석해 내는 데 어려움이 있다.

ㄱ. 그 사람이 우리를 속였음이 분명하다.

문장 (ㄱ)에는 '그', '사람이', '우리를', '속였음이', '분명하다'라는 5개의 어절이 있다. 그러나 문장 (ㄱ)은 '그 사람'에 조사 '이'가 결합되어 '속였음'의 주어가 되고 '그 사람이 우리를 속였음'에 조사 '이'가 붙어 '분명하다'의 주어가 된다. 즉, 문장은 어절 단위로 이루어진 것이 아니라 구나 절로 이루어진 것임을 알 수 있다. 구나 절은 더 작게 나누면 단어가 된다. 그러므로 문장을 구성하는 최소의 문법 단위는 단어이다. 조사는 체언과 분리해도 체언이 자립 형태소이므로 체언뿐 아니라 조사도 단어로 볼 수 있다. 반면, 어미는 용언의 어간과 분리하면 어미와 용언의 어간 모두 의존 형태소이므로 어미와 용언 어간의 결합체를 단어로 보는 것이 문법 기술에 더 유리한 측면이 있다. 최근, 고영근(2018다)에서는 문장의 구성 단위로 '형성소, 형성소 연쇄체'를 도입하고 있다,

8.2. 주성분

다음에 주성분(主成分)인 주어, 서술어, 목적어, 보어에 대하여 차례로 살펴보기로 한다.

8.2.1. 주어

앞에서도 설명한 바와 같이, 일반적으로 한 문장은 '무엇이 어찌한다, 무엇이 어떠하다, 무엇이 무엇이다' 중 한 가지를 취하는데 이때의 '무엇이'(또는 '누가')에 해당하는 것으로 '어찌한다, 어떠하다, 무엇이다'의 주체를 표현하는 말이 주어[임자말]이다.

8.2.1.1. 주어의 성립

주어는 체언이나 체언의 기능을 하는 말에 주격 조사가 붙어서 된다.

(1) 가. <u>산이</u> 구름 위에 우뚝 솟았다.
     나. <u>내가</u> 이 편지를 민지에게 전할게.
     다. <u>셋이</u> 둘보다 많다.

(1)은 각각 명사, 대명사, 수사 등의 체언이 주어가 된 것을 보인 것이다. 다음의 (2)와 같이 흔히 명사에 여러 가지 꾸밈말이 붙어서 이루어진 명사구가 주어가 되는 일이 많다.

(2)　가. <u>이렇게 멋진 일이</u> 또 있을까!
　　　나. <u>두 사람이</u> 어제도 우리를 도와주었다.
　　　다. <u>자유를 지키고 정의를 세우기 위하여 싸운 젊은이들이</u> 이곳에 묻혀 있다.

체언 구실을 하는 말에는 명사구나 명사절 외에도 용언의 연결형, 인용된 말 같은 것이 있다. 다음의 (3)에서 이러한 체언 구실을 하는 말들이 주어로 쓰인 예를 보인다.

(3)　가. <u>할아버지의 유언이</u> 우리를 더욱 슬프게 했다.
　　　나. <u>배꽃이 희기가</u> 눈과 같다.
　　　다. <u>밤새 누군가 다녀갔음이</u> 분명하다.
　　　라. <u>저기 보이는 벽돌집이</u> 너희 집이니?
　　　마. <u>이제부터 무엇을 할 것인가가</u> 문제입니다.
　　　바. <u>여기서부터가</u> 서울입니다.
　　　사. <u>'늙다'가</u> 동사인가, 형용사인가?

8.2.1.2. 주격 조사

앞에서 살펴본 것처럼 주격 조사로는 '가'(끝소리가 자음인 체언 다음에서는 '이') 외에 주어를 높여서 말할 때는 '께서'가 쓰이고, 주어가 단체를 뜻하는 명사일 때는 '에서'가 쓰인다.[11]

(4)　가. 할아버지<u>께서</u> 지금 편찮으시다.
　　　나. 이번 춘계 야구 대회는 우리 학교<u>에서</u> 전국을 제패하였다.

'에서'가 주격 조사로 쓰일 때는 주어로 쓰이는 명사가 무정 명사(無情名詞)인 것이 원칙이다.

(5)　가. 우리나라<u>에서</u> 세계 태권도 선수권 대회를 주최합니다.
　　　나. 우리 회사<u>에서</u> 자율 주행 자동차를 개발하였다.

---

11 §3.2.1.1의 격 조사 기술을 참고할 것.

다. *상급반 학생들에서 학교 앞 청소를 한다.
라. *학생회 임원에서 매일 아침 학교 앞의 교통정리를 합니다.

예 (5)에서 보는 바와 같이 무정 명사만이 '에서'를 주격 조사로 취할 뿐, 유정 명사(有情名詞)는[12] 그것이 단체를 뜻하는 말일지라도 '에서'를 취하지 않는다.

(6) 가. *내가 보기에는 우리 반에서 가장 깨끗해요.
나. *저 축구팀에서 참 훌륭하다.

(6)에서 '우리 반'이나 '저 축구팀'이 단체를 나타내는 말이지만 이들에 '에서'가 붙은 '우리 반에서'나 '저 축구팀에서'가 주어로 해석되지 않는다.

(6') 가. 내가 보기에는 우리 반이 가장 깨끗해요.
나. 저 축구팀이 참 훌륭하다.

이들은 각각 (6')과 같이 '에서' 대신 '이/가'를 써야 주어가 된다. (6), (6')에서 보듯이 서술어가 형용사인 경우에 조사 '에서'가 붙은 명사구가 주어로 해석되지 않는 제약이 있다. 이렇게 '에서'가 주격 조사로 쓰일 때 여러 가지로 제약이 많은 것은 '에서'가 본래는 주격 조사가 아니었기 때문이라고 생각된다. 그러나 위의 예문 (4나), (5가), (5나)에서와 같은 경우 '에서'에 주격 조사의 자격을 주지 않을 수 없다. '에서'에 대하여 처소격 조사로서의 기능만을 인정한다면 위의 예문 (5가), (5나)는 각각 다음 (5'가), (5'나)와 같이 되어야 할 것이다.

(5') 가. 우리나라에서 세계 태권도 선수권 대회가 개최됩니다.
나. 우리 회사에서 자율 주행 자동차가 개발되었다.

주격 조사가 없이 체언만으로 주어가 되는 수도 있다.

(7) 가. 너 어디 가니?

---

12 유정 명사(有情名詞)는 사람이나 동물 등 유정성(有情性, animacy)을 지닌 개체를 가리키는 명사이다. 그 외의 것을 표현하는 명사는 무정 명사(無情名詞)이다. 명사의 유정성은 국어의 다양한 문법 현상에 영향을 미치는데, 그 대표적인 예가 명사의 유정성에 따라 조사 '에'와 '에게'의 선택이 달라지는 현상이다. 유정 명사와 무정 명사에 대해서는 §3.1.1.1 참조.

　　　　나. <u>네 친구</u> 왔다. 어서 나와 봐라.
　(7′)　가. <u>네가</u> 어디 가니?
　　　　나. <u>네 친구가</u> 왔다. 어서 나와 봐라.

　이러한 것은 주격 조사가 없이도 격 관계가 분명한 경우, 흔히 구어체(口語體) 표현에서 나타나는데, 주격 조사가 쓰인 (7′)과 비교하면 약간의 의미상의 차이가 있다. (7′)에서와 같이 주어에 주격 조사를 쓰면 주어를 특별히 지정하여 강조하는 뜻을 지닌다. 그러나 보통은 주격 조사를 쓰는 것이 일반적이다.

　(8)　가. *군함∅ 파도를 가르고 나아간다.
　　　　나. *하늘∅ 무척 높고 푸르다.

　(8)과 같이 주어에 주격 조사가 쓰이지 않으면 정상적인 말로 받아들여지지 않는다. 주격 조사의 자리에 보조사가 쓰이기도 한다.

　(9)　가. 달은 지구의 둘레를 돈다.
　　　　나. 민지도 나와 함께 노래방에 갔었다.

　이때는 주격 조사가 생략되었다고 할 수 있을 것이다. '은/는, 도' 같은 보조사가 주어나 목적어에 쓰이면 주격 조사나 목적격 조사가 나타나지 않는다. 보조사는 다른 격 조사와는 함께 나란히 쓰일 수 있다.

　(10)　가. 내가 <u>너에게는</u> 선물을 하나 더 줄게.
　　　　나. 어제는 <u>부산에서도</u> 야구 경기가 있었다.

　그런데 같은 주격 조사이지만 '께서'나 '에서'는 '은/는, 도' 등 보조사와 함께 쓰일 수 있다.

　(11)　가. 할머니<u>께서는</u> 언니가 한번 왔으면 하고 기다리셔.
　　　　나. 우리 학교<u>에서도</u> 다음 주에 소풍을 간다.

　'만, 부터, 까지' 같은 보조사는 주격 조사 '이/가'나 목적격 조사와 함께 쓰이기도 한다.

(12) 가. 나만이 바라볼 수 있는 내 모습을 인정하는 것도 중요하다.

　　　나. 오늘까지가 여름방학입니다.

8.2.1.3. 주어의 통사적 특징

　주어는 다른 문장 성분이 지니고 있지 않은 몇 가지 통사적 특징을 가지고 있다. 주어가 존대해야 할 대상이면 서술어에 높임의 선어말 어미 '-(으)사-'를 붙여 쓰게 된다. '주어'는 추상적인 문법적 용어이므로 실은 높임을 받을 대상이 될 수 없다. 높임의 대상은 문법 용어로서의 '주어'가 아니라 '주체'라고 해야 하나 여기서는 편의상 '주어'로 '주체'를 지칭하는 것으로 한다.

(13) 아버지께서는 노래를 잘 부르신다.

　(13)에서 서술어 '부르다'에 '-(으)사-'가 쓰인 것은 주어 '아버지'를 높이기 위한 것이다.

(14) 가. 너는 부모님이 다 계시지?

　　　나. 우리 선생님도 그런 차가 있으신다.

　(14가)의 '계시다'는 '부모님'을 높인 것인데 이때 '부모님이 다 계시지'는 서술절을 이루고 있으므로 '계시다'는 그 직접 주어인 '부모님'을 높인 것이 된다. 한편, (14나)의 '-(으)사-'는 전체 주어 '우리 선생님'을 높인 것이다.

　한 문장 안에 주어와 같은 말이 반복될 때는 뒤에 오는 말이 '자기'로 나타난다.

(15) 가. 지호는 자기 동생을 극진히 사랑한다.

　　　나. 저 사람은 자기만 최고인 줄 알아.

　　　다. 민지는 자기가 천재라고 생각한다.

(16) *나도 자기 집에 있을테니 너도 자기 집에서 기다려라.

　예문 (15)에서 '자기'는 각각 그 문장의 주어인 '지호', '저 사람', '민지'를 가리킨다. 다만 (16)에서처럼 주어가 일인칭이나 이인칭일 때는 '자기'의 쓰임에 제약이 있다.

(17) 지호가 그 학생에게 자기 책을 읽히었다.

(17)에서는 '자기'가 주어인 '지호'를 가리킬 수도 있고 주어가 아닌 '그 학생'을 가리킬 수도 있다. 이것은 '그 학생'이 겉으로는 주어가 아니지만, 속뜻으로는 '지호'는 '그 학생'으로 하여금 책을 읽도록 하는 주체이고, 책을 읽는 주체는 '그 학생'이기 때문이다. 다음과 같은 경우도 마찬가지이다.

> (18) 가. 민지가 그 아이를 <u>자기</u> 집으로 보냈다.
> 　　　나. 저 사람이 외국인에게 <u>자기</u> 나라 말을 가르친다.

일반적으로 '읽히다, 잡히다, 끌리다…' 같은 사동사나 위에 보인 '보내다, 가르치다'와 같이 속에 사동의 뜻을 가진 말들이 서술어로 쓰인 문장에서는 의미적으로 행위의 주체가 되는 말도 '자기'로 나타날 수 있다. (18가)에서 '자기'는 '민지'가 될 수도 있고 '그 아이'가 될 수 있는 것은 이러한 이유 때문이다. 이는 (18나)도 마찬가지이다.[13]

주어는 문장의 첫머리에 오는 것이 정상적이다. 주어가 문장 첫머리의 위치를 벗어날 수도 있으나 그것은 표현에 변화를 주기 위한 도치법에 의한 것이다. 국어에서는 격을 표시하는 조사가 있기 때문에 주어나 목적어 같은 문장 성분이 정상적인 위치를 벗어날 수가 있다.[14]

> (19) <u>나뭇잎이</u> 하나 둘씩 떨어진다.
> (19ʹ) 하나 둘씩 떨어진다, <u>나뭇잎이</u>.

(19ʹ)은 주어를 본래의 위치인 문장의 첫머리에서 다른 자리로 옮긴 것이다. 정상적인 주어의 위치가 문장의 첫머리라는 것은 다음과 같이 격 조사가 쓰이지 않은 문장을 보면 알 수 있다.

---

13 이러한 통사적 특징들은 어떠한 문장 성분이 주어인지 아닌지 판별할 때 유용하게 사용될 수 있다. 그러나 여기에 제시된 두 가지 통사적 특징은 주어의 필요조건으로서, 주어라면 이러한 통사적 특징을 지니지만 이러한 통사적 특징을 지니는 문장 성분이라고 해서 반드시 주어인 것은 아니다. 예컨대, "사모님의 고통이 크시다."에서 '-(으)시-'는 '사모님'을 높이는 기능을 하는데, 이때 '사모님'은 주어가 아니라 관형어이다. 주어가 지니는 통사적 특징에는 여기서 제시한 두 가지 특징 외에도 몇 가지가 더 있는데, 이러한 특징들도 대개 주어의 필요조건이라서 이들 중 어느 하나만을 만족한다고 해서 반드시 주어인 것은 아니고 이러한 특징을 두루 잘 만족해야 주어라고 할 수 있을 것이다.

14 국어는 격 조사가 잘 발달해 있어 어순이 비교적 자유롭지만 어떠한 유형의 문장이든 주어가 문장의 첫머리에 오는 것이 가장 기본적인 어순이다. 이러한 기본적인 어순에서 벗어나면 특정 성분을 강조해 주는 화용적인 의미가 드러나는데, 예컨대 "민지를 저 사람이 만났다."와 같이 목적어를 문장의 첫머리에 두면 "저 사람이 민지를 만났다."와 비교했을 때 목적어인 '민지를'을 강조해 주는 효과가 생긴다.

(20) 저 사람 민지 안 만날 거야.

(20)의 주어는 '저 사람'으로 해석된다. 문장 첫머리에 주어가 오는 것이 원칙이기 때문이다.

이제까지는 주어가 한 문장에 하나씩인 것으로 가정하고 설명을 해 왔지만 국어에는 주어가 둘인 것처럼 보이는 경우도 흔히 있다.

(21) 가. 우리 학교가 운동장이 좁다.
　　　 나. 국어 선생님은 키가 크시다.

이것은 서술절이 들어 있기 때문이다. (21가)는 '우리 학교가'가 주어이고, 서술절 '운동장이 좁다'가 서술어이다. 이 서술절은 다시 주어 '운동장이'와 서술어 '좁다'로 이루어져 있다. (21나)도 마찬가지다.

다음 (22)와 같이 주어가 셋인 것처럼 보이는 것도 있고, 그 이상인 것도 있다.

(22) 서울은 아파트가 값이 비싸다.

이 (22)는 서술어인 서술절 속에 또 서술절이 들어 있어서 주어가 셋인 것처럼 보이는 것인데, 이 문장의 구조는 다음과 같다.[15]

(22') 서울은 아파트가 값이 비싸다.

8.2.1.4. 주어의 생략

주어는 필수적 성분이지만 생략되는 수가 있다. 문맥으로 보아 주어가 명시되지 않아

---

15 이러한 문장은 표면적으로 주어가 여러 개 겹쳐 나타나는 것처럼 보이므로 '이중 주어문'이라고도 한다. 이러한 용어는 단문에 2개 이상의 주어가 나타남을 인정하는 셈이 되므로 문제가 있다. 그래서 논의에 따라서는 한 문장에 주격이 2개 이상 나타난다는 점에 착안하여 '주격 중출문'이라는 용어를 사용하기도 한다. 그런데 (22)의 문장은 서술절이 내포된 문장이므로 '이중 주어문'과 '주격 중출문' 중 어느 것도 정확한 용어라고 하기는 어렵다. 하지만 이러한 용어는 전통적으로 널리 사용되어 왔기에 지금도 일반적으로 사용되고 있다.

도 그 문장의 주어가 무엇인지 알 수 있는 경우에는 주어를 생략할 수 있기 때문이다.

(23) 지호는 벌판을 가로질러 갔다. 그리고 바라던 숲에 이르렀다.

(23)에서 '이르렀다'의 주어가 없는 것을 볼 수 있다. 그것은 문맥상 앞의 문장의 '지호는'이 주어인 것이 분명하기 때문이다. 다음의 예 (24), (25)에서와 같이, 물음에 대하여 대답하는 문장에서도 주어가 생략될 수 있다.

(24) 가. 아이들이 어디에 갔나요?
　　 나. 놀이터에 놀러 나갔어요.
(25) 가. 난 오늘 길에서 우연히 민지를 만났어.
　　 나. 그래? 너를 알아보데?
(26) 가. 누가 제일 먼저 왔어요?
　　 나. 지호가 제일 먼저 왔어요.

그러나 (26)에서는 대답하는 문장에서 주어가 생략되지 않는다. 앞의 두 예문 (24), (25)에서는 그 이야기가 누구(또는 무엇)에 대한 것인지가 묻는 문장 속에서 주어졌기 때문에, 대답하는 문장에서 그 말을 반복할 필요가 없다. 그래서 주어가 생략되고, 다만 그 주어에 대한 새로운 사실만을 말한 것이다. 그러나 (26)에서는 묻는 말에 대답하는 문장 속의 주어가 무엇이 될지에 대하여 아무런 정보가 없기 때문에 주어가 명백히 표시되어야 했다. 주어란 서술의 대상이 되는 것으로, 주어가 명확히 지정되어야 그에 대한 설명이 주어질 수가 있기 때문이다. 문맥이 주어지지 않은 독립된 문장에서 주어는 절대로 생략되지 않는다. 주어의 생략과 같은 문법적 사실을 설명함에 있어서, 위의 (24)~(26)에서와 같이, 주어진 문장의 범위를 넘어서 그 앞의 문맥까지 고려하는 것은 통사론의 한계를 넘어서는 것으로 별도의 설명이 필요하다.[16]

---

16 주어의 생략은 문장의 범위를 넘어 화용론적 사실까지 고려해야 설명되는 것이지만 최근에는 화용론적 사실이 문장의 형성에 어떠한 영향을 미치는지도 통사론의 연구 대상이 되어야 한다는 입장이 널리 수용된다. 통사론이 문장의 형성을 탐구하는 분야라면, 문장의 범위를 넘어가는 사실이라도 문장의 구조 형성에 일정한 영향을 미친다면 그것은 통사론의 영역에서 설명되어야 할 것이기 때문이다. 이러한 연구 흐름의 변화는 통사론 연구에서 형식주의(形式主義, formalism)와 기능주의(機能主義, functionalism)가 점점 조화를 이루어 나가는 것으로 이해된다. 전통적인 통사론 연구는 20세기를 풍미했던 생성 문법에 영향을 받아 형식주의(formalism) 입장에서 순수한 문장 형성 원리에만 관심을 갖고 그 외의 사실들은 통사론의 영역에서 제외하였다. 그러나 시간이 지남에 따라 순수한 문장 형성 원리, 즉 고립된 문장만으로는 문장에 숨어 있는 모든 비밀이 풀릴 수 없음이 서서히 드러났다. 따라서 최근에는 언어의 실제 사용 양상이나 의미

주어는 문장의 필수적 성분인데도 때로는 주어가 어떤 것인지 분명하지 않은 경우가 더러 있다.

(27) 가. 도둑이야!
나. 고생 끝에 낙이다.
다. 비가 오면 큰일이다.
라. 둘에 둘을 보태면 넷이다.

(27)의 문장들은 주어가 무엇인지, 그것이 생략된 것인지 아닌지가 불분명하다. 그러나 이러한 예는 극히 제한된 수의 고정적인 관용어구에 한정된다. 따라서 굳이 문법적 설명을 가하지 않아도 좋은 것들이다.[17]

(28) 가. 어서 집에 가거라.
나. 저 노래를 들으면 참 슬프다.

(28)과 같은 문장에도 주어가 없는데 이들은 (27)의 예와는 성질이 다르다. (28가)의 주어는 이인칭(또는, 말 듣는 이인 이인칭의 이름)이고, (28나)의 주어는 일인칭인데 그것이 생략된 것이다. 앞에 아무런 문맥이 주어지지 않았는데도 (28)에서 주어가 생략된 것은 (27)에서와는 다른 현상인데, 이것은 문법적 설명이 가능하고 또 필요한 경우이다. (28가)는 명령문이다. 명령문의 주어가 이인칭이라는 것은 "너 어서 밥을 먹어라.", "네가 지호를 도와주어라."와 같이 명령문에 주어가 나타난다면 그것은 언제나 이인칭인 것을 미루어 알 수 있다. 명령문의 주어가 항상 이인칭인 까닭에 그것이 생략되어도 의사소통에 문제가 없고, 또 그렇게 생략되는 것이 보통이다. (28나)는 그 서술어가 심리 형용사인 '슬프다'이다. '슬프다, 기쁘다, 춥다, 싫다…' 등과 같은 심리 형용사는 말하는 이가 스스로의 느낌, 감정 등 심리를 서술하는 말이다. 겉으로 드러나지 않는 남의 느낌이나 감정을 이들 심리 형용사로 서술할 수가 없다. 그래서 다음 (29)와 같은 문장이

· 화용론적 사실을 고려한 보다 합리적이고 광범위한 설명력을 제공할 수 있는 기능주의 통사론을 적극 수용하여 보다 조화로운 입장을 취할 필요가 있음이 강조되고 있는 것이다.

17 이러한 문장들은 주어가 생략된 것이 아니라 애초부터 주어를 상정할 수 없으므로 '무주어문'이라고 하는데, '체언+이다'를 서술어로 하는 '이다' 구문과 긴밀한 관련을 맺고 있다. 한편, (27)의 무주어문은 특정한 주어 없이 사건 전체를 새로운 정보로 전달할 때 주로 쓰인다. 이로 인해 정보 구조 이론에서는 이러한 문장을 도입문(導入文, presentational sentence) 또는 제시문(提示文, thetic sentence)이라고도 한다.

성립되지 않는다.[18]

> (29) *민지는 아까부터 아주 추워요.

제삼자에 관한 것인 한, 이들 심리 형용사로 표현되는 느낌이나 감정은 겉으로 드러나는 것이어야 하기 때문에 (29)는 (29′)과 같이 말해야 한다.

> (29′) 민지는 아까부터 아주 추워해요.

결국 이들 심리 형용사는 말하는 사람 자신의 느낌이나 감정을 서술하는 데 쓰이기 때문에, 다음의 (30)과 같이 쓰인다.

> (30) 저는 아까부터 아주 추워요.

이렇게 이들 심리 형용사가 서술어로 쓰인 문장의 주어는 말하는 이 자신인 까닭에 굳이 주어를 밝혀 말하지 않아도 되므로 (28나)에서와 같이 주어가 생략될 수 있는 것이다. 일반적으로 주어가 생략될 수 있는 것은 이와 같이 생략된 주어가 무엇인지가 확실한 경우에 한한다.

> (31) 민지와 지호는 요즘 사이가 아주 가까워졌다. 어려운 일을 도와주었기 때문이다.

예문 (31)의 경우에는 두 번째 문장에 주어가 없어서 어려운 일을 도와준 것이 누구인지 불분명하고 따라서 뜻이 잘 통하지 않는다. 이와 같은 글은 쓰지 않도록 해야 한다.

8.2.2. 서술어

8.2.2.1. 서술어의 성립

서술어[풀이말]는 주어에 대해서 그것이 '어찌한다'든가, '어떠하다'든가, '무엇이다'

---

[18] "민지는 아까부터 추웠다."와 같이 과거 시제를 나타내는 '-었'을 써서 전지적 시점에서 사태를 기술하거나 "민지는 추울 것 같다.", "민지는 춥겠다." 등과 같이 추측을 나타내는 표현과 함께 쓰이는 경우에는 주어에 삼인칭이 올 수 있다. 또한 '민지'가 화자를 가리키는 경우에는 가능한 문장이 된다.

든가 하는 것을 설명하는 말을 이른다. 곧 주어의 행위나 상태, 성질 등을 서술하는 것이다.

(1) 가. 구름 사이로 달이 <u>보인다</u>.
나. 산이 <u>높다</u>.
다. 지호는 <u>축구 선수이다</u>.

예문 (1)의 밑줄 그은 '보인다', '높다', '축구 선수이다'가 각각 '달이', '산이', '지호는'의 서술어이다. 서술어는 위에서 보는 바와 같이 동사, 형용사, 그리고 체언, 또는 체언 구실을 하는 말에 '이다'가 붙어서 된 말들로 이루어진다.

(2) 가. 서울은 <u>여기까지입니다</u>. 여기부터는 경기도지요.
나. 우리가 목적지에 도착한 것은 <u>새벽 두 시가 가까워서입니다</u>.
다. 다음 빈 칸에 들어갈 말은 <u>'새로운'이다</u>.
라. 그거야 <u>땅 짚고 헤엄치기지</u>.

(2)의 밑줄 그은 말들은 체언은 아니지만 체언 구실을 하는 말들에 '이다'가 연결되어 서술어가 된 것들이다. 체언이나 체언 구실을 하는 말에 '이다'가 연결된 것 전체는 용언의 기능을 하는 것이므로 일반적으로 서술어는 용언으로 이루어지는 것이라 할 수 있다.

다음과 같은 경우에는 서술절이 서술어가 되었다.

(3) 고양이는 <u>밤눈이 밝다</u>.

(3)의 주어는 '고양이는'이고 서술어는 '밤눈이 밝다'이다. 그런데 '밤눈이 밝다'는 '밤눈이'가 주어이고 '밝다'는 서술어로, 주술 관계를 가지는 구성이다. 이렇게 절이 다른 문장에 안겨 문장 성분으로서의 서술어 노릇을 하는 것을 서술절이라 한다.[19]

체언에 접사 '-하다'가 붙어서 된 동사나, 체언에 '이다'가 붙어서 된 서술어는 '-하다, 이다'가 생략되어 나타나는 수가 있다.

(4) 가. 우리는 조국의 방패.
나. 우리 등반대가 정상을 정복.

---

[19] 서술절로 이해될 만한 구성 중에는 복합어로 하나의 단어가 된 예들이 적지 않다. 예를 들어 '빛나다', '멍들다' 등과 같은 단어들은 각각 "구두가 빛이 난다.", "내 다리는 멍이 들었다."와 같은 문장에서는 서술절로 이해될 수 있다.

위의 예문 중 (4가)에서는 '이다', (4나)에서는 '-하다'가 생략되었는데, 시적(詩的)인 표현이나 광고, 신문 기사의 표제 같은 데서 흔히 이렇게 쓰인다. 그러나 이렇게 '이다'나 '-하다'가 생략되면 그것이 현재, 과거, 미래의 어느 시점(時點)의 일인지 불분명해져서 문장의 해석에 오해가 있을 수 있다.

(5)　김 전 총리 도미.

문장 (5)로는 김 전 총리가 이미 도미했다는 것인지, 도미할 예정이라는 것인지 알 수가 없다. 접사 '-하다'가[20] 생략되어서 시간 표현의 어미 '-았/었-, -겠-, …' 등이 쓰일 수 없기 때문이다.[21]

서술어는 종결형으로서뿐만 아니라 연결형, 관형사형, 명사형으로도 나타난다.

(6)　가. 눈이 <u>왔으니까</u> 길이 미끄럽겠지요.
　　　나. 날씨가 이렇게 <u>추운데</u> 굳이 오늘 떠날 거예요?
　　　다. 저 학생은 <u>운동선수이면서</u> 학업 성적도 뛰어납니다.
　　　라. 나는 민지가 <u>결혼한</u> 사실을 전혀 몰랐다.
　　　마. 시가 이렇게 <u>아름다운</u> 줄을 미처 몰랐다.
　　　바. 저 분이 <u>시인인</u> 것을 오늘 비로소 알았다.
　　　사. 그 사람이 거짓말을 <u>했음</u>이 만천하에 드러났다.
　　　아. 달빛이 <u>희기</u>가 눈과 같다.
　　　자. 주시경 선생이 국어 교육의 <u>창시자였음</u>을 책을 읽고 알았다.

서술어가 (6가)~(6다)에서는 연결형, (6라)~(6바)에서는 관형사형, (6사)~(6자)에서는 명사형으로 나타났다. (6가)의 '왔으니까'는 '눈이'의 서술어로서 그것이 연결형을 취한

---

20 §3.1.1.1에서 언급한 바와 같이 '하다'의 문법 범주는 접사로 이해되기도 하며 기능 동사, 형식 동사, 경동사 (輕動詞) 등으로 이해되기도 한다. 기능 동사, 형식 동사, 경동사 등은 용어의 차이는 있지만 어떠한 동사가 실질 의미를 거의 가지지 않아 논항 구조를 가지지 않는다는 점을 강조하였다는 점에서는 공통점을 보인 다. 예컨대 "민지가 열심히 수학을 공부하였다."와 같은 문장에서 논항 구조를 결정하는 것은 술어 명사인 '공부'이며 '하다'는 논항 구조를 가지지 않는 것이다. 여기에서는 '하다'를 접미사로 이해하였다.

21 또한 "김연아, 금메달 따다."와 같은 문장에서 '-았/었-'이 쓰이지 않는 경우도 존재한다. 이와 같은 문장은 보도문의 표제와 같은 특정 맥락에서만 사용되기는 하지만, 과거에 일어난 사태를 선어말 어미 없이 표현 하였다는 점에서 특이하다고 할 수 있다. 이와 같은 문장을, 서법의 관점에서 직설법이 실현된 문장으로 이해하는 논의가 있다. 한편 중세 국어에서는 동사의 과거 시제는 선어말 어미가 결합하지 않는 것으로 표시되었는데 이와 같은 과거 시제를 부정 과거(不定過去, aorist)라고 부르기도 한다.

것은 뒤에 오는 '길이 미끄럽겠지요'와 합해서 더 큰 문장을 만들기 위함이다. 다른 경우도 마찬가지다. 더 큰 문장 속의 한 성분이 되기 위해서 서술어가 여러 가지 활용형으로 나타나는 것이다. (6아)의 '희기'는 '빛이'의 서술어로서 '달빛이 희기' 전체가 주어의 기능을 하고 있는 것이다.

특수한 경우에 한하는 것이기는 하지만 서술어가 연결형이나 명사형으로 문장을 끝맺는 일도 있다.

> (7)　가. 지호가 조금 아까까지 여기 있었는데(요).
> 　　　나. 오늘도 비가 많이 내렸음.
> (8)　벌써 나뭇가지에 움이 돋았네그려.

(7가)는 연결형으로 문장이 끝맺어졌는데, 이것은 그 뒤에 올 말이 생략된 것이고,[22] (7나)는 명사형의 문장인데 일기문이나 메모 형식의 글에 더러 쓰이는 형식이다. (8)과 같이 종결형으로 끝난 서술어에 다시 종결 보조사가 붙어서 뜻을 더해 주는 일이 있다.

8.2.2.2. 서술어와 자릿수

서술어가 되는 용언은 그 종류에 따라서 주어만을 필요로 하는 것이 있고, 주어와 목적어가 있어야 하는 것도 있으며, 주어 또는 주어와 목적어 외에도 그 밖의 성분을 필수적으로 요구하는 것이 있다.

> (9)　가. 아기가 운다.
> 　　　나. 소낙비가 쏟아진다.
> 　　　다. 물이 끓는다.

동사 '울다, 쏟아지다, 끓다, 피다, 짖다…' 등은 주어만 있으면 (9)에서와 같이 하나의 완전한 문장을 이룬다. 이러한 동사를 자동사라고 한다.

---

22 국어의 종결 어미 중에는 기원적으로는 연결 어미에서 발달한 경우가 있다. 예를 들어 (7가)는 본래 연결 어미로 끝맺어진 문장이지만 이러한 쓰임이 이미 굳어져 이때의 '-는데'는 종결 어미화된 것으로 보아도 무방할 것이다. 이러한 상황은 "네가 그렇게 생각하면 나 정말 억울하거든!"과 같은 문장에서 보이는 '-거든'의 경우에도 마찬가지이다. 이와 같은 경우는 연결 어미 뒤에 올 말이 생략된 것이라고 보기는 어렵기 때문이다. 『표준국어대사전』에서도 '-는데'와 '-거든'은 연결 어미와 종결 어미의 용법을 모두 인정하고 있다.

(10) 가. 코끼리는 풀을 먹는다.
　　　나. 아이들이 돌을 던졌다.

한편 (10)에서 보듯이 '먹다, 던지다, 파다, 심다…' 등은 주어와 목적어가 있어야 완전한 문장을 이룬다. 이러한 동사를 타동사라고 한다. 그런데 자동사나 타동사 중에는 각각 주어, 또는 주어와 목적어 외에 다른 성분을 필수적으로 요구하는 것이 있다.

(11) 가. 구름이 <u>비로</u> 변한다.
　　　나. 물이 <u>얼음이</u> 되었다.
　　　다. 어른이 <u>아이에게</u> 속는다.
　　　라. 지호가 <u>중학교에</u> 다닌다.
　　　마. 민지가 <u>동생에게</u> 장난감을 주었다.
　　　바. 아이가 편지를 <u>우체통에</u> 넣는다.
　　　사. 나는 이 일을 <u>너와</u> 의논하겠다.
　　　아. 김 선생은 민지를 <u>제자로</u> 삼았다.

(11)과 같은 문장은 주어와 목적어 외의 밑줄 그은 말들이 없으면 다음과 같이 불완전한 문장이 된다.

(11') 가. [?]구름이 변한다.
　　　나. [?]물이 되었다.
　　　다. [?]어른이 속는다.
　　　라. [?]지호가 다닌다.
　　　마. [?]민지가 장난감을 주었다.
　　　바. [?]아이가 편지를 넣는다.
　　　사. [?]나는 이 일을 의논하겠다.
　　　아. [?]김 선생은 민지를 삼았다.

이 문장들은 그 앞에 문맥이 주어지면 뜻이 통할 수도 있다. 예컨대, (11'마)는 그 앞에 "아기가 자꾸 칭얼댔다."와 같은 문장이 있다면 민지가 장난감을 아기에게 준 것으로 뜻이 통할 수 있어서 괜찮으나, 단독으로는 완전한 문장이 아니다. (11'아)는 그 앞에 어떠한 문맥이 주어져도 한 문장으로서의 구실을 하지 못한다.

형용사도 마찬가지다. 대부분의 형용사가 주어하고만 어울려 문장을 이룰 수 있으나 그렇지 않은 경우도 많다.

(12) 가. 하늘이 푸르다.

　　 나. 달이 둥그렇다.

　　 다. 길이 넓다.

　　 라. 저 그림이 실물과 꼭 같다.

　　 마. 그 사람은 나쁜 사람이 아니다.

　　 바. 나는 그 사람이 무섭다.

　　 사. 이곳 기후가 벼농사에 적합하다.

(12가)~(12다)는 주어만 있으나 (12라)~(12사)는 주어 외에 또 하나의 성분이 있다. 만약 (12라)에 '실물과'가 없으면 "*저 그림이 꼭 같다."와 같은 불완전한 문장이 된다.

　이와 같이 자동사나 대부분의 형용사처럼 서술어의 기능을 하기 위해 주어 한 자리만 필요로 하는 것과, 타동사나 '같다, 아니다, 무섭다, 적합하다…'와 같은 형용사처럼 주어 외에 또 다른 한 자리의 성분을 필요로 하는 것, '주다, 넣다, 삼다…' 등의 동사처럼 주어를 포함하여 세 자리의 성분을 필요로 하는 것이 있어 서술어의 종류에 따라 각기 다른 수의 격을 요구한다. 이러한 것들을 각각 한 자리 서술어, 두 자리 서술어, 세 자리 서술어 등으로 부르기도 한다. 두 자리 서술어가 한 자리의 격하고만 나타나거나, 세 자리 서술어가 세 자리의 격을 모두 갖추지 못하면 그러한 문장은 불완전한 것이 된다.

　그런데 동사의 종류에 따라서는 한 자리 서술어와 두 자리 서술어를 겸하는 등 그 자릿수를 달리하는 것도 있다.

(13) 가. 아이의 눈물이 그쳤다.

　　 나. 엄마가 아이의 눈물을 그쳤다.

(14) 가. 자동차가 멈추었다.

　　 나. 지호가 자동차를 멈추었다.

(15) 가. 종이 울렸다.

　　 나. 지호가 종을 울렸다.

(13)~(15)의 '그치다, 멈추다, 울리다'는 자동사와 타동사를 겸하고 있어서 (가)에서와 같이 한 자리 서술어도 되고, (나)에서와 같이 두 자리 서술어도 된다.[23·24]

---

23 '자릿수'는 valency(결합가)의 번역어로도 널리 사용되지만 이 책에서 말하는 '자릿수'는 '결합가(valency)' 와 차이가 있다. 결합가는 서술어의 개념 구조상, 즉 의미상으로 필요한 논항의 수를 나타내는 반면, 이 책에서 말하는 '자릿수'는 서술어가 필요로 하는 필수적인 격 성분의 수를 나타내는 것이다. 예컨대, "저 아이는 누구에게나 버릇없이 군다."에서 서술어 '굴다'는 '누구에게나'와 같은 격 성분 외에 '버릇없이'라

8.2.2.3. 서술어의 선택 제약

서술어가 한 자리의 격을 필요로 하는가, 두 자리 혹은 세 자리의 격을 필요로 하는가 하는 것은 각각 그 서술어가 되는 동사나 형용사의 어휘적 특성에 기인하는 것이다. 용언에는 이러한 특성뿐만 아니라, 주격이나 목적격, 기타 그 서술어가 필요로 하는 격에 특정한 체언을 요구하는 특성이 있다. 예컨대 "눈을 감는다."라고 할 때의 타동사 '감다'는 그 목적어로서 '눈'만을 요구한다. '다물다'라는 타동사도 목적어로서 '입'만을 요구한다. '감다'나 '다물다'나 모두 '닫는다(閉)'는 뜻인데, '*입을 감는다'라고 하거나 '*눈을 다물다'라고 하지 않는다. 이것은 '입'과 '감다', '눈'과 '다물다'가 함께 어울릴 수 없는 선택 제약 때문이다.

일반적으로 용언은 어떤 말하고만 어울릴 수 있는 선택 자질을 가지고 있다.

> (16) 가. *소나무가 웃는다.
> 　　나. *나는 책상을 존경한다.
> 　　다. *아이들이 모두 머리에 털모자를 쓰고 손에 장갑을 입었다.

(16)의 문장들은 뜻이 통하지 않는다. 그것은 (16가)의 서술어인 동사 '웃다'가 '소나무'라는 명사를 주어로 하여 어울릴 수가 없는 말이며, (16나)의 '존경하다'나 (16다)의 '입다'가 각각 '책상', '장갑'을 목적어로 가질 수 없기 때문이다. '웃다'나 '존경하다'는 각각 유정 명사와 인성 명사(人性名詞)를[25] 주어 또는 목적어로 해야 하고, (16다)의 '입다'도 역시 특정한 종류의 명사만을 목적어로 가질 수 있는 선택 자질을 지니고 있다. '놀다, 사랑하다…' 같은 동사도 유정 명사만을 주어로 선택하는 자질을 지녔으며, '가르치다…' 같은 것은 주어뿐만 아니라 부사어까지도 유정 명사를 요구한다. 이러한 선택 제약을 어길 때 (16)과 같이 뜻이 안 통하는 문장이 된다.[26]

는 부사어를 필수적으로 요구하지만 격 조사를 취하지 않는 이러한 부사어는 자릿수를 계산하는 데 들어가지 않는다. 또한 "민지가 아이에게 5천원에 공을 팔았다."라는 예에서 '5천원에'는 '팔다'라는 서술어의 개념 구조상 필요한 논항이기는 하지만 필수적 성분이 아니므로 자릿수에 포함되지 않는다.

24 이러한 동사들을 자타 양용 동사라 하며 중립 동사, 능격 동사라 하기도 한다. 이에 관해서는 §4.1.1.2를 참고할 것.

25 인성 명사(人性名詞)는 '노인', '선비', '인간' 등과 같이 사람을 가리키는 명사를 말한다.

26 환유(換喩, metonymy)라는 인지 과정을 통하여 서술어의 선택 제약이 바뀌는 경우도 있다. 예를 들어 상식적으로는 '듣다'는 '인명(人名)'을 목적어로 취할 수 없으나 "나는 요즘 쇼팽을 듣는다."와 같은 문장이 성립할 수 있는 것은 문장을 만들 때 환유라는 인지 과정이 이루어졌기 때문이다. 환유는 이처럼 특정 개체의 전체(쇼팽)로 부분(쇼팽이 작곡한 작품)을 가리킬 수도 있고, 반대로 특정 개체의 부분으로 전체를

8.2.2.4. 서술어와 보조 용언

앞에서 한 문장의 서술어는 한 개의 용언으로 성립되는 것처럼 서술해 왔다. 그러나 두 개의 용언이 하나의 서술어를 이루기도 한다.

(17) 민지가 집에 <u>가 버렸다</u>.

(17)의 '가 버리다'는 동사 '가다'의 활용형 '가'에 동사 '버리다'가 연결되어 한 덩어리의 서술어를 이룬 것이다. (17)은 다음 (18)과 뜻이 다르다.

(18) 민지가 집에 갔다.

(18)은 단순히 민지가 집에 간 사실만을 서술하고 있는 데 반해, (17)은 기대와 달리 민지가 가고 말았다거나, 속이 시원하게 갔다는 등의 뜻을 지닌다. 그것은 '버리다'가 덧붙어 쓰인 때문이다. 이때의 '버리다'는 보조 동사로서 본동사 '가다'를 도와서 완전한 서술이 되게 하고 있는 것이다. 보조 용언은 단독으로는 쓰이지 못한다. 보조 용언 중에는 본용언으로 쓰이기도 하는 것이 있으나 그 쓰임이 다르다.

(19) 가. 지호가 신문을 찢어 <u>버렸다</u>.
　　　 나. 지호가 신문을 찢어(서) <u>버렸다</u>.

(19가)의 '버렸다'는 보조 동사로 쓰인 것이고, (19나)의 '버렸다'는 본동사로서 쓰인 것이다. (19가)에서는 본동사 '찢다'가 서술의 기본을 이루고 있고, '버리다'는 그것을 돕고 있다. 그래서 (19가)의 기본적인 의미는 지호가 신문을 찢었다는 뜻이다. (19가)에서 보조 동사 '버리다'가 쓰임으로써 그것이 쓰이지 않은 "지호가 신문을 찢었다."와의 사이에 뜻의 차이가 생긴다. 즉, (19가)는 뜻밖에 또는 시원스럽게도 지호가 신문을 찢었다는 것이다. 이런 점으로 미루어 보조 동사로서의 '버리다'는 기대에 어긋났다거나 심리적으로 부담스럽던 것이 제거되었다는 뜻을 보태는 것 같다.[27] 한편, (19나)는 '찢다'와

가리킬 수도 있다(시계가 정오를 가리키고 있다.).

[27] 보조 동사 '버리다'는 종결이나 완료의 상적(相的, aspectual) 의미를 더해 주는 기능을 한다. '기대에 어긋났다거나 심리적으로 부담스럽던 것이 제거되었다'는 뜻도 이러한 상적 의미에서 비롯되는 것으로 이해된다.

'버리다'가 모두 본동사로서, 지호가 신문을 찢었고 찢은 신문을 버렸다는 뜻이 된다.

그런데 본동사로서의 '버리다'가 "흙탕물에 옷을 버렸다."거나 "못 쓰게 된 물건을 버렸다."라고 할 때, 실망의 뜻이나 부담을 제거했다는 뜻이 곁들여져 있는 점으로 미루어 본동사로서의 '버리다'와 보조 동사로서의 '버리다'가 별개의 것이 아닌 것을 알 수 있다. 그러나 보조 동사로 쓰일 때의 뜻만으로는 단독으로 서술어가 될 수 없으며, 항상 본동사와 어울려 한 덩어리의 서술어를 이룬다. 즉, (19가)의 본동사 '찢어'와 보조 동사 '버렸다' 사이에는 아무런 말도 개입되지 않는다. 또 자리 옮김을 할 때도 '찢어 버렸다'는 한 덩어리로 붙어 다닌다. 그러나 (19나)는 '찢어(서)'와 '버렸다'가 모두 본동사이므로 그 사이에 다른 말이 나타날 수 있으며, 자리 옮김을 하면 '찢어(서)'와 '버렸다'가 서로 떨어져 나타날 수가 있다.

(20) 지호가 신문을 찢어 <u>쓰레기통에</u> 버렸다.

(20)은 (19나)의 '찢어(서)'와 '버렸다' 사이에 '쓰레기통에'가 들어간 것이 되지, (19 가)에 '쓰레기통에'가 덧들어간 것이 되지 않는다.

(21) 가. 지호가 <u>찢어 버렸다</u>, 신문을.
      나. <u>찢어 버렸다</u>, 지호가 신문을.
      다. <u>찢어 버렸다</u>, 신문을, 지호가.
      라. 신문을 <u>찢어 버렸다</u>, 지호가.
(22) 가. 지호가 신문을 <u>버렸다</u>, <u>찢어서</u>.
      나. 지호가 <u>버렸다</u> 신문을, <u>찢어서</u>.

(19가)의 어순을 바꾸면 (21)에서와 같이 '찢어 버렸다'가 늘 한 덩어리가 되어 있다. 그러나 (19나)는 (22)와 같이 '찢어(서)'와 '버렸다'가 서로 떨어질 수 있다. 이와 같은 사실들은 본용언과 보조 용언이 한 덩어리가 되어서 주어에 대한 서술어가 된다는 것을 뜻하는 것이다.

다음과 같은 사실들도 본용언과 보조 용언이 한 덩어리가 되어서 하나의 서술어가 되는 것임을 말해 준다.

(23) 신문이 지호에 의해서 찢어 버려졌다.

본동사와 보조 동사가 쓰인 문장 (19가)에 '-어지다'를 붙여서 피동의 뜻을 가진 문장을 만들면 (23)과 같이 '찢어 버리다' 전체에 '-어지다'가 붙는다. 그런데 (19나)와 같이 본동사와 본동사가 쓰인 문장은 다음의 (24)와 같이 두 동사가 모두 피동의 뜻을 가진 말로 바뀐다.

(24) 신문이 지호에 의해서 찢겨 버려졌다.

또 (19가)의 '찢어 버리는' 일은 한 때에 한 장소에서 일어나는 행위인데, (19나)는 찢는 행위와 버리는 행위가 각기 다른 때에, 각기 다른 장소에서 이루어질 수가 있는 것이다. 그래서 다음의 (25)와 같이 될 수가 있다.

(25) 가. 지호가 어제 신문을 찢어서 오늘 버렸다.
　　 나. 지호가 신문을 교실에서 찢어서 집의 쓰레기통에 버렸다.

보조 용언, 곧 보조 동사나 보조 형용사는 각각 본용언의 특정한 활용형에 붙어서 쓰인다. 지금까지 예로 든 보조 동사 '버리다'나 '놓다', '오다', '주다'와 같은 것들은 활용 어미 '-어' 다음에 쓰이며, '말다', '나다'나 보조 형용사 '싶다'는 활용 어미 '-고' 다음에 쓰이는 등 각각 일정한 활용형에만 쓰이는데, 이것도 보조 용언이 본용언과 한 덩어리가 되어서 서술어가 된다는 것을 입증하는 것이다.

보조 용언은 한 문장에서 하나만 쓰이는 것이 아니라, 여러 개가 연달아 쓰일 수가 있다.

(26) 가. 지호가 신문을 찢어 버리고 말았다.
　　 나. 나는 그만 민지에게 비밀을 가르쳐 주어 버리고 싶었다.

(26가)에서는 2개의 보조 동사가 쓰여서 본동사까지 모두 3개의 동사가 한 주어의 서술어가 되고 있으며, (26나)에서는 본동사와 3개의 보조 동사 및 보조 형용사가 쓰여 모두 4개의 용언이 한 덩어리의 서술어가 되고 있다.

8.2.2.5. 서술어의 생략

서술어의 위치는 문장의 맨 끝자리인 것이 정상적이다. (22)나 (23)에서와 같이 서술어를 문장 끝으로부터 앞으로 끌어내는 수가 있으나 그것은 특별하게 강조하는 표현을 위해서이다. 서술어는 문장의 필수적 성분이므로 생략될 수 없는 것이 원칙이다. 다만 여러 개의 문장이 이어져서 하나의 커다란 문장을 이루는 경우에 똑같은 서술어가 반복되어 쓰이면 반복되는 서술어가 생략될 수 있으며, 또 앞의 문맥에 의해 서술어가 무엇인지 예측이 가능할 때 서술어의 생략이 가능하다.

(27) 가. 민지는 서울, 민지의 언니는 부산에 산다.
나. 지호는 국내에서, 지호의 아내는 국외에서 대학교를 다녔다.

(27가)에서는 '서울' 다음에 '살고'가 생략되었고, (27나)에서는 '국내에서' 다음에 '대학교를 다녔고'가 생략되었다. 그것은 각각 그 문장 뒷부분에 같은 서술어가 반복되어 나타나기 때문에 그럴 수 있는 것이다.

(28) 가. 지호가 지금 어디 있을까?
나. 서울(에).
(29) 가. 나는 어제 비로소 민지를 만났다.
나. 나도.

(28나)와 (29나)에 서술어가 없는 것은 그 생략된 서술어가 각각 (28가)와 (29가)로부터 복원될 수 있기 때문이다. 그러나 이러한 생략에 관한 설명은 독립된 단위로서의 문장을 대상으로 하는 통사론의 한계를 넘어서는 것이다.[28]

8.2.3. 목적어

타동사(他動詞)는 어떤 대상을 필요로 하는 행위를 나타낸다.[29] 목적어[부림말]는 이러한 타동사에 의해 표현되는 행위의 대상을 나타내는 문장 성분을 일컫는다. 타동사는 두 자리뿐만 아니라 세 자리 타동사도 있는데 세 자리 타동사는 주어와 목적어 이외에

---

28 이와 같은 생략 현상을 설명하기가 쉽지 않기 때문에 통사론에서는 쓰임문(text sentence)이 아니라 체계문(system sentence)을 연구하려는 경향이 매우 강하다. 이 두 개념은 Lyons(1977)에서 제안된 것으로서 쓰임문은 특정 텍스트에서 실제로 쓰인 문장이고 체계문은 언어학자의 관점에 따라 생성되는 추상적이고 이론적으로 가정되는 문장을 가리킨다.

29 타동사(他動詞, transitive verb)는 '他動'이라는 번역어 때문에 그 뜻이 정확히 전달되지 못하는 경우가 많은 듯한데, transitive는 행위의 transition(이행移行)을 나타내는 것이다. 예컨대, "지호가 밥을 먹는다."라는 문장은 '먹는' 행위가 행위자인 '지호'로부터 그 대상인 '밥'으로 이행되는 사태를 나타낸 것이다. 이러한 의미적 특성이 '목적어'라는 문법적 특성으로 나타나는 동사를 타동사라고 하는 것이다.

또 하나의 격 성분을 필수적으로 요구한다.

목적어가 특별히 주성분의 하나로서 다루어지는 것은, 목적어를 취하느냐의 여부에 따라 동사가 크게 자동사와 타동사의 두 부류로 나뉘며, 타동사의 수가 많아서 목적어가 아주 흔히 쓰이기 때문이다.

8.2.3.1. 목적어의 성립

목적어는 주어의 경우와 마찬가지로 체언 구실을 하는 말에 목적격 조사 '을/를'이 붙어서 이루어진다.

> (1) 가. 누가 <u>이 그림을</u> 여기에 걸었니?
> 나. 옛날에는 <u>성벽을</u> 쌓아 적을 막았다.
> 다. <u>택시를</u> 기다리는 사람들이 길게 줄을 지어 서 있다.
> 라. <u>내가 너희들에게 어떻게 해 주기를</u> 원하니?
> 마. 지호는 <u>무지개가 도저히 잡히지 않을 것임을</u> 비로소 알았다.
> 바. 우리는 <u>학교를 위해 봉사할 수 있는 일이 무엇인가를</u> 생각해 보기로 했다.

위의 예문 중에서 (1라), (1마)에서는 명사절이 목적격 조사를 취하여 목적어가 되었으며, (1바)에서는 한 개의 문장이 바로 목적격 조사를 취하여 목적어가 되었다. 문장이 직접 목적격 조사를 취하는 것은 종결 어미가 '-느냐/(으)냐, -는가/(으)ㄴ가, -는지/(으)ㄴ지' 등일 때이다.

> (2) 가. 나도 <u>그 아이가 왜 웃는지를</u> 모르겠다.
> 나. <u>이제 우리가 무엇을 할 것이냐를</u> 결정해야 한다.

8.2.3.2. 목적격 조사

목적격 조사 '을/를'은 줄어서 'ㄹ'로 나타나기도 하며, 다음의 (3)에서와 같이 생략되어 쓰이지 않는 일도 있다.

> (3) 가. 누가 <u>날</u> 불렀을까?
> 나. 나 오늘 <u>그 사람</u> 좀 만나야겠다.
> 다. <u>책</u> 좀 빌려 줘.

목적격 조사는 주로 구어체(口語體)에서, 그것이 생략되어도 어느 것이 목적어인지가 분명한 경우에 생략되기도 한다.

목적격 조사가 쓰일 자리에 보조사가 쓰이거나, 보조사와 목적격 조사가 함께 쓰이기도 한다.

> (4) 가. 저 사람이 술은 잘 마시지마는 담배는 피우지 못한다.
> 　　나. 지호가 농구뿐만 아니라 축구도 잘 한다.
> 　　다. 이것 하나만(을) 그 사람에게 보내겠다.

‘은/는, 도’가 쓰일 때는 목적격 조사가 표면에 나타나지 않는 것이 원칙이지만 그 외의 보조사는 (4다)에서와 같이 목적격 조사가 함께 쓰일 수도 있다. 이것은 주어의 경우와 같다.

▌조사 ‘을/를’의 보조사적 용법 ▌

조사 ‘을/를’은 체언에 붙어 결합하는 체언이 목적어임을 나타내지만 다음과 같은 경우에는 목적격 조사로 보기 어렵다.

> ㄱ. 숙제를 끝내기 전에는 일 분도 놀지를 마라.
> ㄴ. 형은 내 말은 곧이를 듣지 않아요.
> ㄷ. 그렇게 입고 학교에를 갔다 왔니?

(ㄱ), (ㄴ), (ㄷ)의 밑줄 친 부분은 용언의 활용형이나 부사, 혹은 격 조사 다음에 붙은 조사 ‘을/를’인데 이러한 용법은 격 조사가 아니라 보조사적 용법으로 볼 수 있다.

이와 유사하게 조사 ‘이/가’도 다음의 (ㄹ), (ㅁ), (ㅂ)에서처럼 보조사적 용법을 가지고 있다. 이와 관련하여 §3.2.1.3을 참고할 것.

> ㄹ. 옷이 깨끗하지가 않다.
> ㅁ. 네 말은 도대체가 틀렸어.
> ㅂ. 나는 민지가 보고 싶다.

8.2.3.3. 목적어의 생략

목적어는 서술어인 타동사 앞에 오는 것이 정상적이다. 다만 목적어와 서술어 사이에는 성분 부사(어)가 올 수 있다.

(5) 가. 민지가 글씨를 잘 <u>쓴다</u>.
     나. 민지가 글씨를 못 <u>쓴다</u>.

목적어도 문장의 필수적 성분이므로 생략되지 않는다.

(6) 가. *우리들은 이틀 동안이나 쌓았다.
     나. *민지가 여행지에서 보내 주었다.

(6)과 같은 문장에서 보듯이 앞뒤의 문맥에 의해서 무엇이 목적어인지가 분명한 경우가 아니라면 목적어가 생략될 수 없다.

8.2.3.4. 목적어의 겹침

한 문장에 목적어가 한 개 있는 것이 보통이지만, 목적어가 둘 이상 나타나는 경우도 있다.[30]

(7) 가. 김 장군은 활을 쏘아 <u>과녁을 한가운데를</u> 맞혔다.
     나. 왜 지나가는 <u>사람을 발을</u> 밟고는 그냥 가세요?
     다. 어머니는 <u>꽃을 장미꽃을</u> 사 오셨다.
     라. 오다가 시장에 들러서 <u>사과를 두 상자를</u> 배달해 달라고 했다.

목적어가 하나 이상 나타날 때는 두 번째 목적어가 첫 번째 목적어의 한 부분이거나, 그것의 한 종류, 또는 그 수량을 나타내는 것일 때가 보통이다. (7가), (7나)에서는 '한가운데, 발'이 각각 '과녁, 사람'의 한 부분이며, (7다)의 '장미꽃'은 '꽃'의 한 종류이고, (7라)의 '두 상자'는 사과의 수량이다. 그런데 (7라)에서처럼 목적어의 수량을 나타내는 말이 또 목적어로 나타날 때는 두 목적격 조사 중의 하나가 생략될 수 있다.[31]

(8) 가. 친구가 사과 두 상자를 보냈다.
     나. 친구가 사과를 두 상자 보냈다.

때로는 방향이나 처소, 또는 함께 함을 나타내는 말을 목적어로 표현하는 일이 있다.[32]

---

30 이러한 문장은 목적어가 두 개 이상 나타나므로 '이중 목적어문'이라고도 하고 목적격이 두 개 이상 나타난다는 점에 착안하여 '목적격 중출문' 혹은 '대격 중출문'이라고도 한다.

31 목적어가 겹쳐 나타나는 문장에서 어느 것이 진짜 목적어인가가 논란이 될 수 있다. 특히 (7라)에서 수량을 나타내는 말은 목적격을 취하고는 있지만 목적어로 보기 어려운 점이 많다.

(9) 가. 남은 음식을 저한테 주세요.

　　나. 남은 음식을 저를 주세요.

(10) 가. 지호가 또 피시방에 갔어?

　　나. 지호가 또 피시방을 갔어?

(11) 가. 나는 오늘 민지와 만났다.

　　나. 나는 오늘 민지를 만났다.

이런 사실로 인해 '가다, 다니다'와 같은 동사를 타동사로도 보아야 하는 문제가 생긴
다.[33] 이러한 경우는 '주다, 가다, 만나다, 다니다, 닮다…' 등 극히 제한된 서술어에 한한
것이며, 이들 서술어라고 해도 늘 그러한 것은 아니다.

(12) 가. 어느 독지가가 우리 <u>학교에</u> 장애인용 차를 한 대 기증한다고 한다.

　　나. *어느 독지가가 우리 <u>학교를</u> 장애인용 차를 한 대 기증한다고 한다.

(13) 가. 너 또 그 <u>친구한테</u> 가지?

　　나. *너 또 그 <u>친구를</u> 가지?

8.2.4. 보어

앞에서 설명한 주어, 서술어, 목적어 외에 또 보어[기움말]라는 필수적인 주성분이
있다.

(1)　가. 네가 벌써 <u>어른이</u> 되었구나.

　　나. 저 동물은 <u>고양이가</u> 아니다.

---

32 부사어로 표현되는 경우와 목적어로 표현되는 경우는 일정한 의미 차이가 존재한다. 앞의 각주 29)에서
언급하였듯이 목적어는 타동사의 의미적 특성이 문장 성분이라는 문법적 특성으로 드러난 것이다. 따라서
목적어로 표현된 경우는 부사어로 표현된 경우와 비교해 타동성(他動性, transitivity)의 측면에서 차이를
보이는데, 이러한 차이가 구체적으로 어떠한 의미적 차이에 기여하는지에 대해서는 자세히 연구될 필요가
있을 것이다.

33 이는 국어에서 목적어의 범위를 어떻게 결정할 것인가의 문제와 관련된다. §8.2.1.3에서 살펴보았듯이,
주어는 주어만의 통사적 특징이 있어 이러한 통사적 특징을 중심으로 주어의 범위를 결정할 수 있다. 그러
나 목적어는 이러한 통사적 특징이 뚜렷하게 밝혀지지 않아 목적격 조사 '을/를'이 결합한 성분을 목적어로
보는 것이 일반적이다. 격 조사는 문장 성분과 일치하는 경우가 많지만 '에서' 주어의 예에서 알 수 있듯이
격 조사가 늘 문장 성분과 일치하는 것은 아니다. 따라서 그 의미상 행위의 대상을 필요로 한다고 보기
어려운 '가다'나 '다니다'를 서술어로 하는 문장에서 '을/를' 성분이 나타난다고 하더라도 이것이 목적어라
고 선뜻 결정하기 어려운 것이다.

예문 (1)의 '어른이, 고양이가'가 바로 보어이다. 이들이 없이는 다음의 (1')과 같은 뜻이 안 통하는 문장이 된다. 다시 말하면 동사 '되다'나 형용사 '아니다'가 서술어로 쓰일 때는 체언에 조사 '이/가'가 붙은 보어를 반드시 요구한다.

(1') 가. *네가 벌써 되었구나.
나. *저 동물은 아니다.

8.2.4.1. 보어의 성립

보어를 요구하는 용언에는 앞에서 언급한 '되다', '아니다' 이외에 '싫다, 좋다, 저리다, …' 등의 형용사와 '걱정되다, 맞다, 분명하다, 나가다…' 등의 동사가 있다.

(2) 가. 나는 네가 좋다.
나. 나는 팔이 저리다.
다. 나는 동생이 걱정되었다.
라. 사진에 있는 분이 엄마가 맞지?
마. 이 죽음은 타살이 분명하다.
바. 나는 요즘 60킬로가 나간다.
(2') 가. *나는 좋다.
나. *나는 저리다.
다. *나는 걱정되었다.
라. *사진에 있는 분이 맞지?
마. *이 죽음은 분명하다.
바. *나는 요즘 나간다.

예문 (2)의 용언들은 두 자리 형용사나 자동사들로서 주어 이외에 체언에 '이/가'가 붙은 성분을 하나 더 요구한다. (2)의 밑줄 친 부분이 생략되면 (2')에서와 같이 문장의 뜻이 달라지거나 부자연스러운 문장이 된다.

보어는 체언뿐만 아니라 명사구, 명사절을 비롯하여 체언 구실을 하는 말에 조사 '이/가'가 붙어서 이루어진다.

(3) 가. 나는 집을 나간 동생이 걱정된다.
나. 나는 어머님 임종을 못 한 것이 내내 한스럽다.
다. 비가 오니 나가기가 싫다.
라. 내 말의 뜻은 누가 고양이 목에 방울을 다느냐가 아니다.

8.2.4.2. 보어와 필수적 부사어

문장이 성립하기 위한 필수적인 성분으로 주어, 서술어, 목적어, 그리고 보어가 설정되었으나 이것으로 모든 필수적 성분이 다 망라되는 것은 아니다.

(4) 가. 나는 민지를 <u>친구로</u> 삼았다.
     나. 나는 <u>너와</u> 다르다.
     다. 민지가 <u>지호에게</u> 책을 주었다.
     라. 추우면 손을 <u>주머니에</u> 넣어라.
     마. 나도 그 <u>회의에</u> 참석했다.

(4)의 밑줄 그은 말들도 문장 성립에 없어서는 안 될 성분들이다. 동사 '삼다'는 '체언+(으)로', 형용사 '다르다, 같다, 비슷하다…' 등은 '체언+와/과', 동사 '주다, 보내다…' 등은 '체언+에(게)', 동사 '넣다, 얹다…' 등은 '체언+에'를 필수적 성분으로 요구한다. 즉 '삼다, 주다, 보내다, 얹다, 넣다' 등은 타동사로서 주어, 목적어 외에 이들 성분을 요구하는 세 자리 서술어이며, '다르다, 같다, 비슷하다'는 주어 외에 '체언+와/과'를 필요로 하는 두 자리 형용사이다. 그래서 학자에 따라서는 이러한 서술어가 꼭 요구하는 성분, 곧 (4)의 '친구로, 너와, 지호에게, 주머니에, 회의에'와 같은 것을 보어(또는 보충어, 기움말)로 규정하기도 한다. 그러나 이들을 모두 보어로 처리하는 데는 문제가 있다. 첫째로 이들을 다 보어로 처리하려면 '(으)로, 와/과, 에(게)…' 등을 보격 조사로 규정해야 하는데 이들은 다른 서술어와 함께 나타났을 때는 부사격 조사로서의 기능을 한다.

(5) 가. 모임 날짜를 매달 첫 번째 <u>수요일로</u> 정할까?
     나. 민지가 <u>다은이와</u> 부산에 갔다.
     다. 차를 <u>정문 앞에</u> 멈추지 말고 좀 더 가세요.

(5)의 밑줄 그은 말들은 조사 '(으)로, 와/과, 에'가 붙어서 이루어진 말들로서 이들이 없어도 다음과 같이 문장이 성립한다.

(5') 가. 모임 날짜를 정할까?
      나. 민지가 부산에 갔다.
      다. 차를 멈추지 말고 좀 더 가세요.

이런 사실은 (5)에서 조사 '(으)로, 와/과, 에'가 붙어서 된 말들이 수의적인 부사어에 지나지 않으며, 이들 조사는 부사격 조사의 기능을 하고 있음을 보여 준다. 따라서 (5)의 밑줄 그은 말들을 보어라고 한다면 '(으)로, 와/과' 에, 에게…' 등의 조사를 동시에 보격과 부사격의 두 가지로 분류하는 바람직하지 않은 결과를 낳게 된다. 주어나 목적어는 그 격 조사가 '이/가' 또는 '을/를'인 것으로 선명하게 규정이 되지만, 위와 같이 형태가 일정하지 않은 조사를 보격 조사로 규정하기가 어렵다.

둘째로, 목적어는 그 유무에 따라 동사가 크게 자동사와 타동사로 분류될 만큼 중요한 의미를 지니는 것이지만, 위에서 지적한 바와 같이 일반 부사격 조사가 붙어서 된 말을 필수적으로 요구하는 용언은 수도 많지 않으며, 그 통사적 특징도 한 가지로 묶을 수가 없다. 오히려 이렇게 일반 부사격 조사가 붙어서 이루어지는 문장 성분을 일률적으로 부사어로 보고, 용언이 그 개별적 특성에 의해 이들 부사어 중의 어느 한 가지를 필수적으로 요구하는 것으로 보는 것이 좋다. 즉, 문장 성분론에서 다루기보다는 용언 하나하나의 개별적인 어휘적 특성으로 규정하는 것이 합당하다.

▌ 보어의 범위 ▌

보어의 범위와 관련하여서는 많은 논의가 있었지만 학교 문법 이외에서는 주어, 목적어 외에 서술어가 요구하는 필수적 성분을 보어로 보는 입장이 가장 널리 수용되는 듯하다. 그러나 이렇게 되면 '필수성'이라는 특성 외에는 보어를 정의할 수 있는 기준이 없다는 문제와 '무엇 무엇의 나머지 성분'이라는 식으로 보어를 정의해야 한다는 문제를 안게 된다. 그래서 이 책에서는 기존의 학교 문법에서 '되다', '아니다'를 서술어로 하는 문장에서 주어 이외의 필수 '이/가' 성분을 보어로 정의하였다는 점을 고려하여 주어 이외의 필수적 '이/가' 성분을 보어로 보는 입장을 취하기로 한다.

8.2.4.3. 보어의 특성

보어는 목적어처럼 주어 이외에 용언이 요구하는 필수적인 문장 성분이다. 보어를 요구하는 용언은 심리 형용사, 심리 자동사, 감각 형용사, 감각 자동사 등 주관성 용언이 많다. 『표준국어대사전』에 제시된 주어 이외에 보어를 요구하는 용언의 예를 보이면 다음과 같다.

(6) 좋다 「형용사」
[1] 「1」 대상의 성질이나 내용 따위가 보통 이상의 수준이어서 만족할 만하다.
¶ 품질이 좋다/그는 집안이 좋다./길 양쪽으로 모양 좋게 버드나무가 늘어서 있다./썰

령한 야기를 몰아내며 화톳불들이 불땀 좋게 활활 타올랐다./요새 군밤 좋더라. 너 좀 사 오겠니?

「2」 성품이나 인격 따위가 원만하거나 선하다.

¶ 그녀의 성격은 더할 수 없이 좋다./평소에는 좀 경솔했지만 그러나 상길이는 마음씨가 좋았다.

(중간 생략)

[2] 【…이】

「1」 어떤 일이나 대상이 마음에 들 만큼 흡족하다.

¶ 나는 지금 하고 있는 일이 좋습니다./저는 그 아가씨가 좋습니다./가사도 좋거니와 향기로운 네 노랫소리에 술맛이 곱절이나 좋구나./자네만 좋다면 내 사위를 삼겠네.

「2」 감정 따위가 기쁘고 만족스럽다.

¶ 기분 좋은 웃음/얼씨구 좋다!/나는 지금 기분이 최고로 좋다./녹수는 이 전갈을 받고 더욱 마음이 좋았다.

(이하 생략)

(6)에서 '좋다'의 [1]은 주어만 요구하는 한 자리 서술어이고 [2]는 주어 이외에 보어를 요구하는 두 자리 서술어이다. [1]에서 '그는 집안이 좋다'나 '상길이는 마음씨가 좋았다.'와 같은 용례는 두 자리 서술어의 용법처럼 보이지만 서술절을 안은 문장이다. 이때의 '좋다'는 '그는'이나 '상길이'와 호응하는 서술어가 아니라 '집안이', '마음씨가'의 서술어이며 '집안이 좋다', '마음씨가 좋다'가 서술절로 '그는', '상길이는'의 서술어가 된다. 반면 '좋다'의 용법 중 [2]는 주어 이외에 보어를 하나 더 요구하는데『표준국어대사전』에서는 '【…이】'라는 문형 정보를 준다. '【…이】'라는 정보는 주어 이외에 보격 조사 '이/가'(대표형으로 '이'를 선택)가 결합된 필수 성분이 나타난다는 것을 의미한다. '좋다'의 [2]는 심리 형용사로 쓰인 용법으로, 심리적 감정을 느끼는 주체(경험주)가 주어로 나오고 그 심리 상태에 대한 대상이 보어로 실현된다. '좋다'와 대비하여 목적어를 요구하는 타동사 '좋아하다'의 예를 보이면 다음과 같다.

(7) 좋아하다「동사」

[1] 【…을】

「1」 어떤 일이나 사물 따위에 대하여 좋은 느낌을 가지다.

¶ 나는 과학을 좋아한다./여자들은 대개 꽃을 좋아한다./아저씨는 지금 하고 계시는 일을 좋아하신다.

「2」 특정한 음식 따위를 특별히 잘 먹거나 마시다.

¶ 대부분의 남자는 술을 좋아한다./서울 태생의 대부분이 그렇듯 서씨 부인은 팥밥을 좋아했다.

(이하 생략)

(7)의 '좋아하다'도 '좋다'와 같이 심리 상태를 경험하는 주체(경험주)와 심리적 감정의 대상을 필수적으로 요구하는 두 자리 서술어이다. '좋다'와 다른 점은 심리적 감정의 대상이 보어가 아니라 목적어로 실현된다는 점이다.

보어는 목적어와 마찬가지로 서술어가 주어 이외에 요구하는 필수 성분이며 조사 '이/가'를 취한다. 보격 조사는 주격 조사나 목적격 조사처럼 생략될 수 있다. 이는 부사격 조사가 생략이 잘 되지 않는 것과 비교된다.

(8) 가. 민지는 나중에 커서 선생님 된대.
     나. 나 그런 사람 아니야.
     다. 나는 너 좋아.
(4')³⁴ 가. ?나는 민지를 친구 삼았다.
     나. *나는 너 다르다.
     다. ?민지가 지호 책을 주었다.
     라. *추우면 손을 주머니 넣어라.
     마. ?나도 그 회의 참석했다.

(9)의 보어는 (10)의 목적어와 달리 관계 관형화의 표제 명사(標題名詞, head noun)가 될 수 없다.³⁵

(9) 가. 민지가 선생님이 되었다.   → *민지가 된 선생님
     나. 나는 그런 사람이 아니다.   → *내가 아닌 그런 사람
     다. 나는 네가 좋다.   → *내가 좋은 너
(10) 가. 나는 밥을 먹었다.   → 내가 먹은 밥
     나. 나는 너를 좋아한다.   → 내가 좋아하는 너

---

34 (4')에서 부사격 조사가 생략되어도 자연스럽게 느껴지는 예들은 부사격 조사와 목적격 조사 '을/를'이 교체되는 경우이다. 그러므로 자연스러운 문장으로 느껴지는 예는 목적격 조사가 생략된 것으로 보는 것이 옳다.
  (4") 가. 나는 민지를 친구를 삼았다.
      나. *나는 너를 다르다.
      다. 민지가 지호를 책을 주었다.
      라. *추우면 손을 주머니를 넣어라.
      마. 나도 그 회의를 참석했다.
35 관계 관형화에 대해서는 §8.3.1.2와 9장을 참고할 것.

목적어를 요구하는 용언은 타동사인 반면 보어를 요구하는 용언은 자동사나 형용사라는 점도 특기할 만하다.

▌보격 조사와 주격 조사 ▌

보격 조사는 '이/가'로 한정되어 비교적 명백하기는 하나 주격 조사와 형태가 같다는 것은 여전히 문제점으로 남는다.

학자에 따라서는 이 보격을 주격으로 보는 이도 있다. 즉,

ㄱ. 너는 <u>애국자가</u> 아니야.
ㄴ. 그 사람이 언제 <u>과장이</u> 됐나?

와 같은 예들은 서술절을 가진 문장으로 보고, 그 속의 '애국자가, 과장이'를 서술절의 주어로 보기도 한다. 그러나 (ㄱ), (ㄴ)의 서술절이 되어야 할 '애국자가 아니야, 과장이 됐나'는 문장으로서 완전하지 못하여 서술절이 되기가 힘들다. 그것은 '아니다, 되다'가 각각 두 자리 서술어이기 때문이다.

ㄷ. {국어 선생님이/국어 선생님께서} 교감이 되셨다.
ㄹ. 민지는 {국어 선생님이/*국어 선생님께서} 되었다.

(ㄷ)에서 '국어 선생님'이 주어 자리에서 주격 조사 '이/가'와 결합되었을 경우 조사 '께서'와의 결합이 가능하지만 (ㄹ)처럼 보어 자리에 보격 조사 '이/가'와 결합될 때는 조사 '께서'와 결합이 불가능하다. 이러한 차이로 보아 주격 조사와 보격 조사가 표면적으로 같은 형태이지만 동일한 격 조사로 취급할 수 없다는 것을 알 수 있다.

8.3. 부속 성분

다음에 부속 성분인 관형어와 부사어에 대하여 살펴보기로 한다.

8.3.1. 관형어

관형어[매김말]는 체언으로 된 주어, 목적어 같은 문장 성분 앞에 붙어서 그것을 꾸며 주는 말을 이른다. 이때 관형어의 꾸밈을 받는 체언이 중심이 되고 관형어는 그의 부속 성분이 된다. 관형어가 없어도 문장이 성립할 수 있으므로 관형어는 수의적 성분이다.

(1) 가. 이번 달에는 <u>새</u> 옷을 한 벌 사 입기로 했다.
　　나. 우리는 <u>그 사람의</u> 시를 좋아했다.

다. 그 <u>훌륭하던</u> 건물이 다 타서 <u>새까만</u> 숯덩이가 되었다.

(1)의 밑줄 그은 말들이 관형어인데, 이들이 없어도 다음과 같이 문장이 성립한다.

 (1') 가. 이번 달에는 옷을 한 벌 사 입기로 했다.
    나. 우리는 시를 좋아했다.
    다. 그 건물이 다 타서 숯덩이가 되었다.

그러나 주성분인 체언이 의존 명사이면 관형어가 필수적으로 나타나야 한다.

 (2) 가. 큰 것보다 <u>작은</u> 것이 더 아름답다.
    나. <u>어떤</u> 분이 찾아오셨어요.
    다. 나는 <u>그 사람을 본</u> 적이 없다.

이들 문장에 관형어가 없으면 문장이 성립하지 않는다.

 (2') 가. *것보다 것이 아름답다.
    나. *분이 찾아오셨어요.
    다. *나는 적이 없다.

8.3.1.1. 관형어의 성립

관형어는 관형사, 용언의 관형사형, 그리고 체언이나 체언 구실을 하는 말에 조사 '의'가 붙은 것으로 이루어진다.

 (3) 가. 왜 <u>새</u> 옷을 두고 <u>헌</u> 옷을 입니?
    나. <u>첫</u> 눈이 온 날 민지에게서 책을 <u>한</u> 권 선물 받았다.
    다. <u>어느</u> 날 소년은 <u>웬</u> 아이를 데리고 왔다.
    라. <u>저</u> 어르신이 누구신가요?
 (4) 가. <u>푸른</u> 하늘에 구름이 한 점 떠돈다.
    나. <u>자는</u> 아이를 왜 깨우니?
    다. <u>수확의 계절인</u> 가을이 되었다.
    라. <u>지호가 지은</u> 시가 아주 감동적이더라.
    마. <u>민지가 어제 귀국한</u> 사실을 몰랐나?
 (5) 가. 오늘 길에서 <u>고향</u> 친구를 우연히 만났다.
    나. 저 아이는 초등학교 때 <u>수영</u> 선수였다.
 (6) 가. 자라나는 어린이들은 <u>나라의</u> 보배다.

나. 그 사람은 부모님께 <u>자식으로서의</u> 도리를 다하려고 애썼다.

(3)에서는 관형사가 관형어가 되어 있다. 관형어가 되는 관형사의 종류에 따라 꾸밈을 받는 체언의 상태나 성질, 수량, 위치, 특정 대상 여부 등을 드러내 주고 있으며, (4)에서는 용언이나 서술격 조사의 관형사형, (5)에서는 체언, (6)에서는 체언 또는 체언 구실을 하는 말에 조사 '의'가 붙어서 관형어가 되어 있다.

8.3.1.2. 관형사형의 기능

용언이나 서술격 조사의 관형사형이 관형어가 될 때는 관형사형 어미 '-는, -(으)ㄴ, -(으)ㄹ, -던' 중의 어느 하나를 취함으로써 시간을 표현할 수 있다.[36] 용언이나 서술격 조사의 관형사형이 관형어가 되었을 때 그 꾸밈을 받는 체언은, 그 용언을 서술어로 한, 격 성분으로서의 체언인 것이 보통이다.

위의 (4)에서 관형어 '푸른, 자는, 수확의 계절인'의 꾸밈을 받는 '하늘, 아이, 가을'은 각각 "하늘이 푸르다, 아이가 잔다.", "가을은 수확의 계절이다."에서와 같이 이들 용언이나 서술격 조사를 서술어로 했을 때의 주어이다. 그리고 (4라)의 '시'는 그 앞의 관형어인 동사 '지은'의 목적어이다. 그러므로 (4)의 밑줄 부분은 이들 격 성분이 빠진 문장, 곧 절이다. 이러한 절을 관계 관형절이라 한다.

관계 관형절의 꾸밈을 받는 것은 그 절 속의 주어나 목적어만이 아니다. 부사격의 체언도 있다.

(7) 가. 어제 내가 책을 빌린 <u>도서관</u>은 이쪽에 있다.
나. 큰아버지가 태어나신 <u>1945년</u>에 우리나라가 해방이 되었다.
다. 저 분은 삼십 년이나 일을 해 온 <u>회사</u>를 떠나고 싶지 않으실 것이다.

(7)에서 밑줄 그은 말들은 그 앞의 관형어인 동사를 서술어로 했을 때의 처소, 때 등을 나타내는 부사격의 체언이다. 다시 말하면, (7가)의 '도서관'은 "내가 어제 <u>도서관</u>에서 책을 빌렸다."의 '도서관'이며, (7나)의 '1945년'은 "큰아버지가 1945년에 태어나셨

---

[36] 관형사형 어미는 특정한 시간을 표현하기도 하지만 이미 실현된 사태를 나타내는지(현실 서법, realis) 화자의 머릿속에서 상정된 사태를 나타내는지(비현실 서법, irrealis)에 따라 달리 나타난다는 해석도 가능하다. 명사형 어미 '-음'과 '-기'도 서법을 나타낸다고 보는 주장에 따른다면 명사형 어미 '-음'과 관형사형 어미 '-은'은 현실 서법을, 명사형 어미 '-기'와 관형사형 어미 '-을'은 비현실 서법을 나타낸다고 할 수 있다. 이에 관해서는 §4.2.2 심화 박스 <전성 어미와 서법>을 참조할 것.

다."의 '1945년'인 것이다. 그러나 다음 예문의 밑줄 그은 체언은 그 서술어를 관형어로 가질 수 없다.

(8) 가. 민지가 <u>반장</u>이 되었다.
     나. 지호가 <u>마음</u>이 아주 곱다.
     다. 민지가 <u>지호</u>와 놀이터에 나갔다.
(8′) 가. *민지가 된 <u>반장</u>
     나. *지호가 아주 고운 <u>마음</u>
     다. *민지가 놀이터에 나간 <u>지호</u>

(8)은 (8′)과 같이 되지 않는다. 일반적으로 주어, 목적어, 때나 처소를 나타내는 부사격의 체언은 그 서술어의 꾸밈을 받을 수 있으나, 보어, 서술절의 주어, 부사어의 체언 등은 그 서술어를 관형어로 하여 꾸밈을 받을 수 없다.

용언이 관형사형 어미를 취하여 관형어가 될 때의 시간 표현은 그 용언이 관형절 안의 서술어로서 가지는 시간 표현의 기능과 같다. 예를 들면, (4나)의 '자는 아이'의 '-는'에 의해 표현되는 시간은 '아이가 잔다.'에서의 시간과 동일하다. (4라)의 '지호가 지은 시'의 '-은'에 의해 표현된 시간은 "지호가 시를 지었다."의 '-었'에 의해 표현된 시간과 같다.[37]

그런데 용언의 관형사형이 체언을 꾸밀 때, 그 꾸밈을 받는 체언이 항상 그 용언을 서술어로 했을 때의 주어나 목적어 등의 성분인 것은 아니다. (4마)의 '사실'은 그것을 꾸미는 관형사형의 동사 '귀국한'의 주어도 목적어도 아니며 어떤 다른 성분도 아니다. 즉, (4마)의 밑줄 부분은 완전한 문장이 관형절이 되어 '사실'을 꾸미고 있는 것이다. 이러한 관형절을 동격 관형절이라 한다. 다음 예도 그렇다.

(9) 가. 지호는 내일 강연할 <u>계획</u>을 취소하였다.
     나. 민지가 도둑질을 한 <u>증거</u>가 하나도 없다.

이 예문 중의 '계획, 증거'는 (4마)의 '사실'과 같이 그들을 꾸미는 용언을 서술어로 했을 때의 성분이 아니다. 이것은 '사실, 증거, 계획, 흔적, 결심…' 등 특수한 명사에 한해서 그러하다. 물론 이들 명사의 경우도 항상 그러한 것은 아니다. 이에 대해서는

---

[37] 관형절의 시제에 대해서는 10장에서 자세히 다루게 될 것이다.

뒤에서 다시 자세히 설명할 것이다.[38]

8.3.1.3. 관형격 조사 '의'의 특징

체언에 관형격 조사 '의'가 붙어서 관형어가 된 것 중에는 '의'가 생략될 수 있는 것이 있다.

(10) 가. 아까 길에서 <u>민지(의)</u> 동생을 보았다.
　　　나. 내 모자가 안 보여서 <u>동생(의)</u> 모자를 빌려 쓰고 나왔다.
　　　다. <u>방문(의)</u> 손잡이가 고장이 났구나.

등의 밑줄 그은 말의 조사 '의'는 생략되어도 좋다. 그러나 다음과 같은 경우에는 생략될 수 없다.

(11) 가. 자라나는 어린이는 <u>나라의</u> 보배이다.
　　　나. <u>이순신 장군의</u> 거북선에 관한 글을 읽었다.
　　　다. <u>그 소년의</u> 꿈이 이루어지기를 언제까지나 빌겠다.

(11)에서는 '의'가 생략되면 뜻이 통하지 않는다. 어떤 경우에 '의'가 생략되어도 좋은지 그 조건은 확실히 알 수 없다.[39]

관형격 조사 '의'는 여러 가지 뜻으로 해석될 수 있다.

(12) 민지가 <u>박 선생님의 책</u>을 가지고 있더라.

(12)의 '박 선생님의 책'은 '박 선생님의 소유인 책'으로도 해석될 수 있고, '박 선생님이 지은 책'으로도 해석될 수가 있다. 이렇게 뜻이 모호해질 우려가 있을 때는 '박 선생님이 산 책'이라든가 '박 선생님이 지은 책'이라고 하여 혼동이 일어나지 않도록 하는

---

38 §8.3.1.2에서 간략히 설명된 사실들은 9장에서 자세히 설명을 하게 될 것이다.

39 관형격 조사 '의'도 주격 조사 '이/가'나 목적격 조사 '을/를'과 마찬가지로 실현될 수도 있고 그렇지 않을 수도 있다. 그런데 '의'가 담당하는 문법적, 의미적 기능이 매우 다양하여 그 실현/비실현의 조건을 쉽게 일반화할 수 없다는 문제가 있다. 또한 (10)과 같이 '의'가 실현된 경우와 그렇지 않은 경우가 모두 문법적이라고 하더라도 그 의미 차이가 전혀 없다고 보기도 힘들어 '의'의 실현/비실현과 관련된 문제는 국어 문법론 연구에서 여전히 미궁에 빠져 있는 상태라고 할 수 있겠다. 관련 논의는 고영근(2018나: 617) 참조.

것이 좋다.

조사 '의'는 뜻으로 보아 주어를 나타낼 때가 있다.[40]

   (13) 가. 여기 모여서 <u>우리의</u> 나갈 길에 대하여 의논해 보자.
           나. 세상 사람들이 <u>너의 어리석음</u>을 비웃지 않을까?

  (13가)의 '우리의'는 '길'을 꾸미는 동시에 동사 '나갈'의 주어이기도 하다. '우리의'가 주어인 것은 '우리의 나갈 길'이 '우리가 나갈 길'로 해석이 되는 것으로 보아 알 수 있다. (13나)의 '너의'는 그 뒤의 '어리석음'을 꾸미는 관형어임에 틀림이 없으나 뜻으로 보아 '어리석다'의 주어이다. 이러할 때의 '의'는 생략되지 않아서 '우리의 나갈 길', '너의 어리석음'이 '우리 나갈 길'이나 '너 어리석음'으로 되지 않는다.

8.3.1.4. 관형어의 특징

  관형어는 단독으로 쓰일 수 없다. 반드시 그것이 꾸미는 체언 앞에서만 쓰인다. 이것은 같은 부속 성분인 부사어와 다른 점이다.

   (14) 지금 곧 출발해라. <u>빨리.</u>
   (15) 가. 그 사람이 어떤 모자를 썼더라?
           나. *<u>빨간.</u>

  (14)에서 부사어는 단독으로 쓰였다. 그러나 관형어의 경우는 그렇지 못하다. (15가)에 대한 대답으로 (15나)는 성립하지 않는다.

  부사어도 그것이 꾸미는 용언 앞에 쓰이는 것이 정상적이지만 때에 따라서는 자리바꿈을 하여 용언 뒤에 오는 수도 있다. 그러나 관형어는 그것이 꾸미는 체언 뒤에서는 절대로 쓰이지 못한다.

   (16) 가. <u>붉은</u> 장미 한 송이가 피었다.
           나. *장미 <u>붉은</u> 한 송이가 피었다.

---

40 이때의 관형어는 의미상 주어의 역할을 하기 때문에 이러한 관형어에 나타나는 '의'를 '주어적 속격'이라고도 한다,

관형어는 여럿이 겹쳐 쓰일 수 있다.

(17) 저 새로 지은 벽돌 집을 보아라.

(17)의 '저', '새로 지은', '벽돌'은 모두 '집'을 꾸미는 관형어이다. 흔한 일은 아니지만 다음과 같이 더 많은 관형어가 겹쳐 쓰일 수도 있다.

(18) 저 두 새로 지은 벽돌 집을 보아라.

그런데 이렇게 관형어가 여럿이 겹쳐 쓰일 때는 각 관형어 사이에 일정한 순서가 있어서 그 순서가 뒤바뀌면 말이 되지 않는다.

(18') 가. *새로 지은 두 벽돌 저 집을 보아라.
　　　나. *저 벽돌 새로 지은 두 집을 보아라.

관형어 사이의 순서는, 대개 '이, 그, 저'와 같은 지시 관형어가 가장 먼저 쓰이고 그 다음에 수량을 나타내는 관형어, 그 다음에 모양이나 상태를 나타내는 관형어의 순서로 쓰인다.

관형어의 꾸밈을 받는 관형어가 다시 체언을 꾸미는 일도 있다.

(19) 저 아이가 이 영화 속의 주인공을 닮고 싶은가 봐.

이 예문 속에 관형어 '이'는 주인공을 꾸미는 것이 아니라 '영화'를 꾸미는 것이며 '이 영화'는 '속'을 꾸미고 '이 영화 속의' 전체가 다시 '주인공'을 꾸미고 있다.

8.3.2. 부사어

부사어[어찌말]는 관형어와 같은 수의적 성분의 하나로서 서술어에 덧붙어서 그 뜻을 한정하여 주는 말이다. 이때 꾸밈을 받는 서술어를 주성분으로 하여 부사어는 그에 딸린 부속 성분이 된다.

(1) 오늘은 하늘이 아주 푸르다.

(1)의 '아주'가 부사어인데, 다음 (2)에서와 같이 그것이 없이도 문장이 성립된다. 그것은 부사어가 수의적인 부속 성분이기 때문이다.

(2)   오늘은 하늘이 푸르다.

8.3.2.1. 부사어의 성립

부사어가 이루어지는 방식은 여러 가지이다. 우선 부사는 모두 그대로 부사어가 된다.

(3)   가. 시간이 늦었으니 <u>어서</u> 떠납시다.
      나. 오늘은 날씨가 <u>매우</u> 춥다.

또 체언에 여러 가지 부사격 조사가 붙은 말이 부사어가 된다.

(4)   가. 아이들이 <u>마당에서</u> 뛰논다.
      나. 너는 오늘도 <u>회사에</u> 나가니?
      다. 사람들이 떠드는 <u>소리에</u> 잠을 이룰 수가 없었다.
      라. <u>여섯 시에</u> 만납시다.
      마. <u>민지에게</u> 좋은 그림이 있다.
      바. 이곳은 어디를 가나 <u>흙벽돌로</u> 지은 집을 볼 수 있다.
      사. 내가 <u>회장으로</u> 그 회의를 주재하게 된 것이다.
      아. 이 일에 대해서는 <u>너와</u> 의논을 하겠다.
      자. 동생의 키가 형의 <u>키와</u> 똑같았다.
      차. 배꼽이 <u>배보다</u> 커서야 되겠니?

이들 예문의 밑줄 그은 말들은 체언에 여러 가지 부사격 조사가 붙어서 부사어가 된 것이다. (4가)의 '마당에서'는 아이들이 뛰노는 장소를 나타내고 있으며, (4나)의 '회사에'는 지향점을 보이는 등, 부사격 조사의 종류에 따라서 원인, 처소, 도구, 자격 등 여러 가지 뜻을 나타낸다. 그런데 같은 부사격 조사가 쓰인 말이라도 그것이 어떤 체언에 붙었으며 어떤 서술어와 어울리느냐에 따라 다양한 뜻을 가질 수 있다. (4나)~(4라)의 부사어는 모두 체언에 '에'가 붙은 말인데, (4나)에서는 '지향점', (4다)에서는 '원인', (4라)에서는 '때'를 나타내고 있다. 또 같은 뜻을 다른 조사로 나타내기도 한다.

(5)   가. 민지가 <u>그 사람에게</u> 돌을 던졌다.
      나. 민지가 <u>강에</u> 돌을 던졌다.

예문 (5가)의 '그 사람에게'와 (5나)의 '강에'는 다 낙착점을 가리키는데 유정 명사(有情名詞)인 '그 사람'에는 '에게'가 쓰였고, 무정 명사(無情名詞)인 '강'에는 '에'가 쓰였다.

(6)　가. 친구가 <u>나에게</u> 좋은 선물을 주었다.
　　　나. 친구가 <u>나한테</u> 좋은 선물을 주었다.

(6)의 '주다'와 같은 수여 동사(授與動詞)는 체언에 '에게'가 붙은 부사어를 필요로 하는데 구어체(口語體)에서는 '에게' 대신에 (6나)에서와 같이 '한테'가 쓰이는 것이 보통이다. '에게서'도 구어체에서는 '한테서'가 더 자연스럽게 쓰인다.

부사성 의존 명사가 그에 딸린 관형어와 함께 부사어가 되기도 한다.

(7)　가. <u>놀 만큼</u> 놀았으니 이제 공부 좀 해라.
　　　나. 그것을 <u>있는 대로</u> 다 가져 오너라.
　　　다. 그 사람이 <u>신발을 신은 채</u> 거실로 들어왔다.

어미 '-게'에 의한 용언의 활용형이 부사어가 되기도 한다.

(8)　가. <u>이상하게</u> 오늘은 운이 좋다.
　　　나. 그 사람이 <u>불행하게</u> 사고를 당했다.

이때의 어미 '-게'가 연결 어미로 쓰이지 않은 것은 확실하다. '-게'가 절(節)을 이끌고 있는 것이 아니기 때문이다. 그렇다고 보조적 연결 어미로 쓰인 것도 아니다. (8)과 같은 경우의 '-게'는 형용사에 붙어서 문장 부사어를 이루는 어미로 보는 것이 가장 타당하다.[41] 위 (8)은 의미상 "오늘 운수가 좋은 것이 <u>이상하다</u>.", "그가 사고를 당한 것은 <u>불행하다</u>."는 뜻의 '이상하다'와 '불행하다'에 '-게'가 붙어서 부사어가 되어 쓰이고 있는 것이다. 일반적으로 문장 부사어는 그것이 수식하고 있는 문장의 서술적 의미를 가지고 있다.

---

[41] 어미 '-게'가 종속적 연결 어미냐 부사형 어미냐 하는 것은 논란의 여지가 많다. "바깥이 잘 보이게 창을 활짝 열어라", "우리는 먼지가 나지 않게 길에 물을 뿌렸다."에서는 '바깥이 잘 보아', '먼지가 나지 않'과 같은 절에 '-게'가 붙었으므로 이때의 '-게'가 연결 어미냐 부사형 어미냐 하는 문제가 있을 수 있다. 그러나 "이상하게 오늘은 운수가 좋다.", "그가 어린 아이를 곱게 들어 안았다."에서는 '-게'가 절과 결합한 것이라고 할 수 없고, 따라서 연결 어미의 기능을 하고 있다고 보기 어렵다. 이때는 순수하게 용언의 부사형을 형성하는 어미로 보는 것이 더 타당할 것이다.

부사어 중에는 부사절도 있다.

(9)　가. 그 육중한 몸이 <u>거목이 쓰러지듯이</u> 옆으로 쓰러졌다.
　　　나. 너는 <u>강아지가 밖으로 나가지 못하도록</u> 문을 닫아라.
　　　다. 우리 차는 <u>길이 끊어져서</u> 더 가지 못했다.

(9)의 밑줄 부분은 부사절이다. 이들은 종속적 연결 어미 '-듯이, -도록, -아서' 등이 이끌고 있다. 종속적 연결 어미의 대부분이 이렇게 부사형 어미로서의 기능을 하고 있다.[42]

용언에서 파생되어 나온 부사가 주어, 목적어 등을 수반하고 서술어의 기능을 띤 채 부사어(부사절)가 되는 일이 있다.[43]

(10)　나뭇잎이 <u>소리도 없이</u> 떨어진다.

부사어에는 보조사가 붙어서 뜻을 돕기도 한다.

(11)　가. 세월이 <u>빨리도</u> 가는구나.
　　　나. <u>지호에게는</u> 재미있는 책이 많다.
　　　다. <u>이상하게도</u> 오늘은 운이 좋다.

(11가)는 부사에 보조사 '도'가 붙은 것이고 (11나)는 부사격 조사 '에게'에 보조사 '는'이 결합되었고 (11다)는 용언의 부사형에 보조사 '도'가 붙은 것이다.

8.3.2.2. 부사어의 갈래

부사어는 문장의 한 성분으로서의 서술어의 뜻을 한정하여 꾸며 주는 것과 문장 전체를 꾸며 주는 것의 두 가지로 나뉜다. 앞의 것을 성분 부사어, 뒤의 것을 문장 부사어라 이른다. 성분 부사어는 서술어의 뜻을 수식해 주는 것이 주된 기능이므로 서술어가 되는 모든 용언에 얹혀 쓰인다. 앞에서 보인 (1)과 (3나)에서는 부사어가 형용사에 얹혀 그것

42　이에 대해서는 9장에서 자세히 다루게 될 것이다.
43　'-이'는 부사 파생 접미사이지만 주술 관계를 이루는 절을 이끌고 있으므로 어미의 성격을 지니고 있다. 이처럼 현대 국어의 '-이'에 접사와 어미의 두 가지 성격이 공존하는 것은 '-이'의 통시적 변화와 관련이 있다.

을 꾸며 주고 있으며 (3가)에서는 동사를 꾸며 주고 있다. 예문 (1), (3)의 밑줄 그은 부분은 모두 성분 부사어이다.

다음의 (12)에서처럼 용언이 종결형이 아닌 경우에도 부사어의 수식을 받을 수 있다.

(12) 가. 저 분이 <u>매우</u> 고마운 사람이에요.
　　 나. 어제는 <u>너무</u> 아파서 학교에 못 왔습니다.
　　 다. 우리는 지호의 병이 <u>빨리</u> 낫기를 바랍니다.

(12가)는 부사어가 용언의 관형사형을 수식하였고 (12나)는 부사형, (12다)는 명사형을 수식한 경우이다.

부사어는 다른 부사어나 관형어도 꾸민다.

(13) 가. <u>더</u> 빨리 걷자.
　　 나. 이 옷은 <u>아주</u> 새 옷이에요.
　　 다. 오늘 모임에 <u>겨우</u> 두 사람이 왔더군요.

다음의 (14), (15)에서 밑줄 친 부분의 부사는 용언뿐 아니라 체언을 꾸미기도 한다.

(14) 가. 나는 숙제를 지금에야 <u>겨우</u> 끝냈다.
　　 나. 다른 데 들르지 말고 <u>바로</u> 와.
　　 다. 내 옷이 너에게 <u>꼭</u> 맞는구나.
　　 라. 이 책은 <u>아주</u> 재미있다.
(15) 가. <u>겨우</u> 둘이 그 일을 해낼 수 있겠니?
　　 나. <u>바로</u> 옆이 지호 자리이다.
　　 다. 그 사람이 <u>꼭</u> 너만 좋다고 하는구나.
　　 라. 옛날에 <u>아주</u> 부자가 있었는데 <u>무척</u> 구두쇠였단다.

부사 '겨우, 바로, 꼭, 아주' 등은 (14)에서는 용언을 수식하고 (15)에서는 체언을 수식한다. (15)에서 체언을 꾸미는 부사는 수량이나 정도 또는 위치를 한정해 주는 것이다. 예를 들면, (15가)의 '겨우'는 수사에 얹혀서 쓰였다. 이와 같이 수사를 꾸밀 수 있는 것도 이 말이 수량을 나타내는 말과 어울리는 성질이 있기 때문이다. (15라)에서와 같은 '아주, 무척'은 정도를 나타내어 주는 말로 '아주 크다, 무척 바쁘다'와 같이 용언을 꾸밀 때도 정도를 나타낸다. 이들이 '부자, 구두쇠' 같은 명사와 어울리는 것은 같은 부자나 구두쇠라도 정도의 차이가 있을 수 있기 때문이다. '더, 덜, 꽤, 퍽…' 같은 부사도 이 부류에 속하는 것으로 체언을 한정할 수 있다. (15나)의 '바로'와 같은 부사는 위치를 보이는 체언과 어울려 그를 한정해 준다. '곧, 좀, 훨씬…' 같은 부사도 이러한 체언과 어울릴 수 있다.

이와 관련하여서는 첫째, (15)의 밑줄 친 단어의 품사를 관형사로 보고 그 문장 성분도 관형어로 보는 견해, 둘째, (15)의 밑줄 친 단어의 품사를 부사로 보되 체언을 꾸미고 있으므로 그 문장 성분은 관형어로 보는 견해, 셋째, (15)의 밑줄 친 단어의 품사를 부사로 보는 동시에 그 문장 성분도 부사어로 보는 견해가 서로 대립하고 있으나 다른 품사의 경우를 고려할 때[44] 두 번째 견해가 가장 타당한 것으로 생각된다.

문장 부사어는 문장 전체를 한정하여 꾸며 준다.

(16) 가. <u>과연</u> 그의 예언대로 되었구나.
　　 나. <u>설마</u> 그가 거짓말이야 하겠느냐?
　　 다. <u>제발</u> 비가 조금이라도 왔으면 좋겠는데.
　　 라. <u>확실히</u> 그는 포용력 있는 사람이다.
　　 마. <u>의외로</u> 돈이 적게 들었다.

이들 예문 중의 밑줄 그은 말들은 그 뒤에 오는 문장 전체를 꾸며 준다. 문장 부사어에는 앞의 (8)에서와 같이 형용사에 어미 '-게'가 붙어서 되는 것이 있다.

(17) 가. <u>불쌍하게(도)</u> 그 사람이 사고를 당했다.
　　 나. <u>귀찮게(도)</u> 아이들이 나를 자꾸 따라다닌다.

이때 이들 문장은 각각 '그 사람이 사고를 당한 것이 불쌍하다', '아이들이 나를 자꾸 따라다니는 것이 귀찮다'는 뜻이 된다.

8.3.2.3. 부사어의 겹침

부사어가 겹쳐 쓰일 때는 그 중의 하나가 다른 부사어를 꾸미는 것인지, 모두 서술어를 꾸미는지 주의해야 한다.

---

[44] 예를 들어 '학교 운동장'의 '학교'는 품사는 명사이나 문장에서의 기능은 체언을 수식하기 때문에 관형어로 본다.

(18) 가. 우리가 탄 차가 고속도로를 <u>아주</u> <u>빨리</u> 달렸다.

나. 고양이가 쥐한테 <u>살금살금</u>, <u>소리 없이</u> 다가간다.

(18가)에서는 '아주'가 다른 부사어 '빨리'를 꾸미고 있는데, (18나)에서는 두 부사어 '살금살금'과 '소리 없이'가 모두 서술어 '다가간다'를 꾸미고 있다.

8.3.2.4. 부사어의 위치

부사어도 관형어와 같이 그것이 한정하는 말 바로 앞에 오는 것이 원칙이다. 위의 모든 예에서 부사어는 그 꾸밈을 받는 말 바로 앞에 놓였다. 그런데 관형어는 어떠한 경우에도 이러한 위치를 바꿀 수가 없지만, 부사어는 표현 효과를 위해 자리바꿈을 하여 여러 자리에 자유롭게 나타날 수 있고, 때로는 그것의 꾸밈을 받는 말 뒤에도 올 수 있다.

(19) 가. 김 선생님께서는 지호를 <u>무척</u> 사랑하셨다.

나. 김 선생님께서는 <u>무척</u> 지호를 사랑하셨다.

다. 김 선생님께서는 지호를 사랑하셨다, <u>무척</u>.

(20) 가. <u>이상하게도</u> 지호가 시험에 떨어졌다.

나. 지호가 <u>이상하게도</u> 시험에 떨어졌다.

다. 지호가 시험에 <u>이상하게도</u> 떨어졌다.

라. 지호가 시험에 떨어졌다, <u>이상하게도</u>.

(19)는 성분 부사어의 예이고, (20)은 문장 부사어의 예인데, 문장 부사어의 경우에 그 자리바꿈이 더 자유스러운 것은 그것이 문장 전체를 꾸미는 까닭에 문장 앞이나 뒤에 오는 것이 더 자연스럽기 때문이다.

다만 부정 부사 '아니(안), 못' 그리고 성분 부사 중에서 '잘, 좀…' 같이 자리바꿈을 하지 않는 것이 있다. 이들은 반드시 서술어 앞에만 쓰인다.

(21) 가. 민지는 밥을 <u>안</u> 먹었다.

나. *민지는 <u>안</u> 밥을 먹었다.

다. *민지는 밥을 먹었다, <u>안</u>.

(22) 가. 민지가 그림을 <u>잘</u> 그린다.

나. *민지가 <u>잘</u> 그림을 그린다.

다. *민지가 그림을 그린다, <u>잘</u>.

또 부사어가 다른 부사어나 관형어, 체언을 한정할 때는 자리바꿈이 되지 않는다.[45]

    (23) 가. 내가 <u>아주</u> 새 만년필을 잃었다.
           나. *<u>아주</u> 내가 새 만년필을 잃었다.
           다. *내가 새 <u>아주</u> 만년필을 잃었다.

같은 부속 성분인 관형어와는 달리 부사어는 앞에 문맥이 주어져 있으면 단독으로도 쓰일 수 있다.

    (24) 가. 밖에 눈이 많이 왔지요?
           나. 아니, 조금.

8.3.2.5. 필수적 부사어

앞에서 부사어는 수의적인 성분이라 하였다. 그런데 체언에 부사격 조사가 붙어서 된 부사어 중에는 문장을 이루기 위해 필수적으로 요구되는 것이 있다.

    (25) 가. 나는 지호를 <u>동생으로</u> 삼았다.
           나. 이것은 가짜인데 <u>진짜와</u> 똑같네요.
           다. 내 친구도 <u>무역 회사에</u> 다닌다.
           라. 이 화분을 <u>식탁 위에</u> 놓아라.
           마. 그 사람이 <u>너에게도</u> 선물을 주었니?

만약, 위의 예문 중의 밑줄 그은 부사어가 없으면 다음과 같이 뜻이 안 통하는 불완전한 문장이 된다.

    (25′) 가. *나는 지호를 삼았다.
            나. *이것은 가짜인데 똑같네요.
            다. *내 친구도 다닌다.
            라. *이 화분을 놓아라.
            마. *그 사람이 선물을 주었니?

---

[45] "내가 새 만년필을 <u>아주</u> 잃었다."는 "내가 <u>아주</u> 새 만년필을 잃었다."에서 '아주'가 자리바꿈을 한 것이 아니라 '아주'가 본래부터 '잃다'를 꾸미고 있는 것이다.

이것은 이들 문장의 서술어가 위의 밑줄 그은 부사어를 필수적으로 요구하는 것이기 때문이다. 다시 말하면, (25가)의 서술어 '삼다'는 타동사인데 목적어 외에 '체언+(으)로'를 필요로 하는 세 자리 서술어이며, (25나)의 '같다'는 두 자리 서술어로서 '체언+와/과'가 꼭 있어야 한다. '체언+와/과'를 필수적으로 요구하는 용언으로 '같다' 외에 '비슷하다, 다르다, 닮다, 틀리다…' 같은 것이 있으며, '체언+에(또는 에게)'를 요구하는 용언에 '넣다, 두다, 드리다, 던지다, 다가서다…' 같은 것이 있다. 용언에 따라 이렇게 여러 가지 부사격의 체언을 꼭 수반해야 서술어로서의 기능을 수행할 수 있는 것이 있다.

이와 같은 경우의 부사어는 수의적 성분이라 하기 어려운 점이 있어 학자에 따라서는 이들을 부사어라 하지 않고 보어(補語)로 보기도 한다. 그러나 이들 부사어가 필수적으로 요구되는 것은 서술어가 되는 특정 용언의 개별적 특질에 의한 것으로 그 용언 하나하나에 따라 부사어가 필수적인 것도 있다고 규정하는 수밖에 없다.

▌부사와 부사어, 관형사와 관형어의 구별 ▌

품사 중 명사, 대명사, 수사 등 체언은 주로 주어, 목적어, 보어 등 주성분으로 쓰인다. 품사로서의 성질과 문장 성분으로서의 체언이 비교적 명확히 구분되기 때문에 혼동의 우려가 적다. 그러나 부사와 부사어, 관형사와 관형어는 특성이나 기능이 비슷한 측면이 있어서 품사와 문장 성분이 혼동되는 경우가 많다.

ㄱ. 시간이 <u>빠르게</u> 간다.
ㄱ'. 시간이 <u>빨리</u> 간다.
ㄴ. <u>다른</u> 사람은 몰라도 너까지 나를 비난하면 어떡해?
ㄴ'. <u>다른</u> 색으로 보여 주세요.

(ㄱ)과 (ㄱ')의 밑줄 친 부분은 부사어이다. 그러나 (ㄱ)의 '빠르게'의 품사는 형용사이며 (ㄱ')의 '빨리'의 품사는 부사이다. (ㄴ), (ㄴ')의 밑줄 친 부분은 관형어인데 (ㄴ)의 '다른'은 관형사, (ㄴ')의 '다른'은 형용사이다.

ㄷ. <u>학교</u> 운동장으로 모여라.
ㄹ. 네 <u>바로</u> 옆 자리는 내 자리야.

(ㄷ)의 '학교'는 명사이지만 문장 성분은 관형어이며 (ㄹ)의 '바로'의 품사는 부사이지만 문장 성분은 관형어이다. 품사는 단어가 가지는 성질에 따라 나눈 것이지만 문장 성분은 단어, 구, 절이 문장에서 기능하는 역할에 따라 분류되는 것이므로 이 둘은 차이가 있음을 유의해야 한다.

8.4. 독립 성분

독립 성분에는 독립어[홀로말]가 있다. 독립어는 문장 중의 어느 성분과도 직접적인 관련이 없는 독립된 성분이다.

(1)　가. <u>아이구</u>, 허리가 아파 죽겠다.
　　　나. <u>민지야</u>, 저 하늘에 떠 있는 것이 뭘까?

위의 밑줄 그은 말들이 독립어인데, 이들이 그 뒤에 오는 말과 어울려 하나의 문장을 이루는 것은 사실이지마는 뒤에 오는 말과 구조적인 상관관계는 없다.

8.4.1. 독립어의 성립

독립어에는 감탄사나, 체언에 호격 조사가 붙은 것이 있다. 앞의 (1가)에서는 감탄사가, (1나)에서는 호격 조사가 붙은 체언이 독립어가 되었다. 그런데 체언에 호격 조사가 붙어서 독립어가 될 때 그 체언이 무정 명사(無情名詞)이면 호격 조사가 붙지 않으며, 유정 명사(有情名詞)일 때에도 하게체의 문장에서는 호격 조사가 생략될 수 있다. 다음 예가 그러하다.

(2)　가. <u>명경(明鏡)</u>, 세상에 거울처럼 두려운 물건이 또 있을까?
　　　나. <u>지호</u>, 지금 퇴근하나?

'아버지, 할아버지, 아저씨…' 등의 높임의 뜻을 가진 말이나, 접미사 '님'이 붙은 '선생님, 형님, 손님…' 같은 말들에는 호격 조사가 붙지 않는 것이 일반적이다. 그리고 '지호, 민지…' 등과 같은 고유 명사라도 해라체나 해체[반말]가 아닌 문맥에서는 호격 조사를 잘 붙이지 않는다. 높임의 호격 조사로 '(이)여', '(이)시여' 같은 것이 있으나 문어(文語)나 시어(詩語)로서 쓰일 뿐이다.

독립어 중에서 (1나), (2나)에서처럼 누군가를 부르는 말, 나아가 유정물이나 무정물을 부르는 말을 호격어(부름말)라고 하고, (2가)에서처럼 상대방의 주의를 끌기 위해 문장 앞머리에 제시하는 말을 제시어(보임말)이라 하기도 한다. (1가)에서와 같은 독립어는 감탄어라 할 수 있다.

다음 (ㄱ)의 밑줄 친 부분인 접속 부사를 독립어로 볼 것인가에 대한 논란이 있어 왔다.

ㄱ. 수필은 그 쓰는 사람을 가장 솔직히 나타내는 문학형식이다. <u>그러므로,</u> 수필은 독자에게 친밀감을 준다.
ㄴ. 원서 교부 <u>및</u> 접수는 입학처에서 합니다.

'그래서, 그러므로, 그러나, 그리고, 그런데…' 등 문장 첫머리에 쓰일 수 있는 접속 부사들은 독립어 자리에 올 수 있지만 (ㄴ)에서와 같이 '및, 또는'과 같이 단어를 접속하는 접속 부사들은 독립어 자리에 올 수 없다.
감탄어, 호격어, 제시어 등 독립어는 그 뒷부분과 아무런 관련이 없다. 통사적인 상호(相互) 제약도 없다고 하는 것이 원칙이다. 그러나 접속 부사 '그래서' 뒤에는 (ㄷ), (ㄹ)에서 보는 바와 같이 명령형이나 청유형이 오지 않는다.

ㄷ. 비가 너무 심하게 온다. *<u>그래서</u> 일을 좀 쉬어라.
ㄹ. 배가 몹시 고프다 *<u>그래서</u> 우선 밥부터 먹자.

이와 같은 연유로 접속 부사는 독립어로 볼 수 없다.

8.4.2. 독립어의 특징

독립어는 문장 부사어의 한 가지로 생각하기 쉽다. 그러나 문장 부사어는 다른 자리에서는 물론 독립어와 같이 문장의 앞머리에 쓰이는 경우에도 그 뒤에 오는 문장을 수식하는 기능을 하는 그 문장의 한 성분이지마는 독립어는 그것을 뒤따르는 문장의 한 성분이 되지 못한다. 문장 부사어가 그 뒤에 오는 문장을 수식하고 있다는 것은 다음과 같은 예를 보아서도 알 수 있다.

(3) 가. <u>불행하게도</u> 우리는 그를 재난으로부터 구해 낼 수가 없었다.
     나. <u>다행히</u> 그 사람의 상처가 그리 크지 않았다.

위의 (3)은 각각 "우리가 그를 재난으로부터 구해 낼 수가 없었다는 것은 불행한 일이다.", "그 사람의 상처가 그리 크지 않다는 것은 다행한 일이다." 하는 뜻으로 각 문장 부사어가 뒤에 오는 문장 전체를 수식하고 있음을 알 수 있다. 그러나 독립어는 이러한 관계가 맺어지지 않는다.

위의 예문 (1나)나 (2나)에서처럼 부르는 말이 독립어로 나타날 때 그것은 그 뒤에 오는 문장 속의 한 성분과 일치하는 것이 보통인데, 이때는 독립어와 일치되는 말이 대명사로 바뀌거나 아예 생략되는 일이 흔하다.

(4) 가. <u>지호야</u>, 선생님께서 찾으시더라.
   나. <u>사랑</u>, 세상에 이것처럼 위대한 것이 있을까?

(4가)에서는 지호를 지칭하는 대명사의 목적격 '너를'이 생략되었으며, (4나)에서는 '사랑'을 '이것'으로 가리키고 있다.

8.5. 기본 문형

국어의 문장은 '무엇이 어찌한다, 무엇이 어떠하다, 무엇이 무엇이다'의 세 가지 중 하나에 속하게 된다. 이에는 국어는 서술어가 가장 중심이 되는 언어라는 생각이 담겨 있다. 서술어가 동사, 형용사, 이다 중 어떤 용언이냐에 따라 문장의 기본적인 골격, 즉 기본 문형(基本文型, basic sentence pattern)이 정해진다고 본 것이다. 국어 문장의 문형은 이 세 가지 골격을 기본으로 하여 구체화할 수 있다. 다음에서는 국어의 기본 문형에 대하여 좀 더 살펴보기로 하겠다.

8.5.1. 논항 구조와 기본 문형

문장은 구성하는 요소의 기능에 따라 주어, 목적어, 서술어, 보어 등의 주성분과 관형어, 부사어 등 부속 성분, 그리고 독립 성분 등의 문장 성분으로 분석할 수 있다. 이는 분석의 관점에서 본 것인데, 생성의 관점에서 문장을 만들 때에도 문장 성분이 기본 단위가 된다. 이와 같이 문장 성분은 이해의 관점뿐 아니라 표현의 관점에서도 중요하다. 기본 문형은 필수적인 문장 성분만으로 구성된 문장을 몇 가지 유형으로 나눈 것으로, 문장 성분에 대한 지식은 문장의 구조를 이해하고 올바른 문장을 만드는 데 기초가 된다. 기본 문형으로 제시된 국어 문장의 기본적인 골격은 국어 교육이나 한국어 교육에서 활용될 수 있다.

국어에서 일반적으로 문장(文章, sentence)은 서술어를 중심으로 그와 관련된 명사구들로 이루어진다. 서술어의 종류에 따라 그 서술 용언에 이끌리어, 반드시 나타나야만 하는 최소한의 문장 성분(논항論項, argument)으로 이루어진 구조를 논항 구조(論項構造,

argument structure)라 한다. 국어의 문장 형식(문형文型)은 서술어와 그 서술어가 요구하는 논항, 그리고 격(格, case)을 구체적으로 실현시키는 격 표지로 이루어져 있다.[46] 기본 문형은 국어의 문형을 몇 가지 기준에 따라 같은 특성을 가진 것끼리 묶은 것을 이른다.

(1) 가. 구름이 간다.
　　나. 하늘이 푸르다.
(2) 가. 민지는 보고서를 쓴다.
　　나. 나는 하늘을 본다.

(1가)는 자동사 구문이며 (1나)는 형용사 구문이고 (2)는 타동사 구문이다.

(1′) 가. 하얀 구름이 빨리 간다.
　　나. 가을 하늘이 눈이 부시게 푸르다.
(2′) 가. 내 동생 민지는 열심히 보고서를 쓴다.
　　나. 슬퍼진 나는 흐린 하늘을 멍하니 본다.

(1′)과 (2′)의 밑줄 친 부분은 부속 성분으로, 생략되어도 문장의 성립에는 문제가 없다. 문형은 생략할 수 있는 수의적인 성분을 제외하고 주성분만을 대상으로 한다. 국어의 문장은 서술어와 서술어가 요구하는 필수적인 성분으로 골격이 이루어져 있기 때문에 동사나 형용사와 같은 용언의 의미 구조가 매우 중요하다.

8.5.2. 사전과 문형 정보

국어사전에는 용언 표제어에 문형 정보가 제시되어 있는 경우가 있다. 국어의 문장은 격 조사로 문장 성분을 확인할 수 있기 때문에 문형 정보에 격 조사 형태를 함께 제시한다. 다음에서 그 예를 보인다.[47]

---

[46] 격은 문법적인 기능과 의미적인 역할을 하는 추상적인 문법 범주로, 국어에서는 그 기능과 의미에 부합하는 격 조사를 선택하여 격 범주가 실현된다. 문장 내에 실현되는 명사구들은 그 문장의 술어인 동사나 형용사의 의미와 무관하지 않으며, 서술어가 되는 용언의 통사·의미적 특성에 따라 일정한 격 조사를 수반하고 나타난다.

[47] 국어사전 중 용언의 문형 정보를 처음으로 제시한 『연세한국어사전』(1998)에서는 문형을 격틀(case frame)이라 하였다. 이후 『표준국어대사전』(1999), 『연세 초등사전』(2000), 『외국인을 위한 한국어 학습사전』(2004), 『고려대한국어대사전』(2009) 등에서도 문형 정보를 제시하였다. 이외에 정규 국어사전은 아니나 통사 정보에 초점을 맞춘 『현대한국어동사구문사전』(1997), 2016년 웹 사전으로 공개된 『한국어기초사

(3) 연세한국어사전(1998)

믿다 「동」

①이 ②를 믿다 ① 사람명사 ①참 '①이 절 -, ①이 ②를 ③으로 -'로도 쓰임 (절 '-다고'의 꼴)

「1」 진실이라고, 옳다고, 또는 사실이라고 생각하다.

¶나는 아내에게 간밤에 겪은 일을 얘기할까 하다가 믿을 것 같지 않아 미루어 두기로 했다.

② 사람명사

「2」 (사람이나 조직의) 정직함, 착함, 능력 따위를 신임하다. 신뢰하다.

¶믿고 대권을 맡길 사람이 누구인가 심사숙고해야 한다.

② 신·종교

「3」 (신이나 종교를) 받들고 따르며 의지하다.

¶그가 궁합을 믿는 것은 불가에서 석가모니불을 믿는 것이나 기독교에서 그리스도를 믿는 것이나 진배없는 신앙인지도 모른다.

(4) 표준국어대사전(https://stdict.korean.go.kr/)

믿다 「동사」

[1] 【…을】

「1」 【-음을】 【…으로】 【-고】 어떤 사실이나 말을 꼭 그렇게 될 것이라고 생각하거나 그렇다고 여기다.

¶ 나는 동생의 말을 철석같이 믿었다.

「2」 어떤 사람이나 대상에 의지하며 그것이 기대를 저버리지 않을 것이라고 여기다.

¶ 우리 팀은 마지막 타자인 너만 믿는다.

「3」 절대자나 종교적 이념 따위를 받들고 따르다.

¶ 함께 하느님을 믿는 형제끼리라도, 이럴 때 심정의 미묘한 어긋남은 어쩔 수가 없는 모양이었다.

[2] 【…을 …으로】 【…을 -고】

어떤 사람이나 대상을 아무 의심 없이 다른 무엇이라고 여기다.

¶ 우리는 그 단체를 비영리 단체라고 믿었다.

(5) 고려대한국어대사전(http://dic.daum.net/)

믿다 타동사

1. (1) (기본의미) [(명)이 (명)을] (사람이 무엇을) 의심하지 않고 그렇게 여기다.

전』(국립국어원)도 있다. 본문에서 제시한 사전 기술에서 문형 정보는 진한 글씨로 밑줄을 그어 표시하였으며 예문은 대표적인 한두 개씩만 보였다. 『연세한국어사전』은 종이 사전의 정보를, 나머지 국어사전은 인터넷 사전의 정보를 가져왔다.

아버지는 아들의 말을 늘 믿었다.

(2) [(명)이 (명)을] (사람이 절대자나 종교, 이념 따위를) 절대적으로 받들고 따르다.

나는 예수님을 믿습니다.

(3) [(명)이 (명)을] (사람이 무엇을) 따르고 의지하다.

그녀는 주위에 믿을 만한 친구가 없다.

어머니는 나 하나만을 믿고 살아오신 분이다.

자동사

1. [(명)이 (동)다고/(형)다고/(명)이라고] (사람이 무엇이 어떠하다고) 의심하지 않고
그렇게 여기다.

우리는 그녀가 범인이라고 믿었다.

우리는 박 대리가 거짓말을 하고 있다고 믿고 있어.

(6) 한국어기초사전(https://krdict.korean.go.kr/)

믿다 동사

 1. 무엇이 맞거나 사실이라고 생각하다.

거짓말을 믿다./나는 동생의 말이 사실이라고 믿었다.

<u>문형</u> 1이 2를 믿다, 1이 2-고 믿다

 2. 무엇에 의지하며 기대를 저버리지 않을 것이라고 여기다.

사람을 믿다./엄마는 늘 내게 동생을 믿고 맡기신다.

그 사람이 하는 일이라면 무슨 일이든 믿을 수 있다.

<u>문형</u> 1이 2를 믿다

 3. 신이나 종교 등을 받들고 따르다. 그리스도를 믿다.

기독교를 믿다./할머니는 사주를 믿고 내게 올해는 특별히 조심하라고 하셨다.

<u>문형</u> 1이 2를 믿다

 4. 무엇을 의심 없이 다른 어떤 것이라고 여기다.

친구를 착한 사람이라고 믿다./지수는 그 책을 도움이 되는 자료라고 믿고 샀다.

<u>문형</u> 1이 2를 3으로 믿다, 1이 2를 3-고 믿다

　사전마다 문형 정보를 표시하는 방식이 약간씩 다르지만 서술어가 되는 용언에 따라 필수적인 성분을 격 조사와 함께 제시하는 것은 공통적이다. (3)~(6)에서 문형은 주성분 뿐 아니라 부속 성분 중 필수적 부사어와 같이 서술어가 요구하는 필수 성분을 포함한다 는 것을 알 수 있다. (4)의 『표준국어대사전』은 주어를 이미 주어진 것으로 보고 주어를 제외한 필수적인 성분의 격 조사를 표시함으로써 용언의 문형 정보를 제시하였다. 또한 용언은 하나의 문형으로 쓰이기도 하지만 위에서 보듯이 빈도가 높은 용언의 경우는 의미에 따라 여러 개의 문형을 갖기도 한다.

8.5.3. 기본 문형의 설정

앞에서 보인 사전의 문형 정보는 용언 표제어의 말뭉치 용례를 귀납적으로 분석하여 얻은 결과이다.[48] 기본 문형은 귀납적으로 제시된 문형을 몇 가지 상위 유형으로 묶어서 제시할 수 있다. 문형을 유형별로 분류하여 80여 개의 상위 문형으로 묶기도 하지만[49] 기본 문형의 개념을 생각할 때 제한된 수로 한정할 필요가 있다. 다음에서 기본 문형을 간략하게 보인다.

(7)　1이 ―
　　① 1이 ―
　　② 1이 2에/에게 ―
　　③ 1이 2와 ―
　　④ 1이 2로 ―
　　⑤ 1이 2가 ―
　　⑥ 1이 2이다
(8)　1이 2를 ―
　　⑦ 1이 2를 ―
　　⑧ 1이 2를 3과 ―
　　⑨ 1이 2를 3에/에게 ―
　　⑩ 1이 2를 3에서 ―
　　⑪ 1이 2를 3으로 ―

(7)은 목적어가 없는 자동 구문이고, 자동사와 형용사, '이다'가 이에 속한다. 용언에 따라 주어 하나만을 요구하는 유형이 있는가 하면 주어 이외에 보어나 필수적인 부사어를 요구하는 것들이 있다. (8)은 목적어를 요구하는 타동 구문이다. 타동 구문은 목적어만 요구하는 부류와 목적어 이외에 필수적 부사어가 나타나는 유형이 있다.

(7), (8)에서 제시한 기본 문형은 국어의 문장 구조를 이해하는 데에 중요한 지식이 된다. 이를 활용하여 글을 쓸 때에도 국어사전에 제시되어 있는 개별 용언의 문형 정보를 참고하여 용언이 필수적으로 요구하는 문장 성분이 생략되지 않도록 유의할 필요가 있다.

---

48 사전에서의 문형 설정과 관련하여서는 유현경·남길임(2008)의 6장을 참조할 것.
49 『외국인을 위한 한국어학습사전』(2004)에서는 용언의 문형을 유형에 따라 8개로 나누고 이를 다시 총 80개의 문형으로 나누어 문형 정보로 제시하였다. (7), (8)과 같이 문형 정보를 몇 가지의 유형으로 형식화하는 것은 *Oxford Advanced Learner's Dictionary of Current English*(OALD) 등의 영어 학습사전에서 시도했던 것으로 OALD에서는 51가지의 문형 유형을 형식화하여 제시한 바 있다. 문형 유형을 번호로 표시한 형식의 정보는 『외국인을 위한 한국어학습사전』(2006) 개정판에서는 삭제되었다.

더 읽을거리

1. 문장 성분에 대한 전반적 논의

문장 성분은 통사론에서 가장 기본이 되는 개념 중 하나이므로 그 논의의 범위가 매우 넓어질 수밖에 없다. 이로 인해 문장 성분 전반을 다룬 연구는 물론이고 특정 문장 성분이라고 할지라도 그 전반을 다룬 연구는 드물다. 주성분 전반에 대한 논의로는 이홍식(2000), 고영근(2018나: 613-624)을 참고할 수 있다. 또한 주어에 대한 전반적 논의로는 정인상(1980), 김민국(2016가)를, 목적어에 대한 전반적 논의로는 이광호(1988: 3장), 우형식(1996: 5장), 유구상 외(2001)을, 관형어에 대한 전반적 논의로는 김봉모(1992), 김선효(2011)을 참고할 수 있다.

2. 주격 조사 '이/가'를 취하지 않는 주어

'에서'와 같은 부사격을 취하는 주어는 주격을 취하지 않는 주어라고 하여 '비주격 주어'라고도 한다. 비주격 주어 현상은 통언어적(cross-linguistic)으로 발견되는 것이지만 국어 문법론 연구에서는 아주 최근에서야 주목을 받기 시작하였다. 특히 부사격 조사 '에게'를 취한 주어를 이른바 '여격 주어'라고 하는데, 이러한 여격 주어가 비주격 주어의 대표적인 예이다. 국어에 여격 주어가 존재하는가는 여전히 논란 중이다. 이에 대한 논의로는 연재훈(1996), 김건희(2003), 심유경(2015), 목정수·이상희(2016), 김민국(2017가) 등을 참고할 수 있다.

'에서' 주어는 주시경의 『국어문법』(1910)에서부터 주어로 인정되어 왔지만 진짜 주어가 아니라는 논의도 꾸준히 이어져 왔다. '에서' 주어에 대한 최근의 논의로는 황화상(2006나), 이정택(2010, 2011나), 김민국(2017나) 등을 참고할 수 있다. 한편, 부사격 조사를 취하는 주어에는 '(으)로서' 주어가 있다는 논의가 제기되기도 하였는데 이에 대해서는 김민국(2013)을 참고할 수 있다.

3. 주격 조사와 목적격 조사의 실현과 비실현

주격 조사 '이/가'와 목적격 조사 '을/를'의 실현/비실현에 대한 문제는 초기 국어 문법 연구에서부터 다루어져 왔다. 이에 대한 대표적 논의로는 정렬모(1946: 132-134), 이숭녕(1956: 61-63), 안병희(1966)을 참고할 수 있다. 이들 논의는 주격 조사나 목적격 조사의 비실현을 일종의 Ø 표지의 격이 실현된 것으로 이해하려고 하였는데, 격 표지의 비실현이 단순한 생략이 아니라고 보았다는 점에서 그 의의를 찾을 수 있다. 이후 이어지는 논의에서는 주격과 목적격의 실현/비실현 조건, 주격과 목적격의 실현/비실현이 지니는 의미·화용적 기능에 대해 천착하게 되었는데, 대표적 논의로는 유동석(1984), 이남순(1988: 27-36), 김지은(1991), 선우용(1994), 목정수(1998나), 한정한(1999), 고석주(2004: 166-187, 223-233) 등이 있다.

이처럼 주격 조사 '이/가'와 목적격 조사 '을/를'의 실현/비실현을 결정하는 요인에 대해서는 다양한 견해가 제시되었는데 최근에는 문장의 정보 전달 방식을 나타내는 정보 구조 (information structure)가 이들 격 조사의 실현/비실현을 결정하는 주요 요인이라고 지적하는 논의가 늘어나고 있다. 이에 대해서는 전영철(2009), 임동훈(2012가, 2015), 최윤지(2016), 김민국(2016나) 등을 참고할 수 있다.

4. 이중 주어문과 이중 목적어문

주어가 겹쳐 나타나는, 이른바 이중 주어문에 대한 논의는 9장의 '더 읽을거리'에서 소개하기로 한다. 앞서 살펴보았듯이 목적어가 겹쳐 나타나는 이중 목적어문은 그 유형이 다양하다. 첫째, 두 목적어가 '전체-부분' 관계를 형성하는 유형, 둘째, 목적어의 수량을 나타내는 말이 목적어로 나타나는 유형, 셋째, 부사어가 목적격을 취해 목적어로 나타나는 유형이다. 여기서 두 번째 유형의 이중 목적어문은 수량을 나타내는 말이 과연 목적어인가에 대해서 여전히 논란의 여지가 있다. 이에 대해서는 이광호(1988: 163-175), 우형식(1996: 232-239), 이홍식(2000: 168-172), 임홍빈(2007: 788-813), 고영근(2018나: 557) 등이 참고된다. 첫 번째 유형의 이중 목적어문에 대한 최근의 논의로는 연재훈(2011: 8장), 박진호(2016나)를 참고할 수 있다. 세 번째 유형의 이중 목적어문은 문제의 성분이 부사어로 나타나기도 하며 목적어로 나타나기도 하는 것과 관련이 있다. 이 문제는 목적어의 범위, 자동사/타동사 구분과도 연결되어 있는 것으로 '더 읽을거리 5'에서 다루기로 한다.

5. 목적어의 특성 및 범위

자동사와 타동사의 구분 기준은 목적어의 유무이다. 그런데 목적어의 범위를 결정하는 것은 그리 쉬운 일이 아니다. 국어 문법론 연구에서 목적어는 그 통사적 특성이 뚜렷하게 밝혀지지 않아 목적격 조사 '을/를'이 결합한 성분을 목적어로 보는 것이 일반적이었다. 그러나 격과 문장 성분이 일치하지 않는 경우도 많아 목적격 조사만을 기준으로 목적어를 결정하는 데에는 여러 가지 문제가 있다. 이러한 문제들에 대해서는 홍재성(1989), 우형식(1996: 69-79), 정희정 (1996), 유현경·이선희(1996), 김문오(1997), 연재훈(1997), 유현경(1998나), 송창선(2008) 등을 참고할 수 있다.

6. 보조 용언 구문의 통사 구조

'본용언+보조 용언' 구성을 하나의 서술어 구성으로 볼 것이냐 두 개의 서술어 구성으로 볼 것인가가 논란이 될 수 있다. 전자의 관점을 취하면 보조 용언 구문이 단문이 되지만 후자의 관점을 취하면 보조 용언 구문이 복문이 된다. '본용언+보조 용언' 구성의 통사 분석에 대해서는 이선웅(1995), 김기혁(1995: 148-157), 손세모돌(1996: 3장), 강현화(1998: 3장), 고영근 (2018나: 729) 등을 참고할 수 있다.

7. 보어의 설정 범위에 대한 논란

보어의 설정 범위에 대한 논란은 이미 최현배의 『우리말본』(1937)에서부터 시작되었다. 그 이후 여러 학자들이 설정하는 보어의 범위는 각기 달랐고 학교 문법에서 보어의 범위가 명확히 정해진 이후에도 그 논란은 지금까지 이어지고 있다. 보어의 설정 범위와 관련한 최근의 논의로는 최호철(1995), 최형강(2004), 양명희(2006), 이선웅(2010), 유현경(2010, 2018가), 고영근(2018나: 616) 등을 참고할 수 있다.

8. 문장 성분의 필수성과 수의성

이 책에서 자릿수는 서술어인 용언이 필요로 하는 필수적인 격 성분으로 한정하고 있다. 그런데 문장 성분의 필수성과 수의성이 늘 쉽게 구별되는 것만은 아니다. 예컨대, "지호가 집에 간다."라는 문장에서 '집에'는 필수적인 성분인가? 수의적인 성분인가? 이는 사전에서의 문형 정보 기술이나 기본 문형 설정에서도 매우 중요한 문제이다. 문장 성분의 필수성에 대한 논의는 유현경(1994), 이병규(1998), 박철우(2002), 이정택(2006나) 등이 참고된다.

9. 관형격 조사 '의'의 특징

관형격 조사 '의'의 기능과 그 실현/비실현의 조건 등에 대해서는 김광해(1984), 이남순(1988: 68-81), 김기복(1997), 최경봉(1999), 김인균(2003), 김승곤(2007), 고영근(2018나: 558-560) 등을 참고할 수 있다. 의미상으로 주어의 역할을 하는 '의' 관형어(이른바 '주어적 속격')에 대해서는 이상욱(2006)이 참고된다. 또한 관형격 조사 '의'의 실현 양상이 사용역에 따라 달라진다는 논의는 김창섭(2008)을 참고할 수 있다.

10. 제시어의 특징과 기능

독립어 가운데 제시어에 대한 연구로는 김영희(1998가: 13장), 이선웅(2005가), 함병호(2016), 고영근(2018나: 621-624) 등을 참고할 수 있다.

11. 문형 설정과 사전·문법 기술

사전에서의 문형(격틀) 설정과 관련하여서는 유현경·남길임(2008: 6장)을 참고할 수 있다, 그리고 이러한 문형을 바탕으로 한 형용사와 동사의 분류 및 문법 기술의 대표적인 논의로는 유현경(1998가: 34-55), 한송화(2000: 25-47) 등이 참고된다. 한편, 문형 정보는 말뭉치 용례를 관찰한 결과를 바탕으로 하는 것이지만 이를 추상화한 것이고 기본 문형은 이러한 문형을 훨씬 더 추상화한 것이다. 따라서 실제 언어 자료에서 문형이 어떻게 실현될 것인가를 기술하는 것은 또 다른 연구 과제라고 할 수 있다. 이에 대해서는 신서인(2017: 3장)을 참고할 수 있다.

1. 아래의 자료에서 밑줄 친 서술어의 주어를 찾아보자.

(1) 우리는 모두 그가 다시 우리 품으로 돌아오기를 바랐다.
(2) 사회는 그 조직체계를 유지하기 위하여 규범을 가진다.
(3) 중국인이 그린 중국화에는 중국인이 가지는 중국적인 격과 정신이 있으나, 외국인이 그 외형만 본뜨면 이상한 것이 된다.
(4) 그렇다고 해서 그들이 중국의 화공이 되지는 않았다.
(5) 영화의 창작과정에 있어서의 과학적인 조작은 촬영으로 끝나는 것이 아니다.
(6) 옳다고 믿는 바를 따라서 행동하는 것이 다름 아닌 성실의 덕이다.

2. 아래의 자료에서 밑줄 친 서술어의 목적어를 찾아보자.

(1) 단오를 명절로 삼아 온 것은 중국 한나라 때부터이다.
(2) 이 날은 서로 부채를 선사하여 정의를 표시하는 풍습이 있다.
(3) 두 명의 학생이 분주히 치마폭에 담은 물건을 가지고 뒷문으로 나갔다.
(4) 그는 아직 어제 밤늦게 형이 돌아온 것을 모르고 있었다.

3. 아래의 자료에서 밑줄 친 부분을 꾸미는 관형어를 찾아보자.

(1) 저 사람은 어디서 많이 본 듯하다.
(2) 그 여자가 남편의 인도를 받아 조용하고 청초한 부인이 되었다.
(3) 깊은 바다에 사는 동물들은 뼈가 연하고 살이 단단하다.
(4) 여러분은 초식동물이 소화기가 발달했다는 사실을 아시는지요?
(5) 오늘 저녁에 쓸 물건이 아직도 배달되지 않았네.

4. 아래의 자료에서 밑줄 친 부분을 꾸미는 부사어를 찾아보자.

(1) 뜻하지 않는 불행을 당한 그는 할 말을 잃은 채 허공을 쳐다보고 있었다.
(2) 네가 본 대로 말해 보렴.
(3) 요즘은 그가 왜 저토록 일을 서두르지?
(4) 함박눈이 소리 없이 내려서 쌓인다.
(5) 바둑이는 잠시도 내 곁을 떠나지 않는다.
(6) 그들은 그들이 처음 출발했던 곳으로 되돌아갔다.

5. 아래의 자료에서 관형어와 부사어를 찾고 그것이 꾸미고 있는 말이 무엇인지 찾아보자.

> (1) 옛 길이 묻혀서 없어지고 그 자리에 저 두 집이 세워진 것이 겨우 세 해 전이다.
> (2) 청년은 싱글벙글 웃으며 꾸벅 인사를 한다.
> (3) 만약에 문학 작품을 길이를 가지고 나눈다면 긴 것, 짧은 것 등, 지어진 때를 따라서 나눈다
>   면 옛날 것, 지금 것 등으로 나뉘겠지.
> (4) 이것은 어떤 사람 내외의 고생하던 때의 이야기이다.
> (5) 30년 세월! 예사로이 지나가는 비바람이라도 변할 대로 변할 만한 긴 세월이다.

6. 아래의 자료에서 서술어를 모두 찾고 이에 대응되는 주어를 찾아보자.

> (1) 잔디가 깔린 광장 뒤에 현충문이 있고 그 뒤에 현충탑이 서 있다.
> (2) 우리들의 아름다운 오늘이 있기까지 그토록 가슴 아픈 희생이 있었던가?
> (3) 우리가 한 뜻으로 뭉칠 때 굳건한 사회가 이룩된다는 것을 우리는 깨달아야 한다.
> (4) 여름철이 더위가 심하고 장마가 계속되어 건강을 해치기가 쉽다.
> (5) 선생은 가난한 집에 태어나고 또 어렵게 살았지마는 그의 마음은 언제나 부유했고 나라
>   사랑의 정열은 식지 않았다.

탐구 문제

1. 아래에 제시된 자료를 바탕으로 다음의 질문에 답해 보자.

> (1) 나는 그날, 멀리서 으르렁거리는 포성을 들으며, 어느 낯모르는 민가에서 밤을 새웠다.
> (2) 나의 집은 무서울 만큼 조용했다.
> (3) 바둑이는 비틀거리며 뛰어내려와 내 발 밑으로 왔다.
> (4) 진리는 시대가 달라진다고 해서 변하는 것이 아니다.
> (5) 간다라 지방 유적 중에는 왕의 명령을 바위에 새긴 것이 있다.
> (6) 우리는 적들에게 있는 힘을 다해 돌을 던지고 도망을 쳤다.

(가) 제시된 자료에서 밑줄 친 서술어가 필수적으로 요구하는 문장 성분이 무엇인지 찾아보자.

(나) 필수적 성분과 수의적 성분의 구분이 모호한 것에는 어떠한 것이 있는가?

(다) 문장 성분의 필수성과 수의성을 구분하는 기준은 무엇인가? 다시 말해, 문장 성분이 나타나지 않았을 때 문장이 온전히 성립하지 않는다는 것은 무엇을 통해 알 수 있는가?

(라) (다)의 답변을 바탕으로 필수적 성분과 수의적 성분의 구분이 모호해지는 경우가 발생하는 이유가 무엇인지 생각해 보자.

2. 아래에 제시된 자료를 바탕으로 다음의 질문에 답해 보자.

> (1) 나는 눈을 감은 채로 첫사랑을 생각하며 옛 추억을 떠올렸다.
> (2) 아버지는 항상 이웃의 일을 늘 자기 일로 생각하고 이웃들을 도왔다.
> (3) 지수는 자신의 아버지를 훌륭한 사람이라고 늘 생각하였다.
> (4) 나는 자신의 일에 최선을 다하는 것이 모든 사람에게 주어진 의무라고 생각한다.
> (5) 아버지는 아들에게는 아무런 문제가 없는 것으로 여겼다.
> (6) 사람들이 그 노인이 범인이라고 여겼지만 그는 아무런 죄가 없었다.
> (7) 김 선생님은 자신이 하고 있는 일을 언제나 천직으로 여겼다.
> (8) 우리는 학교에서도 밖에서도 그를 선배라고 여긴 적이 없다.

(가) 제시된 자료에서 밑줄 친 서술어의 자릿수를 결정하고 문형을 기술해 보자.

(나) 제시된 자료를 바탕으로 '생각하다', '여기다'의 문형을 각각 몇 개씩 설정할 수 있었는가? 이와 같이 하나의 서술어에 여러 개의 문형이 나타나는 이유는 무엇인가?

(다) 하나의 동사에 서로 다른 문형이 여러 개 나타난다면, 서로 다른 문형에 속해 있는 동사들은

동일한 동사라고 보아야 하는가? 아니면 서로 다른 동사라고 보아야 하는가? 자신의 입장에 대한 근거를 생각해 보자.

(라) (가)에서 제시한 문형과 『표준국어대사전』, 『연세한국어사전』, 『고려대한국어대사전』, 『한국어기초사전』에서 제시한 '생각하다', '여기다'의 문형을 비교해 보자. 자신이 설정한 문형과 각각의 사전들에서 제시한 문형이 서로 일치하는가? 일치하지 않는다면 그 이유는 무엇인가?

3. 아래에 제시된 자료에서 밑줄 친 서술어는 모두 주어가 생략되거나 나타나지 않는 경우이다. 이를 바탕으로 다음의 질문에 답해 보자.

> (1) 나는 눈을 감은 채로 첫사랑을 생각하고 옛 추억을 <u>떠올렸다</u>.
> 아버지는 우리의 일을 돕고자 밤낮으로 잠을 <u>이루지 못했다</u>.
> 제자들을 <u>아끼는</u> 선생님들 덕분에 우리들이 이만큼 성장했다.
>
> (2) 엄마: 아이들이 어디에 갔나요?   선생님: 놀이터에 <u>갔어요</u>.
> 지수: 난 오늘 길에서 우연히 민지를 만났어.   지호: 그래? 너를 <u>알아봐</u>?
>
> (3) 간다라 지방 유적 중에는 왕의 명령을 바위에 <u>새긴</u> 것이 있다.
> 이 약을 <u>먹으면</u> 3시간 이내에 증상을 대폭 <u>개선시킬</u> 수 있다.
>
> (4) <u>붙이야</u>!
> 초인종이 울렸다. <u>옆집 남자였다</u>.

(가) (1)과 (2)에서 밑줄 친 서술어의 생략된 주어를 복원해 보자.

(나) (1)과 (2)에서 생략된 주어를 복원했을 때 모든 문장이 자연스러운가? 만약 자연스럽지 못한 경우가 있다면 이러한 경우에도 주어의 생략이 문맥에 의한 것, 즉 화용론적인 성격에 의한 것이라고 할 수 있는가?

(다) (3)에서 밑줄 친 서술어의 생략된 주어를 복원해 보자. 주어의 복원이 가능한가? 복원된 주어는 과연 무엇인가?

(라) (3)에서 밑줄 친 서술어에 주어가 상정될 수 없다면 이는 (4)의 밑줄 친 서술어에 주어가 상정될 수 없는 것과 동일한 이유에 의한 것인가?

4. 아래에 제시된 자료를 바탕으로 다음의 질문에 답해 보자.

> (1-1) 그는 친구로서는 좋으나, 남편감으로서는 부족한 점이 많다.
> (1-2) 그녀는 회장으로서가 아니라 한 아이의 엄마로서 직원들 앞에서 연설을 하였다.
>
> (2-1) 주변머리 없는 나로서는 그 불편과 불만을 참으면서 그대로 살아오고 있었다.
> (2-2) 더욱이 그로서는 마을 사람들에게 너그러운 호의를 보여 왔지 않았던가.
>
> (3-1) 당연히 기업들로서는 정부의 압력을 받지 않을 수가 없었다.
> (3-2) 나라의 주인인 국민들로서는 그 내막을 알 권리가 있을 것이다.
>
> (4-1) 어린 나로서는 아버지의 말이 쉽게 이해되지 않았다.
> (4-2) 나로서는 우산 없이 비를 맞는 것이 참을 수 없었다.

(가) 위의 자료에서 제시한 문장들의 주어와 서술어를 가려내 보자.

(나) 『표준국어대사전』, 『연세한국어사전』, 『고려대한국어대사전』, 『한국어기초사전』에서 (1-1), (1-2)에 제시한 '(으)로서'를 어떻게 처리하고 있는지를 찾아보자.

(다) (가), (나)의 답변을 바탕으로 하여 (2-1), (2-2), (3-1), (3-2), (4-1), (4-2)에 제시된 조사 '(으)로서'의 용법을 설명할 수 있는가? 설명할 수 있다면 그 이유는 무엇인가? 설명하기 어렵다면 그 이유는 무엇인가?

5. 아래에 제시된 자료를 바탕으로 다음의 질문에 답해 보자.

> (1) 주어의 문법적 특성
> (1-1) 주어는 관계 관형화가 가능하다.
>   예) 아버지가 아들을 돌본다. → 아들을 돌보는 아버지
> (1-2) 주체 높임의 선어말 어미 '-(으)시-'에 의한 높임이 가능하다.
>   예) 할아버지가 손자를 돌보신다.
> (1-3) '자기'와 동일 지시를 이룰 수 있다.
>   예) 지수는 자기 동생을 늘 아낀다.
> (1-4) 주격 조사 '께서'와 결합이 가능하다.
>   예) 아버지께서 교장 선생님이 되셨다. / *아버지께서 교장 선생님께서 되셨다.
>
> (2) 아버지에게는 물려받은 재산이 조금 있다.
> (3) 할아버지로서는 손자의 잘못된 행동을 도저히 용서할 수 없었다.
> (4) 아이는 할아버지가 늘 무서웠다.
> (5) 나에게도 할머니가 있다.

(가) (2)와 (3)의 밑줄 친 성분이 (1)에서 제시한 주어의 문법적 특성을 잘 만족하는가?

(나) (4)와 (5)의 밑줄 친 성분이 (1)에서 제시한 주어의 문법적 특성을 잘 만족하는가?

(다) (가)와 (나)의 결과를 바탕으로 한다면 (2~5)의 밑줄 친 성분 중 주어로 볼 수 있는 것은 무엇인가?

(라) (다)의 결과는 자신의 예상과 일치하는 것인가? 만약 자신의 예상과 일치하지 않았다면 왜 자신의 예상과 일치하지 않는 결과가 나오게 되었는가?

6. 아래에 제시된 자료를 바탕으로 다음의 질문에 답해 보자.

---
(1) 철수는 <u>버스 지붕에</u> 탔다. / *철수는 <u>버스 지붕을</u> 탔다.
  *철수는 <u>무엇에</u> 타고 왔니? / 철수는 <u>무엇을</u> 타고 왔니
  *그는 온 <u>시내에서</u> 방황했다. / 그는 온 <u>시내를</u> 방황했다.

(2) 나는 <u>사다리에</u> 올랐다. / 나는 <u>사다리를</u> 올랐다.
  아버지는 <u>담벼락에</u> 페인트를 칠했다. / 아버지는 <u>담벼락을</u> 페인트를 칠했다.

(가) (1)은 부사격 조사와 목적격 조사가 서로 교체되었을 때의 문법성을 보인 것이다. 목적격 조사가 쓰이는 것이 문법적인 경우와 부사격 조사가 쓰이는 것이 문법적인 경우를 비교했을 때 이들 사이에서 어떠한 의미적 차이가 발견되는가?

(나) (2)는 (1)과 달리 부사격 조사와 목적격 조사가 서로 교체되어도 모두 문법적이다. 그렇다면 (1)의 예에서 발견되는 의미적 차이가 (2)에서도 발견되는가?

(다) 만약 (2)의 예에서 부사격 조사와 목적격 조사가 서로 교체되었을 때 일정한 의미적 차이가 발견된다면 이러한 의미적 차이를 실제로 검증할 수 있는 방법에는 무엇이 있는지 생각해 보자.

7. 아래에 제시된 자료를 바탕으로 다음의 질문에 답해 보자.

---
(1) 지수는 <u>마당에</u> 갔다. / *지수는 <u>마당을</u> 갔다.
  나는 <u>집에</u> 가다가 친구를 만났다. / *나는 <u>집을</u> 가다가 친구를 만났다.
  나는 오늘 <u>친구에게</u> 갈 생각이다. / *나는 오늘 <u>친구를</u> 갈 생각이다.
  저기 보이는 <u>밤나무에</u> 가 볼까? / *저기 보이는 <u>밤나무를</u> 가 볼까?
  저 <u>민원 창구에</u> 가서 여쭈어 보세요. / *저 <u>민원 창구를</u> 가서 여쭈어 보세요.

(2) 우리는 <u>영화관에</u> 갔다. / 우리는 <u>영화관을</u> 갔다.
  지수는 <u>교회에</u> 갔어. / 지수는 <u>교회를</u> 갔어.
  어머니는 월급날이라 <u>은행에</u> 가셨다. / 어머니는 월급날이라 <u>은행을</u> 가셨다.

> 동생은 매일 <u>도서관에</u> 가 공부를 한다. / 동생은 매일 <u>도서관을</u> 가 공부를 한다.

(가) (1)은 부사격 조사가 목적격 조사로 교체되었을 때의 비문법적이지만 (2)는 부사격 조사가 목적격 조사로 교체되어도 문법적이다. 서술어 '가다'의 처소 논항이 어떠한 성격을 지닐 때 부사격 조사와 목적격 조사가 교체되는가? 혹은 교체되지 않는가?

(나) (2)의 예에서 부사격 조사와 목적격 조사가 서로 교체되었을 때 일정한 의미적 차이가 발견되는가? 이러한 의미적 차이를 통해 (1)의 예가 설명되는가?

(다) 만약 (2)의 예에서 부사격 조사와 목적격 조사가 서로 교체되었을 때 일정한 의미적 차이가 발견된다면 이러한 의미적 차이를 실제로 검증할 수 있는 방법에는 무엇이 있는지 생각해 보자.

8. 아래에 제시된 자료를 바탕으로 다음의 질문에 답해 보자.

> (1) 나는 <u>10리를</u> 걸었다.
>   우리는 <u>서울부터 부산까지를</u> 내내 졸았다.
>
> (2) 우리는 <u>30분을</u> 걸었다.
>   아버지는 자동차로 <u>하루를</u> 달려 그곳에 도착했다.
>   그는 <u>30년을</u> 로마를 통치했다.

(가) (1)의 밑줄 친 문장 성분은 서술어가 나타내는 행위가 이루어진 거리를 나타내고 (2)의 밑줄 친 성분은 서술어가 나타내는 행위가 이루어진 시간의 양을 나타낸다. 이들은 모두 목적격 조사 '을/를'을 취하고 있는데, 그렇다면 이들은 목적어인가?

(나) (1)과 (2)의 밑줄 친 문장 성분을 목적어로 볼 수 있다면 그 근거는 무엇인가?

(다) 만약 목적어로 볼 수 없다면 그 근거는 무엇인가? 그리고 목적어로 보지 않는다면 어떠한 문장 성분으로 볼 수 있겠는가?

9. 아래에 제시된 자료를 바탕으로 다음의 질문에 답해 보자.

> (1) 언니의 슬픔, 어머니의 <u>기도</u>
> (2) 약점의 보완, 통사론의 <u>연구</u>
> (3) 자식으로서의 <u>도리</u>
> (4) 본국으로의 <u>귀환</u>
> (5) 학교로부터의 <u>도피</u>

(가) 제시된 자료의 밑줄 친 명사는 동사처럼 자신의 개념 구조를 만족시키는 논항을 거느릴 수 있어 '서술성 명사' 혹은 '술어 명사'라고 한다. 이처럼 명사가 서술어와 유사한 역할을 한다면 (1-5)의 명사구를 문장으로 치환하여 이해할 수 있는가?

(나) (1-5)의 명사구를 문장으로 치환하여 이해했을 때, 이때 명사구의 관형어는 문장에서 어떠한 문장 성분과 동일하게 이해되는가?

(다) (나)의 답변을 바탕으로, 부사격 조사가 관형어에 나타날 수 있는 조건을 기술해 보자.

10. 아래에 제시된 자료를 바탕으로 다음의 질문에 답해 보자.

> (1) 자동차(의) 바퀴, 한국(의) 사람
> (2) ^{??}미끄럼 방지용 <u>자동차의</u> 바퀴 / 미끄럼 방지용 <u>자동차</u> 바퀴
> <u>한국의</u> 미국 사람 / [*]<u>한국</u> 미국 사람

(가) (1)은 조사 '의'가 실현된 명사구와 그렇지 않은 명사구가 모두 문법적인 예를 보인 것이다. '의'가 실현된 경우와 그렇지 않은 경우에 어떠한 의미의 차이가 발견되는가?

(나) 만약 의미의 차이가 없다고 느껴진다면 (2)에서 조사 '의'의 실현과 비실현에 따라 달라지는 문법성의 차이를 어떻게 설명할 수 있을 것인가?

(다) 만약 의미의 차이가 있다고 느껴진다면 (2)의 예를 바탕으로 조사 '의'가 실현된 (1)의 명사구와 조사 '의'가 실현되지 않은 (1)의 명사구의 의미 차이를 설명해 보자.

11. 아래의 자료는 『표준국어대사전』에서 기술한 조사 '의'의 21가지 의미 각각에 해당하는 예를 제시한 것이다. 이 자료를 바탕으로 다음의 질문에 답해 보자.

> (1) 영미의 얼굴이 동그랗다.
> (2) 국민의 단결이 필요한 시기이다.
> (3) 나는 다윈의 진화론을 공부하고 싶다.
> (4) 승리의 길을 걷기 위해서는 부단히 노력해야만 한다.
> (5) 민주주의 사회에서는 인권의 존중이 반드시 필요하다.
> (6) 그는 한국의 지도를 계속 그리고 있다.
> (7) 너는 올림픽의 창시자가 누구인지 알고 있니?
> (8) 나는 어제 물의 온도를 잴 방법이 생각나지 않았다.
> (9) 나는 르네상스 시대 예술의 아름다움을 연구하고 있다.
> (10) 가을은 독서의 계절이다.
> (11) 100℃의 끓는 물에 국수를 삶았다.

(12) 나는 어제 선생님의 아들을 우연히 만났다.

(13) 새로 산 옷의 얼룩을 지우지 못해 속이 상한다.

(14) 나는 여름의 바다를 좋아한다.

(15) 우리는 10년의 세월이 지난 다음에서야 다시 만날 수 있었다.

(16) 국민의 대다수가 그 법안이 통과되는 것을 반대한다.

(17) 모나리자는 불후의 명작으로 인정받고 있다.

(18) 마가렛 대처는 철의 여인이라고 불린다.

(19) 나는 순금의 보석을 사고 싶다.

(20) 인류 역사는 투쟁의 역사로 이해될 수도 있다.

(21) 우리는 저자와의 대화를 통하여 그 책이 집필되었을 때의 맥락을 이해하게 되었다.

(가) 『연세한국어사전』, 『고려대한국어대사전』, 『한국어기초사전』에서는 조사 '의'의 의미를 어떻게 기술하고 있는지 찾아보고 위의 자료에서 제시한 조사 '의'의 의미와 비교해 보자.

(나) (가)의 결과를 종합하여 위의 자료들을 새로이 분류할 수 있는가?

(다) 위의 자료에서 '의'가 반드시 쓰여야 하는 경우와 그렇지 않은 경우를 가려내고, '의'가 반드시 쓰여야 하는 환경에 대해 기술해 보자.

12. 아래에 제시된 자료를 바탕으로 다음의 질문에 답해 보자.

(1) 우리는 빵 <u>또는</u> 밥을 먹는다.

(2) 그들은 아주 빨리 <u>그러나</u> 느긋이 움직이고 있었다.

(3) 경찰들은 시민은 집에 가게 <u>그러나</u> 시위대는 집에 못 가게 길을 막았다.

(4) 아버지는 운동을 좋아하신다. <u>그러나</u> 어머니는 집에 계시는 것을 좋아하신다.

(가) 위의 자료에서 밑줄 친 각각의 접속 부사가 서로 이어주고 있는 말들을 찾아보자.

(나) (1)~(4)에서 접속 부사로 이어져 있는 각각의 성분은 '단어', '구', '절', '문장' 중 무엇에 해당하는가?

(다) (1)~(3)의 접속 부사는 문장 성분 책정이 가능한가? 만약 가능하다면 그 문장 성분은 무엇인가? 만약 불가능하다면 그 이유는 무엇인가?

(라) (4)의 접속 부사는 그 문장 성분을 부사어로 볼지, 독립어로 볼지 여전히 논란이다. (다)의 답변을 참고한다면 (4)의 접속 부사를 어떤 문장 성분으로 보는 것이 타당한지 논의해 보자.

제9장 문장의 유형과 짜임새

9.1. 문장의 유형

화자는 종결 어미에 의지하여 청자에게 자기의 생각을 여러 가지 방식으로 표현한다. 예를 들어 자기의 생각을 평범하게 진술할 수도 있고 물을 수도 있으며 상대방을 시키거나 같이 행동하기를 권유할 수도 있다. 이를 문장 종결법이라 하는데, 문체법(文體法)이라고 부르기도 한다. 이는 11장에서 살펴볼 상대 높임법과 상관관계를 맺고 있다.[1]

주고받는 말, 곧 대화와 같은 상황은 화자나 청자가 얼굴을 마주 대고 이야기를 주고받기 때문에 상대방의 신분에 따라 상대 높임법이 달라진다. 이러한 발화 상황을 상관적 장면(相關的 場面)(또는 상담 세계)이라 부른다. 그러나 설명문이나 기사문, 그리고 소설의 지문은 화자(엄격히는 필자)가 종이와 같은 매체(媒體)를 통하여 간접적으로 청자(엄격히는 독자)에게 자기의 생각을 일방적으로 표현하는 상황이기 때문에 신분에 따른 상대 높임법은 설정되기 어렵다. 이러한 발화 상황을 단독적 장면(單獨的 場面)(또는 서사 세계)이라고 한다.[2]

국어의 문장 종결법은 문법가에 따라 넷에서 여덟 개를 인정한다. 이곳에서는 문장 유형을 평서문(平敍文, 또는 평술문 declarative sentence), 의문문(疑問文, interrogative sentence), 감탄문(感歎文, exclamatory sentence), 명령문(命令文, imperative sentence), 청

---

[1] 이외에도 문장 종결법은 학자에 따라 '의향법', '의향 서법', '문장 서법', '서법' 등으로 부르기도 하는데, 각각의 용어가 가리키는 대상은 동일하지만 그 정의는 다소 상이하다. 한편, 진술, 질문, 지시 등의 일정한 화행(話行, speech act)이 특정한 문법적 수단과 일정하게 관련되는 문장의 형식을 '문장의 유형(sentence type)'이라고 하는데, 국어의 문장 유형은 문장 종결법을 나타내는 종결 어미와 문말 억양을 통해 구분된다.

[2] 이와 같이 발화가 사용되는 구체적 맥락 혹은 상황을 '사용역(使用域, register)'이라고 한다. 사용역의 구분은 매우 다양하게 이루어질 수 있는데, 발화를 전달하는 매체가 무엇이냐에 따라 '문어(文語, written language)'와 '구어(口語, spoken language)'로 구분하는 것이 가장 기본적이다. 문어는 대개 단독적 장면을, 구어는 대개 상관적 장면을 이룬다.

유문(誘誘文, 또는 제안문 propositive sentence)의 다섯으로 잡아 문장 종결의 유형을 살피되 장면에 따른 변화의 양상도 함께 주목하기로 한다.[3]

▌ 문장의 유형과 간접 인용절 ▌

직접 인용절을 안은 문장을 간접 인용절로 전환할 때 간접 인용절의 형태는 '-다고, -냐고, -라고, -자고'의 네 가지로 귀착된다.

평서문: 지호가 "밖에 비가 많이 와."라고 말했다.
　　→ 지호가 밖에 비가 많이 온다고 말했다.
의문문: 지호가 "밖에 비가 많이 오니?"라고 물었다.
　　→ 지호가 밖에 비가 많이 오냐고 물었다.
명령문: 지호가 "이제 집에 가거라."라고 말했다.
　　→ 지호가 이제 집에 가라고 말했다.
청유문: 지호가 "이제 집에 가자."라고 말했다.
　　→ 지호가 이제 집에 가자고 말했다.
감탄문: 지호가 "달이 밝구나!"라고 말했다.
　　→ 지호가 달이 매우 밝다고 말했다.
약속문: 지호가 "내가 학교로 갈게."라고 말했다.
　　→ 지호가 자기가 학교로 오겠다고 말했다.
경계문: 지호가 "바닥으로 떨어질라."라고 말했다.
　　→ 지호가 바닥으로 떨어지겠다고 말했다.
허락문: 지호가 "집에 가려무나."라고 말했다.
　　→ 지호가 집에 가라고 말했다.

직접 인용문이 간접 인용문으로 전환될 때 감탄문, 약속문, 경계문은 평서문과 같이 인용을 나타내는 어미가 '-다고'로 바뀌고 허락문은 명령문과 같이 '-라고'로 바뀐다. 이를 근거로 문장의 유형의 개수를 평서문, 의문문, 명령문, 청유문의 네 가지로 보고 약속문이나 허락문은 각각 평서형과 명령문의 하위 유형으로 기술한다. 그러나 문장의 유형을 나눌 때 이를 실현하는 어미가 있는지가 주요한 기준이 되기 때문에 이 책에서는 감탄문은 '-구' 계열의 어미가 있으므로 별도의 문장 유형으로 설명하였다.

---

3 국어 문장의 유형을 여덟 개로 설정하는 경우에는 '약속문', '허락문', '경계문'이 더 추가된다. 약속문은 '-(으)ㄹ게', '-(으)마' 등의 종결 어미, 허락문은 '-(으)렴', '-(으)려무나' 등의 종결 어미, 경계문은 '-(으)ㄹ라' 등의 종결 어미로 실현된다. 이처럼 '약속', '허락', '경계'와 같은 화행 의미가 일정한 문법적 수단과 관련되므로 '약속문', '허락문', '경계문'도 국어 문장 유형의 하나로 설정할 수도 있을 것이다. 그러나 이들 문장 유형은 간접 인용절에 나타날 수 없을 뿐만 아니라 상대 높임법도 극히 제한적이어서 독자적인 문장 유형으로 보기보다는 '경계문'과 '약속문'은 평서문의 하나로, '허락문'은 명령문의 하나로 다루는 것이 더 일반적이다.

9.1.1. 평서문

평서문은 한 문장을 평범하게 진술하는 문장 유형으로서 평서형으로 성립된다. 진술도 청자에 대한 화자의 일방적 진술과 청자의 질문에 대한 화자의 응답 진술로 구분할 수 있다.

 (1) 가. "오늘은 날씨가 무척 덥다. 창문부터 열어라."
    나. "그래, 아직 잔다."

(1)의 두 문장은 모두 상관적 장면에 쓰인 발화이다. 따옴표로 에운 것도 그런 점을 고려하였기 때문이다. 화자와 청자가 설정될 수 있다는 점에서는 공통되나 (1가)는 청자에 대한 화자의 단순한 진술로 짐작되고 (1나)는 '그래' 등으로 미루어 볼 때 질문에 대한 대답으로 생각된다.

평서문 형성의 대표적인 것은 해라체의 평서형 어미 '-다'이다. 이 어미는 형용사와 서술격 조사에 쓰일 때는 (1가)와 같이 어간에 직접 붙기도 하지만 동사에 쓰일 때에는 (1나)와 같이 그 앞에 선어말 어미 '-는/ㄴ-, -았, -겠'을 앞세우는 것이 보통이다.

어미 '-다'는 용언의 어간에 직접 붙는 일도 없지 않다. 이때에는 일기문이나 회의록, 신문 기사의 제목과 같은 단독적 장면에서 사실을 간략하게 진술하는 기능을 가진다.

 (2) 가. 아침 5시에 일어나다. 6시에 뒷산에 오르다. 7시에 집으로 돌아오다.
    나. 위원장의 선언으로 개회하다.
    다. 한국 여자 양궁, 세계를 제패하다.

(2가)는 일기문에서 자주 목격되고 (2나)는 회의록에 쓰인 것이고 (2다)는 신문기사의 제목으로 흔히 사용된다.[4]

어미 '-다'는 선어말 어미 '-더, -라, -니' 뒤에서는 '-라'로 교체되기도 한다. '-라'는 '이다, 아니다'와 인용 조사 '고' 사이에서도 나타난다.

 (3) 하더라, 하리라, 하느니라, 책이라고, 책이 아니라고

---

[4] 이러한 문장은 매우 특수한 환경에서만 제한적으로 사용되지만 학자에 따라 서법의 관점에서 직설법이 실현된 문장으로 이해하는 논의가 있다. 한편, 중세 국어에서는 동사의 과거 시제는 선어말 어미가 결합하지 않는 것으로 표시되었는데 이와 같은 과거 시제를 부정 과거(不定過去, aorist)라고 부르기도 한다.

cf. 하다, 한다(하ㄴ다), 하였다, 하겠다…

위의 예의 아래쪽에 제시한 '-다'의 출현 환경과 비교해 보면 '-라'의 교체가 어휘적으로 제약되어 있음을 알 수 있다.

평서문은 일정한 상대 높임의 등분을 가지고 있다.

(4) 한다, 하네, 하오, 합니다, 해, 해요

선어말 어미 '-는/ㄴ-, -았, -겠'을 앞세운 '-다'와, 형용사와 서술격 조사의 어간에 직접 붙는 '-다'는 대화와 같은 상관적 장면에서도 쓰이지만 기사문, 설명문, 소설의 지문, 수필 등의 단독적 장면에도 널리 쓰인다.

(5) 어린이가 잠을 <u>잔다</u>.

(5)의 예는 방정환의 수필 '어린이 예찬'의 일부이다. 이때는 일반 독자를 상대로 하는 것으로서 해라체라기보다는 하라체라고 함이 타당하다. 독자를 특별히 낮추는 뜻이 없을 뿐더러 이 문장 다음에는 다음과 같은 말이 쓰일 수 있으므로 하라체임이 분명하다.

(5') 어린이가 잠을 잔다. 맑고 티없는 그들의 얼굴을 <u>보라</u>. 어디 때묻고 구겨진 데
　　　가 있는가!

하십시오체도 독자를 대상으로 하는 단독적 장면에 쓰인다.

(6) 달님도 추워서 <u>파랗습니다</u>.

(6)은 동화의 한 구절인데 해라체 '파랗다'로 바꾸어도 좋으며 이런 용법은 어린이를 대상으로 한 글에 많이 쓰인다.

다음 (7)의 '않았어, 있지'는 해라체나 하게체에 대신할 수 있는 두루낮춤으로서 여기에 조사 '요'를 붙이면 두루높임이 된다.

(7) "아직 점심을 먹지 <u>않았어</u>. 동생이 돌아올 때까지 기다리고 <u>있지</u>."

이들은 반말인데 상관적 장면에만 쓰이고 단독적 장면에 쓰이는 일은 없다. 종결 어미

'-어'는 객관적 진술에 쓰이고 '-지'는 미리 알고 있다든지 하는 주관적 진술에 쓰인다. (7)의 뒤에 오는 문장에 나타나는 '있지'를 앞 문장의 '않았어'와 비교하면 차이점이 분명해진다.[5]

일반적으로 평서문은 끝이 '-다'로 되어 있어 마침표를 찍지 않아도 문장 종결의 표시가 분명히 드러나나 두루낮춤과 두루높임의 경우는 모든 문장 종결법에 걸쳐 각각 형태가 같으므로 마침표를 사용하지 않으면 안 된다.[6]

다음 (8)의 '부르마'는 약속을 의미하는 해라체의 특수한 평서문이다. 이를 약속 평서문이라고 부르기로 한다.

(8)   "그래, 이다음엔 꼭 너를 <u>부르마</u>."

문법가에 따라서는 '약속법'이라 하여 독자적인 문장 종결법으로 인정하기도 하나 이곳에서는 평서형에 소속시켰다. 하게체에서는 '-(으)ㅁ세', 하오체에서는 '-(으)리다', 하십시오체에서는 '-(으)오리다'로 나타나나 요즈음은 해라체의 '-(으)마'만 주로 쓰인다. 약속 평서문은 화자가 자기의 의사를 상대방에게 베풀어 그 실현을 기꺼이 약속할 때 쓰이는 것이 보통이므로 이러한 상황에서 벗어나는 다음의 예는 자연스럽지 못하다.

(9)   [?]내가 너를 <u>때리마</u>.

남을 때리거나 남에게 해를 입히는 행위는 일반적으로 부정적 가치를 띤, 소망스럽지 못한 행위로 인식되고 있으므로 자연스럽지 못한 발화가 된다고 생각한다. 허락의 의미를 표시하는 특수한 명령형 어미 '-(으)려무나'와 용법이 비슷하다.

---

5 '-지'는 문장이 나타내는 사실이 화자가 이미 알고 있는 정보임을 나타내고 청자도 이러한 사실을 이미 알고 있음을 나타낸다. 예를 들어 "지호는 어디에 갔어?"라는 질문에 대한 답으로, "지호는 병원에 갔지."라고 대답하는 것은, 질문에 대답한 사람이 '지호가 병원에 간 사실'을 질문을 한 사람도 마땅히 알고 있어야 한다는 것을 뜻한다는 것이다. 반면에 '-어'는 이미 알고 있는 정보나 새로 알게 된 정보와 상관없이 무표적으로 쓰일 수 있으며 청자의 지식 상태에 대한 가정도 없다. 반말 종결 어미의 양태 의미에 관해서는 §10.3.2.2을 참조할 것.

6 두루낮춤의 '해체', 두루높임의 '해요체' 종결 어미는 모든 문장 유형에서 그 형태가 동일하므로 문어에서는 문장 부호, 구어에서는 문말 억양 패턴으로 그 문장 유형을 구분할 수 있다. 그런데 '해체', '해요체' 문장의 문장 유형은 문말 억양만으로 완전히 구분되지 않아 이들 문장의 문장 유형을 판별하기 위해서는 발화 맥락에 의지해야 하는 경우가 더 많다.

9.1.2. 감탄문

감탄문은 화자가 청자를 별로 의식하지 않거나 독백하는 상황에서 자기의 느낌을 표현하는 문장 유형인데 감탄형으로 성립한다. 문법가에 따라서는 감탄문이 간접 인용문에서는 나타나지 않고 감탄문의 구성이 평서문과 특별히 다르지 않다고 하여 감탄문의 수립을 반대하는 일도 없지 않으나 형태가 어느 정도 갖추어져 있고 그런 대로 독특한 의미를 표시하므로 독립시키는 태도를 취하였다.[7]

감탄문 형성의 어미에는 여러 갈래가 있다. 이 가운데서 '-구나' 계열이 대표적이다.

　　　(10) "참 세월도 빠르다. 네가 벌써 결혼을 하는구나."

(10)의 '-구나'는 현재 시제의 선어말 어미 '-는'이 앞에 붙은 것인데 이 자리에는 '-었, -겠' 등이 쓰일 수 있으며 회상법의 '-더'가 붙은 '-더구나'도 있다. '-구나'는 해라체이지만 하게체에서는 '-구먼', 하오체에서는 '-구려'가 된다. 그리고 '-구나'가 줄어진 '-군'도 있는데 이는 두루낮춤이며 '요'가 붙으면 두루높임이 된다.

'구' 계열의 감탄문은 처음 알게 된 사실을 영탄적으로 진술할 때 쓰인다. (10)에서 '하는구나'를 '한다'로 하여서는 그런 의미가 나타나지 않는다. 상대방이 결혼을 하게 되었음을 지금에야 비로소 알게 되었다는 뜻이다.[8]

(11)의 '무거워라'의 '-어라'는 상대방을 고려하지 않은 독백에서 나타난다.

　　　(11) "아이고! 무거워라."

7　간접 인용절에서도 나타날 수 있는가, 상대 높임법 등급에 따라 두루 나타날 수 있는가라는 기준으로 문장의 유형을 구분한다면 감탄문은 평서문의 한 종류로서, 독립된 문장 유형으로 설정하기 어렵다. 국어 문법론 연구에서는 전통적으로 감탄문을 별도의 문장 유형으로 인정해 왔지만 최근에는 감탄문을 독립된 문장 유형으로 인정하지 않는 견해도 널리 수용되고 있다. 한편, 감탄문이 화자가 청자를 별로 의식하지 않거나 독백하는 상황에서 자기의 느낌을 표현하는 문장 유형이라고 해서 감탄의 의미가 들어가는 문장이 모두 감탄문이 되는 것은 아님을 유의할 필요가 있다. 예컨대, "어머, 지수가 벌써 집에 갔다!"와 같은 문장이 놀라움의 의미를 담고 있더라도 이는 평서문이다. 문장 유형은 문장이 나타내는 화행 의미가 아니라 종결 어미와 같은 문법적 수단으로 구분되는 것이기 때문이다.

8　'-구나', '-군' 등의 '구' 계열 종결 어미는 새로 알게 된 사실을 나타내는 데 쓰인다. 따라서 학자에 따라서는 이들 종결 어미가 나타내는 '감탄'의 의미는 '새로 앎'의 의미에서 파생되는 것이라고 보는 견해도 있다. 한편, '구' 계열 종결 어미와 마찬가지로 '새로 앎'의 의미를 나타내는 동시에 '감탄'의 의미를 나타내는 종결 어미로는 해(요)체의 '-네(요)'가 있다. 그래서 논의에 따라서는 '-네(요)'를 감탄형 종결 어미로 보기도 한다.

쓰이는 상황이 독백에 국한되는 만큼 상대 높임법에 따른 등분이 없다. 이 감탄형 어미는 흔히 형용사와 결합되는데 화자 자신의 느낌을 감동적으로 표시할 때 쓴다. 이런 의미상의 특수성 때문에 보통 놀라움, 슬픔 등 감정 표시의 감탄사가 동반된다. 다른 감탄문에 비하면 매우 주정적(主情的)이라 할 수 있다.

한편 느낌의 주체가 화자가 아니거나 형용사가 아닐 때에는 이런 감탄문이 성립되지 않는다.

> (12) 가. *아이고! 지호가 무서워라.
> 나. *아이고! 네가 벌써 결혼을 하여라.
> 다. *아이고! 네가 벌써 고등학생이어라.

(12가)는 주어가 제삼 인칭인 경우이고, (12나), (12다)는 주어가 제이 인칭이며 어미가 동사와 서술격 조사에 결합되는 경우이다.

'-어라' 형태의 감탄문은 해체인 '-어'로도 나타난다.

> (11′) "아이고! 무거워!"

이런 때에는 문장 유형의 표시가 없으므로 느낌표를 붙이지 않으면 안 된다.

'-어라' 계통의 감탄문이 시(詩) 등의 문어체에 사용되는 일이 있는데 독백의 경우와는 달리 형용사 이외의 품사에도 연결될 수 있다.

> (13) 가. 양귀비꽃보다 더 붉은 그 마음 흘러라. (변영로, 論介)
> 나. 우리는 밝음이 오면 어덴지 모르게 숨는 두 별이어라. (이상화, 나의 寢室로)
> 다. 푸른 하늘 새빨간 동백에 지치었어라. (유치진, 鄕愁)

감탄문이 큰 문장 속에 안겨 간접 인용문이 될 때는 평서문으로 귀착되는 것이 보통이다.

> (14) …매우 무겁다고 한다.

(14)의 예는 (11)을 간접 인용절을 안은 문장으로 바꾼 것인데 (11)의 감탄사 '아이고'가 부사 '매우'로 치환되어 있다. 이렇게 감탄문이 간접 인용절을 안은 문장으로 바뀔 때에는 감탄사는 의미상으로 이에 상응하는 부사로 치환되고 어미는 평서형으로 귀착하

는 것이다.

감탄문 형성의 어미에는 '구' 계열의 어미와 '-어라' 이외에 '-는걸, -는데, -거든, -(으)ㄹ거나' 등이 있어 화자의 여러 가지 미묘한 감정을 표시할 수 있다.

9.1.3. 의문문

의문문은 화자가 청자에게 질문을 던짐으로써 대답을 요구하는 문장 유형인데 의문형으로 성립된다.

> (15) 가. "지금 바로 <u>떠나니</u>?"
> 나. "어디 <u>가냐</u>?"
> 다. "너한테 장난감 하나 못 사 <u>줄까</u>?"

(15가)는 '예/아니요'의 대답을 요구하는 것인데 이런 의문문을 판정(判定) 의문문이라고 한다.[9] (15나)는 의문사 '어디'에 힘을 줌으로써 구체적 정보의 설명을 요구하고 있다. 이런 의문문을 설명(說明) 의문문이라고 한다. (15다)는 대답을 요구하는 것이 아니라 화자의 강한 긍정 진술을 표시하고 있다. 형태는 의문문이면서 의미상으로는 의문문이 아닌 의문문을 수사(修辭) 의문문이라고 한다.

현대 서울말에서는 의문사의 쓰임이 어미의 형태에 영향을 미치지 않는데 경상도 방언과 중세 국어에서는 두 유형의 의문문이 형태상의 차이를 보이고 있다.

> (16) 가. "뭐 하노?" cf. 하나 안 하나?
> 나. "므스글 ᄒᆞᄂᆞ뇨?" cf. 이롤 ᄒᆞᄂᆞ녀?

(16가)는 경상도 방언의 예이고 (16나)는 중세 국어의 예인데 설명 의문문을 판정 의문문과 비교하여 보였다. 판정 의문문은 어미가 'ㅏ'나 'ㅓ'로 끝나 있는데 설명 의문문은 'ㅗ'로 되어 있는 것이다. 개화기의 소설류나 논설문에는 두 의문문의 구별의 흔적이 약간 남아 있다.

의문문 형성의 대표적 형태는 (15가)의 '-냐'이다. 이는 해라체인데 선어말 어미 '-느,

---

9 판정 의문문은 화자가 어떠한 답변을 기대하는지의 여부에 따라 중립(中立, unbiased) 의문문과 편향(偏向, biased) 의문문으로 나뉜다. 예를 들어 "오늘이 월요일이니, 화요일이니?"는 중립 의문문이고, "오늘이 월요일 아니니?"는 편향 의문문이다.

-더'를 앞세울 수도 있고 이들은 줄어져서 '-니, -디'가 되기도 한다.

(17) "지금 바로 떠나느냐?"

(17)의 예문은 (15가)의 종결 어미를 '-느냐'로 바꾼 것이다. '-느냐'가 격식을 갖춘 의문형 어미라면 '-니'는 친밀성을 띤 비격식적 의문형 어미라 할 수 있다.

▌어미 '-냐'와 '-느냐' ▌

'-느냐'는 격식적인 어미이고 '-냐'는 비격식적인 의문형 어미로 볼 수도 있지만 '-냐'에 비하여 '-느냐'는 예스러운 느낌을 준다. '-느냐'는 동사의 어간에 결합하고 형용사 어간에는 '-(으)냐'가 결합된다.

ㄱ. 이제 밥을 {먹느냐/*먹으냐}?
ㄴ. 기분이 {*좋느냐/좋으냐}?

'-냐'는 '-느냐, -으냐'와 달리 주로 구어에서 '이다' 및 모든 용언에 결합할 수 있다. 이전에는 형용사 '좋다'는 '좋으냐'로만 활용할 수 있는 것으로 보았으나, 최근에는 구어에서 '-으냐' 대신에 '-냐'가 쓰이는 것을 감안하여 '좋으냐'와 '좋냐'로 모두 활용할 수 있는 것으로 본다.

의문문은 앞의 평서문과 같이 상대 높임법에 따른 등분을 가지고 있다. 하게체에서는 '-는가', 하오체에서는 '-(으)오', 하십시오체에서는 '-(으)십니까'이다.

하게체의 '-는가/-(으)ㄴ가'는 '-나'로 줄어지기도 한다.

(18) "자네 지금 어디로 가는가?"

(18)의 '가는가'가 '가나'로 나타날 수 있다. '-나'는 단순한 하게체 이외에 두루낮춤의 기능을 표시할 수도 있으며 '요'가 붙으면 '가나요'가 되어 두루높임이 되기도 한다. 의문문 형태 가운데서 '-나'와 같이 두루낮춤의 기능을 표시하는 것으로 (15다)의 '-(으)ㄹ까'가 있다. 이 어미에 '요'를 붙이면 '-(으)ㄹ까요'가 되어 두루높임이 된다.

하게체의 '-는가/-(으)ㄴ가, -나'는 단독적 장면에서 쓰이기도 한다.[10]

---

10 '-는가/-(으)ㄴ가/', '-나'는 '하게체' 종결 어미와 '해체' 종결 어미로 모두 쓰일 수 있다. 따라서 단독

(19) 자율 주행, 어디까지 <u>왔나</u>?

(19)의 표현은 신문 사설이나 신문 기사의 제목으로 쓰이는 것인데 이 밖에도 어미 '-는가/-(으)ㄴ가, -나'는 설명문 등의 일반 산문에도 쓰이고 독백에서도 나타난다. 이런 경우의 '-는가/-(으)ㄴ가, -나'는 하라체의 성격을 띠고 있다. 일반 산문에 쓰이는 평서문의 형태 '-는/ㄴ다'가 하라체로 처리되는 것과 비슷하다. (5')의 뒷부분에 나오는 '있는가'를 '잔다, 보라'와 비교해 보면 그 성격을 잘 알 수 있다. 하오체의 '-(으)오'는 평서문과 그 형태가 같다. 일반적으로 평서문에서는 어조가 내려가며 의문문에서는 올라간다. 의문문이라도 의문사를 동반하는 설명 의문문은 어조가 내려간다.[11] 두루낮춤과 이에 '요'가 붙은 '-어(요)'도 어조가 의문문의 표지가 되는데 이런 경우에는 반드시 물음표를 두어야 한다.

(20) 가. 어디 <u>가오</u>? <하오체>
　　　나. 어디 <u>가(요)</u>? <해(요)체>

수사 의문문의 형성에 많이 관여하는 어미는 '-(으)랴'이다.[12]

(21) 내가 너한테 옷 한 벌 못 사 <u>주랴</u>?

(21)의 '못 사 주랴'는 '사 줄 수 있다'의 의미로서 (15다)와 같이 강한 긍정 진술을 포함하고 있다. 이런 의문문을 반어(反語) 의문문이라고 부른다.

장면에 쓰인 '-는가/-(으)ㄴ가'와 '-나'가 하계체 종결 어미라고 섣불리 단정하기 어려운 측면이 있다. 구체적인 청자(독자)를 상정하지 않는 단독적 장면에서는 상대 높임법 등급을 따질 수 없기 때문이다. 그러나 앞서 §9.1.1에서 언급하였듯이 '-어'나 '-지' 등의 '해체' 종결 어미가 상관적 장면에만 쓰이고 단독적 장면에 쓰이는 일은 없다는 사실을 고려한다면 '하계체' 의문형 어미 '-는가/-(으)ㄴ가', '-나'가 '하라체' 의문형 어미로 쓰인다고 할 수 있을 것이다.

[11] 언어 유형론적인 관점에서, 세계 언어의 약 2/3에서 설명 의문문이 억양에 의해 표시되지 않으며 나머지 1/3에서도 억양이 수의적이다.

[12] '-(으)랴'가 항상 수사 의문문으로만 쓰이는 것은 아님을 유의할 필요가 있다. 쓰임이 다소 제한적이지만 "지금 이 일을 하랴?"와 같은 문장은 '네/아니요'의 대답이 가능하므로 판정 의문문이다. 한편, '-(으)랴'는 기원적으로 추측법의 선어말 어미 '-(으)리-'를 포함하는데, 이처럼 추측 표현과 의문문이 함께 쓰이면 수사 의문문을 형성하는 경우가 많다. 예컨대, "이렇게 더운데 눈이 오겠니?", "내가 그걸 알 것 같니?"에서처럼 '-겠-', '-(으)ㄹ 것 같-'과 같은 추측 표현과 함께 의문문이 쓰이면 수사 의문문이 형성되는 경향이 강하다. 또한 "지호가 뭐는 안 먹니?"와 같은 문장에서 볼 수 있듯이, 수사 의문문에 쓰이는 의문사는 부정사(不定詞) 해석을 받을 수도 있다.

다음 (22)의 예는 (15다)나 (21)과는 다른 방식으로 강한 긍정 진술을 내포하고 있다.

(22) 그 사람이 온다면 얼마나 좋을까?

'얼마나 좋을까'는 '매우 좋다'는 뜻이다. 앞의 반어 의문문에 대해 감탄 의문문이라고 할 수 있다. 이런 경우에는 느낌표를 두어 그 의미를 두드러지게 하는 것이 좋다. 이 밖에 국어에는 수사 의문문으로 쓰이는 어미가 많다.

(23) 가. 내가 그런 것을 알면 천재게?
     나. 지호가 여자 친구를 데리고 오다니?
     다. 몸살 났다면서 왜 나왔더람?

(23)의 '-게, -다니, -더람' 등은 앞뒤 문맥을 잘 살펴보면 화자의 강력한 부정 진술이 함의되어 있어서 수사 의문문의 테두리에 넣을 수 있다.

의문문은 상황에 따라 명령, 금지, 권고 등의 의미를 나타낼 수 있다.

(24) 가. 창문 좀 닫아 줄래?
     나. 이 사람아, 그런 장난을 왜 하나?
     다. 텔레비전 그만 보고 들어가 숙제 끝내지 못하겠니?

(24가)는 명령, (24나)는 금지, (24다)는 강한 권고나 명령 등으로 해석된다.[13]

9.1.4. 명령문

명령문은 화자가 청자에게 자기의 의도대로 행동해 줄 것을 요구하는 문장 유형인데 명령형으로 성립된다.

(25) 가. "마음에 드는 것을 하나 골라라."

---

[13] 이와 같이 문장의 유형(종결 어미의 형태)과 일치하지 않는 화행(話行, speech act)을 간접 화행(間接話行, indirect speech act)이라고 한다. 의문문이 간접 화행으로 요청, 명령, 금지 등의 지시(指示, directive) 화행을 나타내는 것은 통언어적(cross-linguistic) 현상이라고 할 수 있다. §9.1.4의 심화 박스 <명령문의 사용과 화행>을 참고할 것.

나. 아래 물음에 알맞은 답의 기호를 <u>고르라.</u>

　(25가)는 화자보다 신분이 아주 낮은 사람에게나 어린이들 사이에서 쓰일 수 있는데 화자는 청자에게 자기의 의도대로 마음에 드는 물건을 고를 것을 직접 요구하고 있다. 그러나 (25나)는 문제 출제자인 화자가 수험생인 청자에게 종이라는 매체를 이용하여 자기의 요구대로 행동할 것을 지시하고 있다. 앞의 명령문을 직접 명령문이라 하고, 뒤의 명령문을 간접 명령문이라고 하는데 두 가지 명령문의 형태가 다른 것이 국어 명령문의 특징이다.[14]

　국어 직접 명령문의 대표적 형태는 해라체인 (25가)의 '-아라'이다. 이미 살펴본 바와 같이 이 어미는 환경에 따라 '-어라, -여라, -거라, -너라'로 교체되며 상대 높임법에 따라 '-게, -오, -(으)십시오'를 붙이면 각각 하게체, 하오체, 하십시오체의 명령문이 된다. 우리가 상대 높임법의 이름을 '해라체, 하게체, 하오체, 하십시오체'라고 부르는 것은 바로 이 명령형 어미에 근거한 것이다. '해라, 하게, 하오, 하십시오'라고 하면 단순히 상대방을 높이고 낮추는 뜻으로 쓰이지만 '해라체' 등과 같이 '체'를 붙이는 것은 문법 용어화를 고려했기 때문이다. 이러한 용어법은 이미 춘원 이광수 이래로 널리 쓰이고 있다.

　다음 (26)은 개화기의 언어 자료에 보편적으로 나타났던 '하오체'와 '합쇼체'의 예들이다.

　　(26)　가. "지팡이 부러지겠으니 치지 <u>마오.</u>"
　　　　　 나. "마님, 그러하시지 말고 쇤네 말씀을 <u>들읍시오.</u>"(이인직, 雉岳山)

　그러나 현대에 와서는 높임의 선어말 어미 '-(으)사'가 쓰인 '마시오, 들으십시오'가 보편적이다. 현대 국어에서 '하오체'는 거의 사용되지 않고 '합쇼체' 대신에 '하십시오체'가 두루 쓰이므로 여기에서는 '합쇼체' 대신에 '하십시오체'라는 용어를 사용한다.[15]

　두루낮춤, 두루높임의 '-어(요), -지(요)'와 하오체는 평서문, 의문문과 형태가 같으므로 어조에 의해 구별되며 글을 쓸 때는 문장의 유형에 따라 마침표, 물음표, 느낌표 등을

14　명령문의 주어는 일반적으로 생략이 되지만 "김 선생님께서 가시지요."처럼 명령의 효력을 완화시키고자 할 때에는 주어가 쓰이기도 한다.

15　'하십시오'는 '하+시+-(으)ㅂ시오'로 분석되므로 엄밀히 따지면 '하십시오체'를 '합쇼체'라고 하는 것이 더 정확할 것이다. 그러나 현대 국어에서 '-사'를 결합하지 않고 '-(으)ㅂ시오'만을 종결 어미로 쓰는 경우는 "어서 옵쇼!"와 같은 예밖에 없다. 따라서 '합쇼체'보다는 '하십시오체'가 현재 언어 사실을 기술하는 데 더 적절한 용어일 것이다.

두지 않으면 안 된다.

명령문에는 허락의 의미를 표시하는 특수한 명령문이 있다.

(27) "그러면 너도 <u>따라가려무나</u>."

(27)의 예에 나타나는 '-려무나'는 해라체인데 하게체에서는 '-게나', 하오체에서는 '-구려'로 실현되고 있지만 해라체를 제외하고는 고유한 형식이 없고 의미에 있어서도 일반 명령문과 큰 차이가 없기 때문에 독립된 문장 유형으로 인정하지 않는다. 다만 이곳에서 유의할 것은, (8)의 '-(으)마'와 같이, 화자의 마음이 언짢거나 좋지 않은 일에 대해서는 잘 쓰이지 않는다는 점이다.

(28) "[?]그러면 네가 그 애를 <u>때리려무나</u>."

'때려라'는 자연스러워도 '때리려무나'가 자연스럽지 못한 것은 '-(으)려무나'에 함축된 의미 때문이다.

(25나)의 '고르라'와 같은 간접 명령문은 매체를 통한 간접적 발화 상황, 곧 신문 기사의 제목이나 시위 군중의 구호, 플래카드, 책의 제목에 어울린다. 이런 경우에 해라체는 어울리지 않는다.

(25) 나'. [?]아래 물음에 알맞은 답의 기호를 골라라.

해라체는 청자가 나이나 신분에 있어 낮을 때 쓰이므로 대명사 '너'가 주어가 되어야 하나 단독적 장면, 곧 하라체에서는 주어가 제삼 인칭이므로 해라체의 어미가 오기 어렵다. (25나)의 주어는 '수험생' 정도로 잡혀지며 "정부는 미세 먼지 방지 대책을 시급히 세우라."에서는 그 주어가 '정부'임이 분명하다. 이때 어간 '하' 뒤에서는, "정부는 미세 먼지 방지 대책을 강구하라."와 같이, '-라'를 올바로 붙여 쓰고 있으나 다른 모음으로 된 어간이나 자음으로 끝나는 어간 아래에서는 해라체인 '-아라'나 '-어라'를 씀으로써 잘못을 저지르는 일이 많다. '하라'가 붙는 말과 비교함으로써 간접 명령형의 정확한 용법을 익히도록 한다.

(29) 가. 부패 세력은 물러가라([?]…물러가거라).
　　　 cf. …사퇴하라([?]…사퇴해라).

나. 자유가 아니면 죽음을 달라([?]…다오).
　　cf. …요구하라([?]…요구해라).
다. 이기고 돌아오라([?]…돌아와라).
　　cf. …귀국하라([?]…귀국해라).
라. 항상 균형을 잡으라([?]…잡아라).
　　cf. …유지하라([?]…유지해라).
마. 성실히 살라([?]…살아라).
　　cf. …성실한 삶을 영위하라([?]…영위해라).
바. 굴욕적 외교 태도를 고치라([?]…고쳐라).
　　cf. …시정하라([?]…시정해라).

　(29)의 예들은 주체를 제삼 인칭으로 잡을 수 있다. (가)는 '부패 세력'이 이미 주어로 나타나 있고 나머지는 적절한 상황을 고려하면 주체를 제삼 인칭으로 상정할 수 있다. (나)는 '침략자', (다)는 '대한의 용사들', (라), (마)는 '사람들', (바)는 '정부' 등이 될 수 있다. (29)의 예를 보면 간접 명령문의 주어는 제삼 인칭으로서 단체나 복수의 성격을 띠고 있으며 구체성이 결여되어 있다.[16] 그 때문에 해라체의 어미가 붙으면 자연스럽지 못하거나 문법에 어긋나는 발화가 된다는 사실을 확인할 수 있다. 간접 명령문이 해라체의 직접 명령문과 다르다는 것은 높임의 선어말 어미 '-(으)시-'가 하라체에서는 나타나지마는 해라체에서는 쓰일 수 없다는 사실에 의해서도 잘 알 수 있다.

　(30)　만천하 독자여, <u>읽으시라</u>.　　cf. *지호야, 네가 책을 <u>읽으셔라</u>.

　직접 명령문을 간접 인용문으로 바꾸면 간접 명령형을 취한다. (25가), (26가), (26나), (27)을 간접 인용문으로 바꾸면 다음과 같다.

　(25)　가'. 마음에 드는 것을 하나 고르라고 한다.
　(26)　가'. 지팡이 부러지겠으니 치지 말라고 한다.
　　　　나'. 그러하지 말고 자기 말을 들으라고 한다.

---

16 하라체 명령문은 구체적인 청자를 상정하지 않은 경우에 쓰일 수 있다. 따라서 불특정 다수의 청자에게 명령을 하거나 단수의 청자라고 하더라도 그 청자를 거의 의식하지 않고 명령을 할 때 쓴다. 예컨대, "총장은 사퇴하라!"와 같은 문장은 특정한 청자인 '총장'에게 명령을 하는 것처럼 보일 수도 있겠지만 '총장'만을 구체적인 청자로 의식한 명령이라고 보기 어렵다. 한편, 하라체 명령문은 주어가 삼인칭이므로 삼인칭 명령문으로 보기도 하는데, 하라체 명령문의 주어를 삼인칭으로 볼 것인가는 논란의 여지가 있다. "총장은 사퇴하라!"에서 '총장'은 구체적이지는 않지만 청자로서 이인칭이기 때문이다.

(27′) 그러면 나도 따라가라고 한다.

위의 간접 인용문을 앞에서 살펴본 간접 명령문과 비교해 보면, '-고 하다'가 절단됨으로써 간접 명령문이 형성된다는 사실을 알 수 있다. 간접 명령문으로 된 신문 기사의 제목을 기사문과 비교하면 그런 사실이 확인된다.

(31) 가. 부패 세력은 물러가라.
　　　 나. 시민들은 부패 세력에게 물러가라고 함성을 질렀다.

(31나)의 '부패 세력에게'가 '부패 세력은'으로 된 것만 다르고 주어가 제삼 인칭으로서 공통되고 명령형 또한 같으니 간접 명령문은 간접 인용문을 바탕으로 형성되었음이 쉽게 드러난다.

명령문은 상대 높임법에 따라 의미가 조금씩 다르다. 해라체에서는 (25가)와 같이 시킴이나 지시의 의미가 강하고 하게체 이상에서는 권고나 제의, 나아가 탄원을 의미할 수도 있다. 그러나 간접 명령문이나 간접 인용문에서는 단순한 지시의 의미만 나타난다. 간접 명령형 어미 '-(으)라'를 중화 명령형이라고도 하는데 이는 형태의 중화뿐 아니라 의미의 중화까지도 가리킨다.

▌명령문의 사용과 화행 ▌

상대 높임의 등급이 올라갈수록 직접적인 명령의 의미를 지닌 어미가 사용되는 것이 꺼려지는 경향이 있다. 화자보다 나이나 지위가 높은 청자에게 명령문을 사용하여 의사를 전달하는 것이 부담스럽기 때문이다. 화자는 명령문 대신에 의문문이나 감탄문, 평서문, 청유문 등 다른 문장의 유형을 사용하여 명령의 의사를 간접적으로 전달하게 된다.

ㄱ. 창문 닫아라.
ㄴ. 창문 좀 닫아주실래요?
ㄷ. 오늘 날씨가 무척 덥구나!
ㄹ. 비가 온다.
ㅁ. 창문 좀 닫읍시다.

실제로 (ㄱ)과 같은 명령문을 사용할 수 있는 환경은 많지 않다. 청자가 화자보다 나이나 지위가 낮은 경우에도 (ㄴ)~(ㅁ)과 같은 간접적으로 명령의 의사를 전달하는 경우가 더 일반적이다.

화용론에서는 화자의 의도와 문장의 유형이 일치하는 경우를 직접 화행(直接話行, direct

speech act)이라 하고 화자의 의도와 다른 문장의 유형을 사용할 경우에 이를 간접 화행(間接 話行, indirect speech act)이라 하기도 한다.

9.1.5. 청유문

청유문은 화자가 청자에게 같이 행동할 것을 요청·제안하는 문장 유형인데 청유형으로 성립된다. 청유문은 의미상으로는 명령문이라 할 수 있다.[17·18] 그러나 문장 구성의 방식이 다르다. 청유문의 주어는 화자와 청자의 합동인 데 대해 명령문의 주어는 청자 단독이다. 간접 인용문에 있어서도 '-자'와 '-(으)라' 등으로 분화되어 있다. 허락 명령문의 '-(으)려무나'는 간접 인용문에서 '-(으)라'로 귀착되어 명령문에 포괄시킬 수 있지마는 청유문은 '-자'가 되어 독자적 형태를 가지고 있다.[19]

(32) "어서 가자. 5분밖에 남지 않았다."

(32)의 예는 화자가 청자에게 같이 행동할 것을 제안하는 것인데 해라체로서 청유문의 대표적 형식이다. 하게체에서는 '-세', 하오체에서는 '-ㅂ시다'가 대용되고, 하십시오체의 자리에는 '-시지요'가 대용되는 일이 많다.

다음의 예 (33)은 화자가 자기의 행동 수행을 제안하는 것이다.

(33) "나도 한 잔 마시자."

(32)의 주어는 화자와 청자의 합동인데 (33)에서는 주어가 화자 자신이라는 차이점이 있다.[20] 한편 다음 예는 약간 다르다.

(34)의 예는 청자의 행동 수행을 제안하는 것이다.

(34) "표 좀 빨리 팝시다."

---

17 청유문 대신에 제안문이 더 적절하다는 견해도 있다.(고영근 2018나: 162, 611)

18 따라서 명령문은 이인칭 명령으로, 청유문은 일인칭 복수 명령으로 볼 가능성도 있다.

19 뿐만 아니라 청유문은 상대 높임법 등급에 따라 두루 나타날 수 있다는 사실도 청유문을 독립된 문장 유형으로 설정할 수 있다는 근거가 된다.

20 이는 화자가 행위를 수행하기 위해서는 청자의 협조가 필요하기 때문에 청자에게 청하는 청유문 형식이 쓰인 것이다.

명령문인 "표 좀 빨리 파시오"와 비교하면 (34)가 지니고 있는 청유문의 의미가 뚜렷이 드러난다.[21]

청유문은 단독적 장면에서 나타나기도 한다.

(35) 귀중한 투표권 빠짐없이 <u>행사하자</u>.

(35)의 예는 대중을 상대로 하는 표어나 플래카드 등에서 흔히 쓰일 수 있는데 상황에 따라 '행사합시다'로 나타날 수 있다. 특히 청중을 상대로 한 연사의 발언에서 이런 표현이 자주 쓰인다.

9.1.6. 문장 종결법과 단독적 장면

국어의 문장 종결법은 장면의 성격에 따라 형태를 달리하고 있다. 상관적 장면에서는 해라, 하게, 하오, 하십시오 등으로 형태를 바꾸나 특정한 청자를 대상으로 하지 않는 단독적 장면에서는 하라체로 바뀐다.[22] 이를 문장 종결법에 따라 정리하면 다음과 같다.

(36) 하라체의 체계

평서문	의문문	명령문	청유문
-(는/ㄴ)다	-(느)냐 -(느)ㄴ가, -나	-(으)라	-자

평서문에서 괄호를 에운 것은 '-는/ㄴ-'의 자리에 '-었, -겠'이 대신한 '-었다, -겠다'로 쓰일 수 있음을 의미한다. 의문문에서 '-느'를 괄호 안에 넣은 것은 어미 '-더'가 대치된 '-더냐, -던가'가 쓰일 수 있음을 가리킨다. '-느냐'는 간접 인용문에 나타나고 '-는가, -나'는 일반 산문이나 신문 기사의 제목으로 잘 쓰인다.

---

21 (34)의 예는 청자에게만 행위를 제안하는 것이기 때문에 그 화행 의미는 명령이라고 할 수 있다. 그러나 청유문의 형식을 사용함으로써 간접 화행을 통해 명령의 효력을 완화시키거나 상대방의 부담을 덜어 주는 효과가 발생한다.

22 '하라체'는 명령문을 제외하고는 별도의 '하라체' 종결 어미가 존재하지 않는다. '하라체' 평서문은 '해라체' 평서문과, '하라체' 의문문은 '해라체' 의문문, '하게체' 의문문과, '하라체' 청유문은 '해라체' 청유문과 동일한 형식을 지니기 때문이다. 따라서 명령문 이외에서 '하라체'를 설정할 수 있는가는 논란이 될 수 있다. 한편, '하라체'는 특정한 청자를 대상으로 하지 않기 때문에 상대 높임법 등급을 매길 수 없음에 유의할 필요가 있다.

9.2. 문장의 짜임새

한 문장 안에 주어와 서술어의 관계가 한 번만 이루어져 있는 것도 있고, 주어와 서술어의 관계가 두 번 이상 이루어져 있는 것도 있다.

(1) 가. 사람은 사회의 일원으로 존재한다.
나. 인간만이 언어를 사용한다.
다. 중세(中世)에 연극은 유럽 여러 나라에서 교회의 주관으로 온 국민을 위한 행사로서 공연되었다.
라. 나는 아까부터 내가 그 아이에게 너무 심하게 굴었다는 죄책감에 사로잡혀 있다.
마. 영화가 연극의 대중성을 물려받았지만, 연극과 대중의 관계가 벌어지지는 않았다.
바. 동생은 한숨을 내쉬며 팔을 베고 자리에 쓰러지면서 눈을 감았다.
사. 아빠는 네가 여기 있는 것도 모르고 산속을 헤매겠구나.

위의 예문 중 (1가)~(1다)는 주어·서술어의 관계가 한 번 맺어져 있는 것이고, (1라)~(1사)는 두 번 이상 있는 것이다. (1가)의 주어는 '사람은', 서술어는 '존재한다'이며, (1나)의 주어는 '인간만이', 서술어는 '사용한다'이다. (1다)는 문장이 좀 길고 복잡하지만 주어가 '연극은'이며, 서술어는 '공연되었다'이다. 이렇게 주어와 서술어가 하나씩 있어서 그 관계가 한 번만 이루어지고 있는 문장을 홑문장이라 한다. 한편, (1라)에서는 주어와 서술어의 관계가 '나는 … 사로잡혀 있다'와 '내가 … 굴었다'의 두 번, (1마)에서도 '영화가 … 물려받았지만', '관계가 … 벌어지지는 않았다'의 두 번, (1바)에서는 '동생은 … 내쉬며', '(동생은) … 베고', '(동생은) … 쓰러지면서', '(동생은) … 감았다'의 네 번 이루어지고 있다. (1바)에서는 '동생은'이 한 번밖에 나타나지 않지만 그것은 같은 말의 반복을 피하여 생략되었기 때문이다.

그리고 (1사)는 복합 문장으로 주어·서술어의 관계가 '아빠는 … 헤매겠구나', '(아빠는) … 모르고', '네가 … 있는'의 세 번 이루어지고 있다.

이와 같이 주·술 관계가 두 번 이상 이루어져 있는 문장을 겹문장이라 한다. 겹문장 중에는 (1라)에서와 같이 어떤 문장이 다른 문장 속에 한 성분으로서 들어가 안긴 것도 있고, '(1마), (1바), (1사)'에서와 같이 나란히 이어져 있는 것도 있다.[23]

9.2.1. 안은 문장

9.2.1.1. 안김과 안음

다음의 문장들은 언뜻 보아서는 완전한 문장인 것 같으나 이대로는 뜻이 부족하다.

(2) 가. 그 사람도 얘기를 들었겠지.
     나. 우리는 그 사람에게도 통지했다.

(2)에는 그가 들었을 것이라는 얘기의 내용이 무엇인지, 어떤 내용의 것을 그에게 통지했는지가 밝혀져 있지 않다. 위의 문장을 다음과 같이 고치면 그 부족한 뜻이 보충된다.

(2′) 가. 그 사람도 내일 시험이 있다는 얘기를 들었겠지.
     나. 우리는 그 사람에게도 출발 시간이 변경되었음을 통지했다.

(2가)의 '얘기'란 명사는 그 얘기의 내용이 무엇인지를 밝혀 주는 꾸밈말이 있어야 하며, (2나)의 '통지하다'라는 동사도 역시 통지하는 내용이 무엇인지를 밝혀주는 말을 필요로 하기 때문이다. 그런데 (2′가)에서 '얘기'를 꾸며 주는 말은 "내일 시험이 있다." 라는 또 하나의 문장에 '-는'이 붙은 것이며, (2′나)에서도 역시 "출발 시간이 변경되었다."라는 문장이 명사화하여 '통지하다'의 목적어로서 그 뜻을 보충해 주고 있다. 그러니까 (2′)은 전체로 보면 큰 문장이 그 속에 또 하나의 문장을 한 성분으로서 안고 있는 것이다. 이렇게 한 문장이 그 속에 다른 문장을 한 성분으로 안고 있을 때 그것을 안은 문장(내포문)이라 한다. 안은 문장은 겹문장의 한 가지이다.[24]

한 문장이 큰 문장 속의 한 성분으로서 안겨 있는 것을 안긴절(내포절)이라 하는데, 약간의 문법적인 변화를 거쳐서 여러 가지 종류의 절이 된다.[25] 안긴절에는 명사절, 서술

---

23 홑문장과 겹문장을 각각 단문(單文, simple sentence)과 복문(複合文, complex sentence)이라고도 한다. 이는 하나의 형태소로 이루어진 단어를 단일어(單一語, simple word)로, 둘 이상의 형태소로 이루어진 단어를 복합어(複合語, complex word)로 구분하는 것과 비교된다.

24 안은 문장은 내포문(內包文) 혹은 포유문(包有文)이라고도 한다. 이하 '안은 문장'이라는 용어를 주로 사용하되, 경우에 따라 '내포문'이라는 용어도 함께 쓰기로 한다.

25 '절'의 범위와 관련하여서는 논란이 있다. 하나의 주술 관계를 이루되 문장 속의 한 성분으로 안겨 있는 문법 단위를 절로 보는 것이 전통적이지만 하나의 주술 관계를 이루기만 한다면 절로 보기도 한다. 후자의 입장에서는 "민지가 유학을 떠났다."와 같은 예를 절인 동시에 문장으로 보는데, 생성 문법 기반의 통사론에서는 이러한 관점이 보편적으로 수용된다. '절'의 범위와 관련된 문제는 단순한 문제인 듯하지만 매우

절, 관형절, 부사절, 인용절이 있다.

9.2.1.1.1. 명사절로 안김

명사절은 문장이 명사화하여 이루어진 것이다. 즉, 한 문장의 서술어가 명사형 어미 '-(으)ㅁ'이나 '-기', 또는 의존 명사 '것'을 취하여 형성된다. '것'이 붙어서 이루어지는 명사절은 다시 두 가지가 있는데, 하나는 종결형으로 끝난 문장에 '-는 것'이 붙어서 되는 것과 관형사형으로 된 문장에 바로 '것'이 붙어서 되는 것이 있다. 이렇게 이루어진 명사절은 일반 명사처럼 주어도 될 수 있고, 목적어도 될 수 있으며, 부사격 조사를 취함으로써 부사어가 될 수도 있다.

(3) 가. <u>지호가 돈이 많음</u>이 분명하다.
   나. <u>민지가 비밀리에 출국을 했음</u>이 우리 모두에게 충격을 주었다.
   다. 우리는 <u>할아버지가 훌륭한 분임</u>을 이제서야 깨달았다.
   라. 나는 <u>동생이 완쾌했음</u>이 기뻤다.
   마. <u>내가 집에 일찍 돌아왔기</u>가 다행이다.
   바. <u>금년에도 너의 일이 잘 되기</u>를 바란다.
   사. 나는 <u>정부가 이런 난국을 잘 수습하기</u>를 기대했다.
   아. <u>지구가 둥글다는 것</u>은 오래 전에 증명되었다.
   자. 나는 <u>민지가 거짓말을 했다는 것</u>을 알고 있었다.
   차. <u>지호가 한국으로 돌아온 것</u>이 확실하다.
   카. 나는 <u>친구들이 친절히 대해 줄 것</u>을 기대했다.
   타. <u>민지가 입원을 했던 것</u>이 사실인가?

위에서 (3가)~(3라)는 명사형 어미 '-음/ㅁ'에 의한 명사절이 주어 또는 목적어로 쓰인 예를 보인 것이며, (3마)~(3사)는 명사형 어미 '-기'에 의한 명사절, (3아), (3자)는 문장 종결형에 '-는 것'이 붙어서 된 명사절, (3차)~(3타)는 문장의 관형사형에 '것'이 붙어서 이루어진 명사절이 각각 주어, 목적어 등의 성분으로 쓰인 것을 보인 것이다.

(4) 가. 기온은 <u>식물이 자람</u>과 관계가 깊다.
   나. 이곳의 기후는 <u>인삼이 자라기</u>에 적합하다.

다양한 문제와 얽혀 있다. 예컨대, 전통적 관점에서는 (2'나)의 예에서 명사절을 제외한 나머지 부분을 무엇으로 볼 것인가가 명확하지 않은 반면, 주술 관계를 이루는 문법 단위를 절로 본다면 명사절을 제외한 나머지 부분도 절로 볼 수 있다.

(4)에서는 명사절이 주어나 목적어 이외의 성분으로도 쓰일 수 있음을 볼 수 있다. 그런데 '-느냐/(으)냐, -는가/(으)ㄴ가, -는지/(으)ㄴ지' 등의 종결 어미로 끝난 문장은 그냥 그대로 명사절로 쓰일 수 있다.

(5) 이제부터 우리가 무엇을 할 것이냐(것인가, 것인지)가 문제다.

'-음/ㅁ' 명사절이나 '것' 명사절은 '기억하다, 드러나다, 모르다, 발표하다, 밝혀지다, 보고하다, 부인하다, 알다, 알려지다, 짐작하다, 통지하다; 묘하다, 부당하다, 어리석다, 이상하다, 적합하다, 타당하다, 현명하다…' 등의 용언을 서술어로 하는 문장의 성분으로 쓰이며, '-기' 명사절은 '갈망하다, 기다리다, 기대하다, 바라다, 빌다, 희망하다; 나쁘다, 알맞다, 적당하다, 좋다…' 등의 용언을 서술어로 하는 문장의 성분으로 쓰인다.[26] '-느냐/(으)냐, -는가/(으)ㄴ가, -는지/(으)ㄴ지'로 끝난 문장은 그대로 명사절이 될 수 있는데, 이러한 명사절을 취할 수 있는 서술어는 '것' 명사절을 취하는 서술어와 같다.

'-음/ㅁ' 명사절과 '것' 명사절은 대부분 서로 엇바뀌어 쓰일 수 있는데 구어체(口語體)에서는 '것' 명사절이 많이 쓰이는 경향이 있다. '-기' 명사절도 때에 따라 '것' 명사절과 바꾸어 쓸 수 있다.

어떤 때 어떤 명사절이 쓰여야 하느냐 하는 것은 앞에서 설명한 바와 같이 그것을 안고 있는 문장의 서술어가 되는 용언의 종류에 따른 것이지만 '맹세하다, 서약하다, 약속하다 ; 가능하다, 쉽다, 어렵다, 편하다…' 등은 '-음/ㅁ' 명사절, '것' 명사절, '-기' 명사절을 모두 문장 성분으로 취할 수 있으며, 또 '권하다, 부탁하다, 요청하다, 강조하다…' 등은 '것' 명사절과 '-기' 명사절을 모두 취할 수 있다.[27]

문장 종결형에 붙어서 명사절을 만드는 '-는 것'은 본래 '-고 하는 것'이 줄어서 된

---

26 '-기 나름이다', '-기 마련이다', '-기 십상이다', '-기 위해' 등의 구성은 전체가 굳어진 표현으로 서술어가 되는 용언과 관계없이 '-기' 명사절이 사용된다.

27 서술어가 되는 용언의 종류에 따라 '음'과 '기'가 달리 선택되는 것은 '음'과 '기'가 지닌 서법적 의미의 차이에 의한 것으로 설명할 수 있다. 예컨대 '바라다', '희망하다', '빌다', '갈망하다', '기다리다', '기대하다' 등은 '-기' 명사절을 취하는데, 이들 동사들은 아직 실현되지 않은 비현실의 사태가 일어나기를 원한다는 공통된 의미를 지닌다. 명사형 어미 '음'과 '기'는 각각 현실(現實, realis)과 비현실(非現實, irrealis) 서법의 의미를 지니는데, 현실 서법은 이미 실현된, 실세계에 존재하는 사태임을 나타내는 반면, 비현실 서법은 아직 실현되지 않은, 실세계에 존재하지 않는 사태임을 나타낸다. 기존 논의에서 '음'과 '기'의 의미 차이를 '기정성/미정성', '개별성/일반성', '현장성/미래성' 등으로 파악했던 것도 이러한 서법적 의미의 차이에서 기인하는 것이다. 이에 관해서는 4장 심화 박스 <전성 어미와 서법> 참조.

것이다. (6가)와 (6나)는 같은 뜻이며 그 해석은 (6다)와 같다.

(6) 가. 나는 우리 팀이 참패를 했다고 <u>하는 것</u>이 분하다.
나. 나는 우리 팀이 참패를 <u>했다는 것</u>이 분하다.
다. 나는 우리 팀이 참패를 <u>한 것</u>이 분하다.

(6가)의 밑줄 그은 '하는'은 '말하는'의 뜻으로 쓰인 동사라고 생각하기 쉬우나 그렇지 아니하다. 이것이 '말하는'이라면 내가 분하게 여기는 것이 누군가의 발언을 분하게 생각한다는 뜻이어야 하는데 (6가)의 해석은 그렇지 아니하다. 우리 팀이 참패를 한 사실이 분한 것이다. 또 이 '하는'이 '말하는'의 뜻으로 쓰인 동사라면 그 주어가 있어야 할 터인데 그것이 없다. 그리고 이 '하는'은 항상 '하는'으로만 나타난다. 이것이 정상적인 동사라면 '하는'뿐만 아니라 '하던, 한, 할…' 등으로도 활용해야 할 것인데 그렇게 되면 '말하다'의 뜻이 되고 그에 대한 주어가 있어야 하며 뜻이 아주 달라진다. 즉, (6가)를 다음과 같이 고쳐 쓰면 그 차이를 알 수 있다.

(6′) 가. 나는 우리 팀이 참패를 했다고 <u>한 것이</u> 분하다.

이 문장은 내가 우리 팀이 참패를 했다고 말한 것이 분하다는 뜻이 되거나, 누군가 그런 말을 한 것이 분하다는 뜻이 되어 (6다)와 같은 해석이 되지 않는다.
문장의 관형사형에 '것'이 붙거나, 문장 종결형에 '-는 것'이 붙어서 된 명사절을 과연 명사절로 볼 수가 있겠느냐 하는 문제가 있을 수 있다. 이 명사절은 '관형절+의존 명사'와 같은 구조를 가진 명사구라고 할 수도 있기 때문이다. 그런데 이때의 '것'은 다른 경우의 '것'과 쓰임이 다르다. "지금 네가 본 것이 호랑이야"라는 문장의 '것'은 동사 '보다'의 목적어로서의 '호랑이'를 지시한다. 일반적으로 '것'은 이렇게 문장 안이나 문장 밖의 어느 대상을 지시한다. 그러나 위의 예문 (3차)~(3타)의 '것'은 아무 것도 지시하는 것이 없다. 오직 관형절의 형태로 그 앞에 주어져 있는 문장을 명사화하는 기능만 하고 있다. 이들 예문 속의 밑줄 친 '것' 명사절이 다음과 같이 고스란히 '-음/ㅁ' 명사절로 바꾸어 쓰일 수 있다는 사실이 그것을 뒷받침한다. '것' 명사절을 '관형절+의존 명사'의 구조를 가진 명사구로 보지 않고 명사절로 보는 까닭이 이에 있다.

(7) <u>지호가 고향에 돌아간 것</u>이 확실하다.
(7′) <u>지호가 고향에 돌아갔음</u>이 확실하다.

그러나 아직 논란의 여지가 전혀 없는 것은 아니다. 위의 문장 (7)의 '것'이 '그가 고향에 돌아갔다는 내용'을 가리키는 것으로 볼 수가 있기 때문이다. 문장 (7)이 "지호가 고향에 돌아갔다. 그 것이 확실하다."로 분석이 된다면 이때의 '것'은 "지호가 고향에 돌아갔다."를 가리키는 것이 확실하다. (7)의 '것'이 바로 이러한 '것'이라면 '것' 명사절은 '관형절+의존 명사' 구조로 볼 수가 있는 것이다.

▌명사절의 범위▐

국어에서는 용언의 어간에 전성 어미가 붙어서 안긴절(내포절)을 형성한다. 명사형 어미는 명사절을, 관형사형 어미는 관형절을, 부사형 어미는 부사절을 형성하는 데에 관여한다. 명사절은 명사형 어미 '-(으)ㅁ', '-기'로 이루어지는 것이 가장 전형적인 유형이다. '것' 명사절이나 의문형 종결 어미로 형성되는 명사절은 전형적인 것으로 볼 수 없다. '관형사형 어미+것' 구성이나 의문형 종결 어미가 결합된 절을 모두 명사절로 볼 수 있는 것도 아니기 때문에 이러한 절들을 명사절로 볼 수 있는가에 대해서는 여전히 논란의 여지가 있다.

그러나 최근 '것' 명사절이 그 사용 빈도가 점점 많아지고 있는 추세이고 기능적인 측면에서도 '것' 명사절을 명사절에서 제외하게 되면 국어의 명사절을 설명하기 어렵기 때문에 여기에서는 '것' 명사절을 인정한다.

9.2.1.1.2. 서술절로 안김

서술절은 한 문장이 서술어의 기능을 하는 것을 이른다.

(8)　가. 지호가 <u>키가 아주 크다</u>.
　　　나. 저 사람은 <u>아들이 유명한 화가이다</u>.
　　　다. 네 옷이 <u>흙이 묻었구나</u>!
　　　라. 이 산은 <u>나무가 많습니다</u>.

위의 밑줄 그은 부분이 서술절이다. 따로 떼어 놓으면 그대로 독립된 문장이 된다. (8가)의 '지호가'는 전체 문장의 주어이며 밑줄 그은 부분이 서술부인데, 이 서술부는 하나의 서술절로 이루어져 있다. '키가'는 이 서술절 안의 주어이며, '크다'는 그 서술어이다.

서술절은 여러 겹으로 안길 수가 있다.

(9)　서울은 집이 마당이 좁다.

(9)는 '집이 마당이 좁다'라는 서술절을 안고 있는데, 이 서술절은 그 속에 또 하나의 서술절 '마당이 좁다'를 안고 있다.

서술절은 다른 종류의 절과 다른 점이 있다. 한 문장이 절이 되어 다른 문장 속의 한 성분으로 안겨 들어갈 때는 거기에 문법적 요소가 붙어서 그것이 어떤 종류의 절이라는 것을 표시한다. 위에서 설명한 명사절의 '-음/ㅁ, -기, -는 것'이 바로 그러한 표지(標識)이며, 관형절의 관형사형 어미, 인용절의 인용 조사 '고'가 그것이다. 이러한 표지가 붙어서 한 문장이 절(節)이 되는 것이다. 그런데 서술절은 그러한 표지가 없다.[28]

또 서술절을 안은 문장의 전체 주어가 주격 조사 '이/가'를 취할 수 없는 경우가 있다.

(10) 김 선생은 김 선생이 직접 차를 운전합니다.

(10)의 전체 주어는 '김 선생은'이고 "김 선생이 직접 차를 운전합니다."는 서술절로서 그 서술부가 된 것이다. 그런데 (10)의 주어 '김 선생은'의 보조사 '은'을 주격 조사 '이'로 바꾸면 다음과 같이 이상한 문장이 된다.

(10') *김 선생이 김 선생이 직접 차를 운전합니다.

일반적으로 주어는 주격 조사를 취할 수 있어야 하며, 그것이 주어를 규정하는 조건인데, (10)의 주어는 그렇지 아니하다.[29]

이 밖에도 서술절을 인정했을 때 설명이 어려운 몇 가지 문제가 있다. 이러한 이유로 서술절을 안은 문장의 주어를 다른 종류의 새로운 성분으로 설정하고, 그것을 주제어라고 할 수도 있을 것이다.[30] 이렇게 되면 서술절의 개념은 없어진다. 이러한 견해는 상당히 타당성이 있는 주장이기는 하나 아직은 더 해결해야 할 이론상의 문제점이 있어서[31]

---

28 최근에는 어미 '-다'를 '-다1'과 '-다2'로 나누어 전자를 동사절, 곧 용언절의 표지로, 후자를 문장 종결의 표지로 보아 서술절의 표지를 세우기도 한다.(고영근 2018다 참조)

29 이러한 이유로 인해 (10)의 '김 선생은'은 주어가 아니라고 볼 가능성도 제기된다. 그렇다면 (10)의 '김 선생은'의 문장 성분을 무엇으로 볼 것인가의 문제가 남는다. 한편, (10)의 예를 볼 때, 서술절을 안은 것처럼 보이는 모든 문장이 서술절을 안은 문장이 아닐 가능성도 있다.

30 명사절, 관형절, 부사절 등은 모두 그 절을 나타내기 위한 명시적인 표지가 존재하지만 서술절만은 서술절을 나타내기 위한 표지가 존재하지 않는다는 점도 문제로 삼을 수 있을 것이다.

31 우선 문장 성분은 그 문법적 기능에 따라 분류되는데, '주제'는 문법적 기능이 아니라 화용적 기능이다. 따라서 '주제어'라는 새로운 문장 성분의 설정은 화용적 기능에 기반한 문장 성분 설정이라는 점에서 문제가 된다. 또한 서술절을 안은 문장의 주어는 일반적인 주어가 지니는 통사적 특징을 잘 만족하므로 주어가

이 책에서는 기존의 학교 문법에서처럼 서술절을 인정한다.[32]

9.2.1.1.3. 관형절로 안김

관형절은 문장의 종결형에 '(고 하)는'이 붙거나, 관형절이 될 문장의 서술어가 관형사형 어미를 취함으로써 이루어진다.[33]

> (11) 가. 나는 <u>지호가 착한 사람이라는</u> 생각이 들었다.
>   나. <u>우리 선수가 좋은 경기를 하고 있다는</u> 소식이 들어왔다.
>   다. 우리들은 <u>당국이 우리 제안을 받아들이겠느냐는</u> 문제를 놓고 토론했다.
>   라. 우리는 <u>급히 학교로 돌아오라는</u> 연락을 받았다.
>   마. 주장은 <u>우리가 먼저 상대팀을 공격하자는</u> 제안을 하였다.
>   바. 나는 <u>내가 직접 그 사람을 만난</u> 기억이 없다.
>   사. <u>그분이 우리를 도와 준</u> 일을 잊지 맙시다.

(11가)~(11마)는 문장의 종결형에 '(고 하)는'이 붙어서 관형절이 되어 다른 체언을 꾸며 주는 예를 보인 것이며, (11바), (11사)는 서술어 어간에 관형사형 어미가 붙어서 이루어진 관형절의 예를 보인 것이다. 앞의 것을 편의상 '긴 관형절', 뒤의 것을 '짧은 관형절'이라고 부르기로 한다.

일반적으로 '고백, 낭설, 독촉, 명령, 보도, 소문, 소식, 연락, 정보, 질문…' 등의 명사는 긴 관형절의 꾸밈을 받고, '결심, 목적, 사실, 약점, 욕심…' 등은 긴 관형절과 짧은 관형절의 꾸밈을 모두 받을 수 있으며, '기억, 경험, 사건, 용기, 줄, 수…' 등의 명사는 짧은 관형절의 꾸밈을 받는다.

위에 말한 긴 관형절이나 짧은 관형절은 동격 관형절이라 하여 다음에 설명할 관계

아니라 주제어라고 하기 어렵다는 문제가 있다. 주어의 통사적 특징에 대해서는 §8.2.1.3 참고.

32 서술절과 관련하여서는 서술절 설정의 타당성, '서술절' 명칭의 타당성 등의 문제점이 여전히 남아 있다. 한편, 서술절을 안고 있는 문장을 '이중 주어문'이라고도 한다. "지수가 키다 크다."의 '지수가'를 첫 번째 주어, '키가'를 두 번째 주어로 보아 주어가 겹쳐 있다고 해서 그렇게 부르는 것이다. 이러한 용어는 단문에 두 개 이상의 주어가 나타남을 인정하는 셈이 되므로 문제가 있다. 그래서 논의에 따라서는 한 문장에 주격이 두 개 이상 나타난다는 점에 착안하여 '주격 중출문'이라는 용어를 사용하기도 한다. 그런데 "지수가 키가 크다."라는 서술절이 내포된 문장이므로 '이중 주어문'과 '주격 중출문' 중 어느 것도 정확한 용어라고 하기는 힘들다. 하지만 이러한 용어는 전통적으로 널리 사용되어 왔기에 지금도 일반적으로 사용되고 있다.

33 전성 어미를 통해 형성된 절의 명칭은 품사의 명칭을 따르는 것이므로 '관형사절'이라고 하는 것이 옳을 것이나 이를 줄여 '관형절'이라고 부르는 것도 일반적이다.

관형절과 구별한다.[34] 동격 관형절은 한 문장의 모든 성분을 다 완전하게 갖추고 있다. 앞의 예문 (11)의 관형절, 곧 밑줄 그은 부분을 따로 떼어 놓으면 그대로 독립된 문장이 된다. 그런데 이들 관형절은 앞에서 살펴본 바와 같이 특수한 명사 앞에서만 쓰인다. 일반적으로 흔히 쓰이는 관형절은 다음 예문에서 보이는 것과 같은 관계 관형절이다. 이 관계 관형절은 어떤 체언 앞에서나 다 쓰일 수 있다.

(12) 가. <u>충무공이 만든</u> 거북선은 세계 최초의 철갑선이었다.
　　　나. <u>횃불을 추켜든</u> 사람들이 골짜기를 샅샅이 뒤졌다.
　　　다. <u>내가 어제 책을 산</u> 서점은 바로 우리 집 옆에 있다.
　　　라. <u>수양버들이 서 있는</u> 돌각담에 올라가 아득히 먼 수평선을 바라본다.
　　　마. 우리는 <u>사람이 살지 않는</u> 그 섬에서 하룻밤을 지냈다.
　　　바. 담징은 붓을 놓고, <u>이마에 흐르는</u> 땀을 씻었다.

위의 밑줄 그은 부분들은 바로 뒤에 오는 명사를 꾸며 주고 있다. 그런데 (12가), (12다), (12라), (12마)의 밑줄 그은 부분은 주어와 서술어를 갖추었고, 그 외의 것은 주어라고 할 만한 부분이 빠져 있다. 그래서 주어와 서술어가 갖추어져 있는 것은 관형절이라 하고, 주어가 빠져 있는 것은 절(節)이 될 자격이 없는 것으로 보아 단순히 관형구(冠形句)로 일컫기도 한다. 그러나 자세히 살펴보면 (12)의 밑줄 그은 부분은 모두 한 가지 문장 성분이 결여되어 있다는 점에서 공통적임을 알 수 있다. (12가)의 밑줄 부분 '충무공이 만든'은 주어와 서술어가 갖추어져 있으나, '만들다'가 타동사인데도 불구하고 목적어가 없다. (12나)의 '횃불을 추켜든'은 목적어와 서술어만 있고 주어가 없다. (12가)에서나 (12나)에서나 필수 성분이 한 가지씩 결여되어 있는 것은 마찬가지다. 그런데 (12가)의 밑줄 부분은 주어와 서술어가 있다고 하여 절(節)이라고 하고, (12나)의 것은 서술어는 있는데 주어가 없다고 하여 구(句)라고 하는 것은 불합리하다. (12가)나 (12나)의 밑줄 부분은 본래 '충무공이 거북선을 만들었다', '그들은 횃불을 추켜들었다'가 관형절이 된 것이다. 다만, 그 주어나 목적어가 이들 관형절의 꾸밈을 받는 명사들과 똑같은 것이기 때문에 생략이 된 것이다. 즉, (12가)는 다음과 같이 이루어진 것이다.

---

34 동격 관형절은 줄여서 동격절(同格節, appositive clause)이라고도 한다. (11마)와 같은 관형절을 동격 관형절이라고 하는 것은 관형절의 내용이 곧 수식하는 명사 '제안'의 내용으로 둘이 동격 관계를 이루기 때문이다. 긴 관형절은 모두 동격 관형절이 되고, 짧은 관형절은 일부만 동격 관형절이 된다. 한편, 동격 관형절은 '보문절(補文節)'이라고도 하는데 이는 동격 관형절이 수식하는 명사의 내용을 구체적으로 보충하고 설명한다는 점에 착안한 것이다.

(12) 가′. [[충무공이 거북선을 만들었다] 거북선]은 세계 최초의 철갑선이었다.
　　　→ [[충무공이 만든] 거북선]은 세계 최초의 철갑선이었다.

(12다)~(12바)의 경우도 이와 같다. (12다)의 밑줄 부분은 '내가 어제 서점에서 책을 샀다'이며, (12라)는 '수양버들이 돌각담에 서 있다'이고, (12바)는 '땀이 이마에 흐른다'이다. 그런데 주어가 남고 다른 성분이 생략된 것은 절(節)로 취급하고, 주어가 빠지고 다른 성분이 남은 것은 구(句)라고 하는 것은 불합리하다. 이들은 모두 동등하게 절(節)로 보아야 한다. 이러한 관형절, 즉 그 성분 중의 하나가 생략되는 관형절을 특히 관계 관형절이라 한다.[35]

그런데 다음 (13가)의 '빨간'은 관형절이 아니다. 이때의 '빨간'은 '거짓말'의 서술 기능을 하지 않기 때문이다.[36] 한편 (13다)의 '빨간'은 '장미'의 서술 기능을 하는 것으로서 관형절을 이룬다.

(13) 가. 네 말은 <u>빨간</u> 거짓말이다.
　　 나. *거짓말이 빨갛다.
　　 다. <u>빨간</u> 장미를 한 송이 꺾었다.
　　 라. 장미가 빨갛다.

(13다)의 '빨간'은 비록 단어 한 개로 이루어져 있지만 "장미가 빨갛다."의 주어 '장미가'가 생략되어 서술어만 남은 것으로 엄연히 관계 관형절인 것이다. (12나)의 "<u>횃불을 추켜든</u> 그들은 골짜기를 샅샅이 뒤졌다."의 '횃불을 추켜든'이 주어가 생략된 나머지 부분으로 관형절을 이루고 있는 것과 다름이 없다.

---

35 관계 관형절은 줄여서 '관계절(關係節, relative clause)'이라고도 하고 관계절의 수식을 받는 동일 성분이 생략되어 관계절이 만들어지는 것을 '관계화(關係化, relativization)'라고 한다. 그러나 관계 관형절 내의 모든 문장 성분이 관계화될 수 있는 것은 아니다. 주어와 목적어는 늘 관계화가 가능한 반면에 부사어는 그 종류에 따라 차이가 있고 보어는 늘 관계화가 불가능하다.

36 '빨간 거짓말'은 이른바 연어(連語, collocation)로 이해되기도 한다. 연어론의 관점에서는 '빨간'이 'red'를 뜻하는 것이 아니라 [강조]의 의미를 가지는 것으로 이해된다. 이러한 예로는 '무거운 침묵', '새까만 후배', '가벼운 농담' 등을 더 들 수 있다. 그런데 '막다른 골목'에서의 '막다른'은 본래 활용의 제약이 있어 관형사형 '막다른'의 형태 외에는 쓰일 수가 없다. 이처럼 서술어가 되는 용언이 관형사형으로만 쓰일 수 있는 것들은 '*골목이 막다르다'가 애초부터 불가능하므로 관형절을 형성한다고 할 수 있을지 논란이 된다.

관형절은 일반적으로 동격 관형절과 관계 관형절의 둘로 나뉜다. 그러나 다음의 예는 이 둘 중 어느 하나로 보기 어려운 것들이다.

ㄱ. <u>운동을 한</u> 결과로 체중이 줄었다.
ㄴ. <u>민지가 온</u> 뒤에 지호가 왔다.
ㄷ. 이웃집에서 <u>고기 굽는</u> 냄새가 풍겨왔다.

(ㄱ)~(ㄷ)의 관형절은 관형절의 한 성분이 관형절의 꾸밈을 받는 체언이 아니므로 관계 관형절로 볼 수 없으며 동격 관형절처럼 관형절과 수식받는 체언의 관계가 특별하지도 않다. 이러한 관형절을 '연계 관형절'이라 하는데 이러한 관형절을 취하는 명사들에는 '결과, 대가, 보람, 효과, 흔적, 후유증, 준비…; 뒤, 다음, 가운데, 사이, 끝, 후…; 냄새, 소리, 표정, 연기…' 등이 있다.

9.2.1.1.4. 부사절로 안김

부사절은 다음과 같은 것이 있다.

(14) 가. 그 사람이 <u>말도 없이</u> 떠나 버렸구나!
　　　나. 그 아이가 <u>형과는 달리</u> 애교가 있다.

(14)의 밑줄 그은 부분은 '말도 없다', '형과는 다르다'에 부사 형성의 접사 '-이'가 붙어서 부사절이 된 것이다. (14나)의 밑줄 부분은 본래 '그 아이가 형과는 다르다'가 부사절이 된 것으로, 주어 '그 아이가'가 부사절을 안고 있는 '그 아이가 애교가 있다'의 주어와 같기 때문에 생략된 것이다.

활용 어미가 아닌 파생 접사 '-이'가 부사절을 이끌 수 있다는 것이 이상하다고 할 수 있으나 (14)의 '없이', '달리'는 그 단독으로 부사 노릇을 하는 것이 아니라 각각 "그 사람이 말도 없다.", "그 아이가 형과는 다르다."라는 문장의 서술 기능을 하면서, 그러한 서술 기능을 유지한 채로 그 문장 전체가 부사어가 된 것이므로 이들을 부사절이라 아니 할 수 없다.[37]

---

37 '-이'는 부사 파생 접미사이지만 (14)의 예에서처럼 주술 관계를 이루는 절을 이끌고 있으므로 어미의 성격도 동시에 지니고 있다. 이처럼 현대 국어의 '-이'에 접사와 어미의 두 가지 성격이 공존하는 것은 '-이'의 통시적 변화와 관련이 있다. 중세 국어에서 '-이'는 현대 국어에서보다 어미로서의 성격이 더 강하

(15) 가. 우리들은 날씨가 갑자기 추워져서 일을 중지할 수밖에 없었다.

나. 저 아이가 재주가 있게 생겼구나.

다. 정부 당국은 외국인도 이곳에서 살 수 있도록 허가했다.

이들 예문의 밑줄 부분은 활용 어미 '-어서, -게, -도록' 등이 붙어서 부사절로 쓰이고 있다. 이들 어미를 종속적 연결 어미로 분류를 하지만 (15)와 같은 예에서는 부사형 어미로서의 기능을 하고 있는 것이 확실하다. 특히 (15나), (15다)에서 이들 어미에 의해 이끌리는 절(곧 밑줄 부분)이 없으면 문장이 성립하지 않는 점으로 보면, 그들이 단순히 연결 어미에 의해 이어진 문장이 아닌 것이 더 확실해진다.[38]

일반적으로 종속적 연결 어미에 의해 이끌리는 이어진 문장은 의미로 보아도 그렇고 통사적 특징으로 보아서도 부사어로서의 특징을 지닌다. 따라서 종속적 연결 어미는 실은 부사형 전성 어미로 보는 것이 옳을 것이다. 이렇게 되면 전성 어미에 관형사형 어미, 명사형 어미와 함께 부사형 어미가 있게 되어 균형을 이루게 된다. 다만 이렇게 부사형 어미로서의 기능을 하는 어미의 한계가 어디까지냐 하는 문제가 남는다.[39·40]

9.2.1.1.5. 인용절로 안김

인용절은 주어진 문장에 조사 '라고, 고'가 붙어서 이루어진다.(따라서 인용절은 인용된 문장에 붙은 조사 '라고, 고'까지이다.)

(16) 가. 나는 인류의 진보는 불의 발명, 산업 혁명으로 요약되는 기술 혁명의 결과

였다.

38 "나는 그를 친구로 삼았다.", "실물이 사진과 다르다." 등의 서술어 '삼다', '다르다' 등은 밑줄 그은 부사어를 필수적으로 요구한다. 이들이 없으면 문장이 성립하지 않는다. 이와 마찬가지로 (15나, 다)의 예에서도 밑줄 그은 부분이 없으면 문장이 성립되지 않는다는 점으로 미루어 보아 이들 절이 부사절일 가능성이 더 커진다.

39 학교 문법에서는 '-이', '-게', '-도록', '-듯(이)' 정도만을 부사형 어미로 제시하고 있지만 최근에는 전통적으로 종속적 연결 어미로 다루어 왔던 것을 모두 부사형 어미로 보는 것도 일반적으로 수용된다. 부사형 어미와 종속적 연결 어미의 문제는 부사절과 종속 접속의 문제로 연결되는데 이에 대해서는 §9.2.2.4의 심화 박스 <부사절과 종속적으로 이어진 문장> 참고..

40 앞서 명사절의 기능을 하는 '관형절+것' 구성을 '것' 명사절로 인정하였는데, 이와 유사하게 '관형절+의존 명사(+조사)' 구성이 부사절의 기능을 하는 것처럼 보이는 경우도 있다. 예컨대, '-은/는 가운데', '-은 결과(로)', '-은/는 경우(에)', '-은 나머지' 등이 그러하다. 이러한 구성들은 절을 부사어의 기능을 하게 만들어 주므로 엄격한 형식적 접근을 버리고 기능적 접근을 취한다면 이들 구성 전체를 부사절로 보는 것도 전혀 불가능하지 않다. 기능적 접근이 더 중요한 한국어 교육에서는 실제로 이들 구성을 '연결 어미 상당 구성'이라고 보는 것도 널리 수용되고 있다.

라고 생각한다.
　나. 우리는 <u>그 사람이 옳지 않은 일을 한다고</u> 판단했다.
　다. 누구나 <u>인간은 존엄하다고</u> 믿는다.
　라. 지호는 나에게 <u>저 방에 누가 있느냐고</u> 하였다.
　마. 아가씨는 <u>내가 저 별들의 이름을 다 아느냐고</u> 물었다.
　바. 민지는 "<u>난 저렇게 많은 별은 처음 봤어!</u>"라고 말했다.

　(16가)~(16다)는 나의 생각, 우리의 판단 등의 내용을 보이고 있으며, (16라)~(16바)는 남의 말의 말을 인용한 것인데 (16라), (16마)은 간접 인용이고, (16바)는 직접 인용이다. 남의 말을 직접　인용하는 경우에는 (16바)에서와 같이 '라고'가 붙으며 그 이외의 인용 절에는 '고'가 붙는다.

　평서형에 '고'가 붙을 때 인용되는 부분의 종결 어미는, 동사나 형용사가 서술어일 때는 '-다', 서술격 조사일 때는 '-라'가 쓰인다. 의문형은 '-느냐/(으)냐', 명령형은 '-(으)라', 청유형은 '-자'가 각각 쓰인다. 이것을 표로 보이면 다음과 같다.[41]

	동　사	형용사	서술격 조사	
평서형	-다	-다	-라	+'고'
의문형	-느냐	-(으)냐	-냐	
명령형	-라			
청유형	-자			

　남의 말이나 바람 소리, 물소리 같은 것을 그대로 흉내 내어 전달하고자 할 때는 '하고'를 붙여서 말하는 수가 있다.

　(17)　가. 언니가 "얘들아, 어서 돌아와."하고 외쳤다.
　　　나. 폭죽이 터지는 소리가 '펑!'하고 울렸다.
　　　다. 아가씨는 "어머나, 별이 저렇게 많아! 참 기막히게 아름답구나!" 하고 감탄
　　　　　했다.

41　간접 인용절에서는 평서형, 의문형, 명령형, 청유형만 가능하고 상대 높임법이 실현되지 않아 종결 어미는 '-다/라', '-느냐/(으)냐', '-라', '-자'로만 제한된다. 간접 인용의 핵심은 화자의 현재 관점으로 재조정되어 인용되는 데에 있다. 따라서 간접　인용에서는 상황 의존적인 표현인 대명사, 시간 표현, 높임법 등이 화자의 현재 관점으로 재조정되어 인용된다는 특성이 있다. 예컨대, 지수가 할아버지에게 "아버지가 내일 오십니다."라고 한 말을 할아버지가 간접 인용을 한다면 "네가 방금 아범이 내일 온다고 했니?"가 되어 화자인 할아버지의 관점으로 발화가 재조정되어 있음을 알 수 있다.

(17)에서 보는 바와 같이 이때는 억양까지를 그대로 흉내 내어 말하는데 이것이 '라고'가 쓰일 때와 다른 점이다.

국어에는 의성어나 의태어에 '-하다'를 붙여서 용언으로 쓰는 법이 있다. '번쩍번쩍한다, 우르릉우르릉한다, 윙윙한다, 덜컹덜컹한다, 머리가 띵하다, (코허리가) 찡하다…' 등이 그러한 예다. 위의 예문 (17나)의 '"펑!'하다'도 이렇게 된 것인데, 연결 어미 '-고'를 취하여 '"펑!'하고'로 나타난 것이라 할 수 있다. 따라서 (17나)는 다음과 같이 두 문장이 이어져서 이루어진 것으로 볼 수도 있을 것이다.

  (17') 나. 폭죽이 터지는 소리가 '펑!'했다 + 폭죽이 터지는 소리가 울렸다.
    → 폭죽이 터지는 소리가 '펑!'하고 울렸다.

앞의 문장에 연결 어미 '-고'를 붙이고, 반복되는 말 '폭죽이 터지는 소리'를 뒤의 문장에서 지우면 (17나)의 문장이 된다. (17가)나 (17다)도 이렇게 분석될 수 있다. 그러나 (17)의 '외치다, 울리다, 감탄하다' 등의 서술어가 '고, 라고'가 붙은 인용절을 안을 수 있는 말들인 것으로 보아 (17)의 '하고'도 인용 조사로 취급할 수 있을 듯하다.[42]

인용절을 안을 수 있는 동사는 '결심하다, 기록하다, 느끼다, 대답하다, 말하다, 명령하다, 묻다, 믿다, 보고하다, 상상하다, 생각하다, 설명하다, 쓰다, 여쭙다, 적다, 제안하다, 추측하다, 판단하다, 확신하다…'와 같은 말들이다. 이 중에서 '말하다, 명령하다, 묻다, 제안하다…' 등은 남의 말을 직접 또는 간접으로 인용하는 데 쓰이고, '결심하다, 믿다, 생각하다, 판단하다…' 등은 말하는 이의 생각이나 판단, 상상, 느낌, 믿음, 결심 등의 내용을 인용절의 형식으로 표현하는 데 쓰인다.

인용절은 그 통사적 특징이 독특하여 별도로 다루고 있으나 기능으로 보아서는 부사어에 가깝다.[43]

---

[42] '하고'는 인용 동사 '하다'의 활용형의 성격을 여전히 지니고 있다. "폭죽이 터지는 소리가 '펑!'하며 울렸다."에서와 같이 '하고' 이외의 다른 활용형이 가능하기 때문이다. 따라서 '하고'는 아직까지 인용 조사로서의 지위를 완벽하게 얻지는 못했다고 할 수 있다. 그럼에도 불구하고 그 기능상 인용 조사와 동일하므로 인용 조사로 취급하는 데에는 큰 문제가 없다.

[43] '명사절', '관형절', '부사절', '서술절'은 내포절이 지닌 통사적 기능을 바탕으로 설정된 것이라면 '인용절'은 그 의미적 기능을 바탕으로 설정된 것이다. 이로 인해 인용절이 지닌 통사적 기능을 바탕으로 인용절의 지위를 재정립하려는 시도가 적지 않았다. 이와 더불어 '인용격'도 일반 언어학적 관점에 비추어 볼 때 다소 특이한 것이어서 이 또한 다른 범주로 설정하려는 논의도 있었다. 이러한 관점에서는 인용절은 부사어의 기능을 하지만 격 조사와 결합하므로 인용절은 명사절의 일종으로 보고 인용격은 부사격으로 볼 가능성도 있다.

9.2.1.2. 문장의 안김과 성분의 생략

지금까지 설명한 명사절, 서술절, 관형절, 부사절, 인용절은 모든 성분을 온전하게 갖춘 문장의 형태를 지니고 있다. 그런데 이들 중의 어떤 성분이 그것을 안고 있는 바깥 문장의 한 성분과 동일하면 수의적으로 또는 필수적으로 탈락한다.

(18) 가. 우리는 <u>그 사람과 함께 일하기</u>를 거부했다.
　　 나. 지호는 <u>어제 도서관에서 빌린</u> 책을 읽고 있다.
　　 다. 민지가 나에게 <u>내일 아홉 시까지 버스 정류장에 나오라고</u> 말했다.

(18가)의 명사절 속의 서술어 '일하다'의 주어는 '우리'인데 바깥 문장의 주어 '우리'와 같기 때문에 생략되었으며, (18나)의 관형절에도 주어 '지호'가 같은 방식으로 생략되었다. (18다)에서는 인용절 속의 주어는 '나'인데 바깥 문장의 부사어 '나에게'의 '나'와 같은 대상을 지칭하는 것이기 때문에 역시 생략된 것이다.[44]

9.2.1.3. 여러 겹으로 안김

안은 문장은 그 속에 안긴 절이 또 다른 절을 안을 수 있다.

(19) 오늘 비가 오겠다고 한 기상대의 예보가 틀렸음이 분명해졌다.

문장 (19)는 명사절이 주어가 되어 있는데, 그 속에 관형절이 들어 있고 다시 그 관형절 속에 인용절이 안겨 있다.

9.2.2. 이어진 문장

안은 문장(내포문)은 그 속에 다른 문장을 절(節)의 형식으로 안고 있는 것이다. 이때 그 속에 안긴 절은 그것을 안고 있는 문장의 한 성분이 된다. 그런데 겹문장 중에는 안은 문장 외에, 둘 이상의 문장들이 나란히 이어져서 더 큰 문장을 이루는 것이 있다. 이러한 문장을 이어진 문장(접속문)이라 한다.[45] 이때 서로 이어진 문장 하나하나는 각각

---

44 이러한 동일 성분의 생략은 담화·화용적 요인에 의한 것이 아니라 통사적 요인에 의한 것이기 때문에 동일 성분이 생략되지 않으면 비문법적인 문장이 된다.

45 이하 '이어진 문장'이라는 용어를 주로 사용하되, 경우에 따라 '접속문', '대등 접속문', '종속 접속문' 등의

절이 된다.

(20) 가. 성실(誠實)은 참된 용기를 포함하는 것이며, 적극적인 행위의 원리이기도 하다.
　　나. 한국의 불교는 선(禪)을 위주로 하였으나, 교종(敎宗)을 겸한 조계종(曹溪宗)이 전체적인 주류를 형성하여 왔고, 그와 관련하여 지눌(知訥)과 같은 창의적이며 총혜(聰慧)한 고승(高僧)을 낳았다.

　(20가)는 두 개의 문장이 이어져서 이루어진 것이며, (20나)는 세 개의 문장이 이어져서 이루어졌다. (20가)는 두 문장을 잇기 위하여 연결 어미 '-며'가 쓰였고, (20나)에서는 '-(으)나, -고'가 쓰였다. 이렇게 대등적 혹은 종속적 연결 어미가 문장들을 잇는 역할을 한다.[46]

(21) 가. 먼동이 튼다.
　　나. 별들이 사라진다.

　이 두 문장은 연결 어미에 의해 다음과 같이 여러 가지로 이어질 수 있다.[47]

(22) 가. 먼동이 트니까 별들이 사라진다.
　　나. 먼동이 트면 별들이 사라진다.
　　다. 먼동이 트자 별들이 사라진다.
　　라. 먼동이 터야 별들이 사라진다.
　　마. 먼동이 트면서 별들이 사라진다.

용어도 함께 쓰기로 한다.

[46] 대등적 연결 어미로 두 절이 대등하게 이어진 문장을 '대등 접속문'이라고 하고 종속적 연결 어미로 한 절이 다른 절에 종속적으로 이어진 문장을 '종속 접속문'이라고 한다. 국어 문법론 연구에서는 coordination을 대등 접속, subordination을 종속 접속으로 이해해 온 전통이 깊다. 하지만 일반 언어학적으로는 subordination은 접속의 한 종류가 아니라 '종속', 즉 '내포'를 나타내는 것이고 coordination은 절뿐만 아니라 단어나 구를 대등하게 이어주는 것도 포함되므로 굳이 '대등'이라는 말을 붙일 필요 없이 '접속'이라고만 해도 충분할 것이다. 다만 국어의 종속 접속문이 부사절 내포문인지, 접속문인지 아직까지는 명확하지 않으므로 '종속'과 '접속'이라는 모순된 개념이 결합된 '종속 접속'이라는 용어는 여전히 널리 수용되고 있다.

[47] 동일한 형식의 연결 어미가 대등 접속과 종속 접속에 모두 쓰이기도 한다. 예컨대, '-고'는 국어에서 대등 접속문을 형성하는 가장 대표적인 연결 어미이지만 "지수가 공부를 하고 시험을 봤다.", "지수가 비를 맞고 감기에 걸렸다."에서 '-고'는 각각 '계기(繼起)', '인과'의 의미를 지니고 선행절을 후행절에 종속적으로 이어 준다.

바. 먼동이 트고 별들이 사라진다.

연결 어미는 그것이 붙은 절의 뜻을 풀이해 주면서 동시에 뒤에 오는 절과 이어 주는 일을 한다. (22가)는 앞절의 사실이 뒷절의 사건의 원인을 따져서 밝히는 것이요, (22나)는 앞절의 사실이 뒷절의 사건에 대한 조건임을 보이고 있으며, (22다)는 앞뒷절의 사건이 동시에 일어나는 것임을 표시하고 있다. (22라), (22마), (22바)는 쓰인 연결 어미의 종류에 따라 그 뜻이 서로 다르다.

9.2.2.1 연결 어미

연결 어미는 다음과 같이 여러 가지가 있다.[48]

한 가지 이상의 일을 나열하는 것 : -고, -(으)며
한 가지 이상의 일이 동시에 일어남을 보이는 것 : -(으)면서
두 가지 일이 거의 동시에 잇달아 일어남을 보이는 것 : -자
서로 상반됨을 보이는 것 : -(으)나, -아도/어도/러도, -지마는, -라도, -되
조건이나 가정을 보이는 것 : -(으)면, -다면/라면, -거든, -더라도
이유나 원인을 보이는 것 : -(으)니까, -(으)므로, -아서/어서/러서
어떤 일의 결과나 상태의 지속을 보이는 것 : -아서/어서/러서
한 가지 일이 다른 일로 바뀌는 것을 보이는 것 : -다가
다른 일이 더 보태지거나 점점 더해감을 보이는 것 : -(으)ㄹ뿐더러, -(으)ㄹ수록
의도를 보이는 것 : -(으)려고, -고자
목적을 나타내는 것 : -(으)러
어느 쪽이나 상관이 없음을 보이는 것 : -거나, -든지
반드시 그래야 함을 보이는 것 : -아야/어야/러야
어떤 일의 배경을 보이는 것 : -는데, -(으)ㄴ데
어떤 행위가 어떤 정도까지 이름을 보이는 것 : -도록

등이 대표적인 것으로, 이 밖에도 더 많은 연결 어미가 있다. 이들 연결 어미는 대부분 용언이나 서술격 조사에 두루 붙지마는, 그 중에는 동사에만 붙는 것도 있고 형용사나 서술격 조사에만 붙는 것, 서술격 조사에만 붙는 것이 있다. 목적을 나타내는 '-(으)러', 의도를 나타내는 '-(으)려고', 어떤 일의 배경을 나타내는 '-는데'는 동사에만 붙고, '-(으)

---

48 여기에 나열한 것은 연결 어미를 모두 망라한 것은 아니다.

ㄴ데'는 형용사나 서술격 조사에만 붙으며, 조건이나 가정을 나타내는 '-라면', 결과가 예상과 반대임을 보이는 '-라도'는 서술격 조사에만 붙는다('-더라도'는 동사, 형용사, 서술격 조사에 두루 쓰인다).

앞에서 보인 연결 어미 중에는 더 분석될 수 있는 것이 있다. 서술격 조사 다음에만 쓰이는 '-라면'은 '-라'와 '-면'으로 분석된다. 동사나 형용사의 경우 그 평서형 종결 어미에 '-면'이 붙으면 '-(는/ㄴ)다면'이 되는데, 이것은 본래 '-(는/ㄴ)다고 하면'이 줄어서 이루어진 것이다. 그런데 서술격 조사는 이때 그 평서형 종결 어미가 '-라'로 나타난다. 따라서 '-라면'은 '-라 + -면'으로 분석될 수 있다. 다만 '-라면'이 거의 굳어져서 한 형태소처럼 쓰이므로 편의상 그대로 붙여서 보기로 든 것이다. 한편, '-아/어, -아도/어도, -아서/어서, -아야/어야'는 '이르다[至], 푸르다' 같은 용언의 어간에 붙을 때는 '-러, -러도, -러서, -러야'로 나타난다.

9.2.2.2. 반복되는 요소의 생략

연결 어미에 의해서 두 문장이 이어질 때 반복되는 요소는 생략된다.

(23) 가. 민지는 들었던 붓을 놓고 다시 한 번 화면을 주시했다.
나. 작은 아이가 빨간 색종이를 접어서 네 조각으로 반듯하게 잘랐다.

(23가)의 뒷절 '주시했다'의 주어는 앞절과 마찬가지로 '민지는'인데 생략되었고 (23나)의 뒷절에서는 주어 '작은 아이가'와 목적어 '빨간 색종이를'이 생략되었다. 모두 같은 말을 두 번씩 반복할 필요가 없기 때문에 생긴 현상이다. 이어진 문장에서는 이렇게 앞절의 어느 요소가 뒷절에 반복되어 나타나지 않는 일이 많기 때문에 두 문장이 이어진 것이 아닌 것처럼 생각하기 쉬운 경우가 있다.[49 · 50]

---

49 이러한 동일 성분의 생략은 담화·화용적 요인에 의한 것이 아니라 통사적 요인에 의한 것이기 때문에 동일 성분이 생략되지 않으면 비문법적인 문장이 된다.

50 이러한 이유로 인해 두 절이 대등하게 이어진 문장은 동사구가 대등하게 이어진 문장과 구별되지 않는 경우가 많다. 예컨대, "지수가 밥을 먹고 빵을 먹었다."는 "지수가 밥을 먹었다."와 "지수가 빵을 먹었다."의 두 문장이 대등하게 이어진 문장에서 동일 주어와 동일 시제 형태소가 생략된 것으로 볼 수도 있지만 '[지수가 [밥을 먹고 빵을 먹]]-었다.'와 같이 동사구가 대등하게 이어진 문장으로도 볼 수 있기 때문이다.

9.2.2.3. 연결 어미의 쓰임과 문법적 제약

연결 어미는 각각 제 나름대로의 의미를 지니고 있다. 예를 들면 '-아서/어서'는 앞절의 일이 뒷절 사건의 원인임을 밝히는 뜻을 나타낸다.

(24) 가. 비가 <u>와서</u> 길이 질다.
　　 나. *길이 <u>질어서</u> 비가 왔다.
　　 다. *길이 <u>질어서</u> 비가 온 것이 틀림없다.
　　 라. 길이 <u>지니까</u> 비가 온 것이 틀림없다.
(25) 가. 어제도 동쪽에서 해가 <u>떠서</u> 오늘도 동쪽에서 해가 뜰 것이다.
　　 나. 어제도 동쪽에서 해가 <u>떴으니까</u> 오늘도 동쪽에서 해가 뜰 것이다.

(24)에서 (가)가 가능한 것은 비가 온 것이 길이 질게 된 원인이 될 수 있기 때문이요, (나)가 말이 안 되는 것은 그 반대가 될 수 없기 때문이다. (다)는 원인을 따지는 글인데 길이 진 것이 비가 온 원인이 될 수 없기 때문에 비문(非文)이 되었다. 그러나 (라)에서 '-니까'는 본래 추론(推論)해서 이유를 따지는 뜻을 가진 것이므로 뜻이 통하는 문장이 되었다. 길이 질다는 사실로부터 추론해서 비가 왔다는 사실을 알아낸 것이다.

연결 어미는 이상과 같이 그 하나하나가 각기 특수한 의미를 가지고 있다. 따라서 각 연결 어미의 쓰임에는 여러 가지 문법적 제약이 따른다.

앞뒷절의 두 사건이 거의 동시에 일어나거나, 앞절 사건이 항상 먼저 일어남을 나타내는 '-고서, -아서/어서, -(으)ㄴ들, -건대, -자, -(으)ㄹ수록' 등은 시제를 나타내는 '-았/었, -겠, -더' 등의 어미가 붙지 않는다. 예를 보이면 다음의 예문 (26)과 같다.

(26) 가. *한 시간 동안 일을 <u>했고서</u> 쉬었다.
　　 나. *그 사람이 <u>떠났자</u> 다른 손님이 들어왔다.

연결 어미에 따라서 뒷절이 평서형, 의문형, 청유형, 명령형 중에 일부만 취하는 일이 있다. '-아서/어서(원인을 나타낼 때), -아야/어야, -느라고, -건만, -거니와, -자' 등의 연결 어미는 명령형이나 청유형과 결합하지 못한다.

(27) 가. *<u>피곤해서</u> 좀 쉬자.
　　 나. *저 사람이 믿을 <u>만해서</u> 그에게 부탁해라.
(28) 가. *시간에 대어 <u>오느라고</u> 지름길로 오너라.
　　 나. *점심을 사 <u>먹느라고</u> 돈을 다 쓰자.

또 '-느니, -지만, -되'는 의문형과 결합하지 못하며, '-거든'은 평서형이나 의문형과 함께 쓰이지 못한다.

(29) 가. *비가 그치<u>거든</u> 가니?
　　 나. *비가 그치<u>거든</u> 떠난다.
　　 다. *비는 그쳤<u>지만</u> 아직 날이 개지 않았어?

그뿐만 아니라, '-느라고, -고서, -(으)려고' 같은 것들은 앞·뒷절의 주어가 항상 같아야 한다. 따라서 뒷절의 주어는 언제나 생략되어 있다.

(30) 가. 사람들이 싸움 구경을 하<u>느라고</u> 저렇게 모여 있습니다.
　　 나. 나는 어제 그 소식을 듣<u>고서</u> 곧 떠날 준비를 하였다.
　　 다. 네가 또 무슨 짓을 하<u>려고</u> 여기에 왔니?

(30)의 뒷절의 주어는 각각 '사람들이, 나는, 네가'인데 반복을 피해서 생략된 것이다.

9.2.2.4. 대등하게 이어지거나 종속적으로 이어짐

연결 어미에 의해서 이어진 두 절 사이의 관계는 뜻으로 보아 대등적인 것과 종속적인 것이 있다.

(31) 가. 호랑이는 죽어서 가죽을 남기<u>고</u> 사람은 죽어서 이름을 남긴다.
　　 나. 무기력과 겸허의 미덕이 혼동되던 시대는 지나갔<u>으며</u> 감상으로써 심금을
　　　　 울리던 시대도 이미 아니다.
　　 다. 그는 갔<u>으나</u> 그의 예술은 살아 있다.
(32) 가. 어제 저녁에는 방송을 듣<u>느라고</u> 숙제를 못했다.
　　 나. 비가 오지 않<u>아서</u> 모를 내지 못했다.
　　 다. 봄이 오<u>면</u> 지호는 유학을 떠날 것이다.
　　 라. 소나기가 바가지로 물을 퍼 붓<u>듯이</u> 쏟아졌다.
　　 마. 그 사람의 얼굴이 몹시 험상궂<u>게</u> 생겼다.
　　 바. 그 사람에게 내일 열 시까지 이곳에 오<u>도록</u> 일러라.

(31)은 두 개의 문장이 대등하게 이어져 있으나, (32)는 앞절이 뒷절에 종속적으로 이어져 있다. '-고, -며, -(으)나, -지만' 등은 두 문장을 대등하게 이어 주나, 대부분의 연결 어미는 종속적으로 잇는다. (32)의 앞절(또는 연결 어미가 붙은 절)은 뒷절에 대해

그 원인, 이유, 조건 등 부사에 가까운 뜻으로 쓰이고 있는데, (32라), (32마), (32바)에서는 그 정도가 대단히 높은 것을 알 수 있다. 따라서 이렇게 종속적으로 이어진 앞절을 부사절로 보아야 할 것인지 대등하게 이어진 경우와 마찬가지로 이어진 문장으로 보아야 할 것인지가 논란이 될 수가 있다.

(32라)에서는 '-듯이'가 붙은 절이 뒷절(또는, 주절)의 서술어 '쏟아지다'를 꾸며 준다(즉, 쏟아지는 모습 또는 정도를 나타낸다). 뿐만 아니라 '-듯이'가 붙은 종속절이 주절의 주어 '소나기가'와 서술어 '쏟아지다'의 사이에 들어와서 더욱 이러한 사실을 뒷받침해 준다. 다음과 같은 경우도 이와 같다.

(33) 가. 지호는 마치 <u>그림자가 다가오듯이</u> 조용히 우리에게 다가왔다.
　　　나. 지호가 <u>자기 친구를 대하듯이</u> 나를 대한다.

(33)의 밑줄 부분은 모두 주절의 서술어에 의해 표현되는 동작이나 상태를 형용하며, 그 위치도 주절 서술어의 바로 앞이 더 자연스럽다. '-듯이'가 붙은 절이 주절의 서술어를 꾸미는 것일 수 있다는 것은 다음과 같은 예에서 더 분명하다.

(34) 가. 선수들의 얼굴에서는 땀이 <u>비 오듯이</u> 흘렀다.
　　　나. 내 동생이 돈을 <u>물 쓰듯이</u> 쓴다.

(34)의 '-듯이'가 붙은 절은 거의 부사어로 굳어져서 하나의 관용구로 쓰였다. 그 밖에도 '잠자듯이, 그린 듯이…' 등 '-듯이'가 붙은 절이 이렇게 부사적 관용구화하는 성질이 있다는 것은 '-듯이'가 부사절을 이끈다는 증거가 되는 것이 아닌가 한다. 그러나 다음과 같은 경우는 역시 이어진 문장으로 보아야 할 것 같다.

(35) <u>한국의 앞날이 희망에 차 있듯이</u> 한국의 사상이 곧 보람을 나타내는 날이 오고
　　　야 말 것이다.

(35)에서는 앞뒷절 전체가 서로 비교되고 있으며, 앞절을 뒷절 서술어 앞으로 자리를 옮길 수도 없는 것은 앞의 (32라)나 (33), (34)의 경우와는 다르다. '-듯이'는 부사절을 이끄는 경우와, 두 문장을 종속절과 주절의 관계로 이어 주는 두 가지 일을 한다고 보아야 하겠다.[51]

---

51 대등 접속과 종속 접속은 여러 가지 통사적 특징으로 뚜렷하게 구별된다. 그러나 종속 접속과 부사절

(32마), (32바)의 '-게', '-도록'이 붙은 절도 부사절로 생각된다. (32마), (32바) 주절의 서술어 '생기다, 이르다'는 각각 그 문장에서 '-게'나 '-도록'이 붙은 절이 없으면 서술의 기능을 할 수가 없다.

(32') 마. ?그 사람의 얼굴이 생겼다.
　　　 바. ?그 사람에게 일러라.

'생기다'는 '할 일이 생겼다'와 같이 주어 이외에 그것을 보충해 주는 말이 없어도 쓰일 수 있으나 (32'마)와 같은 경우에는 스스로 자립할 수가 없음을 알 수가 있다. 동사 '이르다'도 목적어나 그 밖의 말이 있어야 비로소 서술어로서의 기능을 할 수가 있다. (32마), (32바)에서는 '-게, -도록'이 붙은 절이 이러한 보충을 해 주었다. 이것으로 미루어 이들 '-게'나 '-도록'이 붙은 말이 부사절로서의 기능을 하고 있다고 할 수 있다. 따라서 '-게, -도록'도 '-듯이'와 마찬가지로 부사절을 이끌 수 있음을 인정해야 한다.

▌ 부사절과 종속적으로 이어진 문장 ▌

부사절과 종속적으로 이어진 문장(이하 종속 접속절)의 관계에 대해서는 1970년대부터 현재까지 여러 의견이 대립되어 왔다. 이를 간단히 정리하면 다음과 같다.

① 부사절을 인정하지 않고 종속 접속절만 인정하는 것
② 부사절을 인정하되 그 일부만을 종속 접속절로 인정하는 것
③ 종속 접속절 전체를 부사절로 인정하는 것
④ 종속 접속절뿐 아니라 대등 접속절까지 부사절로 인정하는 것

견해 ①에서는 전성 어미 중 부사형 어미도 인정하지 않는 것이다. 1980년대에 들어서 종속 접속절이 안은 문장과 통사적인 특징을 공유하고 있음을 입증하고 ②와 ③을 주장하는 논의가 증가하였다. 2000년대에 들어와서는 대등 접속과 종속 접속을 의미적인 문제로 보고 ④를 주장하는 논의들도 많아졌다. 최근에는 종속 접속절을 모두 부사절로 처리하고 종속 접속절과 부사절을 모두 인정하는 주장도 있다.

9.2.2.5. 이어진 문장의 계층적 구조

문장이 여럿이 이어질 때는 연결상의 계층이 생긴다. 종속적으로 이어진 것은 늘 뒷절

내포를 구별할 만한 근거가 뚜렷하지 않고 종속 접속문은 부사절 내포문과 유사한 통사적 특징을 지닌다. 이것이 바로 종속절을 부사절로 볼 수 있는 주요 근거가 된다.

에 매여서 그것과 함께 한 단위를 이루지만, 대등하게 이어진 것들 사이에도 계층이 생길 수 있다.

(36) 나는 염소 모피를 벗어서 아가씨 어깨 위에 걸쳐 주고 모닥불을

피워서 언 몸을 녹이었다.

(37) 때가 되면 민지도 돌아오고 지호도 돌아올 것이다.

(38) 민지는 노래도 잘 부르고 춤도 잘 추지만 동생은 노래도 못 부르고 춤도 못
춘다.

이어진 문장은 보통 두 개 혹은 그 이상의 절이 분명하게 드러나 있다. 물론 그 중에는 뒷절의 주어가 생략되거나 주어와 목적어가 함께 생략되고 서술어만 남아서 하나 이상의 문장이 이어진 흔적이 흐려진 것이 있지마는, 그래도 하나 이상의 절이 쉽게 찾아진다. 서술어가 두 개 이상 있으면 주어가 하나만 나타나 있더라도 하나 이상의 문장이 이어진 것임을 알 수 있고, 생략된 주어나 목적어도 쉽게 찾아낼 수 있다.

▌'와/과'와 이어진 문장 ▌

다음의 (ㄱ)과 같은 문장을 이어진 문장으로 보아야 할지가 논란이 될 수 있다.

ㄱ. 민지와 지호가 어제 부산으로 떠났다.
ㄴ. 민지가 어제 부산으로 떠났다.
ㄷ. 지호가 어제 부산으로 떠났다.

(ㄱ)을 (ㄴ)과 (ㄷ)이 이어진 결과로 보아 겹문장으로 보기도 한다. 그러나 이는 의미적인 것이고 구조적인 겹문장이라고 하기는 어렵다. 만약 (ㄱ)을 겹문장으로 본다면 이어진 문장의 범위가 매우 넓어지게 된다.

ㄹ. 그들은 어제 부산으로 떠났다.

(ㄹ)과 같이 복수 주어가 나타나는 경우도 의미적으로는 다수의 사건을 나타내므로 이 또한 겹문장으로 볼 가능성이 있게 된다. 이러한 문제들을 고려한다면 '와/과'로 이어진 경우에는 겹문장으로 처리하지 않는 것이 합리적이다.

1. 문장 유형에 대한 전반적 논의

문장 유형은 화행(話行, speech act)이 일정한 문법적 형식과 관습적으로 연결되어 있는 문장 형식을 말한다. 예컨대, 국어에서 '진술'의 화행은 평서형 어미, '질문'의 화행은 의문형 어미로 표시되므로 국어에서는 평서문과 의문문을 문장 유형 중 하나로 설정할 수 있는 것이다. 국어 문장 유형에 대한 전반적 논의로는 고성환(1998), 한길(2004), 임동훈(2011가), 이해윤(2015), 고영근(2018나: 742-756) 등을 참고할 수 있다.

한편, 국어에서 문장 유형은 문말 억양 패턴으로도 구분되지만(문장 유형에 따른 억양 패턴에 대해서는 이호영(1996: 230-243) 참고), 주로 종결 어미에 의해 구분된다. 이로 인해 기존 연구에서는 문장 유형 그 자체보다는 종결 어미가 나타내는 문법 범주를 중심으로 논의가 이루어져 왔다. 문체법, 문장 종결법, 의향법, 의향 서법 등의 용어가 바로 종결 어미가 나타내는 문법 범주를 가리키는 것인데 이러한 용어가 담고 있는 내용은 각기 다르다. 문체법에 대해서는 이희승(1949: 116-121), 고영근(1976)을, 문장 종결법에 대해서는 윤석민(1998, 2000)을, 의향법에 대해서는 허웅(1983: 225-230)을, 의향 서법에 대해서는 남기심(2001: 385-387)을 참고할 수 있다. 개별 문장 유형에 대한 연구로는 명령문에 대해서는 고성환(2003)을, 감탄문에 대해서는 노대규(1997)을, 의문문에 대해서는 이은섭(2005)를 참고할 수 있다.

2. 문장 유형과 화행 이론

개별 문장 유형은 특정한 화행 의미와 일정하게 관련되어 있지만 다양한 화행 의미를 전달할 수 있다. 따라서 문장 유형에 대한 논의는 통사론의 범위를 넘어 화용론적 논의까지 고려할 필요가 있다. 예컨대, 의문문을 통해 청유나 명령의 의미를 전달하는 간접 화행은 통언어적(cross-linguistic)인 현상인데 이러한 현상을 이해하기 위해서는 화용론에서 다루는 화행 이론, 공손성 이론 등을 고려하지 않을 수 없다. 특히 실제 언어 사용 양상이 중요한 한국어 교육 현장에서는 평서문, 의문문, 청유문, 명령문 등의 문장 유형보다 이러한 문장들이 실제로 어떠한 화행 의미를 전달하는지에 더 주목하고 있다. 화용론적 관점에서 문장 유형을 보다 폭넓게 이해하기 위해서는 다양한 화용론 개론서를 참고할 수 있다. 외국 서적으로는 Levinson(1983), Huang(2007) 등을 추천할 만하고 국내 서적으로는 윤평현(2008: 제4부), 구본관 외(2016: 제6장), 고영근(2018나: 767-813)을 추천할 만하다.

3. 감탄문 설정에 대한 논란

국어 문법론 연구에서 전통적으로 감탄문은 문장 유형의 하나로 설정되어 왔지만 최근에는 감탄문을 문장 유형의 하나로 인정하지 않는 견해도 일반적이다. 임동훈(2011가)에서는 서구의 논의들에서 언급한 감탄문의 특성, 즉 개방 명제를 사실로 전제한 채 화자의 관점에서 놀라움을 표시한다거나 정도나 양의 척도에서 끝점을 넘어서는 사실과 관련된 화자의 주관을 나타낸다는 사실이 국어의 감탄문에는 잘 적용되지 않는다는 점을 근거로 삼아 국어의 감탄문을 평서문의 일종으로 간주할 것을 주장하였다. 감탄문을 설정하는 입장에서 감탄문의 설정 근거, 감탄형 어미 설정 등에 대한 전반적 논의로는 노대규(1997)가 참고된다.

한편, 전통적으로 감탄형 어미로 다루어진 '-군', '-구나' 등의 '구' 계열 종결 어미는 양태 논의에서 '새로 앎'의 의미를 나타낸다고 보고되고 있다. 이에 대한 대표적 논의로는 장경희(1985: 88-108), 박재연(2006: 229-233) 등이 있다. 최근에 쏟아져 나오고 있는 양태 관련 논의에서는 이러한 '새로 앎'의 의미를 '의외성(mirativity)' 범주와 관련시키기도 하는데, 이러한 연구 경향에 대한 비평적 논의로는 박진호(2011나), 송재목(2016), 손혜옥(2018) 등을 참고할 수 있다.

4. 명사형 어미 '-음', '-기'와 명사절의 범위

명사형 어미 '-음'과 '-기'가 지닌 의미 차이에 대해서는 각종 사전 및 많은 연구자들이 이들 명사형 어미의 의미 차이를 제시하였다. 이에 대한 정리는 이필영(1998), 김일환(2005), 정주리(2006) 등을 참고할 수 있다. 이와 같이 '-음'과 '-기'의 의미 차이를 둘러싸고 다양한 논의가 이루어진 결과, 다양한 의미 차이가 제시되었지만 이러한 의미 차이를 아우를 만한 핵심은 제시되지 못하였다. 그러나 국어 양태 연구가 본격적으로 이루어지면서 '-음'과 '-기'의 의미 차이가 현실(realis) 서법과 비현실(irrealis) 서법의 차이에서 기인하는 것임이 밝혀졌다. 이와 관련한 논의로는 임동훈(2008, 2009나), 박진호(2011가), 문숙영(2017) 등을 참고할 수 있다.

명사절은 명사형 어미 '-음', '-기'뿐만 아니라 '-느냐/(으)냐, -는가/(으)ㄴ가, -는지/(으)ㄴ지' 등의 종결 어미로 끝난 문장이나 '관형사형+것' 구성으로도 형성된다. 따라서 국어에서 명사절의 범위를 어디까지로 볼 것인가가 논란이 될 수 있는데, 이에 대한 최근의 논의로는 유현경(2018나)가 있다. 명사형 어미 '-음'과 '-기'는 점점 그 세력이 축소되고 '것' 명사절이 이를 대체하고 있는데, 이외에도 '것' 명사절을 명사절로 설정할 수 있는 근거는 매우 다양하다. 이에 대해서는 문숙영(2017)이 참고된다.

5. 서술절 설정 논란과 이중 주어문

서술절을 안은 문장은 이른바 '이중 주어문'이라고 하여 매우 방대한 논의가 이루어져 왔고 이중 주어문의 범위, 이중 주어문의 진짜 주어 판별, 이중 주어문의 통사 구조 분석 등과 관련하여 매우 복잡하고도 다양한 문제가 얽혀 있다. 이중 주어문과 관련한 비교적 최근의 논의만 간략하게나마 제시해도 임동훈(1997), 유동석(1998나), 이홍식(2000: 68-71), 목정수(2005, 2014), 이정택(2006가), 안명철(2001, 2011, 2015), 송창선(2009가, 2017), 한정한(2013), 김민국(2016가), 김건희(2017), 고영근(2018나: 555) 등이 있다.

서술절을 인정하는 입장은 이중 주어문의 첫 번째 주어와 두 번째 주어가 모두 진짜 주어임을 검증해야 하는 문제와 서술절을 안은 문장의 범위 설정 문제가 여전히 남아 있지만 이중 주어문은 서술절을 안은 문장이므로 적어도 주어가 두 개 이상 존재하는 문장을 인정하지 않아도 된다는 장점이 있다. 그래서 학교 문법을 비롯하여 많은 주요 문법서에서도 이중 주어문은 서술절을 안은 문장으로 분석하는 경우가 많다. 그러나 서술절은 절 표지가 따로 존재하지 않으므로 국어 내포절 체계에 비추어 볼 때 다소 예외적인 것이다. 이로 인해 이중 주어문 논의의 핵심은 서술절 설정의 타당성을 따지는 데에 있었다고 해도 과언이 아니다. 서술절 설정에 대한 비판적 논의로는 남기심(1986가)가 대표적이고 이에 대한 반박 논의로는 임동훈(1997)이 대표적이다.

한편, 서술절을 인정하지 않는 입장에서는 이중 주어문의 첫 번째 주어를 '주제어'라는 새로운 문장 성분으로 설정하기도 하는데, 이러한 논의 중 가장 대표적 논의로는 임홍빈(2007: 134-137)이 있다.

6. 동격 관형절, 관계 관형절, 연계 관형절

국어 관형절에 대한 전반적 논의는 이홍식(1990), 이필영(1998), 박형진(2016) 등을 참고할 수 있다.

동격 관형절에 대한 비교적 최근의 논의로는 이홍식(1999)를 참고할 수 있다. 긴 동격 관형절은 '완형 보문'이라고도 하는데('완형 보문'에 대해서는 남기심 1986나 참고), 문장의 종결형에 '-고 하는'이 결합한 것처럼 보여 이를 동격 관형절로 보아야 할지 인용문의 관형절로 보아야 할지 논란이 되고 긴 동격 관형절을 형성하는 관형사형 어미를 '-다는'과 같이 '종결 어미+는'으로 보아야 할지 아니면 '-는'으로만 보아야 할지 문제가 있다. 이에 대해서는 안명철(1992), 임동훈(1995), 김선효(2004), 안예리(2015), 오윤경·신연수(2016) 등이 참고가 된다.

관계 관형절에 대한 최근의 논의로는 김민국(2010), 연재훈(2012), 문숙영(2012), 박형진(2015), 고영근(2018나: 744-746) 등이 있다. 연재훈(2012)는 언어 유형론적 관점에서 국어 관계절의 특성을 조망한 논의이고 문숙영(2012)는 국어의 관형절이 관계 관형절과 동격 관형절이 구분되지 않는 언어일 가능성을 제기하였다는 점에서 주목할 만하다.

국어에 관계 관형절로도 보기 어렵고 동격 관형절로도 보기 어려운 관형절이 존재한다는 사실은 여러 연구들에서 언급되어 왔으나 이러한 관형절을 새로운 유형의 관형절로 보아 '연계 관형절'을 제안한 최초의 논의는 김지은(2002)이다. 홍윤기(2010)에서는 이러한 '연계 관형절'을 한국어 교육에 수용하여 활용할 필요가 있음을 주장하였다.

7. 인용절과 인용 표지에 대한 논란

'인용'의 개념과 인용 구문 전반에 대한 연구로는 이필영(1993), 윤정원(2011), 채숙희(2013) 등이 있다.

'명사절', '관형절', '부사절', '서술절'은 내포절이 지닌 통사적 기능을 바탕으로 설정된 것이라면 '인용절'은 그 의미적 기능을 바탕으로 설정된 것이다. 이로 인해 인용절과 인용격 조사의 범주가 무엇인지 논란이 되어 왔다. 직접 인용의 '(이)라고'는 격 조사로 보는 논의가 주를 이루는데 이러한 관점에서는 직접 인용된 절은 명사절(혹은 명사 상당 구성)로, '(이)라고'는 부사격 조사로 볼 수 있다. 간접 인용은 그 표지가 '고'인지 종결 어미가 결합한 '-다고', '-냐고', '-라고', '-자고'인지의 문제부터 '고'의 범주 설정과 관련하여 다양한 논의가 이루어졌다. 간접 인용의 '고'를 부사격 조사로 보고 인용된 절은 명사절의 성격을 지닌다고 주장한 논의로는 임동훈(1995)가 있고 '-다고', '-냐고', '-라고', '-자고' 전체를 인용 표지로 보아 이들을 부사형 어미로 다루고 간접 인용절을 부사절로 보는 연구로는 유현경(2002), 이금희(2005), 남미정 (2010) 등이 있다. 이러한 논쟁에 대한 연구사 정리는 송창선(2016)을 참고할 수 있다.

구본관 외(2015: 275)에서는 이러한 기존의 연구 결과를 절충적으로 수용하여 직접 인용 표지 '(이)라고'는 부사격 조사로, 직접 인용된 절은 명사절로 처리하는 반면 간접 인용 표지는 부사형 어미 '-다고', '-냐고', '-라고', '-자고'로, 간접 인용된 절은 부사절로 처리하는 입장을 취하고 있다.

8. 접속문의 통사와 연결 어미

국어의 접속문을 바라보는 입장은 크게 세 가지로 나뉜다. 첫째, 접속을 대등 접속과 종속 접속으로 나누되 종속 접속절을 내포절로 보지 않는 입장(일부 부사절을 인정하는 입장 포함), 둘째, 접속에는 대등 접속만 있고 종속 접속절을 내포절인 부사절로 보는 입장, 셋째, 국어에는 대등 접속이 존재하지 않는다고 보는 입장이다. 각각의 입장에 대한 문제점과 대표적 연구에 대해서는 임동훈(2009가), 유현경(2011) 등에 잘 정리되어 있다.

연결 어미의 쓰임과 문법적 제약 및 접속문의 통사적 특성에 대해서는 남기심 편(1994), 윤평현(2005), 이은경(2000), 이희자·이종희(1999), 고영근 (2018나: 748-756) 등과 각종 사전 류를 참고할 수 있다. 한편, 박재연(2011)에서는 국어 연결 어미의 의미를 기술할 때 쓰인 메타 언어가 무엇인지, 어떤 메타언어를 사용하는 것이 적절한가에 대해 고찰하였다.

연습 문제

1. 아래의 자료에 제시된 문장의 문장 유형이 무엇인지 기술해 보자.

(1) 이제 일은 그만하고 빨리 집에 가보게나.
(2) 여보, 우리 어머니 병문안 가 보는 게 좋지 않겠어요?
(3) 빌린 돈은 최대한 빨리 갚음세.
(4) 어머, 저기에 이상한 것이 있어!
(5) 부탁한 일은 오늘 안으로 처리하겠습니다.
(6) 늦을 테니 어서 빨리 학교에 가요.
(7) 도대체 누가 그런 일을 할 수 있겠습니까!
(8) 네 말처럼 그 일이 쉽게 된다면 내가 더 이상 뭘 바라겠니!
(9) 늦었을 텐데 어서 들어가렴.
(10) 영호 씨, 오늘 영화나 보러 갈까요?
(11) 선생님, 시간 되시면 같이 식사나 하시지요.
(12) 수지야, 그 일은 내가 처리하마.
(13) 아이고, 예뻐라 우리 아기.
(14) 영수야, 조심해! 잘못하다 다칠라.
(15) 김 과장, 하던 일은 내일 하고 술이나 마시러 가십시다.
(16) 아이고, 밖에 비가 엄청 내리는구먼.
(17) 나라고 해서 그 모든 것을 어떻게 알 수 있단 말이냐!
(18) 다음의 문제를 읽고 답을 써 보자.
(19) 내 다음부터는 절대 늦지 않으리다.
(20) 얼마나 잘 사는지 두고 보자.

2. 1에 제시된 문장을 "지수가 …고 말했다."라는 문장 내의 간접 인용절로 바꾸어 보고 간접 인용절에서 종결 어미가 어떻게 바뀌는지 기술해 보자. 또한 종결 어미 외에도 본래의 문장과 어떠한 점이 달라지는지 기술해 보자.

3. 아래에 제시된 자료에서 안긴문장을 찾아 밑줄을 치고 밑줄 친 절의 성격에 대해 기술해 보자. 또한 각각의 안긴문장에서 생략된 성분을 찾아 복원해 보자.

> (1) 어머니가 곧 집에 돌아온다는 소식을 들은 지수는 동생에게 빨리 집에 돌아갈 것을 종용했다.
> (2) 수지는 친구들이 긴 세월 동안 자신을 괴롭혀 왔다고 했기 때문에 우리는 그녀의 말에 귀를 기울일 필요가 있었다.
> (3) 우리 집은 마음씨가 따뜻한 아버지께서 우리가 열심히 공부할 수 있도록 늘 노력하신다.
> (4) 친구가 좋은 사람이 되게 도와 준 것이 잘못된 일이냐고 따지는 영수의 말이 아주 이상하게 들리는 것은 무슨 이유 때문일까?
> (5) 한번 떠난 사람은 또 떠나지 않겠느냐고 동네 어르신들은 우리가 그토록 그리워했던 지수가 고향으로 돌아왔다는 것을 썩 반기지만은 않았다.
> (6) 지수는 어머니가 몸이 많이 편찮으셔서 잠을 이루지 못하는 날들이 많았을 뿐만 아니라 때로는 사람들 앞에서 눈물을 흘리는 모습을 보이기도 했다.
> (7) 마음이 약한 선생님은 학생들이 문제를 너무 어렵게 느끼지 않도록 시험 문제를 쉽게 출제했지만 학생들은 공부를 전혀 안 했기 때문에 선생님의 노력은 헛수고가 되어 버렸다.
> (8) 수지는 스무 살이 넘어서도 저녁 아홉 시 이전에 집에 들어가야 한다는 사실이 조금도 이상하다고 생각하지 않았지만 친구들은 그런 그녀가 너무 의존적인 삶을 산다고 입을 모아 말했다.
> (9) 그는 김 부장의 부당한 지시 때문에 마음이 많이 상했음을 나에게 털어놓고 이렇게 계속 살 바에야 회사를 그만두는 것이 더 낫지 않겠냐는 말도 덧붙였다.
> (10) 우리는 그저 바람이 스치듯 지나간 인연이었음을 인정하기 싫어서 서로에게 집착하고 있었지만 오래지 않아 하늘이 정해 놓은 인연을 인간의 노력으로 바꿀 수 없음을 우리는 인정해야만 했다.

4. 아래에 제시된 자료의 각각의 문장이 몇 개의 문장으로 이어져 있는지 기술해 보자. 또한 각각의 이어진 문장에서 생략된 성분을 찾아 복원해 보자.

> 밤에 신부가 새 옷을 차려입고 나오는데 신랑이 찬찬히 살펴보니, 그 차림이나 거동이 다 촌스러웠다. 신랑이 이에 웃음을 참지 못하여 실소하니, 신부 또한 부끄러움을 모르고 간간이 웃으므로 신랑이 더욱 한심스레 여겼다. 그러나 신부가 얼굴이 단정하고 머리털이 검고 가늘며, 눈이 맑고 입술은 붉으며 덕기가 있었다.

5. 아래에 제시된 자료의 문장이 어떠한 방식으로 이어져 있는지를 기술하고 문장을 이어 주는 연결 어미가 어떠한 의미 관계를 이루며 두 문장을 이어 주는지 기술해 보자.

(1) 나는 공부를 열심히 했고 동생은 운동을 열심히 했다.
(2) 아버지는 아침에 식사부터 하시고 신문을 읽으신다.
(3) 수지는 상한 음식을 많이 먹고 배탈이 났다.
(4) 닭 잡아먹고 오리발 내밀기냐?
(5) 선생님은 열심히 학생들을 가르치는데 학생들의 성적은 도통 오르지 않았다.
(6) 친구들과 즐거운 시간을 보내고 있는데 멀리서 귀한 손님이 왔다는 연락을 받았다.
(7) 동호는 학교에 남아 열심히 공부를 했지만 친구들은 술을 마시러 갔다.
(8) 비가 주룩주룩 내리지만 우리는 소풍을 갈 것이다.
(9) 우리 남편은 나에게도 잘하며 시부모님께도 잘한다.
(10) 우리는 텔레비전을 보며 식사를 했다.
(11) 퓨즈가 끊어지니까 전기가 나갔다.
(12) 오늘은 일요일이니까 가게 문을 닫았겠네.
(13) 맛있는 국수 파는 데를 아니까 여기서 좀 기다려 주세요.

6. 아래에 제시된 자료에서 이어진 문장을 찾아 밑줄을 치고 이어진 절들이 이루는 계층적 구조를 기술해 보자.

(1) 지수는 공부를 잘하는데 동생은 그리 공부를 잘하지 못해서 어머니가 걱정이 많았으나 아버지는 사람은 누구나 자기가 잘하는 것이 있기 마련이라면서 걱정하지 않으셨다.
(2) 아버지가 집에 도착하고 어머니가 곧 집에 도착했다면 부엌이 깔끔하게 정리되어 있을 테지만 그렇지 않은 것을 보니 어머니는 시장에 가서 아직 집에 오지 않으셨을 것이고 아버지는 혼자 밥을 챙겨 드시느라 부엌을 엉망으로 해 놓으셨을 것이다.
(3) 김 선생님은 책을 읽으려고 도서관에 갔으나 학생들이 책을 모두 빌려 가 버려서 읽을 만한 책은 하나도 남아 있지 않았고 앉아 있을 만한 자리도 마땅히 없어서 하는 수 없이 집으로 가다가 배가 고파 식당으로 발걸음을 돌렸다.
(4) 모아 둔 돈도 다 떨어지고 떠나야 할 시간도 가까워져서 우리는 새로운 여행지를 찾기보다는 그간의 여행을 정리하고 한국으로 떠날 준비를 했지만 우리와 함께 온 팀은 한국으로 떠나는 날까지 여행을 하려고 역으로 떠났다.
(5) 나는 집에서는 집중이 되지 않아 카페에 가서 공부를 했지만 카페에 가면 꼭 아는 사람들을 만나는 바람에 하던 공부를 그만두고 수다를 떠는 경우도 많아서 내가 과연 공부를 하러 카페에 갔는지 의문이 들 때가 많았다.

7. 앞서 우리는 '간접 화행'이라는 개념을 살펴본 바 있다. 다음의 문장들은 어떠한 간접 화행을 나타
내는지를 기술하라.

(1) 길을 좀 비켜 주시겠습니까?
(2) 이제 수업을 시작할 테니 모두 조용히 합시다.
(3) 우리 은행에는 무장 경관이 배치되어 있습니다.
(4) 내 말을 안 들으면 너는 혼날 줄 알아라.
(5) 화장실이 어디 있는 줄 아세요?
(6) 잠깐 나가 주셨으면 합니다.

탐구 문제

1. 아래에 제시된 자료를 바탕으로 다음의 질문에 답해 보자.

> (1) (어머니에게 혼난 아들이 혼자서 구시렁거리면서)
>   치, 엄마한테는 내가 좋은 대학에 가는 것이 그렇게 중요할까?
> (2) (지수에 대한 칭찬을 듣고 혼잣말로)
>   지수가 그렇게 착하고 성실한 학생인가?
> (3) (혼자서 저녁 메뉴를 걱정하며)
>   혼자 먹는 지겨운 저녁! 오늘은 또 뭘 먹어야 하나?
>
> (4-1) (학술 논문의 본문에서) <u>그렇다면 대등 접속문의 통사 구조는 어떻게 분석하는 것이 옳을 까?</u> 본고에서는 대등 접속문도 종속 접속문과 동일한 통사 구조를 지닌다고 생각한다.
> (4-2) (학술 서적의 본문에서) <u>문학이란 무엇인가?</u> 우리는 늘 문학의 정의에 대해서 고민해 왔지만 그러한 방식의 질문은 문학의 자율성을 전제로 할 때에나 가능한 것이다.
> (4-3) (신문 표제에서) 북미 정상 대화, 드디어 성사되나?

(가) (1~3)은 남에게 묻기 위한 것이 아니라 화자 혼자서 의구심을 표현한 자문(自問)이다. 그 렇다면 (1~3)의 발화 상황은 상관적 장면인가? 단독적 장면인가?

(나) (4)의 밑줄 친 문장은 단독적 장면에서의 의문문이 사용된 예를 보인 것이다. 이들 의문문 에서 나타난 의문형 어미와 (1~3)의 의문형 어미는 동일한 것인가? 동일하다면 그 근거는 무엇인가?

(다) (1~4)에 제시된 의문형 어미에 '요'가 결합될 수 있는가? 그렇다면 이들 의문형 어미의 상 대 높임법 등급은 '해체'인가? '해체'로 볼 수 없다면 상대 높임법 등급 중 어디에 해당하는 가?

(라) (다)의 답변과 관련하여 (1~4)에 제시된 의문형 어미의 상대 높임법 등급을 따지는 것이 가능한가? 만약 그렇지 않다면 (1~4)의 의문형 어미는 어떻게 처리해야 하는가?

2. 아래에 제시된 자료를 바탕으로 다음의 질문에 답해 보자.

> (1) A: 너는 국어 공부가 재미있니? B: 예/아니요.
> (2) A: 너는 어떤 과목이 재미있니? B: 국어/수학/영어/물리…
> (3) A: 너는 국어 공부가 재미있니? 수학 공부가 재미있니?
>   B1: *예/*아니요.

(가) (1)은 판정 의문문의 예를 보인 것이다. 판정 의문문은 '가부(예/아니요)'의 답변을 요구하고 구체적 설명을 요구하지 않는다. 그렇다면 판정 의문문에서 가능한 대답의 집합은 열려 있는가? 닫혀 있는가?

(나) (2)는 설명 의문문의 예를 보인 것이다. 설명 의문문은 '가부(예/아니요)'의 답변을 요구하지 않고 구체적 설명을 요구한다. 그렇다면 설명 의문문에서 가능한 대답의 집합은 열려 있는가? 닫혀 있는가?

(다) (3)은 둘 또는 그 이상의 선택항 중에서 하나를 골라서 대답하기를 요구하는 선택 의문문의 예를 보인 것이다. (가)와 (나)의 답변과 선택 의문문의 응답 B1과 B2의 사실을 고려한다면 선택 의문문은 판정 의문문과 설명 의문문 중 어떠한 성격에 더 가까운가? 혹은 어떤 측면에서는 판정 의문문의 성격을 띠고 어떤 측면에서는 설명 의문문의 성격을 지니는지 설명해 보자.

3. 아래에 제시된 자료를 바탕으로 다음의 질문에 답해 보자.

(1) 언어 유형론적으로 살펴보면 판정 의문문에 대한 대답 체계는 아래와 같이 3가지로 구분된다.

  1) 가부(yes/no) 체계
  2) 찬반(agree/disagree) 체계
  3) 반복(echo) 체계

가부(yes/no) 체계는 대답된 사실이 긍정/부정이냐에 따라 'yes/no'가 결정되고 찬반(agree/disagree) 체계는 질문 사실에 동의하느냐 그렇지 않느냐에 따라 'yes/no'가 결정된다. 반복(echo) 체계는 'yes/no'와 같은 별도의 응답이 없고 질문의 내용을 그대로 반복하여 대답을 하는 체계이다.

(2) 영어: Aren't you hungry?   B: Yes, I'm hungry. / No, I'm not hungry.
    국어: A: 배 안 고파요?   B: 예, 배 안 고파요. / 아니요, 배고파요.

(가) (2)에서 제시된 자료를 바탕으로 영어에서 'yes/no'가 결정되는 방식과 국어에서 '예/아니요'가 결정되는 방식의 차이에 대해서 설명해 보자.

(나) (가)의 답변을 기반으로 한다면 영어 판정 의문문의 대답 체계와 국어 판정 의문문의 대답 체계의 차이가 무엇인지 기술해 보자.

4. 아래에 제시된 자료를 바탕으로 다음의 질문에 답해 보자.

> (1) 항상 건강하고 행복해라.
> (2) 할머니, 얼른 쾌유하세요.
> (3) 바람아, 제발 멈추어 다오.

(가) (1~3)에 제시된 문장의 문장 유형은 무엇인가?

(나) (1~3)의 문장은 어떠한 화행 의미로 해석되는가?

(다) 명령은 화자가 아직 일어나지 않은 행위를 수행할 것을 청자에게 요구하는 화행이다. 그런데 실제 청자가 일정한 행위를 수행하기 어려운 존재이거나 화자가 요구한 행위가 완전히 청자의 능력 밖의 일이라면 이때 명령은 어떠한 의미로 해석되는가?

(라) (다)의 답변을 바탕으로 (1~3)의 문장 유형이 전형적으로 드러내는 화행 의미와 (1~3)의 문장에서 실제로 해석되는 화행 의미는 어떠한 공통점과 차이점을 지니는지 기술해 보자.

5. 아래에 제시된 자료를 바탕으로 다음의 질문에 답해 보자.

> (1) (혼잣말로)
> 비도 오는데 오늘은 그냥 집에서 잠이나 자자.
> 에라, 이럴 때는 그냥 가만히 있자.
>
> (2) (학술 논문의 본문에서) 문장 유형의 정의를 이렇게 정의했다면 지금부터는 국어의 문장 유형의 예를 살펴보도록 하자. 국어의 문장 유형은 '평서문', '의문문', '명령문', '청유문', '감탄문'의 다섯 가지를 설정할 수 있고 논의에 따라 '감탄문'은 문장 유형에서 제외되기도 한다.

(가) (1)은 청유문이 혼잣말로 사용된 예를 보인 것이다. (1)의 발화 상황은 상관적 장면인가? 단독적 장면인가?

(나) (2)의 밑줄 친 문장은 단독적 장면에서의 청유문이 사용된 예를 보인 것이다. (2)의 청유문에서 나타난 청유형 어미와 (1)의 청유형 어미는 동일한 것인가? 동일하다면 그 근거는 무엇인가?

(다) (1)의 청유문에서 청자는 누구인가? (2)의 청유문에서 청자는 누구인가? 청자가 과연 동일한가? 만약 동일하지 않다면 (1)과 (2)의 청유형 어미가 동일한 것이라고 볼 수 있는가?

6. 아래에 제시된 자료를 바탕으로 다음의 질문에 답해 보자.

(1) (라면 한 젓가락을 얻어먹고 싶어서)
　　종민아, 라면 한 젓가락만 주면 안 되겠니?
(2) (예비군 훈련장에서 조교가 예비군들에게)
　　선배님들, 지금 자리에서 일어서서 식당으로 이동합니다.
(3) (어머니가 늦잠을 자는 아들에게 얼른 일어날 것을 종용하며)
　　아들, 얼른 일어나서 밥 먹고 학교 가자.

(지수가 텔레비전 앞에 서서 화면을 가리고 있는 상황에서)
(4-1) 지수야 화면 좀 가리지 마.
(4-2) 지수야 옆으로 조금 비켜 줄래?
(4-3) 지수야 나 지금 지금 저 프로그램 봐야 하는데.
(4-4) 지수야, 저 프로 진짜 재미있네.

(가) (1~3)에 제시된 문장의 문장 유형은 무엇인가?

(나) (1~3)의 문장이 드러내는 화행 의미는 무엇인가? 이러한 화행 의미가 (1~3)의 문장 유형이 전형적으로 드러내는 문장 유형과 일치하는가? 만약 일치하지 않는다면 문장 유형과 화행의 불일치를 통해 어떠한 효과가 발생하는가?

(다) '명령' 화행은 청자에게 어떠한 행동을 해 줄 것을 요청하는 행위이기 때문에 청자의 체면을 위협한다. 따라서 우리는 공손성을 위해 다양한 전략을 사용하여 명령 화행을 전달하는데, 명령의 화행 의미를 담고 있는 (4)의 문장을 공손성의 정도에 따라 위계화해 보자. 가장 공손한 요청은 무엇인가? 왜 그 문장이 가장 공손하다고 생각하는가? 그리고 공손성은 무엇을 통해 결정되는가?

7. 아래에 제시한 자료를 보고 다음의 질문에 답해 보자.

(1-1) 그가 방정맞기 때문에 일을 그르치고 말았다.
(1-2) ?*그가 방정맞음 때문에 일을 그르치고 말았다.
(1-3) 그가 방정맞은 것 때문에 일을 그르치고 말았다.

(2-1) ?*그의 방정맞기 때문에 일을 그르치고 말았다.
(2-2) 그의 방정맞음 때문에 일을 그르치고 말았다.
(2-3) ?*그의 방정맞은 것 때문에 일을 그르치고 말았다.

(가) (1)의 문장들이 적격성에서 차이를 보이는 이유가 무엇인지를 찾아보자.

(나) (2)의 문장들이 적격성에서 차이를 보이는 이유가 무엇인지를 찾아보자.

(다) (가), (나)의 답변을 염두에 둘 때, '-음' 명사절, '-기' 명사절, '것' 명사절의 용법이 동일한지 그렇지 않은지를 생각하여 보자. 더 나아가 (2-2)의 '그의 방정맞음'을 어떻게 둘로 나눌 수 있을지도 고민하여 보자.

8. 아래에 제시된 자료를 바탕으로 다음의 질문에 답해 보자.

---

(1) 우리 팀원 대부분이 <u>제 식구 감싸기</u> 식의 인사 행정으로 이번에도 진급을 못했다.

(2) 선생님께서는 특유의 <u>인자함</u>과 <u>따뜻함</u>으로 학생들에게 큰 인심을 얻으셨다.

(3) 호미가 없어서 우리는 우선 <u>땅 파는</u> 삽으로 잡초를 뽑기 시작했다.

(4) 이건 <u>마시는</u> 약이니까 아이들도 별 어려움 없이 잘 먹을 수 있을 거야.

(5) 저 멀리서 <u>술에 취한</u> 목소리가 들려 왔다.

(6) 승리의 기쁨은 <u>빠르게</u> 식어 갔다.

(가) (1~6)의 밑줄 친 부분을 절로 볼 수 있는가? 절로 볼 수 있다면 그 근거는 무엇인가?

(나) (1~6)의 밑줄 친 부분을 절로 본다면 생략된 주어를 복원할 수 있는가? 생략된 주어를 복원할 수 있다면 복원된 주어는 무엇인가?

(다) (1~6)의 밑줄 친 부분을 절로 볼 수 없다면 그 범주를 무엇으로 볼 수 있는가? 그리고 밑줄 친 부분에 나타난 어미는 무엇으로 볼 수 있는가?

9. 아래에 제시된 자료를 바탕으로 다음의 질문에 답해 보자.

(1-1) <u>동수가 동네 사람들에게 불량 식품을 판</u> 것이 드러났다.

(1-2) <u>동수가 동네 사람들에게 불량 식품을 팔았다는</u> 것이 드러났다.

(2-1) <u>동수가 동네 사람들에게 불량 식품을 판</u> 사실이 드러났다.

(2-2) <u>동수가 동네 사람들에게 불량 식품을 팔았다는</u> 사실이 드러났다.

(3-1) 지수는 동생이 숙제를 {하는/*한다는} 것을 옆에서 지켜보았다.
　　　그가 외박을 {하는/*한다는} 것이 너무 잦다.

(3-2) 지수는 동생이 숙제를 {하는/*한다는} 과정/모습을 옆에서 지켜보았다.
　　　그가 외박을 {하는/*한다는} 일이 너무 잦다.

(가) (1-1)과 (1-2)의 '것' 명사절을 각각 편의상 '-는 것' 명사절과 '-다는 것' 명사절이라고 하자. (2)의 자료를 참고한다면 '-는 것' 명사절과 '-다는 것' 명사절에 나타난 관형절 구성은 각각 어떠한 성격의 관형절인가?

(나) (1)에서는 '-는 것' 명사절과 '-다는 것' 명사절이 모두 성립 가능하다. 그러나 (3-1)의 자료를 보면 '-는 것' 명사절이 늘 '-다는 것' 명사절과 교체가 가능한 것은 아니다. (2)와 (3-2)를 참고한다면 '-는 것' 명사절과 '-다는 것' 명사절의 교체 가능성은 무엇으로 결정되는 듯한가?

(다) 본문에서는 '것' 명사절에서의 '것'이 아무 것도 지시하는 것이 없고 관형절로 나타난 문장을 명사화하는 기능만 하고 있다고 언급했는데, (2)와 (3-2)의 예를 고려한다면 '것' 명사절의 '것'이 과연 아무것도 지시하는 대상이 없다고 단정할 수 있겠는가?

(라) (나)와 (다)의 답변을 고려한다면 '것' 명사절을 명사절로 인정할 수 있는가?

(마) (1)의 '것' 명사절은 명사형 어미 '-음'을 통한 명사절로 바꾸어 쓸 수 있다. (3-1)의 명사절은 명사형 어미를 통한 명사절로 바꾸어 쓸 있는가? 만약 불가능하다면 그 이유는 무엇인가? 합리적 설명이 가능한가? 합리적 설명이 가능하다면 이는 '것' 명사절을 인정할 근거가 되는가? 인정하지 못할 근거가 되는가? 혹은 합리적 설명이 불가능하다면 이는 '것' 명사절을 인정할 근거가 되는가? 인정하지 못할 근거가 되는가?

10. 아래에 제시된 자료를 바탕으로 다음의 질문에 답해 보자.

(1) 산 너머 마을에 산다는 아저씨가 우리 동네에 왔다.
술 때문에 마누라한테 혼났다는 사람이 또 술을 마시나?
아버지가 어제 재미있게 봤다는 드라마인데 나는 그 드라마 하나도 재미가 없더라.

(2) 그녀가 몸이 약해서 자주 쓰러진다는 생각이 언뜻 스쳤다.
그곳에 가면 다빈치의 작품을 많이 볼 수 있다는 소문이 퍼졌다.
지수가 돈 많은 사람과 결혼했다는 소문을 들었어.

(3-1) 오늘 꼭 집으로 가시겠다는 할아버지를 우리는 겨우 말렸다.
오늘 꼭 집으로 가겠다시는 할아버지를 우리는 겨우 말렸다.
(3-2) 선생님이 돈 많은 사람과 결혼하신다는 소문이 났다.
*선생님이 돈 많은 사람과 결혼한다시는 소문이 났다.

(4-1) 애처가로 소문이 났다던 사람이 왜 이혼을 했대?
(4-2) *지수가 돈 많은 사람과 결혼했다던 소문을 들었어.

(가) (1)과 (2)의 밑줄 친 부분은 모두 '-다는'을 통해 형성된 관형절이다. 두 관형절은 동일한 성격을 띠고 있는가? 차이가 있다면 어떠한 차이가 있는가? 우리가 배운 대로라면 (1)은 동격 관형절인가? 관계 관형절인가?

(나) (1)과 (2)에서 밑줄 친 관형절의 '-다는'을 '-다고 하는'으로 바꾸어 보자. 모든 관형절에서 '-다고 하는'으로 교체가 가능한가? 만약 불가능한 것이 있다면 (1)과 (2) 중 어느 것인가?

(다) (3-1)과 (3-2)의 자료를 보면 (1)의 관형절은 '-다시는'이 가능한 반면, (2)의 관형절은 '-다시는'이 불가능하다. 또한 (4-1)과 (4-2)의 자료를 보면 (1)의 관형절은 '-다는'과 '-다던'이 시제 대립을 보이지만 (2)의 관형절은 '-다던'이 불가능하다. 이러한 사실과 (나)의 답변을 고려하여 (1)과 (2)에서 나타나는 '-다는'의 차이를 설명해 보자.

11. 아래에 제시된 자료를 바탕으로 다음의 질문에 답해 보자.

(1-1) 지수가 어제 집으로 돌아왔다.
(1-2) 어머니가 시장에서 반찬을 사 오셨다.
(1-3) 지수가 내년에 대학에 입학을 한다.
(1-4) 우리 막내아들이 내일 훈련소를 퇴소를 하였다.
(1-5) 아버지가 약을 두 알을 드셨다.
(1-6) 아버지만 내 말이 이해가 되지 않았다.
(1-7) 나도 어머니가 여전히 무서웠다.
(1-8) 소희가 사소한 문제로 남편과 말다툼을 하였다.
(1-9) 아버지가 어머니와 식사를 하신다.
(1-10) 사냥꾼이 총으로 새를 잡았다.
(1-11) 김 과장이 부장으로 승진했다.
(1-12) 아버지가 과로로 쓰러지셨다.
(1-13) 친구가 나에게 선물을 주었다.
(1-14) 도둑이 경찰에게 잡혔다.
(1-15) 지수가 우리 어머니에게 선물을 받았다.
(1-16) 나무가 비바람에 쓰러졌다.
(1-17) 아이들이 운동장에서 놀고 있다.

(2-1) 아버지의 눈물이 우리를 감동시켰다.
　　　관계화: *눈물이 우리를 감동시킨 아버지
　　　이중 주어문으로의 치환: *아버지는 눈물이 우리를 감동시켰다.
(2-2) 나의 모자가 구겨졌다.
　　　관계화: 모자가 구겨진 나

이중 주어문으로의 치환: 나는 모자가 구겨졌다.

(3-1) 이광수가 소설이 더 유명하다.

(3-2) 이광수의 소설이 더 유명하다.

(3-3) 소설이 더 유명한 이광수

(가) (1)의 밑줄 친 성분을 수식하는 관계 관형절을 만들어 보자.

(나) (1)의 모든 문장에서 관계화가 가능한가? 그렇지 않다면 어떠한 문장 성분이 관계화가 가능하고 불가능한지 정리해 보자.

(다) (2-1)을 참고하면 관형어는 관계화가 불가능한 듯하지만 (2-2)에서는 그렇지 않다. 실제로 (2-1)과 (2-2)의 문장은 이중 주어문으로의 치환 가능성에서 차이가 있다. 그렇다면 (2-2)에 제시된 관계 관형절은 관형어가 관계화된 결과인가? 아니면 이중 주어문의 주어가 관계화된 결과인가?

(라) (3-1)은 이광수가 소설 외에도 시, 희곡 등의 작품이 있는데 소설이 더 유명하다는 뜻을 나타내고 (3-2)는 다른 사람의 소설보다는 이광수의 소설이 더 유명하다는 뜻을 지닌다. 관계화된 (3-3)은 (3-1)과 (3-2)의 뜻 중 어느 것으로 해석되는가? 이를 바탕으로 한다면 관형어는 관계화가 가능하다고 할 수 있는가?

12. 아래에 제시된 자료를 바탕으로 다음의 질문에 답해 보자.

(1) 누군가가 '쿵'{하고/하며/하는} 소리를 냈다.

(2) 모기 한 마리가 '애앵'{∅/하고/*이라고} 날아왔다.
닭이 '꼬끼오'{∅/하고/*라고} 울었다.

(3) 아버지는 "역시 그랬구나!" {*∅/하고/말하고} 운명을 수용하였다.
나는 아버지께 "도착하면 꼭 연락하세요." {*∅/하고/말하고} 곧 길을 돌아섰다.

(가) (1)을 통해 직접 인용의 '하고'가 '하며', '하는' 등으로 활용이 전혀 불가능하지 않음을 알 수 있다. 이는 직접 인용의 '하고'가 조사임을 지지하는 근거인가?

(나) (1)의 자료를 보면 의성어가 직접 인용될 때에는 '(이)라고'는 전혀 불가능하고 '하고'만이 가능하다. 그런데 이때 '하고'는 생략이 가능한데 (3)의 자료를 참고하다면 이러한 '하고'의 생략 가능성은 직접 인용의 '하고'가 조사임을 지지하는 근거가 되는가?

(다) (가)와 (나)를 통해 일관된 답변을 얻을 수 있는가? 만약 그렇지 않다면 왜 이러한 현상이 발생하는가? 이러한 현상이 발생한다고 해서 '하고'를 직접 인용의 조사로 볼 수 없는 것인가?

13. 아래에 제시된 자료를 바탕으로 다음의 질문에 답해 보자.

> (1) 주어의 문법적 특성
> (1-1) 주어는 관계 관형화가 가능하다.
> 　　　예) 아버지가 아들을 돌본다. → 아들을 돌보는 아버지
> (1-2) 주체 높임의 선어말 어미 '-(으)시'에 의한 높임이 가능하다.
> 　　　예) 할아버지가 손자를 돌보신다.
> (1-3) '자기'와 동일 지시를 이룰 수 있다.
> 　　　예) 지수는 자기 동생을 늘 아낀다.
> (1-4) 주격 조사 '께서'와 결합이 가능하다.
> 　　　예) 아버지께서 교장선생님이 되셨다. / *아버지께서 교장선생님께서 되셨다.
> (2-1) ①옆집 할머니는 ②손자가 이번에 대학에 들어갔다.
> (2-2) ①지수는 여전히 ②어머니가 두렵기만 했다.

(가) (2-1)의 밑줄 친 ①과 ②는 (1)에서 제시한 주어의 문법적 특성을 잘 만족하는가?

(나) (2-2)의 밑줄 친 ①과 ②는 (1)에서 제시한 주어의 문법적 특성을 잘 만족하는가?

(다) (가)와 (나)의 결과를 바탕으로 한다면 (2-1)과 (2-2) 중 서술절을 안은 문장으로 볼 수 있는 것은 어느 것인가?

14. 아래에 제시한 자료를 보고 다음의 질문에 답해 보자.

> (1-1) 그는 돈도 많이 벌지 못하면서 사회적으로도 지탄을 받고 있다.
> (1-2) 그는 사회적으로도 지탄을 받으면서 돈도 많이 벌지 못한다.
>
> (2-1) 영미는 잠을 자면서 잠꼬대를 한다.
> (2-2) 영미는 잠꼬대를 하면서 잠을 잔다.

(가) (1)의 두 문장의 의미는 동일하다고 할 수 있는가? 그렇든 그렇지 않든 간에 그 이유를 생각하여 보자.

(나) (2)의 두 문장의 의미는 동일하다고 할 수 있는가? 그렇든 그렇지 않든 간에 그 이유를 생각하여 보자.

(다) (1)의 두 문장은 선행절과 후행절의 순서가 바뀌어도 문장 의미가 동일하지만 (2)의 두 문장은 그렇지 않을 것이다. 그 이유가 무엇인지 생각하여 보자.

15. 아래에 제시된 자료를 바탕으로 다음의 질문에 답해 보자.

(1) 대등 접속과 종속 접속의 통사적 특성
(1-1) 선행절의 자리 옮김

    대등 접속: 인생은 짧고 예술은 길다
        → *예술은 <u>인생은 짧고</u> 길다.
    종속 접속: 아버지가 돌아가시자 그는 고향을 떠났다.
        → 그는 <u>아버지가 돌아가시자</u> 고향을 떠났다.

(1-2) 선행절의 주제화 제약

    대등 접속: {영수가/영수는} 밥을 먹고 지수는 떡을 먹었다.
    종속 접속: {친구가/*친구는} 땅을 사서 나는 배가 아프다.

(1-3) '선행절-연결 어미 후행절-연결 어미 하다' 구성으로의 치환

    대등 접속: 지수가 집에 갔거나 소정이가 집에 갔다.
    → 지수가 집에 가거나 소정이가 집에 가거나 했다.
    종속 접속: 어머니는 아이를 보면서 논문을 쓰셨다.
    → *어머니는 아이를 보면서 논문을 쓰면서 하셨다.

(2-1) 아버지는 회사에 가시고 어머니는 시장에 가셨습니다.
(2-2) 아이들은 밥을 얼른 먹고 부리나케 운동장으로 뛰어갔다.
(2-3) 아이들은 하루 종일 비를 맞고 감기에 걸렸다.

(3-1) 얼굴이 빨개지게 나는 술을 먹지 않았다.
    배가 부르도록 나는 밥을 먹지 않았다.
(3-2) 날씨가 추워서 그가 오지 않았다.
    철수가 집에 가면 나도 집에 가지 않겠다.

(가) (1)을 바탕으로 (2)에 제시된 문장이 대등 접속문인지 종속 접속문인지 구분해 보자.

(나) (3-1)의 문장을 (1)에 적용해 보면 종속 접속문과 어떠한 차이를 보이는가?

(다) (3-1)의 문장은 선행절이 부정의 범위에 들어오는가? (3-2)의 문장은 어떠한가? 만약 부정의 범위에서 차이를 보인다면 이러한 차이가 의미하는 바는 무엇인가?

16. 아래에 제시된 자료를 바탕으로 다음의 질문에 답해 보자.

> (1-1) 지수는 집에 가고 종수는 학교에 갔다.
>
> 　　　지수는 집에 가고 종수는 학교에 갔겠다.
>
> (1-2) [[[[지수는 집에 가고][종수는 학교에 가]][-았-]][-다]]
>
> 　　　[[[[[지수는 집에 가고][종수는 학교에 가]][-았-]][-겠-]][-다]]
>
> (1-3) 지수는 집에 갔고 종수는 학교에 갔다.
>
> 　　　지수는 집에 갔겠고 종수는 학교에 갔겠다.
>
> (2-1) 지수는 집에 갔지만 우리는 여기에 남자.
>
> 　　　다른 사람들은 집에 갔지만 지수는 학교 있겠지?
>
> (2-2) [[[지수는 집에 갔지만] [우리는 여기에 남-]][-자]]
>
> 　　　[[[다른 사람들은 집에 갔지만][지수는 학교에 있겠-]][-지]]?
>
> (2-3) 철수는 집에 갔다. 하지만 우리는 여기에 남자.
>
> 　　　다른 사람들은 집에 갔겠다. 하지만 지수는 학교에 있겠지?

(가) (1-2)는 (1-1)의 통사 구조를 간략하게 보인 것이다. (1-3)의 자료를 고려했을 때 (1-2)
의 통사 구조 표상은 타당하다고 할 수 있는가? 타당하지 못하다고 생각한다면 (1-3)의 자
료를 고려하여 통사 구조를 다시 표상해 보자.

(나) (2-2)는 (2-1)의 통사 구조를 간략하게 보인 것이다. (2-3)의 자료를 고려했을 때 (1-2)
의 통사 구조 표상은 타당하다고 할 수 있는가? 타당하지 못하다고 생각한다면 (1-3)의 자
료를 고려하여 통사 구조를 다시 표상해 보자.

제10장 시제와 동작상, 양태

시제, 동작상은 시간과 관련된 문법 범주이다. 이곳에서는 시제, 동작상과 함께 최근 논의가 많이 되고 있는 양태도 함께 기술하기로 한다.

10.1. 시제

시제(時制, tense)란 발화시를 중심으로 앞뒤의 시간을 제한하는 문법 범주를 가리킨다.[1] 시제의 성격이 지시성(指示性)을 띠었다고 함은 발화시를 중심으로 시간을 지시한다는 사실을 고려하였기 때문이다.[2]

> (1) 가. 아버지는 어제 부산으로 <u>떠나셨다</u>.
>   나. 어머니는 지금 책을 <u>보신다</u>.
>   다. 내일도 비가 <u>오겠다</u>.

(1가)는 아버지가 부산으로 떠난 시간이 '어제'이니 사건시가 발화시에 선행한다. 사

---

[1] 문법 범주(文法範疇, grammatical category)란 일정한 의미·기능이 문법적 수단으로 표현되는 것, 즉 일정한 의미·기능을 수행하는 문법적 수단들이 하나의 범주를 이루는 것을 말한다. 문법 범주를 이루기 위한 조건을 엄격하게 보느냐 느슨하게 보느냐에 따라 어떠한 언어에 특정 문법 범주가 존재하느냐 그렇지 않느냐가 논란이 될 수도 있는데, 최근에는 다소 느슨한 관점에서 문법 형태소뿐만 아니라 우언적 구성(迂言的構成, periphrastic construction)으로 표현되는 의미·기능도 문법 범주로 인정하는 것이 보통이다.

[2] 시제는 일정한 시점(時點)을 기준으로 하여 사태가 발생한 시간적 위치를 나타내므로 발화 장면에 따라 그 의미나 지시 대상이 달라지는 직시적(直示的, deictic) 시간 표현이다. 예컨대, "저기 연희가 집에 간다." 라는 문장에서 '연희'가 언제 집에 갔는지는 화자의 발화 시점에 따라 달라진다. 가령, 화자의 발화 시점이 7월 31일 오전 11시였다면 '연희'가 집에 간 시점은 7월 31일 오전 11시가 되겠지만 화자의 발화 시점이 8월 1일 오후 3시였다면 '연희'가 집에 간 시점은 8월 1일 오후 3시가 되는 것이다. 이처럼 시제는 직시적 시간 표현이므로 시제 해석의 기준이 되는 기준 시점이 매우 중요한데, 후술하겠지만 시제 해석의 기준 시점은 발화시 외에도 주절이 나타내는 사건이 일어난 시점인 사건시가 될 수도 있다.

건시는 사건이 일어난 시간을 말하고 발화시는 화자가 문장을 말한 시간을 가리킨다. (1가)와 같이 사건시가 발화시에 앞서는 시간 제한법을 과거 시제라 한다. (1나)는 어머니가 책을 보는 시간이 발화시인 '지금'에 일치하므로 현재 시제라 한다. 한편 (1다)는 비가 올 가능성이 있는 시간이 발화시에 후행하는 '내일'이므로 미래 시제라 한다.

(1)의 예에서 보는 바와 같이, 국어의 시제는 보통 활용 어미에 의해 표시된다. 그러나 경우에 따라서는 사건시를 나타내는 부사와 어울림으로써 시제의 의미가 분명해지는 일도 있다.

(1)의 문장들은 발화시를 기준으로 시제를 결정할 수 있는 비교적 간단한 예이다. 그런데 복잡한 문장들은 발화시만으로는 시제가 잘 결정되지 않는 일이 있다.

다음 문장을 보기로 하자.

(2) 지호는 어제 청소하시는 어머니를 <u>도와드렸다</u>.

(2)의 문장은 "지호는 어머니를 도와드렸다."라는 단순한 문장에 '청소하시는'이란 관형사형이 붙어 구성이 복잡해졌다. 우리는 앞에서 관형사형 어미가 일정한 시간 표현에 참여한다는 사실을 확인한 바 있는데 (2)의 '-는'이 바로 그러한 형태이다. '청소하시는'의 시제는 두 가지로 해석될 수 있다. 발화시를 기준으로 하면 과거 시제가 된다.[3] 주문장의 시제가 발화시 이전이므로 관형사형의 시제 또한 과거가 되지 않을 수 없다. 그러나 '청소하시는'의 시제를 주문장의 시제 '도와드렸다'와 관련시키면 과거에 있어서의 현재로 해석된다. 어머니의 동작 '청소하시는'은 주문장의 사건시와 일치하기 때문이다.

(1)과 같이 발화시를 기준으로 결정되는 문장의 시제를 절대 시제(絶對時制)라 하고 (2)와 같이 주문장의 사건시에 의존하여 상대적으로 결정되는 시제를 상대 시제(相對時制)라고 부른다.[4] 절대 시제는 종결형에서 표시되고 상대 시제는 연결형과 관형사형에서 비교적 분명히 표시된다.[5]

---

3 여기서 '청소하시는'이 과거 시제라는 것은 이 문장이 과거 시제라는 것이 아니라 발화시를 기준으로 하면 과거에 일어난 일로 해석된다는 뜻이다. 즉, 이 문장은 현재 시제이지만 발화시를 기준으로 한 절대적 시간 의미가 과거라는 뜻이다.

4 (2)의 관형절에는 상대 시제 해석만 적용되고 절대 시제 해석은 적용될 수 없다. 즉, '청소하시는'이 발화시를 기준으로 현재로 해석될 수는 없다는 것이다. 그러나 절대 시제 해석과 상대 시제 해석이 모두 적용되는 예는 그리 어렵지 않게 발견할 수 있다. 예컨대, "아빠는 내가 읽는 책을 좋아했다."와 같은 문장에서 '내가 읽는'은 발화시를 기준으로 현재 시제가 될 수도 있고 주절의 사건시를 기준으로 현재 시제가 될 수도 있다. 전자의 경우에는 '아빠는 지금 내가 읽는 책을 좋아했다.'로, 후자의 경우에는 '아빠는 과거에 내가 읽고 있던 책을 좋아했다.'로 해석된다.

5 이는 달리 말하면, 절대 시제는 주절에 적용되고 상대 시제는 내포절이나 접속문의 선행절에 적용된다고

국어에서는 '았', '는', '겠' 등 시간 의미를 나타내는 문법 형태소가 '과거-현재-미래'의 대립을 이루며 하나의 범주를 형성하고 있는데 이러한 문법 범주를 시제(時制, tense)라고 한다. 시간(時間, time) 의미는 어미 등의 문법적 수단이 아니라 '오늘', '내일', '지금', '나중' 과 같은 어휘적 수단으로도 표현될 수 있다. 이와 같이 어휘적 수단으로 표현되는 시간 의미 는 시제라고 하지 않는다.

10.1.1. 현재 시제

현재 시제는 일반적으로 사건시가 발화시와 일치되는 시간 표현으로 규정되고 있다. 현재 시제는 종결형과 관형사형에서 표시된다.[6]

> (3) 가. 학생들이 지금 도서관에서 책을 읽는다.
> 나. 박 선생님은 요즘 매우 바쁘시다.
> 다. 저 학생이 현재 우리 반 반장이다.

(3)은 종결형에 의해 현재 시제가 표시된 것이다. 그러나 품사에 따라 표시 방법이 다르다. (3가)는 동사의 종결형인데 선어말 어미 '-는-'이 현재 시제의 형태가 되어 있다. '-는-'은 자음 어간 아래 쓰이는데 모음 어간 아래에서는, '간다'에서 보는 바와 같이, '-ㄴ-'으로 교체된다. 감탄형에서는, '먹는구나, 가는구나'에서 보는 바와 같이, '-는-'이 선택된다. 이 경우의 '-는/ㄴ-, -는-'은 '-았, -겠-'과 대치될 수 있으므로 형태소의 자격이 충분하다. 그런데 형용사와 서술격 조사에서는 (3나), (3다)에서 보는 바와 같이 현재 시제를 표시하는 특수한 형태가 발견되지 않는다. 현재 시제는 발화시 관련의 시간 부사 와 공존하기도 하는데 (3)의 '지금, 요즘, 현재'가 그러한 성격을 띠고 있다. 활용형의

할 수도 있다. 여기서 유의해야 할 점은 내포절이나 접속문의 선행절에 늘 상대 시제만 적용되는 것은 아니 라는 사실이다. 앞의 각주 4)에서 보였듯이 내포절이라고 할지라도 절대 시제 해석이 적용되는 경우도 일반 적이다. 또한 상대 시제 해석 기준이 되는 절(節, clause)을 주절(主節, main clause)이라고 하는 것이 가장 일반적이나 논의에 따라서 정동사절(定動詞節, finite clause) 혹은 근문(根文, root sentence)이라고도 한다.

6 연결 어미에 나타나는 '-느-'를 어떻게 분석하느냐에 따라 연결 어미 앞에서도 현재 시제가 표시된다고 볼 수도 있다. 예컨대, "연희는 지금 밥을 먹는데 지수는 아까 밥을 먹었다."에서 '-는데'의 '-느-'가 그러하다. 또한 현재 시제 형태소로 Ø 형태소를 인정한다면 "지수는 지금 밥을 먹고 연희는 아까 밥을 먹었다."와 같은 문장에서도 '-고' 앞에 Ø 형태소로 현재 시제가 실현된 경우로 볼 수 있다. 다만, 연결 어미로 이어진 문장(대등/종속 접속문이나 부사절)의 선행절에서 현재 시제가 어떻게 표시되느냐는 매우 복잡한 문제를 안고 있으므로 여기서 "현재 시제는 종결형과 관형사형에서 표시된다."고 간략히 기술하기로 한다.

시제 형태와 시간 부사의 조화에 의해 시제가 정확하게 결정된다.

▌현재 시제를 나타내는 형태소 ▌

현재 시제 형태소 '-ㄴ/는', '-는'은 동사와 결합한 해라체 평서형 '-다'와 감탄형 '-구나' 앞에서만 나타나고 그 이외에는 현재 시제를 나타나는 특별한 형태소가 나타나지 않는다. 이로 인해 논의에 따라서는 '-는다', '-ㄴ다', '-는구나'를 분석하지 않고 하나의 종결 어미로 보아 현재 시제 형태소를 모두 Ø 형태소로 보는 입장을 취하기도 한다. 이러한 입장은 '-는', '-ㄴ/는', Ø의 다양한 이형태로 나타나는 현재 시제 체계를 간결하게 기술할 수 있다는 장점을 지닌다. 그러나 과거 시제 '-았-', 미래 시제 '-겠-'과의 계열 관계를 고려하면 '-는-', '-ㄴ/는 -'을 충분히 분석할 수 있으므로 이를 분석하는 입장도 타당성을 지닌다. 요컨대, 시제 체계 기술의 간결성과 형태소 분석 가능성 중 어느 입장을 따르느냐가 핵심이라고 할 수 있겠다. 한편, 논의에 따라서는 "지수도 그 일을 하느냐?"의 '-느-'는 회상법의 '-더-'와 계열 관계를 이루는 직설법 형태소로 보고 이때 현재 시제는 Ø1에 의해 실현된다고 보기도 한다. 여기서 Ø 형태소에 번호를 매긴 것은 직설법을 나타내는 영형태소 Ø2와 구별하기 위함이다. 이러한 논의에 의하면, "당신이 그 일을 하오?"와 같은 문장에서 '하오'는 '하Ø1(현재 시제)-Ø2(직설법)-오'로 분석된다. 이러한 관점은 계열 관계를 철저히 고려한 형태소 분석의 입장을 취할 때 가능한 것이다.

이처럼 현대 국어에서 현재 시제를 나타내는 형태소가 주로 Ø로 나타나는 것은 과거 시제 '-았-'의 발달에서 그 이유를 찾을 수 있다. 중세 국어에서 현재 시제는 '-ᄂᆞ-'(현대 국어의 '-느-')를 통해 표시되었다. 그러나 과거 시제 '-았-'이 새로 생겨남에 따라 '-았-'의 부재(즉, Ø)를 통해서도 충분히 현재를 나타낼 수 있게 되면서 '-느-'는 그 세력이 약화되었다. 그래서 '-다'나 '-구나'처럼 그 역사가 오래된 종결 어미에는 '-느-'가 나타나지만 '-느-'의 세력이 약화되고 난 뒤에 생겨난 '-어', '-지' 등과 같은 반말체 종결 어미, '하십시오체' 종결 어미 등에는 '-느-'가 나타날 수 없게 된 것이다. 한편, "지수도 그 일을 하느냐?"의 '-느-'는 보통 분석하지 않는 것이 일반적이지만 '-더-'와의 계열 관계를 고려해 분석할 수도 있다. 이러한 '-느-'를 약화된 '-느-'라고 하고 인식시 과거를 나타내는 '-더-'와 대립을 이루어 인식시 현재를 나타낸다고 보는 입장을 취하는 논의도 있다. 이러한 '-느-'도 현재 시제 형태소 '-느-'의 세력 약화로 인해 생겨난 것이라고 할 수 있다.

현재 시제 형태라고 해서 발화시와 일치하는 시제만 표시하는 것은 아니다.

(4) 가. 나는 내일 비행기로 간다.
　　 나. 지구는 태양을 돈다.
　　 다. 사람은 만물의 영장이다.

(4가)는 발화시 이후의 사건시, 곧 미래 시제를 표시한다.[7] 이 사실은 발화시 이후의 시간 부사 '내일'의 사용에 의해 분명히 드러난다. (4나), (4다)는 시간의 제한에 구애되

지 않는 보편적 사실을 진술하는 것이다. 이런 용법은 시제의 특성인 지시성과 직접 관계가 없기 때문에 시제와는 관련이 없으나 일반적으로 시제의 영역에서 다루며 많은 언어에서 보편적으로 확인된다. 이런 경우, 부사도 이에 알맞은 것이 선택되는데 (4나)에는 '항상', (4다)에는 '원래' 등을 각각 보충할 수 있다.

현재 시제는 서사 세계에서 일어나는 사건이 단조롭게 느껴질 때 이를 극복하는 책략의 하나로 사용되기도 한다. 여기에서 서사 세계(敍事世界)란 소설의 지문을 가리키는데 일상 대화가 실현되는 상담 세계(相談世界)와는 성격이 다르다.

다음 예문을 보자.

(5) 개루의 목소리는 <u>위엄스러웠다</u>. 아랑은 똑바로 개루를 <u>치어다봤다</u>. 눈에는 잠깐 살기가 <u>떠돌았다</u>. 남편 도미의 눈알을 뽑은 생각을 하니 아무리 단단한 마음 씨언만 다리 팔이 가늘게 부들부들 <u>떨린다</u>. 순간 아랑은 얼른 분한 생각을 <u>물리쳤다</u>.

(5)는 도미의 설화를 소설화한 박종화의 「아랑의 貞操」의 일부이다. 역사적 사건뿐만 아니라 소설의 지문에서는 과거형이 쓰이는 것이 일반적인데, 사건이 단조롭게 진행되는 것을 두드러지게 하려는 인지적 관점이 도입될 때, 앞의 밑줄 그은 부분과 같이 현재형으로 교체되기도 한다. 이런 용법을 전에는 역사적 현재라고 하였는데 영어 등의 인도·유럽어에서는 현재형으로만 나타나나 국어에서는 현재형과 과거형이 수의적으로 교체되는 점이 특징이라고 하겠다.

현재 시제는 관형사형에서도 표시된다.

(6) 가. 서점은 책을 <u>사는</u> 사람들로 붐볐다.
     나. <u>튼튼한</u> 아이들이 힘을 겨루었다.
     다. 교육자<u>인</u> 박 선생님이 항상 머리에서 떠나지 않았다.

관형사형의 시제는 주문장의 사건시를 기준으로 하여 결정되는 상대 시제이다.[8] (6가)의 '사는'은 동사의 과거에 있어서의 현재형이고 (6나)는 형용사의 과거에 있어서의 현

---

7 (4가)는 미래 시제의 문장이 아니라 현재 시제가 미래의 사태를 나타내는 것임을 유의할 필요가 있다. 이러한 예를 근거로 국어의 시제 체계를 '과거/현재/미래'의 3분 체계가 아니라 '과거/비과거'의 2분 체계라고 주장하기도 한다. 하지만 현재 시제가 미래를 나타내는 것은 통언어적(cross-linguistic)으로 흔히 나타나는 현상이며 주로 비교적 가까운 미래나 예정된 미래의 경우에만 해당되고 그 이외의 미래 사태에는 '-겠'이나 '-을 것아'를 쓰는 것이 자연스럽기 때문에 이를 근거로 국어의 시제 체계를 2분 체계로 보기는 어려울 것이다.

8 앞에서 언급하였듯이 관형절의 시제가 늘 상대 시제로 해석되는 것은 아님을 유의할 필요가 있다.

재형이며 (6다)는 서술격 조사 '이다'의 과거에 있어서의 현재형이다. (6)을 평서문으로 전개시켜 보면 그런 사실이 분명하게 드러난다.

(6′) 가. 사람들이 책을 <u>산다</u>.
　　　나. 아이들이 <u>튼튼하다</u>.
　　　다. 박 선생님이 교육자<u>이다</u>.

　형용사와 서술격 조사는 관형사형 어미 '(으)ㄴ'이 직접 붙어 현재 시제가 된다. 형용사와 서술격 조사의 현재 관형사형도 그 평서문과 관련시킬 수 있다.

▌관형절의 시제 체계 ▌

　관형절의 시제 체계는 관형사형 어미 '(으)ㄴ', '-는', '-던', '(으)ㄹ'을 어떻게 분석하느냐에 따라 달라진다. 우선 관형사형 어미를 따로 분석하지 않고 '-은', '-는', '-던', '-을'의 관형사형 어미가 시제 대립을 이룬다고 볼 수도 있다. 그러나 관형절의 시제 실현 방식이 다른 절의 시제 실현 방식과 너무 달라진다는 문제가 생긴다. 즉, 다른 내포절(부사절, 명사절)이나 주절은 모두 선어말 어미로 시제가 실현되는데 관형절에서만 유독 어말 어미로 시제가 실현된다고 보아야 하기 때문이다. 그렇다면 관형사형 어미를 분석하여 Ø, '-느-', '-더-'가 시제 대립을 이룬다고 보는 것이 타당할 것이다. 하지만 선어말 어미와 분리된 '(으)ㄴ'과 '(으)ㄹ'의 문법 범주, 주절과는 다른 문법적 특성을 보이는 '-더-' 등의 문제가 생긴다. 그러나 최근 연구에 따르면 '(으)ㄴ'과 '(으)ㄹ'은 서법(敍法, mood) 범주를 나타내며 관형절에서 보이는 '-더-'의 문법적 특성은 중세 국어의 과거 비완망상(imperfective) 표지의 기능이 그대로 남아 있는 결과로 설명될 수 있다. 비완망상에서 대해서는 10장 심화 박스 <시제와 동작상> 참고.

10.1.2. 과거 시제

　과거 시제는 일반적으로 사건시가 발화시에 선행하는 시간 표현으로 규정되고 있다. 과거 시제는 대부분의 어미에 분명히 표시된다.

(7) 가. 나는 어제 수필 한 편을 <u>썼다</u>.
　　　나. 나는 그날 퍽 <u>피곤하였다</u>.
　　　다. 그분을 다시 뵌 것은 3년 전 강남역에서<u>였다</u>.

　과거 시제는 현재 시제와는 달리 그 형태가 선어말 어미 '-았-' 등으로 갖추어져 있다. (7가)의 '썼다'는 '쓰었다'로 분석되는데 이곳의 '-었-'은 양성모음 'ㅏ, ㅗ'로 된 어간 뒤에서는 '-았'으로 되고 어간 '하'의 뒤에서는 '-였'으로 교체된다. (7가)의 '썼다'는 동사의 과거 시제, (7나), (7다)의 '피곤하였다, (강남역에서)였다'는 형용사와 서술격 조사의 과거 시제이다. 이들 문장의 시제가 과거임은 과거 관련의 시간 부사 '어제, 그날, 3년 전'이 함께 쓰인 점에 의해서도 뒷받침된다.

　이러한 과거 시제 형태도 소설의 지문과 같은 서사 세계에서 쓰일 때는 과거 시제의 성격이 뚜렷하게 부각되지 않는다. 지문은 화자와 청자가 얼굴을 맞대고 이야기를 주고 받는 상황이 아니므로 시제의 특성인 지시성(指示性)이 강하지 못하다. 아래의 예문이 지문, 곧 서사 세계에서 목격되는 과거 시제 형태이다.

　　(8)　옛날 금강산 어느 산골짜기에 나무꾼이 살고 있었다.

　선어말 어미 '-았'은 사건시가 발화시와 일치하는 현재의 일이나 사건시가 발화시에 후행하는 미래의 일을 표시하는 데도 쓰일 수 있다.[9]

　　(9)　가. 민지는 지금 의자에 앉았다.
　　　　나. 너 이제 학교에는 다 갔다.

　(9가)의 '앉았다'는 '앉아 있다'로 바꾸어 써도 좋은 경우가 있는데 이런 용법을 지닐 때에는 동작이 완료되어서 그 결과가 현재에도 지속되고 있음을 표시한다.[10] 결과성을 의미하는 '앉다, 서다, 뜨다' 등의 동사가 '-았'을 취하면 대개 이런 의미가 파악된다.[11] (9나)는 앞으로 학교에 가기가 쉽지 않음을 반어적으로 표시한 것인데 이런 용법은 그렇게 보편적이 아니다.[12]

9 　과거에는 이러한 예를 근거로 '-았'이 과거 시제 표지가 아니라는 주장을 펼치기도 하고 더 나아가 국어는 시제 언어가 아니라 상 언어라는 주장이 제기되기도 하였다. 그러나 이러한 예는 '-았'의 과거 시제 용법으로도 충분히 설명 가능하며 설령 '-았'이 지닌 과거 시제 용법으로 설명되지 않는다고 하더라도 이러한 예외적 용법만으로는 '-았'이 과거 시제 표지가 아니라는 근거가 되기는 힘들다.

10 　이를 결과 상태 또는 결과상(resultative)이라고 하는데, 결과 상태는 완료상(完了相, perfect)의 여러 용법 중에 하나이다. 이처럼 '-았'이 '-어 있'이 나타내는 결과 상태를 나타내기도 하는 이유는 '-았'이 중세 국어에서 완료상을 나타내는 '-어 잇'에서 발달했다는 역사적 사실에서 찾을 수 있다. 그리고 이때의 '-았'이 '-어 있'과도 교체가 가능한 이유도 '-았'의 통시적 발달 과정에서 찾을 수 있을 것이다.

11 　이러한 동사와 '-았'이 결합한다고 하더라도 결과 상태로만 해석되지 않음을 유의할 필요가 있다. 예를 들어, (9가)는 완료상, 즉 결과 상태로 해석되는 동시에 과거 시제로도 해석된다. 따라서 이때의 '-았'이 완료상의 특성을 지니고 있다고 하더라도 시제 형태소가 아니라 상 형태소라고 주장하기는 어려울 것이다.

12 　이러한 예를 바탕으로 '-았'은 과거 시제가 아니라 완료상을 나타내는 것이라고 주장되기도 하였고 이때

다음 (10)의 예는 선어말 어미 '-었'이 연결형에 나타나는 것이다.

(10) 가. 아홉 시에 떠났으니 지금쯤 도착했을 거야.
　　　나. 형은 부지런했으나 동생은 무척 게을렀다.

(7)의 종결형과 같이 (10)에서 연결형의 사건시는 발화시에 선행한다.[13]
과거 시제는 관형사형에서는 독특한 방식으로 표시되기도 한다.

(11) 가. 지금까지 읽은 책이 몇 권이나 되느냐?
　　　나. 여기 앉으신 분이 저의 은사님이십니다.

관형사형 '-(으)ㄴ'이 형용사와 서술격 조사에 쓰이면, (6나), (6다)에서 본 바와 같이,
현재 시제가 되는데 동사에 붙으면 시제가 달라진다. 보통 (11가)와 같이 과거를 표시하
나, 같은 동사라도, (11나)와 같이, 그 의미가 결과성을 띠고 있으면 완료적 용법을 표시
하기도 한다.

과거 시제를 표시하는 데는 선어말 어미 '-었'이 중복된 '-었었'이 쓰이기도 한다.
이 형태는 과거의 사건 내용을 현재와 비교하여 그 내용을 구체화하고자 할 때 쓰인다.

(12) 가. 작년에 영남 일대에는 극심한 가뭄이 들었었다.
　　　나. 엊그제 지호는 수영장에 갔었다.
　　　다. 아버님은 젊었을 때 매우 건강하셨었다.
　　　라. 지호는 고등학교 때 축구선수였었다.

(12가), (12나)의 '들었었다, 갔었다'는 '들었다, 갔다'로 바꾸어 쓸 수도 있으나 복합
형을 '금년'이나 '오늘'과 비교할 때, '작년'과 '엊그제'에 일어난 사건이 더 구체적임을

'-었'을 양태와 관련지어 해석하는 논의도 있었다. 하지만 이는 미래의 상황에 과거 시제 '-었'을 사용하여
상황의 확실성을 표현하는 것으로서 과거 시제 '-었'의 화용적 함축과 관련된 예외적 용법이라고 할 수
있다.

13 접속문에서의 시제 현상은 매우 복잡하여 아직까지 뚜렷하게 합의점을 도출하지 못한 상태이다. "연희는
집에 가고 동생은 학교에 갔다."에서 선행절이 과거로 해석되는 것은 두 가지 관점에서 볼 수 있다. 하나는
접속문에서의 동일 성분 생략에 의해 선행절에 '-었'이 생략된 것이라고 보는 것이다. 이때 선행절의 시제
는 발화시를 기준으로 한 절대 시제적 해석이 적용된다. 다른 하나는 선행절에 현재 시제가 실현된 것이라
고 보는 것인데, 이때 선행절의 시제는 후행절의 사건시를 기준으로 한 상대 시제적 해석이 적용된다.
'연희는 집에 가고'가 과거 사건으로 해석되는 것은 상대 시제 관점에서 해석될 때 상대 시제 현재이므로
주절의 사건시가 과거여서 결과적으로 과거 사건이 되는 것이다.

확인하는 것이다. 복합형을 '-었1었2-'로 표시하면 '-었1-'은 과거 시제, '-었2-'은 확인의 양태성을 표시한다.[14] 발화시 이전의 일을 확인하자니 발화시와 단절감이 느껴질 것은 자연스러운 일이다. 이러한 의미는 동작성을 적극적으로 띤 동사에서 분명히 확인되고 또 많이 쓰인다. 형용사나 서술격 조사에도 '-었었'이 쓰이는데 발화시보다 훨씬 전에 일어난 먼 과거의 일을 표시할 때 주로 사용된다. (12다), (12라)의 예가 그러한 것인데 여기에서도 현재와 대조하여 그 내용을 구체적으로 확인하는 의미가 파악되며 주로 문어체에 더 어울린다고 생각된다. 이러한 점 때문에 '-었었'이 쓰인 문장에는 과거 관련의 시간 부사가 나타나는 일이 많고 그래야만 문장의 의미 또한 자연스럽게 느껴진다. 그러나 결과성을 표시하는 '앉다, 서다' 등에 이 형태가 쓰이면 단순한 과거 시제의 기능만 표시된다.

   (13) 지호도 의자에 <u>앉았었다</u>.

이 문장의 '앉았었'을 '앉아 있었다'로 바꿀 수 있을 때는 발화시 이전에 동작이 종결되었음을 의미한다. (9가)와 비교하면 (13)의 시제적 특징을 잘 알 수 있다.

▌ '-었었'의 기능 ▌

   '-었었'의 기능에 대하여는 여러 견해가 나와 있다. 전통적으로는 대과거 시제로 처리되어 왔지만 학자에 따라서는 '-었었'을 과거와의 단절을 나타내는 단속상(斷續相)으로 보기도 하고 '-었었'을 두 개의 '-었'으로 구분하여 뒤에 오는 '-었'에 대하여 과거의 일을 구체화시키는 확인의 기능을 주어 양태의 관점에서 해석하기도 하였다. 실제로 '-었었'은 이러한 기능들을 모두 지니고 있고 각각의 견해는 타당성을 지니므로 '-었었'의 본질적 기능이 무엇인가를 따지기는 어려운 측면이 있다.
   "어제 우리 집에 친구가 왔었다."라는 문장은 '지금은 우리 집에 친구가 없다.'라는 단절 과거의 의미가 느껴지지만 "지금도 우리 집에 친구가 있다."라는 문장이 이어져도 아무런 문제가 없다. 이와 같이 '-었었'이 지닌 단절 과거의 의미는 취소될 수 있으므로 '-었었'이 지닌 의미가 아니라 함축으로 보는 견해가 우세하였다. 그러나 창문이 열려 있는 것을 본 친구가 "창문을 왜 열어 놓았어?"라고 질문을 했을 때 "환기 좀 시키려고 열어 놓았었어."와 같은 대답은 성립할 수 없는데, 이러한 예는 '-었었'이 나타내는 단절 과거가 취소될 수 없는 경우도 있음을 보여 주는 동시에 단절 과거가 '-었었'의 의미 일부로 자리 잡아 가고 있음을 보여 주는 것이다.

---

14 '-었1-'은 '-았'을 이형태로 가지지만 '-었2-'은 이형태를 가지지 않는다.

과거의 사건을 특별히 표시하는 형태소로 특수한 것은 과거 회상의 선어말 어미 '-더'이다.[15]

  (14) 가. 지호는 어제 집에서 <u>공부하더라</u>.
       나. 아까 어떤 분이 찾아 <u>오셨더군요</u>.
       다. 민지는 거기서 무얼 <u>하더냐</u>?

'-더'는 과거에 경험한 일을 회상할 때 쓰인다. (14가), (14나)는 화자가 주체의 행위에 대하여 직접 목격한 것을 회상하여 상대방에게 이르는 것이고 (14다)는 청자에게 경험한 사실을 회상하여 말해 줄 것을 요청하는 것이다. '-더' 앞에는, (14나)와 같이 과거 시제의 선어말 어미 '-었'이 올 수 있어서 그 나름대로의 시제를 표시할 수 있다. (14나)는 경험 당시의 과거이고 (14가), (14다)는 경험 당시의 현재라고 말할 수 있다. 현대 국어에서는 주어가 화자 자신일 때는 '-더'가 종결 평서형에서 보통 쓰이지 않는다.[16]

  (14) 가′. *나는 어제 집에서 <u>공부하더라</u>.

과거 회상은 관형사형에서도 나타난다.

  (15) 가. 그것은 내가 <u>쓰던</u> 연필이다.
       나. 노량에서 왜적을 <u>무찔렀던</u> 충무공은 끝내 전사하고야 말았다.

그러나 종결형으로 쓰일 때와는 다른 점이 많다. (15가)와 같이 주어가 일인칭일 때도 쓰이고, (15나)와 같이 직접 경험하지 않은 사건에 대해서도 쓸 수 있다. (15가)와 같이

---

15 '-더'는 이른바 '회상 시제'라고 하여 전통적으로 시제 범주에서 다루어졌으나 최근에는 증거성(證據性, evidentiality)과 관련하여 양태 범주에서 논의되는 것이 더 일반적이다. '-더'를 시제 범주로 다루는 논의에서는 '-더'가 인식시 과거를 나타낸다고 보는데, 이렇게 되면 (14가)는 인식시 과거, 인식시 과거를 기준으로 한 사건시 현재가 되고 (14나)는 인식시 과거, 인식시 과거를 기준으로 한 사건시 과거가 된다. 그러나 '인식'이라는 것은 양태적 의미에 가까운 것이기 때문에 '인식시'가 시제 범주에서 논의될 수 있는 성질의 것인지는 논란의 여지가 많다.

16 '-더'는 자신의 지각을 통해 알게 된 사실, 즉 감각적 경험을 나타내므로 평서문에서는 일인칭 주어가 제약되고 의문문에서는 이인칭 주어가 제약된다. 의문문에서는 이인칭 주어가 제약되지만 질문을 듣는 청자의 관점에서 이인칭은 일인칭이므로 문장의 유형에 상관없이 '-더'는 '일인칭 주어 제약'을 가진다고 해도 될 것이다. 이처럼 '-더'는 일인칭 주어가 제약되지만 "정신을 차려 보니 내가 이상한 곳에 누워 있더라.", "오랜만에 거울을 보니 나도 참 잘생겼더라."와 같이 화자가 자신을 관찰하여 지각을 통해 알 수 있는 환경이라면 일인칭 주어 제약이 해소된다. 그런데 심리 형용사의 경우는 평서문에서 일인칭 주어만, 의문문에서는 이인칭 주어만 가능하여 일반적인 '-더' 인칭 제약과 다른 양상을 보인다.

단독으로 나타날 때는 동작의 지속을 표시하고, (15나)와 같이 '-었'과 결합되면 동작의 완결을 표시한다.[17] '-었던'의 의미는 '-더'가 탈락된 다음의 (15나')의 '-(으)ㄴ'과 비교하면 동작의 완결이 보다 구체적임을 알 수 있다.[18]

 (15) 나'. 노량에서 왜적을 <u>무찌른</u> 충무공은 끝내 전사하고야 말았다.

10.1.3. 미래 시제

미래 시제를 표시하는 선어말 어미로 보편적인 것은 '-겠'이고 드물기는 하지만 '-(으)라'도 있다.[19] 중세 국어에는 '-(으)라'만 있었고 '-겠'은 18세기 말경에 형성된 것으로 보고되어 있다. 중세 국어의 진행상 형태 '-어 잇(다)'이 문법 형태화하여 과거 시제의 '-었'이 형성되었듯이 중세 국어의 예정상 형태 '-게 ᄒᆞ얏다'에서 '-겠'이 형성되었다고 보고 있다.[20]

(16)의 문장은 '-겠'이 미래 시제로 쓰인 것이다.

 (16) 가. 내일도 바람이 <u>불겠다</u>.
   나. 제가 먼저 <u>두겠습니다</u>.
   다. 나도 그 정도의 양은 <u>마시겠다</u>.

이것이 미래라는 것은 사건시가 모두 발화시 이후라는 점을 통해서 쉽게 알 수 있다. 그러나 이 형태소는 단순한 미래 시제 이외에 여러 가지 양태적 의미도 표시한다. (16가)

---

17 이러한 특성들은 모두 관형절에서 나타나는 '-더'가 주절에서 나타나는 '-더'와는 다른 문법 범주임을 보여 주는 근거가 된다. 관형절의 '-더'는 주절의 '-더'와 달리 과거 비완망상(imperfective)의 기능을 지니는데, 내포절은 언어 변화 침투의 속도가 느려 중세 국어 '-더'의 기능이 관형절에 아직도 그대로 남아 있는 결과라고 하겠다. (15가)에서 동작의 지속을 나타내는 의미가 바로 비완망상의 기능에서 비롯되는 것이다. 그런데 이러한 과거 비완망상의 기능은 동사에만 적용되고 형용사에는 적용되지 않아 형용사를 서술어로 하는 관형절에서 '-더'는 상적인 의미는 없고 단순히 과거만을 나타낸다.

18 관형절에서의 '-었더'는 주절에서의 '-었었'과 유사한 기능을 한다. 따라서 이때의 '-더'는 관형절 내에서 단독으로 쓰인 '-더'가 지닌 비완망상의 기능이 나타나지 않는다.

19 '합디다', '하오리다'에서 알 수 있듯이 선어말 어미의 분포와 계열 관계를 엄밀히 따지면 '-라'는 '-더'와 계열 관계를 이룬다. 이를 근거로 하여 논의에 따라서는 '-라'를 미래 시제가 아니라 회상법과 대립되는 추측법으로 보기도 한다.

20 '-겠'의 발달로 인해 '-라'는 그 세력이 축소되어 현대 국어에서 일반적으로 쓰이지 않고 "내일은 내일의 태양이 뜨리라."와 같이 의고적인 문어체에서만 주로 쓰인다. 하지만 "연희는 내일부터 공부를 열심히 하리라고 다짐하였다."와 같이 간접 인용절에서는 여전히 '-라'가 일반적으로 쓰이는데, 내포절은 언어 변화의 침투 속도가 느려 '-라'가 여전히 이전 시기의 세력을 확보하고 있기 때문이다.

의 '불겠다'에는 추측, (16나)의 '두겠습니다'에는 의지, (16다)의 '마시겠다'에는 가능성의 의미가 강하게 결부되어 있다. 화자의 태도와 관련된 의미를 양태(樣態, modality)라 부른다. 이에 대해서는 다시 상술하도록 한다.[21, 22]

(17)의 예는 미래 시제의 '-겠'이 현재의 사건이나 과거의 사건을 추측하는 데도 쓰일 수 있음을 보여 주는 것이다.

> (17) 가. 지금은 진주에도 비가 <u>오겠다</u>.
> 　　　나. 설악산에는 벌써 단풍이 <u>들었겠다</u>.

(17가)는 현재의 일을, (17나)는 과거의 일을 각각 추측하는 것이다. '-겠'이 후자와 같이 과거 시제의 '-었'과 결합되어 복합형을 이루면 추측의 양태성만 파악된다. 이를 앞의 '-었었'과 같이 번호를 붙이면 '-었1겠2-'와 같다. '-었1-'은 과거, '-겠2-'는 추측의 양태성으로 파악된다. 여기에서는 '-겠'은 시제와 양태의 두 가지 기능을 갖고 있는 복합 문법 형태로 본다.[23]

관형사형의 미래 시제는 보통 '-(으)ㄹ'에 의해 표시된다. 다른 관형사형은, '-(으)ㄴ, -는, -던'에서 보는 바와 같이, '-ㄴ'이 확인되는데 이곳에서는 '-ㄹ'로 되어 있는 점이 특이하다.

> (18) 가. 앞으로 해야 <u>할</u> 일을 하나하나 적어 보았다.
> 　　　나. 산봉우리가 <u>보일</u> 때까지 부지런히 걸었다.
> 　　　다. 내일은 비가 올 겁니다(<u>올 것</u>입니다).

---

21 이러한 이유로 인해 '-겠'을 '추측'이나 '의지'의 양태 범주로 이해하고 국어의 미래 시제를 인정하지 않는 견해도 존재한다. 이러한 입장을 취하는 입장에서는 국어의 시제 체계를 '과거/현재/미래'의 3분 체계가 아니라 '과거/비과거'의 2분 체계로 본다. 그러나 국어에서 미래 사태를 나타내는 전형적인 문법적 수단은 '-겠'이나 '-을 것이'이므로 미래 시제를 인정하는 것이 타당할 것이다. 더욱이 미래 사태는 아직 실현되지 않은 것이므로 '추측'이나 '의지' 등의 양태적 의미가 결부될 수밖에 없는데, 이는 국어에만 국한되는 현상이 아니라 통언어적(cross-linguistic) 양상이다. 따라서 '추측'이나 '의지' 등의 양태적 의미 없이 순수하게 미래 사태만을 나타내어야만 미래 시제로 인정할 수 있다면 통언어적(cross-linguistic)으로 미래 시제를 인정할 수 있는 언어는 거의 없다고 보아도 과언이 아닐 것이다.

22 '-겠'이 '추측'이나 '의지' 등의 양태적 의미 없이 순수하게 미래 사태를 나타내는 경우도 존재한다. "곧 대통령님이 입장하시겠습니다."의 '-겠'이 그러하다. 이때의 '-겠'은 예정의 의미를 나타내는데, 이는 '-겠'이 중세 국어의 예정상 '-게 ᄒᆞᆺ'에서 발달했다는 통시적 사실과 관련이 있다.

23 (16가)와 같은 예에서 '-겠'은 시제와 양태의 두 가지 기능을 동시에 지니지만 (17)과 같은 예에서 '-겠'은 미래 시제로서의 기능은 없고 양태 범주로서의 기능만을 지닌다. '-겠'의 양태 의미에 대해서는 §10.3.2.1을 참조할 것.

관형사형 어미 '-(으)ㄹ'에는 '-겠'과는 달리 양태성이 분명히 나타나지 않는다.[24] (18가)는 단순한 미래의 의미가 주로 나타난다. 관형사형 '-(으)ㄹ'은 시간 표시와 관계없는 사실을 표시하기도 한다. (18나)의 '-ㄹ'은 시간 표시 명사 '때' 앞에 나타난 것인데 그 의미가 부정적(不定的)이어서 특정한 시제를 표시한다고 말하기가 어렵다.[25]

미래 시제의 형태로 주목할 만한 것은, (18다)에서 보는 바와 같이, 관형사형 어미와 의존 명사 '것'이 합친 '-(으)ㄹ 것'이다. 이는 '-(으)ㄹ게(다)'로 나타나는 일이 더 많다.[26] 이 형태는 '-겠'보다는 양태성이 약해 보인다. (18다)를 '-겠'으로 바꾸어 보면 그런 의미 차이가 분명해진다.

(18) 다′. 내일은 비가 <u>오겠습니다</u>.

(18다′)이 판단의 근거가 강할 때 쓰인다면 (18다)는 판단의 근거가 약할 때 쓰인다고 할 수 있다.[27] 미래 시제도 다른 시제 형태와 같이 미래 관련의 시간 부사와 함께 쓰일 때가 많고 특히 그것이 양태적 의미도 표시하기 때문에 양태 부사(어)와 자연스럽게 어울릴 수 있다.

(19) 내일 틀림없이 비가 <u>오겠다</u>(올게다).

'내일'은 미래 관련 부사이고 '틀림없이'는 양태 부사이다.

10.2. 동작상

동작상(動作相, aspect)이란 진행, 완료와 같은 동작의 양상이 일정한 형태로 표시되는 현상을 말한다. 개별 단어가 지니고 있는 동작의 양상(어휘상)도 상(相)으로 처리하는 일이 없지 않으나 이곳에서는 전자의 용법에 국한하기로 한다.

---

24 '-겠'이 시제 범주와 양태 범주의 두 가지 기능을 지니고 있는 것과 마찬가지로 '-을'은 비현실(非現實, irrealis) 서법을 나타내는 동시에 미래 시제를 나타낸다. 비현실 서법에 대해서는 §10.3.1 참고.

25 (18나)의 '-을'은 미래 시제의 의미도 없고 비현실 서법의 의미도 없다. 의존 명사 '때'는 관형사형 어미 '-은'이나 '-는'과 함께 쓰이지 못하므로 이때 '-을'은 '-은'이나 '-는'과 시제 대립을 이루지도 못하고 서법 대립을 이루지도 못한다.

26 문법 범주를 느슨하게 보아 우언적 구성도 문법 범주를 나타낸다고 이해한다면 '-을 것이'도 미래 시제를 나타낸다고 할 수 있다.

27 '-겠'과 '-을 것이'의 의미 차이에 대해서는 §10.3.2.1 참고.

　동작상은 일반적으로 '상(相)'이라고도 하는데, 이는 1음절 한자어이므로 한자를 따로 병기하지 않으면 쉽게 이해하기 어려운 측면이 있다. 그래서 여기서는 '동작상'이라는 용어를 쓰기로 한다. 다만 '상'은 형용사가 나타내는 상태에도 적용될 수 있으므로 '동작상'이라는 용어가 전혀 문제가 없는 것은 아니다. 우리가 일반적으로 '상(相)'이라고 하는 것은 문법적 수단으로 표현되는 문법 범주로서의 상(相)을 가리키지만 동사나 형용사가 지닌 어휘 의미 자체에도 상적인 의미가 존재한다. 그래서 이를 구분하기 위해 문법 범주로서의 상(相)을 문법상(文法相, grammatical aspect)이라고 하고 어휘적 의미로서의 상(相)을 어휘상(語彙相, lexical aspect)이라고도 한다. 이 책에서의 동작상은 문법상을 가리키는 것이다. 어휘상은 동작류(動作類, Aktionsart)라고도 하는데, 어휘상에 따라 동사를 분류하면 다음과 같다.

　ㄱ. 상태 동사 : 높다, 많다, 크다…

　ㄴ. 과정 동사 : 걷다, 울다, 읽다…

　ㄷ. 완성 동사 : 만들다, 먹다, 앉다…

　ㄹ. 순간 동사 : 도착하다, 잡다, 죽다…

　ㅁ. 심리 동사 : 바라다, 믿다, 알다…

　동작상은 종전의 국어 문법 연구에서 상(相)으로 불리어 오던 것이다. 그러나 '가고 있다'를 '이적 나아가기'로 해석해 온 것은 동작상에 대한 기초 개념이 확립되어 있는 것이며 '-었'을 끝남 또는 완료상으로, '-었었'을 단속상으로 본 것은 그 나름대로 국어의 시제를 동작상의 관점에서 이해한 것으로 볼 수 있다. 영어의 현재와 과거형에 대하여 진행형과 완료형이 상관관계를 맺고 있다고 생각하면 동작상의 개념을 쉽게 잡을 수 있다. he goes(현재), he went(과거)의 진행형과 완료형은 he is going, he was going; he has gone, he had gone이다.

　시제와 동작상은 모두 시간과 관련된 문법 범주이지만 시제는 사태의 발생 시점을 나타내는 반면 동작상은 사태의 발생 시점과 관계없이 사태의 내적 시간 구조를 나타낸다는 차이가 있다. 그러나 시제와 동작상은 시간과 관련된 문법 범주라는 점에서 서로 밀접한 관련을 맺고 있다. 가령, 어떠한 사태가 완료됨은 그 사태의 발생 시점이 과거임을 함축하는 경우가 많고 어떠한 사태가 진행됨은 그 사태의 발생 시점이 현재임을 함축하는 경우가 많다. 그래서 상 범주가 시제 범주로 발달하는 것은 매우 일반적인 현상인데, 중세 국어의 완료상 '-어 잇'이 현대 국어의 과거 시제 '-었'으로 발달한 것과 현대 영어에서 현재를 나타내는 데에 'be+ing'의 진행상을 쓰는 것이 대표적인 예이다.

　시제와 동작상은 서로 다른 문법 범주이지만 시간과 관련된 문법 범주라는 공통점을 지니므로 서로 밀접한 관련을 맺는다. 이러한 이유로 국어 문법론 전통에서는 시제를 동작상의 관점에서 해석하는 경우도 많았고 국어는 시제와 동작상이 분화되지 않은, 시상(時相) 범주를 형성하는 언어로 보는 경우도 있었으며 더 나아가 국어는 시제가 없는 상 언어라고 주장하는 경우도 있었다. 그러나 여기서 명확하게 해 둘 것은 국어는 상 언어가 아니라 시제 언어로서 시제 범주의 동작상적 해석은 어디까지나 '해석'에 불과하다는 것이다. 상 언어는 문장에서 상이 필수적으로 표시되고 상 범주가 2항 체계로서 아주 긴밀하게 잘 짜인 대립 체계를 이룬다. 이때 두 항을 이루는 상 범주를 '완망상(perfective)', '비완망상(imperfective)'이라고 하는데, 전자는 사태의 외부에서 사태의 구조를 하나의 점처럼 바라보는 상이고 후자는 사태의 내부에서 사태의 전개 양상을 바라보는 상이다. 완망상은 완료, 종결, 결과 등의 상적 의미를 포괄하고 비완망상은 진행, 지속, 습관, 반복 등의 상적 의미를 포괄한다. 완망상과 비완망상은 사태를 어떻게 바라보느냐를 나타내므로 논의에 따라 관점상(view point aspect)라고도 하는데, 완망상과 비완망상은 각각 완결상, 미완결상으로 번역되는 경우도 있다.

국어의 동작상은 주로 보조 용언 구성에 의해 표시되며 시제에서도 동작상의 의미가 파악된다.

(20) 가. 나는 지금 책을 읽는다.
　　　나. 저는 지금 책을 읽습니다.
　　　다. 민지는 벌써 학교에 갔다(가았다).
　　　라. 오늘 오후에는 비가 오겠다.

(20가)의 '읽는다'의 '-는-'은 과거 시제의 '-었'과 대립하여 현재 시제를 표시하나 동작의 측면에서 보면 진행상이다. (20나)의 '읽습니다'는 시제로는 현재로 해석되고 동작의 양상으로는 진행상이다. (20다)의 '-았'은 시제로는 과거이나 동작의 양상으로는 완료이다. (20라)의 '-겠'은 추측의 의미도 띠고 있지만 시제로는 미래이고 동작의 양상으로는 예정상이다.[28]

이렇게 국어의 시제 형태들은 동작상의 관점에서도 해석될 수 있다. 주시경은 일찍이 현재 시제를 '되는때'(진행상), 과거 시제를 '맞아있음'(현재 완료) 또는 '맞아지남'(과거

---

28 완료상과 진행상 이외에 국어에서 어떠한 동작상을 더 설정할 수 있는지에 대해서는 논란의 여지가 있다. 국어 문법론 논의에서 완료상(perfect)과 진행상(progressive)을 설정하는 데에는 이론의 여지가 없으나 '예정상(prospective)', '기동상(inchoative)', '반복상(iterative)', '습관상(habitual)', '종결상(completive)' 등을 더 설정할 수 있는가에 대해서는 합의되지 못한 상태이다. 이는 국어에서 동작상이 보조 용언과 같은 우언적 구성으로 실현되어 이들의 문법적 지위를 어디까지 인정해야 할지 분명하지 않을 뿐만 아니라 상 범주들 사이에 일정한 체계를 세우기 힘들기 때문이다.

완료), 미래 시제를 '올때됨'(예정상)으로 다시 해석한 일이 있다. 또 최현배는 '-었'에 대하여 과거 이외 현재 완료의 의미도 인정하고 있다. 이들 견해는 시제를 동작상의 관점에서 해석하는 훌륭한 기반을 조성해 놓은 것이다.

10.2.1. 완료상

다음은 완료상의 예이다.

(1) 가. 지호도 의자에 앉아 있다.
     나. 헌 옷을 벗어 버리고 새 옷으로 갈아입었다.
     다. 종소리를 듣고서 학교에 갔다.

(1가)의 '앉아 있다'는 '-어 있다'에 의한 예인데 앉는 일이 끝나서 그 결과가 지속되는 의미를 표시한다. '앉아 있다'는 '앉았다'로 축약될 수 있음을 (9가)에서 이미 확인한 바 있다. 이렇게 '-어 있다'가 결과성을 의미하는 동사에 붙으면 동작의 완료를 표시하는데 이런 동작의 양상을 완료상(完了相)이라고 한다. (1가)는 현재 완료상이지만 '앉아 있었다, 앉아 있겠다'로 바꾸면 과거 완료상과 미래 완료상이 된다. '-어 있다'를 취함으로써 완료상이 되는 동사에는 '앉다, 서다, 뜨다, 차다(충만하다), 마르다…' 등이 있다.[29]

(1나)의 '-어 버리다'는 헌 옷이 부담이 되어서 그것을 제거할 필요가 있다고 생각될 때 쓰이는데 '-어 있다'와는 달리 동작의 완료 이외에 양태적 의미도 결부되어 있는 것이다. 이러한 부류의 완료상 형태에는 '-어 지다, -어 두다, -어 놓다, -어 내다' 등이 있다.[30]

(1다)의 '-고서'는 선행절의 동작이 끝나서 그 결과가 후행절에 이행되어 있다. 이런 동작상을 표시하는 연결 어미에는 '-고서' 이외에 '-어서, -다가, -자마자' 등이 있다.[31]

---

29 통언어적(cross-linguistic)으로 볼 때 '-어 있'이 완료상을 나타내는가에 대해서는 논란의 여지가 있다. 완료상은 대개 '근접 과거', '과거 지속', '과거 경험', '결과 상태 지속'의 4가지 용법을 모두 지니는 데 반해, 국어의 완료상은 '결과 상태 지속'의 용법만을 지니기 때문이다. 따라서 논의에 따라서는 '-어 있'을 완료상이 아니라 결과상(resultaltive)으로 보기도 한다.

30 이들 우언적 구성은 동작의 완료를 나타내기는 하지만 '-어 있'이 나타내는 완료상과 다르므로 종결상(completive)으로 따로 구분하기도 한다.

31 연결 어미가 나타내는 동작상이 문법 범주를 형성하는지에 대해서는 논란의 여지가 있다. 시제 범주와 양태 범주에서 동작상의 의미를 발견할 수 있는 것과 마찬가지로 연결 어미도 동작상 표지는 아니지만 동작상의 의미를 나타내는 것이라고 볼 수 있는 것이다.

10.2.2. 진행상

다음은 진행상의 예이다.

> (2) 가. 학생들이 도서관에서 책을 <u>읽고 있다</u>.
> 나. 빨래가 다 <u>말라 간다</u>.
> 다. 동생이 <u>울면서</u> 과자를 달라고 조른다.

(2가)의 '-고 있다'는 동작성을 표시하는 '읽다'에 붙어 동작의 진행을 표시하는데 이런 동작의 양상을 진행상(進行相)이라고 한다. '읽고 있다'는 현재 진행상이지만 이를 '읽고 있었다, 읽고 있겠다'로 바꾸면 과거 진행상, 미래 진행상이 된다. 진행상 '-고 있다'는 '-는 중이다'로 바꿀 수도 있고 '-는 중에 있다'로도 대치된다.[32]

> (2) 가′. 학생들이 도서관에서 책을 읽는 중이다(읽는 중에 있다).

이 형태는 '-고 있다'보다 쓰이는 범위가 좁아서 동작성을 적극적으로 띤 동사와만 결합된다.

> (2) 가″. ① 나도 그 분을 알고 있다(*나도 그 분을 아는 중이다).
> ② 아직 밥을 안 먹고 있다(*아직 밥을 안 먹는 중이다).

'알다, 안 먹다'가 '-고 있다'와는 결합될 수 있어도 '-는 중이다'와 결합되지 못하는 것은 동사의 의미와 관련이 있다. '알다'는 상태성의 동사이고 '안 먹다'는 동작성이 부정되어 있다.[33]

(2나)의 '-어 가다'는 일정한 방향으로 일이 진행될 때 쓰인다. 이러한 부류의 진행상 형태에는 습관적인 동작의 반복을 표시하는 '-곤 하다'를 추가할 수 있다. (2다)는 두 동작이 일의 선후 없이 동시에 진행될 때 쓰인다. '-(으)락~ (으)락'도 진행상의 한 형태로 볼 수 있다.

---

[32] '-고 있-'은 진행상을 나타내지 않는 경우도 있다. "연희는 빨간 블라우스를 입고 있다.", "아버지는 파란 넥타이를 매고 있다."의 '-고 있-'은 결과 상태를 나타내므로 '-어 있-'과 마찬가지로 완료상 표지로 보아야 한다. 따라서 '-고 있-1', '-고 있-2'로 나누어 이들을 구분하는 것이 일반적이다.

[33] 진행상은 사태의 완성점을 향해 계속 이어지고 있음을 나타내므로 통언어적(cross-linguistic)으로 '알다', '사랑하다'와 같은 상태성 동사와는 결합하지 못하는 것이 일반적이다. 그러나 국어의 '-고 있-'은 이러한 상태성 동사와 결합할 수 있는데, 이는 국어의 '-고 있-'을 진행상으로 보기 어렵다는 근거가 될 수도 있고 '알다', '사랑하다'와 같은 국어 상태성 동사의 특수성에서 기인하는 것이라고 할 수도 있다.

다음은 예정상의 예이다.

(3) 가. 우리도 그 곳에서 <u>살게 되었다.</u>
나. 아이들은 못 <u>들어가게 한다.</u>
다. 저도 같이 <u>가고자</u> 합니다.

(3가)는 피동적 표현으로서 과거에 있어서 동작이 예정되어 있음을 표시한다. 이러한 동작의 양상을 예정상(豫定相) 또는 전망상(展望相)이라고 한다. 다음 예와 비교하면 (3가) 의 예정상이 분명해진다.

(3) 가'. 우리도 이 자리에 <u>앉아 있었다.</u>

(3가)는 과거에, 어느 장소에 사는 일이 예정되어 있음을 표시하는데 대해 (3가')은 과거에 앉는 일이 끝나서 그 결과가 지속되고 있음을 의미한다. (3나)는 사동적 표현으로 서 현재에 있어서의 예정된 일을 표시한다. (3다)는 현재에 있어서의 예정된 일을 표시한 다. 이곳에는 화자의 의지적 요소도 함께 목격된다.[34]

10.3. 양태

10.3.1. 양태의 개념 및 유형

양태(樣態, modality)는 일반적으로 문장이 표현하는 명제(命題, proposition)나 명제가 기술하는 상황에 대하여 화자가 자신의 의견이나 태도를 표현하는 범주로 정의된 다.(Lyons 1977: 452)

(1) 가. 지금 출발하면 점심 전에 도착하겠다.
나. 이 무거운 걸 너 혼자 들 수 있겠니?

---

[34] (3가)는 피동적 의미를 지니고 있지만 피동보다는 '예정'의 상 범주로 볼 수 있고 (3나, 다)는 '예정'의 의미를 지니고 있지만 상 범주보다는 양태 범주로 보는 것이 일반적이다.

(1가)의 '-겠'은 '추측'의 의미를 가지고 있고 (1나)의 '-겠'은 '능력'이나 '가능성'을 나타낸다. (1)의 두 문장의 시제는 미래라고 할 수 있다. 양태는 명제에 대한 화자의 태도를 나타내고 시제는 명제가 기술하는 상황의 시간적 위치를 언어적 표현으로 표시한 것이다. '-겠'의 기본적인 의미를 '사태에 대한 미확인'이라고 한다면 이러한 기본 의미로 인하여 '-겠'이 미래 시제를 표시하는 문법 형태로 쓰이거나 '추측, 가능성' 등의 양태 의미를 나타내게 되는 것이다. '-겠'은 시제와 양태의 두 가지 범주를 나타내는 복합적인 문법 형태이다.

(2)　가. 벌써 오후 2시이니까 점심은 먹었겠지.
　　　나. 죄송합니다. 아직도 잘 모르겠습니다.

(2가)에서 '-겠'은 과거의 선어말 어미 '-었'과 함께 쓰임으로써 미래 시제가 아니라 '추측'의 의미를 나타낸다. (2나)의 '-겠'은 다른 선어말 어미와 결합 없이 공손성의 의미를 갖는다.

(1), (2)에서 보듯이 양태는 시제와 관련을 가지며 서법(敍法, mood)이나 문장 유형과 함께 논의되기도 한다. 서법은 명제의 내용이 현실(現實, realis)이냐 비현실(非現實, irrealis)이냐에 따른 대립이 상보적 필수적 표지로 실현되는 체계이며 흔히 직설법, 가정법, 명령법 등이 거론된다.[35] 국어에서 서법은 문장의 유형과 함께 기술되기도 하는데 최근에는 관형사형 어미 '-(으)ㄴ'과 '-(으)ㄹ'과, 명사형 어미 '-(으)ㅁ', '-기'를 서법 표지로 보기도 한다. 즉 '-(으)ㄴ'과 '-(으)ㅁ'은 현실, '-(으)ㄹ', '-기'를 비현실 표지로 배타적 이항 대립 체계를 이룬다고 보는 것이다. 양태는 서법처럼 문법 표지들이 대립 체계를 이루지 않기 때문에 흔히 개념 범주(혹은 의미 범주)로 규정하고 양태가 문법화되면 서법이 된다고 한다. 즉 '시간(時間, time)'은 개념 범주이고 시간이 문법적 수단으로 표현된 것이 '시제(時制, tense)'라는 문법 범주인 것에 대입하여 '양태:서법=시간:시제'의 관계로 보는 것이다. 그러나 시간과 달리 국어에서 양태는 문법 범주로 볼 수 있는 가능성이 있다. 대립적 체계를 이루지는 않아 서법으로 볼 수는 없지만 양태 의미를 나타내는 문법 형태소인 어미가 존재하기 때문이다. 또한 양태 의미를 나타내는 우언적

---

35 직설법(直說法, indicative)과 가정법(假定法, subjunctive)은 서구 전통 문법적 용어이고 현실(現實, realis)과 비현실(非現實, irrealis)은 언어 유형론적 관점에서 기술된 용어로 직설법과 가정법은 각각 현실과 비현실에 대응된다. 논의에 따라 현실(現實, realis) 서법과 비현실(非現實, irrealis) 서법은 각각 서실법(敍實法, fact mood), 서상법(敍想法, thought-mood)이라고도 한다.

구성이 발달한바 우언적 구성을 양태 표지로 본다면 양태를 독립적인 범주로 세울 수 있는 가능성이 커진다.

양태는 몇 가지 하위 유형으로 나눌 수 있는데 먼저 명제 양태와 사건 양태가 있다. 명제 양태는 명제에 대한 화자의 판단과 관련된 것(명제의 진리치 혹은 사실적 위상에 대한 화자의 태도)으로 이는 다시 명제의 사실적 위상에 대한 화자의 판단을 나타내는 인식 양태와, 명제의 사실적 위상에 대하여 화자가 가지고 있는 증거를 가리키는 증거 양태로 나뉜다. 사건 양태는 미래 잠재적 사건에 대한 화자의 태도와 관련된 것으로, 의무 양태와 동적 양태로 나눈다. 의무 양태는 사건 실현 요인이 주어 외부에 있는 것이며 동적 양태는 사건 실현 요인이 주어 내부에 있는 것을 말한다. 이를 정리하면 다음과 같다.[36]

(3) 양태의 체계
```
┌ 명제 양태 ┌ 인식 양태 : 연역(deductive), 추측(speculative),
│           │              추정(assumptive)…
│           └ 증거 양태 : 지각 정보(sensory), 전문 정보(reported),
│                          추론 정보(inference)…
└ 사건 양태 ┌ 의무 양태 : 의무(obligation), 허가(permission)…
            └ 동적 양태 : 능력(ability), 의지(willingness)…
```

10.3.2. 표지별 양태 의미의 실현 양상

양태 의미는 문법 형태 외에도 다음의 (4), (5)에서와 같이 부사나 용언으로도 나타낼 수 있다.

(4) 가. <u>과연</u> 그 사람이 돌아올 것인가?
　　나. <u>확실히</u> 민지가 범인이다.
(5) 가. 그 사람이 범인임에 <u>틀림없다.</u>
　　나. 지호는 천재가 <u>확실하다.</u>

---

[36] 양태의 분류와 분류된 양태 범주의 명칭에 대해서는 아직까지 뚜렷하게 합의된 바가 없다. 또한 증거 양태를 양태 범주에 포함시켜야 할지 증거성(證據性, evidentiality)이라는 독립된 문법 범주로 보아야 할지도 논란이 될 수 있다. 다만 여기서는 국어 양태 논의에서 가장 널리 언급되는 Palmer(2001)의 견해를 따르기로 한다.

(4)의 '과연', '확실히' 등은 양태 부사나 (5)에서 밑줄 친 용언으로도 양태 의미가 실현될 수 있지만 부사나 용언은 문법적 요소가 아니므로 양태 표지로 볼 수 없다.[37] 다음에서는 선어말 어미, 종결 어미, 우언적 구성 등 양태 표지별로 실현되는 양태 의미에 대하여 살펴보기로 한다.[38]

10.3.2.1. 선어말 어미로 실현되는 양태

양태를 나타내는 선어말 어미로는 인식 양태로서 추측이나 가능성을 나타내는 '-겠'과, 증거 양태인 '-더'를 들 수 있다.

'-겠'은 다음과 같이 추측, 의지, 가능성, 능력 등의 양태 의미를 실현한다.

    (5)   가. 고향은 지금 단풍이 한창이겠다.
          나. 나는 내일 고향으로 돌아가겠다.
          다. 이 강당은 500명은 들어가겠다.
          라. 그런 쉬운 문제는 삼척동자도 풀겠다.

(5가)의 '-겠'은 추측, (5나)는 화자의 의지, (5다)는 가능성, (5라)의 '-겠'은 능력을 의미한다. 화자의 의지를 나타내는 (5나)의 '-겠'은 사건 양태의 하위 유형인 동적 양태에 해당한다.

(5)의 '-겠'은 다음의 (6)에서와 같이 우언적 구성인 '-(으)ㄹ 것아'와 교체될 수 있다.

    (6)   가. 고향은 지금 단풍이 한창일 것이다.
          나. 나는 내일 고향으로 돌아갈 것이다.
          다. 이 강당은 500명은 들어갈 것이다.
          라. 그런 쉬운 문제는 삼척동자도 풀 것이다.

선어말 어미 '-겠'과 우언적 구성 '-(으)ㄹ 것아'는 인식 양태인 추측 등의 표지로 쓰이는데 '-겠'은 내면화되지 않은 정보에 기반을 둔 추측이고 '-(으)ㄹ 것아'는 내면화

---

[37] 학자에 따라 '마저, 까지, 도' 등의 보조사가 양태 의미를 나타낸다는 견해가 있으나 조사의 작용역이 명제 전체에 미친다고 보기 어려우며 이들의 의미는 보조사가 지니는 척도 함축의 관점에서 분석하는 것이 더 적절해 보인다.

[38] 양태 의미는 어휘적 형식과 문법적 형식으로 모두 실현이 가능하다. 이 중 이 책에서는 준문법적 형식인 우언적 구성까지 포괄하여 양태 의미의 실현 양상을 기술하려고 하므로 이를 포괄하여 '표지'라는 용어를 사용한다. 즉 이 책에서의 표지는 우언적 구성까지 포괄한 문법 형식을 의미한다.

된 정보를 바탕으로 한 추측을 나타낸다.

(7) 가. 내일은 장마 전선의 북상으로 전국에 비가 {내리겠습니다/*내릴 것입니다}.
　　 나. 일기 예보를 보니 내일 서울에 비가 {?오겠어요/올 거예요}.
　　 다. 이 음식점 지난번에 와 봤는데 음식이 너한테도 {*맛있겠어/맛있을 거야}.
　　 라. 이 음식점 처음인데 음식이 {맛있겠다/*맛있을 거야}.

(7가)는 일기 예보의 진행자가 전문적인 보도를 하는 것이고 (7나)는 일기 예보를 본 비전문가의 말이다. (7다)와 (7라)의 차이도 추측의 근거가 되는 정보의 내면화 정도에 따라 해석할 수 있다.[39]

선어말 어미 '-더'는 회상의 의미를 가진 것으로 기술되어 왔는데 최근에는 증거 양태 표지로 보기도 한다.

(8) 가. 좀 전에 보니 민지가 집에 가더라.
　　 나. 어젯밤에 소쩍새가 울더라.
　　 다. 민지가 노래 솜씨가 대단하더라.
　　 라. 나는 요즘 편의점에 자주 가게 되더라.

(8)의 '-더'는 화자가 과거 어느 때에 직접 경험하여 알게 된 사실을 현재의 말하는 장면에 그대로 옮겨 와서 전달한다는 뜻을 가진다. 이러한 측면에서 '-더'는 '회상'이라는 의미로 해석되기도 하였다. (8가), (8나)에서 화자가 해당 정보를 시각이나 청각 등의 감각을 통하여 지각해서 획득한 정보를 기반으로 발화를 했다는 것을 알 수 있다. 선어말 어미 '-더'는 화자가 획득한 지각 정보를 증거로 하기 때문에 증거 양태의 대표적인 표지로 인식되고 있다. 선어말 어미 '-더'는 증거 양태를 나타냄과 동시에 화자가 해당 정보를 발화시 기준 과거의 어느 한 시점에 인식했음을 나타낸다. '-더'의 증거 양태 의미에 따른 파생적 의미로 '-더'의 시간 지시 기능을 설명하기 어렵다. 직접 감각 경험에 근거한 화자의 인식을 나타내는 표지가 필연적으로 과거 인식시를 나타낸다고 논리적으로 설명할 근거를 찾을 수 없기 때문이다.[40]

---

39 그러나 이러한 의미 차이가 발견되지 않는 경우도 있다. 예컨대, "요새는 일이 많은 시기니까 연희는 지금 엄청 {바쁘겠다/바쁠 거야}."에서 추측의 근거가 되는 정보는 내면화되어 있지만 '-겠'과 '-을 것이'가 모두 가능하다. 한편, '-겠'과 '-을 것이'는 추측의 근거, 즉 정보의 출처가 무엇인지도 나타내므로 이들을 증거 양태로 보려는 견해도 있다. 하지만 '추측'은 늘 그 근거가 있기 마련이므로 이들을 증거 양태로 보는 데에는 무리가 있다.

10.3.2.2. 종결 어미로 실현되는 양태

양태 표지로 볼 수 있는 종결 어미 중 대표적인 것이 '-지', '-네', '-군'[41] 등의 반말의 종결 어미이다. 반말의 종결 어미는 종결 어미의 형태가 아니라 문말 억양으로 문장의 유형이 구분되며 조사 '요'와 결합하여 '해요체'의 상대 높임법 등급을 나타내는 특징을 가진다. 몇몇 반말의 종결 어미는 문장 종결과 상대 높임의 기능과 함께 양태 의미를 표현하는 표지로 쓰인다. '-지', '-네', '-군'은 명제가 나타내는 정보가 이미 알고 있는 것이냐, 새로 알게 된 것이냐를 나타내므로 명제가 나타내는 정보의 사실적 위상과 관련된 인식 양태로 볼 수 있다.

> (9) 가. 여기 있던 빵, 네가 먹었어.
> 나. 여기 있던 빵, 네가 먹었지.
> 다. 여기 있던 빵, 네가 먹었네.
> 라. 여기 있던 빵, 네가 먹었군.

(9)에서 어떠한 종결 어미가 쓰였느냐에 따라 화자의 의도가 다르게 읽힌다. 종결 어미 '-어'는 가장 무표적인 어미로 (9가)에서는 특별한 양태 의미가 나타난다고 보기 어렵다.[42] 종결 어미 '-어'가 결합한 문장은 문말 억양에 따라 평서문, 의문문, 명령문, 감탄문, 청유문 등의 문장 유형이 가능하며 선어말 어미 결합이나 주어의 인칭 등에서 제약이 거의 없다.

> (10) 가. 이번 여름은 너무 {더워/덥겠어/더웠어} {./?/!}.
> 나. 커피나 한잔 하고 가.
> 다. 먼저 밥 먹어.
> 라. {나는/너는/그는} 내일 출발해.

---

40 이는 '-더'의 통시적 발달 과정을 통해 설명된다. 중세 국어에서 과거 시제는 Ø와 '-더'를 통해 완망상과 비완망상의 대립을 이루었는데 새로운 과거 시제 표지 '-았'의 발달로 인해 과거 완망상 표지 Ø는 소멸되고 과거 비완망상 표지 '-더'는 증거 양태 범주로 그 기능이 바뀜으로써 생존할 수 있게 되었다. 이때 '-더'가 현대 국어에서 인식시 '과거'에 국한되는 것은 '-더'가 과거 시제 표지였다는 이전 시기의 특성이 잔존해 있는 것으로 해석된다.

41 반말의 종결 어미 '-군' 이외에 해라체의 '-구나', 해체의 '-구먼'도 '-군'과 유사한 양태 의미를 가진다. 본문에서는 이들 중 '-군'을 중심으로 기술한다.

42 사실상 '-어'도 명제를 화자가 사실로 판단한다는 양태 의미를 나타내므로 양태의 관점에서는 인식 양태 의미를 나타낸다고 할 수 있다. 그러나 문법 범주로서의 양태는 주로 비현실과 관련지어 논의되며 '-어'는 주로 서법이나 문장 유형에서 다루는 것이 일반적이다. 따라서 종결 어미 '-어'는 양태 표지로 보기 어려우나 양태 표지인 '-지, -네, -군' 등과 비교를 위하여 제시하였다.

(10가, 나, 다)를 통하여 종결 어미 '-어'가 선어말 어미 결합 제약이 없으며 평서문, 의문문, 감탄문, 청유문, 명령문이 가능하다는 것을 알 수 있다. (10라)는 종결 어미 '-어'로 끝나는 문장이 주어의 인칭에 제약이 없다는 것을 보여 준다.

    (11) 가. 이번 여름은 너무 {덥지/덥겠지/더웠지} {./?/!}
          나. 커피나 한잔 하고 가지.
          다. 먼저 밥 먹지.
          라. {나는/너는/그는} 내일 출발하지.

    (11)의 '-지'도 '-어'와 마찬가지로 문말 억양에 따라 평서문, 의문문, 감탄문, 명령문, 청유문이 모두 가능하며 선어말 어미 결합이나 주어의 인칭 제약이 없다. 그러나 종결 어미 '-어'가 명제에 담겨있는 정보가 새로운 정보라는 전제를 가지고 있는 반면 '-지'는 화자가 명제에 담겨 있는 정보를 청자와 공유하고 있다는 것을 전제하거나 동의를 구할 때 쓰인다.[43] 반말의 종결 어미 '-지'는 해당 명제 내용이 화자에게 이미 내면화된 지식임을 나타내는 것이다.

    (12) 가. 민지 미국에 갔어.
          나. 민지 미국에 갔지.

    화자가 청자에게 새로운 사실을 전달할 때는 (12가)처럼 말하는 반면 청자가 이 정보를 알고 있다는 전제를 갖고 있을 때는 (12나)와 같이 말한다. '-어'와 '-지'가 청자를 전제로 하는 것과 달리 '-네', '-군'은 주로 혼잣말로 쓰인다.

    (13) 가. 꽃이 참 예쁘게 피었네.
          나. 꽃이 참 예쁘게 피었군.

    (13가)의 '-네'와 '-군'은 둘 다 '새로 앎'의 의미를 가진다.[44] '새로 앎'은 화자가 몰랐

---

43 '-지'는 명제가 화자에게 내면화된 정보임을 나타내므로 명제에 대한 화자의 주관적 태도를 드러내는 것이라고 할 수 있다. 이러한 특성을 고려하면 '-지'를 양태 논의에서 다룰 수도 있지만 '청자의 지식 상태에 대한 화자의 가정'이라는 측면에 주목한다면 정보 구조의 관점에서 다루어질 수도 있다.
44 '-네'와 '-군'이 지니는 '새로 앎'의 의미는 '-지'와는 반대로 명제가 나타내는 정보가 화자의 지식 체계에 내면화되지 않은 것임을 나타낸다. 최근 논의에서는 이러한 의미를 나타내는 문법 범주를 의외성(意外性, mirativity)이라고 하여 이들을 양태 범주에서 독립시켜 논의하기도 하지만 국어에서 의외성 범주를 독립적

던 사실을 알게 되거나 어떤 계기로 인하여 알고 있던 사실을 새롭게 깨닫게 되는 것을 의미한다. '-네'가 화자가 시각이나 청각과 같은 감각 기관을 통하여 직접적으로 경험한 직후에 발화하는 양태 표지인 반면, '-군'은 직접적인 감각은 물론 추론을 통하여 알게 된 명제에 대해서도 사용이 가능하다.[45]

(14) 가. (창밖에 비오는 것을 보고) 비가 {오네/오는군}.
     나. 너도 이 사실을 모르는 것을 보니 아직 아무도 {$^?$모르네/모르는군}.

(14)에서 시각적인 감각을 통하여 얻게 된 정보를 말할 때는 '-네'와 '-군'이 다 가능하지만 추론을 통한 명제를 이야기할 때는 '-네'보다는 '-군'이 더 적당하다.

(15) 가. (다리미에 손을 댄 순간) 앗, {뜨겁네/*뜨겁군}.
     나. 보름달이 정말 {밝네/$^?$밝군}!

'-네'와 '-군' 모두 '새로 앎'의 의미를 나타내지만 (15)에서 '-군'보다 '-네'가 더 자연스러운 것으로 보아 '-군'이 결합한 명제 내용은 화자가 전혀 예측하지 못했던 것이 아니라 어느 정도 짐작을 하고 있었던 것으로, 화자가 '-군'을 통하여 확인을 하는 의미를 가지게 됨을 알 수 있다.

(16) 가. 오다가 보니 민지가 집에 {*가더네/가더군}.
     나. 이번 시험에서 지호가 {*합격했더네/합격했더군}.

(16)에서 보듯이 '-네'는 선어말 어미 '-더' 결합 제약이 있지만 '-군'은 '-더'와 결합할 수 있다. 이는 '-네'는 명제 인지 시점이 현재라는 제약이 있는 반면 '-군'은 과거에 지각한 사실에도 사용이 가능하기 때문이다.

(17) 가. 나는 학교에 {*가네/$^?$가는군}.
     나. 나는 이 장면이 {$^?$슬프네/*슬프군}.
     다. 내가 또 실수를 {했네/했군}.

으로 설정할 수 있는지에 대해서는 논란의 여지가 있다.

[45] '-네'와 '-군'은 정보의 출처가 무엇인지 나타내므로 증거 양태의 성격도 지니고 있다. 특히 '-네'는 '-더'와 마찬가지로 감각 기관에 의한 인식을 통해 알게 된 사실을 나타내지만 인식의 시점이 현재라는 차이가 있다.

(17가), (17나)과 같이 '-네'나 '-군'이 일인칭 주어와 함께 나타날 수 없는 경우가 있는
데 '-네', '-군'의 의미가 '새로 앎'이므로 화자의 동작이나 심리 상태를 서술하는 것이
어색한 면이 있는 것으로 보인다.[46] 그러나 (17다)와 같이 자신의 행위나 상태를 새롭게
인식했을 경우는 '-네'와 '-군'의 사용이 가능하다.

10.3.2.3. 우언적 구성으로 실현되는 양태

우언적 구성(迂言的構成, periphrastic construction)은 조사나 어미와 같은 단일 문법
형태 대신 사용되는 보다 긴 다단어(多單語) 표현이다. 국어는 양태 의미를 나타내는 우
언적 구성이 발달되어 있다. 앞에서 양태 유형 중 인식 양태는 '-겠'과 반말의 종결 어미
를, 증거 양태로 '-더'를 살펴보았으므로 양태 표지로 볼 수 있는 우언적 구성 중 동적
양태를 표현하는 '-(으)ㄹ 수 있'과 의무 양태를 나타내는 '-어야 하'를 중심으로 살펴보
겠다.

> (18) 가. 민지는 중국어를 <u>할 수 있</u>다.
>   나. 공원의 한쪽에서는 식사를 <u>할 수 있</u>다.
>   다. 숙제를 다 한 후에 과자를 <u>먹을 수 있</u>다.

(18가)의 밑줄 그은 부분은 주어가 어떤 사건을 수행하는 것이 가능하다는 의미를
나타낸다. 이때 사건의 실현 여부는 주어의 능력에 달려 있다. '-(으)ㄹ 수 있'이 나타내
는 동적 양태는 화자의 태도가 아니라 주어가 사건을 실현시킬 수 있는 능력과 관련이
있기 때문에 전형적인 양태는 아니다. (18나), (18다)는 사건의 실현성이 외부의 환경에
달려 있는 경우로 '허락'의 의무 양태에 가까운 의미를 가진다. 우언적 구성 '-(으)ㄹ
수 있'은 사건의 실현성이 주어 내부에 있는 '능력'의 동적 양태 표지이지만 문장에
따라 의무 양태인 '허락'이나 인식 양태인 '가능성'으로 해석될 수 있다.

---

[46] 일부 논의에서는 '-네', '-구나' 외에 '-더'도 화자에게 내면화되지 않은, 새로 알게 된 사실을 나타낸다고
보고 '-더'의 일인칭 주어 제약을 '새로 앎'의 의미를 통해 설명하기도 한다. 그러나 감각 기관 인식을
통해 얻은 정보는 이를 인식한 시점에 새로이 알게 된 사실일 가능성이 높으므로 '-더'가 나타내는 '새로
앎'의 의미를 '-더'의 핵심적 기능으로 볼 수 있을지 의문이다. 또한 일인칭 주어 제약이 나타나는 이유는
감각 기관에 의한 인식으로도 설명 가능하고 '새로 앎'의 의미로도 설명된다. 따라서 '-더'는 감각 기관에
의한 인식을 통해 일인칭 주어 제약이 생긴다고 설명하는 것이 더 타당하다고 볼 수 있을 것이다. 또한
'-네'는 현재 시점에서 감각적 인식을 통해 얻게 된 정보를 나타내므로 '-네'의 핵심적 의미를 '새로 앎'으로
보아야 할지 현재 인식이라는 증거성으로 보아야 할지도 논란이 될 수 있다. 왜냐하면 앞서 설명했듯이
감각적 인식을 통해 얻은 정보는 이를 인식한 시점에 새로이 알게 된 사실이 될 수밖에 없기 때문이다.

(19) 가. 너는 저녁 11시까지는 집에 돌아와야 한다.

　　 나. 사람은 배움이 있어야 한다.

　　 다. 박사 논문을 쓰려면 논문 자격시험에 합격해야 한다.

　　 라. 나는 꼭 그 사람을 만나야 한다.

　　의무 양태를 나타내는 '-어야 하'는 (19가)에서처럼 화자가 문장의 주어에게 의무를 부과하는 주관적 의무 양태로 해석될 수도 있지만 (19나)에서처럼 일반적인 규칙이나 원리를 이야기하는 경우이면 객관적 의무 양태로 해석된다. (19다)의 경우도 화자가 주어에게 부과되는 의무를 객관적으로 표현한 것이다. '-어야 하'는 주어가 일인칭이면 화자가 주어인 자신에게 의무를 부과하는 것이 되므로 일종의 의지를 나타내는 동적 양태로 해석하는 것이 가능하다.

　　양태 의미를 표현하는 우언적 구성은 단일한 문법 형태처럼 문법화가 완료된 것이 아니기 때문에 우언적 구성의 외연을 확정하기 어렵고 문맥에 따라 여러 가지 양태 의미를 나타낼 수 있기 때문에 그 의미나 유형을 기술하기 힘든 면이 있다. 그러나 최근 양태 표지에 대한 교육적인 활용을 염두에 둔 연구의 결과들이 상당히 축적되어 양태 체계 안에서 논의하는 것이 가능하게 되어 몇 가지 예를 들어 보인 것이다.

더 읽을거리

1. 시제·상·양태에 대한 전반적 논의

국어 시제·상·양태에 대한 전반적 논의로는 Lee(1991), 이남순(1998나), 고영근(2007), 박진호(2011가)를 참고할 수 있다. 시제·상·양태는 논의의 역사도 깊고 범위도 넓어 관련 연구를 모두 파악하기도 어려울뿐더러 학자들마다 주장하는 바가 달라서 시제·상·양태 연구에 첫발을 들이는 연구자들은 선행 연구의 숲에서 길을 잃기 쉽다. 박진호(2011가)는 언어 유형론적 관점에서 국어의 시제·상·양태를 살펴본 비교적 간략한 논의이지만 이러한 어려움을 크게 줄여 줄 수 있는 나침반이 될 것이라 생각된다.

국어 시제에 대한 전반적 논의로는 남기심(1978), 이효상(1995), 한동완(1996), 문숙영(2009가)를 참고할 수 있다. 동작상이나 양태에 대한 논의에 비해 국어 시제에 대한 연구는 매우 방대하다. 문숙영(2009가)는 이러한 선행 연구들의 모든 성과를 일목요연하게 정리하였을 뿐만 아니라 그간의 연구에서 존재해 왔던 문제나 오해들을 합리적으로 해결하고 있다는 점에서 국어 시제 연구에서 반드시 참고할 만하다. 한편, 현대 국어의 시제 현상을 제대로 이해하기 위해서는 국어 시제 체계의 통시적 변화 양상에 대한 이해가 필수적이다. 이에 대해서는 최동주(2015)가 아주 좋은 참고가 된다. 국어의 동작상에 대한 전반적 논의는 박덕유(1998), 김성화(2003), 김천학(2007), 고영근(2007: 5장, 7장) 등을 참고할 수 있고 국어의 양태에 대한 전반적 논의로는 장경희(1985), 박재연(2006), 임동훈(2003, 2008), 손혜옥(2016) 등이 좋은 참고가 된다. 국어의 시상법에 대한 유형론적 고찰은 고영근(2018나: 522)를 참조할 수 있다.

2. 현재 시제 선어말 어미 '느'

현재 시제 선어말 어미 '느'와 관련한 최근의 논의로는 문숙영(2009나), 임동훈(2010), 전후민(2011) 등을 참고할 수 있다. 현재 시제 선어말 어미 '느'는 그 세력이 약화되어 매우 한정된 분포를 지니고 있다. 따라서 '느'를 따로 분석하지 않고 종결 어미의 일부로 처리하여 Ø 형태소가 현재 시제를 나타낸다고 보는 것이 현재 시제 체계를 기술하는 데에 더 유리한 측면이 있다. 그리고 실제로 사전 기술에서도 이러한 입장을 취하고 있다. 이에 대한 대표적 논의로는 남기심(1982)가 있다. 이와는 반대로 선어말 어미 '느'의 적극적 분석을 주장하는 논의에는 고영근(2007: 137), 전후민(2011)이 있다. 선어말 어미 '느'는 현재 시제의 기능을 하지 않지만 선어말 어미 '더'와의 계열 관계를 고려하면 분석이 가능한 경우가 있다. 이러한 '느'를 약화된 '느'라고 하고 인식시 과거를 나타내는 '더'와 대립을 이루어 인식시 현재를 나타낸다고 보기도 한다. 이에 대해서는 한동완(1986가, 1996: 91-99, 2004), 최동주(1994나, 2015: 254-283)을 참고할 수 있다. 이들 논의는 국어의 시제 논의에서 사건시 외에도 인식시를 도입했다는 점에서 주목할 만하다.

3. 과거 시제 선어말 어미 '-었'

과거 시제 선어말 어미 '-었'에 대한 연구는 '-었'이 과거 시제를 나타내지 않는 경우를 바탕으로 '-었'의 범주에 대해 주로 논의되어 왔다. '-었'을 완료상으로 파악하는 논의로는 남기심(1972)를, 시제와 상의 복합 범주로 파악하는 논의로는 이재성(2001: 81-83)을, 양태와 관련하여 해석하는 논의로는 임홍빈(1982)를 참고할 수 있다. '-었'의 미래적 용법은 과거 시제의 사용을 통한 화용적 효과로 설명이 가능하고 일부 예에서 '-었'이 나타내는 것은 과거 시제와 완료상의 관련성을 통해 설명할 수 있다. 더욱이 '-었'은 중세 국어의 완료상 '-어 잇'에서 발달한 것이므로 과거의 완료상적 특성이 현대 국어의 '-었'에 일부 남아 있다고 볼 수도 있다. 이에 대해서는 한동완(1986나), 송철의(1996), 송창선(2001가), 최동주(2015: 236-239) 등을 참고할 수 있다.

4. '-었었'의 기능

주시경의 『국어문법』(1910) 이래로 '-었었'은 과거의 과거인 대과거(大過去)나 과거 완료를 나타낸다고 논의되는 것이 전통적이었다. 이러한 전통적 견해와 달리 '-었었'이 단속상(斷續相), 즉 단절 과거를 나타낸다고 주장한 남기심(1972) 이후 '-었었'의 기능에 대해 다양한 논의가 이루어졌다. '-었었'의 연구사에 대해서는 송창선(2001나), 문숙영(2003) 등을 참고할 수 있다. 통시적 관점에서 볼 때 '-었었'은 '-었'의 중복으로 생겨난 것임에 틀림없을 것이다. 하지만 공시적 관점에서 이들을 하나의 형태소로 볼지, 두 개의 '-었'을 분리해서 볼지는 그 견해가 갈린다. '-었었'을 하나의 형태소로 보는 것이 일반적이지만 이 책에서처럼 두 개의 '-었'을 분리하여 볼 수도 있다. 이에 대해서는 고영근(2007: 265-269)를 참고할 수 있다. 한편, 국어의 '-었었'처럼 과거 표지를 중복 사용함으로써 단절 과거를 나타내고 이러한 단절 과거가 함축이 아니라 의미로 자리 잡아 가는 현상은 통언어적(cross-linguistic)으로 발견되는데 이에 대해서는 박진호(2016가)가 참고된다.

5. 관형절과 접속문의 시제 체계

관형절의 시제 체계는 관형사형 어미 '-은'과 '-을'의 문법 범주와 중세 국어의 시제 체계가 밝혀지면서 비로소 그 온전한 모습이 드러나기 시작했다. 이러한 연구 성과가 반영된 관형절의 시제 체계에 대한 논의로는 이효상(1995), 문숙영(2009가: 263-314), 최동주(2015: 331-332)를 참고할 수 있다.

접속문의 시제 현상은 연결 어미에 따라 상이할 뿐만 아니라 동일한 연결 어미라도 그 의미에 따라 달라진다. 뿐만 아니라 접속문의 통사적 특성을 어떻게 이해하느냐에 따라 접속문의 시제 현상을 달리 해석할 수 있어 접속문의 시제 현상은 그 전체적 양상이 잘 드러나지 않는다. 그럼에도 불구하고 최동주(1994가, 2015: 289-317), 한동완(1996: 110-175), 이은경(2000: 149-173, 225-234; 2015), 문숙영(2009가: 4장), 손혜옥(2010) 등은 국어 접속문의 시제 현상을 이해하는 데 큰 도움이 된다.

6. 동작상의 개념과 국어의 동작상 범주

동작상의 개념, 상 언어와 시제 언어의 차이, 완망상(perfective)과 비완망상(imperfective)의 개념 등에 대해서는 Comrie(1976)을 가장 기본적으로 참고할 만하고 국내 논의로는 박진호(2011가), 김천학(2012), 문숙영(2014) 등이 참고가 된다. 국어의 동작상은 선어말 어미로도 표현되지만 시제나 양태 범주가 지니는 상적 의미에 불과하므로 엄밀하게 말하면 국어에서 동작상은 주로 우언적 구성에 의해 표시된다고 할 수 있다. 우언적 구성에 의해 표현되는 국어의 동작상에 대해서는 이호승(2001), 도재학(2014) 등이 참고가 된다. 국어의 완료상과 진행상의 대표적 형식인 '-어 있'과 '-고 있'에 대해서는 한동완(1999, 2000, 2001), 양정석(2004), 문숙영(2007), 김천학(2007, 2018), 박진호(2011가), 송창선(2012) 등을 참고할 수 있다. 연결 어미가 지닌 상적 의미에 대해서는 박소영(2003), 홍윤기(2005), 고영근(2007), 강계림(2016) 등을 참고할 수 있다. 특히 고영근(2007)은 연결 어미가 동작상 범주를 나타낸다고 보는 대표적 논의인데 이러한 견해에 대한 비판적 입장으로는 한동완(2006)이 참고된다. 이와 관련하여 박재연(2007가, 나)도 좋은 참고가 된다.

7. 국어 어휘상의 분류 및 특성

국어의 어휘상에 대한 전반적 논의는 이호승(1997), 홍윤기(2002), 남승호(2005), 김윤신(2006), 조민정(2007), 김천학(2017) 등을 참고할 수 있다. 용언의 어휘상은 문장 내에 함께 나타나는 논항이나 부가어에 따라 상적 특성이 달라질 수 있다. 따라서 문장 전체 내에서 용언이 어떻게 쓰이느냐에 따라 해당 용언의 어휘상을 살펴볼 필요가 있는데, 이러한 어휘상적 의미를 상황 유형(situation type) 또는 상황상(situation aspect)이라고 한다. 앞서 언급한 이호승(1997), 홍윤기(2002), 조민정(2007)이 상황 유형의 관점에서 어휘상을 살펴본 논의이다. 개별 어휘상의 특성에 대해서는 김천학(2013, 2014, 2015)를 참고할 수 있다.

8. 선어말 어미로 표현되는 양태: '-겠'과 '-더'

선어말 어미 '-겠'과 '-더'는 시제 연구와 양태 연구에서 모두 논의되어 왔기 때문에 그 연구 업적이 매우 방대하다. 앞서 '더 읽을거리 1'에서 언급한 시제와 양태 관련 연구만으로도 '-겠'과 '-더'의 특성에 대해 충분히 파악할 수 있을 것이다.

'-겠'은 유사한 기능을 하는 '-을 것이'와의 비교 연구가 많이 이루어졌다. 이에 대한 최근 논의로는 박재연(2018)이 있고 연구사 정리로는 손혜옥(2016), 정경미(2016)을 참고할 수 있다. '-겠'의 다양한 용법은 '-겠'의 통시적 변화 양상과 함께 살펴볼 필요가 있다. 이에 대한 논의로는 임동훈(2001), 고광모(2002) 등이 참고된다. 또한 이병기(2006)에서는 '-겠', '-리' 등의 추측을 나타내는 문법 범주의 통시적 변화 양상 전반을 다루고 있어 함께 참고할 만하다.

'-더'에 대한 연구사는 손혜옥(2013)에 매우 자세하고 일목요연하게 잘 정리되어 있다. '-더'는 전통적으로 시제 범주로 논의되어 왔으나 장경희(1985: 58-87) 이래로 양태 범주로 논의되기 시작했고 언어 유형론적 연구 성과가 국내에 소개되면서 증거 양태로 논의되는 것이 주류를 이루게 되었다. 특히 언어 유형론적 연구에서 증거성 범주가 보고되면서 증거 양태를 양태에서 독립시켜 별도의 증거성 범주를 설정하기도 하는데, 이와 관련하여서는 송재목(2007, 2009), 정인아(2010), 박진호(2011나), 김진웅(2012), 정경미(2016) 등을 참고할 수 있다. 한편 '-더'는 통시적 변화 양상으로 인해 주절과 내포절에서 그 문법적 특성이 다르게 나타난다. 관형절에서 나타나는 '-더'에 대해서는 이효상(1995), 최동주(1996, 2015: 325-331), 남주연(2012), 강계림(2013) 등이 참고된다. 연결 어미와 함께 나타나는 '-었더니', '-었더라면' 등의 '-더'도 주절의 '-더'와는 다른 특성을 보이는데, 이에 대한 논의로는 박재연(2003), 송재목(2011) 등이 있다.

9. 종결 어미로 표현되는 양태: '-지', '-네', '-군'

'-지', '-네', '-군'의 의미에 대해서는 장경희(1985: 80-83, 104-124), 박재연(2006: 197-210, 223-233), 임동훈(2008, 2011나), 박재연(2014), 송재목(2014), 정경미(2016, 2017), 손혜옥(2016, 2018) 등이 참고된다. 언어 유형론 연구에서 의외성(mirativity) 범주가 소개되면서 '새로 앎'의 의미를 지니는 '-군'과 '-네'를 의외성 범주로 설정하려는 논의도 있다. 이에 대한 논의로는 정경숙(2012), 조용준(2016) 등이 있다. '-군'과 '-네'를 의외성 범주로 보지 않더라도, 국어에서 의외성 범주를 설정하기 어렵다고 보는 박진호(2011가, 나), 송재목(2014, 2016) 등에서도 이들이 의외성의 의미 성분을 지닌다는 것은 수용되고 있다. 한편, 증거성과 의외성은 서로 관련되는 경우가 많다. '-네'는 의외성의 의미 성분과 함께 증거성의 성격을 지니고 있고 '-더'는 증거 양태이지만 의외성의 의미 성분을 지닌다. 이에 대한 논의로는 박진호(2011가, 나)가 참고된다.

10. 우언적 구성에 의한 양태와 연결 어미 및 보조사의 양태적 의미

우언적 구성으로 표현되는 양태에 대해서는 김지은(1998: 235-238), 문병열(2007), 시정곤·김건희(2009), 정경미(2016), 손혜옥(2016) 등이 참고된다. 한국어 교육 측면에서는 우언적 구성으로 표현되는 양태의 세밀한 의미 차이, 용법 등이 매우 중요하다. 최근 한국어 교육 문법에서 이에 대해 광범위하게 논의되고 있으니 이와 관련된 연구도 더 찾아볼 만하다. 양태적 의미는 연결 어미나 보조사를 통해서도 표현될 수 있다. 연결 어미가 지닌 양태적 의미에 대해서는 박재연(2009)를, 보조사가 지닌 양태적 의미에 대해서는 함병호(2011)을 참고할 수 있다.

11. 양태와 서법

국어의 양태 논의는 외국의 양태 이론을 수용함으로써 양적·질적 발전을 이루었다. 그럼에도 불구하고 양태의 정의, 양태의 분류, 분류된 양태 범주의 명칭 등에 대해서는 학자들마다 이견을 보인다. 이 책에서는 국어의 양태 논의에서 가장 널리 수용되는 Palmer(2001)의 체계를 따랐다. 서법은 인구어 전통 문법에서부터 존재했지만 인구어와는 다른 특성을 지닌 언어에 서법 개념이 수용됨에 따라 매우 혼란스러운 양상을 보여 왔다. 이는 국어 문법에서도 예외가 아니었는데, 국어 문법에서 서법 범주의 수용과 그 전개 양상은 민경모(2010)이 아주 좋은 참고가 된다.

이 책의 제1, 2판에서는 '서법'을 [붙임]에서 다루었으나 여기서는 따로 다루지 않았다. 이에 대해서는 고영근(2007: 4장, 5장), 고영근·구본관(2008: 379-396)을 참고할 수 있다. 고영근(2007), 고영근·구본관(2008/2018)의 서법은 예스페르센(Jespersen)의 서법관이 반영된 결과로, 통합 관계와 계열 관계를 아주 엄밀히 고려한 구조주의적 형태소 분석을 바탕으로 한다는 특징이 있다. 고영근(2007), 고영근·구본관(2008/2018)의 서법은 선어말 어미로 표현되는 무의지적 서법과 어말 어미로 표현되는 의지적 서법으로 나뉘고 무의지적 서법은 기본 서법과 부차 서법으로 나뉜다. 기본 서법인 회상법 '-더'와 추측법 '-라'는 양태 논의에서 주로 다루어지고 직설법과 부정법은 따로 분석을 하지 않는 것이 더 일반적이다. 특히 부정법은 계열 관계를 철저히 고려한 형태소 분석의 산물이라고 할 수 있다. 부차 서법의 원칙법 '-니', 확인법 '-것'은 현대 국어에서 매우 제한적인 쓰임만을 보인다. 의지적 서법에는 '명령법, 청유법, 약속법, 경계법'이 있는데 이들은 일반적으로 문장 유형에서 논의된다.

서법과 양태의 관계, 서법과 문장 유형의 관계에 대해서는 임동훈(2008, 2011가), 민경모(2010), 박진호(2011가)를 참고할 수 있다. 서법을 어떻게 보느냐는 학자마다 다를 수 있는데, 양태를 나타내는 문법 요소가 필수성을 지니고 2항 대립으로 아주 간결한 체계를 이루는 경우를 서법으로 본다면 국어에서는 명사형 어미 '-음/-기', 관형사형 어미 '-은/-을'이 '현실/비현실'의 대립을 이루며 서법 범주를 형성한다고 볼 수 있다. 이에 대해서는 임동훈(2008, 2009나), 박진호(2011가), 문숙영(2017) 등을 참고할 수 있다.

연습 문제

1. 아래의 자료에 제시된 문장에서 주절의 시제를 기술해 보자.

(1) 수정이는 지금 동생과 이야기를 한다.
(2) 저기, 선생님들께서 내려가시는구나!
(3) 연희는 내일 고향을 떠난다.
(4) 수지는 하루도 빠짐없이 매일 학교를 가.
(5) 물이 아직도 뜨겁다.
(6) 선생님, 지금 밖에는 벚꽃이 활짝 피었어요.
(7) 어머! 오늘은 내가 선물해 준 분홍색 티셔츠를 입었네.
(8) (지금 몇 신데 아직까지 안 왔어?) 어, 미안, 지금 거의 다 도착했어.
(9) 선생님이 아끼시는 도자기를 깼으니 너는 이제 죽었다.
(10) 그래, 너 잘났다.
(11) 너는 아버지를 꼭 닮았구나!
(12) 지금쯤이면 서울에도 비가 내리겠지.
(13) 시간이 많이 흘렀으니 사람들은 이미 다 떠났겠다.
(14) 연희는 이번 시험에 반드시 합격할 것이다.
(15) 어제는 웬일로 지수가 학교에 왔더라.
(16) 시간이 그렇게 흘렀는데도 연희는 여전히 아름답더라.
(17) 나도 모르는 사이에 차가 휙 하고 지나가 버리더라.
(18) 어제 집을 비운 사이에 도둑이 들었어.
(19) 예전에는 여기 흐르는 물도 참 맑았었지.
(20) 아이고 이제 보니 너는 코가 아주 잘생겼네!

2. 아래의 자료에서 관형절을 찾아 관형절의 시제를 기술하고 절대 시제와 상대 시제 중 어떤 시제 해석이 적용되는지 기술해 보자.

(1) 저기서 이야기하고 있는 사람이 네가 어제 만난 사람이니?
(2) 우리가 매일 공부를 하는 도서관이 어제부터 휴관을 했다.
(3) 앞으로는 다 읽은 책도 다시 읽겠다.
(4) 우리는 방에서 곤히 자고 있는 아이를 깨웠다.
(5) 연희야, 우리가 살 물건들은 다 샀니?
(6) 아버지는 내가 읽는 책을 좋아하셨다.
(7) 그들은 뜨거운 태양 아래서 하루 종일 쉬지도 못하고 일을 했다.

(8) 지수는 발이 아픈 증상 때문에 내일 아침에는 병원부터 갈 것이다.

(9) 이렇게라도 해야 잊고 있던 과거의 기억이 다시 떠오르겠지.

(10) 맑던 하늘이 갑자기 흐려졌다.

(11) 밤하늘에 밝게 빛나는 저 별들도 언젠가는 다 사라지겠지?

(12) 다음부터 필기한 내용은 시험 기간에 다시 볼 것이다.

(13) 수지는 조금만 주의를 더 기울이면 성공했을 일을 다 망쳐 버렸다.

(14) 시간이 더 있었더라도 지수는 공부를 했을 사람이 아니다.

(15) 요리가 완성되었을 때쯤이면 손님들도 하나둘 올 것이다.

(16) 요리가 완성될 때쯤이면 손님들이 하나둘 왔다.

(17) 우리가 영화관에 도착했을 때에는 영화가 이미 시작될 무렵이었다.

(18) 우리가 영화관에 도착했을 때에는 영화가 이미 시작되었을 무렵이겠지?

(19) 어머니는 내일쯤이면 군대에 갔을 아들의 모습을 생각해 보았다.

(20) 어제 내가 보던 영화는 예전에 남자친구와도 함께 봤었다.

(21) 도서관에서 책을 보던 학생들도 방학이 되면 다 집으로 돌아갈 것이다.

3. 아래의 자료에서 밑줄 친 부분의 동작상을 기술해 보자.

(1) 지수는 아까부터 학교에 <u>도착해 있었다</u>.

(2) 지금쯤이면 꽃이 활짝 <u>만개했을 것이다</u>.

(3) 지수는 팔이 아파서 힘들게 옷을 <u>입고 있다</u>.

(4) 선생님께서는 파란 와이셔츠를 <u>입고 계신다</u>.

(5) 아저씨는 수레를 <u>끌고</u> 밭을 지나가셨다.

(6) 수지는 밥을 <u>먹고서</u> 또 빵을 먹었다.

(7) 소희는 지금 친구들을 <u>만나는 중이다</u>.

(8) 우리 아들은 요새 발레 학원에 <u>다니고 있어요</u>.

(9) 아버지는 신문을 <u>읽으며</u> 식사를 하고 계신다.

(10) 우리는 새로 산 반찬들을 냉장고에 <u>보관해 두었다</u>.

(11) 지수는 내일부터 친구 집에서 잠시 신세를 <u>지게 되었다</u>.

(12) 수정이는 자기도 모르는 사이에 사랑에 <u>빠지곤 했다</u>.

(13) 학교에 <u>가는</u> 길에 친구를 만났다.

(14) 예전에는 다 <u>풀었던</u> 문제인데 지금은 도저히 모르겠네.

(15) 제가 자주 <u>마시던</u> 위스키로 한잔 부탁드리겠습니다.

(16) 이거 내가 <u>먹던</u> 음식인데 정 배가 고프면 이거라도 먹겠니?

(17) 저기 빨간 치마를 <u>입은</u> 사람이 어제 내가 <u>만났던</u> 사람이야.

(18) 아까부터 이상한 사람이 우리에게 욕을 <u>해 댔다</u>.

(19) 어제 내가 부탁한 물건은 다 <u>완성해 가니</u>?

(20) 다들 실패할 것이라고 생각하지만 우리는 결국 그 일을 <u>성공하고 말 것이다.</u>

(21) 우리는 집을 <u>짓느라고</u> 한동안 밖에서 잠을 자야 했다.

(22) 연희는 집에 <u>도착하자마자</u> 텔레비전부터 켰다.

4. 본문에 기술된 양태의 분류를 참고하여 아래의 자료에서 밑줄 친 부분의 양태를 기술해 보자.

(1) 마음에도 없는 말 하느라고 너도 참 <u>힘들었겠다.</u>

(2) 우리는 그가 살아 <u>돌아오리라고는</u> 전혀 생각하지 못했다.

(3) 연희가 소개팅 타령을 하는 것을 보니 개도 참 외롭긴 <u>외롭나 보다.</u>

(4) 망가진 그의 모습을 보니 그도 거기서 꽤 <u>고생을 했는가 봐.</u>

(5) 어젯밤에 있었던 일이 전혀 기억 안 나는 걸 보니 나도 술을 많이 <u>마신 모양이다.</u>

(6) 수지는 오늘도 집에 안 <u>들어간 것 같아.</u>

(7) 어머니는 걱정거리가 많아 밤늦게까지 잠을 못 <u>주무신 듯했다.</u>

(8) 세상에! 그런 나쁜 짓을 하다니! 나중에 천벌을 <u>받을 것이야!</u>

(9) 지수는 시험에 붙을 자신이 없어서 핑계를 <u>대는지도</u> 몰랐다.

(10) 아까 보니까 옆집에 경찰들이 <u>왔더라.</u>

(11) 저기 봐! 저기에도 사람들이 우르르 <u>모여 있네.</u>

(12) 얼굴이 말이 아닌 걸 보니 너 또 어제 밤을 <u>새웠구나.</u>

(13) 연희가 결국 남자친구랑 또 <u>헤어졌대.</u>

(14) 친구와는 사이좋게 <u>지내야 한다.</u>

(15) 나는 무슨 수를 써서라도 이번 시험에 <u>합격해야 한다.</u>

(16) 나는 밥을 많이 먹고 나면 꼭 한두 시간 정도는 <u>잠을 자야 한다.</u>

(17) 약을 처방받기 위해서는 먼저 병원부터 <u>가야 된다.</u>

(18) 어머니를 보기 위해서라도 나는 꼭 집에 <u>가야 된다.</u>

(19) 지수는 술을 좋아해서 무슨 일이 있어도 일주일에 한 번은 술을 <u>마셔야 돼.</u>

(20) 지수야! 내일부터는 조금 늦게 <u>출근해도 돼.</u>

(21) 일이 없는 경우에 한하여 토요일에는 <u>출근하지 않아도 된다.</u>

(22) 어느 정도 일은 마무리되었으니 김 대리는 먼저 <u>퇴근해도 좋습니다.</u>

(23) 그런 문제는 세 살짜리 꼬마도 충분히 <u>풀겠다.</u>

(24) 나는 그녀의 마음도 충분히 <u>이해할 수 있었다.</u>

(25) 일기 예보를 보니 하루 종일 비가 <u>내릴 수 있습니다.</u>

(26) 과제를 다 했으니 너는 이제 집에 <u>갈 수 있어.</u>

(27) 그는 수영을 <u>할 줄 알아서</u> 물이 크게 무섭지는 않았다.

(28) 아무도 일을 할 사람이 없다면 제가 그 일을 <u>맡겠습니다.</u>

(29) 나에게 불이익이 돌아온다고 하더라도 내가 해야 할 말은 반드시 <u>하리라!</u>

(30) 연희는 하루라도 빨리 이 지옥 같은 곳을 <u>벗어나고자 했다.</u>

(31) 김 형사는 현장에 직접 가서 사건 현장을 자세히 <u>살펴보려고 했다</u>.

(32) 너는 저녁도 안 먹고 어딜 <u>가려고 그래</u>?

(33) 나는 더 이상 도망이나 다니고 비겁하게 <u>살지 않을 것이다</u>.

(34) 말도 안 듣고 골치도 아픈 녀석! 내가 확 혼이나 <u>내 줄까 보다</u>.

1. 아래에 제시된 자료를 바탕으로 다음의 질문에 답해 보자.

(1-1) 연희가 밥을 <u>먹느냐</u>?
(1-2) 연희가 밥을 <u>먹더냐</u>?
(1-3) 연희가 밥을 <u>먹었느냐</u>?
(1-4) 연희가 밥을 <u>먹었더냐</u>?
(1-5) 연희가 밥을 <u>먹겠느냐</u>?
(1-6) 연희가 밥을 <u>먹겠더냐</u>?

(2-1) 연희는 공부를 열심히 <u>하는데</u> 지수는 공부를 전혀 안 해.
(2-2) 연희는 공부를 열심히 <u>했는데</u> 지수는 공부를 전혀 안 했어.
(2-3) 연희는 <u>건강한데</u> 지수는 자주 아프다.
(2-4) 연희는 <u>건강했는데</u> 지수는 자주 아팠다.

(3-1) 연희는 밥을 <u>먹는다</u>.
(3-2) 연희는 몸이 <u>건강하다</u>.
(3-3) 연희는 밥을 <u>먹었다</u>.
(3-4) 연희는 몸이 <u>건강했다</u>.

(가) 계열 관계와 통합 관계를 철저히 고려하여 (1)의 밑줄 친 부분의 형태소를 분석해 보자.

(나) (가)의 형태소 분석 결과, '-느-'를 분석해 낼 수 있는가? 분석해 낼 수 있다면 이때의 '-느-'는 어떠한 형태소와 계열 관계를 형성하는가?

(다) (1)에서 '-느-'와 계열 관계를 이루는 형태소를 고려한다면 이때 '-느-'는 어떠한 기능을 하는가? 현재 시제를 나타내는 기능을 한다고 볼 수 있는가?

(라) (1)에서 분석된 '-느-'가 현재 시제의 기능을 하지 않는다면 현재 시제로 해석되는 (1-1)의 문장에서 현재 시제를 나타내는 형태소는 무엇인가? 이는 어떠한 형태소와 계열 관계를 형성하는가?

(마) (1)에서 분석된 '-느-'가 현재 시제의 기능을 한다고 본다면, (라)에서 현재 시제 기능을 한다고 본 형태소와 어떠한 기능의 차이가 있는가?

(바) (2)의 밑줄 친 부분의 시제를 고려하여 (2)의 밑줄 친 부분에 시제를 나타내는 형태소를 분석해 보자.

(사) (2-1)에서 '-느-'가 현재 시제를 나타낸다고 본다면 (2)에서 밑줄 친 연결 어미는 각각 어떠

한 형태를 지니는가? 모두 동일한 형태를 지니는가? 만약 그렇지 않다면 이들 이형태의 교체 조건은 어떻게 기술될 수 있는가?

(아) (2-1)에서 '-느'가 현재 시제를 나타낸다고 보더라도 (2)에서 밑줄 친 각각의 연결 어미는 모두 동일한 형태를 지닌다고 할 수도 있는데, 이는 어떻게 가능한가?

(자) (3-1)과 (3-2)에서 현재 시제를 나타내는 형태소는 무엇인가?

(차) (3-1)에서 '-는'를 분석하지 않는다면 (3-1)의 종결 어미의 형태는 어떻게 되는가?

(카) (차)에서 분석된 종결 어미의 형태와 (3-2), (3-3), (3-4)의 종결 어미의 형태와 동일한 가? 만약 그 형태가 다르다면 이들 이형태의 교체 조건은 어떻게 기술될 수 있는가?

(타) (카)를 바탕으로 (3-1)에서 현재 시제 '-는'을 분석했을 때의 장·단점과 '-는'을 분석하지 않았을 때의 장·단점을 생각해 보자.

2. 아래에 제시된 자료를 바탕으로 다음의 질문에 답해 보자.

> (1) 하-1-시(주체 높임)-2-었(시제)-3-겠(추측)-4-습(상대 높임)-5-니(서법)-다
>
> (2-1) 하-시-었-겠-Ø1-다
> (2-2) 하-시-Ø1-Ø2-오
> (2-3) 하-Ø1-라-오
>
> (3-1) 하시었겠더라
> (3-2) 합니다
>   합디다
>   하오리다
> (3-3) 했으리라.

(가) 한 단어에서 선어말 어미가 나타나는 최대 구조가 (1)과 같다고 가정한다면 (3)의 자료를 참고하여 (2-1), (2-2), (2-3)에서 설정된 Ø 형태소는 (1)에서 제시된 형태소의 분포 중 몇 번에 위치하는 것인지 기술해 보자.

(나) (가)의 답변을 바탕으로 각각의 Ø 형태소가 어떠한 기능을 하는지 기술해 보자.

(다) (2)에서 제시한 형태소 분석은 선어말 어미의 통합 관계와 계열 관계를 철저히 적용한 결과인데, 이러한 분석의 문제점을 지적해 보자. 그 이유는 무엇인가?

(라) 만약 (2)의 형태소 분석에 문제가 있다고 생각한다면 (2)에서 제시된 Ø 형태소 중에서 설정하지 않아도 될 것과 반드시 설정해야 할 것을 구분하여 보자. 그 이유는 무엇인가?

3. 아래에 제시된 자료를 바탕으로 다음의 질문에 답해 보자.

(1-1) 감이 빨갛게 <u>잘 익었다.</u>

　　　선생님은 흰색 블라우스를 <u>입었다.</u>

　　　봄꽃이 활짝 <u>피었다.</u>

(1-2) *감이 내일까지도 빨갛게 <u>잘 익었을 것이다.</u>

　　　*선생님은 내일도 흰색 블라우스를 <u>입었을 것이다.</u>

　　　*봄꽃이 다음 달까지도 활짝 <u>피었을 것이다.</u>

(2-1) (오랜만에 친구를 만났는데 이름이 기억이 안 날 때)

　　　네 이름이 {뭐지/뭐였지}?

　　　(어제 만난 사람에 대한 외모를 물어보는 친구에게)

　　　얼굴이 {길고/길었고} 키가 {커/컸어}.

(2-2) 지금 내 이름은 지수인데 작년에도 내 이름은 수지였다.

　　　작년에는 그 사람 얼굴이 길었고 키가 컸는데 지금도 그렇다.

(3-1) 너는 참 {못났어/잘났어/잘생겼다}.

(3-2) 너는 참 *{못난다/잘난다/잘생긴다}.

(3-3) 너는 참 *{못나다/잘나다/잘생기다}.

(3-4) 너는 참 {못난/잘난/잘생긴} 사람이야.

(3-5) 너는 참 *{못나는/잘나는/잘생기는} 사람이야.

(4-1) 숙제를 안 했으니 넌 내일 선생님한테 <u>혼났다.</u>

(4-2) 숙제를 안 했으니 넌 내일 선생님한테 <u>혼난다.</u>

(4-3) 숙제를 안 했으니 넌 내일 선생님한테 <u>혼나겠다.</u>

(5-1) (약속 장소에 아직 도착하지 않았는데 친구를 달래기 위해)

　　　화내지 마. 이제 다 도착했어.

(5-2) (아직 집에 있음에도 불구하고)

　　　어, 미안. 지금 가고 있어.

(가) (1-1)의 '-았'은 동작이 완료되고 난 뒤의 결과 상태를 나타낸다. 그렇다면 이때 '-았'은 과거 시제를 나타내는 기능은 없고 완료상만을 나타내는가?

(나) (1-2)를 고려한다면 (1-1)의 '-았'을 동작상 범주로 보기 어려운데 그 근거는 무엇인가? (1-2)의 밑줄 친 부분이 완료상을 나타내기 위해서는 '-았' 대신 어떠한 문법적 수단을 사용해야 하는가?

(다) (가), (나)의 답변을 고려할 때, (1-1)의 '-았'이 동작상의 의미를 나타내는 것을 어떻게

설명할 수 있는가?

(라) (2-1)의 문장은 '-았'의 유무에 따라 '현재/과거'의 시제 대립이 잘 느껴지지 않는다. 그렇다면 이때 '-았'은 과거 시제를 나타내지 않는다고 할 수 있는가?

(마) 만약 (2-1)의 문장에서 '-았'이 과거 시제를 나타낸다고 본다면 (2-2)의 문장과 (2-1)의 문장의 차이를 고려하여 (2-1)의 '-았'에서 과거 시제의 의미가 잘 드러나지 않는 이유에 대해서 설명해 보자.

(바) (3-1)의 '못나다', '잘나다', '잘생기다'는 (3-2)에서 확인할 수 있듯이 '-았'과 결합해서만 나타나고 현재 시제와 결합할 수 없다. 그렇다면 이때 '-았'은 과거 시제를 나타내는가? 이때 '-았'이 과거 시제를 나타내지 않는다면 어떠한 기능을 하는가?

(사) '못나다', '잘나다', '잘생기다'는 (3-2)와 (3-5)의 예에서 확인할 수 있듯이 현재 시제 '-는'이나 '-느'와 결합할 수 없다. 그렇다면 '-았'이 결합한 '못났다', '잘났다', '잘생겼다'를 형용사로 볼 가능성도 있는데 이들을 형용사로 보기 어려운 근거는 무엇인가?

(아) '못났다', '잘났다', '잘생겼다'를 형용사로 보기 어렵고 (3-1)의 '-았'이 과거 시제를 나타내지 않는다면 이때의 '-았'은 어떻게 설명할 수 있는가? 또한 (3-1)의 '-았'이 과거 시제를 나타내지 않는다고 했을 때 이러한 '-았'은 다른 단어에서도 일반적으로 나타나는가? 이러한 예를 바탕으로 '-았'이 과거 시제 형태소가 아니라고 할 만한 근거가 될 수 있는가?

(자) (4-1)은 미래 상황에 '-았'이 사용된 것을 보인 것이다. 이러한 예는 (4-2), (4-3)의 예와 비교했을 때 어떠한 의미 차이를 느낄 수 있는가?

(차) (자)에서 기술된 의미 차이를 고려한다면 미래 상황에 현재 시제나 미래 시제 대신 '-았'이 선택된 이유를 과거 시제가 지니는 함축적 의미와 관련하여 설명해 보자.

(카) (5-1)의 예에서 '-았'은 과거 시제를 나타내는가? (5-1)에서 과거 시제가 쓰인 이유를 (5-2)와 비교해서 설명해 보자.

4. 아래에 제시된 자료를 바탕으로 다음의 질문에 답해 보자.

> (1-1) 연희는 9시나 되어서야 학교에 도착했다. 집에서는 7시에 <u>떠났었다</u>.
>
> (1-2) 그녀는 이미 예전에 <u>결혼했었다</u>.
>
> (1-3) 나도 고등학생 때 공부를 열심히 <u>했었었다</u>. / 연희는 어렸을 때 <u>귀여웠었다</u>.
>
> (2) A: 연희야, 너 놀이동산에 가 본 적 있니?
>
>   B: 응, 예전에 아주 어릴 때 <u>갔었었었어</u>!
>
> (3) (창문이 열려 있는 것을 보고)
>
>   A: 추운데 왜 창문을 열어 놨어? B: 응, 환기 좀 시키려고 열어 {놨어/[*]놨었어}.
>
>   (수지를 찾아왔는데, 수지가 자리에 없는 것을 보고)

A: 수지 어디 갔어? B: 수지 밥 먹으러 식당에 {갔어/*갔었어}.

(4) 이곳은 우리가 출장 기간 동안 {묵은/묵었던} 숙소야.

(5) (남자와 아주 다정하게 팔짱을 끼고 데이트를 하는 친구를 발견하고)
　　A: 어머, 연희야! 옆에 있는 멋진 분은 누구니?
　　B: 응, 내가 한 달 전에 {사귄/*사귀었던} 남자 친구야.

(가) (1)에서 밑줄 친 '-었었'의 기능에 대해 기술해 보자.

(나) (2)의 예에서 '-었'을 두 번 이상 반복하고 있는데, 이는 어떠한 효과를 지니는가? 그리고 이때 '-었'의 반복은 (1)의 '-었었' 중 어떤 기능과 유사한 것인가?

(다) (1-3)에서 '-었었'은 과거의 사태가 지금까지 이어지지 않는다는 이른바 '단절 과거'의 의미가 느껴진다. 그렇다면 이때의 '단절 과거'의 의미는 취소가 가능한가? 그 근거는 무엇인가?

(라) (3)에서 '-었' 대신 '-었었'을 쓰면 비문이 되는데, 이러한 예는 '-었었'이 지닌 '단절 과거'의 의미가 어떠한 성격의 것임을 알려 주는가?

(마) (4)에서 밑줄 친 관형절에서 '-었던'은 '-은'과 비교해 어떠한 의미 차이를 지니는가? '-었던'이 지니는 의미는 취소가 가능한가? 그 근거는 무엇인가?

(바) (5)에서 '-은' 대신 '-었던'을 쓰면 비문이 되는데, 이러한 예는 '-었던'이 지닌 의미가 어떠한 성격의 것임을 알려 주는가?

5. 아래에 제시된 자료를 바탕으로 다음의 질문에 답해 보자.

(1) 동사 현재 시제: 연희가 <u>먹는</u> 음식
　　형용사('이다' 포함) 현재 시제: 마음씨가 <u>예쁜</u> 연희
　　동사 과거 시제: 연희가 <u>먹은</u> 음식
　　　　　　　　　연희가 <u>먹던</u> 음식
　　　　　　　　　연희가 <u>먹었던</u> 음식
　　형용사('이다' 포함) 과거 시제: 마음씨가 <u>예쁘던</u> 연희
　　　　　　　　　　　　　　　　마음씨가 <u>예뻤던</u> 연희
　　동사 미래 시제: 연희가 <u>먹을</u> 음식
　　형용사('이다' 포함) 미래 시제: 마음씨가 <u>예쁠</u> 연희
(2) 나는 집에 {*간/가던} 도중에 영희를 만났다.
　　내가 {*먹은/먹던} 음식인데 아직 많이 남았으니 배고프면 이거라도 얼른 먹어.

> 연희는 밥을 {먹은/*먹던} 이후에 간식을 먹는다.
> 내가 다 {*읽은/읽던} 책인데 너도 한번 읽어 볼래?

(가) (1)의 밑줄 친 부분을 형태소 분석을 하고 국어 관형절의 시제 체계를 기술해 보자.

(나) (1)의 형태소 분석 결과, 관형사형 어미 '-(으)ㄴ'과 '-(으)ㄹ'이 따로 분석되는가? 이들은 어떠한 기능을 가지고 서로 대립되는가?

(다) (나)의 답변을 바탕으로 한다면 미래 시제는 다른 시제와 달리 선어말 어미가 아니라 어말 어미 '-(으)ㄹ'을 통해 표현되는지를 설명할 수 있는가? 이러한 현상은 주절에서의 미래 시제가 표현되는 방법과 어떠한 공통점을 지니는가?

(라) (1)에서 동사의 과거 시제는 '-은'과 '-던'으로 표현될 수 있다. (2)의 자료를 고려할 때 '-은'과 '-던'에서 과거 시제를 나타내는 형태소는 어떠한 기능을 지니고 서로 대립되는가? 그리고 '-던'의 '-더'는 주절에서의 '-더'와 동일한 기능을 지니는가?

(마) (라)의 답변과 '탐구 문제 4'에서 살펴본 '-었던'의 기능을 고려하여 국어 관형절의 시제 체계를 보다 정교하게 기술해 보자.

6. 아래에 제시된 자료를 바탕으로 다음의 질문에 답해 보자.

> (1-1) 어제 내가 집에 갔더니 친척들이 많이 와 있었다.
> (1-2) 어제는 {*내가/네가/연희가} 집에 가더니 오늘은 동수도 집에 갔다.
> (1-3) *어제 내가 집에 갔으니 친척들이 많이 와 있었다.
> (1-4) 어제 내가 집에 가니 친척들이 많이 와 있었다.
>
> (2-1) 내가 일찍 집에 갔더라면 친척들을 만날 수 있었을까?
> (2-2) *{내가/네가/연희가} 일찍 집에 가더라면 친척들을 만날 수 있었을까?
> (2-3) 내가 일찍 집에 갔다면 친척들을 만날 수 있었을까?
>
> (4-1) 나는 아무리 공부를 하더라도 성적이 오르지 않을 것이다.
> (4-2) 나는 아무리 공부를 해도 성적이 오르지 않았다.

(가) 주지하다시피 주절에서의 선어말 어미 '-더'는 일인칭 주어와 함께 쓰이지 못한다는 제약을 지닌다. 이러한 사실을 바탕으로 한다면 (1-1)의 밑줄 친 '-더'와 (1-2)의 밑줄 친 '-더'는 동일한 기능을 지닌다고 할 수 있는가?

(나) 연결 어미 '-(으)니'는 여러 가지 기능을 지니는데, (1-1)의 연결 어미 '-(으)니'는 '배경제시'의 기능을 지닌다고 할 수 있다. 그리고 접속문의 선행절에서 과거 시제는 '-었'이 결합하여 독립적으로 표현될 수도 있고 후행절의 '-었'에 의해 표현될 수도 있다. 이러한 사실과 (1

-3)과 (1-4)의 예를 고려했을 때, '배경제시'의 '-(으)니'로 이어진 문장에서 선행절에서 과거 시제가 독립적으로 표현된다면 이는 어떠한 형태소에 의한 것인가?

(다) (가)와 (나)의 답변을 바탕으로 (1-1)의 밑줄 친 부분을 형태소 분석하고 분석된 형태소의 기능이 무엇인지 기술해 보자.

(라) 주절에서의 '-더'가 일인칭 주어 제약을 지닌다는 사실을 고려할 때, (2-1)의 밑줄 친 '-더'는 주절의 '-더'와 동일한 기능을 지니는가?

(마) (2-2)의 예를 고려하면 연결 어미 '-(으)면'은 '-았'이 나타나지 않고 '-더'만이 나타날 수는 없다. 이러한 사실과 (라)의 답변을 고려했을 때 (2-1)의 밑줄 친 부분을 형태소 분석하고 분석된 형태소의 기능이 무엇인지 기술해 보자.

(바) (2-1)과 (2-3)의 문장은 어떠한 의미 차이가 있는가? 만약 의미 차이를 발견할 수 있다면 (2-3)의 '-았'과 (2-1)에서 과거 시제를 나타내는 형태소와 어떠한 기능 차이를 지니는지 기술해 보자. 만약 의미 차이를 발견할 수 없다면 (2-3)의 '-았'과 (2-1)에서 과거 시제를 나타내는 형태소의 형태가 동일하지 않은 이유에 대해서 생각해 보자.

(사) (4-1)의 밑줄 친 '-더'는 일인칭 주어 제약을 지니는가? 그리고 (4-1)의 밑줄 친 '-더'는 과거의 상황을 나타내는가?

(아) (4-1)의 밑줄 친 '-더라도'와 (4-2)의 '-어도'는 어떠한 의미 차이를 지니는가? 연결 어미가 결합한 선행절의 사건이 실현 여부에 주목하여 의미 차이를 기술해 보자.

(자) (사)와 (아)의 답변을 바탕으로 (4-1)의 밑줄 친 부분을 형태소 분석하고 분석된 형태소의 기능이 무엇인지 기술해 보자.

7. 아래에 제시된 자료를 바탕으로 다음의 질문에 답해 보자.

> (1-1) 아까 보니까 지수는 집에 <u>가더라</u>.
> (1-2) 학교에 와 보니 지수는 이미 집에 <u>갔더라</u>.
> (1-3) 지수는 나중에 집에 <u>가겠더라</u>.
>
> (2-1) 지수는 집에 <u>가네</u>.
> (2-2) 지수는 집에 <u>갔네</u>.
> (2-3) 지수는 나중에 집에 <u>가겠네</u>.
>
> (3-1) (지수가 집에 가는 것을 보고) 지수는 집에 <u>간다</u>.
> (3-2) (지수가 교실에 없는 것을 보고) 지수는 집에 <u>갔다</u>.
> (3-3) (지수가 가방을 싸는 것을 보고) 지수는 나중에 집에 <u>가겠다</u>.
> (3-4) (지수가 교실에 없는 것을 보고) 지수는 집에 <u>갔겠다</u>.

(가) 선어말 어미 '-더'는 전통적으로 과거 시제를 나타낸다고 설명되어 왔다. 선어말 어미 '-더'를 과거 시제로 본다면 (1)의 예에서 어떠한 문제가 발생하는가?

(나) 선어말 어미 '-더'는 과거 시점에 자신이 감각을 통해 인식한 사실을 나타낸다. 따라서 선어말 어미 '-더'를 과거 시제로 본다고 하더라도 사건시와는 별개로 인식시를 설정한다면 (가)에서 제기되는 문제가 해결될 수 있을 것으로 보인다. 그렇다면 시제를 인식시와 사건시로 이원화하여 (1)의 시제 현상을 기술해 보자.

(다) 종결 어미 '-네'는 현재 시점에 자신이 감각을 통해 인식하여 새로이 알게 된 사실을 나타낸다. 따라서 '-네'는 선어말 어미 '-더'와는 감각적 인식이라는 공통점이 있지만 그 시점에서만 차이가 난다고 할 수 있다. 그렇다면 이러한 사실과 (나)의 답변을 고려하여 인식시와 사건시로 이원화하여 국어 시제 체계를 기술해 보자.

(라) (다)에서 인식시의 시제 체계가 잘 기술되는가? 만약 그러하다면 이러한 (3)의 예를 바탕으로 이러한 시제 체계가 지니는 문제점을 기술해 보자.

8. 아래에 제시된 자료를 바탕으로 다음의 질문에 답해 보자.

> (1-1) 연희는 집에 가고 지수는 학교에 갔다.
> (1-2) 연희는 집에 갔고 지수는 학교에 갔다.
> (1-3) 연희는 지금 집에 가고 지수는 아까 학교에 갔다.
>
> (2-1) 주말에 연희는 남자친구 집에 가거나 여행을 떠났다.
> (2-2) 주말에 연희는 남자친구 집에 갔거나 여행을 떠났다.

(가) (1-1)의 선행절은 (1-2)와 같이 과거로 해석될 수도 있고 (1-3)과 같이 현재로 해석될 수도 있다. 그렇다면 '-고' 접속문의 선행절이 (1-3)처럼 현재로 해석되는 경우는 현재 시제를 나타내는 형태소는 무엇인가?

(나) (1-1)의 선행절이 (1-2)와 같이 과거로 해석되는 현상은 두 가지로 해석이 가능하다. 하나는 (1-2)와 같은 문장이 접속문에서의 동일 성분 생략(이른바 '접속삭감')을 통해 '-았'이 생략되었다고 보는 것이고 다른 하나는 상대 시제 해석이 적용된 것이고 보는 것이다. 만약 상대 시제 해석이 적용된 것이라고 본다면 (1-1)에는 어떠한 형태소에 의해 어떤 시제가 실현된 것인가?

(다) (2-1)의 선행절은 과거로 해석된다. 이러한 시제 해석 원리는 앞서와 마찬가지로 두 가지 설명이 가능하다. 이러한 사실을 염두에 두고 (2-1)과 (2-2)의 문장이 서로 동일한 의미를 지니는지를 살펴보자. 만약 동일한 의미를 지니지 않는다면 (2-1)의 시제 해석 원리를 동일 성분 생략과 상대 시제 해석 중 어느 것으로 보는 것이 더 타당한가?

9. 아래에 제시된 자료를 바탕으로 다음의 질문에 답해 보자.

(1-1) 아직까지 아무 소식이 없는 것을 보니 지수는 내일이나 <u>오겠다</u>.

(1-2) 나도 어른이 되어 보니 부모님의 마음을 <u>이해하겠다</u>.

(1-3) 무슨 일이 있어도 오늘 안으로 일을 <u>끝내겠다</u>.

(2-1) 제가 여기 앉아도 <u>괜찮겠습니까</u>?

(2-2) 손님, 뭘 <u>드시겠습니까</u>?

(2-3) 잠깐 <u>실례하겠습니다</u>.

(2-4) 아무래도 이 일은 부장님께서 <u>맡아 주셔야겠습니다</u>.

(2-5) 이는 '-었-'이 과거 시제의 기능을 지닌다는 것을 보여 주는 것이라 <u>하겠다</u>.

(2-6) 이러고 있을 것이 아니라 무슨 대책이라도 세워야 하지 <u>않겠어요</u>?

(3-1) 잠시 후면 대통령님이 <u>입장하시겠습니다</u>.

(3-2) 내일은 전국적으로 비가 <u>오겠습니다</u>.

(3-3) 아오, 배고파 <u>죽겠네</u>.

(3-4) 처음 <u>뵙겠습니다</u>.

(3-5) (내일은 특별히 좀 일찍 와 주세요.) 네, <u>알겠습니다</u>.

(4-1) A: 너 지수 어디에 사는지 아니?

　　　 B: 네, {압니다/*알겠습니다}.

(4-2) A: 내일은 특별히 좀 일찍 와 주세요.

　　　 B: 네, {*압니다/알겠습니다}.

(가) (1)의 '-겠-'의 용법에 대해서 기술해 보자.

(나) (2)에 제시된 '-겠-'은 (1)에 제시된 예와 비교했을 때 '-겠-'의 용법을 파악하기 다소 어려운 측면이 있다. 그럼에도 불구하고 (1)에 제시된 '-겠-'의 용법으로 설명이 가능하다. 그렇다면 (2)의 '-겠-'을 (가)에서 제시한 '-겠-'의 용법별로 분류해 보자.

(다) 앞서와 마찬가지로 (3)의 '-겠-'을 (가)에서 제시한 '-겠-'의 용법별로 분류해 보자. (가)에서 제시한 용법별로 (3)의 '-겠-'이 분류되는가?

(라) '-겠-'은 중세 국어의 예정상인 '-게 ᄒᆞ야 잇-'(현대 국어로 '-게 되어 있다', '-게 되었다' 정도의 뜻을 지님)에서 발달하였다고 볼 수도 있다. 이러한 사실을 바탕으로 (3)의 예를 어떻게 설명할 수 있는가?

(마) '-겠-'의 통시적 변화를 바탕으로 (4)에서 나타나는 문법성의 차이를 설명해 보자.

10. 아래에 제시된 자료를 바탕으로 다음의 질문에 답해 보자.

(1) (냄새와 향을 맡고) 야! 이 음식 {맛있겠다/*맛있을 거야}.

　　내가 정성스레 만들었으니 이 음식은 분명 {*맛있겠어/맛있을 거야}.

　　(시계를 보고) 야, 너 학교 {늦겠어/*늦을 거야}.

　　내가 알고 있기로는 이 시간에는 철수가 학교에 {*있겠어/있을 거야}.

　　(드라마 예고편만 보고) 야 이 드라마 {재밌겠다/*재밌을 거다}.

　　(어제 본 드라마를 이야기하며) 이 드라마는 너한테도 {*재밌겠다/재밌을 거야}.

　　(매를 맞아도 히죽 웃는 학생을 보고) 몇 대 맞아도 {안 아프겠다/*안 아플 거야}.

　　(자신이 매를 맞아 본 뒤 친구에게) 몇 대 맞아도 {*안 아프겠어/안 아플 거야}.

(2-1) 요새는 일이 많은 시기니까 철수는 엄청 {바쁘겠다/바쁠 거야}.

(2-2) 너는 혼자 살아서 반찬도 안 해 {먹겠다/*먹을 거다}.

(2-3) (결혼한 지 오래된 친구가) 우와, 너는 신혼이라서 {좋겠다/*좋을 거다}.

(3-1) A: 자네, 지금 당장 연구실로 와 줄 수 있나?

　　　B: 네, 지금 {가겠습니다/*갈 겁니다}.

(3-2) (신부가 될 사람에게 프로포즈를 하며)

　　　취직만 하면 당신께 결혼반지를 {끼워 드리겠습니다/?끼워 드릴 것입니다}.

(3-3) (오래 찾아뵙지 못한 지도교수님께)

　　　이번 논문만 끝내면 교수님을 {찾아뵙겠습니다/*찾아뵐 것입니다}.

(3-4) A: 나 이거 해 주면 얼마 줄래?

　　　B: 완벽하게 끝내 주면 너한테 5만원을 {주겠어/?줄 거야}!

(4) 저기요, 죄송한데요. 저기 물병 좀 {주시겠어요/*주실 거예요}?

　　시간 되시면 영화나 같이 {보시겠어요/*보실 거예요}?

(가) (1)의 자료를 바탕으로 '-겠'과 '-을 것이'가 나타내는 '추측'의 근거가 어떠한 차이를 지니는지 기술해 보자.

(나) (2)에서 제시된 추측은 그 근거의 성격이 어떠한가? (가)에서 기술된 내용을 바탕으로 한다면 '-겠'과 '-을 것이' 중에 어떠한 추측 표현을 쓰는 것이 더 적절한가?

(다) '-겠'과 '-을 것이'는 모두 '의지'를 나타낼 수 있다. 그러나 (3)의 예에서 알 수 있듯이 '의지'를 표현하는 상황에서 '-을 것이'를 쓰는 것이 어색한 경우가 있다. 이러한 예를 바탕으로 '-겠'과 '-을 것이'의 '의지'는 어떠한 의미 차이를 지니는지 기술해 보자.

(라) (3)에서 발견한 '-겠'과 '-을 것이'의 의미 차이가 늘 발생하는가? (3)의 '가겠습니다', '끼워 드리겠습니다', '찾아뵙겠습니다', '주겠어'는 각각 '갈게요', '끼워 드릴게요', '찾아뵐게요', '줄게'로 바꾸어 쓸 수 있는가? 만약 그러하다면 (3)에서 발견한 '-겠'과 '-을 것이'의

의미 차이가 어떠한 환경에서 발생하는지를 기술해 보자.

(마) (4)의 '-겠'은 '요청'의 간접 화행에서 공손성을 나타낸다고 알려져 있는데, 이때의 '-겠'은 '의지'의 용법으로 설명된다. 이러한 환경에서 '-을 것아'는 불가능한데, 이러한 차이를 바탕으로 '-겠'과 '-을 것아'의 '의지'는 어떠한 의미 차이를 지니는지 기술해 보자.

11. 아래에 제시된 자료를 바탕으로 다음의 질문에 답해 보자.

----

(1) (10년 만에 고교 동창을 만났는데, 이름을 잊어 버려 생각이 나지 않아)

　　아, 반갑다! 진짜 오랜만이네. 근데, 네 이름이 {뭐지/^{??}뭐야}?

(2) (선생님이 칠판에 어려운 한자를 써 놓고 학생들에게)

　　자, 여러분, 제가 지금 무슨 글자를 {썼지요/썼어요}?

(3) 내일 우리 소풍 {가/[*]가지}? 안 {가/[*]가지}?

(4-1) A: 왜 그렇게 놀라? B: 어머나 세상에, 개가 풀을 뜯어 {먹어/[*]먹지}.

(4-2) A: 수정이가 나랑 결혼해 줄까?

　　　B: 네가 그렇게 정성을 쏟았는데, 결혼해 <u>주겠지</u>.

(4-3) 자네는 잘 모르겠지만 물론 나도 공부를 열심히 <u>했지</u>.

(4-4) A: 너는 밥은 먹고 다니니? B: 아이, 참 어머니도. 밥이야 잘 먹고 <u>있지요</u>.

(5-1) 이건 자네가 좀 <u>들지</u>.

(5-2) 이번 일은 내가 <u>맡지</u>.

(5-2) 아, 날도 더운데 비라도 좀 <u>오지</u>.

(가) (1)과 같은 상황에서 종결 어미 '-지'를 쓰지 않고 '-어'를 쓰는 것은 매우 어색하다. 이는 '-지'가 지닌 '화·청자 기지(既知) 가정'의 의미를 통해 설명이 가능한데, 이러한 기능이 (1)과 같은 상황에서 어떠한 화용적 효과를 발휘하는가?

(나) (2)와 같은 상황에서 '-지'와 '-어'를 모두 쓰는 것이 가능하다. 그러나 그 화용적 효과에 있어서는 차이가 있는데, '-지'와 '-어' 중에서 조금 더 부드러운 느낌이 드는 질문은 어떤 것인가? 이러한 차이를 '화·청자 기지(既知) 가정'의 의미를 통해 설명이 가능한가?

(다) (3)의 예를 통해 선택 의문문에서는 '-지'가 쓰이지 못함을 알 수 있다. 선택 의문문에서 선택항은 양립 불가능하다. 이러한 사실과 '화·청자 기지(既知) 가정'의 의미를 바탕으로 선택 의문문에서 '-지'가 쓰이지 못하는 이유를 설명해 보자.

(라) (4-1)의 예에서 '-지'가 쓰일 수 없다는 사실은 '-지'가 지닌 '화·청자 기지(既知) 가정'의 의미를 아주 잘 드러내 준다. 그렇다면 (4-2), (4-3), (4-4)의 '-지'도 이러한 의미로 설명이 가능한가? 만약 설명되지 않는다면, (4-2), (4-3), (4-4)의 '-지'는 어떠한 의미를 지니는

가? 이러한 의미가 '-지'가 지닌 '화·청자 기지(旣知) 가정'의 의미도 설명이 가능한가?

(마) (5-1), (5-2), (5-3)에서 '-지'가 나타내는 화행 의미는 각각 무엇인가? 이러한 화행 의미는 '-지'는 '화·청자 기지(旣知) 가정'을 통해 설명이 가능한가? 아니면 (라)에서 설정한 새로운 '-지'의 의미를 통해 설명이 가능한가?

(바) 지금까지는 '-지'의 의미를 하나로 통합하려고 하였으나 이러한 시도가 갖는 의의와 한계에 대해서 생각해 보자. 만약 '-지'의 의미를 하나로 통합하지 않는다면 자료에서 제시된 '-지'의 의미를 어떻게 기술할 수 있을 것인가에 대해서도 생각해 보자.

12. 아래에 제시된 자료를 바탕으로 다음의 질문에 답해 보자.

(1-1) 우와 꽃이 활짝 {피었네/피었구나}.
(1-2) 어디서 개 짖는 소리가 {들리네/들리는구나}.
(1-3) 이 화장품 냄새가 {좋네/좋구나}.
(1-4) 국이 너무 {짜네/짜구나}.
(1-5) 살결이 참 {부드럽네/부드럽구나}.
(1-6) 내가 다시 풀어보니 문제가 너무 {어렵네/어렵구나}.

(2-1) (친구가 냄비를 만지고 고통스러워하자) 이거 {*뜨겁네/뜨겁구나}.
   (생기 없는 친구 얼굴을 보고) 너 어제 밤 {*새웠네/새웠구나}.
   A: 연희네 윗집이 너무 시끄러워서 연희가 너무 힘들대.
   B: 연희네 아파트 층간 소음이 {*심하네/심하구나}.

(2-2) (연희가 앉아 있는 책상에 가방이 없는 것을 보고)
   연희 또 야자 빼 먹고 집에 {갔네/갔구나}.

(2-3) (연희가 앉아 있는 책상에 가방이 없는 것을 보고)
   연희 또 야자 빼 먹고 집에 갔더라.

(3) 지수는 매일 아침 운동을 하니까 지금쯤이면 운동을 하고 있겠네.
   오늘 술 마시는 걸 보니 내일 아침에 고생 좀 하겠네.

(가) 잘 알려져 있듯이, '-네'와 '-구나'는 '새로 앎'의 의미를 지니고 새로 알게 된 정보의 근거가 무엇인지도 나타낸다. 그렇다면 (1)의 예에서 '-네'와 '-구나'가 쓰인 문장에 나타난 정보의 근거는 무엇인지 기술해 보자.

(나) (1)에서는 '-네'와 '-구나'가 쓰인 문장에 나타난 정보의 근거가 동일하였다. 그렇다면 (2-

1)의 문장에서 '-네'와 '-구나'가 쓰인 문장에 나타난 정보의 근거가 무엇인지 기술하고 이를 바탕으로 '-네'와 '-구나'의 차이에 대해서 기술해 보자.

(다) (2-1)의 예를 바탕으로 하면 (2-2)에서는 '-네'와 '-구나' 중 어느 것이 어느 것이 쓰일 것이라고 예상되는가? 만약 그 예상이 어긋났다면 이를 (2-3)의 예를 고려하여 설명해 보자.

(라) (3)에서 '-네'가 쓰인 문장은 새로운 정보를 나타낸다고 할 수 있는가? 그렇다면 이때 새로운 정보의 근거는 무엇인가? (1)의 예에서 나타난 정보의 근거와 동일한 성격인가?

(마) 만약 (3)의 문장과 (1)의 문장에서 나타내는 정보의 근거가 다르다면 (3)에서는 왜 이러한 양상이 나타나는지 설명할 수 있는가?

13. 아래에 제시된 자료를 바탕으로 다음의 질문에 답해 보자.

(1) 어휘상의 분류 자질
　[상태성]: 행위를 나타내면 [-상태성], 상태를 나타내면 [+상태성]
　[순간성]: 행위가 순간적으로 이루어지면 [+순간성], 그렇지 않으면 [-순간성]
　[완성성]: 행위가 다 끝나야 의미가 성립하면 [+완성성], 그렇지 않으면 [-완성성]
※참고: [순간성] 자질은 [지속성] 자질로 바꾸어 이해할 수도 있다. 즉, [-순간성]은 [+지속성]이고 [+순간성]은 [-지속성]이 된다. 그리고 [완성성] 자질은 행위의 끝점이 있어야 성립하므로 [종결성]으로 이해할 수도 있다.

(2) 어휘상 자질에 따른 동사(용언)의 분류
　상태 동사: [+상태, -순간, -완성]
　행위 동사: [-상태, -순간, -완성]
　완성 동사: [-상태, -순간, +완성]
　순간 동사: [-상태, +순간, +완성]

(3) 높다, 낮다, 믿다, 느끼다, 걷다, 읽다, 울다, 닫다, 눕다, 죽다, 차다, 잡다, 발견하다

(4-1) 그는 손잡이를 잡고 있다.
(4-2) 군인들이 총을 쏘고 있었다.
(4-3) 지수는 사격장에서 총을 쏘고 있었다.
(4-4) 그는 새로운 사실을 발견하고 있다.

(5-1) 그는 절반 정도 집을 지었다.
(5-2) *그는 절반 정도 달렸다.
(5-3) *그는 새로운 사실을 절반 정도 발견했다.

> (5-4) 그는 운동장 트랙을 반 정도 달렸다.
> (5-5) 그는 그가 발견해야 할 새로운 사실 중 절반 정도를 발견했다.
>
> (6-1) 전쟁으로 아이들이 죽고 있다.
> (6-2) 바다가 죽고 있다.
> (6-3) 그는 병상에서 서서히 죽고 있었다.

(가) (1)과 (2)를 참고하여 (3)에 제시된 용언들을 어휘상 자질에 따라 분류해 보자.

(나) '순간 동사'는 [+순간성]이므로 진행상 '-고 있'이 결합되기 어렵다. 그래서 (4-1)의 '-고 있'은 진행상이 아니라 결과 상태, 즉 완료상을 나타낸다. 물론 (4-1)의 '-고 있'이 진행상을 나타낸다고 볼 수도 있다. 그러나 이는 '아주 천천히'와 같은 부사의 도움을 받아 아주 짧은 시폭을 확장시킬 때에나 가능하다. 이러한 사실을 고려하여 (4-2), (4-3), (4-4)에 쓰인 '-고 있'으로 인해 이들 문장은 어떻게 해석되는지 기술해 보자.

(다) '(집을) 짓다'는 완성 동사이다. 완성 동사는 행위의 완성점과 일정한 시폭을 형성하므로 (5-1)과 같이 단계성이 있는 표현과 결합이 가능하다. 이를 바탕으로 (5-2)와 (5-3)이 비문이 되는 이유를 설명해 보자.

(라) (5-2)와 (5-3)의 '발견하다', '달리다'는 단계성이 있는 표현과 함께 나타날 수 없었다. 그러나 (5-4)와 (5-5)에서는 가능해졌는데, 이는 왜 그러한가? 행위의 완성점과 일정한 시폭이 형성되는 것은 무엇 때문인가?

(마) (라)에서 발견한 사실을 고려한다면 '발견하다'와 '달리다'는 (2)의 동사 분류 중에 어디에 들어갈 수 있는가? 또한 문장과 독립하여 동사의 어휘상을 살피는 것은 과연 타당하다고 할 수 있는가?

(바) 기존 논의에서 '죽다'는 '순간 동사'로 다루어져 왔다. 그리고 실제 죽는 행위는 '순간 동사'의 어휘상 자질에 부합한다. 따라서 진행상의 '-고 있'과 결합하면 (6-1)에서와 같이 순간적 행위의 반복으로 해석되는 것이 자연스럽다. 그러나 (6-2)와 (6-3)의 '죽다'는 '-고 있'과 결합하여도 반복적 행위로 해석되지 않는다. 이러한 사실을 염두에 두고 이러한 예외적 현상에 대해 설명해 보자. (6-2)의 '죽다'는 (6-1)의 '죽다'와 동일한 의미인가? 만약 서로 다른 의미라면 (6-2)의 예가 설명되는가? (6-1)과 (6-3)의 '죽다'는 동일한 의미인가? 만약 동일한 의미라면 (6-3)의 예는 (6-1)과 어떻게 달리 해석되는가?

제11장 높임법

언어 행위는 말하는 이가 듣는 이에게 어떤 인물 또는 사물에 관해서 이야기를 하는 것이다. 따라서 언어 행위에는 여러 인물이 등장하게 된다. 문장 밖에는 말하는 이와 듣는 이가 있고, 문장 안에는 주어나 목적어, 그리고 부사어로 등장하는 인물이 있을 수 있다. 이때 이 인물들 상호 간에, 누가 누구보다 더 존귀한가 아니한가에 따라 여러 가지 높임의 표현법이 있다. 말하는 이가 듣는 이를 높여야 하는 경우, 문장의 주체를 높여야 하는 경우, 목적어나 부사어 등 객체를 높여야 하는 경우, 특별히 자기를 낮춤으로써 상대방을 높여야 하는 경우, 이렇게 상황에 따라서 높임법의 종류가 달라지게 된다.[1]

주체란 주어 명사구가 가리키는 대상을, 객체란 목적어 명사구나 부사어 명사구가 가리키는 대상을 각각 가리킨다. 목적어 명사구와 부사어 명사구를 합쳐서 객어라 부르기도 한다.[2]

---

[1] 화자, 청자, 제삼자(문장 안에 등장하는 인물이나 대상) 등의 사회적 지위나 이들이 맺고 있는 사회적 관계를 나타내는 언어 표현을 사회적 직시(social deixis)라고 한다. 이러한 측면에서 높임법은 사회적 직시가 문법적 수단으로 표현되어 문법 범주를 이루는 것이고 국어는 이러한 높임법이 잘 발달한 언어이다. 여기서 자주 오해하는 사실은 높임법이 발달하지 않은 언어에서는 높임 표현이 없다고 생각하는 것이다. 사회적 직시가 문법 범주를 이루느냐 그렇지 않느냐는 언어에 따라 차이가 있을 수 있지만 사회적 직시를 표현하는 수단은 꼭 문법적 수단만 있는 것은 아니므로 높임법이 발달하지 않은 언어라고 하더라도 높임 표현은 존재한다.

[2] '주체'와 '객체'는 주어, 목적어 등과 같이 문장 성분을 나타내기도 하지만 행위의 주체, 행위의 객체 등과 같이 의미적 역할을 나타내는 경우도 있어 다소 모호한 표현이다. 그러나 '주체 높임', '객체 높임'이라는 표현이 매우 오랜 시간 동안 사용되어 왔다는 전통을 따라 기존의 용어를 그대로 쓰기로 한다.

높임법은 그 동안 학자에 따라서 여러 가지 명칭으로 불리었다. 듣는 이를 높이거나 낮추어 말하는 법을 존비법(尊卑法), 공손법(恭遜法), 주체를 높이는 법을 존경법(尊敬法), 객체를 높이거나 특별히 자기를 낮추어 말하는 법을 겸손법(謙遜法), 겸양법(謙讓法)이라 하는 일이 있고, 주체 높임과 자기 낮춤을 아울러 공대법(恭待法), 경양법(敬讓法)이라 하기도 하며, 이 모든 높임법을 경어법(敬語法), 존대법(尊待法), 대우법(待遇法)이라 부르기도 한다.

남을 높여서 말하는 법을 통틀어 높임법(또는 존대법)이라 하고, 그것을 다시 나누어 주체 높임법(또는 주체 존대[법]), 상대 높임법(또는 상대 존대[법])이라 하면 체계가 선명하고 용어의 혼동이 덜한 이점이 있고 높임 또는 낮춤의 대상이 지시되어 있어서 혼란의 우려가 적다.[3]

국어의 높임법은 규칙적인 용언의 활용에 의한 문법적인 것과 높임을 나타내는 특수한 어휘에 의한 것이 있는데, 특수 어휘에 의한 높임은 불규칙한 것으로서 문법 범주에 드는 것은 아니다.[4]

현대 국어에 있어서 용언의 규칙적 활용에 의한 높임법은 다시 문장의 주체를 높이는 법과, 말 듣는 이를 높이거나 낮추는 법의 두 가지로 나뉜다. 말하는 이가 그 문장이 나타내는 행위, 상태, 존재, 환언의 주체를 높이는 주체 높임법은 용언의 어간에 높임의 어미 '-(으)시-'를 붙여서 표현하며, 말하는 이가 듣는 이를 높이거나 낮추는 상대 높임법은 '하십시오, 하오, 하게, 해라…'체의 어미 중 어느 하나를 선택해 사용함으로써 이루어진다. 현대 국어에서는 문법적 활용 범주로서 존재하지는 않으나 말하는 이가 '드리다, 모시다…' 등의 특수한 높임말을 써서, 듣는 이나 문장 안의 목적어, 부사어(주로 처소격 부사어) 등을 높이는 법도 있다.

11.1. 주체 높임

주체 높임은 다음의 예문에서와 같이 문장의 주어가 지시하는 대상, 곧 그 문장이 기술하는 행위, 상태, 존재, 환언의 주체를 말하는 이가 높이는 것이다.

---

3 고영근(2011다)에서는 학교 문법의 '높임법'에 대하여 비판하면서 이희승(1949)의 '공대법' 체계로 돌아가지는 주장을 펼쳤다. 이에 따르면 국어의 '공대법'은 존경법(주체 높임법)과 겸손법(상대 높임법)으로 나눌 수 있다. 고영근(2018나: 524-551)에서 공대법의 구체적인 기술을 확인할 수 있다.

4 특수 어휘에 의한 높임은 문법적 수단이 아니라 어휘적 수단으로 실현되는 것이므로 문법 범주에 드는 것이 아니다. 따라서 특수 어휘에 의한 높임은 '높임 표현'이라고 할 수는 있어도 '높임법'이라고 하지는 않는다.

(1) 가. 어머니, 선생님께서 오십니다.

가′. 어머니, 선생님이 오십니다.

나. 선생님, 선생님께서도 그 얘기를 좋아하시는군요.

나′. 선생님, 선생님도 그 얘기를 좋아하시는군요.

주체 높임은 서술어가 되는 용언 어간에 선어말 어미 '-(으)시-'를 붙이거나 주어가 되는 체언구에 조사 '께서'를 결합함으로써 성립된다.[5,6] 조사 '께서'는 (1가), (1나)에서와 같이 말하는 이의 판단에 따라 나타나지 않을 수 있다.[7] 문장의 주어는 (1가)에서와 같이 말하는 이도, 듣는 이도 아닌 제삼자인 경우와, (1나)에서와 같이 듣는 이가 동시에 주어가 되는 경우가 있다. 말하는 이 자신이 문장의 주어가 될 수 있으나 자기를 높여서 존대할 수 없는 까닭에 주체 높임을 논할 때는 논외가 된다. 위의 예문 (1)은 주체 높임의 예로서 용언에 '-(으)시-'를 붙여서 주체를 높인 예이지만 설사 주체가 '-(으)시-'를 붙여서 높여야 할 대상이라 할지라도, 듣는 이가 주체보다도 더 존귀한 경우에 '-(으)시-'를 쓰지 않는 경우가 있다.

(2) 할아버지, 아버지가 아직 안 왔습니다.

'아버지'는 말하는 이의 입장에서 '-(으)시-'를 붙여 높여야 할 대상이지만 듣는 이인 할아버지보다는 낮기 때문에(즉, 할아버지보다는 낮추어야 할 상대이기 때문에) (2)와 같이 말해야 한다. 이른바 압존법이라고 하는 것이다. 또, 주체가 비록 말하는 이보다는 낮지만 듣는 이보다 존귀한 경우에 '-(으)시-'를 붙여서 말하는 일도 있다. 주체가 말하는 이보다 더 존귀할 때 높임법을 써야 할 것은 물론이지만, 주체가 말하는 이보다는 존귀하지 않은데도 듣는 이보다 더 존귀하기 때문에 듣는 이의 처지에서 주체를 높이는 것이

---

5 일부 논의에서는 [+높임]의 자질을 지닌 주어가 나타나면 이러한 자질과의 일치(agreement)를 위해 주체 높임의 '-(으)시-'가 서술어에 나타나는 것이라고 보는 경우도 있다. 그러나 동일한 주어라도 화자의 사회적 지위에 따라 '-(으)시-'의 사용 여부가 달라지므로 '-(으)시-'에 의한 주체 높임은 인구어의 일치 현상과는 거리가 멀다. 따라서 본문에서 기술한 바와 같이 주체 높임의 '-(으)시-'는 화자의 의도에 따라 주체를 높이기 위해 사용한다고 보는 것이 더 타당할 것이다.

6 주체 높임의 주격 조사에는 '께서' 외에도 '께옵서'가 있다. '께옵서'는 '께서'보다 더 높임 표현이지만 의고적인 문체에서 주로 쓰이고 일상적인 상황에서는 잘 쓰이지 않는다.

7 '께서'는 주체를 깍듯하게 높여야 하는 상황이나 공식적인 자리에서 주로 사용되고 일상적인 상황에서는 '-(으)시-'만으로 주체를 높이는 것이 보통이다. 이는 '께서'가 '-(으)시-'보다 높임의 강도가 높기 때문인데, 이로 인해 '-(으)시-'만 쓰고 '께서'를 쓰지 않는 것은 자연스러워도 '께서'를 쓰고도 '-(으)시-'를 쓰지 않는 것은 부자연스럽다.

다.[8] 이러한 사실에 대해서는 뒤에서 다시 언급할 것이다.

주체 높임이거나 상대 높임이거나 남을 높이는 조건은 나이, 사회적 지위, 성별, 개인적 친분 관계 등 대단히 복잡한 요인이, 때로는 한 가지 조건만으로, 때로는 복합적으로 작용한다. 이들 조건은 경우에 따라 서로 상반되기도 하고, 말하는 이의 심리적 자세가 작용하기도 하여 복잡하게 나타난다.[9]

주체 높임은 말하는 이가 주체에 대해 존경, 혹은 공경의 뜻을 나타내는 것이라는 데는 더 논란의 여지가 없다. 그리고 어떤 때 어미 '-(으)시-'를 붙여 존경을 나타내야 하는가 하는 사회적 조건은 앞에서 말한 바와 같이 여러 가지가 있고, 이렇게 사회적으로 규범화한 조건이 주어져 있는데도 높임법을 쓰지 않는다면, 그 주체나 말 듣는 이는 크게 불쾌하게 여길 뿐만 아니라 사회적으로도 용납이 되지 않는다.

그러나 높임법은 이렇게 격식화한 사회적 규범으로서의 조건이 전부가 아니라, 그러한 기반 위에 다시 존대해야 할 대상에 대해 각별히 친밀한 뜻을 표시하는 기능도 있다.

 (3) 가. 퇴계는 조선시대에 뛰어난 <u>성리학자였다.</u>
   나. 퇴계는 조선시대의 뛰어난 <u>성리학자이시었다.</u>

위의 두 예문은 모두 높임법에 어긋나지 않는다. (3가)는 국사 교과서나 라디오 방송 해설 같은 데서 쓰일 수 있는 문장이요, (3나)는 퇴계의 후손이 퇴계를 일컬어 할 수 있는 말이다. (3가)는 퇴계를 조선 시대의 뛰어난 성리학자의 전체 그룹 속의 한 사람으로서 파악하여 객관적으로 하는 말이며, (3나)는 퇴계를 남의 말을 하듯 객관적으로 기술하는 것이 아니라, 개인적으로 각별한 친밀감을 갖고 주관적으로 기술하는 뜻이 들어 있다.

 (4) 가. 대통령이 오늘 담화를 <u>발표하였다.</u>
   나. 대통령께서 오늘 담화를 <u>발표하셨다.</u>

---

8 높임법은 직시 표현이므로 지시 대명사와 같은 다른 직시(혹은 화시) 표현처럼 그 기준은 화자가 되는 것이 일반적이지만 이처럼 직시 표현의 기준이 청자에게 이동되는 경우도 있다. 이는 높임 표현에만 나타나는 현상이 아니고 다른 직시 표현에서도 어렵지 않게 발견할 수 있는 현상이다.

9 예컨대, 나이가 한참 어린 후배나 나이와 사회적 지위가 비슷한 사람이라도 친분이 없다면 높임법을 사용하고 나이가 많은 손윗사람이라도 친분이 두텁다면 높임법을 사용하지 않기도 한다. 그래서 상대방과 일정한 거리를 두기 위해서 일부러 높임법을 깍듯하게 사용하는 경우도 있고 자신이 아랫사람임에도 불구하고 상대방이 오랜 시간 동안 높임법을 깍듯하게 사용하면 상대방이 자신을 친근하게 생각하지 않는다고 서운해하는 경우도 있다.

예문 (4가)는 대통령을 하나의 직업으로 보고, 직업적인 의무를 이행한 것으로 표현한 것이요, (4나)는 단순히 직업적인 호칭으로서보다 그를 한 개인으로 지칭하여 개별적인 인간적 관계로서 친밀감을 가지고 표현한 것이라 할 수 있다.

이러한 점에서 주체 높임의 '(으)사'는 나이, 사회적 지위, 신분의 높고 낮음에 따른 사회 규범적인 격식 이상의, 즉, 말하는 이와 주체 사이의 개별적 혹은 개인적 관계를 표현하는 기능을 가지고 있다.[10]

> (5) 가. 그분은 머리가 하얗게 <u>세셨다</u>.
>   나. *그분은 머리가 하얗게 <u>세었다</u>.
> (6) 가. 선생님께서 감기가 <u>드셨다</u>.
>   나. *선생님께서 감기가 <u>들었다</u>.

(5가), (6나)에서 서술어 '세다', '들다'의 직접 주체인 '머리', '감기'는 높임의 대상이 되지 않지만, 이들 문장의 전체 주체인 '그분', '선생님'이 높여야 할 대상이기 때문에 '(으)사'가 쓰인 것으로, 이를 '간접 주체 높임'(줄여 '간접 높임'이라 함)이라 한다.[11] '(으)사'가 쓰이지 않은 (5나), (6나)는 잘못된 문장이다. 일반적으로 높여야 할 대상의 신체 부분, 생활의 필수적 조건이 되는 사물, 개인적 소유물을 나타내는 명사는 간접 높임의 문장에서 반드시 '(으)사'를 동반한다.[12] 다음의 (7)과 같다.

> (7) 가. 할아버지는 수염이 <u>많으시다</u>.
>   나. 그분은 살림이 <u>넉넉하시다</u>.

그런데 다음의 (8)과 같이 그렇지 않은 명사들이 간접 높임의 문장에서 '(으)사'를 동반

---

10 주체 높임의 사용 여부는 화자를 기준으로 하여 결정되는 것이므로 기본적으로 화자와 주체 사이의 개별적 혹은 개인적 관계를 드러내는 것이다. 따라서 신문 기사나 논문 등과 같은 공적 텍스트나 담화, 연설, 뉴스 보도 등과 같은 공적 발화에서는 공공성이나 객관성을 유지하기 위해 주체 높임을 사용하지 않는 것이 일반적이다.

11 (5가), (6가)는 문장의 전체 주체인 '그분', '선생님'이 높여야 할 대상이기 때문에 '(으)사'가 쓰인 것이지만 "사모님의 고통이 크시겠습니다."와 같은 예에서는 관형어인 '사모님'이 높여야 할 대상이기 때문에 '(으)사'가 쓰인 것이다. 이러한 간접 높임의 예는 전혀 어색하지 않으므로 '(으)사'를 주체 높임으로 설명하기 어려운 예외적인 경우라고 할 수 있다.

12 '께서'는 '(으)사'와 더불어 주체 높임을 표현하지만 일반적으로 높여야 할 대상이라고 할지라도 "*할아버지는 수염께서 많으시다."와 같이 신체 일부분, 생활의 필수적 조건이 되는 사물, 개인적 소유물을 나타내는 명사에 결합하여 간접 높임을 나타내는 것이 불가능하다.

하는 일이 있다.

(8) 가. 과장님은 직장이 <u>가까워서</u> 편하시겠어요.
　　　나. 과장님은 직장이 <u>가까우셔서</u> 편하시겠어요.

(8)에서 서술어 '가깝다'가 '-(으)사'를 동반하기도 하고 안 하기도 했는데, '직장'은 간접 높임에서 필수적으로 '-(으)사'를 동반해야 하는 명사가 아니다. 그런데 (8나)에서와 같이 '-(으)사'를 동반한 것은, 말하는 이가 '직장이 가깝다'는 사실을 높임의 대상인 '과장님'의 생활에 관계가 깊은, '과장님'과 관계되는 특수한 사실로 파악했기 때문이다. (8가)는 말하는 이가, 직장이 가까우면 편하다는 사실을 일반적 사실로서 파악하고 특별히 '과장님'과 관계되는 일로서 보지 않은 까닭에 '-(으)사'를 쓰지 않은 것이다.

(9) 가. 선생님 하시는 일이 잘 <u>되어야</u> 하겠습니다.
　　　나. 선생님 하시는 일이 잘 <u>되셔야</u> 하겠습니다.

이 두 문장에서도 동사 '되다'의 주체는 '일'이지만 '선생님'을 높이기 위한 '-(으)사'가 '되다'에 나타날 수 있다는 것을 보이고 있는데, '-(으)사'가 나타나는 (9나)는 '선생님'에 대하여 말하는 이가 더 높은 관심과 더 친밀한 감정을 가지고 있다는 것을 표시하고 있다.[13]

▌간접 높임과 '-(으)사'의 사용 확대 ▌

최근 백화점이나 커피숍 등 서비스 업종에서 간접 높임의 범위를 확장하여 '-(으)사'를 과도하게 사용하는 경향이 널리 확산되고 있다.

ㄱ. 커피 나오셨습니다.
ㄴ. 모두 3만 5천원이십니다.

간접 높임은 일반적으로 높여야 할 대상의 신체 일부분, 생활의 필수적 조건이 되는 사물이 나왔을 때 성립되는데, '커피'나 '돈'은 간접 높임의 대상이 될 수 없기 때문에 (ㄱ)과 (ㄴ)은 오류로 볼 수 있다. 그러나 이러한 '-(으)사' 사용은 점점 확대되는 추세에 있고 이를 듣는 이를 높이는 상대 높임의 일종으로 해석하는 견해도 있다.

---

13 이와는 반대로 화자가 '선생님'에 대하여 심리적 거리를 느끼거나 사회적 지위의 격차가 커서 아주 깍듯하게 높임법을 사용하는 것이라고 볼 수도 있다.

주체 높임의 언어 행위는 적어도 세 사람의 인물이 필수적으로 관여하게 된다. 즉, 말하는 이와 듣는 이, 그리고 문장의 주어가 되는 인물이 그 셋인데, 주어만이 문장의 성분으로서 나타나고, 말하는 이와 듣는 이는 언어 행위의 요소로서 문장 밖에 있다. 주체 높임법은 말하는 이의 주체에 대한 존대 의향이 필수 요건이지만, 그러나 말하는 이가 반드시 높여야 할 대상일지라도 듣는 이와의 상관관계에 영향을 받아 '-(으)시-'를 쓰지 않기도 하고, 또 높이지 않아도 될 주체에 대하여 '-(으)시-'를 쓰는 경우가 있다. 즉, 주어가 말하는 이로서는 높이지 않아도 될 대상이지만 듣는 이의 처지에서는 높여야 할 대상일 때라든가, 말하는 이로서는 높여야 할 대상이지만 듣는 이에게는 낮은 인물일 때 '-(으)시-'의 용법이 제약을 받는다.

말하는 이, 듣는 이, 그리고 문장의 주어, 이렇게 세 사람 상호 간의 높고 낮음의 순서가 주어, 듣는 이, 말하는 이 ; 주어, 말하는 이, 듣는 이 ; 듣는 이, 주어, 말하는 이… 등으로 하여 모두 여섯 가지인데 이 중에서 문제가 되는 것은 주어가 말하는 이보다는 낮되 듣는 이보다는 높을 경우('말하는 이 > 주어 > 듣는 이'의 순서)와 주어가 말하는 이보다 존귀하되 그보다도 듣는 이가 더 높은 경우('듣는 이 > 주어 > 말하는 이'의 순서)이다.[14]

(10) 가. 너희 아버지 <u>돌아오셨니</u>?
　　 가′. 너희 아버지 <u>돌아왔니</u>?
　　 나. 할아버지, 아버지가 지금 <u>돌아왔습니다</u>.

선생이 제자의 아들에게 (10가)와 같이 말할 수 있으며, 손자가 할아버지에게 자기 아버지에 관한 얘기를 (10나)와 같이 말할 수 있다. (10가)는 (10가′)과 같이 '-(으)시-'가 없이 쓰일 수도 있다. 그러나 (10가)에서처럼 '-(으)시-'를 써서 말하는 것은 듣는 이의 입장에서, 곧 듣는 이를 존중해서 듣는 이 편 사람인 주체를 높여서 그렇게 말하는 것으로 동시에 주체에 대해서도 인격적으로 각별한 관심과 아끼는 뜻을 보인 것이다. (10나)의 경우도 듣는 이인 할아버지를 존중하여 주체가 아버지임에도 불구하고 '-(으)시-'를 안 썼는데 이것은 듣는 이를 대우한 것이다.

---

14 이외에도 화자와 청자, 주어와 청자, 주어와 화자의 사회적 지위가 동일하거나 유사한 경우, 주어와 청자가 동일한 경우 등을 고려하면 주체 높임의 사용 환경을 훨씬 더 다양하게 설정할 수 있다. 다만, 주어가 화자보다 사회적 지위가 높으면 주체 높임을 반드시 사용한다는 원칙 아래에서는 이상에서 언급한 6가지 환경만으로도 주체 높임의 사용 전반을 살펴볼 수 있을 것이다.

(10나)와 같이 손자가 듣는 이인 할아버지를 고려하여 자기 아버지에 관한 이야기를 할 때 '(으)시'를 사용하지 않는 것을 '압존법(壓尊法)'이라 한다. 이와 반대로 말하는 이와 주어의 관계에서는 '(으)시'를 사용할 필요가 없지만 듣는 이를 고려하여 (10가)처럼 '(으)시'를 사용하는 경우는 '가존법(加尊法)'이라 한다. '(으)시'가 주체 높임을 나타내는 표지이기는 하나 (10)의 용법을 통하여 높임법이 듣는 이를 가장 우선적으로 고려하는 문법 범주라는 것을 알 수 있다. 그러나 최근 높임법이 단순해지는 경향이 있어서 압존법이나 가존법은 점점 축소되고 있고 이를 반영하여 언어 예절도 압존법을 꼭 지키지 않아도 된다는 쪽으로 바뀌어 가고 있다.

이상에서 살펴본바 '(으)시'의 용법은 말하는 이가 문장의 주체를 단순히 나이, 지위, 직업, 성별 등 주어진 사회적 조건에 의해, 공식적으로 높이는 것만이 아니라, 말하는 이가 주체를 각별히 한 사람의 개체로서 친밀감을 가지고 높이거나, 듣는 이와 주체와의 관계를 고려해서 주체를 높여서 말하는 뜻이 더 있음을 알 수 있다. 규범적 조건 밖에 이와 같은 뜻이 있는 것을 이해함으로써 높임법의 사회적 의미, 인간관계에 기여하는 기능을 바로 파악할 수 있을 것이다.[15]

11.2. 객체 높임

국어에는 문장 성분 중 목적어나 부사어로 나타나는 인물, 즉 객체를 높이는 표현이 있는데 '드리다, 모시다, 여쭙다…' 등이 바로 객체를 높이는 말이다. 옛말에서는 객체 높임이 용언의 활용 어미로 표현되는 문법 범주의 한 가지였지만 현대어에서는 이렇게 특수 어휘에 의해서만 표현된다.[16] 따라서 이 말들을 사용함에 있어서는 말하는 이, 듣는 이, 주어, 객어(목적어/부사어) 네 요소 사이의 높고 낮음의 상호 관계가 고려되어야 한다. 이 점은 주체 높임에 있어서 말하는 이, 듣는 이, 주어, 이렇게 셋 사이의 높음 낮음의 상관관계가 고려되었던 것과 같다. 말하는 이, 듣는 이, 주어, 객어 넷 사이의 높음 낮음

---

15 주체 높임 표현에는 '잡수시다, 주무시다, 계시다…'와 같이 특수한 단어를 써서 표현하는 방법도 있는데 이에 대해서는 §11.5의 '특수 어휘에 의한 높임 표현'에서 기술하기로 한다.

16 객체 높임 표현에는 부사격 조사 '에게' 대신 '께'를 사용하는 것도 포함된다. 물론 "[?]우리는 선생님께 물어 보자!"와 같이 객체 높임의 특수 어휘 없이 '께'만으로 부사어를 높이는 것이 다소 부자연스러운 경우도 있지만 "우리 아이는 선생님께 사랑을 받고 있다."와 같이 '께'만으로 객체 높임이 표현되는 경우가 있기 때문에 객체 높임이 특수 어휘에 의해서만 실현되는지에 대해서는 논란의 여지가 있다.

의 상관관계는 이들의 순열(順列)이므로 모두 스물네 가지가 되는데 또 여기에 듣는 이가 동시에 주어가 되는 경우, 듣는 이가 동시에 객어가 되는 경우, 말하는 이가 동시에 주어가 되거나 객어가 되는 경우가 고려되어야 그 실제 용법이 파악된다. 객체 높임은 본래 객체가 말하는 이보다 존귀해야 하고 동시에 주체보다 존귀해야 한다.[17] 높임말 '드리다'가 쓰인 다음 예문이 바로 그러한 경우에 해당한다.

(12) 아버지가 할아버지께 안경을 드렸습니다.

그런데 (12)는 듣는 이가 객체보다 낮은 이인 경우이고, 만약 듣는 이가 객체보다 존귀하다면 다음과 같이 '주다'를 쓸 수 있게 된다.

(13) 할아버지, 형이 아버지한테 뭔가 주었습니다.

이것은 주체 높임의 경우와 한 가지로 단순히 주체와 객체, 그리고 말하는 이와 객체 사이의 상·하 관계만이 조건이 아니라, 듣는 이가 고려되어 듣는 이를 대우하는 입장을 취한다는 것을 보인다.

또 다음과 같은 경우는 비록 말하는 이가 객체나 듣는 이보다 존귀하기는 하지만 듣는 이를 대우해서 듣는 이쪽의 객체를 높여서 말하는 것을 보여준다.[18]

(14) 이 물건을 너희 아버지께 갖다 드려라.

이 예문은 듣는 이가 동시에 주어인 경우로서, 말하는 이가 객체보다 존귀한 위치(예를 들면, 듣는 이의 아버지의 스승일 때)에 있으면서도 듣는 이를 대우해서 이렇게 객체를 높여 말하는 것이다. 같은 사실을 제삼자인 듣는 이에게는 다음과 같이 말할 수 있다는 사실과 비교가 된다.

---

17 이는 앞서 살펴본 압존법의 원리와 유사하다. 그런데 요즘은 객체가 주체보다 높지 않더라도 화자 자신을 기준으로 주체와 객체가 모두 높여야 할 대상이라면 "할아버지께서 아버지에게 안경을 주셨어요."라고 하기보다는 주체 높임과 객체 높임을 모두 써서 "할아버지께서 아버지께 안경을 드렸어요."라고 하는 것도 일반적인 듯하다. 물론 세대에 따라서는 이러한 높임 표현을 '잘못'된 것이므로 바로 잡아야 할 대상이라고 할 수도 있겠지만 중세 국어부터 현대 국어에 이르기까지 시대의 변화에 따라 높임 표현은 늘 변화해 왔음을 고려하면 이러한 '잘못'은 단순히 잘못이 아니라 언어 변화의 한 양상으로 이해해야 할 것이다. 이는 앞서 살펴본 '-(으)시'의 과용 현상도 마찬가지라고 할 수 있다.
18 이는 앞서 살펴본 가존법의 원리와 동일한 것이다.

(15) 이 아이가 제 아버지한테 그 편지를 갖다 주어야 할 텐데.

그런데 한 가족 안에서는 (14)와 같은 용법이 허용되지 않는다. 예를 들어서, 할아버지가 손자에게 (14)와 같이 말하지 않는다.[19] 이것은 가족이 웃어른과 아랫사람 사이의 상하 질서가 가장 엄격하게 지켜져야 하는 기본 단위를 이루고 있기 때문이 아닌가 한다. 비록 객체 높임이 활용 범주로서의 독립된 높임법을 이루지 못하고 몇몇 특수 어휘만 남아서 그 흔적을 보여 주고 있기는 하지만, 말하는 이, 듣는 이, 주체, 객체 사이의 복잡한 존비 관계에 의해 용법이 결정되는데, 객체 높임말의 사용도 '(으)사'의 경우와 마찬가지로 듣는 이를 대우해 주는 기능을 겸해서 가지고 있는 것은 주목할 일이다.[20]

국어의 높임법은 그것이 주체 높임이든지 상대 높임이든지, 또는 '드리다, 모시다…' 등의 특수 어휘에 의한 객체 높임이든지 그 언어 행위에 관여하는 인물들 사이의 존비(尊卑) 관계에 의해 쓰이는데, 이때 원칙적으로 나이, 직업, 상대적인 지위의 높고 낮음, 윤리적 관계에 의한 상하 관계 등 관계 인물들 상호 간의 존비 관계에 따라 그에 알맞은 높임법을 쓰게 된다는 것은 이미 지적한 바 있다. 그러나 듣는 이가 특정한 인물이 아닌 인쇄물 같은 데서 '(으)사'가 쓰이지 않는다든가 하라체가 쓰이는 사실이 뒷받침하듯이 국어의 높임법은 존자(尊者)와 비자(卑者)의 관계라 할지라도 그 개인과 개인 사이의 인격적 관계를 바탕으로 하는 것이며, 상대편에 의한 각별한 가까움을 나타내는 것인 만큼 개인적 인간관계에서의 자기 위치의 확인이며, 상대편과 일정한 거리를 유지하며 조화를 이루기 위한 것에 근본적인 기능이 있는 것 같다. 이런 의미에서 높임법은 존경 혹은 복종의 뜻을 표시하는 것이다.

주체 높임에서는 말하는 이와 주체, 그리고 객체 사이의 존비 관계가 제일차적인 조건임에도 불구하고 듣는 이를 고려하는 것은 국어의 높임법이 상대편을 대우하는 넓은 폭이 있음을 보여 준다.

주체나 객체가 말하는 이에 대해 비자(卑者)임에도 불구하고 듣는 이를 대우해서 높여

---

19 할아버지가 손자에게 "지수야, 네가 아버지께 좀 갔다 오너라."라는 표현을 쓸 수 있음을 생각해 보면 요즘에는 한 가족 내에서도 (14)와 같은 표현이 전혀 불가능한 것만은 아닌 듯하다. 이러한 사실과 앞의 각주 17)에서 언급한 사실을 종합해 보면 현대 국어에서 높임 표현은 점차 단순해지는 경향을 보이는 듯하다. 이는 '하게체'와 '하오체'가 그 세력이 약화되어 상대 높임법의 체계가 점점 단순해지는 양상에서도 어느 정도 간취할 수 있다.

20 본문에서 따로 언급하지 않았지만 호격 조사에도 높임 표현이 존재한다, '(이)여'는 '아/야'보다 높임 표현이라고 할 수 있고 '(이)시여'는 '(이)여'보다 더 높임 표현이다. 다만 '(이)여'나 '(이)시여'는 일상적으로 거의 쓰이지 않고 문어체에서만 제한적으로 쓰이므로 이러한 호격 조사에 의한 높임 표현을 높임법의 한 종류로 설정하기는 어려울 것으로 보인다.

주는 높임법이 가족 밖의 듣는 이에 대해서 이루어지는 것은 가족과 그 바깥 세계가 높임법에 있어서는 두 개의 세계를 이루고 있다는 것을 말해 준다.[21]

11.3. 상대 높임

상대 높임법은 말하는 이가 특정한 종결 어미를 씀으로써 듣는 이를 높이거나 낮추어 말하는 법을 일컫는다. 종결 어미는 그 높임의 정도에 따라 아주높임, 예사높임, 예사낮춤, 아주낮춤의 네 가지 등급이 있는데, 이에 해당하는 종결 어미를 각각 하십시오체, 하오체, 하게체, 해라체라 한다. 상대 높임법은 말하는 이와 듣는 이의 관계에 따라 등급을 나눌 수도 있지만 의사소통의 장면이 격식적인 장면인가 비격식적인 장면인가에 따라 격식체와 비격식체로 나뉜다. '하십시오체, 하오체, 하게체, 해라체'는 주로 격식적인 장면에서 주로 쓰이므로 격식체로 분류한다. 비격식체로는 해요체와 해체가 있는데 해요체는 아주높임과 예사높임에 두루 쓰이고, 반말인 해체는 예사낮춤과 아주낮춤에 두루 쓰인다. 그리하여 해요체를 두루높임, 해체를 두루낮춤이라 한다.[22] 상대 높임법 체계를 정리하면 다음의 (16)과 같다.[23]

---

21 사실, 높임 표현의 세계는 가족과 그 바깥 세계에 의해서만 구분되는 것은 아니다. 또래 집단과 그 바깥 세계, 동료 집단과 그 바깥 세계 등 매우 다양하게 형성될 수 있다. 예컨대, 선생님과 같이 분명히 높여야 할 대상일지라도 또래들만 모여 있을 때는 주체 높임이나 객체 높임을 아주 엄격하게 쓰지 않는다. 그러나 이러한 사람들도 또래 집단 바깥에서는 다른 사람들을 의식하여 주체 높임이나 객체 높임을 엄격하게 쓴다. 높임 표현이 화자, 청자, 제삼자(문장 안에 등장하는 인물이나 대상) 등의 사회적 지위나 이들이 맺고 있는 사회적 관계를 나타내는 사회적 직시(social deixis) 표현이라는 사실과 우리가 맺는 사회적 관계가 매우 다차원적이라는 사실을 고려한다면 높임 표현의 세계가 매우 다양해질 수밖에 없음은 어찌 보면 매우 당연한 일이다.

22 상대 높임법 등급은 '아주높임', '예사높임' 등과 같이 높임의 위계(또는 그 기능)에 따른 구분과 '하십시오체', '하오체' 등과 같이 높임의 형태에 따른 구분이 모두 사용되는 것이 일반적이다. 하지만 높임의 위계에 따른 '아주높임', '예사높임' 등의 용어가 해당 상대 높임법의 사용 환경이나 기능을 적절히 설명해 주지 못하므로 높임의 형태에 따른 '하십시오체', '하오체' 등의 용어만을 사용하는 경우도 있다. 한편, 형태에 따른 상대 높임법 등급 구분은 동사 '하다'의 명령형을 기준으로 한 것인데, 명령형은 시제나 상, 양태 등의 다른 선어말 어미가 결합하지 않아 종결 어미로 실현되는 상대 높임법 형태를 명확히 보여 줄 수 있다는 장점이 있다. 그러나 논의에 따라서는 가장 일반적으로 쓰이는 '하다'의 평서형을 기준으로 상대 높임법 등급을 구분하는 것이 옳다고 주장하기도 한다. 실제로 중세 국어에서는 상대 높임법이 현대 국어와 달리 선어말 어미에 의해 실현되기도 하기 때문에 명령형보다는 평서형을 기준으로 상대 높임법 등급을 구분하는 것이 더 유용하다.

23 여기서는 상대 높임법을 격식체와 비격식체로 나누어 2원화된 체계로 높임의 위계를 제시하였지만 논의에 따라서는 격식체와 비격식체를 통합하여 1원화된 체계로 높임의 위계를 제시하는 경우도 있다. 이러한 논의에서는 '하십시오체 > 해요체 > 하오체 > 하게체 > 해체 > 해라체'의 순서로 상대 높임의 위계를 매긴다.

(16) 상대 높임법 체계

격식체		비격식체	
하십시오체	아주높임	해요체	두루높임
하오체	예사높임		
하게체	예사낮춤	해체	두루낮춤
해라체	아주낮춤		

그 외에 인쇄물이나 구호(口號)에서 쓰이는 높임과 낮춤이 중화된 하라체가 있다. 하소서(또는 하나이다)체는 문어체(文語體)에서나 쓰이는 것으로 하십시오체에 통합시킬 수 있다.

▌하십시오체와 합쇼체 ▌

　'하십시오체, 하오체, 하게체, 해라체' 등 상대 높임법의 명칭은 동사 '하다'의 명령형에서 따온 것이다. '하십시오체'는 '하'+'-(으)시'+'-ㅂ시오'로 분석할 수 있으므로 '합쇼체'라고 하기도 한다. 그러나 현대 국어에서 '이리 옵쇼, 어서 옵쇼.' 등으로는 잘 쓰이지 않고 '이리 오십시오, 어서 오십시오.' 등으로 쓰이는 것이 일반적이므로 '합쇼체' 대신에 '하십시오체'라는 용어를 쓰기로 한다. 학교 문법에서도 7차 교육 과정부터는 '합쇼체' 대신에 '하십시오체'라는 용어를 사용하고 있다.

　그러나 이러한 어미의 등급 설정만 가지고는 한 사람의 말이나 글에서 한 가지 이상의 등급이 섞여 쓰이는 현상을 설명하기가 어렵다. 예컨대, "오래간만입니다. 언제 귀국하셨나요? 한참 되셨지?"와 같이 누가 말했다면 같은 사람이 같은 때 동일한 인물에게 한 등급 이상의 상대 높임법을 씀으로써 상대를 높였다 낮추었다 하는 결과가 된다.

　신문이나 잡지 혹은 소설 같은 인쇄물에서는 하라체를 쓴다. 이 하라체는 아주낮춤의 뜻이 없다. 어느 특정한 개인을 듣는 이로 하고 말하는 것이 아니기 때문에 이때의 하라체는 명령형 이외의 어미가 해라체와 같기는 하나 높임이나 낮춤의 등급이 중화된 독립된 문체라 할 만하다. 하라체의 명령형은 '해라, 먹어라, 보아라…'가 아니라 '하라, 먹으라, 보라…'이다.[24]

---

[24] 하라체는 별도로 세우지 않고 해라체의 한 변이형으로 볼 수도 있다. 즉, 인쇄물이나 구호(口號)등에 해라체가 높임과 낮춤이 중화된 뜻으로 쓰이는데, 명령형에 있어서만 그 어미가 '-(으)라'로 나타난다고 할 수도 있다. '하라체'에 대해서는 §9.1에 자세히 제시되어 있다.

아주낮춤인 해라체는 명령형 이외의 어미가 높임이나 낮춤의 등급과 관계가 없는 하라체와 형태가 동일하여 대조가 잘 안 되지만, '하십시오, 하오, 하게, 해요체'는 특정한 대상, 특정한 개인에 대하여 쓰이는 문체임을 다음 예문에서 알 수 있다.

(17) 가. 시립도서관 분관마다 방학 동안에 책읽기 클럽을 조직하고 있으며, 여러 가지 재미있는 프로그램이 각 도서관 주최로 계획되고 있다고 하니 많이 참여하시라.
　　　나. 본 봉사부에서는 회원 여러분에게 도움이 될 일을 찾고 있습니다. …서슴지 마시고 문의해 주시기 바랍니다.
(18) 가. 다음의 글을 읽고 알맞은 답을 고르라.
　　　나. 다음의 글을 읽고 알맞은 답을 고르시오.

이와 같은 광고문의 (17가)는 일반 서술문체인 하라체이고, (17나)는 하십시오체이다. '많이 참여하시라'는 '-시'를 붙여서 독자를 존대하면서도 하라체를 썼다. 이로써 하라체가 특정 인물에 대하여 말하는 것이 아닐 때 쓰인다는 것을 알 수 있다. 하십시오체가 쓰인 (17나)는 (17가)와 달리, 개인을 대하여 말하는 듯한 각별한 친근감을 준다. 하라체는 (18가)에서와 같이 지시문에 쓰이는데 이는 (18나)와 같이 하오체로 바꾸어 쓰기도 한다.

상대 높임법 등급 중 '하오체'와 '하게체'는 말하는 이가 특정 연령이 되어야 사용하게 되고 말하는 이와 듣는 이의 관계가 매우 한정적인 특성을 가지고 있으며 현대 국어에서 점점 쓰임이 줄어드는 추세에 있다.

(19) 가. 이리로 오시오.
　　　나. 이리로 오게.

(19가)는 하오체인데 젊은 세대에서는 잘 사용하지 않으며 (19나)의 하게체는 장인 장모가 사위에게, 혹은 스승이 제자에게 사용하는 정도로 남아 있다.

현대 국어에서 '하오체'는 '해요체'로, '하게체'는 '해체'로 대체되고 있는 듯하다. 논의에 따라서는 '하게체'가 거의 소멸되었다고 보기도 하고 '하게체'를 쓰지 않는 사람이라도 나이가 어느 정도 들게 되면 '하게체'를 쓰게 된다고 보기도 한다. '하오체'는 젊은 세대에서 잘 사용되지 않기는 하지만 '하게체'와 비교하면 아직 생명력이 잘 유지되고 있다. "빨리 집에 갑시다!"와 같이 '하오체' 청유형 어미 '-(으)ㅂ시다'는 아주 일반적으로 쓰이고 "다음 문제를 읽고 답을 쓰시오", "오른쪽으로 가시오."와 같이 시험 지문이나 안내문에서는 주체 높임의 '-(으)시'가 결합한 '하오체' 명령형 어미가 일반적으로 쓰인다. 한편, '하오체'는 본래 상대방을 높여 주기는 하되 자신을 낮추지도 않는 상대 높임법 등급이라서 예전에는 "여보시오, 지금 몇 시나 되었소?"와 같이 자신과 연배가 비슷한 상대방이라면 '하오체'를 일반적으로 썼지만 요즘은 "아니, 이게 왜 내 잘못이란 말이오?"와 같이 잘 모르는 사람과의 갈등 상황에서 상대방을 높이는 느낌 없이 사용되는 경우가 더 많다.

여러 등급의 상대 높임법은 이와 같이 특정한 인물 대 특정한 인물 사이의 개체적 의식을 바탕으로 하여 듣는 이를 높이는 기능이 있다. 그런데 앞서 잠시 언급한 대로 상대 높임법의 종결 어미를 격식체와 비격식체로 나누고, 그들을 다시 존대와 비존대로 나누어 볼 수도 있다. 격식체에는 존대에 하십시오체, 하오체; 비존대에 하게체와 해라체; 그리고 비격식체에는 존대에 해요체와 비존대에 해체(반말)가 든다. 나아가서 격식체의 용법을 의례적 용법(儀禮的 用法), 비격식체의 용법을 정감적 용법(情感的 用法)이라 할 수 있다. 의례적 용법이란 것은 나이나 직업, 직위… 등의 주어진 사회적 규범에 의해 어느 특정한 등급의 높임법을 써야 하는, 말하는 이의 개인적인 선택의 여지가 없을 때의 용법을 이른다. 그것은 사회적인 규범으로서 주어진 것이다. 정감적 용법이란 것은 상대방에 대해 개인적 감정이나 느낌, 개인적인 태도를 보이기 위해 스스로 어느 문체를 선택하여 사용하는 경우의 것을 이른다. 이때는 어느 특정한 문체의 선택이 사회적으로 규범화한 기준에 의한 것이 아니라, 개인적인 판단에 의하여 개인적 의미를 전달하기 위한 것이다.[25]

일반적으로 격식체는 표현이 직접적이고 단정적이며 객관적인 데 반해, 비격식체는 부드럽고 비단정적이며 주관적이다. 격식체의 어미는 대체로 수가 적고, 네 가지 문장

---

25 조금 더 구체적으로 말하면, 격식체는 공적인 상황에서 비격식체는 사적인 상황에서 사용된다. 연설이나 뉴스 보도 등의 공적 상황에서 격식체가 사용된다는 것을 떠올려 보면 쉽게 알 수 있을 것이다. 또한 격식체는 청자와 일정한 거리를 두고 예의를 갖추는 상황에서 쓰이고 비격식체는 청자와 가까운 상황에서 친밀함을 드러내는 상황에서 쓰인다. 이는 공식 석상에서 스승이 제자에게 '하게체'를 쓰다가도 사적인 자리에서는 '해체'를 쓰는 상황을 생각해 보면 잘 알 수 있다.

종결법을 표시할 수 있는 데 불과하지만, 비격식체는 더 많은 어미가 포함되어 있으며, 의혹, 추측, 감탄 등의 여러 가지 느낌을 표현할 수 있다. 비격식체의 어미는 격식체의 어미에 비해 훨씬 더 풍부한 어조(語調)와 결합되어 나타나는 사실이 이를 뒷받침한다.

(20) 선생님 안녕하셨습니까? 오랜만에 뵙습니다. 그런데 하시던 일은 잘 되셨나요.
       그 동안 고생이 많으셨지요?

이 문장은 격식체와 비격식체가 섞여 쓰였는데, 격식체는 상대방에게 당연히 표시해야 할 존경을 나타내고, 상대방의 나이나 사회적 지위에 대한 응분의 대우를 하는 동시에 상대방과 대비되는 자기의 위치를 확인하는 기능을 가지고 있고, 그 뒤에 오는 비격식체는 격식체가 갖는 심리적 거리감을 해소하고 더 친근하고 융통성 있는 정감적인 태도를 보이고 있는 것이다. 동일한 대화 가운데서 문체가 격식체에서 비격식체로 바뀌는 것을 이러한 관점에서 본다면 격식체와 비격식체의 구별은 타당한 근거를 가지고 있는 것이라 하겠다.

격식체와 비격식체를 갈라 봄으로써 같은 사람이 같은 때에 동일한 인물에 대하여 하는 말 속에 한 등급 이상의 종결 어미가 섞여 쓰이는 것을 설명할 수 있다.[26]

상대 높임법에 있어서도 존대의 근본적인 의미는 말하는 이와 듣는 이 사이의 인격적인 소통에 있는 것이며(존대의 의미가 중화되어 없는 하라체와 비교할 때), 어느 특정한 등급의 존대를 선택하느냐 하는 것은 비록 사회적 규범에 의한 것이지마는, 개인적 친화를 위한 정감적 표현이 가능하다는 것을 알 수 있다. 유치원에서 보모가 원아에게 해요체를 쓰는 것은 격식체가 갖는 심리적 거리감을 버리고 다정함을 나타내기 위한 것인 동시에, 어른이 어린 아이에게 존대를 한다는 것은 사회적 규범에 맞지 않는 까닭에 비격식체의 존대인 해요체를 씀으로써 인격적으로 대우해 주는 방편을 취하는 것이다.

---

26 논의에 따라서는 한 청자에 대해 격식체와 비격식체를 함께 쓰는 일은 흔해도 격식체 내에서 혹은 비격식체 내에서 서로 다른 등급을 함께 쓰는 일은 드물다고 언급하기도 한다. 물론 '해라체'와 '하십시오체'는 상대 높임법 위계의 차이가 매우 크고 '하게체'와 '하오체'는 쓰이는 상황이 너무 달라서 한 청자에게 이들 상대 높임법 등급이 함께 쓰이는 일은 없을 것이다. 그러나 '해라체'와 '하게체', '해요체'와 '해체'는 상황에 따라 함께 쓰이는 것도 그리 어색하지 않다.

11.4. 겸손 표현

지금까지 설명한 상대 높임의 종결 어미 외에 '-(으)옵/으오-', '-삽/사옵/사오-', '-잡/자옵/자오-'와 같은 활용 어미가 있어서 말 듣는 이에 대해서 각별히 공손한 뜻을 나타내는 방법이 있다.

(21) 제가 듣사오니 김 선생님께서 요즈음 편찮으시다고 하옵니다.

그런데 이 어미는 말하는 이의 행위를 표현하는 말에만 쓰이는 것이 아니라, 남의 행위를 표현하는 말, 특히 '-(으)시-'를 써서 높여야 할 사람의 행위를 나타내는 말에도 사용된다.

(22) 평안히 가시옵소서.

(22)에서는 '-(으)옵-'이 '-(으)시-'와 함께 쓰였다. 이 어미는 지금은 문어체(文語體)에서 주로 사용하고, 구어체(口語體)에서는 별로 쓰지 않는다. (21), (22)의 밑줄 친 부분은 누구의 행위를 높이거나 낮추는 것이라기보다는 말하는 이의 공손한 뜻을 나타내는 것이라 해야 할 것이다.[27] 따라서 이를 낮춤 표현이라고 하기보다는 겸손 표현이라고 하는 것이 옳을 것이다.[28] 겸손 표현은 '-(으)옵/으오-', '-삽/사옵/사오-', '-잡/자옵/자오-'와 같은 문법 형태소로 표현되는 것과 '저, 상서(上書), 소생(小生), 졸고(拙稿), 비견(鄙見)' 등의 특수 어휘로 표현되는 것이 있다. 전자는 겸손법, 후자는 특수 어휘에 의한 겸손 표현이다. 한편 논의에 따라서는 겸손법을 겸양법이라고 하고 겸손 표현으로 쓰이는 특수 어휘를 겸사말이라고 하는 경우도 있다.[29]

---

27 겸손법 선어말 어미의 분석에 대해서는 §4.2.1 참고.
28 고영근(2018나: 538)에서는 역대 문헌에서 '겸양'보다 '겸손'이 더 많이 사용되고 있음을 밝혔고 '겸양'은 일본 문법의 영향일 가능성이 있다고 하였다.
29 논의에 따라서는 겸손을 나타내는 특수 어휘를 겸사말, 높임을 나타내는 특수 어휘를 공대말이라고 하는 경우도 있다.

11.5. 특수 어휘에 의한 높임 표현

국어의 높임 표현은 용언의 활용형에 의한 문법 범주로서의 높임법 말고도 특수 어휘에 의하여 남을 높이거나 자기를 낮추어서 상대편을 존대하는 방법이 있다. 존대를 나타내는 특수 어휘에는 '진지, 치아, 약주, 댁, 계씨(季氏), 자당, 가친, 함씨, 저, 상서, 주무시다, 계시다,[30] 잡수시다,[31] 돌아가시다, 드리다, 뵙다, 여쭙다…' 등과 같이 이들에 대응하는 보통말 '밥, 이, 술, 집, 동생, 어머니, 아버지, 조카, 나, 편지, 자다, 있다, 먹다, 죽다, 주다, 만나다, 말하다' 등과 형태상 전혀 다른 모양을 가진 말들이 있고, 또 '아버님, 선생님, 귀교(貴校), 영손(令孫), 옥고(玉稿)…' 등과 같이 보통말에 접미사나 접두사가 붙어서 존대를 나타내는 어휘가 된 것도 있다.

이들 높임말은 다시 '선생님, 가친, 아버님…' 등과 같이 듣는 이나 주체로서 높여야 할 대상 인물을 직접 높이는 말과, '계씨, 함씨, 진지, 치아…' 등과 같이 높여야 할 대상과 관계있는 인물이나 그의 소유물, 그와 관계있는 사물을 높임으로써 간접적으로 상대편을 높이는 말들로 구분이 된다.

'주무시다, 잡수시다…' 등과 같이 높여야 할 대상의 행위를 직접 높이거나 '선생님, 아버님…' 등과 같이 높여야 할 대상을 직접 지시하는 말들에 대해서는 더 긴 설명이 필요하지 않겠지만,[32] '진지, 함씨, 따님, 댁…' 등은 보통말인 '밥, 조카, 딸, 집…' 등으로 쓰이는 경우와 엄격한 구별이 있어 설명이 필요하다.[33]

---

30 '있으시다'는 다음과 같이 '있다'가 주로 소유의 의미를 가질 때 쓰인다.
    ㄱ. 선생님은 댁에 <u>계신다</u>.
    ㄴ. 선생님은 고집이 <u>있으시다</u>.
  (ㄱ)은 존재를 나타내고 (ㄴ)은 소유를 나타내는데, 존재를 나타낼 때는 '계시다'가, 소유의 경우에는 '있으시다'가 쓰였다.

31 '드시다'를 특수 어휘에 의한 '먹다'의 주체 높임 표현으로 볼 수도 있으나 "얼른 밥이나 한술 들고 얘기하세."와 같은 예에서 알 수 있듯 '드시다'는 '들다'에 '-(으)사'가 결합한 활용형임을 알 수 있다. 또한 이러한 사실을 고려하면 '들다'를 '먹다'의 높임말이라고 한 『표준국어대사전』의 설명에 대해서도 재고의 여지가 있다. 한편, 『표준국어대사전』에 따르면 '잡수다'는 '먹다'의 높임말이고 '잡수시다'는 '잡수다'의 높임말이며, '잡숫다'는 '잡수시다'의 준말이다. 그러나 '잡수다'와 '잡숫다'는 높임의 강도에 있어 큰 차이가 없어 '잡숫다'에서 'ㅅ'이 탈락한 결과로 볼 수도 있을 것이다.

32 『표준국어대사전』에 따르면 '선생님', '아버님', '어머님' 등의 '-님'은 접미사이고 '홍길동 님'에서의 '님'은 의존 명사이다. 한편, 접미사 '-님'은 특정한 어휘에만 국한되지 않고 '대통령님', '의원님', '고객님', '총장님' 등과 같이 그 분포가 확대되어 가는 양상을 보이고 있다.

33 이외에도 '말씀'은 겸손 표현으로 쓰이기도 하고 높임 표현으로 쓰이기도 하므로 주의를 요한다. "저부터 말씀을 드려도 되겠습니까?"에서 '말씀'은 겸손 표현이고 "선생님께서 먼저 말씀을 해 주십시오."에서 '말씀'은 높임 표현이다.

(23) 가. 선생님께서는 아직 진지를 잡수시지 않았다.
　　　나. 선생님은 밥을 짓는 솜씨가 좋으시다고 한다.

(23나)에서 '밥'은 '선생님'이 직접 지은, '선생님'의 행위에 의한 결과이긴 하지만 '진지'가 아닌 '밥'이 쓰였다. 말하는 이가 높이고자 하는 대상이 먹을 밥만 '진지'라고 높여서 이른다. (23가)의 '진지'는 '밥'으로 바꾸어 쓸 수 없다. 그러나 다음 예문에서는 '따님'과 '딸'이 다 쓰일 수 있다. 다만 그 뜻이 조금 달라진다.

(24) 가. 그분이 따님이 또 있으신가?
　　　나. 그분이 딸이 또 있으신가?

(24가)는 말하는 이가 '그분'에 대해 좀 더 친밀한 감정을 가지고 그가 딸 하나밖에 없다는 사실에 대하여 특별히 관심 있게 얘기하는 것이다. 반면에 (24나)는 '그분'의 사정에 대하여 특별한 관심을 가지지 않고 말한 것이다. 이러한 점은 '-(으)시'의 용법, 특히 간접 높임과 궤를 같이 하고 있는 것이라 하겠다.

더 읽을거리

1. 높임법에 대한 전반적 논의

2000년대 이전의 주체 높임법과 상대 높임법에 대한 연구사 검토로는 임동훈(1998), 이정복(1998)을 참고할 수 있다. 국어 높임법 전반에 대한 연구로는 이익섭(1974), 성기철(1985, 2007나), 이윤하(2001), 한길(2002), 임동훈(2006) 등이 참고가 되고 이의 유형론적 문제에 대하여는 고영근(2018나: 549)가 참고된다. 한편, 이 책의 본문에서 간략히 언급한 바와 같이 높임법은 화자, 청자, 문장에 나타난 제삼의 인물 등의 사회적 관계 및 사용 환경 등에 영향을 받아 매우 복잡한 사용 양상을 보인다. 이러한 측면에서 높임법의 사용은 사회 언어학적 측면에서 고찰할 필요가 있는데, 이정복(2001, 2002, 2006)은 국어의 높임법 전반을 사회 언어학적으로 접근한 대표적 연구이다.

2. 주체 높임의 '-(으)시-'와 '께서'

주체 높임의 선어말 어미 '-(으)시-'의 기능에 대해서는 '존대소', '호응소', '사회적 지시소' 등 매우 다양한 견해가 제시되었다. 기존 연구에서 제시된 '-(으)시-'의 기능과 이에 대한 비판적 검토 및 '-(으)시-' 구문의 통사적 구조 등에 대한 최근의 논의로는 임동훈(2000), 박석준(2002)를 참고할 만하다. '-(으)시-' 구문의 통사적 구조에 대해서는 박진호(1994나)도 함께 읽어 볼 필요가 있다. 한편, 임동훈(2000: 89-105)는 '-(으)시-'의 기능을 사회적 지시소로 제안하였는데, '-(으)시-'를 통사적 관점에서만 주목한 기존의 논의와 달리 사회적 화시의 측면에서 고찰하여 기존 논의에서 설명하지 못하였던 '-(으)시-'와 관련한 다양한 현상을 설명하였다는 점에서 큰 의의를 지닌다. 주체 높임의 주격 조사 '께서'는 그 기능이 비교적 명확하여 그 연구 성과가 그리 많지 않다. 김민국(2016가)에서는 사회적 화시의 측면에서 주체 높임의 주격 조사 '께서'와 관련된 다양한 문법적 현상을 고찰하였다.

3. 상대 높임법의 등급과 체계

상대 높임법은 거의 모든 국어 문법서에서 문장의 종결법과 함께 필수적으로 다루어지는데, 논의에 따라 이를 지칭하는 용어만 다르고 얼핏 보면 그 체계가 대동소이한 듯하다. 하지만 그 내용을 자세히 보면 그렇지만도 않다. 따라서 현대 국어의 대표적 문법서라고 할 수 있는 이익섭·채완(1999: 348-365), 남기심(2001: 372-379), 서정수(2006: 995-1001), 고영근·구본관(2008/2018: 488-489), 구본관 외(2015: 300-307) 등에서 설정하고 있는 상대 높임법 체계와 그 설정 근거를 비교해 보는 것도 의의가 있을 것이다. 또한 현대 국어 문법서에서 논의되는 상대 높임법 체계는 직접적이든 간접적이든 최현배(1937/1971: 803), 이희승(1949: 121-126), 고영근(1974), 허웅(1983: 225-230)의 상대 높임법 체계에 영향을 받은 것이다. 따라서 이들 논의를 비교해 보는 것도 상대 높임법을 이해하는 데 큰 도움이 될 것이다.

한편, 그간의 연구에서 제시된 '아주높임', '예사높임', '예사낮춤', '아주낮춤' 등의 상대 높임법 등급은 대개 청자에 대한 높임과 낮춤을 중심으로 설정된 것이다. 물론 상대 높임법의 기능이 청자에 대한 높임과 낮춤이 기본적이기는 하나 화자에 대한 높임과 낮춤을 고려하는 것도 중요하다. 또한 높이지 않는 것이 곧 낮춤이 되거나 낮추지 않는 것이 곧 높임이 되는 것이 아니므로 높임이나 낮춤에 대해서도 다층적으로 이해할 필요가 있다. 이러한 사실을 고려하여 임동훈(2006)에서는 '아주높임', '예사높임', '예사낮춤', '아주낮춤' 등의 기존의 상대 높임법 등급과는 다른 방식의 상대 높임법 등급 구분을 제시하였는데, 이는 상대 높임법에 대한 새로운 이해를 제시해 준다는 점에서 주목할 만하다.

4. 겸손 표현 및 특수 어휘에 의한 높임 표현

겸손 표현에 대해서는 성기철(1985, 2007나), 한길(2002)를 참고할 수 있고 특수 어휘에 의한 높임 표현에 대해서는 이윤하(2001: 6장), 한길(2002: 7부), 조남호(2006)이 좋은 참고가 된다.

5. 높임법의 통시적 변화

현대 국어의 높임법을 제대로 이해를 위해서는 높임법의 통시적 변천 양상을 이해하는 것이 큰 도움이 된다. 중세 국어 높임법 전반에 대해서는 허웅(1975: 655-730), 고영근(2010라: 14장)를 참고할 수 있다. 중세 국어 높임법에 대한 구체적 연구 업적은 고영근(2010라: 14장)에 제시된 참고 문헌을 참고할 수 있다. 주체 높임의 주격 조사 '께서'의 통시적 변화 양상에 대한 최근의 논의로는 김현주(2013)이 참고되고 상대 높임법 전반의 통시적 변화 양상에 대해서는 이승희(2007), 김현주(2010)이 좋은 참고가 된다.

6. 높임 표현과 사회적 직시

임동훈(1996)에서 '-(으)시'의 기능을 사회적 지시소로 제안한 이후로 이제는 높임 표현을 사회적 직시(혹은 화시) 표현으로 이해하는 것이 그리 낯설지만도 않게 되었다. 높임 표현은 화용적으로 사회적 직시의 기능을 지니므로 높임 표현과 관련한 다양한 문법 현상들을 제대로 이해하기 위해서는 직시 표현의 속성, 사회적 직시의 속성부터 제대로 이해하는 것이 필요하다. 사회적 직시에 대해서는 임동훈(2011다), 박철우(2011)이 좋은 참고가 되고 화용론 개론서인 Levinson(1983), Huang(2007) 등도 좋은 참고가 될 것이다.

연습 문제

1. 아래의 자료에 제시된 문장이 '주체 높임', '상대 높임', '객체 높임' 중 어떠한 높임 표현이 사용되었는지 기술해 보자.

> (1) 사장님께서는 오늘 진지를 드셨습니까?
> (2) 오늘도 교장선생님께서는 훈화 말씀을 하셨습니다.
> (3) 삼촌이 할머니를 모시고 공원에 갔어.
> (4) 아버지는 할아버지께 안경을 드리셨어요?
> (5) 아이고, 여기까지 오느라 수고 많았을 테니 일단 술부터 한잔 마시구려!
> (6) 아버지께서는 오늘도 할머니께 꾸중을 들으셨습니다.
> (7) 지수야, 아버지는 할머니 댁에 갔니?

2. 아래의 자료에 제시된 문장의 밑줄 친 부분이 '하십시오체', '하오체', '하게체', '해라체', '해요체', '해체' 중 어떠한 상대 높임법에 속하는지 기술해 보자.

> (1) 이보게, 흥분하지 말고 내 말부터 우선 <u>들어보게나</u>.
> (2) 뛰지 말고 천천히 <u>가렴</u>. 또 넘어져서 <u>다칠라</u>!
> (3) 아이고, 아무것도 모르면 참견하지 말고 그저 잠자코나 <u>있으쇼</u>!
> (4) 김 선생, 자네는 언제쯤 장가를 들 <u>생각인가</u>?
> (5) 아니, 이 양반아! 당신이 뭘 안다고 계속 <u>참견인 거요</u>?
> (6) 그래, 네가 그런 식으로 <u>나왔겠다</u>.
> (7) 다들 조용히 좀 <u>해 주시오</u>. 이 자리에서 내 사실대로 <u>말씀드리리다</u>.
> (8) 네가 벌써 대학생이 <u>되었구나</u>! 시간 되면 언제 같이 밥이나 <u>먹자꾸나</u>.
> (9) 여기 일을 걱정일랑 하지 마시고 얼른 <u>떠나시옵소서</u>.
> (10) 자네한테 진 빚은 꼭 <u>갚음세</u>.
> (11) 보아 하니 술도 꽤 마신 것 같으니 형님 이제 그만 집에 <u>가십시다</u>.
> (12) 지수야! 혹시 그 소식 <u>들었니</u>? 수정이가 곧 <u>결혼한대</u>!
> (13) 아니 도대체 이 꼴이 뭐람? 왜 물에 빠진 생쥐 꼴을 하고 <u>있는 거니</u>?
> (14) 어제 등산을 갔는데 봄꽃이 정말 예쁘게 <u>피었습디다</u>.
> (15) 내가 그런 시시콜콜한 것까지 어떻게 <u>알리오</u>?
> (16) 어! 밖이 왜 이리 <u>어둡지</u>? 곧 비라도 <u>오려나</u>?
> (17) 아니 이건 <u>뭐예요</u>? 아이고 또 이런 고물을 들고 <u>오시다니</u>!
> (18) 선생님, 오늘 저녁은 무엇을 <u>드시겠습니까</u>?
> (19) 네네, 분부대로 <u>했습지요</u>. 제가 어련히 알아서 <u>했겠습니까요</u>?

(20) 자네 생각이 참 <u>좋을세그려.</u> 그런데 실현 가능성이 <u>있나?</u>

3. '우리말샘' 웹 검색 창 우측의 '자세히 찾기'를 눌러 아래의 절차대로 하고 다음의 질문에 답해 보자.

1. '구분'란의 첫 번째 줄에는 '단어'만, 두 번째 줄에는 '일반어'만, 세 번째 줄에는 '전체'를 체크한다.
2. '품사'란에서 '어미'를 체크한다.
3. '찾을 대상' 선택 칸에 '뜻풀이'를 선택한다.
4. 그 옆 선택 칸에는 '포함 문자'를 선택한다.
5. 그 옆 검색란에는 '종결 어미'를 입력한다.
6. 맨 아래에 있는 '찾기' 버튼을 누른다.

(가) 이상의 검색 결과를 바탕으로 종결 어미 30개를 찾아보자.

(나) '우리말샘'의 뜻풀이를 참고하여 (가)에서 정리한 종결 어미 목록을 상대 높임법 등급에 따라 분류해 보자.

4. 아래에 제시된 어휘를 높임 표현의 어휘로 바꾸어 보자.

(1) 체언: 아버지, 어머니, 할아버지, 할머니, 아들, 아내, 밥, 말(言), 너(이인칭), 나이, 집, 명령, 무덤, 이(신체부위), 이름, 원고나 글

(2) 용언: 먹다, 자다, 있다, (잠에서 깨어) 일어나다, 죽다, 들어가다, 아프다, 말하다, 나가다, 명령하다

(3) 부사: 직접

5. 아래에 제시된 어휘를 겸손 표현의 어휘로 바꾸어 보자.

나(일인칭), (자신의) 아내, (자신의) 남편, (자신의) 아들, (자신의) 딸, (자신의) 아버지, (자신의) 어머니, (자신의) 의견이나 견해, (자신이 쓴) 글이나 원고, (자신이 쓴) 저서, (자신이 거처하는) 방, (자신이 사는) 집, (자신의) 몸, (자신이 애쓴) 힘, (자신의) 작품이나 책, (자신이 쓴) 글씨

6. 상대 높임법 등급은 종결 어미에 의해 결정되지만 이인칭 대명사를 통해서도 어느 정도 드러난

다. 즉, 이인칭 대명사는 청자를 가리키므로 (1)의 예와 같이 청자를 높이거나 낮추는 상대 높임법에 따라 달리 쓰인다. (1)의 예에서 알 수 있듯이 이인칭 대명사 '너'는 '해라체'와 '해체'에서만 사용될 수 있다. 그렇다면 (2)에 제시된 이인칭 대명사가 어떠한 상대 높임법 등급에서 사용될 수 있는지 기술해 보자.

(1) 너는 어제 집에 갔니?(해라체), *너는 어제 집에 갔는가?(하게체), *너는 어제 집에 갔소?(하오체), *너는 어제 집에 갔습니까(하십시오체), 너는 어제 집에 갔어?(해체), *너는 어제 집에 갔어요?

(2) 당신, 자네, 그대, 댁, 귀하, 공, 너희, 네놈, 여러분, 임자, 제군

7. 상대 높임법 등급의 결정은 이인칭 대명사뿐만 아니라 일인칭 대명사에 의해 영향을 받기도 한다. 청자가 누구이냐에 따라 일인칭 대명사의 사용이 달라지기 때문이다. 아래에 제시된 일인칭 대명사가 어떠한 상대 높임법 등급에서 사용될 수 있는지 기술해 보자.

나, 우리, 저, 저희, 소자(小子), 쇤네, 짐(朕), 소손(小孫), 이놈

탐구 문제

1. 아래에 제시된 자료를 바탕으로 다음의 질문에 답해 보자.

(1-1) 선배, 누워만 있지 말고 이리 와서 빵 좀 먹어라.
(1-2) 할머니, 도와 주셔서 정말 고마워요.
(1-3) (학생이 선생님에게) 선생님, 오늘 저녁은 뭘로 드실 거요?

(2-1) 선배, 누워만 있지 말고 이리 와서 빵 좀 먹어.
(2-2) 할머니, 도와 주셔서 정말 고맙습니다.
(2-3) (학생이 선생님에게) 선생님, 오늘 저녁은 뭘로 드실 거예요?

(가) (1)과 (2)의 예에서 높임법의 쓰임이 어색한 경우를 지적해 보자. 만약 자신의 기준에서 두 예가 모두 어색하다면 그 중에서 그나마 수용성이 더 떨어지는 것을 지적해 보자.

(나) (가)의 결과를 바탕으로 한다면 '해라체'와 '해체', '하십시오체'와 '해요체', '하오체'와 '해요체'의 상대 높임법 등급 위계를 비교할 수 있겠는가?

(다) 이 책에서는 상대 높임법 등급의 위계를 '격식체', '비격식체'로 나누어 2원화하여 제시하였다. 그러나 (나)의 결과를 참고한다면 격식체와 비격식체의 상대 높임법을 1원화하여 그 위계를 설정할 수 있을 것이다. 6개의 상대 높임법 등급을 1원화하여 그 위계를 설정해 보자.

2. 아래에 제시된 자료를 바탕으로 다음의 질문에 답해 보자.

(1) '하십시오체', '하오체', '하게체', '해라체'는 각각 '아주높임', '예사높임', '예사낮춤', '아주낮춤'으로, '해요체', '해체'는 각각 '두루높임', '두루낮춤'으로 설명되는 것이 일반적이다. 이러한 상대 높임법 등급은 청자에 대한 높임과 낮춤을 중심으로만 설정된 것이다. 물론 상대 높임법의 기능은 청자에 대한 높임과 낮춤이 기본이지만 화자에 대한 높임과 낮춤을 고려하는 것도 중요하다. 가령, '하오체'는 청자에 대한 높임을 나타내지만 화자 자신을 그리 낮추지도 않고 '하게체'는 청자에 대한 낮춤을 나타내지만 화자 자신을 그렇게 높이지도 않는다. 또한 높이지 않는 것이 곧 낮춤이 되거나 낮추지 않는 것이 곧 높임이 되는 것이 아니므로 높임이나 낮춤에 대해서도 다층적으로 이해할 필요가 있다. 예컨대, '하게체'는 '낮춤'이라고 하더라도 청자를 어느 정도 대우해 주고 '하오체'는 '높임'이라고 하더라도 청자를 그리 높이지도 않는다. 이러한 사실을 고려하면 '하오체'는 [-청자 하위, -화자 하위], '하게체'는 [-청자 상위, -화자 하위]로 설명될 수 있을 것이다.

(2) [+청자 상위], [+청자 하위], [+화자 상위], [+화자 하위], [-청자 상위], [-청자 하위], [-화자

상위], [-화자 하위]

(3-1) 저기, 실례지만, 지금 몇 시나 되었습니까?

(3-2) 선배, 그러지 말고 여기 와서 이것 좀 먹어.

(3-3) 저기, 실례지만, 불 좀 빌려 줄 수 {*있겠어/있겠소}?

(가) (1)에 제시된 설명을 바탕으로 (2)에서 제시된 8개 자질의 특성에 대해서 기술해 보자.

　(예. [-청자 상위]: 청자를 낮추되 청자를 그리 낮추지 않음. [-화자 하위]: 화자를 높이되 그리 높이지는 않음.)

(나) (가)의 기술을 바탕으로 하여 '하십시오체', '해라체', '해요체', '해체'를 '하오체: [-청자 하위, -화자 하위]', '하게체: [-청자 상위, -화자 하위]'와 같은 방식으로 상대 높임법 등급의 기능을 기술해 보자.

(다) '하십시오체', '해라체', '해요체', '해체'가 모두 '하오체'나 '하게체'처럼 명확하게 기술되는 가? 만약 명확하지 않은 부분이 있다면 어느 곳에서 문제가 발생하는가? 아래의 (라, 마, 바)의 질문을 통해 명확하지 않은 부분을 명확하게 기술해 보자.

(라) '하십시오체'는 [+화자 하위]인가, [-화자 상위]인가? (3-1)을 바탕으로 한다면 어떠한가?

(마) '해체'는 [-청자 상위]인가, [+청자 하위]인가? (3-2)를 바탕으로 한다면 어떠한가?

(바) '해체'는 [+화자 상위]인가, [-화자 하위]인가? (3-3)을 바탕으로 한다면 어떠한가?

3. 아래에 제시된 자료를 바탕으로 다음의 질문에 답해 보자.

(1) 주체 높임법은 주격 조사 '께서'와 선어말 어미 '-(으)시-'를 통해 실현된다. 그런데 주체를 높여야 하는 상황에서 '-(으)시-'는 필수적으로 쓰이지만 '께서'는 그렇지 않고 주체를 아주 깍듯하게 높여야 하는 상황에 주로 쓰인다.

(2) (주어와 청자가 동일한 상황)

(2-1) *네가 틀리셨다. / *너께서 틀리셨다.　　　　　　[해라체]

(2-2) *네가 틀리셨어. / *너께서 틀리셨어.　　　　　　[해체]

(2-3) 자네가 좀 해 주시게 / *자네께서 좀 해 주시게.　　[하게체]

(2-4) 당신이 틀리셨소. / *당신께서 틀리셨소.　　　　　[하오체]

(2-5) 선배가 틀리셨네요. / ??선배께서 틀리셨네요.　　　[해요체]

(2-6) 교수님이 틀리셨습니다. / 교수님께서 틀리셨습니다.　[하십시오체]

(가) (1)에 기술된 내용을 바탕으로 한다면 '께서'와 '-(으)시-' 중 높임의 강도가 더 높은 것은 무엇

인가?

(나) (2)의 예를 바탕으로 한다면, 주어와 청자가 동일한 경우 '-(으)사'는 상대 높임법 등급 중 어느 등급에서 나타날 수 있는가? 주어와 청자가 동일한 경우 '께서'는 상대 높임법 등급 중 어느 등급에서 나타날 수 있는가?

(다) '께서'와 '-(으)사'가 높임의 강도에서 차이가 난다면 (나)의 답변과 '탐구 문제 1'의 (다)의 답변과 바탕으로 하여 그 차이가 어느 정도인지 위계화하여 제시해 보자.

4. 아래에 제시된 자료를 바탕으로 다음의 질문에 답해 보자.

(1) 아니, 이걸 왜 내가 보상해야 하는 거요? 먼저 끼어든 건 그쪽이잖아요! 보험사에 연락했으니 그쪽이랑 얘기해 보세요. 그리고 무조건 법대로 처리합시다.

(2) 아이고, 형님 말 마쇼. 형님처럼 속 편한 양반이 내 마음을 알리가 있나. 그저 아무 말 말고 술이나 마십시다. 오늘은 제가 한잔 살게요.

(3) 그 녀석 참 귀찮게도 한다. 네가 저지른 일 뒷감당을 내가 왜 해야 하지? 이제는 네가 알아서 해라. 그리고 제발 정신 좀 차리고.

(4) 그래, 그럼 가 보게. 아, 김 선생! 오늘 저녁에 시간은 되나? 시간 되면 오늘 저녁에 나 좀 보고 가지? 정 시간이 안 나면 내일 보도록 하고.

(5) A: 지수야, 어제 내가 말한 건 준비했니? B: 네, 선생님. A: 그런데 나한테 메일이 안 왔던데? A: 아, 선생님, 메일을 아직 안 보냈어요. 죄송합니다. B: 그래, 그럼 지금 가서 얼른 나한테 메일부터 보내라. A: 근데, 선생님, 제가 지금 급히 집에 가 봐야 해서요. 이따 오후에 보내면 안 될까요? A: 너 또 그런다! 너는 왜 매번 그러는 거야? B: 아, 네, 선생님 곧바로 하겠습니다. 정말 죄송합니다. A: 너는 내 말을 한 번에 듣는 적이 없지?

(6) A: 수정아, 오늘 바쁘니? B: 아니, 그건 왜 물어 봐? A: 시간 나면 나랑 같이 영화 보러 가자. B: 야, 내가 왜 너랑 영화를 봐야 하지? A: 공짜 표가 두 개 생겼거든. B: 어, 내가 아무리 시간이 많아도 너랑은 보기 싫어. A: 됐다. 말을 말자. 너한테 물어본 내가 바보다. 앞으로 너한테는 말도 안 걸게. B: 그래, 제발 그렇게 해 줘. 네가 매번 이럴 때마다 나도 정말 부담스럽다.

(가) 위의 자료에서 동일한 청자에게 격식체의 상대 높임법과 비격식체의 상대 높임법이 어떻게 넘나드는지 기술해 보자.

(나) (가)의 답변을 바탕으로 현대 국어에서 비격식체의 상대 높임법이 어떻게 격식체의 상대 높임법을 보충하는지, 현대 국어의 상대 높임법 체계가 어떻게 변화해 가는지 기술해 보자.

5. 아래에 제시된 자료를 바탕으로 다음의 질문에 답해 보자.

(1-1) (학과 친구들 사이에서 학과 선생님에 대해 이야기하는 상황에서) A: 야, 통사론 진짜 어렵지 않냐? B: 어려운 것도 어려운 거지만 진짜 핵노잼이야. A: 맞아. 쌤도 진짜 노잼이야. C: 야, 그래두 설명은 쉽게 해 주잖아. A: 그건 니가 공부를 열심히 해서 그렇게 느끼는 거고 나는 진짜 하나도 모르겠더라. B: 뭐, 그래도 나름 설명을 열심히 하긴 하더라. 그래서 늘 눈치 보여. A: 어, 맞아! 쌤이 너무 열심히 하니까 전혀 딴짓을 못하겠어.

(1-2) (위의 대화를 나누었던 학생 중 한 명이 학과 선생님에게) A: 선생님, 중간고사 범위는 어디까지예요? B: 뭐, 배운 데서 배운 데까지. A: 그럼, 이중 주어문은 안 내실 거죠? B: 아니, 거기까지 낼 생각인데? A: 거기까지 진도 나가실 거예요? B: 뭐, 진도 나가는 상황 보고 하는 거지. 많이 힘들어? A: 네, 조금 힘들지만 선생님께서 늘 자세히 설명해 주셔서 재밌게 수업 듣고 있어요!

(2-1) (면전에 없는 지도교수님의 지도교수님에 대해 지도교수님과 이야기 하는 상황에서) A: 선생님, 남기심 선생님께서는 이중 주어문을 어떻게 보셨죠? B: 처음에는 서술절을 인정 안 하셨는데, 나중에는 서술절을 인정하셨지. A: 왜 그러셨을까요? B: 그건 내가 나중에 여쭈어 볼게.

(2-2) (면전에 없는 지도교수님의 지도교수님에 대해 대학원 후배와 이야기 하는 상황에서) A: 형, 남기심 선생님은 이중 주어문을 어떻게 봤죠? B: 응, 어제 유 선생님이랑 이야기하다가 알게 됐는데, 처음에는 서술절을 인정 안 하다가 나중에 인정했다는데? A: 왜요? B: 뭐, 그거야 남 쌤만 아시겠지.

(가) (1-1)과 (1-2), (2-1)과 (2-2)에서 주체 높임법의 사용 양상이 어떻게 달라지는지 기술해 보자.

(나) (1-1)과 (1-2)의 상황의 차이는 무엇이고 (2-1)과 (2-2)의 상황의 차이는 무엇인지 기술해 보자.

(다) 만약 (1-1)과 (1-2), (2-1)과 (2-2)에서 주체 높임법의 사용 양상에서 차이가 난다면 주체 높임법의 사용 양상에 영향을 주는 요소가 무엇인지 (나)의 답변을 바탕으로 기술해 보자.

(라) (1-1)은 '주어 〉 화자 ≒ 청자'의 상황이고 (1-2)는 '주어 = 청자 〉 화자'의 상황이다. 이러한 상황은 이 책에서 제시한 '1)주어 〉 청자 〉 화자, 2)주어 〉 화자 〉 청자, 3)청자 〉 주어 〉화 자, 4)청자 〉 화자 〉 주어, 5)화자 〉 청자 〉 주어 6)화자 〉 주어 〉 청자' 6개의 상황 이외의 것이다. 이러한 6개 상황 이외에 어떠한 상황을 더 설정할 수 있을지 생각해 보고 이때의 주체 높임법의 사용이 실제로 어떠할지 기술해 보자. 또한 (2-2)는 '주어 〉 화자 〉 청자'의 상황이지만 우리가 규범적으로 알고 있는 내용과는 다른 양상을 보인다. 따라서 이 책에서 설정하고 있는 6개 상황에서도 주체 높임법의 사용이 실제로 어떠할지 다시 검토해 보자.

6. 아래에 제시된 자료를 바탕으로 다음의 질문에 답해 보자.

(1-1) 선생님은 언제 댁에 가셨니?

(1-2) 수정아, 지수 씨는 눈이 참 아름다우시더라.

(1-3) 어머, 김 선생님 아드님은 엄청 듬직하시네요.

(1-4) 아이고, 할아버지! 신발이 너무 크시네요.

(1-5) 고객님, 주문하신 음식 나오셨습니다.

(2-1) 또 증상이 나타날 수 있으니 환자 분께서는 당분간 술을 금해 주세요.

(2-2) 지난 8일에는 김 교수님께서의 특별 강연이 있었습니다.

(2-2) 전문가 분께서의 좋은 답변 감사합니다.

(가) (1)과 (2)의 예는 주체 높임법이 사용된 다양한 예를 보인 것이다. 이들 예 중에서 '-(으)사'나 '께서'가 과용된 경우라고 생각되는 예는 어떤 것인가?

(나) (1)과 (2)에서 만약 '-(으)사'나 '께서'가 과용된 예가 있다면 이때의 '-(으)사'나 '께서'는 주체를 높이는 것인가? 만약 주체를 높이지 않는다면 무엇을 높이는 것인지 (1)과 (2)의 예를 나누어 기술해 보자.

(다) (1)의 예에서 '-(으)사'가 주체를 높이지 않고 높이는 대상이 따로 있다면 국어 높임법의 통시적 변화 과정에서 이와 유사한 경우가 있는가? 생각해 내기 어렵다면, '하십시오체' 종결 어미 '-습니다', '-습니까'에 개재된 '-습'이 본래 어떠한 기능이었는지 생각해 보자.

(라) (2)의 예에서 '께서'가 주체를 높이지 않는 예가 있다면 이러한 예가 가능한 이유에 대해서 생각해 보자. 생각해 내기 어렵다면, 주격 조사 '이/가'와 관형격 조사의 결합 여부와 부사격 조사와 관형격 조사의 결합 여부를 비교해 보자.

7. 언어 예절을 아주 엄격하게 따지면 아래에 제시된 자료는 모두 높임법이 잘못 사용된 예이다. 아주 엄격한 관점에서 잘못된 높임법의 사용을 기술하고 아래의 질문에 답해 보자.

(1) 선생님, 선생님한테 이런 것도 물어봐도 되나요?

(2) 부장님, 사장님은 지금 회사에 없습니다.

(3) 질문이나 다른 의견이 계신 분은 주저 말고 손을 들어주십시오.

(4) 선생님! 선생님께서는 아직도 스마트폰이 없습니까?

(5) 할아버지, 아버지께서 제게 책을 선물해 주셨어요.

(6) 어머니, 할아버지께서 아버지게 직접 도시락을 전달해 드렸어요.

(7) 선생님은 전철역이 집에서 머셔서 많이 불편하시겠어요.

(8) 손님, 이 옷은 손님께 너무 잘 어울리시네요.

(9) 22번 고객님, 주문하신 아메리카노 벤티 사이즈랑 거스름돈 500원이십니다.

(10) 어제 오랜만에 집에 갔음요. 그런데 이게 웬일! 조카들이 와서 내가 아끼는 프라모델을 다 망가뜨리는 것 아니겠음요! 화가 나서 소리를 빽 지르니 되려 고모가 나를 혼내심요. 이거 어디에다 원망해야 하는 것임요?

(가) 위의 예가 모두 어색하고 잘못된 예로 느껴지는가? 만약 그렇지 않다면 어디까지 괜찮다고 수용되는가?

(나) 위의 예가 잘못된 높임법의 사용이라면 이는 바로 잡아야 할 대상인가? 만약 그렇게 생각한다면 이를 어떻게 교육하는 것이 좋은가? 왜 잘못된 높임법이 계속 확산되는가?

(다) (나)에서 바로 잡아야 할 대상이라고 생각하지 않았다면 이러한 현상을 어떻게 바라볼 수 있겠는가?

제12장 사동과 피동

사동(使動, causative), 피동(被動, passive) 표현은 국어에서 아주 흔히 쓰인다. 그런데 사동과 주동, 피동과 능동이 잘못 쓰이거나 뒤섞여 쓰이는 일이 많다.

> (1) "신방 차릴 때… 버선 한 짝 벗겨 놓고 치마끈 끌르고 족도리 벗겨 놓고 누우니
> 까 이불 덮어 주더구만. … 그래 열 일곱까지 아우 동생처럼 … 그이가 길러서,
> 길러서 아낼 삼았어유…."
> 「두렁바위에 흐르는 눈물」(뿌리깊은나무사 엮음, 1981: 23쪽)

윗글에서 '벗겨 놓고'는 사동, '끌르고'는 주동 표현인데 한데 뒤섞여 쓰였다.[1]

사동 구문과 주동 구문, 피동 구문과 능동 구문 사이에는 구조적 관련성이 있다. 이러한 사동문, 피동문의 문법적 사실과 그 의미 기능을 살펴보기로 한다.

12.1. 사동

남으로 하여금 어떤 동작을 하게 하는 동작을 사동(使動)이라 하고, 이러한 사동의 표현법을 문법적으로 사동법이라 한다.[2] 이에 대해 어떤 동작이나 행위를 남이 시켜서가 아니라 자기 스스로 행하는 것을 주동(主動)이라 한다.

---

1 이때 주동 표현과 사동 표현이 뒤섞여 쓰이고 있지만 이것이 잘못된 표현인 것은 아니다.

2 '使動'이라는 한자에서 이미 잘 드러나 있는 것처럼 '사동'은 '시킴'의 의미와 관련하여 정의되는 것이 일반적이다. 그러나 '사동'이 나타내는 의미를 엄밀하게 살펴보면, cause에서 유래한 '사동'의 원어 causative에서 알 수 있듯이 '사동'은 '원인-결과'의 복합 사태를 나타내는 것이다. 예컨대, "지수가 아이를 울렸다."라는 사동문은 사동주(使動主, causer)인 '지수'의 사태와 피사동주(被使動主, causee)인 '아이'의 사태, 즉 원인과 결과 두 가지 사태가 복합적으로 표현된다. 따라서 '시킴'은 '사동'이 나타내는 다양한 '원인-결과'의 복합 사태 중 대표적인 예라고 할 수 있고 '시킴'의 의미가 명확하지 않더라도 '사동'의 범위에 포함될 수 있는 경우도 있음을 유의할 필요가 있다.

(2) 가. 내가 아기를 보는 동안 아기가 웬일인지 자꾸 울었다. 그러니까 어머니가
　　　왜 아기를 울리느냐고 꾸중을 하신다.
　　나. 모처럼 여행을 가기로 했는데 짐이 너무 많았다. 모두들 짐을 지기를 좋아
　　　하지 않았지만, 짐을 조금씩 나누어 지우기로 하고, 각각 짐을 싸게 하였다.

위 예문의 '울리다, 지우다'와 같은 동사가 사동을 나타내는 사동사(使動詞)이고 이에 대해 '울다, 지다'는 행위자 스스로의 동작을 나타내는 주동사(主動詞)이다. 사동법은 이렇게 사동사에 의한 방법과, 예문 (2나)의 '싸게 하다'와 같이 특별한 문법적 장치를 쓰는 방법이 있다. 사동사에 의한 사동은 파생어인 사동사에 의한 사동이므로 '파생적 사동'이라고도 하고 '-게 하다'에 의한 사동은 통사적 구성에 의한 사동이므로 '통사적 사동'이라고도 한다. 또한 사동사에 의한 사동은 그 형식이 짧으므로 '짧은 사동(단형短型 사동)'이라고도 하고 '-게 하다'에 의한 사동은 그 형식이 길므로 '긴 사동(장형長型 사동)'이라고도 한다.

▌사동법과 피동법의 범위 ▌

　"우리가 그에게 일을 시켰다."와 같은 것도 사동법으로 다루는 문법서도 있다. 그러나 이것은 '시키다'라는 두 자리 타동사를 서술어로 하는 구문(構文)에 불과하다. "우리가 그에게 책을 주었다." 등과 같은 일반 타동사 구문과 다를 바가 없다. 다만 타동사 '시키다'가 사동의 뜻을 지닌 것만이 다를 뿐이다.

　"내가 그에게 내 차를 운전시켰다."와 같은 문장을 사동문이라 할 수 있을지 모르나 이것도 "내가 그에게 내 차를 운전을 시켰다."에서 '운전을'의 '을'을 생략한 구문으로서 "우리가 그에게 일을 시켰다."와 동일한 '시키다' 구문에 불과하다. "내가 그에게 내 차를 운전시켰다."의 '운전시켰다'는 '대리운전시켰다'로 바꾸어 표현할 수가 있으며 그것은 '대리운전을 시켰다'의 '을'을 생략한 표현에 불과하다는 사실과 '내 차를 운전시켰다'를 '내 차의 운전을 시켰다'로도 표현할 수 있다는 사실이 이를 뒷받침한다.

　'시키다'는 체언에 '하다'가 붙어서 된 말에 '하다' 대신 쓰여서 남에게 무엇을 시킨다는 뜻으로 쓰이는데, 모든 '하다'류 동사에 다 그렇게 쓰일 수 있는 것도 아니다. '실수하다, 존경하다…' 등은 '실수(를) 시키다, 존경(을) 시키다…'로 되지 않는다. 이 책에서는 이 '시키다' 구문을 사동법으로 다루지 않았다. 문법적 방법에 의한 것만 사동법이라 하였다. 엄밀하게 따지면 '-아, -하, -라, -가…' 등의 접사에 의한 사동사로 이루어지는 사동법도 문법적인 것이라 하기 어렵다. '-아, -하, -라, -가…' 등은 어미가 아닌 접사요, 이들 접사에 의해 형성된 사동사는 파생 동사이지 활용형이 아니며, 따라서 모든 동사에 그에 대응되는 사동사가 있는 것도 아니기 때문이다. 다만 이들의 경우는, 사동사가 대응될 때에 한하기는 하지만, 주동 구문과 사동 구문 사이의 관계를 체계적으로 기술할 수 있어서 사동법으로 다룬 것이다.

　이와 마찬가지로 피동의 경우도 체언에 '하다'가 붙어서 된 동사에 '하다' 대신 '되다, 당하다' 등을 써서 피동의 뜻을 나타내는 것을 피동법으로 다루지 않았다.

12.1.1. 사동사에 의한 사동법

사동사에 의한 사동법은 다음과 같다.

(3) 가. 동생이 문 뒤에 <u>숨었다</u>.
     나. 내가 동생을 문 뒤에 <u>숨겼다</u>.
(4) 가. 우리는 방학 동안에 동양사를 <u>읽었다</u>.
     나. 선생님이 방학 동안에 우리에게 동양사를 <u>읽히시었다</u>.
(5) 가. 얼음 위에서 팽이가 <u>돈다</u>.
     나. 아이들이 얼음 위에서 팽이를 <u>돌린다</u>.
(6) 가. 지호가 그 일을 <u>맡겠지</u>.
     나. 선생님께서 지호에게(지호한테) 그 일을 <u>맡기시겠지</u>.
(7) 가. 왜 지호만 짐을 <u>지느냐</u>?
     나. 왜 지호에게만(지호한테만) 짐을 <u>지우느냐</u>?

이들 예문의 (나)는 주동문 (가)의 사동문이다. 사동문에는 해당 주동문의 주동사 '숨다, 읽다, 돌다, 맡다, 지다'에 대한 사동사 '숨기다, 읽히다, 돌리다, 맡기다, 지우다'가 쓰이고, 주동문에 없던 새로운 주어가 도입되어 그 일을 시키는 주체가 되었다.[3] 그리고 주동문의 주어는 주격 조사 대신 '에게'나 '한테'가 붙어서 새로운 문장 성분이 되어 있음을 알 수 있다.[4]

사동사는 주동사인 자동사나 타동사, 또는 형용사에 사동 접미사 '-아, -하, -라, -가, -우, -추, -구' 등이 붙어서 이루어진 타동사이다.[5]

예를 보이면 다음과 같다.

(7) 자동사 ⇨ 사동사 (타동사)
     죽다 → 죽<u>이</u>다, 속다 → 속<u>이</u>다, 줄다 → 줄<u>이</u>다, 녹다 → 녹<u>이</u>다
     익다 → 익<u>히</u>다, 앉다 → 앉<u>히</u>다
     날다 → 날<u>리</u>다, 돌다 → 돌<u>리</u>다, 울다 → 울<u>리</u>다, 얼다 → 얼<u>리</u>다

---

3 이와 같이 사동문에 새롭게 도입된 주어를 사동주(使動主, causer)라고 하고 의미상으로는 주동문이 나타내는 사태를 일으키는 참여자가 된다.
4 이와 같이 주동문에서 주어의 역할을 하던 것이 사동문에서 목적어나 부사어로 나타나는 것을 피사동주(被使動主, causee)라고 하고 의미상으로는 사동주가 일으키는 사태의 참여자가 된다.
5 사동의 파생 접미사 '-아/-하/-라/-가'와 '-우/-구/-추'는 통시적으로 각각 하나의 형태소의 이형태였을 것으로 보인다. 그러나 공시적으로는 이들의 교체 조건을 명확히 밝히기 어렵다.

살다 → 살리다

웃다 → 웃기다, 남다 → 남기다, 숨다 → 숨기다

깨다 → 깨우다, 비다 → 비우다, 새다 → 새우다, 자다 → 재우다[6]

솟다 → 솟구다

(8)   타동사 ⇨ 사동사 (타동사)

먹다 → 먹이다, 보다 → 보이다,

잡다 → 잡히다, 입다 → 입히다, 읽다 → 읽히다, 업다 → 업히다

물다 → 물리다, 듣다 → 들리다, 들다 → 들리다

안다 → 안기다, 뜯다 → 뜯기다, 벗다 → 벗기다, 맡다 → 맡기다

감다 → 감기다

지다 → 지우다, 차다 → 채우다

(9)   형용사 ⇨ 타동사

높다 → 높이다

좁다 → 좁히다, 넓다 → 넓히다, 밝다 → 밝히다

낮다 → 낮추다, 늦다 → 늦추다

'높이다, 좁히다…' 등은 형용사에 사동 접미사가 붙어서 된 타동사이다. 형용사는 주동사가 될 수 없으므로 이들을 사동사가 아니라고 할 수도 있겠으나, 형용사에서 파생된 사동사가 쓰인 구문이 동사에서 파생된 사동사의 구문과 다름이 없고, 사물을 '어떻게 되게 한다'는 뜻으로 쓰이는 점에 있어서도 동사에서 파생된 사동사와 한 가지이므로 이들도 역시 사동사라고 할 만하다.[7]

사동 접미사가 붙어서 이루어진 사동사는 단어의 파생법에서 다루어질 것이요, 통사론에서 논할 성질의 것이 아니라고 할 수 있을 것이다. 뒤에서 언급하겠지만 사동사의 파생이 불규칙한 것이기 때문에 더욱 그러하다. 그러나 주동사가 쓰인 구문과 사동사가 쓰인 구문 사이에는 구조적인 관계가 있고, 구문상의 변화가 서로 대응될 수 있기 때문에

---

6 통시적 관점에서 '재우다'는 '자다'에 사동 접사 '-이'가 결합한 사동사에 다시 사동 접사 '-우-'가 결합한 이중 사동 표현이다. 이러한 이중 사동의 예로는 '세우다', '태우다', '채우다' '띄우다', '씌우다', '틔우다' 등을 더 들 수 있다. 한편, 공시적 관점에서 '재우다'를 사동 접사 '-우-'에 의한 파생으로 이해하려면 '-우-' 앞에서 '자'가 '재'로 바뀐다는 이형태 교체 규칙을 설정할 필요가 있다.

7 사동을 '시킴'의 의미와 관련하여서만 이해한다면, 형용사에서 파생된 사동사가 쓰인 문장을 사동문으로 보기 어려울 수도 있다. 그러나 앞의 각주 2)에서 설명하였듯이, '사동'이 나타내는 의미의 핵심은 '원인-결과'의 복합 사태이다. 이러한 관점에서 '사동'을 이해한다면 형용사에서 파생된 사동사가 쓰인 문장이 '시킴'의 의미를 지니지 않더라도 충분히 사동의 범위 내에 들어올 수 있다. 한편, "지수가 짐을 옮기다."와 같은 문장은 "*짐이 옮았다."와 같은 주동문을 상정하기 어렵지만 형용사에서 파생한 사동사를 사동사로 인정하는 것과 마찬가지의 이유로 사동문으로 인정될 수 있다.

통사론에서도 다루어지고 있다.[8]

　자동사나 형용사에서 파생된 사동사가 쓰인 문장에서는 본래의 주어가 목적어가 되며, 타동사에서 파생된 사동사가 쓰인 문장에서는 본래의 주어가 목적어, 또는 '에게'나 '한테'가 붙은 말이 되어 나타난다.

> (10)　가. <u>얼음이</u> 녹았다.
>
> 　　　　나. 우리가 <u>얼음을</u> 녹였다.
>
> (11)　가. <u>길이</u> 넓다.
>
> 　　　　나. 시에서 <u>길을</u> 넓힌다.
>
> (12)　가. 어린 아이가 짐을 <u>졌다.</u>
>
> 　　　　나. 왜 어린 아이에게(어린 아이한테) 짐을 <u>지웠느냐?</u>
>
> 　　　　다. 왜 어린 아이를 짐을 <u>지웠느냐?</u>

　그런데 모든 동사가 그에 대응하는 사동사가 있는 것이 아니라, 사동사의 파생은 극히 제한되어 있다. 사동사의 파생이 극히 제한되어 있다는 것은 '가다, 하다, 모으다, 닫다…' 등 아주 흔히 쓰이는 동사에 대한 파생 사동사가 없다는 것을 미루어 보아서도 알 수 있다. 그리고 사동사는 파생 동사인 만큼 단순히 주동에 대한 사동으로서의 의미 외에 특수한 의미를 지니는 일이 있어서 사동사에 의한 사동문 중에는 그에 대응되는 주동문이 없는 경우가 있다.

> (13)　우리 집은 소 다섯 마리를 <u>먹이고 있다.</u>

　(13)에서 '먹이다'는 '먹다'에 사동 접미사가 붙어서 파생된 동사이지만 이때의 '먹이다'는 '먹다'에 대한 사동으로서의 뜻이 아니라 '사육하다'의 뜻으로 쓰였다. 따라서 위의 여러 예에서 보아온 것과 같이 이에 대응되는 주동문이 없다. 즉 (13)은 '소가 먹는다'와 같은 주동문을 사동화한 것이 아니다.

---

8 이러한 논란은 문법에 대한 관점의 차이와 관련된다. 문법을 엄격하게 보는 입장에서는 사동사에 의한 사동은 파생 접사에 의한 것이고 불규칙한 성질을 많이 띠므로 문법적인 것보다는 어휘적인 것에 더 가깝다고 이해할 것이고 문법을 다소 느슨하게 보는 입장에서는 사동사에 의한 사동도 결국 접사라는 문법적 장치에 의한 것일 뿐만 아니라 '-게 하다' 사동에서 보이는 주동문·사동문 간의 문법적 대응 관계가 분명히 드러나므로 문법적인 것으로 이해할 것이다. 최근에는 문법을 다소 느슨하게 보는 관점에서 사동사에 의한 사동도 문법적인 것으로 이해하는 것이 더 일반적인 흐름이다.

본문의 예 (13)은 '먹다'에서 파생된 사동사 '먹이다'가 통시적 변화를 입어 특수한 의미가 추가된 경우라고 할 수 있다. 이처럼 의미상의 변화가 일어난 경우가 아니라도 사동사에 의한 사동은 대응되는 주동문을 찾기 어려운 경우가 많다. 예컨대, "지수는 그의 결혼 소식을 나에게 숨겼다."와 같은 문장에서 '숨기다'는 사동 접사 '-가'와 '숨다'라는 주동사와의 관계를 고려하면 사동사로 볼 수 있지만, "*그의 결혼 소식이 숨었다."와 같은 주동문은 성립하지 않는다.

사동사 파생이 매우 제한적인 것은 동일한 동사나 형용사라도 다의어인 경우 그 의의 (sense)에 따라 사동사 파생 가능성이 다르다는 사실에서도 찾을 수 있다. 가령, '회전 운동' 을 뜻하는 '돌다'는 '돌리다'로 사동사 파생이 가능하지만 '소문이 돌다', '머리가 돌다(정신이 이상하다)' 등의 '돌다'는 사동사 파생이 불가능하다.

사동문은 그 뜻이 중의적(重義的)인 경우가 많다.

　　(14)　할머니께서 동생에게(동생한테) 밥을 <u>먹이셨다</u>.

(14)는 할머니가 동생이 스스로 밥을 먹도록 어떤 간접적인 행위를 했다는 뜻인지, 할머니가 직접 밥을 입에 넣어 주어 먹인 것인지가 불분명하다. 전자를 '간접 사동', 후자를 '직접 사동'이라고 한다. '간접 사동'은 사동주가 사건이 일어나게 하기는 하지만 피사동주에게 직접적으로 행위를 하지 않는 것이고 '직접 사동'은 피사동주에게 직접적인 행위를 하여 사건이 일어나게 하는 것이다. 사동사에 의한 사동은 간접 사동과 직접 사동의 뜻으로 모두 해석이 가능하지만 뒤에서 살펴볼 '-게 하다'에 의한 사동은 간접 사동의 뜻으로만 해석된다.

　　(15)　가. 내가 잘못해서 자식을 <u>죽였구나</u>.
　　　　　나. 그 사람이 그만 집을 <u>태웠다</u>.

(15)도 모두 주어의 직접 행위인지 간접 행위인지가 불분명해서 직접 사동과 간접 사동의 두 가지 해석이 다 가능하다. 즉, (15가)는 내가 직접 살인 행위를 했다는 뜻과, 내가 부주의해서 살릴 수 있는 아들을 못 살렸다는 뜻을 나타낼 수 있고, (15나)도 그 사람이 직접 집을 태우는 행위를 했다는 뜻과, 운수가 나빠서 집이 타는 재앙을 만났다는 뜻일 수 있다.

12.1.2. '-게 하다'에 의한 사동법

사동법은 사동사에 의한 것 외에 '-게 하다'에 의한 사동법이 있다는 것은 앞에서 언급한 바 있다. 즉, 주동사의 어간에 어미 '-게'를 붙이고 보조 동사 '하다'를 써서 사동의 뜻을 나타내기도 한다. 이때 주동문의 주어는 그대로 쓰이기도 하지만 조사 '를'을 취하여 목적어가 되거나 조사 '에게' 또는 '한테'를 취하기도 한다.

(16) 가. 이 짐을 <u>지호가</u> 지게 합시다.
　　 나. 나는 <u>아이들을</u> 내 방에서 놀게 하였다.
　　 다. 왜 <u>어린 아이에게</u>(어린 아이한테) 고된 일을 하게 하는가?
　　 라. <u>저분을</u> 이 자리에 앉으시게 하시지요.
　　 마. 지금보다 <u>담장을</u> 더 높게 해 주십시오.

(16가)에서는 주동문의 주어가 그대로 쓰였고,[9] (16다)에서는 '에게(한테)'가 붙어 여격으로 쓰였으며[10] (16나), (16라), (16마)에서는 목적어로 쓰였다.[11] 시간 표현의 어미 '-았, -겠…' 등은 '하다'에 붙는다. 주체 높임을 나타내는 '-시'는 주동문의 주어를 높이느냐, 사동문의 주어를 높이느냐에 따라서 나타나는 자리가 다르다. (16라)의 '앉으시게'의 '-시'는 '앉는' 행위의 주체인 '저분'을 높인 것이며, '하시지요'의 '-시'는 '하다'의 주체인 말 듣는 이를 높인 것이다.[12] (16마)는 형용사에 '-게 하다'가 붙어 쓰인 예이다.

---

9 이처럼 '-게 하다'에 의한 사동에서는 사동사에 의한 사동과 달리 주동문의 주어가 사동문에서도 주어로 쓰일 수 있다. 이는 '-게 하다'에 의한 사동문이 사동사에 의한 사동문과 달리 복문 구조를 이루기 때문일 것이다. 예컨대, "지수는 수정이가 짐을 지게 했다."는 '[지수는 [수정이가 짐을 지게] 했다]'와 같이 '수정이가 짐을 지게'라는 안은절을 안고 있는 겹문장 구조로 이해할 수 있다.

10 '여격(與格, dative)'은 "지수는 친구에게 선물을 주었다.", "어머니는 꽃에 물을 주었다."와 같이 '에'와 '에게'가 수여(授與) 동사 구문에서 수여 대상을 나타내기 때문에 붙여진 이름이지만 수여 구문에 나타나지 않더라도 관습적으로 '에'와 '에게'를 '여격'이라고 하는 경우가 많다.

11 '-게 하다' 사동문은 피사동주가 어떠한 문장 성분으로 나타나느냐에 따라 피사동주에 대한 사동주의 통제력과 관련하여 미세한 의미 차이가 드러난다.
　ㄱ. 어머니는(사동주) 아이가(피사동주: 주어) 우유를 마시게 했다.
　ㄴ. 어머니는(사동주) 아이에게(피사동주: 부사어) 우유를 마시게 했다.
　ㄷ. 어머니는(사동주) 아이를(피사동주: 목적어) 우유를 마시게 했다.
　(ㄱ)은 사동주인 어머니가 피사동주인 아이에게 우유를 마시게끔 허락했다 정도의 의미를 함축하고 (ㄴ)은 사동주인 어머니가 피사동주인 아이에게 우유를 마시라고 약하게 명령하거나 권유했다 정도의 의미를 함축한다. 그러나 (ㄷ)은 사동주인 어머니가 피사동주인 아이에게 우유를 마시게 강요하거나 억지로 먹게 했다 정도의 의미를 함축한다. 즉, 피사동주에 대한 사동주의 통제력은 '(ㄷ) > (ㄴ) > (ㄱ)'의 순서로 정리되는 것이다.

형용사에도 '-게 하다' 사동문이 있다고 보는 것이 좋을 듯하다.

12.1.3. 사동문의 의미 해석

사동사에 의한 사동문과 '-게 하다' 사동문 사이에는 때에 따라서 뜻이 같지 않은 경우가 있다.

(17) 가. 아이 어머니가 아이에게 새 옷을 입히었다.
　　 나. 아이 어머니가 아이에게 새 옷을 입게 하였다.
(18) 가. 민지가 동생을 자기 방에서 울리었다.
　　 나. 민지가 동생을 자기 방에서 울게 했다.
(19) 가. 선생님께서 지호에게 책을 읽히셨다.
　　 나. 선생님께서 지호에게 책을 읽게 하셨다.

(17가)는 아이 어머니가 직접 아이에게 새 옷을 입히었다는 직접 사동의 해석과 아이 어머니가 아이로 하여금 (스스로) 새 옷을 입도록 하였다는 간접 사동의 해석이 모두 가능한데, (17나)는 아이 어머니가 아이에게 새 옷을 직접 입히었다는 뜻은 없다. (18가)에서는 민지가 자기 방에서 동생을 괴롭히거나 때리거나 해서 직접 울리었다는 뜻을 나타내고 있는데, (18나)에서는 동생이 어찌해서 울게 됐는지는 모르지만 (밖에서 울지 말고) 자기 방에 가서 울도록 조처했다는 뜻이다. 즉, (가)는 주어의 직접 행위를 나타내는데 (나)는 간접 행위를 보인다. (19가)와 (19나)는 뜻이 같다. 책을 읽은 것은 지호이고, 지호가 책을 읽도록 한 것이 선생님이라는 뜻이 (가)와 (나)에서 다 같다.

요컨대, 사동사에 의한 사동문은 간접 사동은 물론 직접 사동도 나타내는데, '-게 하다'에 의한 사동문은 간접 사동만 나타낸다.

---

12 이를 달리 표현하면, '앉으시게'의 '-시'는 피사동주를 높이는 것이고 '하시지요'의 '-시'는 사동주를 높이는 것이다.

▌간접 사동과 직접 사동 ▌

    사동사에 의한 사동(파생적 사동, 단형 사동)은 간접 사동과 직접 사동으로 모두 해석되지만 '-게 하다'에 의한 사동(통사적 사동, 장형 사동)은 간접 사동으로만 해석된다. 이는 통언어적(cross-linguistic)으로 발견되는 경향성이다. 즉, 통언어적으로 파생적 사동은 대개 직접 사동으로 해석되고 통사적 사동은 대개 간접 사동으로 해석된다. 이러한 경향성이 나타나는 몇 가지 가설이 있다. 인지적 거리와 문법 형식의 길이의 상관관계로 설명하자면 직접 사동은 피사동주에 대한 사동주의 직접적 행위를 나타내므로 간접 사동에 비해 사동주와 피사동주의 인지적 거리가 짧지만 간접 사동은 피사동주에 대한 사동주의 간접적 행위를 나타내므로 직접 사동에 비해 사동주와 피사동주의 인지적 거리가 멀다는 것이다. 이러한 인지적 거리의 차이가 문법 형식의 길이 차이로 이어져 인지적 거리가 가까운 직접 사동은 형식이 짧은 단형 사동이 쓰이고 인지적 거리가 먼 간접 사동은 형식이 긴 장형 사동이 쓰이는 것이다.

12.1.4. 두 가지 사동법의 통사적 차이

사동사에 의한 사동문과 '-게 하다' 사동문 사이에는 통사적으로 다른 점이 많다. 첫째로, 부사의 수식 범위가 다르다.

    (20) 가. 어머니가 아이에게 옷을 <u>빨리</u> 입혔다.
           나. 어머니가 아이에게 옷을 <u>빨리</u> 입게 했다.
    (21) 가. 나는 지호에게 그 책을 <u>못</u> 읽혔다.
           나. 나는 지호에게 그 책을 <u>못</u> 읽게 했다.

    (20)의 부사 '빨리'는 (가)에서는 어머니의 행위를 꾸미고 있는데, (나)에서는 아이의 옷 입는 행위를 수식하고 있다. (21)의 부사 '못'은 (가)에서는 지호에게 책을 읽히는 나의 행위가 불가능했다는 뜻으로 쓰였는데, (나)에서는 지호가 그 책을 읽을 수 없도록 했다는 뜻으로 쓰였다.[13]

    둘째로, 보조 동사의 쓰이는 자리가 '-게 하다' 사동문에서는 더 자유스럽다.

---

13 이러한 차이가 나타나는 것은 앞의 각주 9)에서 언급한 바와 같이 '-게 하다'에 의한 사동문이 사동사에 의한 사동문과 달리 겹문장 구조를 이루기 때문인 것으로 해석된다. 가령, (20나)와 (21나)는 각각 '[어머니는 아이에게 [e 빨리 옷을 입게] 했다]', '[나는 지호에게 [e 그 책을 못 읽게] 했다]'(e는 복문에서 동일 명사구에 의해 생략된 성분을 나타냄)의 구조를 지니는 겹문장으로 볼 수 있다. 그렇다면 '빨리'와 '못'이 피사동주의 행위를 수식하는 것은 이들 부사가 안은절 내에 있어 안은절 서술어인 '입다'와 '읽다'를 수식하기 때문이라고 쉽게 설명된다.

(22) 가. 나는 지호에게 책을 읽혀 <u>보았다</u>.
　　 나. 나는 지호에게 책을 읽어 <u>보게</u> 하였다.
　　 다. 나는 지호에게 책을 읽게 해 <u>보았다</u>.

　사동사에 의한 사동문인 (22가)에서는 보조 동사 '보다'가 사동사 다음에만 쓰일 수 있으나, '-게 하다' 사동문인 (22나), (22다)에서는 보조 동사가 쓰일 수 있는 자리가 두 군데 있으며, 따라서 그 뜻도 더 변화 있게 쓸 수 있다.
　셋째로, 주체 높임의 어미 '-시'가 쓰일 수 있는 자리가 사동사에 의한 사동문에서는 한 군데밖에 없으나, '-게 하다' 사동문에서는 두 군데가 있다.[14]

(23) 가. 선생님께서 지호에게 책을 읽히<u>시</u>었다.
　　 나. 선생님께서 지호에게 책을 읽게 하<u>시</u>었다.
　　 다. 우리들이 선생님께 책을 읽으<u>시</u>게 하였다.
　　 라. 박 선생님께서 우리 선생님께 책을 읽으<u>시</u>게 하<u>시</u>었다.

　사동사에 의한 사동문인 (23가)에서는 사동문의 주어만 높여서 말할 수 있는 것을 알 수 있다. 그러나 (23나), (23다), (23라)에서 보는 바와 같이 '-게 하다' 사동문에서는 사동문의 주어를 높일 수 있고, 시킴을 받는 사람을 높일 수 있으며, 둘을 동시에 높일 수도 있다.
　넷째로, '-게 하다' 사동문에서는 사동사를 다시 사동화할 수 있다.

(24) 내가 지호에게 토끼한테 풀을 먹이게 하였다.

　(24)는 '-게 하다'를 이용하여 사동사인 '먹이다'를 재차 사동화한 것이다.

12.2. 피동

　어떤 행위나 동작이, 주어로 나타내어진 인물이나 사물이 제 힘으로 행하는 것이 아니라, 남의 행동에 의해서 되는 것을 피동(被動)이라 하고, 이러한 피동의 표현법을 문법적

14　이러한 차이가 나타나는 것도 '-게 하다'에 의한 사동문이 사동사에 의한 사동문과 달리 겹문장 구조를 이루기 때문으로 해석된다. 보조 동사 '하다'는 사동주의 행위를 나타내므로 이에 '-시'가 결합하면 사동주를 높이게 되는 것이고 안긴절 서술어는 피사동주의 행위를 나타내므로 이에 '-시'가 결합하면 피사동주를 높이게 되는 것이다.

으로 피동법이라 한다. 피동에 대해 남의 동작이나 행위를 입어서 되는 것이 아니라 스스로의 힘으로 행하는 행위나 동작을 능동(能動)이라 한다.

(25) 가. 그렇게 오랫동안 <u>잡으려고</u> 해도 <u>잡히지</u> 않던 도둑이 어제 경찰에 잡히었다고 한다.
　　　 나. 이 글씨는 아무리 <u>지우려고</u> 해도 <u>지워지지</u> 않는다.

위의 예문 (25가)의 동사 '잡다'는 행위자 스스로의 행동인 능동을 나타내는 능동사이고, '잡히다'는 '잡다'에서 파생된 피동사이다. 피동법은 피동사에 의한 것과, '-어지다(-아지다)'에 의한 것이 있다. 예문 (25나)의 '지워지다'는 능동사 '지우다'의 어간에 '-어지다'를 붙여서 만든 피동 표현이다. '-어지다(-아지다)'의 '지다'는 보조 동사이다. 피동사에 의한 피동은 파생어인 피동사에 의한 피동이라고 하여 '파생적 피동'이라고도 하고 '-어지다'에 의한 피동은 통사적 구성에 의한 피동이라고 하여 '통사적 피동'이라고도 한다.

▌피동과 태(態)▐

'被動'이라는 한자에서 이미 잘 드러나 있는 것처럼 '피동'은 '당함'의 의미와 관련하여 정의되는 것이 일반적이다. 그러나 '피동'은 태(態, voice) 범주의 하나로서, 태는 의미역과 문법 기능의 일반적인 대응 관계가 바뀌는 현상이 문법적으로 표시되는 것을 말한다.

ㄱ. 경찰이(동작주) 도둑을(피동작주) 잡았다.
ㄴ. 도둑이(피동작주) 경찰에게(동작주) 잡혔다.

일반적으로 주어는 동작주(Agent)에, 목적어는 피동작주(Patient)나 대상역(Theme)에 대응되는데(ㄱ) 이러한 문장이 나타내는 명제적 내용과는 동일하지만 피동작주가 주어로 나타나고 동작주가 부사어로 나타나거나 없어져 버리는 현상(ㄴ)을 가리키는 태 범주를 '피동'이라고 한다. 요컨대, '피동'의 핵심은 동작주 주어의 강등(降等, demotion)에 있는 것이고 '당함'의 의미도 동작주 주어가 부사어가 되거나 없어져 버리는 강등 현상을 통해 나타나는 것이다. 따라서 '당함'의 의미가 명확하지 않더라도 '피동'의 범위에 포함될 수 있는 경우도 있음을 유의할 필요가 있다.

12.2.1. 피동사에 의한 피동법

피동사에 의한 피동법은 다음과 같다.

(26) 가. 언니가 동생을 <u>업었다</u>.

　　　 나. 동생이 언니에게(언니한테) <u>업히었다</u>.

(27) 가. 민지가 지호를 <u>밀었다</u>.

　　　 나. 지호가 민지에게(민지한테) <u>밀리었다</u>.

위 예문의 (가)는 능동문이고 (나)는 피동문이다. 이들 피동문에는 해당 능동문의 동사 '업다, 밀다'에서 파생된 피동사 '업히다, 밀리다'가 쓰이고, 능동문의 목적어가 주어가 되었으며, 능동문의 주어는 조사 '에게'나 '한테'가 붙어서 부사어가 되었다. 피동사에 의한 피동문은 능동문으로부터 이와 같은 방식으로 만들어진다.

▌피사동과 자릿수 ▌

사동은 기존의 주동문에 사동주라는 새로운 사건 참여자가 주어로 도입되는 과정이므로 사동사는 대개 주동사보다 자릿수가 한 자리 더 늘어나게 된다. 따라서 한 자리 서술어인 주동사가 사동사가 되면 두 자리 서술어가 되고 두 자리 서술어인 주동사가 사동사가 되면 세 자리 서술어가 된다.

'피동'의 핵심은 동작주 주어가 부사어가 되거나 없어져 버리는 데에 있다. 따라서 서술어의 자릿수 관점에서 볼 때, 피동은 서술어의 자릿수가 한 자리 줄어드는 현상이라고 할 수 있다. '사동'이 자릿수가 한 자리 더 늘어나는 과정이라는 점을 고려해 본다면, 적어도 자릿수의 측면에서 '피동'은 '사동'과 정반대의 과정인 셈이다. 그러나 이는 자릿수의 측면에서만 그러하고 그 의미나 기능의 측면에서는 '피동'과 '사동'을 한데 묶어 보기는 어려울 것이다.

피동사는 능동인 타동사에 피동 접미사 '-아, -하, -라, -가…' 등이 붙어서 이루어지는 파생 동사이다. 예를 들면 다음과 같다.[15]

(28) 능동사(타동사) ⇨ 피동사

　　　보다 → 보<u>이</u>다, 쓰다 → 쓰<u>이</u>다, 파다 → 파<u>이</u>다, 놓다 → 놓<u>이</u>다, 섞다 → 섞<u>이</u>다

　　　잡다 → 잡<u>히</u>다, 박다 → 박<u>히</u>다, 밟다 → 밟<u>히</u>다, 묻다 → 묻<u>히</u>다, 얹다 → 얹<u>히</u>다

　　　물다 → 물<u>리</u>다, 풀다 → 풀<u>리</u>다, 갈다 → 갈<u>리</u>다, 팔다 → 팔<u>리</u>다

　　　안다 → 안<u>기</u>다, 끊다 → 끊<u>기</u>다, 감다 → 감<u>기</u>다, 찢다 → 찢<u>기</u>다

---

15 지금은 피동 접사 '-아, -하, -라, -가'를 파생 접사로 보는 것이 일반적이지만 과거에는 이들을 굴절 접사, 즉 어미로 이해하기도 하였고 굴절 접사와 파생 접사의 중간적 성격인 것으로 이해하기도 하였다. 또한 피동 접사 '-아, -하, -라, -가'는 통시적으로 한 형태소의 이형태였을 것으로 보이지만 공시적으로는 그 교체 조건을 명확히 밝히기 어렵다.

피동사와 사동사는 서로 모양이 같은 것이 많다. '보이다, 잡히다, 업히다, 끌리다, 뜯기다…' 등은 피동사이면서 동시에 사동사이기도 한 것이다.

피동사의 파생은 모든 타동사에 적용되는 것은 아니다. 피동사가 파생되지 않는 것이 더 많다. '주다, 받다, 얻다, 잃다, 참다, 돕다, 알다, 배우다, 바라다, 느끼다, 닮다, 만나다…' 등의 많은 동사가 그에 대응되는 피동사가 없으며, '-하다'로 끝나는 동사, 예컨대 '좋아하다, 슬퍼하다, 사랑하다, 공부하다, 조사하다…'는 모두 피동사화하지 않는다. 또 사동사도 피동사화하지 않는다.[16]

▮ 피동사 파생과 다의 의미 ▮

피동사 파생이 매우 제한적인 것은 동일한 동사라고 할지라도 다의어인 경우 그 의의(意義, sense)에 따라 피동사 파생의 가능성이 달라진다는 사실에서도 찾을 수 있다. 예컨대, '음식 섭취'를 뜻하는 '먹다'는 '먹히다'로 피동사 파생이 가능하지만 '뇌물을 먹다', '나이를 먹다' 등의 '먹다'는 피동사 파생이 불가능하다. 또한 앞서 살펴본 사동사의 경우와 마찬가지로 피동사의 형식을 지니지만 특수한 의미를 지녀 대응되는 능동문을 상정하기 어려운 경우도 있다. 가령, "이 광고는 신세대들에게 잘 먹혔다."의 '먹히다'는 '먹다'의 피동사 형태이지만 '어떠한 말이나 행위가 상대에게 잘 받아들여지다'라는 특수한 의미를 지니고 이에 대응되는 능동문을 상정할 수 없다.

피동사는 모두 자동사인 것이 원칙이지만 반드시 자동사라고만 할 수 없는 경우도 있다.[17]

(29) 가. 경찰이 도둑을 <u>잡았다</u>.
　　　나. 도둑이 경찰에게(경찰한테) <u>잡혔다</u>.
　　　다. 도둑이 경찰에게(경찰한테) 발목을 <u>잡혔다</u>.

---

16 파생 접사 '-하'에 의해 파생된 동사는 '되다', '받다', '당하다'를 통해 피동의 의미를 나타낼 수 있다. 앞서 우리는 '되다', '받다', '당하다'에 의한 피동은 문법적인 것으로 보지 않는다고 하였다. 그런데 이에 대해서도 학자에 따라 입장 차이가 있다. 특히 『표준국어대사전』에서는 '되다', '받다', '당하다'를 접사로 보고 있는데, 만약 이를 접사로 본다면 이들에 의한 피동도 피동사에 의한 피동과 크게 다르지 않는 것이 된다. 그래서 현행 학교 문법이나 일부 문법서에서는 '되다', '받다', '당하다'를 접사로 보고 이에 의한 피동을 피동사에 의한 피동으로 다루기도 한다. 현행 학교 문법에서도 '-시키-', '-되-', '-당하-'에 대해 사동과 피동의 테두리에서 다루고 있다.

17 피동문은 타동 구문에서 자릿수가 한 자리 줄어들면서 형성되므로 자릿수의 측면에서만 본다면 피동사는 대개 자동사가 된다. 그러나 동사의 논항 구조나 개념 구조 측면에서 보면 피동사는 전형적인 자동사와 차이가 있어 피동사를 자동사로 볼 수 있을지에 대해서는 학자에 따라 입장의 차이가 존재한다.

(29)의 피동사 '잡히다'가 (나)에서는 자동사로 쓰였지마는, (다)에서는 목적어 '발목을'이 있어서 이 경우에는 타동사로 쓰인 것으로 볼 수밖에 없다.[18]

> **┃ 목적어 있는 피동문 ┃**
>
> 피동사는 자동사이므로 이른바 '목적어 있는 피동문'은 피동문이 아니라고 보는 입장도 있다. 그러나 (29다)는 "경찰이 도둑을 발목을 잡았다."의 능동문에서 피동작주 목적어가 주어가 되고 동작주 주어가 강등되어 부사어로 나타났다는 점에서 피동문의 핵심적 속성을 잘 만족한다. 한편, 이와 같이 목적어 있는 피동문은 두 목적어가 '전체-부분'의 의미 관계를 이루는 이중 목적어 구문이 능동문일 때 형성될 수 있다. 따라서 목적어 있는 피동문은 "도둑은 발목이 경찰에게 잡혔다."와 같이 두 개의 목적어가 모두 주어로 나타나서 목적어가 없는 일반적인 피동문이 될 수도 있다.

위에서, 피동사에 의한 피동문에서는 능동문의 목적어가 주어가 되고, 주어는 부사어가 되어 나타난다고 하였다. 그러나 주어진 능동문에 대해 그에 대응되는 피동문이 없거나, 피동문만 있고 그에 대응되는 능동문을 찾을 수 없는 경우가 있다. 능동사와 그에서 파생된 피동사가 서로 짝지어 있는 경우에도 그러한 일이 있다.

  (30) 가. 지호가 칭찬을 들었다.
        나. *칭찬이 지호에게(지호한테) 들리었다.
  (31) 가. 지호가 풀을 열심히 <u>뽑았다</u>.
        나. *풀이 지호에게(지호한테) 열심히 <u>뽑혔다</u>.
  (32) 가. 지호가 민지한테 <u>밀려서</u> 회장 선거에 떨어졌다.
        나. *민지가 지호를 <u>밀어서</u> 선거에 떨어졌다.

(30)과 (31)은 주어진 능동문에 대해 그에 대응되는 피동문이 없는 것을 보이는 예이며, (32)는 주어진 피동문에 대해 그에 대응하는 능동문이 없는 것을 보이는 예이다.

능동문의 주어가 유정 명사이면 조사 '에게'나 '한테'가 붙지만, 무정 명사이면 조사 '에'가 붙는다.

---

18 "철수는 영수에게 돈을 **빼앗겼다**."에서 '빼앗기다'는 피동사인데 그 앞에 주어 아닌 목적어가 와 있다. 그리하여 이를 '목적어 있는 피동문'이라 불러 왔다. 목적어 있는 피동문은 그 사이 많은 논의가 있었으나 고영근(2017, 2018나: 333-341)에서 접미사 '-가'가 '돈을 빼앗다'라는 구에 붙은 것으로 보는 '구형 파생법'이 제안되기도 하였다. 구형 파생법에 대하여는 고영근 (2017, 2018나: 340)을 참고하라.

(33) 가. <u>폭풍이</u> 온 마을을 휩쓸었다.

　　 나. 온 마을이 <u>폭풍에</u> 휩쓸렸다.

　그런데 이러한 때에 다음의 예에서와 같이 능동문과 피동문의 대응이 없는 경우가
많다.

(34) 가. *죄의식이 항상 그를 <u>쫓는다</u>.

　　 나. 그가 항상 죄의식에 <u>쫓긴다</u>.

(35) 가. *바람이 문을 <u>닫았다</u>.

　　 나. 문이 바람에 <u>닫혔다</u>.

　이러한 모든 사실로 보아 능동문과 파생 피동사에 의한 피동문 사이의 관계는 엄격하
게 규칙화되는 것이 아니라고 할 수 있다. 피동사는 파생 동사이기 때문에 그 나름대로
독특한 뜻을 지니게 되며, 따라서 능동문과의 관계가 성립되지 않는 일이 있는 것이다.
'열매가 <u>열리다</u>', '날씨가 <u>풀리다</u>' 등은 어떤 능동문과도 관계를 지을 수가 없다. 이처럼
대응되는 능동문을 상정할 수 없으면 이를 피동문이라고 할 수 있을지 논란이 될 수
있다. 이로 인해 논의에 따라서는 대응되는 능동문을 상정할 수 없으면 피동문으로 보기
어렵다는 입장을 취하기도 한다. 그러나 여기서는 피동사는 파생 동사이기 때문에 그
특수성을 인정하여 능동문과의 관계가 성립되지 않는 것을 자연스러운 현상으로 이해하
고 이러한 예들도 피동문으로 보기로 한다.

　위에서 능동문과 피동문이 서로 대응되는 경우에는 능동문의 주어가 피동문에서 조사
'에게, 한테, 에'를 가진 여격의 부사어로 나타난다고 했는데, 어떤 경우에는 이들 조사
대신 '에 의해(서)'가 쓰여야 하는 때가 있다.

(36) 가. 지호가 바위에 구멍을 뚫었다.

　　 나. *바위에 구멍이 <u>지호에게</u>(지호한테) 뚫리었다.

　　 다. 바위에 구멍이 <u>지호에 의해</u> 뚫리었다.

(37) 가. 형이 모자를 책상 위에 놓았다.

　　 나. *모자가 <u>형에게</u>(형한테) 책상 위에 놓였다.

　　 다. 모자가 <u>형에 의해</u> 책상 위에 놓였다.

　조사 '에게, 한테, 에'를 쓰느냐, '에 의해(서)'를 쓰느냐 하는 것은 피동사의 종류에
따라 결정되는 것으로 보인다. '끊기다, 묻히다[被埋], 걸리다, 닫히다, 풀리다, 찢기다…'

등은 '에 의해(서)'를 요구하며 '안기다, 잡히다, 눌리다, 보이다, 쫓기다…' 등은 조사 '에게, 한테, 에'를 취한다.[19]

12.2.2. '-어지다'에 의한 피동법

'-어지다/-아지다'에 의한 피동은 별반 큰 제약이 없이 거의 모든 동사에 쓰인다.

(38) 가. 지호가 나의 오해를 풀었다.
　　　나. 나의 오해가 지호에 의해 비로소 풀어졌다.
(39) 가. 김 박사의 연구진이 새로운 사실을 밝혔다.
　　　나. 새로운 사실이 김 박사의 연구진에 의해 밝혀졌다.

'-어지다/-아지다'는 자동사, 타동사, 형용사에 모두 붙을 수 있고 (39)의 '밝혀지다'와 같이 타동사화한 파생 사동사에도 붙을 수 있다.[20]

그런데 '-어지다/-아지다'도 (38), (39)에서와 같이 반드시 능동문에 대응되는 것은 아니다. 그렇지 않은 경우도 많다. 그리고 그러한 경우에 파생 피동사에 의한 문장과 비교해 보면 서로 뜻의 차이가 있음을 알 수 있다.

(40) 가. 유리 조각이 몸에 박히었다.
　　　나. ?유리 조각이 몸에 박아졌다.
(41) 가. 연이 전깃줄에 걸리었다.
　　　나. ?연이 전깃줄에 걸어졌다.
(42) 가. 오늘은 책이 잘 읽힌다
　　　나. 오늘은 책이 잘 읽어진다.

19　이러한 사실과 별도로, "김 부장이 우리에게 새로운 업무를 주었다."와 같이 능동문에 이미 '에/에게' 부사어가 있는 경우는 "김 부장에 의해 새로운 업무가 우리에게 주어졌다."와 같이 능동문의 주어는 피동문에서 '에 의해'로 나타난다.

20　자동사와 결합한 '-어지다'나 형용사와 결합한 '-어지다'는 의미상으로나 통사적으로나 피동과 거리가 멀다.
　　ㄱ. 다리가 아파서 이제는 더 이상 안 뛰어져요.
　　ㄴ. 방이 따뜻해졌다.
　　(ㄱ)의 '뛰어지다'는 자동사에 '-어지다'가 결합한 예이고, (ㄴ)의 '따뜻해지다'는 형용사에 '-어지다'가 결합한 예이다. 이들 예에서는 동작주 주어의 강등이 나타나지 않을 뿐만 아니라 의미상으로도 (ㄱ)은 '가능'의 의미를, (ㄴ)은 '상태 변화'의 의미를 나타낸다. 이로 인해 이때의 '-어지다'는 피동으로 보지 않는 것이 일반적이지만 논의에 따라서는 이러한 '-어지다'의 의미가 '피동'이 지니는 의미적 특성에 의해 나타나는 것이라고 보는 경우도 있다.

(40), (41)에서 (가)는 아무도 원하지 않는데 저절로 그렇게 되는 것을 뜻하고, (나)는 그런 결과가 이루어지기를 바라는 어떤 의도적인 힘이 가해져서 그렇게 되는 것을 보이는 듯하다. (42)에서도 그러한 뜻의 차이가 보인다.

> (43) 가. 하수구가 막혔다.
>   나. 하수구가 막아졌다.
> (44) 가. 못이 저절로 뽑혔다,
>   나. ?못이 저절로 뽑아졌다.

피동사에 의한 피동과 달리 '-어지다'에 의한 피동은 동작주의 의도가 작용하여 사태가 발생한 것이라는 함축을 지닌다. 그래서 (43가)는 동작주의 의도와 상관없이 이물질 때문에 하수구가 막힌 것을 의미한다면, (43나)는 동작주가 하수구를 막으려고 해서 하수구가 막힌 것을 의미한다는 차이가 있다. 이러한 의미적 차이로 인해 피동사에 의한 피동과 '-어지다'에 의한 피동은 부사 '저절로'와의 공기 여부에서도 차이가 난다. 피동사에 의한 피동은 동작주의 의도가 없으므로 (44가)와 같이 '저절로'와의 공기가 자연스럽지만 '-어지다'에 의한 피동은 동작주의 의도가 작용하므로 (44나)에서와 같이 '저절로'와의 공기가 다소 어색하다.

▌이중 피동 ▌

'나뉘어지다, 믿겨지다, 보여지다, 불려지다, 쓰여지다, 읽혀지다, 잊혀지다…'와 같이 피동사에 다시 '-어지다'가 붙어 피동의 의미가 중복되는 것을 이중 피동이라 한다. 이를 규범적인 측면에서는 문법적인 오류로 보기도 하나 최근에는 '잊히다'보다 '잊혀지다'가 많이 쓰이고 있고 '보이다'와 '보여지다'를 다른 의미로 쓰는 경우도 있어 이러한 이중 피동을 모두 오류로 보기는 어렵다.

더 읽을거리

1. 피동과 사동에 대한 전반적 논의

2000년대 이전의 피동과 사동에 대한 연구사 검토로는 김흥수(1998)을 참고할 수 있다. 피동과 사동에 대한 전반적 논의로는 송복승(1995), 우인혜(1997), 송창선(1998), 이상억(1999), 이정택(2004), 남수경(2011가) 등이 참고된다. 우인혜(1997), 이정택(2004), 남수경(2011가)는 피동에 대한 전반적 논의이고 송창선(1998)은 사동에 대한 전반적 논의이다. 송복승(1995)에서는 피동사와 사동사의 논항 구조에 대해 자세히 살펴볼 수 있다. 한편, 최근 언어 유형론 연구가 활발해지면서 국어의 피동과 사동도 언어 유형론적 관점에서 연구되기 시작했다. 이에 대해서는 연재훈(2011), 백정화(2018)이 참고된다. 그간의 피동과 사동의 연구가 형태·통사적 관점으로만 이루어졌다면 이들 논의에서는 피동과 사동의 의미·화용적 특성뿐만 아니라 이러한 특성이 피동과 사동의 형태·통사적 특성과 어떠한 관련을 맺는지 자세히 살펴보고 있어 국어의 피동과 사동에 대한 이해를 한층 더 깊게 해 준다.

2. 피사동주의 격 표지 선택과 사동문의 의미

사동문에서 피사동주는 주격('이/가'), 목적격('을/를'), 여격('에게') 등 다양한 격 표지로 나타날 수 있는데, 이들 격 표지 중 무엇이 선택되느냐에 따라 미세한 의미 차이가 나타난다. 이에 대해서는 김기혁(2009), 연재훈(2011: 4장)이 좋은 참고가 된다. 이들 논의에서는 격 표지 선택에 따른 사동문의 의미 차이는 물론이고 격 표지 선택에 따라 사동문의 의미 차이가 발생하는 이유도 잘 설명되어 있다. 한편, 사동문의 의미와 관련하여서는 직접/간접 사동과 짧은/긴 사동(파생적/통사적 사동) 간의 관련성도 많은 연구자들에게 관심의 대상이 되어 왔다. 이에 대해서도 김기혁(2009), 연재훈(2011: 4장)을 참고할 수 있다. 사동문의 의미에 따른 피사동주의 격 표지 선택 양상, 직접/간접 사동과 짧은/긴 사동(파생적/통사적 사동) 간의 관련성은 통언어적(cross-linguistic)으로 발견되는 현상이다. 김기혁(2009), 연재훈(2011: 4장)은 국어에서도 발견되는 이러한 양상을 언어 유형론적 관점에서 고찰하고 있다는 점은 공통적이지만 서로 다른 의견을 제시하고 있어 두 논의를 함께 살펴보는 것은 꽤 흥미로운 작업이 될 것이다.

3. 목적어 있는 피동문

피동은 능동문의 동작주 주어가 부사어가 되거나 없어지고 능동문의 피동작주 목적어가 주어가 되는 과정이므로 자릿수의 측면에서 볼 때 피동사는 자동사가 되는 것이 일반적이다. 이로 인해 "지수가 개에게 다리를 물렸다."와 같은 이른바 '목적어 있는 피동문'은 피동문 논의에서 큰 논란이 되어 왔다. '목적어 있는 피동문'에 대한 최근 논의로는 이정택(2003나), 남수경(2005), 김용하(2014), 최형강(2017) 등을 참고할 수 있고 이에 대한 연구사는 송창선(2009

나)에 잘 정리되어 있다. 지금까지 언급된 논의는 '목적어 있는 피동문'이 피동문인가, 자동문인가 타동문인가, 이때 나타나는 '을/를'의 정체가 무엇인가 등에 집중한 것이었다면 연재훈(2011: 6장)은 '목적어 있는 피동문'을 소유주 상승을 거친 이중 목적어 구문이 피동화된 결과로 해석하고 '목적어 있는 피동문'이 성립 가능한 의미적 조건을 제시했다는 점에서 기존 연구와 차별점을 지닌다.

4. 피동문과 사동문의 관련성

"지수가 아이에게 머리를 깎였다."와 같은 '목적어 있는 피동문'은 사동문으로도 해석된다. 이는 피동사와 사동사 중에 그 형식이 동일한 것이 존재하고 목적어 있는 피동 구문과 사동 구문의 형식이 'NP$_1$이 NP$_2$에게 NP$_3$을 V'로 동일하기 때문이다. 그러나 '목적어 있는 피동문'은 "아이가 지수를 머리를 깎았다(혹은 아이가 지수의 머리를 깎았다)."라는 능동문과 관계가 있고 사동문은 "아이가 머리를 깎았다."라는 주동문과 관계가 있는 것이다. 그럼에도 불구하고 사동문인 "지수가 아이에게 머리를 깎였다."가 '아이'에게 '지수' 자신의 머리를 깎게 했다고 해석된다면 피동문의 해석과 일정한 관련성을 맺는다. 이로 인해 목적어 있는 피동문과 사동문의 상관성에 주목하는 논의도 있었다. 이러한 논의로는 박양규(1978), 이상억(1999: 76-89), 고영근·구본관(2008/2018: 11장), 김용하(2014) 등을 들 수 있다. 피동과 사동은 엄연히 다른 문법 현상임에도 둘 사이의 관련성에 주목하지 않을 수 없는 것은 피동 접사 '-이, -히, -리, -기'와 사동 접사 '-이, -히, -리, -기'가 보이는 형식상의 동일성도 큰 이유가 될 텐데, 이처럼 피동 접사와 사동 접사가 동일한 형식을 지니는 것은 다른 여러 언어에서도 나타나는 현상이다. 이에 대해서는 연재훈(2011: 6장)이 참고된다.

5. 보조 용언 구성 '-어지다'의 의미와 기능

피동의 보조 용언 구성 '-어지다'는 전형적인 피동문을 형성하는 것 외에도 매우 다양한 의미·기능을 지닌다. '-어지다'가 지닌 다양한 의미나 기능에 대해서는 유혜원(2000), 송창선(2005), 오민석(2006), 박재연(2007다), 남수경(2011나) 등을 참고할 수 있다. 자동사와 결합하는 '-어지다'나 형용사와 결합하는 '-어지다'는 각각 '가능'과 '상태 변화'의 의미를 나타내며 피동문의 통사적 특성을 보이지도 않는다. 따라서 이때의 '-어지다'는 피동 표지로 보지 않는 것이 일반적이다. 그러나 김민국(2017다)에서는 피동을 전형성의 관점에서 이해하여 자동사나 형용사에 결합하는 '-어지다'도 피동이 지니는 의미적 특성을 일부 지니고 있으므로 비전형적이기는 하지만 피동 표지로 볼 수 있다는, 기존 논의와는 다른 견해를 제시하기도 하였다.

6. 피동문의 의미·화용적 특성

지금까지의 피동문 연구는 주로 그 형태·통사적 특성에 주목하여 이루어져 왔다. 하지만 피동문의 의미·화용적 특성을 살펴보는 것도 매우 중요하다. 피동의 의미·화용적 특성에 대한 이해는 피동문의 문법적 특성에 대한 이해를 더 깊이 있게 해 주기 때문이다. 피동의 의미적 특성에 대해서는 백정화(2018)을, 피동의 담화·화용적 특성에 대해서는 윤현애(2011)을 참고할 수 있다. 한편, 김민국(2017다)에서는 피동이 지니는 다양한 의미·화용적 특성이 다양한 방책으로 활용됨을 지적하고 국어에서는 피동이 화용적으로 주제성 유지 방책으로 활용되는 측면이 크다고 논의한 바 있다.

7. 자타 양용 동사와 피동·반사동

'능격 동사' 혹은 '중간 동사'라고도 하는 자타 양용 동사(自他兩用動詞)는 피동과 관련하여 논의되기도 한다. 예컨대, "돌이 움직였다."를 "아이가 돌을 움직였다."에서 동작주 주어가 강등되고 피동작주 목적어가 주어로 나타난 것으로 이해한다면 자타 양용 동사가 자동사로 쓰인 구문과 자타 양용 동사가 타동사로 쓰인 구문은 피동문과 능동문이 보이는 관련성과 유사하기 때문이다. 또한 자타 양용 동사는 반사동(反使動, anticausative)과 관련하여 논의되기도 한다. 반사동은 사동과 정반대 현상을 일컫는 것으로 자타 양용 동사가 자동사로 쓰인 구문은 자타 양용 동사가 타동사로 쓰인 구문에서 사건을 일으키는 참여자가 사라지고 자릿수가 한 자리 감소한 것으로 이해될 수 있기 때문이다. 그런데 여기서 유의해야 할 점은 피동은 접사든 우언적 구성이든 문법적 표지가 나타나는 현상을 가리키고 반사동은 사동성을 지니는 구문에 문법적 표지가 나타나지 않고 반대로 반사동성을 지니는 구문에 문법적 표지가 나타나는 현상을 가리킨다는 것이다. 따라서 국어의 자타 양용 동사 구문이 의미상으로나 문법적으로나 피동이나 반사동의 특성을 지니기는 하지만 문법적 표지가 나타나지 않으므로 엄밀히 말해서 피동이나 반사동이라고 할 수는 없을 것이다. 자타 양용 동사에 대해서는 4장의 '더 읽을거리 2'를 참고할 수 있고 자타 양용 동사와 피동, 반사동의 관련성에 대해서는 백채원(2016), 백정화(2018)을 참고할 수 있다.

1. 아래에 제시된 문장을, 괄호 안에 제시된 말을 주어로 하여 사동사에 의한 사동문과 '-게 하다'에 의한 사동문으로 만들어 보고 다음의 질문에 답해 보자.

> (1) 어린 아이가 무거운 짐을 졌구나. (어른들)
> (2) 두 마리의 비둘기가 지붕 위로 날았다. (수정이)
> (3) 지수가 새로 산 옷을 입었다. (어머니)
> (4) 나는 그의 젊었을 때의 사진을 보았다. (그)
> (5) 갓난아기가 의자에 앉았다. (형)
> (6) 동생이 걷고 있다. (아버지)
> (7) 현진이는 침대에 누웠다. (지현이)
> (8) 칭얼거리는 아이는 마루에서 잤다. (어머니)
> (9) 물이 물병에 반이나 남았다. (손님)
> (10) 무도회에 나온 아이들은 모두 가면을 썼다. (선생님)
> (11) 관심 분야가 넓다. (교수님)
> (12) 동생이 마당에서 놀고 있었다. (지수)
> (13) 아이가 오줌을 누었다. (어머니)

(가) 각각의 문장에서, 주동문의 주어가 사동사에 의한 사동문에서 어떠한 문장 성분으로 나타나는지 정리해 보자.

(나) 각각의 문장에서, 주동문의 주어가 '-게 하다'에 의한 사동문에서 어떠한 문장 성분으로 나타나는지 정리해 보자.

(다) (가)와 (나)의 답변을 바탕으로 사동사에 의한 사동문과 '-게 하다'에 의한 사동문에서 주동문의 주어가 어떻게 달리 나타나는지 정리해 보자.

2. '우리말샘' 웹 검색 창 우측의 '자세히 찾기'를 눌러 아래의 절차대로 하고 다음의 질문에 답해 보자.

> 1. '구분'란의 첫 번째 줄에는 '단어'만, 두 번째 줄에는 '일반어'만, 세 번째 줄에는 '전체'를 체크한다.
> 2. '찾을 대상' 선택 칸에서 '뜻풀이'를 선택한다.
> 3. 그 옆 선택 칸에는 '포함 문자'를 선택한다.
> 4. 그 옆 검색란에는 '사동사'를 입력한다.
> 5. 맨 아래에 있는 '찾기' 버튼을 누른다.

(가) 이상의 검색 결과를 바탕으로 사동사 30개를 찾아보자.

(나) (가)에서 정리한 사동사에 대응되는 주동사의 목록을 작성해 보자.

(다) (나)의 주동사를 '우리말샘'에서 검색하여 주동사의 다의 항목 중 어떠한 의의(sense)가 사동사로 쓰일 수 있는지 정리해 보자.

(라) (가)의 사동사를 '우리말샘'에서 검색하여 사동사의 다의 항목 중 주동사의 다의 항목과 대응되지 않는 경우를 정리해 보자.

3. 아래에 제시된 문장을 피동사에 의한 피동문으로 만들어 보고 다음의 질문에 답해 보자.

(1) 경찰이 도망가던 사람을 팔을 잡았다.
(2) 지수가 수정이를 문 쪽으로 밀었다.
(3) 군인들이 산 속에 길을 뚫었다.
(4) 학생들은 어려운 문제를 척척 풀었다.
(5) 지수는 지호의 화를 풀었다.
(6) 경찰은 용의자를 우선 구치소에 가두었다.
(7) 친구들은 그의 문란한 사생활을 씹었다.
(8) 아버지는 사거리에서 차를 왼쪽으로 꺾었다.
(9) 아버지는 정원에 잔디를 곱게 깔았다.
(10) 어머니는 밭에서 딴 콩잎과 깻잎은 된장에 박았다.
(11) 할아버지는 새끼를 꼬았다.
(12) 장사꾼은 약이 몸에 좋다는 말로 마을 어르신들을 꾀었다.
(13) 김 위원은 세 팀을 이번 대회의 우승팀으로 꼽았다.
(14) 우리는 맥주를 시원한 물속에 담갔다.
(15) 지수는 많은 경험을 쌓았다.

(가) 각각의 문장에서, 능동문의 주어가 피동문에서 어떻게 나타나는지 정리해 보고 '에/에게'와 결합하는 것이 자연스러운 것, '-에 의해'와 결합하는 것이 자연스러운 것, 두 가지 모두 자연스러운 것으로 정리해 보자.

(나) 모든 능동문의 주어가 피동문에서 부사어로 나타나는 것이 자연스러운가? 만약 그렇지 않다면 어떠한 문장이 그러한지 정리해 보자.

(다) 위에서 제시한 문장을 '-어지다'에 의한 피동문으로 만들어 보고 '-어지다'에 의한 피동문이 성립하지 않거나 매우 부자연스러운 경우를 지적해 보자.

(라) '-어지다'에 의한 피동이 성립하지 않거나 매우 부자연스러운 경우를 하나 들어서 그 이유에 대해서 설명해 보자.

4. '우리말샘' 웹 검색 창 우측의 '자세히 찾기'를 눌러 아래의 절차대로 하고 다음의 질문에 답해 보자.

> 1. '구분'란의 첫 번째 줄에는 '단어'만, 두 번째 줄에는 '일반어'만, 세 번째 줄에는 '전체'를 체크한다.
> 2. '찾을 대상' 선택 칸에서 '뜻풀이'를 선택한다.
> 3. 그 옆 선택 칸에는 '포함 문자'를 선택한다.
> 4. 그 옆 검색란에는 '피동사'를 입력한다.
> 5. 맨 아래에 있는 '찾기' 버튼을 누른다.

(가) 이상의 검색 결과를 바탕으로 피동사 30개를 찾아보자.

(나) (가)에서 정리한 피동사에 대응되는 능동 동사의 목록을 작성해 보자.

(다) (나)의 능동 동사를 '우리말샘'에서 검색하여 능동 동사의 다의 항목 중 어떠한 의의 (sense)가 피동사로 쓰일 수 있는지 정리해 보자.

(라) (가)의 피동사를 '우리말샘'에서 검색하여 피동사의 다의 항목 중 능동 동사의 다의 항목과 대응되지 않는 경우를 정리해 보자.

탐구 문제

1. 아래에 제시된 자료를 바탕으로 다음의 질문에 답해 보자.

> (1) 사동문에서 사태를 야기하는 참여자를 '사동주'라고 하고 사동주에 의해 야기된 사태의 참여자를 '피사동주'라고 한다. 예를 들어 설명하자면, (2-1)에서 '아이가 옷을 입는' 사태를 야기한 '어머니'가 사동주, 어머니에 의해 야기된 사태의 참여자인 '아이'가 피사동주인 것이다.
>
> (2-1) 어머니는 아이가 옷을 <u>빨리</u> 입게 했다.
> (2-2) 어머니는 <u>빨리</u> 아이가 옷을 입게 했다.
>
> (3-1) 아버지는 아이가 집에 가게 <u>하셨다.</u>
> (3-2) 아이는 아버지가 집에 <u>가시게</u> 하였다.
>
> (4-1) 동생은 아이가 책을 <u>보지 못하게</u> 하였다.
> (4-2) 아이는 동생이 책을 보게 <u>하지 못하였다.</u>
>
> (5-1) 지수가 <u>빨리</u> 아이에게 옷을 입혔다.
> (5-2) 지수가 아이에게 옷을 <u>빨리</u> 입혔다.
> (5-3) 어머니가 아이에게 옷을 <u>입히셨다.</u>
> (5-4) 지수는 아이에게 옷을 <u>입히지 못했다.</u>

(가) (1)의 설명을 바탕으로 한다면, (2-1), (2-2), (3-1), (3-2), (4-1), (4-2)에서 밑줄 친 부사 '빨리', 주체 높임의 선어말 어미 '-(으)시-', 부정의 보조 용언 '-지 못하다'는 사동주와 피사동주 중 누구의 사태와 관련되는 것인가?

(나) (5)에서 밑줄 친 부사 '빨리', 주체 높임의 선어말 어미 '-(으)시-', 부정의 보조 용언 '-지 못하다'는 사동주와 피사동주 중 누구의 사태와 관련되는 것인가?

(다) (가)와 (나)의 답변을 바탕으로 한다면 '-게 하다'에 의한 사동과 사동사에 의한 사동은 어떠한 차이를 보이는가? 이러한 차이를 '-게 하다'에 의한 사동문과 사동사에 의한 사동문의 통사 구조를 통해 설명해 보자.

2. 아래에 제시된 자료를 바탕으로 다음의 질문에 답해 보자.

> (1) 사동문은 의미상으로 '원인'과 '결과'라는 두 개의 사태가 복합적으로 표현되는 문장이다. 예를 들어 설명하자면, (2-1)의 '지수가 아이를 울렸다'의 사동문은 사동주인 '지수'가 아이를 울게 만든 사태(원인)와 피사동주인 '아이'가 울게 된 사태(결과)가 복합적으로 표현된 것이다.
>
> (2-1) 지수는 아이를 울렸다.
> (2-2) 어머니는 아이를 자리에 앉혔다.
> (2-3) 아버지는 아이에게 책을 읽혔다.
>
> (3-1) 지수는 아이가 울게 했다.
> (3-2) 어머니는 아이가 자리에 앉게 했다.
> (3-3) 아버지는 아이가 책을 읽게 했다.
>
> (4-1) 지수는 강에서 종이배를 띄웠다.
>   어머니는 고개를 못 가누는 아기의 고개를 옆으로 살짝 돌렸다.
> (4-2) ^{??}지수는 강에서 종이배를 뜨게 했다.
>   ^{??}어머니는 고개를 못 가누는 아기의 고개를 옆으로 살짝 돌게 했다.

(가) (1)의 설명을 바탕으로 (2)과 (3)에서 제시한 사동문을 '원인' 사태와 '결과' 사태로 분석해 보자.

(나) (가)의 답변과 '탐구 문제 1'(다)의 답변을 고려하여, '원인'과 '결과'라는 두 개의 사태가 표현되는 방식이 사동사에 의한 사동과 '-게 하다'에 의한 사동에서 어떠한 차이를 보이는지 설명해 보자.

(다) (나)의 답변을 바탕으로 한다면, 사동사에 의한 사동과 '-게 하다'에 의한 사동 중 어떠한 것이 '원인'과 '결과'의 두 사태를 더 긴밀하게 표현하는가? 즉, 두 가지 사동 중 어떠한 것이 '원인'과 '결과'의 두 사태를 하나의 사태처럼 표현하는가?

(라) (4-2)는 사동사에 의한 사동문인 (4-1)을 '-게 하다'에 의한 사동문으로 바꾸어 본 것이다. 사람마다 직관의 차이는 있겠지만 (4-2)는 (4-1)에 비해 다소 부자연스러운 문장으로 느껴진다. 이를 바탕으로 사동사에 의한 사동과 '-게 하다'에 의한 사동의 차이를 설명해 보자.

(마) (다)의 답변을 바탕으로 하여, (라)에서 제시한 사동사에 의한 사동과 '-게 하다'에 의한 사동의 차이가 생기는 이유에 대해 설명해 보자.

3. 아래에 제시된 자료를 바탕으로 다음의 질문에 답해 보자.

> (1-1) 지수는 아이를 울렸다.
> (1-2) 어머니는 아이를 자리에 앉혔다.
> (1-3) 아버지는 아이에게 책을 읽혔다.
>
> (2-1) 지수는 아이가 울게 했다.
> (2-2) 어머니는 아이가 자리에 앉게 했다.
> (2-3) 아버지는 아이가 책을 읽게 했다.
>
> (3-1) 지수는 강에서 종이배를 띄웠다.
>　　　어머니는 고개를 못 가누는 아기의 고개를 옆으로 살짝 돌렸다.
> (3-2) ??지수는 강에서 종이배를 뜨게 했다.
>　　　??어머니는 고개를 못 가누는 아기의 고개를 옆으로 살짝 돌게 했다.

(가) (1)과 (2)는 모두 사동문의 예이다. 이들 예에서 사동문을 만들어 주는 문법적 요소가 무엇인지 지적해 보자.

(나) (1)의 예에서 사동문을 만들어 주는 문법적 요소와 (2)의 예에서 사동문을 만들어 주는 문법적 요소의 길이를 비교해 보자. 어느 것이 그 형식의 길이가 더 긴가?

(다) (3-2)는 사동사에 의한 사동문인 (3-1)을 '-게 하다'에 의한 사동문으로 바꾸어 본 것이다. 사람마다 직관의 차이는 있겠지만 (3-2)는 (3-1)에 비해 다소 부자연스러운 문장으로 느껴진다. 이를 바탕으로 사동사에 의한 사동과 '-게 하다'에 의한 사동의 차이를 설명해 보자.

(라) (다)의 답변을 바탕으로 한다면, 사동사에 의한 사동과 '-게 하다'에 의한 사동을 비교했을 때, 사동주와 피사동주 간의 인지적 거리는 어느 쪽이 더 먼가?

(마) (나)와 (라)의 답변을 바탕으로 하여, (다)에서 제시한 사동사에 의한 사동과 '-게 하다'에 의한 사동의 차이를 설명해 보자.

(바) '탐구 문제 2' (마)와 위의 (마)는 사동사에 의한 사동문과 '-게 하다'에 의한 사동문에서 일정한 차이가 나타나는 이유에 대한 '설명'이다. 두 가지 설명 방식 중 어느 것이 더 설명력이 있는지 논의해 보자.

4. 아래에 제시된 자료를 바탕으로 다음의 질문에 답해 보자.

> (1-1) 아버지가 아이가 마당에서 놀게 했다.
> (1-2) 아버지가 아이에게 마당에서 놀게 했다.
> (1-3) 아버지가 아이를 마당에서 놀게 했다.

(2-1) ^{??}아이는 방에서 책을 보고 싶어했는데, 아버지는 억지로 아이가 마당에서 놀게 했다.
(2-2) ^{??}아이는 방에서 책을 보고 싶어했는데, 아버지는 억지로 아이에게 마당에서 놀게 했다.
(2-3) 아이는 방에서 책을 보고 싶어했는데, 아버지는 억지로 아이를 마당에서 놀게 했다.
(3-1) ^{??}아이는 건강이 약해 운동을 할 필요가 있었다. 그래서 아버지는 아이가 마당에서 놀게 했다.
(3-2) 아이는 건강이 약해 운동을 할 필요가 있었다. 그래서 아버지는 아이에게 마당에서 놀게 했다.
(3-3) 아이는 건강이 약해 운동을 할 필요가 있었다. 그래서 아버지는 아이를 마당에서 놀게 했다.

(4-1) 화초가 망가지는 건 싫었지만 아버지는 아이가 마당에서 놀게 했다.
(4-2) 화초가 망가지는 건 싫었지만 아버지는 아이에게 마당에서 놀게 했다.
(4-3) 화초가 망가지는 건 싫었지만 아버지는 아이를 마당에서 놀게 했다.

(5) (5-1)과 (5-2)의 예에서 알 수 있듯이, 사역(시킴) 행위는 그 대상이 목적어로 나타나느냐, '에게' 부사어로 나타나느냐에 따라 문법성이 달라진다. 목적어와 부사어는 타동성의 정도의 차이가 있어 목적어는 사역 행위의 직접적인 영향력이 미치는 대상으로 해석되지만 부사어는 사역 행위의 간접적 영향력이 미치는 대상으로 해석되기 때문이다. 즉, 무정물은 스스로 뭔가를 할 수 없기 때문에 사역 행위의 대상이 되면 직접적 영향력을 미치는 대상으로만 해석되어 부사어로 나타나는 것이 어색해지는 것이다.

(5-1) 지수는 의자를 회전을 시켰다.
(5-2) *지수는 의자에게 회전을 시켰다.

(가) (1)은 '-게 하다'에 의한 사동문의 예를 보인 것이다. 각각의 예에서 피사동주가 무엇인지 지적하고 이들이 어떠한 격 조사와 결합하여 나타났는지 지적해 보자.

(나) (2)와 (3)의 문장 앞에 표시한 물음표는 문법적으로는 적격하지만 의미상으로 혹은 화용상으로 부자연스러움을 표시한 것이다. (2), (3), (4)의 예를 바탕으로 (1-1), (1-2), (1-3)의 사동문에서 사동주가 피사동주에 미치는 영향 혹은 피사동주에 대한 사동주의 통제력의 정도의 차이를 위계화하여 나타내어 보자.

(다) '탐구 문제 1' (다)에서 '-게 하다'에 의한 사동문의 통사 구조를 설명할 수 있었는가? 만약 그렇다면 피사동주의 통사 구조상의 위치와 관련하여 (1-1)은 (1-2), (1-3)과 비교했을 때 어떠한 차이를 지니는가?

(라) (다)에서 제시한 차이를 바탕으로 (1-1)과 (1-2), (1-3)에서 나타나는, 피사동주에 대한 사동주의 통제력 정도의 차이를 설명해 보자.

(마) (5)에서 제시한 설명을 바탕으로 (1-2)과 (1-3)에서 나타나는, 피사동주에 대한 사동주의 통제력 정도의 차이를 설명해 보자.

5. 아래에 제시된 자료를 바탕으로 다음의 질문에 답해 보자.

(1-1) 수정이가 지수에게 발을 밟혔다.
(1-2) 도둑이 경찰에게 덜미를 잡혔다.
(1-3) 아이가 개한테 다리를 물렸다.
(1-4) 학생들은 선생님에게 머리를 잘렸다.

(2-1) 장군은 적군에게 말고삐를 잡히고 말았다.
(2-2) 자습 시간에 떠든 지수는 반장에게 이름을 적혔다.
(2-3) 수정이는 교통경찰에게 딱지가 떼였다.
(2-4) 우리는 모르는 사람에게 사진을 찍혔다.

(3-1) *수정이가 지수에게 아버지를 밟혔다.
(3-2) *지수는 동생에게 종이를 찢겼다.

(가) (1)은 모두 이른바 '목적어 있는 피동문'이다. 이들 피동문을 능동문으로 바꾸어 보자.

(나) (가)에서 능동문이 한 가지 유형으로만 설정되는가? 아마도 두 가지 유형의 능동문이 가능할 것으로 보이는데, 이 두 가지 유형의 차이를 설명해 보자.

(다) (1)의 예를 바탕으로 했을 때, 능동문의 주어가 피동문에서 부사어로 된 성분과 피동문의 목적어 성분은 어떠한 의미 관계를 맺고 있는가?

(라) (나)와 (다)의 답변을 바탕으로 한다면, 능동문이 어떠한 조건을 갖추어야 '목적어 있는 피동문'으로 성립이 가능한지 설명해 보자.

(마) (라)에서 제시한 조건을 바탕으로 (2)에서 제시한 '목적어 있는 피동문'이 설명 가능한가? 만약 설명 가능하다고 본다면 이러한 조건으로 (3)의 문장은 설명이 가능한가?

(바) (라)에서 제시한 조건으로 (2)의 문장과 (3)의 문장이 설명되지 않는다면, '목적어 있는 피동문'의 성립 조건에 대해 다시 논의해 보자.

6. 아래에 제시된 자료를 바탕으로 다음의 질문에 답해 보자.

(1-1) 하수구가 막혔다.
(1-2) 하수구가 막아졌다.

(2-1) ^{??}수리공에 의해 하수구가 막혔다.

(2-2) 수리공에 의해 하수구가 막아졌다.

(3-1) 하수구가 저절로 막혔다.

(3-2) *하수구가 저절로 막아졌다.

(4-1) 선생님, 다리가 아파서 이제는 더 이상 안 뛰어져요.

(4-2) 방이 따뜻해졌다.

(4-3) 날카로운 가위가 종이를 찢었다. ↔ 종이가 날카로운 가위에/에 의해 찢어졌다.

(5-1) 이 고기는 부드러워서 잘 씹힌다.

(5-2) (보일러 수리공에 의해) 방이 따뜻해졌다.

(6) 피동의 특성

(6-1) 화용적 속성: 동작주의 비초점화(defocusing)

(6-2) 의미적 속성: 논항 구조: (동작주, 피동작주)

　　　　　　　　　　　　 주어가 영향을 입음

(6-2) 통사적 속성: 동작주: 사라지거나 부사어가 됨.

　　　　　　　　　 피동작주: 주어가 됨.

　　　　　　　　　 서술어의 자릿수: 능동에 비해 한 자리 줄어듦.

(6-4) 형태적 속성: 피동 표지(접사나 우언적 구성)

(가) (1-1)은 피동사에 의한 피동문이고 (1-2)는 '-어지다'에 의한 피동문이다. 이들 피동문이 지니는 의미 차이를 설명해 보자.

(나) (2-1)과 (2-2), (3-1)과 (3-2)에서 나타나는 문법성의 차이를 (가)에서 제시한 피동사에 의한 피동문과 '-어지다'에 의한 피동문의 차이를 바탕으로 설명해 보자.

(다) (4-1)은 자동사에 '-어지다'가 결합한 예이고 (4-2)는 형용사에 '-어지다'가 결합한 예이다. 전형적인 '-어지다' 피동문인 (4-3)과 비교했을 때 (4-1)과 (4-2)의 예를 피동문으로 보기 어려운 이유를 설명해 보자.

(라) (4-1)과 (4-2)에서 '-어지다'는 어떠한 의미를 나타내고 있는가?

(마) (4-1)에서 나타난 '-어지다'의 의미가 (5-1)의 피동문에서도 느껴지는가? 만약 그렇다면 피동문에서 왜 그러한 의미가 나타나는지 (6)에서 제시한 피동의 속성 중 무엇으로 설명 가능한가? (문제가 다소 어렵게 느껴진다면, 어떠한 사태가 동작주 개입이나 의도 없이 일어난 것이라면 이러한 사태는 어떻게 해석되는지 생각해 보자.)

(바) (5-2)의 문장을 바탕으로 한다면 '방이 따뜻해졌다'는 사태가 일어나게 한 동작주의 존재가

상정 가능한가? 만약 그러하다면 '-어지다'가 결합하지 않은 '방이 따뜻하다'와 비교해 (4-2) 는 어떠한 차이를 지니고 이는 (6)에서 제시한 피동의 속성 중 무엇으로 설명 가능한가?

(사) (마)와 (바)의 답변을 바탕으로 (4-1)과 (4-2)의 '-어지다'를 피동 표지로 볼 수 있는가에 대해 논의해 보자.

7. 아래에 제시된 자료를 바탕으로 다음의 질문에 답해 보자.

---

(1) 도둑이 <u>경찰에게</u> 잡히었다.
(2) <u>나에게는</u> 칠판의 글씨가 잘 보였다.

(3) 주어의 문법적 특성
(3-1) 주어는 관계 관형화가 가능하다.
　　예) 아버지가 아들을 돌본다. → 아들을 돌보는 아버지
(3-2) 주체 높임의 선어말 어미 '-(으)시-'에 의한 높임이 가능하다.
　　예) 할아버지가 손자를 돌보신다.
(3-3) '자기'와 동일 지시를 이룰 수 있다.
　　예) 지수는 자기 동생을 늘 아낀다.
(3-4) 주격 조사 '께서'와 결합이 가능하다.
　　예) 아버지께서 교장선생님이 되셨다. / *아버지께서 교장선생님께서 되셨다.

(4) <u>나에게는</u> 이 문제가 어렵다.
　　<u>나에게는</u> 어머니가 여전히 무섭다.

(가) (1)과 (2)의 밑줄 친 부분의 문장 성분은 무엇인가? (1)과 (2)의 문장을 능동문으로 바꾸어 보자. 이들은 능동문에서 어떠한 문장 성분으로 나타나는가?

(나) (가)의 답변을 바탕으로 한다면, (1)과 (2)의 밑줄 친 성분은 동일한 성격을 지니는 문장 성분이라고 할 수 있는가? 또한 (3)에서 제시한 '주어의 문법적 특성'을 만족할 것이라고 예상되는가?

(다) 그렇다면, 실제로 (1)과 (2)의 밑줄 친 성분이 (3)에서 제시한 '주어의 문법적 특성'을 만족하는가를 하나씩 살펴보자. (1)과 (2)의 밑줄 친 성분 중 '주어의 문법적 특성'을 잘 만족하는 것은 무엇인가?

(라) (1)과 (2)의 밑줄 친 '에게' 성분 중 어떠한 것이 (3)의 '주어의 문법적 특성'을 잘 만족하는가? 그렇다면 이들은 동일한 문장 성분이라고 할 수 있는가? 그리고 '주어의 문법적 특성'을 잘 만족하는 성분이라면 이것의 문장 성분은 무엇인가?

(마) 논란의 여지는 있지만 (4)의 밑줄 친 '에게' 성분은 (3)에서 제시한 '주어의 문법적 특성'

을 비교적 잘 만족한다고 볼 수 있다. 그렇다면 (4)의 문장과 (1)과 (2)의 밑줄 친 성분 중 주어의 문법적 특성이 잘 만족하는 문장은 어떠한 유사성을 지니는가? 그 유사성을 '에게' 성분의 의미적 특성과 서술어의 의미적 특성을 바탕으로 설명해 보자.

8. 아래에 제시된 자료를 바탕으로 다음의 질문에 답해 보자.

(1) 자타 양용 동사 구문
  아기의 울음이 그쳤다. ↔ 엄마가 아기의 울음을 그쳤다.
  자동차가 멈추었다. ↔ 경찰이 자동차를 멈추었다.

(2) 피동능동 구문
  도둑이 잡혔다. ↔ 경찰이 도둑을 잡았다.
  종이가 찢어졌다. ↔ 지수가 종이를 찢었다.

(3) 주동-사동 구문
  물이 끓는다. ↔ 어머니가 물을 끓였다.
  젖은 옷이 말랐다. ↔ 아이가 젖은 옷을 말렸다.

(4) 반사동(anticausative)이란 사동(causative)과 정반대 현상을 일컫는 것으로 사태를 야기하는 참여자가 있는 구문(사동성을 지니는 구문)에는 문법적 표지가 나타나지 않고 반대로 사태를 야기하는 참여자가 사라진 구문(반사동성을 지니는 구문)에 문법적 표지가 나타나는 현상을 가리킨다. 이와 같이 반사동은 사태를 야기하는 참여자가 사라지기 때문에 서술어의 자릿수가 한 자리 줄어들게 되고 사태를 야기하는 참여자 없이 '저절로' 사태가 일어났다는 의미를 지니게 된다.

(가) (1)의 예를 (2)의 예와 비교해 '자타 양용 동사'의 자동사 구문과 타동사 구문의 관계와 피동능동 구문 간의 유사성을 통사적 특성을 바탕으로 설명해 보자.

(나) (1)의 예를 (3)의 예와 비교하고 '탐구 문제 2'의 자료 (1)을 참고하여 '자타 양용 동사'의 자동사 구문과 타동사 구문의 관계와 주동-사동 구문 간의 유사성을 의미적 특성과 통사적 특성을 바탕으로 설명해 보자.

(다) (4)의 자료를 바탕으로 '자타 양용 동사'의 자동사 구문과 타동사 구문의 관계와 반사동 구문 간의 유사성을 의미적 특성과 통사적 특성을 바탕으로 설명해 보자.

(라) (가~다)에서 제대로 답변을 제시할 수 있었다면, '자타 양용 동사'의 자동사 구문과 타동사 구문의 관계는 '피동', '사동', '반사동'과 유사성을 지님을 알 수 있을 것이다. 그러나 엄밀하게 따지면 '자타 양용 동사' 구문을 '피동', '사동', '반사동'으로 보기는 어렵다. 그 이유는 무엇인가?

제13장 부정문

13.1. 부정문의 범위와 유형

부정문(否定文, negative sentence)은 부정을 나타내는 부사를 쓰거나 부정의 뜻을 나타내는 보조 용언 구성을 써서 만든다. 이외에도 '아니다, 모르다, 없다' 등의 어휘를 사용하기도 한다. 부정문은 부정 극어(否定極語, negative polarity item)와의 호응을 통해서 검증할 수 있다.

(1) 가. 지호는 학교에 안 갔다.
　　 나. 지호는 학교에 못 갔다.
(2) 가. 지호는 학교에 가지 않았다.
　　 나. 지호는 학교에 가지 못했다.
　　 다. 지호야, 오늘은 학교에 가지 마라.
(3) 가. 지호는 학생이 아니다.
　　 나. 지호는 그 일을 모른다.
　　 다. 지호는 돈이 없다.

(1)은 부정 부사 '안'과 '못'이 쓰인 문장이고 (2)는 부정의 보조 용언 '-지 아니하다, -지 못하다, -지 말다' 등 부정을 나타내는 보조 용언 구성이 사용되어 부정문을 이룬 것이다. (3)은 부정 부사나 부정의 보조 용언이 쓰이지는 않았으나 '아니다, 모르다, 없다' 등의 부정을 나타내는 어휘가 사용된 부정문이다. 부정 부사, 부정의 보조 용언, 부정의 의미를 지니는 어휘소는 부정문을 형성하는 요소라고 하여 이들을 묶어 부정소(否定素, negative item)라고 한다.

(1′) 가. 지호는 <u>절대로</u> 학교에 안 갔다.
　　 나. 지호는 <u>절대로</u> 학교에 못 갔다.

(2') 가. 지호는 <u>절대로</u> 학교에 가지 않았다.

나. 지호는 <u>절대로</u> 학교에 가지 못했다.

다. 지호야, 오늘은 <u>절대로</u> 학교에 가지 마라.

(3') 가. 지호는 <u>절대로</u> 학생이 아니다.

나. 지호는 <u>절대로</u> 그 일을 모른다.

다. 지호는 <u>절대로</u> 돈이 없다.

부정문은 위의 (1'), (2'), (3')과 같이 '절대로, 결코, 전혀, 아무도, 하나도, 그다지, 비단, 추호도…' 등과 같은 부정 극어와 어울릴 수 있다.[1]

(4) 가. 민지는 <u>미성년</u>이다.

나. 그 말은 <u>비논리적</u>이다.

다. 이번 일은 <u>불가능한</u> 일이었다.

라. 그 일은 <u>무가치하다</u>.

(4') 가. *민지는 절대로 <u>미성년</u>이다.

나. *그 말은 절대로 <u>비논리적</u>이다.

다. *이번 일은 절대로 <u>불가능하다</u>.

라. *그 사람은 절대로 <u>무가치하다</u>.

(4″) 가. 민지는 절대로 <u>미성년</u>이 아니다.

나. 그 말은 절대로 <u>비논리적</u>이 아니다.

다. 이번 일은 절대로 <u>불가능하지 않다</u>.

라. 그 일은 절대로 <u>무가치하지 않다</u>.

(4)의 밑줄 친 부분은 '미(未)-, 비(非)-, 불(不)-, 무(無)-' 등의 부정적인 의미를 지닌 접두사를 포함하고 있지만 (4')에서 보듯이 부정 극어와 어울릴 수 없기 때문에 부정문으

---

1 부정 극어와의 호응은 부정문을 확인하는 가장 확실한 방법이다. 하지만 부정문이 아님에도 불구하고 부정 극어와 호응하는 예도 존재한다.

ㄱ. 지호는 <u>미처</u> 집에 <u>도착하기도 전에</u> 쓰러져 버리고 말았다.

ㄴ. <u>도무지</u> <u>누가 이 문제를 풀 수 있겠는가?</u>

(ㄱ)은 '-기 전에' 구성과 부정 극어 '미처'가 호응하는 예를, (ㄴ)은 수사 의문문과 부정 극어 '도무지'가 호응하는 예를 보인 것이다. 이들 예는 부정문의 형식을 지니지 않지만 부정의 의미를 지니며 부정 극어와 호응을 하므로 이들을 부정문으로 볼 것인가가 논란이 될 수도 있다. 그러나 이들 문장은 부정 부사, 부정의 보조 용언, 부정의 어휘소와 같은 부정소를 포함하지 않으므로 우리 책에서는 의미적 기준보다는 형식적인 기준을 중요시하여 이들을 부정문으로 보지 않는 입장을 취한다. 이러한 입장은 아래와 같은 예에서도 동일하게 적용된다.

ㄷ. 지수는 노래를 못 부르지 않았다.

(ㄷ)의 문장은 의미상으로 긍정이지만 부정소를 포함하는 문장이므로 부정문으로 볼 수 있다.

로 보지 않는다. (4″)에서와 같이 부정 보조 용언이나 부정의 의미를 지닌 어휘가 사용되면 부정 극어와의 호응이 가능하게 된다.

부정문에는 (1가), (2가)와 같이 '아니(안)'이나 '-지 아니하다(않다)' 등 '안'이 들어간 문장을 '안 부정문'이라 하고 (1나), (2나)에서처럼 '못'이 들어간 문장은 '못 부정문', (2다)는 '말다 부정문'이라 한다. (1), (2)가 통사적 부정문인 데 비하여 (3)은 어휘적 부정문이다.[2] 다음에서는 부정문의 유형별로 그 특징을 살펴본다.

▋ 부정문의 범위와 부정 극어 ▋

부정은 '안', '못' 등의 부정 부사나 부정의 보조 용언 구성으로 이루어진다. 부정 접두사 '부(不)-, 비(非)-, 미(未)-, 무(無)-, 몰(沒)' 등이 쓰인 어휘나 '거절하다, 거부하다, 반대하다' 등 부정적인 의미를 가진 어휘가 쓰인 문장을 부정문에 포함시킬 것인가가 문제된다. 부정문의 범위를 한정할 때 부정 극어와의 호응을 중요한 기준으로 삼는다. 부정 접두사나 부정적인 의미를 가진 어휘가 쓰인 문장은 부정 극어가 나타날 수 없기 때문에 부정문에 포함하지 않지만 '아니다, 모르다, 없다'는 부정 극어와 어울릴 수 있으므로 어휘적 부정문으로 본다.

선행 연구에 따르면 부정 극어 중 '결코, 아무도, 별로, 조금도, 추호도' 등은 긍정문과 거의 공기하지 않아서 전형적인 부정 극어로 볼 수 있지만 '전혀, 도무지, 도저히, 절대로' 등은 부정문이 아닌 문장과 공기하는 비율이 높게 나타난다고 한다.

13.2. 부정문의 유형별 특징

13.2.1. 통사적 부정문

13.2.1.1. '안' 부정문

서술어가 용언이면, ① 서술어 앞에 '아니(안)'를 넣거나, ② 서술어인 용언의 어간에 어미 '-지'를 붙이고 그 뒤에 '아니하다(않다)'를 써서 부정문을 만든다.

(5) 가. 지호가 시골에 갔다.
      나. 지호가 시골에 안 갔다.
      다. 지호가 시골에 가지 않았다.
(6) 가. 민지가 노래를 불렀다.

---

2 (1), (2)는 부정 부사, 부정의 보조 용언과 같이 통사적 수단으로 부정문을 형성한 것이므로 통사적 부정문인 것이고 (3)은 본래의 서술어와는 다른 어휘를 사용하여 부정문을 형성한 것이므로 어휘적 부정인 것이다.

나. 민지가 노래를 안 불렀다.

다. 민지가 노래를 부르지 않았다.

(7) 가. 손님이 다 왔다.

나. 손님이 다 안 왔다.

다. 손님이 다 오지 않았다.

(8) 가. 오늘은 춥다.

나. 오늘은 안 춥다.

다. 오늘은 춥지 않다.

위의 예문 (5)~(8)의 (나), (다)는 각기 그 (가)에 대(對)가 되는 부정문으로서 (나)는 ①의 방법으로, (다)는 ②의 방법으로 이루어졌다. 편의상 ①의 방법에 의한 부정문을 '짧은 부정문', ②의 방법에 의한 부정문을 '긴 부정문'이라 부르기로 한다.[3]

그런데 동사나 형용사에 따라서는 짧은 부정문을 허용하지 않는 것이 있다.

(9) 가. ?*나는 그 사람을 안 추천했다.

나. *하늘이 어제처럼 안 새파랗다.

다. *그 사람은 안 교육자답다.

라. *너는 어째서 그 분을 안 본받느냐?

일반적으로 서술어로 쓰인 용언이 합성어나 파생어이면 짧은 부정문이 만들어지지 않는다. 예문 (9)의 '추천하다, 새파랗다, 교육자답다'는 파생어이고, '본받다'는 합성어이다.

'빗나가다, 설익다, 얄밉다, 휘감다…'와 같은 접두사에 의한 파생어, '공부하다, 과분하다, 기웃거리다, 깜박이다, 노하다, 슬기롭다, 악하다, 정답다, 정성스럽다, 통일하다…'와 같은 접미사에 의한 파생어, '값싸다, 굶주리다, 앞서다, 오가다, 이름나다…'와 같은 합성어는 다 짧은 부정문을 허용하지 않는다.

긴 부정문을 만드는 데는 이러한 제약이 없다. 다음의 (10)에서와 같이 위에 든 파생 용언, 합성 용언이 모두 자유롭게 긴 부정문이 될 수 있다.

---

3 '짧은 부정문'과 '긴 부정문'은 각각 '단형(短形) 부정문'과 '장형(長形) 부정문'이라고도 한다. 이와 같은 명칭은 부정의 보조 용언에 의한 부정문이 부정 부사에 의한 부정문보다 그 형식의 길이가 길기 때문에 붙여진 것이다. 이는 후술할 '못' 부정문에도 동일하게 적용된다. 한편, 짧은 부정문과 긴 부정문은 문법적 특성의 차이를 보이는데, 이들의 의미적 차이가 무엇인지는 아직 명확하게 밝혀지지 않았다.

(10) 가. 나는 그 사람을 추천하지 않는다.

　　　나. 하늘이 어제처럼 새파랗지 않다.

　　　다. 그 사람은 교육자답지 않다.

　　　라. 너는 어째서 그 분을 본받지 않느냐?

　그런데 같은 합성어이지만, '내려오다, 돌아가다, 들어가다, 스며들다, 잡아먹다…'와 같이 보조적 연결 어미를 매개로 한 합성 동사, '독하다, 상하다, 연하다, 전하다…'와 같은 '-하' 파생어 중의 일부 동사와 형용사, 그리고 '높이다, 들리다, 맞추다, 웃기다…' 같은 사동사, 피동사는 아무 제약 없이 다음의 (11)처럼 짧은 부정문을 이룰 수가 있다.

(11) 가. 왜 안 들어가지?

　　　나. 너 그 편지 안 전했구나.

　　　다. 소리가 작아서 잘 안 들리는데요.

　다 같이 합성어, 파생어이면서 왜 이들 일부 동사, 형용사는 자유롭게 짧은 부정문을 이룰 수 있는 것인지는 아직 알 수 없다.

　앞에서 '-하다' 파생 동사는 일부를 제외하고는 짧은 부정문을 이루지 못한다고 했는데 '공부하다, 연구하다, 운동하다, 장사하다…'와 같이 분리될 수 있는 체언에 '-하'가 붙어서 된 동사는 그 체언과 '-하' 사이에 '아니(안)'을 넣어서 짧은 부정문을 만들 수가 있다.

(12) 가. 지호는 지금 공부를 안 한다.

　　　나. 지호는 운동 못 한다.

　부정의 보조 용언 '아니하다(않다)'는 동사 뒤에 쓰이면 동사가 되고, 형용사 뒤에 쓰이면 형용사가 된다. (10가)에서는 동사이므로 '아니한다'로 활용하였으며, (10나)에서는 형용사이므로 '아니하다'로 활용하였다. 부정의 보조 용언 구성에서 '-았, -겠, -더 …' 등 시간 표현의 어미는 '아니하다'에 붙는다.

(13) 가. 민지가 집에 <u>갔다</u>.

　　　나. 민지가 집에 가지 <u>않았다</u>.

(14) 가. 선생님께서 <u>꾸중하시겠다</u>.

　　　나. 선생님께서 꾸중하시지 <u>않겠다</u>.

(15) 가. 지호가 집에 <u>있더냐</u>?

나. 지호가 집에 있지 <u>않더냐</u>?

그런데 시간 표현의 어미 '-았, -았었…' 등이 '아니하다'에 붙지 않고 그 앞의 본용언에 붙는 수도 있다.

(16) 가. 지호는 부산에 <u>갔다</u>.
　　　　나. 지호는 부산에 <u>갔지</u> <u>않아</u>?
(17) 가. 너는 거기에 <u>있었다</u>.
　　　　나. 너는 거기에 <u>있었지</u> <u>않니</u>?

이들 예에서는 '-았'이 본용언에 붙었다. 그러나 이들 (16), (17)의 (나)는 부정 의문문이 아니라 확인 의문문(確認疑問文)이다.[4] 즉, (16나)는 (16가)를 확인하는 문장으로,

(18)　지호는 부산에 가지 <u>않았어</u>?

와는 전혀 그 뜻이 다르다. (18)은 지호가 부산에 갔는지 안 갔는지 몰라서 묻는 의문문인데, (16나)는 (16가)의 사실을 알고 그를 확인하는 의문문이다. (18)은 일반 의문문이 그러하듯이 말끝이 올라가는데, (16나)는 말끝이 올라가지 않는다. (17나)도 마찬가지로 확인 의문문이다. 이와 같이 확인 의문문에서는 시간 표현의 어미가 '아니하다'가 아닌 본용언에 붙는다.[5]

부정문은 때로 그 뜻이 여러 가지로 해석될 수가 있다.

(19) 가. 나는 택시를 안 탔다.
　　　　나. 나는 택시를 타지 않았다.

이 두 부정문은 모두 다음과 같은 세 가지 해석이 가능하다.

① 택시를 탄 것은 내가 아니다. (다른 사람이 탔다.)

---

4 확인 의문문은 부정의 의미를 나타내지 않고 어떠한 사실을 확인하기 위한 의문을 나타낸다. 그럼에도 불구하고 '-지 않'이라는 부정의 보조 용언이 쓰였기 때문에 형식상의 기준으로 볼 때 부정문의 범위에 포함된다.
5 확인 의문문은 '-지 않'으로도 쓰이지만 '-지 않'이 줄어든 '-잖'으로 쓰이는 것이 더 일반적이다.

② 내가 탄 것은 택시가 아니다. (다른 차를 탔다.)
③ 내가 택시를 탄 것이 아니라 세우기만 했을 뿐이다.

부정문에 부사어가 있으면 그 부사어가 부정의 범위 안에 들기도 하고 그렇지 않기도 하여 뜻이 모호해진다.

(20) 가. 회원이 다 안 왔다.
　　　 나. 회원이 다 오지 않았다.

(20)은 부사 '다'가 부정의 범위 안에 드느냐, 그렇지 않으냐에 따라 다음과 같이 두 가지로 해석이 된다.

① 회원이 온 사람이 하나도 없다.
② 회원이 오긴 왔는데 모두 온 것이 아니다.

그런데 긴 부정문의 경우에는 (19나)와 (20나)를 각각 (19나'), (20나')과 같이 보조사 '는'을 사용하면 서술어와 부사어만 부정하는 뜻을 가지게 된다.

(19) 나'. 나는 택시를 타지는 않았다.
(20) 나'. 회원이 다 오지는 않았다.

(19나')은 내가 택시를 어떻게 하기는 했지만 탄 것은 아니라는 뜻이고, (20나')은 회원이 오기는 왔는데 몇 사람만 왔다는 뜻으로 해석되고 중의성(重義性)이 해소된다.[6]
　'안 부정문'은 뜻으로 보아 단순 부정과 의도 부정의 두 가지가 있다.

(21) 가. 민지는 지호의 동생이 아니다.

---

6 부정문의 중의성은 부정의 범위에 의해 발생하는 것인데, 부정의 범위가 어떻게 결정되는가에 대해서는 많은 논란이 있었다. 과거에는 부정의 범위가 통사 구조에 의해 결정되는 것으로 보았으나 최근에는 부정소가 부여하는 의미론적 초점이 어디에 주어지는가에 의해 결정되는 것으로 보는 것이 더 일반적이다. 예컨대, (19)의 문장이 세 가지 뜻으로 해석될 수 있는 것은 부정의 초점이 주어, 목적어, 서술어에 달리 놓일 수 있기 때문인데 이때 부정의 초점은 대개 강세에 의해 표시된다. 또한 부정의 초점은 강세 외에도 보조사에 의해 표시될 수 있는데 이와 관련된 예가 (19나'), (20나')이다. 이들 예에서는 보조사 '은/는'에 의해 부정의 초점이 각각 서술어와 부사에 놓여 이들이 부정의 범위에 들어오게 되는 해석이 적용된다.

나. 민지는 작지 않다.(또는, 민지는 안 작다.)

다. 민지는 시골에 가지 않는다.(또는, 민지는 시골에 안 간다.)

(21가), (21나)는 단순한 사실의 부정으로 단순 부정의 뜻만 가졌으나 (21다)는 단순 부정과 민지가 시골에 가려고 하지 않아서 가지 않는다는 의도 부정의 두 가지 해석이 가능하다. 일반적으로 체언이나 형용사가 서술어일 때는 단순 부정의 뜻만 있으나, 동작주의 의지가 작용할 수 있는 행위를 표시하는 동사가 서술어인 경우에는 단순 부정 뿐만 아니라 의도 부정의 뜻도 지닌다.

한편, '아니(안)'나 '-지 아니하다(않다)'에 의한 부정이 성립하지 않는 동사도 있다.

(22) 가. *한 시간도 견디지 않고(안 견디고) 항복했니?

나. *나는 네가 온 것도 알지 않았다(안 알았다).

(22가)의 '견디다'는 본래부터 동작주의 능력을 전제로 하여 성립할 수 있는 행위를 나타내는 것이기 때문에 단순 부정이나 의도 부정의 해석이 가능한 '아니(안)'나 '-지 아니하다(않다)'가 쓰이지 않고 다음에 설명할 능력 부정의 '못'만이 쓰인다.[7]

13.2.1.2. '못' 부정문

위에서 설명한 '아니(안)'나 '-지 아니하다(않다)'에 의한 부정문은, 형용사나 체언이 서술어인 경우에는 그 주체의 속성으로 인해서 어떤 상태가 그렇지 않음을 나타내고, 동사가 서술어인 경우에는 그 주체(곧 동작주)의 의지에 의해서 어떤 행위가 일어나지 않는 것을 나타낸다고 하였다. 그런데 동작주의 의지가 아닌 그의 능력이나 그 외의 다른 외부의 원인 때문에 그 행위가 일어나지 못하는 것을 표현할 때는 '못'이나 '못하다'가 쓰인다.[8]

---

7 '단순 부정'은 '중립 부정'이라고도 하고 '의도 부정'은 '의지 부정'이라고도 한다. 논의에 따라서는 '안' 부정문이 나타내는 '의도 부정'을 '안' 부정문이 지닌 의미의 일부로 보기도 하고 '단순 부정'의 맥락적 해석에 불과하다고 보기도 한다. (22)의 예와 같이 의지나 의도가 작용할 수 없는 서술어에서는 '안' 부정문이 성립하지 않는다는 사실은 '의도 부정'이 '안' 부정문이 지닌 의미의 일부로 볼 만한 근거가 되고 민지가 일부러 시골에 안 갔든 사정이 생겨 못 갔든 '민지가 시골에 안 갔다(가지 않았다)'로 표현될 수 있다는 사실은 '안' 부정문이 나타내는 '의도 부정'이 '못' 부정문이 나타내는 '능력 부정'과 대립될 때에만 성립하는 맥락적 해석으로 볼 만한 근거가 된다.

8 "지수는 몸이 약해 운동을 못 했다(하지 못했다)."는 주어로 나타난 동작주의 능력에 의해 사태가 일어나지 못한 것을 나타내고 "지수는 시간이 없어 운동을 못 했다(하지 못했다)."는 다른 외부의 원인 때문에 사태가 일어나지 못한 것을 나타낸다. 이와 같이 '못' 부정은 '능력'의 부정을 나타내므로 '능력 부정'이라고도 한다. 그러나 '능력'은 엄밀히 말하면 동작주가 지닌 것이기에 다른 외부의 원인 때문에 사태가 일어나지

'못'이나 '-지 못하다'는 서술어가 동사일 때 쓰이는 것이 원칙인데, 이때에도 짧은 부정문과 긴 부정문이 있다. '못'을 써서 표현하는 것은 짧은 부정문이고 '못하다'를 써서 표현하는 부정문은 긴 부정문이다. '못'은 서술어 앞에 놓이고, '못하다'는 서술어인 용언의 어간에 어미 '-지'를 붙이고 그 뒤에 '못하다'를 쓴다.

(23) 가. 희수는 집에 갔다.
　　　나. 희수는 집에 못 갔다.
　　　다. 희수는 집에 가지 못했다.

(23나)는 짧은 부정문, (23다)는 긴 부정문이다. 이때에도 짧은 부정문은 긴 부정문에 비해 적용상의 제약이 있는데 그것은 '아니'에 의한 짧은 부정문의 경우와 같다.

(24) 가. *지호가 못 공부한다.
　　　나. 지호가 공부(를) 못 한다.

'-지 못하다'가 쓰인 긴 부정문의 경우에 시간 표현의 어미 '-았, -겠, -더…' 등이 '못하다'에 붙는 것도 '아니하다'에 의한 부정문의 경우와 같다.

(25) 가. 지호가 동화책을 샀다.
　　　나. 지호가 동화책을 사지 못했다.

'못 부정문'의 뜻이 중의적(重義的)일 수 있는 것도 '안 부정문'의 경우와 같다.

(26) 가. 나는 지호를 못 보았다.
　　　나. 나는 지호를 보지 못했다.

(26)은 각각 다음의 세 가지 뜻으로 해석될 수 있다.

① 지호를 보지 못한 것은 나다.
② 내가 못 본 것은 지호이다.

못한 것은 '능력'의 부정이 아니라 '가능성'의 부정 혹은 '상황' 부정으로 보아야 할 것이다. 그러나 '능력'과 '가능성'의 의미는 서로 넘나드는 것이 일반적이므로 다른 외부의 원인 때문에 사태가 일어나지 못한 것을 '능력 부정'이라고 해도 큰 문제는 없을 것이다.

③ 내가 지호를 보지만 못했을 뿐이다.

이때에 만약 다음의 (27)과 같이 보조사를 쓰면 한 가지 뜻만을 보일 수가 있다.

(27) 가. 내가 지호는 못 보았다(보지 못했다).
　　　나. 내가 지호를 보지는 못했다.

서술어가 형용사인 경우에는 '못'이 안 쓰이는 것이 원칙이다.

(28) 가. 길이 넓다.
　　　나. *길이 못 넓다.
(29) 가. 그 아이가 똑똑하다.
　　　나. *그 아이가 못 똑똑하다.

그런데 '못하다'에 의한 부정은 형용사의 경우에도 가능한 때가 있다.

(30) 가. 그 아이가 똑똑하다.
　　　나. 그 아이가 똑똑하지 못하다.

이때는 말하는 이의 기대에 못 미치는 것을 표현한다. '넉넉하다, 만족하다, 우수하다, 풍부하다…' 등의 형용사에 '못' 부정이 가능한 것이 바로 이러한 이유 때문인 듯하다.[9] [10]

동사로서는 '걱정하다, 고민하다, 노심초사하다, 당하다, 망하다, 변하다, 실패하다, 염려하다, 잃다, 참회하다, 후회하다…' 등은 '못' 부정으로 쓰일 수 없는데 의미상의 충돌이 일어나기 때문이다.[11]

---

9 이때 '못' 부정은 '어떠한 기준이나 기대에 이르지 못한 것'을 나타낸다는 점에서 '불급(不及) 부정'이라고도 한다. '불급 부정'은 형용사를 서술어로 하는 문장에서만 나타나고 긴 부정만 가능하다는 특성을 지닌다. 한편, '불급 부정'은 '능력 부정'에서 파생된 의미라고 설명되기도 하지만 통시적으로 볼 때에는 '못' 부정문이 지니는 '능력 부정'의 의미는 '불급 부정'의 의미에서 발달한 것이다.

10 형용사가 '-지 못하다'와 결합하여 불급 부정을 나타내는 것은 속성을 나타내는 성상 형용사에서만 가능하고 "*나는 어머니가 무섭지 못하다."와 같이 심리 상태를 나타내는 심리 형용사에서는 불가능하다.

11 그럼에도 불구하고 이들 동사 중 일부는 "이제 와서 후회할 수는 없다.", "그 정도 성과로는 만족할 수 없니?"와 같이 '-을 수 없다'를 통해 '가능성'의 부정이나 '능력' 부정이 가능하다는 점에서 이들 동사의 의미적 특성 때문에 '못' 부정이 쓰일 수 없는 것인지에 대해서는 재고의 여지가 있다.

13.2.1.3. '말다' 부정문

위에서 설명한 '아니(안)', '아니하다'에 의한 부정문이나, '못', '못하다'에 의한 부정문은 평서문과 의문문에만 적용된다. 명령문이나 청유문에는 없다.

(31) 가. *너는 부산에 안 가거라.
　　 나. *너는 부산에 가지 않아라.
　　 다. *우리는 부산에 안 갑시다.
　　 라. *우리는 부산에 가지 않읍시다.
(32) 가. *너는 지호를 못 보아라.
　　 나. *너는 지호를 보지 못해라.
　　 다. *우리는 밥을 못 먹읍시다.
　　 라. *우리는 밥을 먹지 못합시다.

명령문이나 청유문의 부정은 '말다'를 써서 나타낸다. '말다'에 의한 부정문은 서술어의 어간에 '-지'를 붙이고 그 뒤에 '말다'를 쓴다.

(33) 가. 너는 집에 가지 말아라.
　　 나. 우리는 집에 가지 맙시다.
(34) 가. 너는 지호를 보지 말아라.
　　 나. 우리는 밥을 먹지 맙시다.

이 '말다'에 의한 부정은 명령이나 청유의 경우에만 쓰이는 것이기 때문에 다음의 (35)와 같이 평서문과 의문문에는 쓰이지 않는다.[12]

(35) 가. *그 아이는 숙제를 하지 말고 잠을 잤다.
　　 나. *너도 공부를 하지 말고 시험을 치렀니?

그런데 다음과 같은 경우에는 명령이나 청유가 아닌데도 '말다'가 쓰인다.

(36) 가. 나는 네가 이곳을 떠나지 $\left\{\begin{matrix} 않기 \\ 말기 \end{matrix}\right\}$ 를 바랐다.

---

12 이처럼 '말다'는 명령문에 쓰여 '금지'의 뜻을 나타내고 명령문에서 부정문의 형성 방법이 달라지는 일이 통언어적(cross-linguistic)으로 발견되므로 언어 유형론적 관점에서는 '말다'에 의한 부정 명령문을 '금지문(prohivitive)'으로 보는 경우도 있다.

나. 우리들은 그가 여기 들르지 $\left\{\begin{array}{l}\text{않고}\\\text{말고}\end{array}\right\}$ 그대로 갔으면 했다.

예 (36)에서는 '않다'와 '말다'가 어느 것이나 쓰일 수 있는데, '바라다, 희망하다, 원하다, 기대하다…' 등 바람이나 희망을 나타내는 동사가 서술어이면 명령이나 청유가 아닌 경우에도 '말다'가 쓰일 수 있다. (36)에 '말다'가 쓰일 수 있는 것도 (36)이 '바람'을 나타내는 문장이기 때문이다.[13]

'말다'는 다음의 (37)에서와 같이 서술어가 형용사인 문장에는 쓰이지 않는다.

(37) 가. *네가 착하지 말아라.
나. *우리가 친절하지 말자.

더러 형용사 다음에도 '말다'가 쓰이는 일이 있으나, 이때는 명령이나 청유의 뜻이 아니라 기원하는 뜻이 된다.

(38) 가. 오늘 춥지만 말아라.
나. 집이 너무 작지만 말아라.

(38가)는 오늘 춥지 않기를 바라는 뜻이고, (38나)는 집이 너무 작지 않기를 바라는 뜻이다.[14]

---

13 "지수는 집에 가지 {않아야/말아야} 한다."와 같이 '의무'를 나타내는 문장에서도 '말다'에 의한 부정이 가능하다. '명령'이나 '청유'가 아직 일어나지 않은 사태가 일어나기를 바라거나 청자에게 일정한 의무를 부여하는 지시 화행이라는 점을 고려하면 '바람'이나 '의무'를 나타내는 문장에서 명령문이나 청유문에 쓰이는 '말다'에 의한 부정이 가능한 이유가 쉽게 설명된다. 한편, 이처럼 '않다'와 '말다'가 서로 교체되어 쓰일 수 있기 때문에, 즉 상보적 분포를 보이지 않으므로 '않다'와 '말다'를 이형태로 볼 수 있는가에 대해서 논란의 여지가 있다.

14 명령은 화자가 청자에게 아직 일어나지 않은 행위를 수행할 것을 요구하는 지시(directive) 화행이다. 그런데 "오늘은 제발 날씨가 따뜻해라.", "제발 집이 좀 넓어라."와 같이 실제로 청자가 일정한 행위를 수행하기 어려운 존재이거나 화자가 요구한 행위가 완전히 청자의 능력 밖의 일이라면 이때 명령문은 기원의 뜻으로 해석된다. 따라서 (38)의 예에서 '말다'가 기원의 뜻으로 해석되는 것은 '말다'가 지닌 특성보다는 명령문이 지닌 특성에 의한 것이라고 할 수 있다.

13.2.2. 어휘적 부정문

국어의 부정문에는 부정 부사 '아니(안)'이나 '못', 부정의 보조 용언 '아니하다', '못하다', '말다'가 사용되어 성립되는 것 이외에 '아니다, 없다, 모르다' 등 특수한 어휘에 의한 부정문이 있다. 이들 어휘가 쓰인 부정문을 어휘적 부정문이라 하는데 어휘적 부정문도 앞에서 보인 바와 같이 부정 극어와 어울릴 수 있으므로 부정문으로 본다.

서술어가 '체언+이다'로 된 문장의 부정은 이 체언에 보격 조사를 붙이고, 서술격 조사 '이다' 대신 '아니다'를 쓴다.[15·16]

> (39) 가. 지호는 학생 회장이다.
>   나. 지호는 학생 회장이 아니다.
> (40) 가. 오늘의 안내원은 여자다.
>   나. 오늘의 안내원은 여자가 아니다.

(39), (40)의 (가)는 긍정문이고, (나)는 각각 그에 대한 부정문이다. (39가)는 지호가 학생 회장임을 주장하는데, (39나)는 지호가 학생 회장이 아님을 주장하고 있다. (39나)의 뜻은 두 가지로 해석이 될 수 있다. 즉, 지호가 학생 회장이 아닌 부회장이나 일반 회원, 또는 그 이외의 다른 것일 수 있다는 뜻도 되고, 지호가 아닌 다른 사람이 학생

---

15 '아니다'에 의한 부정을 통사적 부정으로 보아야 할지 어휘적 부정으로 보아야 할지 논란이 될 수 있다. '아니다'를 '안+이다'로 본다면 통사적 부정으로 이해할 수 있고 '이다' 대신 '아니다'라는 어휘로 부정문을 형성한 것으로 본다면 어휘적 부정으로 이해할 수 있기 때문이다. 우리 책에서는 '아니다'가 공시적으로는 '안+이다'와 같이 더 이상 분석되지 않는 어휘로 보고 '아니다'에 의한 부정을 어휘적 부정으로 보는 입장을 취한다.

16 '체언+이다'는 '아니다'를 통한 어휘적 부정이 일반적이지만 '보수적이다', '적극적이다'와 같이 접미사 '-적' 파생 명사와 결합한 '이다'의 경우에는 '아니다'를 통한 어휘적 부정이 어색하고 '보수적이지 않다', '적극적이지 않다'와 같이 '-지 않다'에 의한 통사적 부정이 더 자연스럽다.

회장이지만 지호에 한해서는 학생 회장이 아니라는 뜻도 된다.[17] '아니다'란 말이 그 문장의 주어를 부정하는 것일 수도 있고, 긍정문의 서술어가 되는 체언을 부정하는 것일 수도 있다. (40)에서도 마찬가지다. 다만, (39나)에서는 '아니다'가 '학생 회장'을 부정할 경우, 지호가 학생 회장이 아닌 무엇인지가 분명하지 않지만, (40나)에서는 오늘의 안내 원이 남자라는 것이 분명하다는 점에서 (39나)와 다르다. 이것은 '여자'와 '남자'가 서로 반의적인 말로서 '여자'가 아니면 '남자'일 수밖에 없고 '남자'가 아니면 '여자'일 수밖에 없는 관계에 있는 말이기 때문이다.[18]

> (41) 가. 나는 그 일을 전혀 몰랐다.
>   나. 나는 그 일을 전혀 알지 못했다.
> (42) 가. 민지는 여기에 없다.
>   나. 민지는 여기에 있지 않다.
> (43) 가. 나는 돈이 전혀 없다.
>   나. ?나는 돈이 전혀 있지 않다.

(41), (42)는 '모르다', '없다' 등의 부정의 의미를 지닌 서술어가 쓰인 어휘적 부정문이다. 어휘적 부정문은 (41나)와 같이 '못 부정문'이나 (42나)에서처럼 '안 부정문'의 형식으로도 표현될 수 있지만 (43)처럼 다른 부정문으로 바꿀 수 없는 경우도 있다.[19]

---

17 그럼에도 불구하고 지호가 학생 회장이 아니라는 명제적 의미는 동일하다.

18 이와 같이 중간항이 허용되지 않는 반의 관계를 일반적으로 '모순 관계'라고 하고 이러한 반의어를 '상보적 반의어'라고 한다.

19 어휘적 부정으로 부정문이 형성되는 경우는 통사적 부정으로는 부정문이 형성되지 않는 것이 더 일반적이 다.

더 읽을거리

1. 부정문에 대한 전반적 논의

2000년대 이전의 부정문에 대한 연구사 검토로는 김동식(1990), 임홍빈(1998라)를 참고할 수 있다. 부정문에 대한 전반적 논의로는 김동식(1980), 임홍빈(1987나), 구종남(1992), 박정규(1996) 등을 참고할 수 있다. 생성 문법 이론을 중심으로 국어와 영어 부정 표현에 대해 전반적으로 살펴본 논의로는 김영화 외(2005)가 있고 부정문의 유형 분류에 대한 논의로는 박형우(2003)이 있다. 현대 국어 부정문의 특성은 부정문의 통시적 변화 양상을 통해 이해의 깊이를 더할 수 있다. 부정문의 통시적 변화 양상에 대해서는 허재영(2002), 이지영(2008) 등이, 유형론적 양상에 대해서는 고영근(2018나: 664-682)가 참고된다.

2. 부정 극어의 유형과 특성

부정 극어에 대한 전반적 논의로는 구종남(2012)를 참고할 수 있다. 부정 극어의 유형과 문법적 특성에 대한 연구로는 시정곤(1997), 김영희(1998나), 구종남(2003), 임유종(2005: 162-168) 등이 있다. 한편, 부정 극어와의 호응은 부정문을 확인할 수 있는 가장 확실한 검증법이지만 부정문이 아닌 경우에도 부정 극어가 나타나기도 한다. 이에 대한 연구로는 구종남(2007, 2011), 이은섭·이선웅(2013), 배미연(2018) 등이 참고된다.

3. 부정의 범위와 부정문의 중의성

부정의 범위와 부정문의 중의성에 대해서는 임홍빈(1973), 송석중(1981), 서상규(1984가, 나), 구종남(1990), 이은섭(1996) 등을 참고할 수 있다. 이러한 연구들은 부정의 범위를 통사 구조의 관점에서 접근하여 부정문의 중의성을 설명하려는 입장인데, 최근 박철우(2013가, 나)에서는 정보 구조의 관점에서 부정의 범위와 이에 따른 부정문의 중의성을 설명한다는 점에서 기존 연구와 큰 차별점을 보인다.

4. '안' 부정과 '못' 부정의 의미

'안' 부정문과 '못' 부정문의 의미에 대해서는 김동식(1980), 이경우(1983), 신원재(1987), 임홍빈·장소원(1995), 임홍빈(1998라), 서정수(2006: 937-949) 등을 참고할 수 있다.

5. '말다'에 의한 부정

'말다'에 의한 부정에 대해서는 이상복(1979), 김성화(1989), 장호종(2003), 김선영(2005), 송창선(2013) 등이 참고가 된다. '말다'는 '않다'의 이형태로 논의되는 경우가 많은데, 이는 논란의 여지가 있는 것이다. 이에 대한 상반된 입장을 보이는 최근의 논의로는 박재연(2010)과 양정호(2016)을 참고할 수 있다. 어휘적 부정에 대해서는 시정곤(1998가)가 참고된다.

1. 부정 부사, 부정의 보조 용언, 부정의 어휘 등을 이용하여 아래에 제시된 문장을 '안' 부정문, '못' 부정문, 긴 부정문, 짧은 부정문 등 다양한 부정문으로 바꾸어 보고 다음의 질문에 답해 보자.

(1) 지수는 치밀어 오르는 화를 <u>참았다</u>.

(2) 수정이는 시험 점수를 잘 받을 마음으로 그 일을 <u>저질렀습니다</u>.

(3) 지수야, 오늘은 일찍 집에 <u>들어가자</u>.

(4) 수지는 <u>모범생이다</u>.

(5) 아버지는 옛날 사람이라서 <u>보수적이다</u>.

(6) 너도 이제는 공부를 열심히 <u>해라</u>.

(7) 연희는 몸이 <u>건강하다</u>.

(8) 아버지는 우리들을 <u>사랑했다</u>.

(9) 오늘은 물결이 <u>잔잔하다</u>.

(10) 민지는 드디어 사랑의 위대함을 <u>깨달았다</u>.

(11) 교수님은 과 대표를 학생 회장으로 <u>추천했다</u>.

(12) 아들은 아버지의 행동을 그대로 <u>본받았다</u>.

(13) 이 그림은 지난번에 본 그림과 <u>다릅니다</u>.

(14) 저는 그 일을 해 낼 자신이 <u>있습니다</u>.

(15) 나에게는 아주 작은 소리도 <u>들렸다</u>.

(16) 지수의 옷차림이 <u>학생답다</u>.

(17) 이 물건은 잘 <u>깨진다</u>.

(18) 나그네의 몸은 야위고 옷은 <u>남루했다</u>.

(19) 선생님은 컴퓨터 프로그램을 <u>다운로드했다</u>.

(20) 수영이는 모든 면에서 <u>스마트하다</u>.

(가) 어휘적 부정으로만 부정문이 형성되는 예를 정리해 보자.

(나) '말다'에 의해서만 부정문이 형성되는 예를 정리해 보자.

(다) '안' 부정문이 형성되지 않는 예를 정리하고 이들 예에서 '안' 부정문이 형성되지 않는 이유에 대해 기술해 보자.

(라) '못' 부정문이 형성되지 않는 예를 정리하고 이들 예에서 '못' 부정문이 형성되지 않는 이유에 대해 기술해 보자.

(마) '못' 부정문이 형성되는 예를 정리하고 이들 예에서 나타나는 '못' 부정의 의미에 대해 기술해 보자.

(바) 짧은 부정문이 잘 형성되지 않는 예를 정리하고 이들 예에서 나타나는 서술어의 특성을 단어 형성법의 관점에서 기술해 보자. 그리고 이들 예를 짧은 부정문으로 만들기 위해서는 어떻게 해야 하는지에 대해서도 기술해 보자.

2. 아래에 제시된 자료는 기존 연구에서 부정 극어로 언급되어 왔던 것이다. 이들 부정 극어를 하나씩 이용하여 '안' 부정문, '못' 부정문, 짧은 부정문, 긴 부정문 등 다양한 부정문을 만들어 보자.

> 전혀, 통, 도무지, 여간, 그다지, 미처, ~밖에, 별반, -커녕, 차마, 절대, 도무지, 도통, 아무런, 당최, 아무, 웬만해서(는), 여간해서(는), 아무도, 결코, 결단코, 도저히, 좀처럼, 좀체, 과히, 별로, 별달리, 절대로, 여간내기, ~는 고사하고, 숨 한 번도, 동전 한 잎(도), 땡전 한 잎(도), 한 치도, 한 참도, 한 순간도, 한 푼도, 하나(도), 눈 하나(도), 손 하나(도), 머리카락 하나(도), 눈곱만큼도, 손톱만큼도, 티끌만큼도, 털끝만큼도, 조금도, 꿈쩍(도), 아무것도, 아무 데도, 보잘 것, 다시는, 더 이상

3. 아래에 제시된 자료는 기존 연구에서 부정 극어로 언급되어 왔던 것이다. 그런데 이들 부정 극어 중 일부는 부정문에서만 나타나지 않고 긍정문에서도 나타난다. 이들 자료에 제시된 부정 극어를 구글이나 네이버 등의 인터넷 검색 사이트에서 검색하여 실제 문장에서 쓰인 예를 검토하고 긍정문에서 나타나는 예를 쉽게 발견할 수 있는 부정 극어를 지적해 보자.

> 결코, 도무지, 도저히, 별로, 아무도, 여간, 전혀, 절대로, 조금도, 하나도

4. 아래에 제시된 문장은 부정의 범위에 따라 다양한 의미 해석이 가능하다. 어떠한 의미 해석이 가능한지 설명해 보고 이들 문장을 실제 구어에서 발화한다고 했을 때 자신이 의도하는 부정의 의미로 해석되게 하기 위해 어떻게 할 수 있는지 생각해 보자.

> (1) 아버지가 지수를 며느리로 삼지 않았다.
> (2) 경찰이 도둑을 권총으로 쏘지 않았다.
> (3) 손님들이 다 오지 않았다.
> (4) 지수가 나에게 나쁜 짓을 하지 않았다.
> (5) 아버지가 어제 회사에 안 갔다.
> (6) 세 사람이 나에게 편지를 보내지 않았다.
> (7) 아버지가 새로운 교장 선생님이 되지 않았다.
> (8) 지영이는 밥만 먹지 않았다.
> (9) 지수는 밥을 그냥 먹지 않는다.
> (10) 억세게 비가 오지 않는다.

탐구 문제

1. 아래에 제시된 자료를 바탕으로 다음의 질문에 답해 보자.

> (1) '안' 부정문이 나타내는 의미에 대해서는 학자에 따라 이견을 보인다. '안' 부정문이 나타
>   내는 '의도 부정'을 '안' 부정문이 지닌 의미의 일부로 보기도 하고 '단순 부정'의 맥락적
>   해석에 불과하다고 보기도 한다.
>
> (2-1) 일이 너무 힘들어서 하루도 견디지 {*않고/못하고} 사표를 냈다.
>   정신이 없어서 나는 네가 온 것도 알지 {*않았다/못했다}.
> (2-2) 나는 웬만하면 선생님을 {안/*못} 만나기 위해 애써 길을 돌아갔다.
>   앞으로 그런 사람 {안/*못} 만나려면 먼저 친구부터 잘 사귀고 봐.
>   지수는 밥을 {안/*못} 먹고 싶었다.
>
> (3-1) 지수가 (집에서 놀기만 하고) 회사에 안 가요.
> (3-2) 지수가 (회사에 안 가고) 집에서 계속 놀아요.
>
> (4)
> 선생님: 자 출석 부를게요! 김지수!
> …
> 선생님: 어? 오늘 지수 안 왔네.
> 학생: 선생님, 지수 오늘 몸이 아파서 못 온대요.
> 선생님: 그래, 어쨌든 안 온 거잖아.

(가) (2-1)의 예에서 '안' 부정이 불가능하고 '못' 부정만 가능한 이유는 무엇인가? 이러한 사실
     은 (1)의 두 견해 중 어떠한 견해를 지지하는 근거가 되는가?

(나) (2-2)의 예에서 '못' 부정이 불가능하고 '안' 부정만 가능한 이유는 무엇인가? 이러한 사실
     은 (1)의 두 견해 중 어떠한 견해를 지지하는 근거가 되는가?

(다) (3-1)의 '안' 부정문은 '단순 부정'과 '의도 부정' 중 무엇으로 해석되는가?

(라) (3-1)의 '안' 부정문이 '의도'를 나타내는 것이라고 한다면 (3-2)의 문장도 '의도'를 나타내
     는 것이라고 볼 수 있을 것이다. 이러한 사실은 (1)의 두 견해 중 어떠한 견해를 지지하는 근
     거가 되는가?

(마) (4)의 선생님과 학생의 대화에서 선생님의 마지막 대화는 (1)의 두 견해 중 어떠한 견해를
     지지하는 근거가 되는가?

(바) 이상의 답변을 바탕으로 (1)의 두 견해 중 어떠한 입장을 취하는 것이 합리적인지 논의해 보자.

2. 아래에 제시된 자료를 바탕으로 다음의 질문에 답해 보자.

(1) "지수는 몸이 약해 운동을 못 했다(하지 못했다)."는 주어로 나타난 동작주의 능력에 의해 사태가 일어나지 못함을 의미하고 "지수는 시간이 없어 운동을 못 했다(하지 못했다)."는 다른 외부의 원인 때문에 사태가 일어나지 못함을 의미한다. 따라서 '못' 부정문은 '능력 부정(불능)'과 '가능성 부정(불가능)'을 나타낸다고 할 수 있다. 한편, '못' 부정문은 "지수는 착하지 못하다."와 같이 형용사를 서술어로 하는 문장에서 '기대에 미치지 못함'을 뜻하는 '불급(不及) 부정'을 나타내기도 한다.

(2-1) 지수는 목이 부어서 밥을 전혀 못 먹었다.
(2-2) 날씨가 추워서 올해는 아직까지 꽃이 피지 못했다.
(2-3) 이 집은 다 좋은데 부엌이 넓지 못하네.

(3) (ㄱ)과 (ㄴ)의 밑줄 친 '-을 수 있다'는 각각 '능력'과 '가능성'의 양태 의미를 나타낸다. 즉, 사태의 실현 요인이 주어 내부에 있으면 '능력'의 의미를 나타내고 사태의 실현 요인이 주어 외부에 있으면 '가능성'의 의미를 나타낸다. 이처럼 '능력'과 '가능성'의 양태 의미는 쉽게 넘나들 수 있다.

　　(ㄱ) 수정이는 이 문제를 풀 수 있다.
　　(ㄴ) 오늘은 비가 올 수도 있다.

(4-1) 지수는 마음이 착하지 못하다.
　　　방이 깨끗하지 못하다.
　　　화질이 선명하지 못하다.
(4-2) *지수는 마음이 나쁘지 못하다.
　　　*방이 더럽지 못하다.
　　　*화질이 흐릿하지 못하다.
(4-3) *지수는 아버지의 성공이 기쁘지 못했다.
　　　*나는 어머니가 여전히 무섭지 못하다.
　　　*수지는 그의 죽음이 슬프지 못했다.

(5-1) 연희는 동생보다 밥을 잘 먹지 못한다.
　　　지수는 동생만큼 공부를 하지 못한다.
　　　김 과장은 신입 사원보다 빨리 일을 하지 못한다.
(5-2) 동생은 형보다 못산다.

> 음식 맛이 예전보다 못하다.

(가) (1)의 자료를 참고하여 (2-1), (2-2), (2-3)의 각각의 예에서 '못' 부정문이 나타내는 의미를 기술해 보자.

(나) (3)에 기술된 사실을 고려하여 '못' 부정문이 '능력 부정(불능)'과 '가능성 부정(불가능)' 두 가지 의미를 가지는 이유에 대해서 설명해 보자.

(다) (4-1)과 (4-2)의 밑줄 친 형용사의 차이는 무엇인가? 이를 고려하여 (4-2)에서 '불급 부정'이 불가능한 이유를 설명해 보자.

(라) (4-1)과 (4-3)의 밑줄 친 형용사의 차이는 무엇인가? 이를 고려하여 (4-3)에서 '불급 부정' 불가능한 이유를 설명해 보자.

(마) (5-1)에 제시한 '못' 부정문의 의미는 (1)에서 제시한 '못' 부정문의 의미로 설명되는가?

(바) (5-2)의 '못살다', '못하다'는 '열등'의 의미를 나타낸다. 이를 고려하여 (5-1)의 '못' 부정문이 나타내는 의미를 설명해 보자.

(사) (5-1)과 (5-2)의 예는 부정 극어 '결코'나 '전혀'와 호응이 가능한가? 이러한 사실을 바탕으로 한다면 (5-1)과 (5-2)를 모두 부정문으로 볼 수 있는가? 만약 차이가 난다면 그 이유는 무엇인가?

(아) (사)의 답변을 바탕으로 한다면, (1)에서 제시한 의미 외에 '못' 부정문이 나타내는 의미로 무엇을 더 추가할 수 있겠는가?

3. 아래에 제시된 자료를 바탕으로 다음의 질문에 답해 보자.

(1-1) A: 수정 선배 학교에 오셨어?. B: 아니 A: 아닌데 오셨다고 하던데? A: 오시기는 뭘 오셔, 그냥 온 거지.

(1-2) A: 지수가 밥을 먹지 않아. B: 그럼? A: 지수는 밥을 먹었어.

(1-3) A: 하늘을 보니 비가 오지 않겠네. B: 날씨가 이리 궂은데, 무슨 소리야? A: 그래, 올 것 같은 게 아니라 확실히 온다고

(2-1) A: 지수는 집에 가 있어? B: 아니요, 집에 가고 있어요.

(2-2) A: 소영이는 집에 가야 해? B: 아니요, 집에 가지 않아도 됩니다.

(2-3) A: 수정이는 오늘 집에 올 것 같아? B: 아니요, 오늘 확실히 집에 옵니다.

(2-4) A: 오늘 비가 올 수도 있니? B: 아니요, 확실히 옵니다.

(2-5) A: 지영이는 이 문제를 풀 수 있니? B: 아니요, 풀 수 없습니다.

(3-1) 지수는 회사에 가고 수지는 학교에 가지 않았다.

(3-2) 바람이 많이 불어서 배가 뜨지 않았다.

(3-3) 수영이는 밥을 먹고서 커피를 마시지 않았다.

(3-4) 지수는 어머니가 주신 약을 먹고 병이 낫지 않았다.

(3-5) 연희는 얼굴이 빨개지도록 술을 마시지 않았다.

(3-6) 지수는 책을 읽으려고 도서관에 가지 않았다.

(4-1) <u>얼굴이 잘생긴</u> 청년이 지수에게 다가오지 않았다.

　　　나는 <u>수지와 결혼한</u> 남자와 사귀지 않았다.

(4-2) 어머니는 <u>지수가 어제 밤새 술을 마신</u> 사실을 알지 못했다.

　　　소영이는 <u>자기 남편이 회사를 관뒀다는</u> 소문을 믿지 않았다.

(가) (1-1), (1-2), (1-3)의 대화에서 밑줄 친 A의 답변이 성립할 수 있는가?

(나) (가)의 답변을 바탕으로 한다면, 부정의 범위에서 확실히 제외할 수 있는 요소는 무엇인가? 이러한 요소들의 성격과 부정의 성격을 고려하여 이들 요소들이 부정의 범위에서 확실히 제외되는 이유가 무엇인지 기술해 보자.

(다) (2-1), (2-2), (2-3), (2-4), (2-5)의 대화에서 B의 답변이 성립하는가?

(라) (다)의 답변을 바탕으로 한다면, A의 질문에서 나타난 우언적 구성 중에서 부정의 범위에 들어올 수 있는 것과 그렇지 못한 것은 무엇인가? (나)의 답변을 고려하여 이러한 차이가 나타나는 이유가 무엇인지 기술해 보자.

(마) (3)의 문장을 선행절과 후행절이 모두 부정의 범위에 포함될 수 있는 것, 후행절만 부정의 범위에 포함되는 것으로 분류해 보자.

(바) (나)와 (라)의 답변을 고려하여 (3)의 문장에서 부정의 범위에 있어 차이가 생기는 이유가 무엇인지 기술해 보자.

(사) (3)의 문장을 짧은 부정문으로 바꾸어 보고 이를 다시 선행절과 후행절이 모두 부정의 범위에 포함될 수 있는 것, 후행절만 부정의 범위에 포함되는 것으로 분류해 보자.

(아) (마)와 (사)에서 동일한 결과를 얻을 수 있는가? 이 질문에 대한 답변을 바탕으로 짧은 부정문과 긴 부정문의 부정의 범위에 대해 논의해 보자.

(자) (4-1)과 (4-2)의 밑줄 친 관형절은 부정의 범위에 포함되는가?

(차) (4)의 관형절 중 부정의 범위에 포함되지 않는 것이 있다면 (4)의 주절에 사용된 서술어의 특성을 바탕으로 그 이유를 설명해 보자.

4. 아래에 제시된 자료를 바탕으로 다음의 질문에 답해 보자.

(1-1) 저는 <u>아무것도</u> 하기 싫습니다.

　　　나는 이제 그 사람을 <u>도저히</u> 만나기 싫어요.

　　　저는 <u>더 이상</u> 작업을 하기 싫습니다.

　　　저는 <u>다시는</u> 서울에 가기 싫어요.

(1-2) 요즘은 <u>좀처럼</u> 만나 뵙기가 어렵습니다.

　　　<u>도무지</u> 수정이 얼굴 보기 어려워.

　　　요즘은 너무 바빠서 <u>꼼짝도</u> 하기 어려워요.

　　　<u>여간해서는</u> 그 일을 잘해 내기가 어렵지.

(1-3) 아니, 얼마나 바쁜 건지 수지를 <u>통</u> 보기 힘드네.

　　　울고 있는 사람한테 <u>당최</u> 돈 내놓으란 말부터 하기는 힘들더라고요.

　　　요즘에는 <u>도무지</u> 그런 귀한 물건들은 구경하기 힘듭니다.

　　　그런 일을 당했다면 누구라도 <u>도저히</u> 참기 힘들지.

(1-4) 지수가 <u>미처</u> 집에 도착하기도 전에 가족들은 이미 집을 떠나버렸다.

　　　<u>더 이상</u> 일이 커지기 전에 빨리 사태를 수습하자.

(1-5) <u>차마</u> 그렇게까지 심한 말을 하겠습니까?

　　　전부 의심하는 사람들뿐이니 <u>당최</u> 제 말을 누가 믿어 주겠어요?

　　　아니, 저희가 하는 일이 <u>여간</u> 힘듭니까?

　　　그렇게 심하게 다쳤는데 아버지가 <u>더 이상</u> 일을 할 수 있겠습니까?

(2) 우리는 무엇을 해야 할지 몰라 <u>당최</u> 허둥대기만 했다.

　　방에 박혀 공부만 해서 그런지 세상 물정에는 <u>도통</u> 깜깜하구만.

　　현재 기술로서는 시간 여행이 <u>전혀</u> 불가능합니다.

　　시간이 없어서 이 많은 양을 처리하기란 <u>도저히</u> 불가능합니다.

　　지수가 시험을 보지 않은 것은 <u>전혀</u> 뜻밖의 일입니다.

　　학생들에게 술을 권하는 것은 <u>절대로</u> 금물이다.

(가) (1)에서 진하게 표시된 부분은 기존 연구에서 부정 극어로 언급되어 왔던 것이다. 그렇다면 (1)의 문장들은 부정문이라고 할 수 있는가? 답변이 어떠하든 그 이유는 무엇인가?

(나) (1)의 문장은 긍정과 부정 중 어떠한 의미를 지니고 있는가? 만약 부정의 의미를 지닌다고 한다면 (1)에 제시된 문장의 의미를 [부정소+긍정 서술에]의 형식으로 도식화해 보자.

(다) (2)에서 진하게 표시된 부분은 기존 연구에서 부정 극어로 언급되어 왔던 것이다. 그렇다면 (2)의 문장들은 부정문이라고 할 수 있는가? 답변이 어떠하든 그 이유는 무엇인가?

(라) (2)의 문장은 긍정과 부정 중 어떠한 의미를 지니고 있는가? 만약 부정의 의미를 지닌다고 한다면 (2)에 제시된 문장의 의미를 [부정소+긍정 서술에]의 형식으로 도식화해 보자.

(마) (2)의 문장 중에서 [부정소+긍정 서술어]의 형식으로 도식화되지 않는 것이 있는가? 만약 있다면 이들 문장이 부정 극어와 호응할 수 있는 이유는 무엇인가?

(바) 이상의 사실들을 바탕으로 부정문에서 부정 극어를 허가하는 요소가 무엇인지 논의해 보고 자료에서 제시한 문장에서는 [+부정]의 의미가 부정 극어를 허가하는 데 반해 [+부정]의 의미를 지니는 접사에 의해서는 왜 부정 극어가 허가되지 않는지에 대해서도 함께 논의해 보자.

5. 아래에 제시된 자료를 바탕으로 다음의 질문에 답해 보자.

---
(1) 명령문과 청유문은 실세계에 실현되지 않은 사태(즉, 비현실 사태)가 일어나기를 바라고 이를 청자에게 요구하는 지시(directive) 화행을 나타낸다. 명령문은 청자에게 행위를 수행할 것을 요구하므로 청자에게 일정한 의무를 부여하는 것이고 청유문은 화자와 청자가 함께 사태를 수행하게 되는 것이므로 화자가 행위를 수행하는 데 있어 청자의 협력이 필요한 것이다.

(2) 지수야, 나 오늘 그냥 학교에 가지 말까?

(3-1) 사랑의 중요성을 잊지 말지니 사랑은 세상 그 어디에서도 빛나는 것이니라.
(3-2) 오늘은 절대 실수를 하지 말아야 한다.

(4-1) 비가 많이 오니 우선 챙겨 가는 것을 잊지 말기를 바랍니다.
(4-2) 우리들은 그가 이곳에는 제발 들르지 말았으면 했다.
(4-3) 이럴 줄 알았으면 아예 술을 마시지 말걸.

(가) (2)의 의문형 어미 '-을까'는 주어의 인칭에 따라 그 기능이 다르다. 주어가 일인칭인 '-을까' 의문문의 특성을 기술하고 (1)의 자료를 참고하여 명령문이나 청유문의 부정에 사용되는 '말다'가 (2)와 같은 문장에서 나타날 수 있는 이유를 설명해 보자.

(나) (3-1)의 연결 어미 '-을지니'와 (3-2)의 우언적 구성 '-어야 하다'의 의미적 특성을 기술하고 (1)의 자료를 참고하여 명령문이나 청유문의 부정에 사용되는 '말다'가 (3)과 같은 문장에서 나타날 수 있는 이유를 설명해 보자.

(다) (4-1), (4-2), (4-3)의 문장이 공통적으로 나타내는 의미적 특성을 기술하고 (1)의 자료를 참고하여 명령문이나 청유문의 부정에 사용되는 '말다'가 (4)와 같은 문장에서 나타날 수 있는 이유를 설명해 보자.

참고 문헌

가와사키 케이고(2011), 「'-어기설'과 중세한국어 동사활용」, 『형태론』 13.2, 245-265.

강계림(2013), 「과거 비완결상 '-더-'의 의미 기능-관형형 구성 '-던'을 중심으로」, 『한국어 의미학』 42, 81-110.

강계림(2016), 「상황상에 따른 연결어미 '-어서'의 의미 분화」, 『한말연구』 40, 5-31.

강범모(2007), 「복수성과 복수 표지-'들'을 중심으로」, 『언어학』 47, 3-31.

강범모(2008), 「두 가지 복수형의 의미 차이에 대하여」, 『언어와 정보』 12.2, 115-137.

강복수(1960), 「품사의 문법상 위치」, 『논문집』 3, 5-16.

강복수(1972), 『국어문법사연구』, 형설출판사.

강복수·유창균(1968), 『문법』, 형설출판사. [김민수 외 공편 2009 ① 143 재수록]

강윤호(1968), 『정수문법』, 지림출판사. [김민수 외 공편 2009 ① 144 재수록]

강창석(1982), 「현대국어의 형태소 분석과 음운현상」, 『국어연구』 50.

강현화(1998), 『국어의 동사연결 구성에 대한 연구』, 한국문화사.

고광모(2002), 「'-겠-'의 형성 과정과 그 의미의 발달」, 『국어학』 39, 27-47.

고광주(2001), 『국어의 능격성 연구』, 월인.

고려대학교 민족문화연구원(2009), 『고려대한국어대사전』, 고려대학교 민족문화연구원.

고석주(1996), 「'있다' 구문에 대한 연구」, 남기심 편, 『국어문법의 탐구 III』, 태학사, 99-127.

고석주(2004), 『현대 한국어 조사의 연구 1-'격 개념'과 조사 '-가'와 '-를'을 중심으로』, 한국문화사.

고석주(2011), 「조사 '에'의 의미 재고」, 『국어학』 61, 93-115.

고성환(1998), 「문장의 종류」, 『문법 연구와 자료』, 태학사, 395-434.

고성환(2003), 『국어 명령문에 대한 연구』, 역락.

고신숙(1987), 『조선어리론문법-품사론』, 과학·백과사전 출판사.

고영근(1968), 「주격조사의 한 종류에 대하여」, 『이숭녕박사송수기념논총』, 을유문화사. [남기심 외 공편 1975: 102-113, 고영근 1999: 112-125 재수록]

고영근(1970), 「현대국어의 준자립형식에 대한 연구-형식명사를 중심으로」, 『어학연구』 6.1, 17-55.

고영근(1974), 「현대국어의 존비법에 대한 연구」, 『어학연구』 10.1, 66-91.

고영근(1976), 「현대국어의 문체법에 대한 연구」, 『어학연구』 12.1, 17-53.

고영근(1978), 「형태소의 분석한계」, 『언어학』 3, 29-35.

고영근(1983), 『국어문법의 연구』, 탑출판사.

고영근(1987), 「보충법과 불완전계열의 문제」, 『어학연구』 23.3, 505-526.

고영근(1988가), 「학교문법의 전통과 통일화 문제」, 『난대이응백박사정년퇴임논문집』, 보진재. [고영근 1994: 298-318 재수록]

고영근(1988나), 「북한의 문법 연구」, 『국어생활』 15. [고영근 1994: 408-425, 고영근 2001: 173-214에 내용 보강 재수록]

고영근(1989), 「국어의 형태적 유형성」, 『이정정연찬선생회갑기념논총』, 탑출판사. [고영근 2004 가: 11-23 재수록]

고영근(1992),「형태소란 도대체 무엇인가」,『남사이근수박사환력기념논총』. [이병근 외 공편 1993: 11-23 재수록]

고영근(1993),『우리말의 총체서술과 문법체계』, 일지사.

고영근(1994),『통일시대의 어문문제』, 길벗.

고영근(1995),『최현배의 학문과 사상 1』, 집문당.

고영근(1999),『국어형태론연구(증보판)』, 서울대학교 출판부.

고영근(2000),「우리나라 학교문법의 역사」,『새국어생활』 10.2. [고영근 2001: 243-275 재수록]

고영근(2001),『역대한국문법의 통합적 연구』, 서울대학교 출판부.

고영근(2004가),『단어 문장 텍스트(보정판)』, 한국문화사.

고영근(2004나),「국어문법교육의 방향 탐색」,『우리말 연구』 15, 23-51.

고영근(2005),「형태소의 교체와 형태론의 범위」,『국어학』 46, 19-52.

고영근(2007),『한국어의 시제 서법 동작상(보정판)』, 태학사.

고영근(2008가),「조사의 문법적 특성-인수칭 주격조사의 설정과 관련하여」,『이숭녕 현대국어학의 개척자』, 태학사, 591-616.

고영근(2008나),『북한의 문법연구와 문법지식의 응용화』, 박이정.

고영근(2008다),「민족문학작품과 서사시제」,『관악어문연구』 33. [고영근 2011가: 301-363 재수록]

고영근(2009),「언어 유형론과 개별 언어의 문법 기술-민족어 자료를 중심으로」,『관악어문연구』 34, 147-189.

고영근(2010가),『민족 어학의 건설과 발전』, 제이앤씨.

고영근(2010나),「어휘부는 쓰레기 동산인가」,『형태론』 12.1, 255-270.

고영근(2010다),「민족어 보존책의 한 방안」,『형태론』 12.1, 301-306.

고영근(2010라),『표준 중세국어문법론(개정판)』, 집문당.

고영근(2011가),『중세국어의 시상과 서법(제4판)』, 집문당.

고영근(2011나),『텍스트 과학』, 아르케.

고영근(2011다),「현행 학교 문법의 "높임법"에 대한 비판과 그 대안」,『형태론』 13.1, 147-154.

고영근(2012가),「언어 유형론 노트 (1)」,『형태론』 14.1, 91-105.

고영근(2012나),「민족어 대명사의 복수 표지와 그 유형적 특징」,『형태론』 14.2, 171-183.

고영근(2012다),「민족어의 격 어미 및 부치사, 첨사 범주와 그 유형론적 함의」,『국어학』 65, 73-108.

고영근(2013),「민족어 동사의 형태부와 그 유형론적 함의」,『형태론』 15.1, 1-34.

고영근(2014),「민족어 문법에서 "어기"란 과연 필요한 개념일까」,『형태론』 16.1, 89-106.

고영근(2017),「구형 파생법에 대하여-'빼앗기다'류를 중심으로」,『형태론』 19.1, 72-79.

고영근(2018가),『한국어와 언어 유형론』, 월인.

고영근(2018나),『우리말 문법, 그 총체적 모습』, 집문당.

고영근(2018다),「형성소와 형성소 연쇄체 그리고 절-새로운 문법 단위의 제안」,『형태론』 20.2, 167-179.

고영근·구본관(2008/2018),『우리말 문법론』(개정판), 집문당.

고영근·구본관·시정곤·연재훈(2004), 『북한의 문법연구와 문법교육』, 박이정.

고영근·이 용·최형용(2010), 『주시경 '국어문법'의 교감과 현대화』, 박이정.

고영근·이현희 교주(1986), 『주시경, 국어문법』, 탑출판사.

고정의(1998), 「사동법」, 서울대학교 국어연구회 편, 『국어연구 어디까지 왔나』, 동아출판사, 500-510.

고춘화(2010), 『국어교육을 위한 문법교육론』, 역락.

과학원(1960), 『조선어문법 1-어음론, 형태론』, 과학원언어문학연구소.

과학원(1963), 『조선어문법 2-문장론』, 과학원언어문학연구소.

교육부(2002), 『고등학교 문법』, 교육인적자원부.

구본관(1992), 「생성문법과 국어조어법 연구방법론」, 『주시경학보』 9, 50-77.

구본관(1998), 『15세기 국어 파생법에 대한 연구』, 태학사.

구본관(1999), 「파생접미사의 범위」, 『형태론』 1.1, 1-23.

구본관(2001), 「수사와 수관형사의 형태론」, 『형태론』 3.2, 265-284.

구본관(2002가), 「형태론의 연구사」, 『한국어학』 16, 1-48.

구본관(2002나), 「파생어 형성과 의미」, 『국어학』 39, 105-135.

구본관(2006), 「어휘의 변화와 현대국어 어휘의 역사성」, 『국어학』 45, 335-372.

구본관(2010), 「국어 품사 분류와 관련한 몇 가지 문제」, 『형태론』 12.1, 179-199.

구본관·박재연·이선웅·이진호·황선엽(2015), 『한국어 문법 총론 I』, 집문당.

구본관·박재연·이선웅·이진호(2016), 『한국어 문법 총론 II』, 집문당.

구종남(1990), 「부정문의 통사 구조와 의미」, 『한국언어문학』 28, 403-423.

구종남(1992), 「국어 부정문 연구」, 전북대학교 박사학위 논문.

구종남(2003), 「국어 부정극어의 유형」, 『국어문학』 38, 5-26.

구종남(2007), 「화용론적 가정과 부정극어」, 『한국언어문학』 60, 5-26.

구종남(2011), 「국어의 부정극어 허가자와 허가 양상」, 『한민족어문학』 59, 549-583.

구종남(2012), 『국어의 부정극어』, 경진.

국립국어연구원(1999), 『표준국어대사전』, 두산동아.

국립국어원(2005가), 『한국어문법 1』, 커뮤니케이션북스.

국립국어원(2005나), 『한국어문법 2』, 커뮤니케이션북스.

국립국어원(2016), 『한국어기초사전』(https://krdict.korean.go.kr/).

권인한(1997), 「현대국어 한자어의 음운론적 고찰」, 『국어학』 29, 243-260.

권재일(1985), 『국어 복합문 구성 연구』, 집문당.

권재일(2012), 『한국어문법론』, 태학사.

김 현(2006), 『활용의 형태음운론적 변화』, 태학사.

김건희(2003), 「형용사의 주격 중출 구문과 여격 주어 구문에 대하여」, 『한말연구』 13, 1-37.

김건희(2005), 「한국어 형용사의 논항 구조 연구」, 서울대학교 박사학위 논문.

김건희(2017), 「서술절에 대한 재고찰-내포절 체계 내의 다른 절과의 변별을 중심으로」, 『한말연구』 43, 29-63.

김경훈(1990), 「부사 및 부사화」, 서울대학교 국어연구회 편, 『국어연구 어디까지 왔나』, 동아출판사, 442-451.

김경훈(1996), 「현대국어의 부사어 연구」, 서울대학교 박사학위 논문.

김경훈(1997), 「국어의 수식부사 연구」, 『국어연구』 37.

김계곤(1996), 『현대국어의 조어법 연구』, 박이정.

김광해(1983), 「국어의 의문사에 대한 연구」, 『국어학』 12, 101-136.

김광해(1984), 「{-의}의 의미」, 『문법연구』 5, 161-228.

김광해(1990), 「양화표현」, 서울대학교 국어연구회 편, 『국어연구 어디까지 왔나』, 동아출판사, 311-318.

김광해(1993), 『국어 어휘론 개설』, 집문당.

김광해·권재일·임지룡·김무림·임칠성(1999), 『국어교육을 위한 국어학개론-국어지식탐구』, 박이정.

김규선(1970), 「국어의 복합어에 대한 연구」, 『어문학』 23, 93-123.

김규철(1980), 「한자어 단어형성에 관한 연구」, 『국어연구』 41.

김규철(1981), 「단어형성규칙의 정밀화」, 『언어』 6.2, 117-134.

김기복(1997), 「관형격 조사 '-의'의 연구」, 『어문연구』 29, 61-75.

김기혁(1988), 「국어 문법에서의 격의 해석」, 『말』 14, 5-53.

김기혁(1995), 『국어 문법 연구』, 박이정.

김기혁(2009), 「사동구성의 긴밀성과 피사동자 격 표시」, 『한글』 283, 93-126.

김남길(1978), TOLOK Sentential Complements in Korean, Kim, J.(ed.), *Papers in Korean Linguistics*, Hornbeam Press, 137-148.

김동식(1980), 「현대국어 부정법의 연구」, 『국어연구』 42.

김동식(1981), 「부정 아닌 부정」, 『언어』 6.2. [고영근·남기심 공편 1983; 65-82 재수록]

김동식(1990), 「부정법」, 서울대학교 국어연구회 편, 『국어연구 어디까지 왔나』, 동아출판사, 452-466.

김동찬(1987), 「단어조성의 수단과 관련된 기초적 문제」, 『조선어문』 3, 36-41.

김동찬(2002), 『조선어실용문법』, 박이정.

김동찬(2005), 『조선어 단어조성론』, 사회과학출판사.

김두봉(1916), 『조선말본』, 신문관. [김민수·고영근 공편 2008 ① 22 재수록]

김문기(2012), 「감탄사와 부사의 문법 범주적 관련성 연구」, 『한글』 296, 123-150.

김문오(1997), 「국어 자타 양용동사 연구」, 경북대학교 박사학위 논문.

김미형(1994), 「부정칭 대명사와 미지칭 대명사」, 『동아시아문화연구』 24, 237-253.

김미형(1995), 『한국어 대명사』, 한신문화사.

김민국(2009가), 「접미사에 의한 공시적 단어형성 연구-통사적 구성과 형태적 구성의 경계를 중심으로」, 연세대학교 석사학위 논문.

김민국(2009나), 「'-이서'의 분포와 문법범주」, 『형태론』 11.2, 335-356.

김민국(2010), 「핵어명사의 관계화 제약에 대한 연구」, 『한국어학』 47, 131-162.

김민국(2011), 「파생접사의 사용 양상과 생산성」, 『형태론』 13.1, 53-84.

김민국(2013), 「부사격 조사 '로서' 주어에 대한 연구」, 『한국어학』 60, 111-142.

김민국(2016가), 「한국어 주어의 격표지 연구」, 연세대학교 박사학위 논문.

김민국(2016나), 「한국어의 격조사와 초점-주격과 대격을 중심으로」, 『국어학』 78, 165-219.

김민국(2017가), 「여격 주어 논의의 쟁점과 방향」, 『형태론』 19.1, 80-119.

김민국(2017나), 「'에서' 주어의 통사와 의미」, 『국어학』 81, 145-189.

김민국(2017다), 「기능·유형 문법에 기반한 한국어 구문 연구-연재훈(2011), 『한국어 구문 유형론』 깊이 읽기」, 『언어사실과 관점』 42, 323-365.

김민수(1960), 『국어문법론연구』, 통문관. [김민수·고영근 공편 2008 ① 98 재수록]

김민수(1964), 『신국어학』, 일조각.

김민수(1973), 『국어정책론』, 고려대학교 출판부.

김민수(1975), 「국어문법의 유형」. [남기심 외 공편 1975: 7-13 재수록]

김민수(1979가), 『문법』, 어문각. [김민수 외 공편 2009 ① 158재수록]

김민수(1979나), 『문법 교사용 지도서』, 어문각.

김민수(1983), 『신국어학(전정판)』, 일조각.

김민수(1985), 『북한의 국어연구』, 일조각.

김민수(1986가), 「학교 문법론」, 『서정범박사회갑기념논문집』, 집문당, 39-59.

김민수(1986나), 『주시경연구(증보판)』, 탑출판사.

김민수(1994), 「'이다' 처리의 논쟁사-학교문법 통일안을 중심으로」, 『주시경학보』 13, 3-13.

김민수·고영근 공편(2008), 『역대한국문법대계(제2판)』, 박이정.

김민수·고영근·최호철·최형용 공편(2009), 『역대한국문법대계 II』, 박이정.

김병일(2000), 「국어 명사구의 내적 구조 연구」, 부산대학교 박사학위 논문.

김봉모(1992), 『국어 매김말의 문법』, 태학사.

김석득(1979), 『주시경 문법론』, 형설출판사.

김선영(2003), 「현대 국어의 접속 부사에 대한 연구」, 서울대학교 석사학위 논문.

김선영(2005), 「부정 구성 '-지 말-'의 통합 양상과 의미」, 『국어학』 46, 331-353.

김선영(2011), 「형용사·동사 양용 용언에 대한 연구」, 서울대학교 박사학위 논문.

김선영(2014), 「'계시다'의 양용 용법에 대한 연구」, 『어학연구』 50.1, 3-24.

김선효(2003), 「현대국어의 관형어 연구」, 서울대학교 박사학위 논문.

김선효(2004), 「인용 구문 '-다고 하는'과 '-다는'의 특성」, 『어학연구』 40.1, 161-176.

김선효(2005), 「문장부사 설정에 대한 재고」, 『언어와 정보사회』 6, 36-54.

김선효(2011), 『한국어 관형어 연구』, 역락.

김선희(1985), 「체언 수식 부사의 의미 분석」, 『한글』 187, 123-140.

김선희(1994), 「감탄사와 담화 표지의 관련성」, 『우리말연구』 1, 265-283.

김성규(1987), 「어휘소 설정과 음운현상」, 『국어연구』 77.

김성규(1988), 「비자동적 교체의 공시적 기술」, 『관악어문연구』 9, 25-44.

김성규(2000), 「불규칙 활용에 대한 몇 가지 논의」, 『형태론』 2.1, 121-128.

김성화(1989), 「'-{지/다가/고} 말-'의 의미와 기능」, 『국어국문학』 102, 147-174.

김성화(2003), 『국어의 상 연구(개정판)』, 한신문화사.

김승곤(1989), 『우리말 토씨 연구』, 박이정.

김승곤(2007), 『관형격조사 '의'의 통어적 의미 분석』, 경진문화사.

김영기(1973), Irregular Verbs in Korean Revisited, 『어학연구』 9.2, 206-225.

김영욱(1994), 「불완전 계열에 대한 형태론적 연구」, 『국어학』 24, 87-109.

김영화·윤항진·박갑용·장영준·이정민·김광섭(2005), 『부정과 부정어』, 한국문화사.

김영희(1978), 「삽입절의 의미론과 통사론」, 『말』 3. [김영희 1988가: 234-268 재수록]

김영희(1981가), 「간접명사 보문법과 '하'의 의미 기능」, 『한글』 173·174. [김영희 1988가: 160-191 재수록]

김영희(1981나), 「부류 셈숱말로서의 셈 가름말」, 『배달말』 6, 1-28.

김영희(1981다), 「회상문의 인칭제약과 책임성」, 『국어학』 10. [김영희 1988가: 320-360 재수록]

김영희(1988가), 『한국어 통사론의 모색』, 탑출판사.

김영희(1988나), 「등위 접속문의 통사 특성」, 『한글』 201·202. [김영희 1998가: 9-44 재수록]

김영희(1998가), 『한국어 통사론을 위한 논의』, 한국문화사.

김영희(1998나), 「부정 극성어의 허가 양상」, 『한글』 240, 263-298.

김영희(2005), 『한국어 통사현상의 의의』, 역락.

김옥영(2011), 「'어떻게'의 문법 범주에 대하여」, 『국어학』 61, 117-148.

김옥희(2005), 『조선어품사론』, 사회과학출판사.

김완진(1970), 「문접속의 '와'와 구접속의 '와'」, 『어학연구』 6.2. [남기심 외 공편 1975: 133-144 재수록]

김완진(1996), 『음운과 문자』, 신구문화사.

김완진·이병근(1979), 『문법』, 박영사. [김민수 외 공편 2009 ① 156 재수록]

김용하(2014), 「이른바 "목적어 있는 피동문"에 대한 소고」, 『시학과 언어학』 27, 7-24.

김원경(2018), 「한국어 접속사의 설정 기준」, 『언어와 정보사회』 34, 35-58.

김유범(2011), 「통사성과 합성어의 유형 변화」, 『한국어학』 53, 119-143.

김윤경(1948), 『나라말본』, 동명사. [김민수·고영근 공편 2008 ① 54 재수록]

김윤신(2006), 「한국어 동사의 사건구조와 어휘상」, 『한국어학』 30, 31-61.

김윤신(2012), 「국어의 상적 의미 구문에 대한 의미 해석」, 『한국어 의미학』 39, 77-99.

김은일(2000), 「유생성의 문법」, 『현대문법연구』 20, 71-96.

김인균(2003), 「관형 명사구의 구조와 의미 관계」, 『국어학』 41, 197-223.

김인균(2005), 『국어의 명사 문법 1』, 월인.

김인균(2015), 「"이서"의 문법」, 『반교어문연구』 40, 183-206.

김인숙(1998), 「한국어 부정에 관한 연구」, 남기심 편, 『국어문법의 탐구 IV』, 태학사, 177-204.

김인택(1998), 「한국어 느낌법과 느낌월의 특성」, 『방언학과 국어학』, 태학사, 1041-1060.

김일웅(1982), 「우리말 대용어 연구」, 부산대학교 박사학위 논문.

김일환(2000), 「어근적 단어의 형태·통사론」, 『한국어학』 11, 213-226.

김일환(2003), 「국어의 어근과 어근적 단어」, 『형태론』 5.1, 67-80.

김일환(2005), 「국어 명사형 어미의 계량적 연구」, 고려대학교 박사학위 논문.

김정남(2003), 「한국어 대명사 "우리"의 의미와 용법」, 『한국어 의미학』 13, 257-274.

김정남(2005), 『국어 형용사의 연구』, 역락.

김정대(1988), 「기능통어와 재귀사의 쓰임」, 『경남어문논집』 1, 89-129.

김종록(2008), 『외국인을 위한 표준한국어문법』, 박이정.

김종택(1972), 「복합한자어의 어소배합구조」, 『어문학』 27, 73-86.

김지은(1991), 「국어에서 주어가 조사 없이 나타나는 환경에 대하여」, 『한글』 212, 69-88.

김지은(1998), 『우리말 양태용언 구문 연구』, 한국문화사.

김지은(2002), 「관형사절의 한 유형에 대한 연구」, 『애산학보』 27, 157-185.

김진우(1971), 「소위 변격용언의 비변격성에 관하여」, 『한국언어문학』 8·9. [김진우 1988나: 509-519 재수록]

김진우(1988가), 『언어소전 1(Sojouns in Language I)』, 탑출판사.

김진우(1988나), 『언어소전 2(Sojouns in Language II)』, 탑출판사.

김진우(2017), 『언어-그 이론과 응용(제3판)』, 한국문화사.

김진웅(2012), 「한국어 증거성의 체계-유형론을 중심으로」, 『한국어 의미학』 39, 101-124.

김진해(2003), 「상징부사의 비서술성에 대한 연구」, 『한국어학』 19, 91-112.

김진해(2014), 「은유적 합성명사의 결합관계와 인지언어학적 해석」, 『국어학』 70, 29-57.

김진형(2000), 「조사 연속 구성과 합성 조사에 대하여」, 『형태론』 2.1, 59-72.

김차균(1971), 「변칙용언의 연구」, 『한글』 147, 85-120.

김창섭(1981), 「현대국어의 복합동사 연구」, 『국어연구』 47.

김창섭(1983), 「'줄넘기'와 '갈림길'형 합성명사에 대하여」, 『국어학』 12, 73-99.

김창섭(1984), 「형용사 파생접미사들의 기능과 의미」, 『진단학보』 58, 145-161.

김창섭(1990), 「복합어」, 서울대학교 국어연구회 편, 『국어연구 어디까지 왔나』, 동아출판사, 178-185.

김창섭(1996), 『국어의 단어형성과 단어구조연구』, 태학사.

김창섭(1998), 「복합어」, 『문법 연구와 자료』, 태학사, 753-774.

김창섭(2005), 「소구(小句)의 설정을 위하여」, 『우리말 연구 서른아홉 마당』, 태학사, 105-129.

김창섭(2007), 「부접명사의 설정과 식별」, 『국어학』 50, 27-55.

김창섭(2008), 「문어와 구어에서의 조사 '의'의 문법」, 『진단학보』 106, 79-115.

김창섭(2010), 「조사 '이서'에 대하여」, 『국어학』 58, 3-27.

김창섭(2011), 「부접어의 설정과 부접 구성」, 『국어학』 62, 47-72.

김창섭(2013), 「'-的'의 두음 경음화와 2자어 3자어론」, 『국어학』 68, 167-188.

김천학(2007), 「국어의 동사와 상에 관한 연구」, 서울시립대학교 박사학위 논문.

김천학(2009), 「현대국어 '있다'와 관련된 상적 호응에 대하여」, 『어문연구』 39.1, 111-131.

김천학(2012), 「동사와 상에 관한 유형론적 연구-한국어의 완망상과 비완망상에 대하여」, 『한국어학』 57, 179-206.

김천학(2013), 「상태와 상태 변화」, 『형태론』 15.2, 186-203.

김천학(2014), 「한국어 동사의 종결성에 대한 연구」, 『언어와 정보사회』 21, 23-51.

김천학(2015), 「한국어 순간성 동사에 대한 고찰」, 『형태론』 17.1, 22-41.

김천학(2017), 「어휘상 유형에 따른 '-었-'의 결합 양상 고찰」, 『국어학』 81, 115-144

김천학(2018), 「보조용언 '-어 있-'과 상에 대한 연구」, 『국어학』 86, 181-209

김충회(1990), 「겸양법」, 서울대학교 국어연구회 편, 『국어연구 어디까지 왔나』, 동아출판사, 409-434.

김충효(2000), 『국어의 의문사와 부정사 연구』, 박이정.

김태우(2013), 「중세한국어 자·타 양용동사에 대한 기능·유형론적 연구」, 서울대학교 석사학위 논문.

김태인(2016), 「문장의 의미 범주와 부사어 분류」, 『한국어 의미학』 51, 57-83.

김 현(2006), 『활용의 형태음운론적 변화』, 태학사.

김현주(2003), 「고유명사의 원형적 특성에 관한 연구」, 이화여자대학교 석사학위 논문.

김현주(2010), 「국어 대우법 어미의 형태화 연구」, 고려대학교 박사학위 논문.

김현주(2013), 「주어 표지 {-께서}의 형식에 대하여」, 『어문연구』 41.4, 133-159.

김현주(2015), 「'-이서'의 기원에 대한 일고찰」, 『아시아문화연구』 27, 61-82.

김형규(1968), 「국어품사분류의 문제점」, 『이숭녕박사송수기념논총』, 을유문화사, 185-195.

김형규(1975), 「국어경어법연구」, 『동양학』 5, 29-41.

김형정(2012), 「처격 조사와의 결합 관계를 통해서 본 한국어 유정성 연구」, 연세대학교 박사학위 논문.

김혜숙(1998), 「한국어 기본문형 설정에 대하여」, 『국어국문학』 122, 13-47.

김흥수(1990), 「심리동사」, 서울대학교 국어연구회 편, 『국어연구 어디까지 왔나』, 동아출판사, 331-344.

김흥수(1998), 「피동과 사동」, 『문법 연구와 자료』, 태학사, 621-664.

김희진(1998), 「간접인용구문의 녹아붙은꼴 연구」, 남기심 편 『국어 문법의 탐구 IV』, 태학사, 375-421.

나진석(1971), 『우리말의 때매김 연구』, 과학사.

남가영(2008), 「문법 탐구 경험의 교육 내용 연구」, 서울대학교 박사학위 논문.

남경완(2010), 「주시경 문법에서 '드'의 개념과 범위」, 『국어학』 59, 131-152.

남경완(2017), 「국어 전통문법에서의 관형사 범주 설정」, 『한국어학』 74, 25-52.

남기심(1971), 「인용문의 구조와 성격」, 『동방학지』 12, 223-233.

남기심(1972), 「현대국어 시제에 관한 문제」, 『국어국문학』 55·56·57, 213-238.

남기심(1978), 『국어 문법의 시제 문제에 관한 연구』, 탑출판사.

남기심(1980), 「연결어미 '-고'에 의한 접속문에 대하여」, 『제1회 한국학 국제학술회의 논문집』, 한국정신문화연구원. [남기심 1996: 298-314 재수록]

남기심(1981), 「국어 존대법의 기능」, 『인문과학』 45, 1-17.

남기심(1982), 「국어의 공시적 기술과 형태소의 분석」, 『배달말』 7.1, 1-10.

남기심(1983), 「새말(新語)의 생성과 사멸」, 『한국어문의 제문제』, 일지사, 192-228.

남기심(1985), 「접속어미와 부사형어미」, 『말』 10. [남기심 1996: 348-357 재수록]

남기심(1986가), 「서술절의 설정은 타당한가」, 고영근 외 편, 『국어학신연구』, 탑출판사, 191-198.

남기심(1986나), 『국어 완형보문법 연구』, 탑출판사.

남기심(1987), 「국어 문법에서 격(자리)은 어떻게 정의되어 왔나」, 『애산학보』 5, 57-71.

남기심(1991), 「불완전명사 '것'의 쓰임」, 우리말학회 편, 『국어의 이해와 인식』, 한국문화사. [남기심 1996: 113-132 재수록]

남기심(1996), 『국어문법의 탐구 I』, 태학사.

남기심(2001), 『현대국어 통사론』, 태학사.

남기심·고영근(1985/1993), 『표준국어문법론』, 탑출판사.

남기심·고영근·이익섭 공편(1975), 『현대국어문법』, 계명대학교 출판부.

남기심·루코프(1983), 「논리적 형식으로서의 '-니까' 구문과 '-어서' 구문」. [고영근·남기심 공편 1983: 1-27, 남기심 1996: 315-347 재수록]

남기심·우형식·이희자·오승신·유현경·정희정·강현화·한송화·이종희·이선희·이병규·조민정·남길임(2006), 『왜 다시 품사론인가』, 커뮤니케이션북스.

남기심·이정민·이홍배(1980), 『언어학개론』, 탑출판사.

남기심 편(1993), 『국어 조사의 용법』, 서광학술자료사.

남기심 편(1994), 『국어 연결어미의 쓰임-'-고, -어서, -니까, -다가'의 의미·통사적 특징』, 서광학술자료사.

남길임(1998), 「'-겠-' 결합 양상에 따른 종속접속문 연구」, 남기심 편, 『국어문법의 탐구 IV』, 태학사, 423-455.

남길임(2004), 『현대 국어 '이다' 구문 연구』, 한국문화사.

남미정(2010), 「'-다고'류 어미의 형성과 의미」, 『한말연구』 26, 109-131.

남수경(2005), 「조사 '을/를'이 나타나는 피동문에 대하여」, 『어학연구』 41.1, 79-99.

남수경(2010), 「관형어가 선행하는 부사들에 대하여」, 『어문연구』 38.3, 79-101.

남수경(2011가), 『한국어 피동문 연구』, 월인.

남수경(2011나), 「'-어지다' 의미 고찰에 대한 시론-유형론적 관점에서」, 『어문연구』 39.3, 175-202.

남승호(1999), 「부정과 부정극어」, 『형식의미론과 한국어 기술』, 한신문화사, 206-262.

남승호(2005), 「한국어 술어의 상 분류 기준」, 『의미구조와 통사구조 그리고 그 너머』, 한국문화사, 257-286.

남윤진(2000), 『현대국어의 조사에 대한 계량언어학적 연구』, 태학사.

남주연(2012), 「'-던'과 '-었던'의 의미 차이」, 『한국어 의미학』 38, 27-56.

남지순(1993), 「한국어 형용사 구문의 통사적 분류를 위하여 1-심리 형용사 구문」, 『어학연구』 29.1, 75-105.

노대규(1981), 「국어접미사 '답'의 연구」, 『한글』 172, 57-104.

노대규(1997), 「한국어의 감탄문」, 국학자료원.

노명희(1990), 「한자어의 어휘형태론적 특성에 관한 연구」, 서울대학교 석사학위 논문.

노명희(2003), 「어근류 한자어의 문법적 특성」, 『어문연구』 31.2, 79-96.

노명희(2004), 『현대국어 한자어 연구』, 태학사.

노명희(2009), 「어근 개념의 재검토」, 『어문연구』 37.1, 59-84.

노명희(2010), 「혼성어 형성 방식에 대한 고찰」, 『국어학』 58, 256-281.

노은주(2008), 「한국어의 무표형과 '들'-복수형의 의미」, 『담화와 인지』 15.1, 43-62.

도원영(2002), 「교차성 용언의 다의성과 사전 처리」, 『한국어학』 15, 한국어학회.

도원영(2008), 『국어 형용성 동사 연구』, 태학사.

도원영(2017), 「20세기 전기 구어 말뭉치에 나타난 감탄사에 대한 어휘론적 고찰」, 한국어문학국
제학술포럼, *Journal of Korean Culture* 36, 49-74.

도재학(2014), 「우언적 구성의 개념과 유형에 대하여」, 『국어학』 71, 259-304.

렴종률·김영황(1990), 『문법론(제3판)』, 김일성종합대학출판사.

리근영(1956), 「불완전명사적 단어들에 대하여」, 『조선어문』 6, 45-68.

목정수(1998가), 「기능동사 '이다' 구성의 쟁점」, 『언어학』 22, 245-290.

목정수(1998나), 「한국어 격조사와 특수조사의 지위와 그 의미」, 『언어학』 23, 47-78.

목정수(2001), 「한국어 관형사와 형용사 범주에 대한 연구」, 『언어학』 31, 71-99.

목정수(2005), 「국어 이중주어 구문의 새로운 해석」, 『언어학』 41, 75-99.

목정수(2014), 「한국어 서술절 비판-통사 단위 설정을 중심으로」, 『현대문법연구』 76, 101-126.

목정수·연재훈(2000), 「상징부사(의성.의태어)의 서술성과 기능동사」, 『한국어학』 12, 89-118.

목정수·이상희(2016), 「문두 여격어 구문의 정체-여격주어 설정은 타당한가?」, 『형태론』 18.2,
217-242.

문교부(1963), 「학교문법의 통일에 대하여」. [김민수·고영근 공편 2008 ① 100 재수록]

문교부(1988), 『한글맞춤법』.

문병열(2007), 「한국어 보문 구성 양태 표현에 대한 연구」, 『국어연구』 193.

문숙영(2003), 「대과거 시제와 '-었었-'」, 『어문연구』 31.4, 59-83.

문숙영(2007), 「'-고 있-'의 기능 부담량 차이에 관한 시론」, 『국어학』 50, 181-212.

문숙영(2009가), 『한국어의 시제 범주』, 태학사.

문숙영(2009나), 「현대국어 '-느-'의 범주와 형용사와의 결합 제약」, 『한국어학』 45, 199-226.

문숙영(2011), 「접속문의 시제 현상과 상대시제」, 『한국어학』 50, 141-172.

문숙영(2012), 「유형론적 관점에서 본 한국어 관계절의 몇 문제」, 『개신어문연구』 35, 31-68.

문숙영(2014), 「상 범주의 의미와 종류에 관한 몇 문제」, 『진단학보』 120, 129-158.

문숙영(2017), 「유형론의 관점에서 본 한국어의 '것' 명사절」, 『국어학』 84, 33-88.

민경모(2008), 「한국어 지시사 연구」, 연세대학교 박사학위 논문.

민경모(2010), 「서법 구현 형식에 대한 일고찰-서법 범주의 수용과 전개를 중심으로」, 『한국학논
집』 40, 417-451.

민경모(2012), 「Deixis의 개념 정립에 대한 일고찰」, 『한국어 의미학』 37, 27-52.

민현식(1991가), 「부사 분류론」, 『석정이승욱선생회갑기념논총』, 원일사, 81-103.

민현식(1991나), 「학교문법의 불규칙 활용 교육에 대하여」, 『선청어문』 19, 123-136.

민현식(1998),「의존명사」,『문법 연구와 자료』, 태학사, 165-198.

박금자(1985),「국어의 수량사 연구」,『국어연구』 64.

박나리(2004),「한국어 교육문법에서의 종결어미 기술에 대한 한 제안-'-어, -네, -지, -다, -구나, -단다'의 담화 화용적 의미를 중심으로」,『이중언어학』 26, 91-116.

박덕유(1998),『국어의 동사상 연구』, 한국문화사.

박덕유(2011),「문법교육의 발전 방향」,『국어교육론 2』, 한국어교육학회편찬위원회 편, 한국문화사, 77-98.

박부자(2006),「한국어 선어말어미 통합순서의 역사적 변화에 대한 연구」, 한국학중앙연구원 박사학위 논문.

박석준(2002),「현대국어 선어말어미 '-시-'에 대한 연구-의미, 기능, 관련 구문의 구조를 중심으로」, 연세대학교 박사학위 논문.

박선우(2002),「현대국어 '르' 불규칙 활용에 대한 고찰」,『한말연구』 10, 23-41.

박선자(1983),「한국어 어찌말의 통어의미론」, 부산대학교 박사학위 논문.

박소영(2003),「연결어미의 관점상 기능」,『형태론』 5.2, 297-326.

박소영(2006), So-called plural marking Tul and distributivity, *Harvard Studies in KL*, 697-710.

박승빈(1935),『조선어학』, 조선어학연구회. [김민수.고영근 공편 2008 ① 50 재수록]

박양규(1975),「존칭체언의 통사적 특징」,『진단학보』 40, 81-102.

박양규(1978),「사동과 피동」,『국어학』 7, 47-70.

박양규(1990),「피동법」, 서울대학교 국어연구회 편,『국어연구 어디까지 왔나』, 동아출판사, 493-499.

박영순(1976),「국어경어법의 사회언어학적 연구」,『국어국문학』 72·73, 47-65.

박영순(2005),『국어문법 교육론』, 박이정.

박용익(2001),『대화분석론(개정증보판)』, 역락.

박재연(2003),「과거 시제를 나타내는 '-었더-'에 대하여」,『어문연구』 31.4, 85-109.

박재연(2006),『한국어 양태 어미 연구』, 태학사.

박재연(2007가),「문법 형식의 의미 기술과 통사론·의미론·화용론」,『한국어학』 37, 181-206.

박재연(2007나),「문법 형식의 전경 의미와 배경 의미-'-으면서, -느라고, -고서, -자마자'의 의미 기술을 위하여」,『한국어 의미학』 22, 73-94.

박재연(2007다),「보조용언 구성 '-어지-'의 양태 의미에 대하여」,『국어학』 50, 269-293.

박재연(2008),「고유명의 변별적 속성에 대하여」,『한국어 의미학』 27, 103-126.

박재연(2009),「연결어미와 양태-이유, 조건, 양보의 연결어미를 중심으로」,『한국어 의미학』 30, 119-141.

박재연(2010),「이형태 교체와 관련한 몇 문제」,『국어학』 58, 129-155.

박재연(2011),「한국어 연결어미 기술의 메타언어 연구」,『국어학』 62, 167-192.

박재연(2012),「고유명 의미의 지시와 내포」,『한국어 의미학』 37, 183-211.

박재연(2014),「한국어 종결어미 '-구나'의 의미론」,『한국어 의미학』 43, 219-245.

박재연(2018),「'-겠-'과 '-을 것이-'의 비대립 환경과 대립 환경」,『국어학』 85, 113-149.

박정규(1996), 『국어 부정문 연구』, 보고사.

박지홍(1961), 「국문법의 품사분류론」, 『한글』 128, 211-234.

박지홍(1981), 『현대우리말본』, 문성출판사.

박진호(1994가), 「통사적 결합 관계와 논항구조」, 서울대학교 석사학위 논문.

박진호(1994나), 「선어말어미 '-시-'의 통사구조상의 위치」, 『관악어문연구』 19, 75-82.

박진호(2007), 「유형론적 관점에서 본 한국어 대명사 체계의 특징」, 『국어학』 50, 115-147.

박진호(2008), 「자리채우미(Placeholders)」, 『Kling』 2, 1-6.

박진호(2010), 「자리채우미에 대한 보론」, 『국어학회 2010년 여름학술대회 발표집』.

박진호(2011가), 「시제, 상, 양태」, 『국어학』 60, 289-322.

박진호(2011나), 「한국어에서 증거성이나 의외성의 의미성분을 포함하는 문법 요소」, 『언어와 정보사회』 15, 1-25.

박진호(2015), 「보조사의 역사적 연구」, 『국어학』 73, 375-435.

박진호(2016가), 「'-었었-'의 단절과거 용법에 대한 재고찰-함축의 관습화와 유형론의 관점에서」, 『한글』 311, 89-121.

박진호(2016나), 「문법에서의 환유」, 『제43회 한말연구학회 전국학술대회 발표집』, 66-76.

박창해(1946), 『쉬운조선말본』, 계문사. [김민수·고영근 공편 2008 ① 65 재수록]

박창해(2007), 『현대 한국어 통어론 연구』, 연세대학교 출판부.

박철우(2002), 「국어의 보충어와 부가어 판별 기준」, 『언어학』 34, 75-111.

박철우(2003), 『한국어 정보구조에서의 화제와 초점』, 역락.

박철우(2010), 「'-들'-표지 명사구의 구조와 의미」, 『한국어 의미학』 31, 51-75.

박철우(2011), 「화시의 기능과 체계에 대한 고찰」, 『한국어 의미학』 36, 1-37.

박철우(2013가), 「부정의 작용역에 대하여」, 『한국어학』 61, 145-171.

박철우(2013나), 「부정문의 중의성 문제 재고-작용역과 정보구조의 상호작용」, 『국어학』 68, 135-165.

박형우(2003), 「부정문의 유형 분류」, 『청람어문교육』 26, 375-405.

박형진(2015), 「한국어 관계절의 두 유형」, 『우리말연구』 43, 5-31.

박형진(2016), 「한국어 관형사절 연구」, 서울대학교 박사학위 논문.

배미연(2018), 「긍정문에서 나타나는 부정극어 실현 양상 연구」, 『반교어문연구』 49, 195-224.

배주채(1997), 「고흥방언 활용어미의 형태음운론」, 『성심어문논집』 18·19, 31-53.

배주채(2000가), 「'있다'와 '계시다'의 품사에 대한 사전 기술」, 『성심어문논집』 22, 223-246.

배주채(2000나), 「불규칙활용」, 『새국어생활』 10-2, 163-169.

배주채(2003), 「'물론'의 품사와 구문」, 『국어학』 42, 53-81.

배주채(2013), 『한국어의 발음』, 삼경문화사.

배주채(2017), 「교체의 개념과 조건」, 『국어학』 81, 295-324.

배진영(2010), 「관형사 범주 설정에 대한 논의-체언 수식 용언 활용형을 중심으로」, 『국어교육연구』 47, 165-188.

배진영·최정도·손혜옥·김민국(2014), 『(말뭉치 기반) 구어 문어 통합 문법 기술2-명사와 명사구

I, II』, 박이정.

백봉자(2006), 『한국어 문법 사전(개정판)』, 도서출판 하우.

백정화(2018), 「언어 유형론적 관점에서 본 한국어 피동사 구문의 의미적 특징에 관한 연구」, 한양대학교 박사학위 논문.

백채원(2016), 「중세한국어 피동 표지의 다의성과 그 변화」, 『국어학』 78, 221-250.

사 례(2015), 「한국어의 연합적 복수에 대한 연구」, 『국어학』 75, 271-297.

서덕현(2004), 『한국어 실용문법론 강의』, 월인.

서병국(1982), 『국문법논고』, 학문사.

서상규(1984가), 「부사의 통사적 기능과 부정의 해석」, 『한글』 186, 73-114.

서상규(1984나), 「국어 부정문의 의미해석 원리」, 『말』 9, 41-79.

서상규(1994), 「현대 한국어 시늉말의 문법적 기능에 대한 연구」, 『조선학보』 149, 63-192.

서상규 · 백봉자 · 강현화 · 김홍범 · 남길임 · 유현경 · 정희정 · 한송화(2004), 『외국인을 위한 한국어 학습 사전』, 신원프라임.

서상규 · 백봉자 · 강현화 · 김홍범 · 남길임 · 유현경 · 정희정 · 한송화(2006), 『외국인을 위한 한국어 학습 사전(개정판)』, 신원프라임.

서울대학교 국어연구회 편(1990), 『국어연구 어디까지 왔나』, 동아출판사.

서정목(1978), 「경남방언의 의문법에 대하여」, 『언어』 4.2, 115-142.

서정목(1990), 서울대학교 국어연구회 편, 『국어연구 어디까지 왔나』, 동아출판사, 291-310.

서정수(1969), 「국어의존명사의 변형생성문법적 분석」 『국어국문학』 42 · 43, 155-197.

서정수(1976), 「국어 시상 형태의 의미분석연구」, 『문법연구』 3, 83-158.

서정수(1981), 「합성어에 관한 문제」, 『한글』 173 · 174, 367-400.

서정수(1983), 『존대법의 연구』, 한신문화사.

서정수(1991), 「풀이말 '있/계시다'에 관하여」, 『국어의 이해와 인식』, 한국문화사, 25-37.

서정수(2005), 『한국어의 부사』, 서울대학교 출판부.

서정수(2006), 『국어문법』, 한세본.

서태룡(1988), 『국어 활용어미의 형태와 의미』, 탑출판사.

서태룡(1990), 「활용어미」, 서울대학교 국어연구회 편, 『국어연구 어디까지 왔나』, 동아출판사, 345-357.

서태룡(1999가), 「국어 감탄사에 대하여」, 『동악어문논집』 34, 7-36.

서태룡(1999나), 「국어 감탄사의 담화 기능과 범주」, 『동악어문논집』 35, 21-49.

서태룡(2006), 「국어 품사 통용은 이제 그만」, 『국어학논총』, 태학사, 359-389.

서형국(2012), 「한자 어근 "순(純)"의 단어화와 화용화」, 『한국어학』 55, 139-172.

선우용(1994), 「국어조사 '이/가', '을/를'에 대한 연구-그 특수조사적 성격을 중심으로」, 『국어연구』 124.

성광수(1979), 『국어조사의 연구』, 형설출판사.

성광수(2005), 『한국어 표현문법』, 한국문화사.

성기철(1970), 「국어 대우법 연구」, 『충북대논문집』 4. [남기심 외 공편 1975: 164-189 재수록]

성기철(1985), 『현대 국어 대우법 연구』, 개문사.

성기철(1990), 「공손법」, 서울대학교 국어연구회 편, 『국어연구 어디까지 왔나』, 동아출판사, 401-408.

성기철(2007가), 『한국어 문법론 연구』, 역락.

성기철(2007나), 『한국어 대우법 연구』, 역락.

손 한(1977), On the Regularization of the Irregular Verbs in Korean, 『어학연구』 13.1, 49-59.

손남익(1995), 『국어 부사 연구』, 박이정.

손남익(1998), 「국어 상징부사어와 공기어 제약」, 『한국어 의미학』 3, 119-134.

손남익(2016), 「부사의 의미론-어휘적 관점에서」, 『한국어 의미학』 52, 139-161.

손세모돌(1996), 『국어 보조용언 연구』, 한국문화사.

손혜옥(2008), 「'조사결합어'에 관한 연구」, 『형태론』 10.1, 85-100.

손혜옥(2010), 「한국어 접속문에 나타나는 '-었-'의 생략 현상의 환경과 해석-'-고', '-지만', '-으니' 접속문을 중심으로」, 『국어학』 58, 157-200.

손혜옥(2013), 「현대 국어에서의 '-더-'의 범주적 위상-종결형 '-더라'를 중심으로」, 『한국어 의미학』 40, 71-110.

손혜옥(2016), 「한국어 양태 범주 연구」, 연세대학교 박사학위 논문.

손혜옥(2018), 「한국어에서 내면화 의미의 존재 양상」, 『국어학』 85, 211-250.

송경안(2010), 「인칭대명사 유형론의 몇 가지 논점에 대하여」, 『독일언어문학』 47, 65-89.

송복승(1995), 『국어의 논항구조 연구』, 보고사.

송석중(1975), Rare Plural Marking and Ubiquitous Plural Marker in Korea, 『어학연구』 11.1, 77-86.

송석중(1978), 「사동문의 두 형식」, 『언어』 3.2. [송석중 1993: 255-267 재수록]

송석중(1981), 「한국말의 부정의 범위」, 『한글』 173·174, 327-351.

송석중(1993), 『한국어 문법의 새 조명』, 지식산업사.

송원용(2000), 「현대국어 임시어 형태론」, 『형태론』 2.1, 1-16.

송원용(2002), 「문장형 고유명의 형태론」, 고영근 외, 『문법과 텍스트』, 서울대학교 출판부, 277-294.

송원용(2005), 『국어 어휘부와 단어 형성』, 태학사.

송원용(2007), 「국어의 단어형성체계 재론」, 『진단학보』 104, 105-126.

송원용(2010), 「형태론 연구의 쟁점과 전망-유추론자와 규칙론자의 논쟁을 중심으로」, 『한국어학』 48, 1-44.

송재목(2007), 「증거성과 주어제약의 유형론-한국어, 몽골어, 티벳어를 예로 들어」, 『형태론』 9.1, 1-23.

송재목(2009), 「인식양태와 증거성」, 『한국어학』 44, 27-53.

송재목(2011), 「'-더니'와 '-었더니'-선어말어미 '-더-'와의 관련성을 중심으로」, 『국어학』 60, 33-67.

송재목(2014), 「한국어 종결어미 '-네'의 의미기능」, 『국어학』 76, 123-159.

송재목(2016), 「의외성에 대하여-독립된 문법범주 설정의 문제점을 중심으로」, 『언어』 41.4, 593-617.

송정근(2010), 「중첩의 두 유형」, 『한국어 의미학』 33, 131-152.

송창선(1998), 『국어 사동법 연구』, 홍문각.

송창선(2001가), 「'-었-'에 남아있는 '-어 있-'의 특성」, 『어문학』 73, 47-66.

송창선(2001나), 「'-었었-'의 형태와 의미」, 『문학과 언어』 23, 103-120.

송창선(2005), 「현대 국어 '-아/어 지다'의 기능과 의미」, 『문학과 언어』 27, 1-24.

송창선(2008), 「국어 자동사와 타동사의 구분 문제-이른바 자타 양용 동사를 중심으로」, 『언어과학연구』 47, 35-55.

송창선(2009가), 「이른바 '이중 주어 구문'에 대한 비판적 고찰」, 『국어교육연구』 45, 449-474.

송창선(2009나), 「피동문에 나타나는 '을/를'의 문법적 기능」, 『한글』 284, 107-131.

송창선(2010), 「'르' 불규칙과 '러' 불규칙의 발생 원인」, 『어문학』 109, 123-143.

송창선(2012), 「"-고 있-"과 "-어 있-"의 기능과 의미 연구」, 『언어과학연구』 62, 179-204.

송창선(2013), 「현대국어 '말다'의 의미 분석-'-{지/다가/고(야)} 말다'를 중심으로」, 『국어교육연구』 52, 263-284.

송창선(2016), 「국어 인용표지 '이라고', '고'의 문법적 특성」, 『어문학』 131, 33-54.

송창선(2017), 「국어 문법의 서술절 설정에 대한 비판」, 『국어교육연구』 65, 93-112.

송철의(1977), 「파생어형성과 음운현상」, 『국어연구』 38.

송철의(1985), 「파생어 형성에 있어서 어기의 의미와 파생어의 의미」, 『진단학보』 60, 193-211.

송철의(1992), 『국어 파생어 형성 연구』, 태학사.

송철의(1996), 「'-었-'과 형태론」, 『국어사와 차자표기』, 태학사, 847-863.

송철의(1997), 「파생법의 변화」, 『국어사 연구』, 태학사, 840-876.

송철의(2002), 「용언 '있다'의 통시적 발달에 대하여」, 『조선어연구』 1, 207-237.

송철의(2008), 『한국어 형태음운론적 연구』, 태학사.

송현주(2010), 「한국어 합성어에 나타난 동기화 양상」, 『한글』 289, 125-150.

시정곤(1997), 「국어의 부정극어에 대한 연구」, 『국어국문학』 119, 49-78.

시정곤(1998가), 「국어의 부정어와 어휘분해」, 『한국어학』 7, 193-225.

시정곤(1998나), 『국어의 단어형성 원리(수정판)』, 한국문화사.

시정곤(1999가), 「'X+음'의 정체는 무엇인가?」, 『형태론』 1.1, 133-141.

시정곤(1999나), 「규칙은 과연 필요 없는가?」, 『형태론』 1.2, 261-283.

시정곤(2000), 「공형태소를 다시 생각함」, 『한국어학』 12, 147-165.

시정곤(2001), 「명사성 불구어근의 형태·통사론적 연구」, 『한국어학』 14, 205-234.

시정곤(2002), 「최기용(2001)에 나타난 몇 가지 의문들」, 『형태론』 4.2, 339-348.

시정곤(2006), 「국어 형태론에서의 생산성 문제에 대한 연구」, 『형태론』 8.2, 257-276.

시정곤(2010), 「공형태소와 형태 분석에 대하여」, 『국어학』 57, 3-30.

시정곤·김건희(2009), 「의존명사 구문의 양태적 고찰」, 『한국어학』 44, 177-212.

신서인(2000), 「현대국어 의존명사 연구-자연어처리의 관점에서」, 『국어연구』 162.

신서인(2010), 「부사성 명사에 대한 연구」, 『한국어학』 47, 191-234.

신서인(2011), 「문장부사의 위치에 대한 고찰」, 『국어학』 61, 국어학회, 207-238.

신서인(2017), 『한국어 문형 연구』, 태학사.

신선경(2002), 『'있다'의 어휘 의미와 통사』, 태학사.

신원재(1987), 「현대국어 부정표현에 관한 연구」, 서울대학교 석사학위 논문.

신중진(1998), 「현대국어 의성의태어 연구」, 서울대학교 석사학위 논문.

신지연(1988), 「국어 감투사의 위상 연구」, 서울대학교 석사학위 논문.

신지연(1989), 「감투사의 화용론적 특성」, 『주시경학보』 3, 165-160.

신지연(1998), 『국어 지시용언 연구』, 태학사.

신지연(2001), 「감탄사의 의미 구조」, 『한국어 의미학』 8, 241-259.

신지연(2005), 「접속부사 '그러나'의 의미」, 『한국어 의미학』 18, 23-48.

신현숙(1980), 「/-더라/의 쓰임과 의미」, 『논문집』 11, 113-122.

심유경(2015), 「한국어 문두 여격어 연구」, 이화여자대학교 석사학위 논문.

심재기(1982), 『국어어휘론』, 집문당.

심재기(2000), 『국어 어휘론 신강』, 태학사.

심재기·조항범·문금현·조남호·노명희·이선영(2016), 『국어 어휘론 개설(개정판)』, 박이정.

안명철(1988), 「국어의 선어말어미 및 보조동사의 배열순과 발화의 의미구조와의 관계」, 『인문과
학연구』 6, 25-39.

안명철(1990), 「보조동사」, 서울대학교 국어연구회 편, 『국어연구 어디까지 왔나』, 동아출판사,
319-330.

안명철(1992), 「현대 국어의 보문 연구」, 서울대학교 박사학위 논문.

안명철(2001), 「이중주어 구문과 구-동사」, 『국어학』 38, 181-207.

안명철(2011), 「주격 중출 구문과 귀속문」, 『어문연구』 39.4, 81-111.

안명철(2015), 「한국어 주격 중출 구문과 보어 구문」, 『국어학』 73, 35-67.

안병희(1963), 「십오세기 국어의 경어법」, 『문리대학보』 창간호, 23-33.

안병희(1965), 「문법론」, 『국어학개론』, 수도출판사.

안병희(1966), 「부정격(Casus Indefinitus)의 정립을 위하여」, 『동아문화』 6. [남기심 외 공편 1975:
99-101 재수록]

안병희(1982), 「중세국어 겸양법 연구에 대한 반성」, 『국어학』 11, 23-33.

안병희(1992), 『국어사 연구』, 문학과 지성사.

안소진(2012), 『심리 어휘부에 기반한 한자어 연구』, 태학사.

안예리(2015), 「'-단'과 '-다는'의 관계에 대한 재고찰-'-단'의 역사적 발달과정을 중심으로」, 『한
민족어문학』 71, 45-72.

안정아(2007), 「국어 의존명사의 의미 연구」, 고려대학교 박사학위 논문.

안주호(2000), 「'그러-' 계열 접속사의 형성 과정과 문법화」, 『국어학』 35, 113-141.

안효경(2001), 『현대국어의 의존명사 연구』, 역락.

양동휘(1978), 「국어관형절의 시제」, 『한글』 162, 203-219.

양동휘(1979), 「국어의 피사동」, 『한글』 166, 33-49.

양동휘(2003), 『최소주의 가설』, 한국문화사.

양명희(1998), 『현대국어 대용어에 대한 연구』, 태학사.

양명희(2006), 「보어와 학교문법」, 『한국어학』 32, 167-192.

양인석(1973), Semantics of Delimiters in Korean, 『어학연구』 9.2, 84-122.

양정석(2003), 「'이-' 주격조사설에 대한 반론」, 『형태론』 5.1, 99-110.

양정석(2004), 「'-고 있-'과 '-어 있-'의 상보성 여부 검토와 구문 규칙 기술」, 『한글』 266, 105-137.

양정석(2012), 「'느' 분석론과 '있다', '없다'의 문제」, 『한글』 296, 81-122.

양정호(1991), 「중세국어 파생접미사 연구」, 『국어연구』 105.

양정호(2016), 「'않-'와 '말-'의 교체에 대하여」, 『국어학』 78, 105-137.

언어문학연구소(1960), 『조선어문법 1』, 과학원출판사.

엄정호(1996), 「전칭 양화 부사의 의미」, 『배달말』 21, 배달말학회, 1-28.

엄정호(2000), 「'이다'의 '이'는 조사인가?」, 『형태론』 2.2, 333-343.

엄정호(2011), 「격의 개념과 한국어의 조사」, 『국어학』 62, 199-224.

여영택(1971), 「말만들갈」, 『한글학회 50돌 기념논문집』, 115-144.

연세대학교 언어정보개발연구원(1998), 『연세한국어사전』, 두산동아.

연세대학교. 언어정보개발연구원(2000), 『연세초등국어사전』, 두산동아.

연재훈(1989), 「국어 중립 동사 구문에 대한 연구」, 『한글』 203, 165-188.

연재훈(1996), 「국어 여격 주어 구문에 대한 범언어적 관점의 연구」, 『국어학』 28, 241-275.

연재훈(1997), 「타동성의 정의를 위한 원형이론적 접근」, 『언어』 22.1, 107-132.

연재훈(2003), Korean Grammatical Constructions, Saffron.

연재훈(2008), 「한국어에 능격성이 존재하는가」, 『한글』 282, 125-154.

연재훈(2011), 『한국어 구문 유형론』, 태학사.

연재훈(2012), 「유형론적 관점의 한국어 관계절 연구」, 『국어학』 63, 413-457.

염선모(1979), 「불완전명사에 대하여」, 『여천서병국박사회갑기념논문집』, 형설출판사, 203-222.

오규환(2008), 「현대 국어 조사 결합형의 단어화에 대한 연구」, 서울대학교 석사학위 논문.

오규환(2012), 「'또한'과 '또'의 분포 및 기능 변화와 그 원인」, 『국어학』 63, 195-220.

오규환(2016), 「한국어 어휘 단위의 형성과 변화 연구」, 서울대학교 박사학위 논문.

오규환(2017), 「형성소와 구성소, 다시 생각하기」, 『어문연구』 45.4, 61-83.

오민석(2006), 「한국어 보조동사 '지다'의 연구」, 서울대학교 석사학위 논문.

오승신(1995), 「국어의 간투사 연구」, 이화여자대학교 박사학위 논문.

오승신(2006), 「감탄사」, 『왜 다시 품사론인가』, 커뮤니케이션북스, 407-437.

오윤경·신연수(2016), 「'-다는'의 범주-조사에서 어미까지」, 『형태론』 18.2, 242-273.

오충연(2012), 「국어 관계절의 상」, 『어문연구』 40.4, 35-56.

왕문용(1984), 「부사성 불완전명사고」, 『국어교육』, 49·50, 273-292.

왕문용(1990), 「의존명사」, 서울대학교 국어연구회 편, 『국어연구 어디까지 왔나』, 동아출판사, 205-212.

왕문용(2011), 「문법교육 변천사」, 『국어교육론 2』, 한국어교육학회편찬위원회 편, 한국문화사, 47-76.

우순조(2000), 「'·이다'와 '아니다'의 상관성-표지 개념에 의한 분석」, 『형태론』 2.1, 129-138.

우순조(2001), 「'이다'의 '이'가 조사인 새로운 증거들」, 『형태론』 3.2, 345-358.

우인혜(1997), 『우리말 피동 연구』, 한국문화사.

우형식(1996), 『국어 타동 구문 연구』, 박이정.

우형식(2001), 『한국어 분류사의 범주화 기능 연구』, 박이정.

우형식(2006), 「관형사」, 『왜 다시 품사론인가』, 커뮤니케이션북스, 197-225.

원대성(1985), 「명사의 상적 특성에 대한 연구」, 『국어연구』 65.

유구상·김양진·성광수·고광주·유형선·이관규·이윤표·시정곤·김원경·한정한(2001), 『한국어의 목적어』, 월인.

유동석(1981), 「'더'의 의미에 대한 관견」, 『관악어문연구』 6, 205-226.

유동석(1984), 「양태 조사의 통보기능에 대한 연구-{이}, {을}, {은}을 중심으로」, 『국어연구』 60.

유동석(1990), 「조사생략」, 서울대학교 국어연구회 편, 『국어연구 어디까지 왔나』, 동아출판사, 233-240.

유동석(1995), 『국어의 매개변인문법』, 신구문화사.

유동석(1998가), 「국어의 목적어 있는 능격구성에 관한 연구」, 『언어과학』 5.1, 105-123.

유동석(1998나), 「주제어와 주격중출문」, 『문법 연구와 자료』, 태학사, 47-81.

유동준(1983), 「국어분류사와 수량화」, 『국어국문학』 89, 53-72.

유승국(2012), 「합성동사의 다의 형성과정에 대한 고찰」, 『어문연구』 40.3, 33-56.

유타니(1978), 「현대한국어의 동사분류」, 『조선학보』 87, 1-35.

유필재(2009), 「ㄷ 불규칙동사의 역사적 변화」, 『어학연구』 45.1, 157-175.

유하라(2005), 「현대국어 조사의 배열 양상」, 성균관대학교 박사학위 논문.

유하라(2006), 「조사의 배열 양상에 대한 몇 가지 문제」, 『형태론』 8.2, 277-294.

유현경(1986), 「국어 접속문의 통사적 특징에 대하여」, 『한글』 251, 77-104.

유현경(1994), 「논항과 부가어」, 『우리말연구』 1, 175-196.

유현경(1996), 「국어 접속문의 통사적 특징에 대하여」, 『한글』 191, 77-104.

유현경(1998가), 『국어 형용사 연구』, 한국문화사.

유현경(1998나), 「동사 '살다'의 타동사적 용법에 대하여」, 『국어 문법의 탐구 IV』, 태학사, 59-75.

유현경(2000), 「국어 형용사의 유형에 대한 연구」, 『국어학』 36, 221-258.

유현경(2001), 「간접인용절에 대한 연구」, 남기심 편(2001), 『국어문법의 탐구 V』, 태학사, 77-92.

유현경(2002), 「어미 '-다고'의 의미와 용법」, 『배달말』 31, 99-122.

유현경(2006), 「형용사」, 『왜 다시 품사론인가』, 커뮤니케이션북스, 147-196.

유현경(2007), 「'에게'와 유정성」, 『형태론』 9.2, 257-275.

유현경(2008가), 「관형사 '한'에 대한 연구」, 『국어학』 53, 65-86.

유현경(2008나), 「한국어 형용사의 시간구조 연구」, 『배달말』 43, 211-238.

유현경(2010), 「국어 문법에서의 "가" 보어 설정 문제-심리형용사 구문의 NP$_2$를 중심으로」, 『어문론총』 52, 1-28.

유현경(2011), 「접속과 내포」, 『국어학』 60, 389-410.

유현경(2012), 「『연세 한국어사전』과 『고려대 한국어대사전』 비교 연구-언어사전으로서의 특성을 중심으로」, 『한글』 295, 35-71.

유현경(2013), 「'있다'의 품사론」, 『어문론총』 59, 187-210.

유현경(2014), 「문법 기술에서의 체계 정합 문제-보어 기술을 중심으로」, 『국어학』 70, 3-28.

유현경(2015), 「한국어 형용사 구문의 주어-김정남(2005)를 중심으로」, 『형태론』 17.1, 69-91.

유현경(2017), 『형태 중심 한국어 통사론』, 역락.

유현경(2018가), 「보어를 요구하는 용언의 범위와 유형-『표준국어대사전』 용언 목록을 중심으로」, 『한국사전학』 31, 117-146.

유현경(2018나), 「한국어 명사절의 범위에 대한 연구」, 『한글』 319, 37-66.

유현경·남길임(2008), 『한국어 사전편찬학 개론』, 역락.

유현경·남길임(2016), 「'이다'의 범주와 문법 기술」, 『문법 교육』 26, 235-285.

유현경·안예리·손혜옥·김민국·전후민·강계림·이찬영(2015), 『한국어의 문법 단위』, 보고사.

유현경·이선희(1996), 「격조사 교체와 의미역」, 남기심 편, 『국어 문법의 탐구 III』, 태학사, 129-172.

유현경·한재영·김흥범·이정택·김성규·강현화·구본관·이병규·황화상·이진호(2018), 『한국어 표준 문법』, 집문당.

유혜원(2000), 「'-아/어지다'의 의미 연구」, 『논항구조란 무엇인가』, 월인, 165-188.

윤석민(1998), 「문장종결법」, 『문법 연구와 자료』, 태학사, 359-394.

윤석민(2000), 『현대국어의 문장종결법 연구』, 집문당.

윤재학(2003), 「단수적 용법의 '우리'」, 『언어와 정보』 7.2, 1-30.

윤정원(2011), 「현대 한국어 인용구문 연구-인용구문의 유형과 범주를 중심으로」, 연세대학교 석사학위 논문.

윤평현(2005), 『현대국어 접속어미 연구』, 박이정.

윤평현(2008), 『국어의미론』, 역락.

윤현애(2011), 「한국어 피동 표현의 담화 기능 연구」, 연세대학교 석사학위 논문.

윤홍섭(2010), 「고유 명칭에 대한 기술 이론의 역사적 논쟁 고찰」, 『영어영문학 연구』 52.3, 361-382.

이경우(1981), 「파생어형성에 있어서 의미변화」, 『국어교육』 39·40, 215-256.

이경우(1983), 「부정소 '아니'와 '못'의 의미」, 『국어교육』 44·45, 287-301.

이경우(1990), 「파생법」, 서울대학교 국어연구회 편, 『국어연구 어디까지 왔나』, 동아출판사, 195-204.

이경호(1998), 「국어 고유명의 의미 기능 연구」, 고려대학교 석사학위 논문.

이관규(2002), 『학교문법론(개정판)』, 월인.

이관규(2005), 『국어 교육을 위한 국어문법론』, 집문당.

이관규(2011), 「문법교육 연구사」, 한국어교육학회편찬위원회 편, 『국어교육론 2』, 한국문화사, 13-46.

이광정(1987), 『국어품사분류의 역사적 발전에 관한 연구』, 한신문화사.

이광정(2003), 『국어문법연구 1-품사』, 역락.

이광정(2008), 『국어문법연구 3-한국어 품사 연구』, 역락.

이광호(1980), 「접속어미 '-면'의 의미 기능과 그 상관성」, 『언어』 5.2, 33-65.

이광호(1988), 『국어 격조사 '을/를'의 연구』, 탑출판사.

이광호(2007), 「파생접사의 생산성에 대한 계량적 연구」, 서울대학교 박사학위 논문.

이규호(2001), 「한국어 복합조사의 판별 기준과 구성 연구」, 한국외국어대학교 박사학위 논문.

이규호(2008), 「체언 수식 부사-부사 관형 구성 연구」, 『국어학』 51, 3-28.

이규호(2015), 「관형사의 하위분류-인칭/의문 .부정 관형사의 설정」, 『국어학』 74, 207-232.

이극로(1948), 『국어학논총』 정음사.

이근영(1956), 「불완전 명사적 단어들에 대하여」, 『조선어문』 6, 45-68.

이근용(1982), 「국어특수조사연구」, 국민대학교 석사학위 논문.

이금희(2005), 「인용문 형식에서 문법화된 어미·조사 연구」, 성균관대학교 박사학위 논문.

이금희(2012), 「의존명사의 문법화 정도와 양태적인 의미」, 『어문연구』 40.3, 57-89.

이기동(1976), 「조동사의 의미분석」, 『문법연구』 3. [고영근·남기심 공편 1983: 234-251 재수록]

이기문(1963), 『국어표기법의 역사적 연구』, 한국연구원. [김민수·고영근 공편 2008, ③ 36에 재수록]

이기문(1981), 『한국어형성사』, 삼성문화미술재단.

이기문 편(1976), 『주시경전집 상.하』, 아세아문화사.

이기용(1979), 「두 가지 부정문의 동의성 여부에 대하여」, 『국어학』 8, 59-94.

이길록(1974), 『한국문법연구』, 일지사.

이남덕(1963), 「국어문법의 단위문제」, 『국어국문학』 26, 141-150.

이남순(1982), 「단수와 복수」, 『국어학』 11, 141-152.

이남순(1988), 『국어의 부정격과 격표지 생략』, 탑출판사.

이남순(1990), 「상」, 서울대학교 국어연구회 편, 『국어연구 어디까지 왔나』, 동아출판사, 379-387.

이남순(1998가), 『격과 격 표지』, 월인.

이남순(1998나), 『시제·상·서법』, 월인.

이맹성(1968), Nominalization in Korean, 『어학연구』 4.1(별권).

이맹성(1975), 「한국어 종결어미와 대인관계의 상관관계에 대한 연구」, 『인문과학』 33·34, 263-288.

이병건(1976), 『현대한국어의 생성음운론』, 일지사.

이병규(1996), 「문장 구성 성분의 항가 의존성 검토」, 남기심 편, 『국어 문법의 탐구 III』, 태학사, 173-215.

이병규(1998), 「잠재 논항의 개념 정립」, 남기심 편, 『국어 문법의 탐구 IV』, 태학사, 123-173.

이병규(2009), 『한국어 술어명사문 문법』, 한국문화사.

이병근(1979), 「주시경의 언어이론과 늣씨」, 『국어학』 8, 29-49.

이병근·채 완·김창섭 공편(1993), 『형태』, 태학사.

이병기(2006), 「미래 시제 형태의 통시적 연구-'-리-', '-ㄹ 것이-', '-겠-'을 중심으로」, 서울대학교 박사학위 논문.

이병모(1995), 『의존명사의 형태론적 연구』, 학문사.

이상복(1979), 「동사 '말다'에 대하여」, 『연세어문학』 12, 13-39.

이상복(2012), 「국어의 형태소 분석에 대한 일고찰 1-고유명사를 중심으로」, 『배달말』 50, 1-35.

이상억(1999), 『국어의 사동·피동 구문 연구』, 집문당.

이상욱(2004), 「'-음', '-기' 명사형의 단어화에 대한 연구」, 서울대학교 석사학위 논문.

이상욱(2006), 「주어적 속격에 대한 재론」, 『형태론』 8.1, 1-27.

이상욱(2007), 「임시어의 위상 정립을 위한 소고」, 『형태론』 9.1, 46-67.

이상욱(2018), 「한국어 복합명사 형성과 통사부의 상관성 연구」, 서울대학교 박사학위 논문.

이선영(2006), 『국어 어간복합어 연구』, 태학사

이선웅(1995), 「현대국어의 보조용언 연구」, 『국어연구』 133.

이선웅(2000가), 「'의문사+(이)-+-ㄴ가' 구성의 부정(不定) 표현에 대하여」, 『국어학』 36, 191-219.

이선웅(2000나), 「국어의 한자어 '관형명사'에 대하여」, 『한국문화』 26, 35-56.

이선웅(2004), 「미지의 한자어 의존명사에 대하여」, 『형태론』 6.2, 251-276.

이선웅(2005가), 「국어 문장 제시어에 대하여」, 『어문연구』 33.1, 59-84.

이선웅(2005나), 『국어 명사의 논항 구조 연구』, 월인.

이선웅(2009), 「공형태소를 또다시 생각함」, 『국어학』 55, 3-25.

이선웅(2010), 「국어의 보어와 보격에 대하여」, 『최명옥선생 정년퇴임기념 국어학논총』, 태학사, 779-804.

이선웅(2012), 「격의 개념과 분류」, 『어문연구』 40.3, 7-32.

이선웅(2014), 「한국어 명사류어의 명사성 검증」, 『어문연구』 42.1, 37-62.

이수미·김민국(2009), 「새로운 유형의 관형사 설정에 관한 연구」, 『한말연구』 24, 165-194.

이숭녕(1953), 「격의 독립품사시비」, 『국어국문학』 3, 49-51.

이숭녕(1956), 『고등국어문법』, 을유문화사. [김민수·고영근 공편 1 90 재수록])

이숭녕(1964), 「경어법연구」, 『진단학보』, 25·26·27. [이숭녕 1972: 318-360 재수록]

이숭녕(1972), 『국어학연구』, 형설출판사.

이숭녕(1981), 『중세국어문법(개정증보판)』, 을유문화사.

이숭녕(1965), 「조사 설정의 재검토」, 『동양문화』 5. [『심악이숭녕전집』 6(2011, 한국학술정보) 재수록]

이승욱(1973), 『국어문법체계의 사적 연구』, 일조각.

이승희(2007), 『국어 청자높임법의 역사적 변화』, 태학사.

이안구(2002), 「'있다'와 '없다'에 대한 통시적 연구」, 서울대학교 석사학위 논문.

이양혜(2000), 『국어의 파생접사화 연구』, 박이정.

이영경(2007), 『중세국어 형용사 구문 연구』, 태학사.

이영제(2014), 「명사류의 명사성 판단 규준과 어근적 단어」, 『국어학』 72, 289-321.

이영제(2015), 「한국어의 두음어화 연구」, 『한국어학』 69, 165-198.

이영제(2016), 『한국어 기능명사 연구』, 태학사.

이윤하(2001), 『현대 국어의 대우법 연구』, 역락.

이은경(1992), 「접속과 접속형식」, 『주시경학보』 9, 100-106.

이은경(2000), 『국어의 연결어미 연구』, 태학사.

이은경(2015), 「대등 접속문의 시제 표현」, 『국어학』 73, 141-172.

이은교(2008), 「현대국어 보조사 '를'에 대한 연구」, 한국외국어대학교 박사학위 논문.

이은섭(1996), 「현대국어 부정문의 통사 구조」, 『국어연구』 140.

이은섭(2005), 『현대 국어 의문사의 문법과 의미』, 태학사.

이은섭(2007), 「형식이 삭감된 단위의 형태론적 정체성」, 『형태론』 9.1, 93-113.

이은섭(2011), 「체언 선행 부사에 대한 관견」, 『국어학』 61, 291-321.

이은섭·이선웅(2013), 「의미의 대립 관계와 부정 극어의 공기 현상에 대하여」, 『한국어 의미학』 42, 247-267.

이익섭(1965), 「국어 복합명사의 IC 분석」, 『국어국문학』 30, 121-129.

이익섭(1967), 「복합명사의 액센트 고찰」, 『학술원 논문집』 6, 131-146.

이익섭(1968), 「한자어조어법의 유형」, 『이숭녕박사송수기념논총』, 을유문화사, 473-484.

이익섭(1973), 「강릉방언의 형태음소론적 고찰」, 『진단학보』 34, 97-119.

이익섭(1974), 「국어 경어법의 체계화 문제」, 『국어학』 2, 39-64.

이익섭(1975), 「국어 조어론의 몇 문제」, 『동양학』 5, 155-165.

이익섭(1982), 「현대국어의 반부복합어의 구조」, 『국어학연구』, 신구문화사, 42-54.

이익섭·임홍빈(1983), 『국어문법론』, 학연사.

이익섭·채 완(1999), 『국어문법론강의』, 학연사.

이인영(1993), 「소위 "역사적 현재"에 관하여-러시아어를 중심으로」, 『슬라브학고』 8, 101-151.

이재성(2001), 『한국어의 시제와 상』, 국학자료원.

이정민(1977), 「부정명령의 분석」, 『어학연구』 13.2, 105-114.

이정복(1998), 「상대경어법」, 『문법연구와 자료』, 태학사, 329-357.

이정복(2001), 『국어 경어법 사용의 전략적 특성』, 태학사.

이정복(2002), 『국어경어법과 사회언어학』, 월인.

이정복(2006), 「현대국어 경어법에 대한 사회언어학적 접근」, 『국어학』 47, 287-320.

이정택(2003가), 「관형사의 품사 설정 문제」, 『한말연구』 13, 한말연구학회, 167-187.

이정택(2003나), 「목적어 있는 피동문에 관한 연구」, 『배달말』 32, 211-227.

이정택(2004), 『현대 국어 피동 연구』, 박이정.

이정택(2006가), 「이른바 중주어문에 관하여-서술절 설정의 당위성을 중심으로」, 『청람어문교육』 34, 243-258.

이정택(2006나), 「필수성과 수의성의 본질-인지언어학적 관점에서」, 『한국어학』 30, 243-266.

이정택(2009), 「두 종류의 '-이서'」, 『한말연구』 25, 221-241.

이정택(2010), 「이른바 주격조사 '-에서'에 관하여」, 『한말연구』 27, 195-212.

이정택(2011가), 「고유 명사와 보통 명사-분류 기준과 개념 설정을 중심으로」, 『문법교육』 15,

267-283.

이정택(2011나), 「주어를 제한하는 'NP+에서' 구성」, 『한말연구』 29, 281-295.

이정훈(2010), 「보조용언 구문의 구조와 대용 현상」, 『한국어학』 49, 319-344.

이지양(1982), 「현대국어의 시상형태에 관한 연구」, 『국어연구』 51.

이지영(2008), 『한국어 용언 부정문의 역사적 변화』, 태학사.

이진호(2003), 「음운론적 시각에서 본 중세국어 합성어의 긴밀성」, 『진단학보』 95, 201-228.

이진호(2014가), 「형태소 교체의 규칙성에 대하여」, 『국어학』 69, 3-29.

이진호(2014나), 『국어 음운론 강의(개정판)』, 삼경문화사.

이진호(2015), 「'불규칙'의 개념과 용법에 대한 역사적 고찰」, 『한국학연구』 36, 457-476.

이찬영(2016), 「현대 한국어 혼성어 연구」, 연세대학교 석사학위 논문.

이찬영(2018), 「계열 관계에 기반한 용언 활용 기술과 규칙성」, 『형태론』 20.1, 29-78.

이필영(1982), 「조사 '가/이' 의미분석」, 『관악어문연구』 7, 417-432.

이필영(1993), 『국어의 인용구문 연구』, 탑출판사.

이필영(1998), 「명사절과 관형사절」, 『문법 연구와 자료』, 태학사, 491-515.

이하얀·황화상(2017), 「'완전'의 문법 기능의 확장에 대하여」, 『한국어학』 74, 147-167.

이한규(2001), 「한국어 부정 극어의 화용 의미」, 『담화와 인지』 8.1, 109-121.

이해윤(2015), 「한국어 문장 유형의 분류」, 『한국어 의미학』 47, 167-189.

이향천(1989), 「고유명사의 의미」, 『언어학』 11, 127-142.

이혁화(2002), 「교체에 대하여」, 『형태론』 4.1, 59-80.

이현우(1995), 「현대 국어 명사구의 구조 연구」, 서울대학교 박사학위 논문.

이현주(1996), 「고유명사의 의미론적 연구」, 연세대학교 석사학위 논문.

이현희(1991), 「중세국어의 합성어와 음운론적인 정보」, 『석정이승욱선생회갑기념논총』, 원일사, 315-333.

이현희(1994), 『중세국어 구문 연구』, 신구문화사.

이현희(2006), 「'멀리서'의 통시적 문법」, 『관악어문연구』 31, 25-93.

이호승(1997), 「현대국어의 상황유형」, 『국어연구』 149.

이호승(2001), 「국어의 상 체계와 보조용언의 상적 의미」, 『국어학』 38, 209-239.

이호승(2003), 「통사적 어근의 성격과 범위」, 『국어교육』 112, 373-397.

이호승(2012), 「국어의 격 범주의 성격과 격 체계의 설정」, 『어문학』 117, 39-67.

이호승(2014), 「국어 혼성어와 약어에 대하여」, 『개신어문연구』 39, 49-73.

이호영(1996), 『국어음성학』, 태학사.

이홍배(1970), A Study of Korean Syntax, 범한서적.

이홍식(1990), 「현대국어 관형절 연구」, 『국어연구』 98.

이홍식(1999), 「명사구 보문」, 『국어학』 33, 367-398.

이홍식(2000), 『국어 문장의 주성분 연구』, 월인.

이홍식(2009), 「형태소와 문법 기술」, 『어문학』 109, 1-35.

이홍식(2013), 「공형태에 대하여」, 『한국어학』 58, 201-233.

이홍식(2016), 「고유명사의 의미와 지시에 대하여」, 『한국학연구』 40, 307-333.

이홍식·이은경(2017), 「교체의 분류에 대하여」, 『국어학』 82, 67-99.

이효상(1995), 「다각적 시각을 통한 국어의 시상체계 분석」, 『언어』 20, 207-250.

이희승(1949), 『초급문어문법』, 박문출판사. [김민수·고영근 공편 2008 ① 85 재수록]

이희승(1950), 『국어문법론(강의안)』, 민중서관. [『일석이희승전집 1』 재수록]

이희승(1955), 『국어학개설』, 민중서관. [『일석이희승전집 1』 재수록]

이희승(1956), 「존재사 '있다'에 대하여-그 형태요소로의 발전에 대한 고찰」, 『논문집』 3. [『일석이희승전집 1』 재수록]

이희승(1957), 『새고등문법』, 일조각.

이희승(1968), 『새문법』, 일조각. [김민수·고영근 공편 2009 ① 151 재수록]

이희승(1975), 「단어의 정의와 조사·어미의 처리문제」, 남기심 외 공편, 『현대국어문법』, 계명대학교 출판부. [『일석이희승전집 1』 재수록]

이희승(2000), 『일석이희승전집』, 서울대학교 출판부.

이희승(2008), 『이희승전집(e-book)』, 서울대학교 출판부.

이희자·이종희(1998), 『텍스트 분석적 국어 조사의 연구』, 한국문화사.

이희자·이종희(1999), 『사전식 텍스트 분석적 국어 어미의 연구』, 한국문화사.

임동훈(1991), 「현대국어 형식명사 연구」, 『국어연구』 103.

임동훈(1995), 「통사론과 통사 단위」, 『어학연구』 31.1, 87-138.

임동훈(1996), 「현대 국어 경어법 어미 '-시-'에 대한 연구」, 서울대학교 박사학위 논문.

임동훈(1997), 「이중주어문의 통사 구조」, 『한국문화』 19, 31-66.

임동훈(1998), 「주체경어법」, 『문법연구와 자료』, 태학사, 305-328.

임동훈(2000), 『한국어 어미 '-시-'의 문법』, 태학사.

임동훈(2001), 「'-겠-'의 용법과 그 역사적 해석」, 『국어학』 37, 115-147.

임동훈(2002), 「한국어 조사 연구의 현황과 전망」, 『한국어학』 16, 149-182.

임동훈(2003), 「국어 양태 체계의 정립을 위하여」, 『한국어 의미학』 12, 127-153.

임동훈(2004), 「한국어 조사의 하위 부류와 결합 유형」, 『국어학』 43, 119-154.

임동훈(2006), 「현대국어 경어법의 체계」, 『국어학』 47, 287-320.

임동훈(2008), 「한국어의 서법과 양태 체계」, 『한국어 의미학』 26, 211-249.

임동훈(2009가), 「한국어 병렬문의 문법적 위상」, 『국어학』 56, 87-130.

임동훈(2009나), 「'-을'의 문법범주」, 『한국어학』 44, 55-81.

임동훈(2010), 「현대국어 어미 '-느-'의 범주와 변화」, 『국어학』 59, 3-44.

임동훈(2011가), 「한국어의 문장 유형과 용법」, 『국어학』 60, 323-359.

임동훈(2011나), 「체계적인, 너무나 체계적인-박재연(2006)을 중심으로」, 『형태론』 13.1, 107-123.

임동훈(2011다), 「담화 화시와 사회적 화시」, 『한국어 의미학』 36, 39-63.

임동훈(2012가), 「'은/는'과 종횡의 의미 관계」, 『국어학』 64, 217-271

임동훈(2012나), 「복수의 형식과 의미」, 『한국어 의미학』 39, 25-49.

임동훈(2015), 「보조사의 의미론」, 『국어학』 73, 335-373.

임유종(1999), 『한국어 부사 연구』, 한국문화사.

임유종(2005), 『수식언의 문법』, 경진문화사.

임지룡·이은규·김종록·송창선·황미향·이문규·최웅환(2008), 『학교문법과 문법교육』, 박이정.

임지룡·임칠성·심영택·이문규·권재일(2010), 『(개정 국어과 교육과정에 따라 새롭게 집필한) 문법교육론』, 역락.

임채훈(2003), 「시간부사의 문장의미 구성」, 『한국어 의미학』 12, 155-170.

임채훈(2010), 「정도부사의 의미기능과 문장의미 구성」, 『어문연구』 38.3, 39-58.

임채훈(2012), 『사건, 발화상황 그리고 문장의미』, 역락.

임홍빈(1973), 「부정의 양상」, 『논문집』 5, 115-140.

임홍빈(1976), 「존칭·겸양의 통사절차에 대하여」, 『문법연구』 3, 237-264. [임홍빈 1998가: 143-170 재수록]

임홍빈(1978), 「부정법 논의와 국어의 현실」, 『국어학』 6. [임홍빈 1998다: 77-98 재수록]

임홍빈(1979), 「복수성과 복수화」, 『한국학논총』 1. [임홍빈 1998나: 515-548 재수록]

임홍빈(1980), 「{을/를} 조사의 의미와 통사」, 『한국학논총』 2, 91-130.

임홍빈(1982), 「기술보다는 설명을 중시하는 형태소의 기능 정립을 위하여」, 『한국학보』 26. [임홍빈 1998나: 7-32 재수록]

임홍빈(1983), 「국어 피동화의 통사와 의미」, 고영근·남기심 공편, 『국어의 통사·의미론』, 탑출판사, 28-47.

임홍빈(1985), 「국어의 문법적 특징에 대하여」, 『국어생활』 2, 86-98.

임홍빈(1987가), 『국어의 재귀사 연구』, 신구문화사.

임홍빈(1987나), 「국어 부정문의 통사와 의미」, 『국어생활』 10, 72-99.

임홍빈(1989), 「통사적 파생에 대하여」, 『어학연구』 25.1, 167-196.

임홍빈(1990), 「존경법」, 서울대학교 국어연구회 편, 『국어연구 어디까지 왔나』, 동아출판사, 388-400.

임홍빈(1997), 『북한의 문법연구』, 한국문화사.

임홍빈(1998가), 『국어문법의 심층』 1, 태학사.

임홍빈(1998나), 『국어문법의 심층』 2, 태학사.

임홍빈(1998다), 『국어문법의 심층』 3, 태학사.

임홍빈(1998라), 「부정법」, 『문법 연구와 자료』, 태학사, 551-620.

임홍빈(2001), 『바른 국어생활과 문법』, 한국방송통신대학교 출판부.

임홍빈(2005), 『우리말에 대한 성찰 1, 2』, 태학사.

임홍빈(2007), 『한국어의 주제와 통사 분석-주제 개념의 새로운 전개』, 서울대학교 출판부.

임홍빈·장소원(1995), 『국어문법론 I』, 한국방송통신대학교 출판부.

장경희(1980), 「지시어 '이, 그, 저'의 의미 분석」, 『어학연구』 16.2, 167-184.

장경희(1982), 「국어의문법의 긍정과 부정」, 『국어학』 11, 89-115.

장경희(1985), 『현대국어의 양태 범주 연구』, 탑출판사.

장경희(1990), 「조응표현」, 서울대학교 국어연구회 편, 『국어연구 어디까지 왔나』, 동아출판사, 271-290.

장경희(1991), 「국어화용론」, 고영근 외 공편, 『국어학연구 백년사 (II)』, 일조각, 357-367.

장경희(1995), 「국어 접속 어미의 의미 구조」, 『한글』 227, 151-74.

장경희(2008), 「국어의 대화구조」, 『한양어문』 16. [고영근 외 2008, 『한국문학작품과 텍스트 분석』, 집문당, 43-69 재수록]

장석진(1972), 「Deixis의 생성적 고찰」, 『어학연구』 8.2, 26-43.

장석진(1973), A Generative Study of Discourse with Special Reference to Korean and English, 『어학연구』 9.2(별권).

장석진(1985), 『화용론 연구』, 탑출판사.

장소원(1983), 「국어 구두법 연구 서설」, 『관악어문연구』 8, 387-403.

장소원(2008), 「현대국어의 생략 부사어」, 『국어학』 52, 55-84.

장영희(2001), 「국어 관형사의 범주와 기능」, 『한국어 의미학』 8, 201-220.

장윤희(2002), 「현대국어 '르 말음' 용언의 형태사」, 『어문연구』 30.2, 61-83.

장윤희·이 용(2000), 「서평: 유길준, 대한문전」, 『형태론』 2.1, 173-187.

장향실(1996), 「국어 '르' 변칙의 원인에 대한 통시적 고찰」, 『한국어학』 4, 315-331.

장호종(2003), 「'말다'의 의미와 용법」, 『한국어학』 20, 221-239.

전영옥(2009), 「말뭉치를 바탕으로 한 한국어 감탄사 연구」, 『텍스트언어학』 27, 245-274.

전영철(2007), 「한국어 복수 표현의 의미론-'들'의 통합적 해석」, 『언어학』 49, 325-347.

전영철(2009), 「'이/가' 주제설에 대하여」, 『담화와 인지』 16.3, 217-238.

전재호·박태권(1970), 『국어문법』, 선명문화사.

전후민(2011), 「'-느-'의 형태소 분석에 대하여 - '-느-'의 이형태 교체를 중심으로」, 『형태론』 13.2, 311-333.

정경미(2016), 「한국어 추론 증거성 연구」, 고려대학교 박사학위 논문.

정경미(2017), 「종결어미 {-지}의 의미 분석」, 『한국어학』 75, 273-302.

정경숙(2012), 「한국어 종결어미 '-네'의 의미」, 『언어』 37-4, 995-1016.

정경재(2008), 「불완전계열의 변화 방향 고찰」, 『형태론』 10.1, 19-38.

정경재(2015), 「한국어 용언 활용 체계의 통시적 변화」, 고려대학교 박사학위 논문.

정경재(2018), 「{있다}의 활용 양상 변화 고찰」, 『국어학』 85, 251-293.

정렬모(1946), 『신편고등국어문법』, 한글문화사. [김민수·고영근 공편 2008 ① 61 재수록]

정문수(1983), 「'{더}'의 의미기능에 관한 연구」, 『논문집』 2, 5-28.

정문수(1984), 「한국어 풀이씨의 특성」, 『문법연구』 5, 51-85.

정순기·리금일(2001), 『조선어문편람』, 박이정.

정인상(1980), 『국어의 주어에 대한 연구』, 『국어연구』 44.

정인승(1949), 『표준중등말본』, 어문각. [김민수·고영근 공편 2008 ① 79 재수록]

정인승(1956), 『표준문법』, 계몽사. [김민수·고영근 공편 2008 ① 83 재수록]

정인승(1959), 「우리말의 씨가름(품사분류)에 대하여」, 『한글』 125, 32-43.

정인승(1960), 『한글강화』, 신구문화사. [『건재 정인승 전집 4』 재수록]

정인승(1968), 『표준문법』, 계몽사. [김민수 외 공편 2009 ① 152 재수록]

정인아(2010), 「한국어의 증거성 범주에 관한 연구」, 상명대학교 박사학위 논문.

정인호(1997), 「ㅂ 불규칙 용언 어간의 변화에 대하여-서남방언을 중심으로」, 『애산학보』 20, 145
　　-178.

정제한(1998), 「단위명사」, 『문법 연구와 자료』, 태학사, 199-226.

정주리(2006), 「'-음', '-기'의 의미와 제약」, 『한국어학』 30, 291-318.

정한데로(2011), 「임시어의 형성과 등재-'통사론적 구성의 단어화'를 중심으로」, 『한국어학』 52,
　　211-241.

정한데로(2015), 『한국어 등재소의 형성과 변화』, 태학사.

정희자(1994), 「시제와 상의 화용상 선택조건」, 『애산학보』 15, 47-106.

정희정(1996), 「자동사/타동사 분류에 대한 비판적 고찰-사전에서의 처리와 관련하여」, 남기심
　　편, 『국어 문법의 탐구 Ⅲ』, 태학사, 7-32.

정희정(2000), 『한국어 명사 연구』, 한국문화사.

조규설(1963), 「소위 조사류 연결고」, 『어문학』 4. [고영근·남기심 공편 1983: 83-101 재수록]

조남호(2006), 「국어 대우법의 어휘론적 이해」, 『국어학』 47, 377-405.

조민정(2006), 「부사」, 『왜 다시 품사론인가』, 커뮤니케이션북스, 228-267.

조민정(2007), 『한국어에서 상의 두 양상에 대한 고찰』, 한국문화사.

조선어문연구회(1949), 『조선어문법』, 조선어문연구회.

조용준(2016), 「한국어의 의외성 범주의 실현과 그 양상」, 『한말연구』 40, 251-278.

조일영(1996), 「국어 선어말어미의 배열에 관한 고찰-시간관련 선어말어미를 중심으로」, 『한국어
　　학』 3, 459-480

조지연(2011), 「접두사 [강-] 의미 파생에 대하여」, 『형태론』 13.1, 85-105.

조현주(2011), 「'이서'의 문법 범주」, 『국어학』 61, 435-453.

주세형(2006), 『문법교육론과 국어학적 지식의 확장』, 역락.

주지연(2008), 「한국어 'V1어V2' 구성의 사건 유형 연구」, 서울대학교 석사학위 논문.

주지연(2015), 「한국 한자어의 형태소 분포 조사」, 『국어학』 76, 39-66.

진려봉(2012), 「유형론적 관점에서 본 한국어 분류사 연구」, 서울대학교 박사학위 논문.

차준경(2011), 「'-이' 파생 명사의 다의 형성」, 『한국어 의미학』 34, 431-450.

채　완(1976), 「조사 '는'의 의미」, 『국어학』 4, 98-113.

채　완(1977), 「현대국어 특수조사의 연구」, 『국어연구』 39.

채　완(1979), 「화제의 의미」, 『관악어문연구』 4, 205-227.

채　완(1986), 『국어 어순의 연구-반복 및 병렬을 중심으로』, 탑출판사.

채　완(1990가), 「국어 분류사의 기능과 의미」, 『진단학보』 70, 167-180.

채　완(1990나), 「특수조사」, 서울대학교 국어연구회 편, 『국어연구 어디까지 왔나』, 동아출판사,
　　263-270.

채　완(1993), 「특수조사 목록의 재검토」, 『국어학』 23, 69-92.

채　완(1998), 「특수조사」, 『문법 연구와 자료』, 태학사, 115-138.

채　완(2000), 「국어 의성어 의태어 연구의 몇 문제」, 『진단학보』 89, 207-221.

채　완(2003), 『한국어의 의성어와 의태어』, 서울대학교 출판부.

채　완(2006), 「국어의 격과 조사-최근의 연구 동향을 중심으로」, 『우리말글』 37, 1-25.

채숙희(2013), 『현대 한국어 인용구문 연구』, 태학사.

채옥자(2014), 『한국어 수량 표현』, 역락.

채현식(1999), 「조어론의 규칙과 표시」, 『형태론』 1.1, 25-42.

채현식(2002), 「'고기잡이'류 복합명사의 형성 문제에 대하여」, 『형태론』 4.1, 143-152.

채현식(2003가), 「대치(代置)에 의한 단어형성」, 『형태론』 5.1, 1-21.

채현식(2003나), 『유추에 의한 복합명사 형성 연구』, 태학사.

채현식(2006가), 「규칙과 유추의 틀」, 『국어학논총』, 태학사, 567-583.

채현식(2006나), 「합성명사에서의 의미 전이와 관습화」, 『한국언어문학』 58, 5-23.

채현식(2010), 「정보의 처리와 표상의 측면에서 본 괄호매김역설」, 『한국언어문학』 74, 147-169.

최경봉(1998), 『국어 명사의 의미 연구』, 태학사.

최경봉(1999), 「관형격 구성의 구조와 의미」, 한국어학회 편, 『국어의 격과 조사』, 월인, 743-773.

최규련(2001), 「국어 척도 첨가 초점사의 의미 분석 - "심지어 // 까지 / 마저 / 조차"를 중심으로」, 『한국어학』 14, 359-377.

최규련(2005), 『국어의 초점사 현상』, 한국문화사.

최규수(2010), 「어근과 어간의 개념에 대한 국어학사적 검토」, 『한글』 290, 173-201.

최기용(2001), 「'-이다'의 '-이'는 주격조사이다」, 『형태론』 3.1, 101-112.

최동주(1989), 「국어 능격성 논의의 문제점」, 『주시경학보』 3, 154-159.

최동주(1994가), 「국어 접속문에서의 시제현상」, 『국어학』 24, 45-86.

최동주(1994나), 「현대국어 선어말 {-더-}의 의미에 대하여-마침법의 경우」, 『어학연구』 30.1, 41-73.

최동주(1996), 「선어말어미 {-더-}의 통시적 변화」, 『언어학』 19, 375-409.

최동주(1997), 「현대국어의 특수조사에 대한 통사적 고찰」, 『국어학』 30, 201-224.

최동주(2006), 「선어말어미의 배열순서와 분포의 광협」, 『형태론』 8.2, 383-391.

최동주(2009), 「'단수적 상황'의 '우리', '저희', '너희'에 대하여」, 『민족문화논총』 42, 99-127.

최동주(2015), 『국어의 시상 체계의 통시적 변화』, 태학사.

최명옥(1974), 「경남동해안방언의 음운론적 연구」, 『국어연구』 32.

최명옥(1980), 『경남동해안방언연구』, 영남대학교 출판부.

최명옥(1982), 『월성지역어의 음운론』, 영남대학교 출판부.

최명옥(1985), 「변칙동사의 음운현상에 대하여 -p-, s-, t- 변칙동사를 중심으로」, 『국어학』 14, 149-188.

최명옥(1988), 「변칙동사의 음운현상에 대하여 -li-, lə-, ɛ(jə)-, h-변칙동사를 중심으로」, 『어학연구』 24.1, 41-68.

최명옥(1998가), 『한국어 방언연구의 실제』, 태학사.

최명옥(1998나),『국어음운론과 자료』, 태학사.

최석재(2012),「결합형 어미의 양상 연구」,『국어학』63, 275-311.

최성호(2016),「고유명과 명명」,『한국어 의미학』54, 127-150.

최윤지(2013),「파생과 합성, 다시 생각하기」,『국어학』66, 265-306.

최윤지(2016),「한국어 정보구조 연구」, 서울대학교 박사학위 논문.

최정도(2017),「한국어 수량 표현의 계량적 연구」, 연세대학교 박사학위 논문.

최태영(1983),『방언음운론』, 형설출판사.

최현배(1930),「조선어의 품사분류론」,『연희전문학교문과연구집』1. 51-99. [김민수 외 공편 2009 ① 44 재수록]

최현배(1936),『한글의 바른길』, 조선어학회. [김민수·고영근 공편 2009 ③ 26 재수록]

최현배(1937),『우리말본』, 연희전문학교 출판부. [김민수·고영근 공편 2009 ① 47 재수록]

최현배(1955),『우리말본(고친판)』, 정음사.

최현배(1965),「낱말에 대하여」,『한글』135, 16-47.

최현배(1971),『우리말본(최종판)』, 정음문화사.

최형강(2004),「국어의 격조사구 보어 연구」, 서울대학교 박사학위 논문.

최형강(2009),「'형성소'와 '어근' 개념의 재고를 통한 '어근 분리 현상'의 해석」,『국어학』59, 33-60.

최형강(2017),「'목적어 있는 피동문'에 대한 재고」,『어문학』138, 215-238.

최형용(1997),「형식명사·보조사·접미사의 상관관계」,『국어연구』148.

최형용(2002가),「형태소와 어소 재론」,『문법과 텍스트』, 서울대학교 출판부, 263-276.

최형용(2002나),「어근과 어기에 대하여」,『형태론』4.2, 301-318.

최형용(2003가),『국어 단어의 형태와 통사』, 태학사.

최형용(2003나),「'줄임말'과 통사적 결합어」,『국어국문학』135, 191-220.

최형용(2004),「파생어 형성과 빈칸」,『어학연구』40.3, 619-638.

최형용(2006가),「다시 '지붕'의 '-웅'에 대하여」,『형태론』8.1, 49-63.

최형용(2006나),「합성어 형성과 어순」,『국어국문학』143, 235-272.

최형용(2008),「국어 동의파생어 연구」,『국어학』52, 27-53.

최형용(2009),「국어의 비접사 부사 형성에 대하여」,『정신문화연구』32.1, 3-26.

최형용(2010),「품사의 경계-조사, 어미, 어근, 접사를 중심으로」,『한국어학』47, 61-92.

최형용(2012),「분류 기준에서 본 주시경 품사 체계의 변천에 대하여」,『국어학』63, 313-340.

최형용(2013가),『한국어 형태론의 유형론』, 박이정.

최형용(2013나),「유형론적 관점에서 본 한국어의 품사 분류의 기준에 대하여」,『형태론』14.2, 233-263.

최형용(2014),「복합어 구성 요소의 의미 관계에 대하여」,『국어학』70, 85-115.

최형용(2016),『한국어 형태론』, 역락.

최형용(2017가),「현대 한국어 주격 조사 '이/가'의 교체는 보충법적 교체인가」,『형태론』19.1, 25-46.

최형용(2017나), 「단어 형성과 형태소」, 『국어학』 81, 351-391.

최호철(1984), 「현대국어의 상징어에 대한 연구」, 고려대학교 석사학위 논문.

최호철(1995), 「국어의 보어에 대하여」, 『한국어학』 2, 477-490.

최호철(2000), 「현대국어 감탄사의 분절 구조 연구」, 『한국어와 모국어 정신』, 국학자료원, 361-408.

최홍렬(2014), 「성상관형사의 범주 설정에 관한 일고찰」, 『어문론집』 59, 85-122.

하치근(2010), 『우리말 파생형태론』, 경진.

한 길(2002), 『현대 우리말의 높임법 연구』, 역락.

한 길(2004), 『현대 우리말의 마침씨끝 연구』, 역락.

한국어학회 편(1999), 『국어의 격과 조사』, 월인.

한국텍스트언어학회(2004), 『텍스트언어학의 이해』, 박이정.

한글학회(1991), 『우리말 큰사전』, 어문각.

한동완(1986가), 「현재시제 선어말 {느}의 형태소 정립을 위하여」, 『서강어문』 5, 29-52.

한동완(1986나), 「과거시제 '-었-'의 통시론적 고찰」, 『국어학』 15, 217-248.

한동완(1996), 『국어의 시제 연구』, 태학사.

한동완(1999), 「'-고 있-' 구성의 중의성에 대하여」, 『한국어 의미학』 5, 215-248.

한동완(2000), 「'-어 있-' 구성의 결합제약에 대하여」, 『형태론』 2.2, 257-288.

한동완(2001), 「한국어의 결과상태상」, 『국제고려학』 7, 1-14.

한동완(2004), 「인식 시제인가, 인식 양태인가」, 『형태론』 6.1, 137-150.

한동완(2006), 「한국어의 시상법에 대한 비판적 고찰」, 『형태론』 8.1, 179-198.

한송화(1998), 「불완전 풀이씨에 대한 연구」, 남기심 편, 『국어 문법의 탐구 IV』, 태학사, 5-38.

한송화(2000), 『현대 국어 자동사 연구』, 한국문화사.

한송화(2016), 「한국어 부사 연구에 있어서의 쟁점과 과제-담화·화용적 관점에서」, 『한국어 의미학』 52, 223-250.

한수정(2014), 「불규칙용언의 활용형 연구」, 부산대학교 박사학위 논문.

한영균(1985), 「음운변화와 어휘부의 재구조화」, 『관악어문연구』 10, 375-402.

한영균(1990), 「불규칙활용」, 서울대학교 국어연구회 편, 『국어연구 어디까지 왔나』, 동아출판사, 157-168.

한영균(2004), 「문법화와 연어 구성 변화-'있-'의 경우」, 『국어학』 44, 211-237.

한재영(1984), 「중세국어 피동구문의 특성에 관한 연구」, 『국어연구』 61.

한재영·박지영·현윤호·권순희·박기영·이선웅(2005), 『한국어 교수법』, 태학사.

한재영·박지영·현윤호·권순희·박기영·이선웅(2008), 『한국어 문법교육』, 태학사.

한정한(1999), 「의미격과 화용격은 어떻게 다른가」, 한국어학회 편, 『국어의 격과 조사』, 월인, 361-392.

한정한(2013), 「명사 논항의 자릿수와 이중주어 구문의 주어」, 『한국어학』 61, 369-402.

한정한(2015), 「국어의 목적어를 어떻게 정의해야 하는가-유형론의 관점, 서술어의 타동성에 의한 목적어 정의」, 『한국어학』 68, 271-304.

한현종(1990), 「국어 시제의 의미 의존성」, 『주시경학보』 9, 94-99.

함병호(2011), 「한국어 양태 보조사 연구」, 동국대학교 석사학위 논문.

함병호(2016), 「제시어와 화제」, 『언어와 정보사회』 28, 351-380.

함병호(2018), 「한국어 정보구조의 화제 연구」, 동국대학교 박사학위 논문.

함희진(2005), 「국어의 능격성 도입에 관한 비판적 검토」, 『형태론』 7.2, 419-428.

함희진(2010), 「국어 합성동사의 형성과 발달-'V1-어+V2'형 합성동사를 중심으로」, 고려대학교 박사학위 논문.

허 웅(1963가), 『언어학개론』, 정음사.

허 웅(1963나), 『중세국어연구』, 정음사.

허 웅(1965), 『국어음운론』, 정음사.

허 웅(1968), 『표준문법』, 신구문화사.

허 웅(1975), 『우리 옛말본』, 샘문화사.

허 웅(1979), 『문법』, 과학사.

허 웅(1980), 『언어학』, 샘문화사.

허 웅(1983), 『국어학』, 샘문화사.

허 웅(1995), 『20세기 우리말 형태론』, 샘문화사.

허 웅(1999), 『20세기 우리말의 통어론』, 샘문화사.

허 웅(2000), 『20세기 우리말 형태론(고친판)』, 샘문화사.

허재영(2001), 「감탄사 발달사」, 『한국어 의미학』 9, 65-96.

허재영(2002), 『부정문의 통시적 연구』, 역락.

현평효(1975), 『제주방언의 정동사어미 연구』, 아세아문화사.

홍기문(1947), 『조선문법연구』, 서울신문사. [김민수·고영근 공편 2008 ① 39 재수록]

홍사만(2002), 『국어 특수조사 신연구』, 역락.

홍윤기(2002), 「국어 문장의 상적 의미 연구」, 경희대학교 박사학위 논문.

홍윤기(2005), 「연결어미의 상적 의미 표시 기능-'-느라고, -(으)면서, -자마자, -다 보니, -고 보니'를 중심으로」, 『어문연구』 33.1, 109-128.

홍윤기(2010), 「문법 교육 항목으로서의 새로운 관형사절 도입에 대하여」, 『이중언어학』 42, 331-161.

홍윤표(1977), 「불구동사에 대하여」, 『이숭녕선생고희기념국어국문학논총』, 탑출판사, 385-403.

홍윤표(1990), 「격조사」, 서울대학교 국어연구회 편, 『국어연구 어디까지 왔나』, 동아출판사, 221-232.

홍재성(1982), 「'-러' 연결어미문과 이동동사」, 『어학연구』 18.2, 261-271.

홍재성(1987), 『현대 한국어 동사구문의 연구』, 탑출판사.

홍재성(1989), 「한국어 자동사/타동사 구문의 구별과 사전」, 『동방학지』 63, 179-229.

홍재성·김원근·김현권·류시종·박만규·박진호·심봉섭·안근종·우순조·임준서(1997), 『현대 한국어 동사 구문 사전』, 두산동아.

황국정(2009), 『국어 동사 구문구조의 통시적 연구』, 제이엔씨.

황문환(2002), 「현대국어 관형사의 어휘사적 고찰」, 『한국문화』 9, 1-19.

황병순(2015), 「감탄사의 문법 범주에 대하여」, 『한글』 308, 121-157.

황적륜(1976), 「국어의 존대법」, 『언어』 1.2, 191-200.

황화상(2001), 『국어 형태 단위의 의미와 단어 형성』, 월인.

황화상(2003), 「조사의 작용역과 조사 중첩」, 『국어학』 42, 115-140.

황화상(2005), 「'이다'의 문법범주 재검토」, 『형태론』 7.1, 135-153.

황화상(2006가), 「'-이'형 부사어의 문법 범주」, 『한국어학』 32, 265-287.

황화상(2006나), 「조사 '에서'의 문법 범주」, 『배달말』 39, 371-393.

황화상(2009가), 「'이서'의 문법적 기능과 문법 범주」, 『배달말』 44, 1-27.

황화상(2009나), 「관형사와 부사의 품사 설정에 대하여」, 『한국어학』 42, 317-344.

황화상(2010), 「단어형성 기제로서의 규칙에 대하여」, 『국어학』 58, 61-91.

황화상(2012), 『국어 조사의 문법』, 지식과 교양.

황화상(2015), 「보조사와 주변 범주-보조사, 접미사, 의존 명사를 중심으로」, 『국어학』 73, 309-334.

황화상(2016), 「어근 분리의 공시론과 통시론-단어 구조의 인식, 문장의 형성, 그리고 문법의 변화」, 『국어학』 77, 65-100.

Aikhenvald, A. Y.(2003), *Classifiers-A Typology of Noun Categorization Devices*, Oxford University Press.

Akmajian, A. et al.(2010), *Linguistics: An Introduction to Language and Communication(6th edition)*, The MIT Press.

Aronoff, M. & Rees-Miller, J.(2001), *The Handbook of Linguistics*, Blackwell.

Aronoff, M.(1976), *Word Formation in Generative Grammar*, MIT Press.

Blake, J.(2004), *Case(2nd edition)*, Cambridge University Press.

Bloomfield, L.(1933), *Language*, Holt, Rinehart & Winston.

Bolinger, D.(1968), *Aspects of Language*, Harcourt, Brace & World.

Bybee, J. L.(1985), *Morphology*, J. Benjamins.

Comrie, B.(1976), *Aspect*, Cambridge University Press.

Comrie, B.(1989), *Language Universals and Linguistic Typology*(2nd edition), University of Chicago Press.

Croft(2003), *Typology and Universals*(2nd edition), Cambridge University Press.

Crystal, D.(1971), *Linguistics*, Penguin.

Dixon, R. M. W.(2010가), *Basic Linguistic Theory* Vol. 1: *Methodology*, Oxford University Press.

Dixon, R. M. W.(2010나), *Basic Linguistic Theory* Vol. 2: *Grammatical Topic*, Oxford University Press.

Dixon, R. M. W.(2010다), *Basic Linguistic Theory* Vol. 3: *Further Grammatical Topics*, Oxford

University Press.

Fromkin, V. et al.(2010), *An Introduction to Language(9th edition)*, Thomson Wadsworth.

Fündling, D.(1985), *Koreanisch Onomatipöie*(한국어 의성·의태어 연구), 탑출판사.

Greenberg, J. H. et al.(eds.)(1978가), *Universals of Human Language Vol.* 1: Method and Theory, Stanford University Press.

Greenberg, J. H. et al.(eds.)(1978나), *Universals of Human Language Vol.* 2: Phonology, Stanford University Press.

Greenberg, J. H. et al.(eds.)(1978다), *Universals of Human Language Vol.* 3: Word Structure, Stanford University Press.

Greenberg, J. H. et al.(eds.)(1978라), *Universals of Human Language Vol.* 4: Syntax, Stanford University Press.

Greenberg, J. H.(ed.)(1963), *Universals of Language*, MIT Press.

Greenberg, J. H.(ed.)(1966), *Universals of Language*, MIT Press.

Harris, Z.(1952), Discourse Analysis, *Language* 28, 1-30.

Harweg, R.(1979), *Pronomina und Textkonstitution*, 2. Verbesserte und ergänzte Aufl. München: Wilhelm Fink Verlag.

Haspelmath et al.(eds.)(2001가), *Language Typology and Language Universals Vol.* 1, Walter de Gruyter.

Haspelmath et al.(eds.)(2001나), *Language Typology and Language Universals Vol.* 2, Walter de Gruyter.

Haspelmath, M. & Sims, A, D.(2010), *Understanding Morphology(2nd Edition)*, Hodder Education.

Haspelmath, M.(2002), *Understanding Morphology*, Arnold.

Hockett, C, F.(1958), *A Course in Modern Linguistics*, Mac-Milan.

Hornby, A. S. et al.(eds.)(2010), *Oxford Advanced Learner's Dictionary of Current English(8th edition)*, Oxford University Press.

Huang, Y.(2007), *Pragmatics*, Oxford University Press.

Ikegami, Y.(1978), How Universal is a Localist Hypothesis, A Linguistic Contribution to the Study of the 'Semantic Style' of Language, Linguistic Agency, University of Trier.

Langacker, R.(1973), *Language and Its Structure(2nd edition)*, Harcourt, Brace & Jovanovich.

Lee, Hyo-Sang(1991), *Tense, Aspect, and Modality-a Discourse-Pragmatic Analysis of Verbal Affixes in Korean from a Typological Prospective*, PH.D. dissertation, UCLA Press.

Lehmann, W.(ed.)(1978), *Syntactic Typology*, University of Texas Press.

Levinson, S. C.(1983), *Pragmatics*, Cambridge University Press.

Lim, D.(2017), Pragmatic effects of number and person in Korean pronominal system-Three uses of first person plural wuli, Lingua. [https://doi.org/10.1016/j.lingua.2017.10.004]

Lukoff, F.(1978), Ceremonial and Expressive Uses of the styles of Address in Korean, Kim, J.(ed.), *Papers in Korean Linguistics*, Hornbeam Press, 269-296.

Lyons, J.(1968), *Introduction to Theoretical Linguistics*, Cambridge University Press.

Lyons, J.(1981), *Language and Linguistics: An introduction*, Cambridge University Press.

Lyons, John(1977), *Semantics* 2, Cambridge University Press.

Martin S. E.(1954), *Korean Morphophonemics*, Linguistic Society of America, Baltimore. [김민수·고영근 공편 2008 ② 79 재수록]

Martin, S. E.(1992), *Korean Reference Grammar*, Tokyo: Tuttle.

Matthews. P. H.(1981), *Syntax*, Cambridge University Press.

Nida, E.(1949), *Morphology*, The University of Michigan.

Palmer, F. R.(2001), *Mood and Modality*(2nd edition), Cambridge University Press.

Ramstedt. G. J.(1939), A *Korean Grammar*, Helsinki. [김민수·고영근 공편 2008 ② 18 재수록]

Robin R. H.(1979), *A Short History of Linguistics*(2nd edition), Longman.

Robins, R. H.(1964), *General Linguistics: An Introductiory Survery*, Longman.

Sasse, W.(1975), Zur sequentiellen Ordnung der Nominal endungen im Koreanischen, *VOAI* Bd.11.

Shibatani(1973), Lexical versus Periphrastic Causatives in Korean, *Journal of Linguistics* 9, 281-297.

Shibatani(1975), On the Nature of Synonymy in Causative Expressions, 『어학연구』 11.2, 267-274.

Shopen, T.(ed.)(2007가), *Language Typology and Syntactic Description*(2nd edition) Vol. 1: *Clause Structure*, Cambridge University Press.

Shopen, T.(ed.)(2007나), *Language Typology and Syntactic Description*(2nd edition) Vol. 2: *Complex Constructions*, Cambridge University Press.

Shopen, T.(ed.)(2007다), *Language Typology and Syntactic Description*(2nd edition) Vol. 3: *Grammatical Categories and the Lexicon*, Cambridge University Press.

Sohn, Ho-Min(1999), *The Korean Language*, Cambridge University Press.

Song, Jae Jung(2001), *Linguistic Typology: Morphology and Syntax*, Addison-Wesley.

Song, Jae Jung(2018), *Linguistic Typology*, Oxford University Press.

Tallerman, M.(2005), *Understanding Syntax*, Hodder Education.

Wolf, H.(1991), 「북한문법의 "토"에 대한 연구」, 『國語研究』 106.

Yi, Chong-no(1983), Some Characteristics of Word Order in Korea, *The Korean Language*, Korean National Commission for UNESCO(ed), Seoul: Si-sa-yong-o-sa Publishers, Inc.

찾아보기

1. 문법 용어

2. 문법 형태

(1) 이 색인에서는 어미, 조사, 접사를 제시하였다. 조사에는 하이픈(-)을 붙이지 않고 어미와
    접사에는 하이픈을 붙여 제시하였다.
(2) 분간성을 띤 어미는 매개모음 (으, 이)을 괄호 안에 넣어 해당 자모의 행에 넣었다.
(3) 동음적 형태나 기타 특별한 어형은 대괄호 안에 그 의미나 문법적 지위를 밝혔다.

연습 문제 및 탐구 문제의 길잡이

여기서는 각 장의 마지막에 제시된 연습 문제와 탐구 문제의 길잡이를 제시한다. 본문 내용을 참고하거나 문제에 제시된 각각의 단계를 충실히 따른다면 충분히 풀 수 있는 문제에 대해서는 길잡이를 생략한다. 그리고 문제의 해답을 제시하지도 않을 것이다. 그 대신 문제의 의도를 제대로 이해하는 데 도움을 줄 수 있는 방향으로 길잡이를 제시할 것이다.

2장 형태소와 단어

■ 연습 문제

1. (가) 현행 한글 맞춤법에서는 그 형태를 밝혀 적고 있다. 따라서 고등학교 수준의 교육을 제대로 이수했다면 군이 계열 관계와 통합 관계를 이용하지 않더라도 어느 정도 형태소 분석을 할 수 있다. 따라서 처음에는 자신의 직관을 바탕으로 언어 자료를 분석을 한 뒤에 계열 관계와 통합 관계를 이용하여 형태소 분석을 하는 것도 좋은 방법이 될 것이다. 한편, 계열 관계 성립 여부는 어떠한 언어 단위 A가 들어갈 자리에 B가 대신 들어갈 수 있는지를 고려하는 것이고 통합 관계 성립 여부는 어떠한 언어 단위 A와 B가 서로 결합할 수 있는지를 고려하는 것이다.

2. (라) 학교 문법에서 품사는 '명사', '대명사', '수사', '동사', '형용사', '관형사', '부사', '감탄사', '조사'로 분류된다.

■ 탐구 문제

1. (1~3)의 '참고'에 제시된 자료를 확인하고 (1~3)의 밑줄 친 부분을 계열 관계와 통합 관계를 이용하여 분석해 본다. 이때 분석된 단위가 어떠한 의미를 지니는지 확인하고 '의미를 지닌 최소의 단위'라는 형태소의 정의를 고려하여 논의를 진행해 본다. 예컨대, (2)의 자료에서 '으로 +서', '께+서'로 분석을 한다면 이때 분석된 '서'의 의미가 무엇인지 생각해 본다.

2. (나) 본문에 기술된 내용을 따르지 말고 자신의 직관에 따라 문법적 기능을 지니지만 실질적 의미도 함께 지니는 것으로 보이는 형태소를 찾아본다. 반대로 문법적 기능을 지니지는 않지만 실질적 의미를 거의 지니지 않는 것으로 보이는 형태소를 찾아본다.
(다) 실질 형태소와 형식 형태소의 구별이 모호한 것들을 3단계나 4단계 정도로 분류해 보고 이렇게 분류된 형태소들이 어떠한 공통점을 지니는지 생각해 본다.

3. (다) 연결 어미 '-어'와 선어말 어미 '-었', 연결 어미 '-거니와'와 '-건마는' 사이에서 발견되는 형식 변화의 유사성을 찾아본다.
(라) 선어말 어미 '-었'은 중세 국어의 완료상 '-어 앗' 구성에서 발달한 것이고 연결 어미 '-거니와'와 '-건마는'은 중세 국어의 선어말 어미 '-거'를 포함하고 있으며 중세 국어 시기에 '-거-'는 선어말 어미 '-라' 뒤에서 '-어'의 형태로 나타났다.

4. (가) "지영이는 밥을 먹는다.", "지영이는 밥을 먹었다."에서 '-는'과 '-었'은 어간 '먹'과도 결합하지만 다른 관점으로 보면 이보다 더 큰 단위와 결합하는 것으로 볼 수 있다.

(나) '도로', '너무', '자주'를 '돌다', '넘다', '잦다'와 비교하여 분석되어 나온 형태소가 생산적으로 사용되는지를 생각해 본다.

(다) 본문에 제시된 단어 형성소와 단어 구성소의 구분 기준을 바탕으로 '연습 문제 1'에서 분석된 형태소를 단어 형성소와 단어 구성소로 구분할 때 실제로 어떠한 어려움을 겪는지 생각해 본다. 이러한 어려움에도 불구하고 본문에 제시된 단어 형성소와 단어 구성소의 구분 기준은 매우 명쾌하다. 이러한 모순이 발생하는 이유가 무엇인지 고민해 본다.

5. (가) 형태소 {빛}은 총 6개의 이형태를 지니고 이들은 앞뒤에 오는 형태소들의 음운론적 조건에 따라 교체를 보인다.

(나) 기본형(혹은 대표형)은 나머지 이형태 교체를 합리적으로 설명할 수 있는 것으로 결정한다.

(다) 한글 맞춤법 제1항은 "표준어를 소리대로 적되, 어법에 맞도록 함을 원칙으로 한다."이다. 이때 '어법에 맞도록 함을 원칙으로 한다,'는 그 본래의 형태를 밝혀 쓴다는 것을 뜻한다.

6. (다) 음성적 형식은 없지만 의미가 존재하는 형태소에 대해 생각해 본다.

7. (가) 주격 조사의 이형태인 '이'와 '가'가 선행하는 체언의 어떠한 조건에 따라 교체되는지 생각해 본다. 그리고 이러한 조건은 서로 겹치지 않는 것, 즉 상보적인 것이어야 한다.

(나) '사이', '국가' 등의 단어를 고려할 때 주격 조사 '이'와 '가'가 (가)에서 제시한 조건에 따라 반드시 교체되어야 할 필연적인 이유가 있는지 생각해 본다.

(다) 음운 규칙으로 설명 가능한가, 규칙화가 가능한가를 기준으로 규칙성을 따져 본다.

(라) 예측 가능성, 즉 어떠한 이형태가 나타날 수 있을지에 대한 예측할 수 있는 가능성 여부로 규칙성을 따져 본다.

(마) 규칙화 가능성과 예측 가능성 중 어느 것이 규칙성을 따지는 기준이 되어야 할지 생각해 본다.

8. (가) 선행 체언의 유정성 여부가 교체의 조건이 될 수 있는지 생각해 본다.

(나) 종결 어미의 종류에 초점을 두었을 때와 종결 어미의 종류에 따른 전체 문장 유형에 초점을 두었을 때 그 답변이 달라질 수 있다.

(다) 이형태는 한 형태소가 그 환경에 따라 그 모습을 달리한 것을 말한다. 따라서 한 형태소의 이형태라면 동일한 문법적 특성을 지닐 것이라고 예상할 수 있다.

(라) 한 형태소의 이형태는 상보적 분포를 이룬다.

(마) 이형태 교체 조건에 음운론적 조건이나 형태론적 조건 외의 다른 조건이 관여한다면 두 이형태는 실제로 서로 다른 의미를 지닐 확률이 크다. 그리고 서로 다른 의미를 지닌다면 이는 이형태 관계로 보기 힘들다. 이러한 가능성을 (2-1)의 '않다'와 '말다'를 통해 생각해 본다.

9. (가), (라) 우리 책은 절충적 체계를 따르고 있다는 점을 염두에 둔다.

(나), (마) 국립국어원의 온라인 『표준국어대사전』(https://stdict.korean.go.kr/)에서 검색 결과가 나타나지 않는다면 해당 단어는 『표준국어대사전』에 등재되어 있지 않은 것이다.

(다) 새로운 의미 발생 여부를 생각해 본다.

(바) (다)에서와 같이 합리적 이유를 찾기 어려울 가능성이 높다.

(사) 어떠한 언어 단위를 단어로 보느냐 그렇지 않느냐에 대한 기준으로는 언어 내적 기준만 있는 것이 아니다. 일반 언중들이 단어 여부를 판단할 때 어떠한 기준을 적용하는지 생각해 본다. 이를 바탕으로 단어를 최소 자립 형식으로

정의하였을 때 어떠한 문제가 발생하는지 고민하여 본다.

10. (가) 조사와 어미는 각각 선행 체언과 어간을 넘어 명사구, 절 전체와 결합을 한다.
(나) '체언+조사', '용언 어간+어미' 구성 내에서 어떠한 음운 규칙이 적용되는지 생각해 보고 이들 구성이 휴지의 경계가 될 수 있는지 생각해 본다.
(다) 분석적 체계는 조사와 어미를 모두 단어로 인정하는 입장이고, 종합적 견해는 조사와 어미를 모두 단어로 인정하지 않고 '체언+조사', '용언+어미'를 단어로 인정하는 입장이다.

3장 체언과 조사

■ 연습 문제

1. (다) 유정성 여부를 따지기 힘든 경우에는 부사격 조사 '에'와 '에게'의 결합 여부를 따져 본다. "지수는 {강아지에게/꽃에} 밥을 주었다."에서 알 수 있듯이 유정 명사는 '에게'와, 무정 명사는 '에'와 결합하는 것이 자연스럽다.
(마) 고유 명사는 복수화가 불가능하다. 또한, '오랜만', '벼락', '소나기'와 같은 명사도 복수 접미사 '들'과 결합하여 복수화되는 것이 어색하다.

2. (나), (다) '우리말샘'에 기술된 문법 정보를 참고한다. 가령, 의존 명사 '수'는 "((어미 '-은', '-는', '-을' 뒤에 쓰여))((주로 '있다', '없다' 따위와 함께 쓰여))"와 같은 문법 정보가 기술되어 있다. 또한 의존 명사의 분포 제약이 의미 때문에 발생하는 것인지, 다른 요인 때문에 기인한 것인지를 고려한다.
(라) '우리말샘'에 기술된 뜻풀이를 참고한다. 다만, 단위성 의존 명사 중 일부는 이들이 단위화하는 대상이 특별하게 정해지지 않은 것도

있음에 유의한다.
(마) 『표준국어대사전』에 기술된 품사 정보를 참고한다.

3. (아) '우리말샘'에서 검색한 대명사 중 '명사'나 '의존 명사'로도 쓰이는 것들을 대상으로 고민해 본다. 아울러 대명사의 분포적 특성도 고려해 본다. 이와 더불어 다음과 같은 예에 대해서도 생각해 본다. "저는 형(이인칭)이 너무 좋습니다.", "이 일은 형(일인칭)이 처리할게!" 이들 예에서 '형'은 이인칭(청자)과 일인칭(화자)을 가리킨다. 그렇다면 이들을 이인칭 대명사, 일인칭 대명사로 볼 수 있을지 고민해 본다.

6. (가) '이/가', '을/를', '(으)로', '은/는' 등과 같이 동일한 조사의 이형태를 하나로 묶는다.
(마) 접속은 그 의미 관계에 따라 크게 '순접', '이접', '역접'으로 나눌 수 있다.
(바) '우리말샘'에 기술된 뜻풀이나 화용 정보를 참고한다.
(사) 합성 조사는 분석하였을 때, 그 기능이 온전히 실현되지 않는 조사를 가리킨다. 이를 염두에 두어 '(으)로부터'와 같이 둘 이상의 조사가 결합되어 있는 형식을 찾아본다.

■ 탐구 문제

1. (가) 동의어와 동음이의어의 개념적 정의를 따져 본다.
(나) '철수'라는 명사를 들었을 때, 이 명사가 지시하는 대상이 파악되는지 생각해 본다.
(라) '언어정보연구원'이라는 명사를 들었을 때, 이 명사가 지시하는 대상이 '언어를 연구하는 기관'이라는 것이 파악되는지 생각해 본다.
(마) (2)는 실제로 존재하는 기관이나 장소이다. 해당 명사를 인터넷에서 검색해 보고 이들이 어떻게 영어로 표기되어 있는지 찾아본다. 음역된 경우도 있을 것이고 그렇지 않은 것도 있을

것이다. 음역된 경우는 번역된 것에서 제외한다.
(사) 통사적으로 확장된 '힘들게 동갑내기 과외
하기'가 영화 제목인 '동갑내기 과외하기'가 지
시하는 대상을 가리킬 수 있는지를 생각해 본다.
(아) 고유명이라는 개념의 외연이 넓은지, 고유
명사라는 개념의 외연이 넓은지를 고려한다.

2. (나) '유정성'이라는 개념이 절대적인 개념이
아니라는 점을 고려한다. '에'와 '에게'의 결합
이 모두 자연스럽다고 판단되거나 어느 것이
더 자연스러운지 판단하기 어려운 명사가 유정
성과 무정성의 경계에 있는 것이다.
(다) '사망자'와 '주검'의 차이가 무엇인지 고민
해 본다.
(라) '컴퓨터'는 기계이지만 학습을 한다. 기계
라는 속성과 학습을 한다는 속성 중 어느 것이
부각되느냐에 따라 유정성이 달리 판단될 수
있는지를 생각해 본다.
(마) "경찰은 검찰과 늘 대립을 한다.", "경찰들
이 출동해 도둑을 잡았다." 각각의 예에서 '경
찰'이 동일한 의미를 지니는지를 생각해 본다.

3. (나) 어떠한 언어 단위가 반드시 하나의 범주
적 속성을 띠어야 하는 것은 아니라는 점으로
고려한다. 예컨대, (3-2)의 '노릇'은 '-을 노릇이
다'로 기술할 수 있다.
(다) 통사적 의존성을 보이는 명사라고 해서 실
질적 의미가 없는 것은 아님에 유의한다.
(라) 의존 명사의 정의와 분포적 속성을 고려하
되, (1-2), (2-2), (3-2)의 '관계', '한편', '노릇'이
(1-1), (2-1), (3-1)의 '관계', '한편', '노릇'이 서
로 다른 명사인지에 대해서도 함께 고려한다.

4. (가) 예컨대, (1-1)의 '것'을 '물건', '짐', '음
식' 등과 같은 명사로 대용시켜 본다.
(다) '-을 것이다', '-은 것이다'는 해당 구성 전체
가 문법적 기능을 하고 '어머니가 우리를 사랑

한다는 것'은 명사절의 역할을 한다.

5. (가) 가령, "뭐 타고 가?"는 "너 뭐 타고 가?"
에서 이인칭 대명사 '너'가 생략되었다고 볼 수
있다.
(나) 일인칭 대명사와 이인칭 대명사가 어떠한
환경에서 생략되는지 생각해 본다. 예컨대, 화자
가 담화상의 주제이고 이러한 주제가 계속 이어
진다면 해당 담화에서는 일인칭 대명사 '나'는
생략되는 것이 일반적이다. 또한 국어에서 발화
현장에 존재하는 청자를 이인칭 대명사로 직접
적으로 가리키는 것은 일반적이지 않다.

6. (나) "지수야, 우리 소풍 갈래?"(청자를 포함
하는 '우리'), "지수야, 우리 소풍 간다. 부럽
지?"(청자를 배제하는 '우리'). (1-1)과 (1-2)의
답변은 동일하지 않을 수 있다.
(다) (1-1)과 (1-2)에서 '나'를 썼을 때와 '우리'를
썼을 때 어떠한 의미적 차이가 나는지 생각해
보고 이러한 의미적 차이를 '우리'가 지닌 복수
의 의미를 통해 설명해 본다. (바) 예컨대, '어머
니'는 '나'의 피소유물도 아니거니와 '나'는 '어
머니'의 소유주도 아니다.
(사) 자신이 회사의 소유주인 경우와 자신이 그
저 회사에 소속된 경우를 생각해 보고 각각의
경우에 '내 회사', '우리 회사' 중 어느 것이 더
자연스러운지 생각해 본다.

7. (다) '우리나라'를 『표준국어대사전』에서 검
색해 본다.
(마) 포괄적 '우리'와 배제적 '우리'의 상황에서
모두 '저희'를 쓸 수 있다면 각각의 상황에서
'저희'가 낮추는 대상이 누구인지 생각해 본다.

8. (나) 품사를 결정할 때 고려하여야 하는 기준
은 분포, 기능, 의미라는 점을 염두에 둔다.
(다) (3)의 예에서 '자신'이 대신 가리키는 문장

성분은 모두 동일하지 않다.

(라) 생략이 되었을 때 문장이 성립하는지 그렇지 않은지를 고려한다.

(마) 재귀 대명사의 개념적 정의를 고려한다. 또한 (3)의 예에서 '자신'이 있는 경우와 '자신'을 생략한 경우를 비교해 보고 어떠한 의미적 차이가 있는지 생각해 본다.

9. (나) 품사를 결정할 때 고려하여야 하는 기준은 분포, 기능, 의미라는 점을 염두에 둔다. 또한 (다)에서 기술될 의미적 특성도 그 근거가 될 수 있다.

(다) 『표준국어대사전』에 기술된 '하나'의 뜻풀이를 참고할 수 있다.

10. (가) 기본형에서 표면형을 이끌어 내는 과정이 합리적인지를 고려한다. 예컨대 '과', '는'이 모음 뒤에서 'ㄱ', 'ㄴ'이 탈락하여 '와', '은'이 되는 음운 규칙을 찾을 수 있는지 고민해 본다.

(나) 기본형에서 표면형의 관계를 음운론적으로 설명할 수 있는지를 고려한다. 예컨대 '애호가', '불놀이'가 가능하다는 것은 국어에는 모음 뒤에서 'ㄱ', 'ㄴ'이 탈락한다는 음운 규칙을 찾기 어렵다는 것을 시사한다.

(다) '이'를 기본형으로 하여 '가'의 교체를 합리적으로 설명할 수 있는지, '가'를 기본형으로 하여 '이'의 교체를 합리적으로 설명할 수 있는지 생각해 보고 앞서 살펴본 '와/과', '은/는'의 교체 양상과 비교해 본다.

11. (가) 구체적인 의미(어휘적 의미)와 추상적인 의미(문법적 의미)가 각각 어떠한 형식에 드러나 있는지 고려한다.

(나) 일반적으로 부사는 후행 요소를 수식한다는 점을 고려한다.

(다) '좀'의 수식 영역이 앞인지 뒤인지를 고려

한다.

12. (가) [만 원]꼴, [내가 집에 도착했을 때]쯤, [같은 학교 사람들]끼리, [그렇게 비싼 물건]씩.

(나) 일반적으로 접미사는 새로운 단어를 형성하는 의존 형태소를 가리킨다는 점을 고려한다.

(다) '접사'는 단어 이하 단위와 결합하여 새로운 단어를 형성하는 기능을 한다. 새로운 단어를 형성하지 않고, 명사구와 결합하는 의존 형태소라면 이는 어떠한 품사와 유사한지 생각해 본다.

13. (가) 명사라는 품사가 지니는 가장 전형적인 분포적 속성은 격 조사가 결합할 수 있고, 관형어의 수식을 받을 수 있다는 것이다.

(라) 사전에서 명사로 처리하고 있다고 하여 모든 조사가 결합할 수 있는 것은 아니라는 점을 고려한다.

(마) 명사의 형태, 통사론적 특성을 먼저 따져 본다. 명사의 형태, 통사론적 특성을 만족하지 못하는 것일지라도 명사가 지닌 의미적 특성을 만족하는지 따져 본다.

4장 용언과 어미

■ 연습 문제

1. (바) 문장의 유형에 대해서는 9장을, 상대 높임법에 대해서는 11장을 더 참고할 수 있다.

(사) '대등적 연결 어미', '종속적 연결 어미'에 대해서는 9장을 더 참고할 수 있다.

2. (나) 형태론적 특성, 즉 단어 형성 방식상의 특성에만 주목한다.

(다) 예컨대, "이 불빛이 밝다.<형용사>"와 "날이 점점 밝는다.<동사>"에서 형용사 '밝다'와 동사 '밝다'가 동일한 의미를 지니는지 생각해 본다.

3. (가) "지수는 학생이다.", "지수는 학생이었다."
(나) "지수는 밥을 먹는다.", "지수는 밥을 먹었다."
(다) "지수는 얼굴이 예쁘다.", "지수는 얼굴이 예뻤다."
(라) '이다'는 활용을 하므로 조사보다는 용언으로 보는 것이 더 합리적일 것이다. 그렇다면 '이다'가 '동사'와 '형용사' 중 무엇과 활용 양상이 비슷한지 따져 볼 필요가 있을 것이다.

5. (가) 명령문이나 청유문으로 표현되기 어려운 용언에는 무엇이 있는지를 고려한다.
(나) (1)과 (2)의 '있다'가 각각 동사와 형용사 중 무엇과 활용 양상이 비슷한지 생각해 본다.

6. 각각의 예에 제시된 '있다'의 활용 양상을 고려한다. 표면적으로 드러난 활용 양상 외에도 동사나 형용사의 활용 양상이 성립하는가를 따져 본다. 예컨대, (4)의 보조 용언 '있다'는 '깨어 있는다', '깨어 있어라'와 같이 활용할 수 있다. 이때의 '있다'는 '동사'로 볼 수 있다. 이러한 판단이 도저히 불가능하다면 『표준국어대사전』을 참고한다.

■ 탐구 문제
1. (나), (다), (라) '-는다', '-는'과 결합 가능하고 명령형과 청유형이 가능한 것은 동사가 지닌 활용상의 특성이고 '-ㄴ/는' 없이 종결 어미 '-다'만으로도 평서문이 성립하는 것은 형용사가 지닌 활용상의 특성이다.
(자) 동사와 형용사가 지닌 활용상의 특성 차이는 동사와 형용사의 의미적 특성 차이, 즉 동작이나 움직임(상태의 변화)을 나타내느냐, 상태를 정적으로 나타내느냐에 따라 생기는 것이다. 이러한 점을 고려하여, 가령 '쑤시다'와 '예쁘다'가 어떠한 의미적 차이를 보이는지 생각해

본다. 특히, '쑤시기 시작하다'는 가능하지만 '예쁘기 시작하다'는 왜 불가능한지를 생각해 본다.

2. (나) 동사와 형용사를 가르는 기준이 명령문이나 청유문의 가능 여부, 현재 시제 표시 방법의 차이 등이라는 점을 고려한다. 예컨대 "지수는 손이 못생기다.", "지수는 손이 못생긴다.", "손이 못생기는 지수"가 문법적인지 생각해 본다. 또한 "지수는 손이 못생겼다.", "지수는 손이 못생겼니?"에서 어떠한 선어말 어미가 쓰였는지 생각해 본다.
(다) '-는다', '-는'과 결합 가능하고 명령형과 청유형이 가능한 것은 동사가 지닌 활용상의 특성이고 '-ㄴ/는' 없이 종결 어미 '-다'만으로도 평서문이 성립하는 것은 형용사가 지닌 활용상의 특성이다.
(마) (1)과 (2)의 활용 양상만을 따지면 동사로 보든, 형용사로 보든 모두 문제가 발생한다. 다만, "지금 밖에 꽃이 피었다.", "감나무에 감이 많이 열렸다."와 같이 동사에 과거 시제 '-았'이 결합하면 현재의 상태를 나타낼 수도 있음을 고려한다면 어떠한 입장을 취하는 것이 더 합리적일지 생각해 본다.

3. (나) 차이가 나타나지 않을 수도 있다.
(다) '-어 하'는 심리 형용사와 결합하여 심리 형용사를 심리동사로 만드는 기능을 한다. 따라서 '동사'에 '-어 하'가 결합하는 현상은 다소 예외적이라고 할 수 있다.
(라), (마) 객관성 형용사는 'NP₁이 Adj(NP₁=대상)'이 문형을 지니고 심리 형용사는 'NP₁이 NP₂가 Adj(NP₁=경험주, NP₂=대상)'의 문형을 지닌다.
(아) (3-1)의 형용사가 객관성 형용사와 심리 형용사의 용법을 모두 지닐 수 있는지 따져 본다. (3-1)의 형용사는 주어의 심리 상태가 아니라

주어의 심리적 속성을 나타낸다는 점에 주목하고 심리 형용사와 결합한 '-어 하'의 기능과 이들 형용사와 결합한 '-어 하'의 기능의 공통점이 무엇인지 생각해 본다.

4. (가), (나), (다), (라) 각각의 문제에서 해당 용언들은 어떠한 문형으로 나타나느냐에 따라 서로 다른 의미나 용법을 보인다. 즉, 동일한 용언이 어떠한 문형에 들어가서 쓰이느냐에 따라 그 의미나 용법이 달라질 수도 있다는 것이다.
(마) 객관성 형용사는 'NP₁이 Adj(NP₁=대상)'이 문형을 지니고 심리 형용사는 'NP₁이 NP₂가 Adj(NP₁=경험주, NP₂=대상)'의 문형을 지닌다. 따라서 동일한 형용사가 어떠한 문형에 들어가서 쓰이느냐에 따라 객관성 형용사가 될 수도, 심리 형용사가 될 수도 있다고 설명할 수 있을 것이다.
(바) 지금까지는 서술어가 되는 용언의 의미에 따라 문형이 결정된다고 보는 것이 주된 견해였다. 그러나 최근에는 이와는 반대로 문장의 문형에 따라(즉, 구문에 따라) 용언의 의미가 결정된다고 보는 견해가 제기되고 있다. 이를 염두에 두고 제시된 자료를 어떠한 방식으로 설명하는 것이 더 합리적일지 논의해 본다.

5. (나) 형용사가 나타내는 상태나 속성은 그 시작점과 끝점에 대한 함의가 없다. 즉 어떠한 상태나 속성이 언제 시작되어 언제 끝나는지를 함의하지 않고 상태나 속성이 정태적으로 존재함을 제시할 뿐이다. 그러나 일부 형용사는 그 의미적 특성에 따라 시작점이나 끝점을 함의하는 것처럼 보이는 경우도 있다.
(다) '상태', '속성', '시작점을 함의하는 속성', '끝점을 함의하는 속성' 등 다양한 방법으로 분류할 수 있을 것이다.

6. (가) NP₁과 NP₂의 동일성이 어떠한 성격을 지니는지 생각해 본다. (1)의 '이다' 구문이 부정문을 형성하는 방식과 (2)의 '이다' 구문이 부정문을 형성하는 방식을 비교해 본다.
(나) NP₁과 NP₂의 동일성이 어떠한 성격을 지니는지 생각해 보고 (1)의 NP₂와 (3)의 NP₂가 어떠한 문법적 특성의 차이를 지니는지 생각해 본다. 또한 (1)의 '이다' 구문이 부정문을 형성하는 방식과 (3)의 '이다' 구문이 부정문을 형성하는 방식을 비교해 본다.
(다) NP₁과 NP₂의 동일성이 어떠한 성격을 지니는지 생각해 보고 이러한 동일성이 의미론적 차원의 것인지, 화용론적 차원의 것인지 생각해 본다. 또한 (1)의 '이다' 구문이 부정문을 형성하는 방식과 (4)의 '이다' 구문이 부정문을 형성하는 방식을 비교해 본다.
(라) (5)의 '이다' 구문은 NP₁과 NP₂ 외에도 필수적인 문장 성분을 더 필요로 한다. 그렇다면 (5)의 '이다' 구문은 (1)의 '이다' 구문과 비교해 전혀 다른 문형을 지니는 것이다.
(마) (6)의 '이다' 구문에 주어가 나타날 수 있는지 생각해 본다.
(바) (7)의 '이다' 구문에서 'NP₂이다'에 해당하는 주어를 찾을 수 있는지 생각해 보고 '-을 것이다', '-은 모양이다', '-는 법이다'가 어떠한 기능을 하는지 생각해 본다.

7. (가) '[나는 밥을 먹고] 싶다'는 '나는 밥을 먹고' 절 전체에 '싶다'가 결합한 것이고 '나는 밥이 [먹고 싶다]'는 '싶다'가 '먹고'에 결합하여 하나의 서술어를 이룬 것이다.
(나) 보조 용언 구문을 분석하는 방식은 복문으로 분석하는 방식과 단문으로 분석하는 방식이 있다. 이 중 '나는 밥을 먹고 싶다'는 어떤 분석 방식을 따를 때 설명될 수 있고 '나는 밥이 먹고 싶다'는 어떤 분석 방식을 따를 때 설명될 수 있는 것인지 생각해 본다.
(다) 동일한 구문이 어떠한 경우에는 복문 분석

이 적용되고 어떠한 경우에는 복문 분석과 단문 분석이 모두 적용된다면 이를 어떻게 설명할 수 있을지 고민해 본다. 가령, 어떠한 구성이 긴밀한 관계를 이루고 높은 빈도로 쓰인다면 이들 구성은 어떠한 속성을 지닐지 생각해 본다.

(라) '싶다'가 독립된 서술어로서 기능을 할 수 있는지 생각해 본다. 한편, 보조 용언은 본래 본용언이었던 것들이 통시적 변화를 겪은 것인데, 통시적 변화를 겪는다고 하더라도 본래의 속성이 완전히 사라지는 것은 아니라는 사실을 고려한다.

8. (나) 하나의 동사에 존재하던 두 종류의 활용 패러다임이 하나로 통일되게 된다. 그렇다면 이것이 인간의 기억과 관련하여 어떤 효과를 주는지 생각해 본다.

(다) 용언 어간의 말음이 무엇인지 확인하고 그 말음을 가지는 동사의 활용 양상이 어떠한지를 고려한다.

(라) (4-1), (4-2)의 '풀다', '모자라다'는 '르' 불규칙 용언의 활용 양상을 보이고 (4-3), (4-4)의 '바라다', '모자라다'는 '여' 불규칙 용언의 활용 양상을 보인다.

(마) 본래 한 종류의 활용 패러다임이 두 개의 종류로 바뀌어, 본래 규칙적이던 것이 불규칙한 양상을 보이고 있는 것이다. 'X라' 형식을 지닌 용언의 유형 빈도와 실제 사용 빈도, 'X하' 형식을 지닌 용언의 유형 빈도와 실제 사용 빈도를 비교해 보고 이러한 양상이 나타나는 이유에 대해서 고민해 본다. 생각의 제한을 두지 말고 자유롭게 논의를 해 본다.

9. (나) 음운론적 속성으로 범주화해서 제시할 수 있는 것과 개별 형태를 일일이 나열해 주어야 하는 것 중에서 어느 것이 더 일반화된 것인지 따져 본다.

(다) 이와 같은 교체가 자동적 교체인지 비자동

적 교체인지를 고려한다. 또한 주격 조사 '이/가'의 교체는 교체를 보이는 형태소를 일반화할 수 있는 것인지를 잘 따져 본다.

(라) 동일한 조건에서 예외 없이 적용되는 규칙인지 그렇지 않은 규칙인지를 고려한다. 또한 자동적 교체인지 비자동적 교체인지도 고려한다. 예컨대 '돕+아, -아서, -으니… → 도와, 도와서, 도우니…', '주+ 명령형 어미 → 달라, 다오'. 'ㅂ' 불규칙과 '주다'의 보충법적 교체는 (4)의 1은 만족하지 않으니 (4)의 2와 (4)의 3을 만족하는지를 따져 본다. '명령형 어미' 앞이라는 조건은 개별 형태를 나열해 주어야 하는 것이다.

10. (가) 접속 삭감에 의하여 생략된 성분을 복원할 수 있는지 없는지를 고려한다.

(나) (3)의 '-고 있' 보조 용언 구성을 바탕으로 (2)와 같이 선어말 어미 '-았'이나 '-사'와 결합하여 보고 이와 가장 유사한 속성을 보이는 것이 무엇인지 생각해 본다.

(다) 보조 용언 구성을 설정함에 따라 동일한 형식의 연결 어미를 경우에 따라 보조적 연결 어미로 보아야 한다는 문제가 생긴다. 보조 용언 구성에 나타나는 연결 어미를 (1)의 '-고' 중에서 하나로 보게 된다면 이러한 문제를 어떻게 해결할 수 있는지 생각해 본다.

11. (가) 시제, 상대 높임법, 서법

(나) (1-1)의 선어말 어미 배열 순서를 고려한다.

(다) 이들의 의미는 모두 서로 다르지만 그 형식이 모두 드러나지 않는다. 즉, 형식이 없는 형태소가 하나의 계열체 내에서 서로 다른 3개의 의미로 대립되는 것이 과연 타당한지 고민해 본다. 만약 이것이 문제가 된다면, 이러한 문제의 형태소들이 어떻게 분석되어 나올 수 있었는지에 대해 생각해 본다. 또한 현대 국어에서 상대 높임법은 어떠한 어미가 담당하고 있는지에 대해서도 생각해 본다.

(라) '했느냐'에서 '-느-'의 기능이 무엇인지 생각해 본다. '했더냐'와 비교하면 '-느-'는 '-더-'와 계열 관계를 이루는데, 이때 '-느-'가 '-더-'와 비교해 적극적 의미를 지니는지를 따져 본다.
(마) 영형태소 중 필수성과 적극적 의미를 지니고 동일한 계열체 내에서 두 개 이상의 영형태소가 존재하지 않는 경우를 생각해 본다.

5장 수식언, 독립언과 품사 통용

■ 탐구 문제

1. (나) 국어에서 대부분의 명사는 어떠한 조사와도 통합하지 않고 후행하는 명사를 수식할 수 있다는 점을 고려한다.
(라) '불굴', '천혜', '각고', '소정'이 자립적으로 사용되는지를 고려한다.

2. (가) '배다른'과 '괜한'의 의미를 고려하여 본다.
(나) 관형절 중에서 관계 관형절의 수식을 받는 명사는 내포절의 문장 성분이라는 점을 감안한다.
(다) '배다른'과 '괜한'의 경우와 비교하여 본다.
(라) '다르다'가 다의어임을 염두에 둔다.

3. (가) '-적(的)'은 생산성이 높은 형태소이다.

4. (가), (나) '구(舊)', '순(純)', '신(新)', '원(原)' 등이 무엇을 수식하는지를 고려한다.
(다), (라) '한'에 후행하는 성분의 문법적 지위가 무엇인지를 고려한다.

5. (가), (나) 둘 이상의 관형어가 나타날 때의 결합 제약이 무엇인지 고려한다.

6. (가), (나), (다) '또한'의 기능이 접속인지 명사구 한정인지를 고려한다.

7. (가), (나), (다), (라) '물론'의 분포가 어떠한지, '물론'이 무엇을 수식하는지를 고려한다.

6장 단어의 구조와 단어 형성의 재료

■ 연습 문제

1. 개별 접사의 생산성이 동일하지 않다는 점을 고려한다.

2. 둘 이상의 분석 가능성이 있는 단어들이 있다는 점을 감안한다.

■ 탐구 문제

1. (가), (나) 어떠한 단어를 단일어와 복합어로 구분할 때에는 공시적인 분석 가능성이 제일 먼저 고려되어야 한다.
(다), (라) 전형적인 접사로 이해될 만한 성분과 접사의 성격과 단어의 성격을 두루 띠고 있다고 생각되는 성분이 무엇인지를 고려한다.

3. (가), (나), (다), (라) 국어에는, 전형적인 접사로 이해될 만한 성분과 접사의 성격과 단어의 성격을 두루 띠고 있는 단위가 존재한다는 점을 고려한다.
(마) 국어에는 단어인지 접사인지 따지기 어려운 단위가 존재한다는 점을 고려한다.

4. (가), (나), (다), (라) [MALE]의 의미를 더하는 접두사의 형태가 같지 않을 수도 있다는 점을 감안한다.
(마) 위의 답변에서 가장 생산적으로 사용되는 접두사가 무엇인지를 고민하여 본다.

5. (다) '-껏'에 선행하는 언어학적 단위의 문법적 지위가 무엇인지를 고려한다.
(바) '-히'에 선행하는 성분의 문법적 지위가 무엇인지를 고려한다.

6. 각각의 입장이 어떠한 장단점을 지니고 있는 지도 고민하여 본다.

7장 파생법과 합성법

■ 연습 문제

1. 직접 성분 분석이 두 가지 이상의 방법으로 이루어질 가능성이 있는 단어들을 찾아본다.

2. 선행 명사와 후행 명사의 의미론적인 관계를 검토하여 본다.

3. 어떠한 한자어가 어근이나 접사로만 사용되는 경우가 많은지, 어근과 접사로 두루 사용되는 경우가 많은지를 고려한다.

4. 개별 접사의 생산성이 어떠한지 생각해 본다.

5. 개별 접사의 생산성이 어떠한지 생각해 본다.

■ 탐구 문제

1. (가), (나) 직접 성분 분석이라는 개념이 공시적인 분석 가능성을 제1 전제로 삼아야 한다는 점을 고려한다.
(다) 개별 단어들이 형성된 시기가 동일하지 않다는 점을 고려한다.
(마) 적격성에 대한 수용도가 떨어진다면 왜 그러한지를 고민하여 보고, 적격성에 대한 수용도가 높다면 그 이유가 무엇인지를 일반적인 합성 명사의 경우와 비교하여 생각해 본다.
(사) 파생 접미사가 선행 성분으로 취하는 요소가, 일반적으로 무엇인지를 고민해 본다.

2. (가), (나) 일반적으로 단어는 제삼의 요소로 분리될 수 없다는 특성을 지닌다는 점을 고려한다.

(라) 일반적으로 접사는 그 접사가 취할 수 있는 어기에 대한 제약이 있다는 점을 고려한다.

3. (가), (나) 선행 요소의 문법적 지위가 무엇인지 고려해 본다.
(다), (라) '답'에 선행하는 성분의 문법적 지위가 무엇인지 고려해 본다.
(마), (바) '답'과 마찬가지로, 선행 성분이 단어인지 구인지를 판단해 본다.

4. (가) 우리 교재에서는 한자어 하나하나에 어근의 자격을 주었다는 점을 고려한다.
(나) 단어 형성 과정에는 둘 이상의 단어를 결합시키는 과정만 있는 것이 아니라 기존의 단어에서 형식의 감소를 경험하여 형성된 단어도 있다는 점을 염두에 둔다.
(다) 최근에 어떠한 과정을 통하여 형성된 단어가 많은지를 고려한다.
(라) 각각의 단위에 선행하는 성분이 무엇인지를 따져 본다.

5. (나) 성립하지 않는 문장이 있다면 그 문장에서 사용된 성분 중 어떠한 성분 때문에 그 문장이 성립하지 않는 것인지 살펴본다.
(바) '사르르르르'와 '지지난주'의 의미를 각각 '사르르'와 '지난주'의 의미와 비교하여 본다.

6. (가) '-엏'이라는 접사를 분석해 낸 다음에 확인할 수 있는 어근이 실제로 존재하는지를 판단해 본다.
(다) '-엏'의 'ㅎ'이 어디에서 기원한 것인지를 고민하여 본다.

7. (나) 일반적으로 단어 형성에 관여하는 파생 접사는 구 이상의 단위에 결합하지 않는다는 점을 감안한다.
(다) 어미가 단어 형성 과정에 참여하는 경우는

어떻게 처리하여야 할지를 고민하여 본다.

(마), (바) 조사와 어미가 단어 형성 과정에 참여하는 경우는 어떻게 처리하여야 할지를 고민하여 본다.

(사) 기존의 연구들에서 언급한 체계에 여기에 언급한 단어들을 다 담아낼 수 없다면, 새로운 체계를 세우는 것도 하나의 방법이 될 수 있다는 점을 고려한다.

8장 문장의 성분과 기본 모형

■ 연습 문제

5. 부사어나 관형어 내에 부사어나 관형어가 존재할 수도 있음에 유의한다.

6. 용언은 서술어로 간주하고 이에 대응되는 주어를 찾는다. 또한 주어는 생략될 수도 있으니 생략된 주어는 복원하여 생략된 주어가 어떠한 서술어와 대응되는지도 찾는다.

■ 탐구 문제

1. (나) (2), (5), (6)의 각각의 문장에서 '내 발밑으로', '바위에', '적들에게'가 나타나지 않았을 때 문장이 성립하는지 그렇지 않은지 생각해 본다.

(다), (라) 문장 성분의 필수성이 통사적 차원의 문제인지, 서술어의 개념 구조와 관련한 의미적 차원의 문제인지 생각해 본다. 예컨대, '지수는 집에 갔다'에서 '집에'는 필수적 성분인가, 수의적 성분인가? 만약 '집에'가 필수적 성분이라면 이것이 필수적 성분이라고 판단하는 근거는 무엇인지 고민해 본다.

2. (가) 문형을 설정할 때에는 서술어가 요구하는 필수적 성분과 수의적 성분을 구별하여야 한다는 점을 염두에 둔다. 또한 『표준국어대사전』에 제시된 문형 정보를 참고하는 것도 좋은

방법이다.

(나) 서술어의 문형은 서술어의 개념 구조에 의해 결정된다.

(다) 문형이 다른 서술어는 서로 다른 개념 구조를 지니는 것이다.

(라) 각 사전의 문형 제시 방안을 조사해 본다.

3. (나) 주어의 생략 조건이 무엇인지를 고려한다. 피동사의 주어를 상정하기 어려운 경우가 있다는 점도 고려한다. 또한 생략된 주어를 복원했을 때 비문법적인 문장이 된다면 이는 화용론적 성격에 의한 주어의 생략이 아니다.

(라) (3)의 문장에서 주어가 상정될 수 없는 이유와 (4)의 문장에서 주어가 상정될 수 없는 이유는 동일하지 않다. (3)의 문장은 막연하게나마 '누군가' 정도의 주어를 상정할 수 있지만 (4)의 문장은 이런 식으로라도 주어를 상정할 수 없다.

4. (나) 국어의 주어는 '이/가'로 표시되는 것이 일반적이지만, 반드시 '이/가'로 표시될 필요가 없다는 점을 고려하라.

(다) (2~4)의 문장에서 '(으)로서'가 주격 조사 '이/가'로 교체되는지 따져 보고 '(으)로서'가 결합한 명사구의 문장 성분이 무엇인지 생각해 본다.

5. (가), (나) 전형적인 주어는 이 문제에서 언급한 조건들을 모두 만족하지만 주어가 이와 같은 조건들을 모두 만족하여야 하는 것은 아니라는 점을 고려한다.

(다) 주어의 문법적 특성을 만족한다면 해당 성분은 주어로 볼 수 있다.

(라) 어떠한 문장 성분이 주어라고 판단했다면, 혹은 어떠한 문장 성분이 주어가 아니라고 판단했다면 그 판단 기준은 무엇이었는지 생각해 본다. 예컨대, '이/가'는 주격 조사이므로 '이/가'

가 나타나서 주어로 판단했다라는 대답이 가능할 것이다.

6. (가) 예컨대, '온 시내'는 '시내'와 비교했을 때 어떠한 의미적 차이가 있는지 생각해 본다. (나), (다) (2)의 문장에 사태의 완성점이나 종결점을 의미하는 '5분 만에', '1시간 만에'를 넣어서 "나는 5분 만에 사다리에 올랐다."와 "나는 5분 만에 사다리를 올랐다."를, "아버지는 1시간 만에 담벼락에 페인트를 칠했다."와 "아버지는 1시간 만에 담벼락을 페인트를 칠했다."를 비교했을 때 어떠한 의미적 차이가 느껴지는지 생각해 본다.

7. (가), (나) 처소가 '가다'라는 이동 행위의 도착점으로만 해석될 수 있는지, '가다'라는 이동 행위의 목적으로도 해석될 수 있는지를 생각해 본다.
(다) "지수는 {등산을/*등산에} 간다.", "우리는 내일 {소풍을/*소풍에} 간다."

8. (가) 목적어는 일반적으로 타동사의 논항이 실현된 것으로 이해되는데, 이때 타동성이라는 개념이 무엇을 가리키는지 감안하여 본다. 일반적으로 목적어는 서술어가 나타내는 행위의 대상을 나타내고 목적격 조사 '을/를'을 취한다.
(나) 목적어는 문장의 필수적 성분이다. 따라서 목적어가 생략되면 비문법적인 문장이 된다.
(다) 서술어가 나타내는 행위가 이루어진 거리, 시간의 양을 나타내는 기능을 한다면 어떠한 문장 성분으로 보는 것이 합리적일지 생각해 본다.

9. (가) 밑줄 친 명사에 '하다'를 결합시켜 문장을 만들어 본다. 예를 들어 '통사론의 연구'는 '통사론을 연구하다'와 같이 문장으로 치환하여 이해 가능하다.

(나), (다) 명사구 '자식으로서의 도리'에서 관형어 '자식으로서의'는 '자식으로서 도리를 하다'의 '자식으로서'에 대응된다고 할 수 있다.

10. (다) 예컨대, '자동차 바퀴'는 바퀴의 속성이나 종류를 나타내는 것이고 '자동차의 바퀴'는 자동차의 일부분을 나타내는 것으로 볼 수 있다. 이러한 의미적 차이를 통해 (2)의 문법성 차이를 어떻게 설명할 수 있을지 생각해 본다.

11. (나) 기존의 사전 기술을 참고하여 자료에 제시한 '의'를 그 의미나 용법에 따라 분류해 본다.
(다) 이상의 기술을 바탕으로 '의'가 필수적으로 실현되어야 하는 경우와 그렇지 않은 경우를 분류하여 '의'가 필수적으로 실현되어야 하는 경우가 언제인지 기술해 본다.

12. (다) 문장 성분이 무엇을 가리키는 개념인지를 고려한다. 가령, (1)의 문장에서 목적어가 무엇인지 생각해 보고 '또는'이 어떠한 문장 성분 내에 나타나는지 따져 본다.
(라) (1~3)에서 제시된 접속 부사의 기능을 바탕으로 (4)의 접속 부사가 과연 '수식'의 기능을 하는지, 선행 문장과 후행 문장 중 어디에 포함되는지 생각해 본다.

9장 문장의 유형과 짜임새

■ 연습 문제

1. 제시된 문장을 간접 인용절로 바꾸었을 때 어떠한 종결 어미로 실현되는지 따져 본다. 또한 문장 유형을 결정하는 요소는 종결 어미라는 점을 고려한다. 가령, (12)의 '-마'는 '약속'을 나타내지만 간접 인용절로 바꾸면 "지수는 그 일을 자기가 처리해 주겠다고 말했다."와 같이 '-다'로 실현되므로 평서형 문장을 형성한다고

할 수 있다.

2. 일부 문장 유형들은 간접 인용절로 표현될 때 인용 표지가 똑같을 수 있다는 점을 감안한다. 예컨대, (5)의 문장을 간접 인용절로 바꾸면, "지수는 나에게 부탁한 일은 빨리 처리하겠다고 말했다."가 되는데, 이때 간접 인용절에서는 원래 문장에서 실현된 상대 높임법이 중화되어 실현되지 않는다. 이외에도 다양한 변화가 있으니 이에 대해 자유롭게 기술해 본다.

3. 안긴문장 내에 또 안긴문장이 있음을 유의한다. 또한 안긴문장에서 생략된 성분은 보통 주어이지만 주어 이외의 성분도 생략될 수 있음도 유의한다.

4. 예컨대, 첫 번째 문장은 "①밤에 신부가 새 옷을 차려 입고/②나오는데/③신랑이 찬찬히 살펴보니/④그 차림이나 거동이 다 촌스러웠다."와 같이 4개의 문장이 이어져 있다고 볼 수 있다 (①의 '차려 입고'는 문장이 이어진 것으로 보기 어려움). ②에서는 '신부가'가 생략되었고 ③에서는 '신부를' 혹은 '차림이나 거동을'이 생략되었다고 할 수 있다.

5. 동일한 형태의 연결 어미라고 하여도 그 기능이 하나가 아니라는 점을 염두에 둔다. 가령, (1), (2), (3), (4)의 '-고'는 각각 [나열], [계기(繼起)], [인과], [양보]를 나타낸다.

6. [[[[지수는 공부를 잘하는데] [동생은 그리 공부를 잘하지 못해서]] [어머니가 걱정이 많았으니]] [[아버지는 사람은 누구나 자기가 잘하는 것이 있기 마련이라면서] [걱정하지 않으셨다]]]. 이와 같은 방식으로 괄호 매김으로 이어진 문장들의 계층 구조를 나타내어 본다. 더 큰 단위에서 더 작은 단위로 차례대로 분석한다.

7. 종결 어미의 형태보다는 실제로 문장이 어떠한 의미로 해석되는지 생각해 본다. (2)의 문장은 청유형 어미 '-ㅂ시다'가 쓰였지만 실제로는 '조용히 해라'라는 명령의 의미로 해석된다.

■ 탐구 문제

1. (나) (1~3)의 의문형 어미와 (4)의 의문형 어미가 쓰인 상황이 동일한지 생각해 본다.
(다) '요'가 결합이 가능하다면 '해체' 어미이다. 그런데 (1~3)과 같이 혼잣말을 하는 상황에서 '요'가 결합할 수 있는지 고민해 본다. 한편, "자네는 누구인가?"에서 의문형 어미 '-ㄴ가'의 상대 높임법 등급은 무엇인지 생각해 본다.
(라) 상대 높임법은 청자를 높이거나 낮추는 것이다. 따라서 상대 높임법 등급을 따지는 것은 구체적인 청자가 상정될 때 가능한 것이다. 이러한 문제를 '하라체' 설정과 관련하여 생각해 보는 것도 좋은 논의거리가 될 것이다.

2. (다) 선택 의문문은 어떤 측면에서는 판정 의문문의 성격을 띠고 어떤 측면에서는 설명 의문문의 성격을 띤다. (가), (나)의 답변을 바탕으로 이를 설명해 본다.

3. (나) 국어나 영어는 판정 의문문에 '예/아니요', 'yes/no'가 나타나므로 질문의 내용을 그대로 반복하는 '반복 체계'는 아니다.

4. (가) 문장 유형을 결정하는 요소는 종결 어미라는 점을 감안한다.
(나) 문장 유형과 화행 의미가 늘 일치하는 것은 아니라는 점을 염두에 둔다. 또한 종결 어미의 형태보다는 실제로 문장이 어떠한 의미로 해석되는지 생각해 본다.
(다) (3)의 문장에서 청자가 누구인지 (2)의 문장에서 청자에게 요구하는 행위가 어떠한 성격의 것인지 생각해 본다.

5. (나) (1)의 청유형 어미와 (2)의 청유형 어미가 쓰인 상황이 동일한지 생각해 본다.
(다) (1)에서는 구체적인 청자를 상정할 수 있지만 (2)에서는 구체적인 청자를 상정하기 어렵다. (1)에서는 구체적인 청자를 상정할 수 있지만 (2)에서는 불가능한 이유를 생각해 본다.

6. (다) 명령 화행은 청자의 체면을 위협하므로 명령의 뜻을 전달하는 방식이 간접적이고 우회적일수록 공손성이 높아진다고 할 수 있다.

7. (가) '때문' 앞에 나타나는 명사절이 어떠한 형식을 취하고 있는지 주목한다.
(나) '때문' 앞에 나타나는 명사절의 주어가 '그의'로 나타났음에 주목한다.
(다) "*우리는 그의 신발을 보고 <u>그의 빨리 달렸음</u>을 알 수 있었다."와 같이 명사절은 관형어의 수식을 받기 어렵다. 또한 관형어의 수식을 받을 수 있다는 것은 명사의 전형적 특성이다.

8. (가) '절'이라는 단위의 개념적 정의를 생각해 본다. 또한 밑줄 친 부분의 어미에 주목한다.
(나), (다) 밑줄 친 부분이 절을 이룬다면 주어가 있어 '주술 관계'를 이루어야 한다. 만약 밑줄 친 부분의 주어를 찾기 힘들다면 '주술 관계'를 이루지 않아 절로 보기 힘들 것이다. 밑줄 친 부분에 나타난 어미가 절을 이루지 않는다면, 일반적인 전성 어미와 비교했을 때 어떠한 기능만을 지니는지 생각해 본다. 그리고 이러한 기능은 파생과 활용 중 무엇과 더 가까운 것인지 고민해 본다.

9. (가) (2)의 관형절은 모두 동격 관형절이고 (2-1)은 '짧은 동격 관형절'이고 (2-2) '긴 동격 관형절'이다. (1)의 '것' 명사절과 (2)의 관형절 구성의 유사성에 주목한다.
(나) '는 것' 명사절과 '다는 것' 명사절이 교체되는 경우에는 짧은 동격절과 긴 동격절이 교체되고 '는 것' 명사절과 '다는 것' 명사절이 교체되지 않는 경우에는 짧은 동격절과 긴 동격절이 교체되지 않는다.
(다) (2)와 (3-2)의 예를 고려한다면, (1)과 (3)의 '것'이 무엇을 지시하는지 생각해 본다.
(라) (나)와 (다)에서 올바른 답변을 도출했다면 이러한 사실들은 '것' 명사절이 '동격 관형절+것' 구성과 크게 다르지 않다는 근거가 된다.
(마) 합리적 설명이 불가능하다면 명사절이 사용되어야 하는 환경 일부에서는 '음'이 명사절 형성 기능을 담당하고 있고 명사절이 사용되어야 하는 환경 일부에서는 '것'이 명사절 형성 기능을 담당하고 있는 것으로 볼 수 있다. 즉, 명사형 어미가 명사절이 사용되어야 하는 모든 환경을 포괄하지 못한다는 것이다.

10. (가) 본문에서 '다는'은 동격 관형절을 형성하는 어미로 기술되어 있다. 그러나 (1)의 밑줄 친 관형절에는 관형절이 수식하는 성분이 빠져 있다.
(다) '다시는'은 '다고 하시는'이 축약된 것이고 '다던'은 '다고 하던'이 축약된 것이다. 따라서 '다시는', '다던'이 가능한 '다는' 관형절은 '다고 하는'이 줄어들어 형성된 것으로 볼 수 있고 '다시는', '다던'이 불가능한 '다는' 관형절은 '다고 하는'이 축약된 것이 아닌, '다는'이라는 별도의 관형사형 어미를 통해 형성된 것으로 볼 수 있다.

11. (나) 부사어는 격 조사나 그 의미에 따라 관계화 가능성이 달라질 수 있다.
(라) (3-3)이 (3-1)의 뜻으로 해석된다면 (3-3)은 이중 주어문의 주어가 관계화된 결과일 것이고, (3-3)이 (3-2)의 뜻으로 해석된다면 (3-3)은 관형어가 관계화된 결과일 것이다.

12. (가) 일반적으로 조사는 활용을 하지 못한다는 점을 감안한다. 또한 '하며', '하는' 등으로 활용이 가능하다면 이때 '하고'는 어떠한 성격을 지니는 것인지에 대해서도 생각해 본다.
(나) (3)의 '하고'는 '말하고'의 의미를 지닌다. 즉, (3)에서 '하고'는 서술어로서 기능을 하므로 생략이 불가능한 것이다. 그러나 (2)의 '하고'는 생략이 가능한데, 이는 (2)의 '하고'가 지닌 어떠한 성격을 보여 주는 것인지 생각해 본다.
(다) 인용의 '하고'는 발화 동사 '하다'의 활용형에서 문법화(실질 형태소가 문법 형태소로 변화)한 것이다. 문법화를 겪은 요소는 문법화 정도에 따라 이전 시기의 특성이 공시적으로 나타나기도 한다.

13. (가) 제시된 문장만을 그대로 적용하지 말고 (1)에서 제시한 주어의 문법적 특성에 적용시킬 수 있게 적절히 변형할 필요가 있다. 예컨대 (2-1)의 문장을 그대로 활용하면 '손자' 자체가 높임의 대상이 되지 않으므로 ②의 성분이 '-(으)시'와의 호응이 불가능하지만 "우리는 아버지가 집안일을 한다."와 같은 문장을 활용하면 ②의 성분이 '-(으)시'와의 호응이 가능해지므로 ②의 성분은 (1-3)을 만족하는 결과를 얻을 수 있다.
(다) 서술절을 안은 문장은 [주어 [서술절 주어서술어]]의 문장 구조를 지닌다.

14. (가) (1-1)과 (1-2)의 '-(으)면서'를 역접의 '-지만'으로 교체해 보고 이러한 교체가 성립 가능한지 생각해 본다.
(다) 동시에 일어나는 두 사건은 사건의 선후 관계가 바뀌어도 그 명제 의미에 있어서는 큰 차이가 나타나지 않는다. 다만 '-면서'에 선행하는 절과 후행하는 절 중에 어떠한 절의 사태가 더 부각되는지를 고려한다.

15. (가) (2-3)의 문장은 선행절의 자리 옮김이 불가능하고 '선행절-연결 어미 후행절-연결 어미 하다' 구성으로 치환이 불가능하다. 이러한 사실은 (2-3)이 종속 접속문이라는 근거가 된다.
(나) (3-1)의 문장을 (1)에 적용했을 때 종속 접속문과 다른 특성이 나타나는지 주목한다.
(다) 전통적으로 (3-1)은 부사절을 안은 문장으로, (3-2)는 선행절이 후행절에 종속적으로 이어진 문장으로 처리되어 왔다. (3-1)의 문장은 선행절이 부정의 범위에 들어와 '얼굴이 빨개지지 않을 정도로만 술을 먹었다'로 해석된다. (3-1)과 (3-2)가 부정의 범위에서 차이를 보인다면 두 문장의 문법적 특성이 다르다는 것을 뜻한다.

16. (가) (1-2)의 통사 구조는 후행절의 선어말 어미가 선행절까지 작용함을 표상한 것이다. 즉, '지수는 집에 가고 종수는 학교에 가' 전체에 선어말 어미 '-았', '-겠'이 결합한 것으로 분석한 것이다. 그런데 (1-3)의 자료를 보면 선행절에도 선어말 어미가 독립적으로 실현될 수 있다. 그렇다면 (1-1)은 선행절에 '-았'과 '-겠'이 실현되었지만 후행절과 동일한 선어말 어미가 나타났기 때문에 생략되었다고 볼 수도 있다(이른바 '접속 삭감'). 이러한 관점으로 본다면 (1-1)의 통사 구조를 어떻게 표상할 수 있는지 생각해 본다.
(나) (2-2)의 통사 구조는 후행절의 어말 어미가 선행절까지 작용함을 표상한 것이다. 즉, '지수는 집에 갔지만 우리는 여기에 남' 전체에 어말 어미 '-자'가 결합한 것으로 분석한 것이다. 그런데 (2-3)의 자료를 보면 (2-1)은 선행절과 후행절이 나타내는 화행 의미가 서로 독립적이다. 이러한 사실을 반영한다면 (2-1)의 통사 구조를 어떻게 표상할 수 있는지 생각해 본다.

10장 시제와 동작상, 양태

■ 연습 문제

1. 시제는 문법 범주임에 유의한다. 따라서 그 문법 형태소가 시제를 판별하는 가장 중요한 기준이 된다. 예컨대, (3)은 미래의 사건에 대해 기술하고 있지만 '-ㄴ-'이라는 현재 시제 형태소가 쓰였기 때문에 이 문장은 현재 시제 문장이다. 이러한 점을 염두에 두고 현재 시제, 과거 시제, 미래 시제를 표현하기 위한 선어말 어미나 우언적 구성을 찾아 본다.

2. 절대 시제 해석과 상대 시제 해석이 모두 적용되는 예가 있음에 유의한다. 가령, (3)에 절대 시제 해석이 적용되면 '지금 현재 시점으로 다 읽은 책이라도 다시 읽겠다'로 해석되고 상대 시제 해석이 적용되면 '지금 다 읽지 않은 책이라도 미래의 어느 시점에 다 읽은 책이라면 그 책을 다시 읽겠다'로 해석된다. 단 모든 관형절이 상대 시제 해석이 가능한 것이 아니라는 점을 감안한다.

3. 기본적으로는 동작상을 완망상과 비완망상으로 나누고, 더 구체적으로 완망상과 비완망상의 하위 유형을 기술하여 본다.

4. 기본적으로는 양태를 명제 양태와 사건 양태로 나누고, 더 구체적으로 명제 양태와 사건 양태의 하위 유형을 기술하여 본다.

■ 탐구 문제

1. (다) 계열 관계를 이루는 형태소는 서로 대립되는 기능을 가진다. '-느'와 대립되는 형태소의 기능을 바탕으로 '-느-'가 현재 시제의 기능을 지니는지 생각해 본다. 또한 '-느-'가 과거 시제 '-었'이나 미래 시제 '-겠'과 통합이 가능하다면 이때의 '-느-'가 현재 시제를 나타내는 것인지도 생각해 본다.

(라) '먹었느냐'와 '먹겠느냐'가 각각 '먹+었+느냐', '먹+겠+느냐'로 분석된다면 (1-1)에서 과거 시제 '-었', 미래 시제 '-겠'과 계열 관계를 이루는 현재 시제 형태소는 무엇일지 생각해 본다.

(마) (1)에서 분석된 '-느-'가 어떠한 형태소와 대립되는지, (라)에서 분석된 현재 시제 형태소가 어떠한 형태소와 대립되는지를 따져 본다. 한편, '-더-'는 '과거 인식' 혹은 '인식시 과거'를 드러내는 형태소라고 할 수 있다.

(바) 시제는 하나의 절에 하나만 표시되어야 한다는 점을 감안한다.

(사) '하+느+ㄴ데', '하+였+는데', '건강하+Ø+ㄴ데', '건강하+였+는데'

(아) 선어말 어미 '-었-'의 이형태로 '-었느-'를 설정할 수 있는지 생각해 본다. 선행하는 선어말 어미에 따라 연결 어미의 이형태가 교체된다고 볼 수도 있지만 반대로 후행하는 연결 어미에 따라 선어말 어미의 이형태가 교체된다고 볼 수도 있다.

(자) (3-1)에서 '-는'을 분석할 수도 있고 그러지 않을 수도 있다.

(카) '먹+Ø+는다', '건강하+Ø+다', '먹+었+다', '건강하+였+다'

(타) '-는'을 분석하지 않는다면 현대 국어의 현재 시제 형태소는 Ø로 통일된다. 한편, '-는'을 분석하지 않으면 분석하지 않은 '-는'이 종결 어미의 일부가 되는데, 이렇게 되면 종결 어미의 이형태 수가 많아지게 된다.

2. (가) 먼저 (2-1)의 Ø1이 (3-1)의 어떠한 형태소와 계열 관계를 이루는지 생각해 보고 이 형태소가 (1)의 자료에서 몇 번 위치에 있는 것인지 확인한다. 한편, (3-2)는 '하4ㅂ5나다', '하4ㅂ5다다', '하4오5라다'를 보인 것이고 (3-3)은 '하2었5라라'를 보인 것이다. 또한 1번, 3번, 4번 문법 범주는 반드시 실현되지 않아도 되는

요소이다.

(나) 두 종류의 Ø 형태소가 있다. 하나는 시제 형태소이고 다른 하나는 서법 형태소이다.

(다) (1)의 '-나', (2-1)의 Ø1, (2-2)의 Ø2의 기능이 동일한 것인지 따져 본다.

(라) (1)의 '-나', (2-1)의 Ø1, (2-2)의 Ø2가 적극적 기능을 담당하고 있는지에 대해 생각해 본다. 아울러, '지수는 밥을 먹습니다'의 '습니다'와 '지수는 밥을 먹습디다'의 '습디다'를 비교해 '-나'와 '-다'를 분석해 낼 수 있는가에 대해 생각해 본다. 분석된다고 하더라도 분석되어 나온 '습'의 기능이 상이할 수밖에 없을 것인데, 그 이유가 무엇인지 고민해 본다.

3. (가) 과거 시간을 나타내는 '어제', '방금 전에' 등을 넣어 문장이 성립하는지 따져 본다.

(나) 동작상은 사태가 일어난 시점을 나타내는 것이 아니므로 시제 표현과의 공기에 있어 제약이 없다. 또한 기원적으로는 '-았'이 중세 국어의 결과 상태상을 표현하는 '-어 앗'이라는 우언적 구성에서 비롯하였다는 점을 감안한다.

(다) 과거의 사태는 그 사태가 완료됨을 함축하는 경우가 많다. 또한 현대 국어의 '-았'은 중세 국어에서 완료상을 나타내던 '-어 앗'에서 발달한 것이다. 또한 형용사의 시제는 어떻게 표시되는지를 고려한다.

(라) '-았'이 과거 사태를 나타내는 것으로 해석하면 문장이 성립하지 않는지 따져 본다.

(마) 과거의 상태는 현재에도 여전히 참인 경우가 일반적이다.

(바) (1-1)에서 '-았'이 어떠한 기능을 했는지 생각해 본다.

(사) (3-4)의 예를 고려해 본다. 또한 각각의 단어가 복합어라고 할 때, 이 핵어들의 품사가 무엇인지를 고려해 본다.

(아) '너는 10년이 지나도 참 잘 생겼을 것이다'가 성립 가능하다면 이때 '-았'은 시제보다는

상을 나타내는 것이라고 볼 가능성이 크다. 이러한 '-았'이 나타나는 예가 일반적이지 않다면 이를 바탕으로 '-았'이 과거 시제 형태소가 아니라고 할 수 있을지 생각해 본다. 어떠한 형태소가 지닌 기능을 따진다면 무엇을 근거로 할 것인지 고민해 본다.

(자), (차) (4-1), (4-2), (4-3)은 모두 미래 사태를 나타낸다. 다만 (4-1)은 과거 시제 형태소로, (4-2)는 현재 시제 형태소로, (4-3)은 미래 시제 표현으로 미래 사태를 나타냈다는 차이가 있다. 과거 사태는 이미 일어난 사태이다. 아직 일어나지 않은 미래 사태를 이미 일어난 사태인 것처럼 표현하면 어떠한 의미가 함축되는지 생각해 본다.

(카) (5-1)의 발화 상황을 고려해 아직 일어나지 않은 사태를 이미 일어난 사태인 것처럼 표현하는 이유에 대해 생각해 본다.

4. (가) 과거의 과거(대과거), 더 먼 과거, 단절 과거.

(나) '-았'을 반복하여 시간적 거리감을 강조하고 있다.

(다) (1-3)의 문장 뒤에 '지금도 나는 공부를 열심히 하고 있다', '연희는 지금도 귀엽다'가 이어지는 것이 가능한지 생각해 본다.

(라) 의미는 취소될 수 없지만 함축은 취소될 수 있다. 만약 단절 과거의 의미가 취소되지 않는다면 이는 '-었었'이 지닌 의미의 일부라고 볼 근거가 된다.

(마) 관형절에서 '-었던'이 나타내는 의미와 주절에서 '-었었'이 나타내는 의미를 비교해 본다. 또한 (4) 뒤에 '지금도 그 숙소에서 머물고 있어'가 이어질 수 있는지 생각해 본다.

(바) 의미는 취소될 수 없지만 함축은 취소될 수 있다. 만약 단절 과거의 의미가 취소되지 않는다면 이는 '-었던'이 지닌 의미의 일부라고 볼 근거가 된다.

5. (가) 관형절에 실현된 선어말 어미를 모두 분석한다. 그리고 영형태소가 시제를 표현하는 경우가 있으며 동일한 시제라도 동사나 형용사 등 품사에 따라 그 형태소가 달라질 수 있다. (나) 관형사형 어미가 담당하는 서법 기능에 대해 생각해 본다. 또한 주절의 시제는 선어말 어미로 표시된다는 점을 고려한다. (다) '(으)ㄹ'이 담당하는 서법 기능과 미래 시제의 공통성에 대해 생각해 본다. 주절에서의 미래 시제는 '-겠'과 '-을 것이다'가 담당한다. 이들은 '추측'이나 '의도'의 양태와 미래 시제의 기능을 모두 지닌다. 또한 주절의 미래 시제가 표현되는 방식이 주절의 과거/현재 시제 표시 방법과 어느 정도 같고 다른지를 고려한다. (라) '완료', '종결' 등의 상황에서는 '-은'이 쓰이고 '미완료', '반복', '습관' 등의 상황에서는 '-던'이 쓰인다. 한편, 주절에서의 '-더'는 일인칭 주어 제약이 있어 특수한 맥락이 주어지지 않는다면 '내가 책을 읽더라'와 같은 표현이 불가능하다.

6. (나), (다) '-더'가 일인칭 주어 제약을 지니지 않을 뿐만 아니라 '-었다' 전체가 과거 시제 '-었-'의 기능을 담당하고 있다면 '-었더'를 '-었+더'로 분석할 수 있을지 고민해 본다. (마) 제시된 문법적 특성을 고려한다면 '-었+더-'로 분석할 수 있을지 따져 본다. (바) 의미적 차이가 발견되지 않을 수도 있다. '-더'는 중세 국어에서 과거 시제를 표시하는 형태소였고 '-었'은 새롭게 발달한 과거 시제 형태소이다. 즉, 새로운 과거 시제 표지 '-었'이 발달함에 따라 '-더'는 시제 표지로서의 기능이 사라지고 과거 인식의 양태 표지로 발달하게 되었다. 이러한 역사적 발달 과정을 고려하여 답변을 생각해 본다. (아) (4-1)과 (4-2)의 선행절은 모두 양보의 의미를 나타내지만 (4-1)의 선행절은 실제로 실현되지 않은 사태를 나타내고 (4-2)의 선행절은 실제로 실현된 사태를 나타낸다. (자) (사), (아)의 답변을 바탕으로 한다면 '-더라도'에서 '-더'를 분석하는 것이 타당한지부터 먼저 생각해 본다.

7. (가) 하나의 문장에 현재 시제와 과거 시제, 과거 시제와 미래 시제가 동시에 쓰일 수 없다는 점을 고려한다. 예컨대 '-더'가 과거 시제를 나타낸다면 과거 시제 '-었'이나 미래 시제 '-겠'과 공기하기 어려울 것이다. (나) (1-1)의 예는 인식시 과거이며 사건시는 인식시 과거를 기준으로 현재가 된다. (다) '-더'는 인식시 과거, '-네'는 인식시 현재를 나타낸다. (라) '-더'와 '-네'만을 고려하면 인식시의 시제 체계를 기술하는 데 큰 어려움이 없다. 그러나 (3)의 문장은 모두 인식시 현재를 나타내지만 이때 인식시 현재를 나타내는 형태소가 무엇인지 명확하지 않다.

8. (가) (1-1)이 (1-3)처럼 해석된다면 선행절에 현재 시제 형태소가 독립적으로 실현되었다고 보아야 한다. 그런데 그 구체적 형태를 확인할 수 없다. 이러한 경우에는 어떠한 형태소가 실현되었다고 보아야 하는지 생각해 본다. 그리고 비교적 최근에 종결 어미의 용법을 획득한 종결 어미들에서 현재 시제를 나타내는 형태소가 무엇인지 고려한다. (나) 상대 시제 해석이 적용되었다고 본다면 (1-1)의 선행절은 후행절의 사건시(과거)를 기준으로 현재 시제이므로 현재 시제 형태소가 실현되었다고 보아야 한다. 그런데 그 구체적 형태를 확인할 수 없다. 이러한 경우에는 어떠한 형태소가 실현되었다고 보아야 하는지 생각해 본다. (다) (2-1)과 (2-2)가 어떠한 의미 차이가 있는지에 대해서는 정해진 답이 없다. 다만 (2-1)과 (2-

2)가 의미 차이가 존재한다면 (2-1)은 (2-2)에서 과거 시제 '-었'이 생략된 결과가 아닐 것이다.

9. (다) (가)의 용법으로 (3)의 예를 설명할 수는 없다.
(라) 가령, (3-3)의 '배고파 죽겠네'는 '배고파 죽게 되었네'의 의미를 지니고 (3-4)의 '처음 뵙겠습니다'는 '처음 뵙게 되었습니다'의 의미를 지닌다.
(마) '네, 알겠습니다'는 '네, (이제) 알게 되었습니다'의 의미를 지닌다.

10. (가) 발화 현장에서 직접 지각한 정보를 바탕으로 추측을 하는가 이미 알고 있는(내면화된) 정보를 바탕으로 추측을 하는가의 차이가 있다.
(나) 이미 알고 있는 정보를 바탕으로 추측을 하고 있다.
(다), (라) 화자의 '의지'가 '약속(commissive)' 화행을 나타내는가 그렇지 않은가를 생각해 보고 어떠한 환경에서 '-을 것이다'가 쓰일 수 없는지 따져 본다.
(마) "물병 좀 주시겠어요?"는 청자의 의지를 물어 봄으로써 '물병을 좀 달라'는 요청 화행의 의미를 나타낸다. 이러한 환경에서 '-겠'은 가능하고 '-을 것이다'가 불가능하다면 '-겠'은 청자의 의도를 묻는 것이라면 '-을 것이다'는 청자의 의도가 성립할 것인가를 묻는 것이라는 차이가 있다고 볼 수 있다. 예컨대, "저기 물병 주실 거예요?"라고 물어보면 청자의 의도를 물어보기보다는 청자의 의도 성립 여부를 물어보는 것이라고 할 수 있는데, 이로 인해 요청 화행의 맥락에서는 '-을 것이다'는 성립하기 어렵다.

11. (가) "네 이름이 뭐지?"는 이미 알고 있는데 다시 확인하는 차원에서 질문하는 것이라면 "네 이름이 뭐야?"는 이름을 몰라서 질문하는 것이다. 그렇다면 (1)과 같은 상황에서 어떻게 질문을 하는 것이 질문을 듣는 청자 입장에서 덜 서운할지 생각해 본다.
(나) 청자가 답을 알고 있을 것이라고 가정하고 질문을 하는 것과 청자가 답을 모를 것이라고 가정하고 질문을 하는 것이 어떠한 차이가 있는지 생각해 본다.
(다) 양립 불가능한 두 선택항이 화자의 지식 체계에 모두 내면화될 수 있는지 생각해 본다.
(라) (4-1B)는 문장 전체가 초점, 즉 신정보인 문장이다. 따라서 화·청자 기지(旣知) 가정을 나타내는 '-지'가 쓰일 수 없다. 그런데 (4-2B), (4-3), (4-4B)에서는 '-지'가 결합한 문장이 신정보를 나타낸다. 그렇다면 '-지'는 화·청자 기지(旣知) 가정을 나타낸다고 보기 어려울 것이다. (4-2B), (4-3), (4-4B)에서 '-지'는 '당연'의 의미를 나타내는 듯한데, 이러한 의미가 화·청자 기지(旣知) 가정의 의미로 확장될 수 있는지 생각해 본다.
(마) (5-1), (5-2), (5-3)은 각각 '요청', '제안', '기원' 화행으로 해석된다. 이러한 화행 의미가 화·청자 기지(旣知) 가정이나 '당연'의 의미로 설명될 수 있을지 의문이다. '-지'는 평서문, 의문문, 청유문, 명령문으로 모두 쓰일 수 있다. 이와 같이 '-지'가 다양한 문장 유형으로 쓰일 수 있다는 사실을 바탕으로 (5-1), (5-2), (5-3)의 화행 의미를 설명하는 것이 더 설득력이 있을 것이다. 이에 대해 생각해 본다.
(바) (라)와 (마)의 답변을 바탕으로 한다면 '-지'의 의미를 어떻게 기술하는 것이 합리적일지 생각해 본다. 형태소의 핵심적 의미를 바탕으로 나머지 의미를 모두 설명하는 방식이 과연 얼마나 합리적일지 고민해 본다.

12. (가) 제시된 문장을 바탕으로 화자가 어떠한 방식으로 새로운 정보를 알게 되었는지를 따져 본다. 예컨대, (1-4)에서 '국이 짜다'라는 정보를

화자는 어떻게 알게 된 것인지 생각해 본다.
(나) 감각을 통해 직접적으로 얻은 정보이냐 감각을 통해 얻은 정보를 바탕으로 일정한 추론을 거쳐 알게 된 정보이냐를 생각해 본다. 가령, 친구가 냄비를 만지고 고통스러워하는 것을 본 것은 감각을 통해 알게 된 정보이지만 그 냄비가 뜨겁다는 것을 알게 된 것은 화자가 냄비를 만져보고 얻은 정보가 아니라 일정한 추론을 거쳐 알게 된 정보이다.
(다) '책상에 가방이 없는 것'을 보고 "집에 갔다."라고 말하는 것과 '집에 가는 것'을 직접 보고 "집에 갔다."라고 말하는 것에는 어떠한 차이가 있는지 생각해 본다. 한편, '-다'는 과거에 직접 지각한 정보를 나타낸다. 그럼에도 불구하고 '책상에 가방이 없는 것'을 보고 "연희가 집에 갔다라."를 사용할 수 있다. 이러한 사실을 고려하여 질문에 답을 해 본다.
(라) "운동을 하고 있겠다.", "내일 아침에 고생 좀 하겠다."는 새로운 정보임을 나타내지만 이러한 정보의 근거는 이미 내면화되어 있는 것으로 발화 현장에서 직접 지각한 정보를 나타내는 (1)과 다르다.
(마) (3)의 문장에는 '-겠'이 나타난다. '-겠'은 화자의 추측 근거가 발화 현장에서 직접 지각한 것임을 나타내는데 (3)의 문장은 이러한 '-겠'의 전형적 특성에서도 벗어난다. 따라서 이때 '-네'가 보이는 예외적 양상은 '-겠'의 예외적 양상과 동궤의 양상으로 볼 수 있다.

13. (가) '믿다', '느끼다'는 행위 동사가 아님에 유의한다. '늙다', '닮다'는 행위가 다 끝나야 의미가 성립하지만 그 행위가 순간적으로 이루어지는 것은 아니다. '죽다', '차다', '잡다', '발견하다'는 행위가 순간적으로 이루어진다.
(나) 가령, (4-2)는 복수의 동작주에 의해 복수의 사건이 일어남을 나타낸다.
(다) '달리다'는 행위 동사이고 '발견하다'는 순간 동사이다.
(라) 예컨대, '그는 달렸다'는 달리는 양이 일정하게 정해지지 않아 완성점이 없는 것이고 "그는 운동장 트랙을 한 바퀴 달렸다."는 달리는 양이 일정하게 정해져 완성점이 있는 것이다.
(마) 동사의 어휘상이 문장 내에 공기하는 성분에 따라 달라질 수 있다면 문장과 독립하여 동사의 어휘상을 살피는 것이 타당한지 생각해 본다.
(바) (6-2)의 '죽다'는 '오염되다'라는 의미를 지닌다. 따라서 이때의 '죽다'를 순간 동사로 보기는 어려울 것이다. (6-3)의 '죽고 있다'는 '죽어가다'의 의미를 나타낸다. 이때는 행위의 시작점과 끝점 중 어느 하나가 부각된다. 이를 고려하여 (6-3)의 예를 설명해 본다.

11장 높임법

■ 연습 문제

1. (1)에서 '밥'의 높임 표현인 '진지'가 목적어에 나타났지만 '진지'는 목적어뿐만 아니라 주어, 부사어, 서술어, 관형어에 모두 나타날 수 있다. 따라서 '진지를'은 객체 높임이 사용된 예로 보기 어렵다. 이러한 사실에 유의하도록 한다.

4. '우리말샘' 웹 검색 창 우측의 '자세히 찾기'를 눌러 '구분'란의 첫 번째 줄에는 '단어'만, 두 번째 줄에는 '일반어'만, 세 번째 줄에는 '전체'를 체크한다. 그 다음 '찾을 대상' 선택 칸에 '뜻풀이'를 선택하고 그 옆 선택 탄에는 '포함 문자'를 선택한 뒤 그 옆 검색란에는 '높임말'을 입력하여 찾기 버튼을 누른다. 이러한 절차대로 하면 제시된 어휘들의 높임 표현을 거의 모두 찾을 수 있을 것이다.

5. '우리말샘' 웹 검색 창 우측의 '자세히 찾기'를 눌러 '구분'란의 첫 번째 줄에는 '단어'만, 두 번째 줄에는 '일반어'만, 세 번째 줄에는 '전

체'를 체크한다. 그 다음 '찾을 대상' 선택 칸에 '뜻풀이'를 선택하고 그 옆 선택 탄에는 '포함 문자'를 선택한 뒤 그 옆 검색란에는 '겸손하게 이르는 말'을 입력하여 찾기 버튼을 누른다. 이러한 절차대로 하면 제시된 어휘들의 겸손 표현을 거의 모두 찾을 수 있을 것이다.

6. 『표준국어대사전』을 참고할 수도 있지만 인터넷을 검색하여 실제 용례가 어떠한지를 관찰하여 기술하는 것은 권장한다. 21세기 세종 계획에서 구축한 말뭉치를 활용할 줄 안다면 말뭉치 용례를 활용하는 것도 좋다. 다만, 말뭉치는 용례 확보가 어려운 경우도 있음에 유의한다.

7. 『표준국어대사전』을 참고할 수도 있지만 인터넷을 검색하여 실제 용례가 어떠한지를 관찰하여 기술하는 것은 권장한다. 21세기 세종 계획에서 구축한 말뭉치를 활용할 줄 안다면 말뭉치 용례를 활용하는 것도 좋다. 다만, 말뭉치는 그 크기에 따라 용례 확보가 어려운 경우도 있음에 유의한다.

■ 탐구 문제

1. (나) (1-1)과 (1-2)를 비교해 (1-1)이 어색하다면 '해라체'보다는 '해체'가 상대 높임법 등급이 더 높다는 것을 알 수 있다. 상위자인 '선배'에게 '해체'는 성립하지만 '해라체'는 성립하기 어렵기 때문이다.
(다) '해체'와 '해라체', '해요체'와 '하십시오체', '하오체'와 '해요체'의 상대 높임법 등급을 비교하면 6개의 상대 높임법 등급을 1원화하여 그 위계를 나타낼 수 있다.

2. (가) '청자'를 낮추는 것은 청자가 하위자임을 표시하는 [+청자 하위]를 통해서도 가능하지만 청자가 상위자가 아님을 표시하는 [-청자 상

위]를 통해서도 가능하다. 다만 [-청자 상위]는 청자가 상위자가 아님을 표시하는 것이므로 청자를 낮추되 그리 낮추지는 않는 것이 된다.
(라) (3-1)에서 화자와 청자는 서로 모르는 사이이다.
(마) (3-2)에서 청자는 적어도 화자보다 하위자는 아니다.
(바) (3-3)에서 화자와 청자는 서로 모르는 사이이다.

3. (다) '-(으)사'는 '하게체' 이상부터, '께서'는 적어도 '해요체' 이상부터 나타날 수 있다. '해라체'의 높임의 강도를 1로 설정하고 '하십시오체'의 높임의 강도를 6으로 설정한다면 '께서'와 '-(으)사'가 나타내는 높임의 강도를 수치화하여 비교 가능할 것이다.

4. (가) 예컨대, (1)의 예에서는 격식체인 '하오체'와 비격식체인 '해요체'가 서로 넘나들고 있다.
(나) 현대 국어에서 '하게체'와 '하오체'는 점점 쇠퇴하고 있다. 이러한 점에 유의하여 점점 세력을 잃어 가는 '하게체'와 '하오체'가 어떠한 상대 높임법으로 대신 쓰이고 있는지 생각해 본다. 뿐만 아니라 일상적인 대화에서 '하십시오체'와 '해라체'가 어떠한 상대 높임법으로 대신 쓰이는지도 생각해 본다.

5. (가) (1-1)과 (2-2)는 주체 높임법을 사용해야 하는 상황에서도 주체 높임법을 엄격하게 지키지 않고 (1-2)와 (2-1)은 주체 높임법을 사용해야 하는 상황에서 주체 높임법을 엄격하게 지키고 있다.
(나) (1-1), (2-2)와 (1-2), (2-1)의 청자가 어떻게 다른지 생각해 본다.
(다) 청자가 달라지면 주체 높임법의 사용 양상이 왜 달라지는지 생각해 본다.

(라) 우리 책에서 설정한 6가지 상황을 포함하면 이론상으로 20개의 상황이 설정 가능하다. 다만 '주어=화자=청자'인 경우는 혼잣말을 하는 경우이므로 이는 제외하도록 한다. 한편, (1-2) '주어 = 청자 > 화자'의 상황은 주어가 면전의 청자이므로 이를 깍듯하게 높여 주어야 하는 상황에서는 반드시 '께서'를 쓸 수밖에 없을 것이다. 또한 (1-1) '주어 > 화자 ≒ 청자' 상황은 주어가 화자보다 상위자이지만 청자가 화자 자신과 동등한 지위에 있으므로 엄격하게 주체 높임법을 사용하지 않는다고 해서 크게 비난을 받지 않을 것이다. 이러한 여러 가지 상황들을 고려하여 다양한 상황에서의 주체 높임법 사용 양상을 생각해 본다.

6. (다) '-사'와 '-습'은 각각 문장의 주체와 객체에 해당하는 지시체를 높이는 것이었으나 현대 국어에서 '-사'는 청자를 높이는 기능을 일부 하고 있고(이른바 '-사'의 과용 현상), '-습'은 아예 '습니다'와 같이 어말 어미에 융합되어 청자를 높이는 기능만을 한다.
(라) '께서'는 본래 출발점을 나타내는 부사격 조사 '에게서'의 높임 표현이었다.

7. (가) (1)은 "선생님께 이런 것도 여쭈어 봐도 되나요?"라고, (2)는 "사장님은 지금 회사에 안 계십니다."라고, (3)은 "질문이나 다른 의견이 있으신 분은…"이라고, (4)는 "선생님께서는 아직도 스마트폰이 없으십니까?"라고 쓰는 것이 옳을 것이다. 이에 대해서는 큰 논란이 없을 것이다. 다만 (5)는 압존법을 사용하여 "아버지가 제게 책을 선물해 주었어요."라고 하는 것이 옳다고 알려져 있으나 압존법을 사용하지 않는 것이 과연 잘못된 것이라고 할 수 있는지 생각해 볼 필요가 있을 것이다. 이와 유사한 성격의 논란은 (6)의 예에서도 발견된다.
(나), (다) 올바른 높임법의 사용은 문법 교육의

대상인지, 언어 예절 교육의 대상인지에 대해서 생각해 본다. 또한 언어 사용 양상이 잘잘못을 따질 수 있는 대상인지 고민해 본다. 언어는 늘 변화하는 것이고 언중들의 언어 사용 양상은 이러한 언어의 변화를 반영하는 것임에 유의한다. 또한 우리가 언어를 탐구하는 목표가 무엇인지에 대해서도 한번 생각해 본다.

12장 사동문과 피동문

■ 연습 문제

1. (가) (3) "어머니가 지수에게 새로 산 옷을 입혔다."
(나) (3) "어머니가 지수에게 새로 산 옷을 입게 했다.", "어머니가 지수가 새로 산 옷을 입게 했다.", "어머니가 지수를 새로 산 옷을 입게 했다."

2. (다) 가령, '우리말샘'에서 사동사 '먹이다'를 검색하면 주동사인 '먹다02'의 다의 항목 중 일부 의미만이 사동사의 다의 항목으로 나타난다.
(라) 예컨대, '우리말샘'에서 '먹이다'의 다의 항목인 '가축 따위를 기르다'는 주동사 '먹다'의 다의 항목에 대응되지 않는 것이다.

3. (가) (6) "용의자는 {경찰에게/경찰에 의해} 우선 구치소에 갇혔다." (9) "잔디가 {??아버지에게/아버지에 의해} 정원에 곱게 깔렸다."
(나) (15) "*많은 경험이 {지수에게/지수에 의해} 쌓였다."보다는 "지수는 많은 경험이 쌓였다."가 훨씬 더 자연스럽다.
(다) 피동사에 의해 피동문이 성립하는 경우는 대개 '-어지다'에 의한 피동문이 부자연스럽다. 당장에 (1)의 문장을 '도망가던 사람이 경찰에게 팔을 잡아졌다'로 바꾸어 봐도 쉽게 알 수 있다.
(라) '-어지다'에 의한 피동문이 주로 언제 쓰이

는지를 생각해 본다.

4. (다) 예컨대, '우리말샘'에서 피동사 '먹히다'를 검색하면 능동사인 '먹다02'의 다의 항목 중 일부 의미만이 피동사의 다의 항목으로 나타난다. (라) 가령, '우리말샘'에서 '먹히다'의 다의 항목인 '어떤 말이나 행위가 상대편에게 잘 받아들여지다'는 능동사 '먹다'의 다의 항목에 대응되지 않는 것이다.

■ 탐구 문제

1. (가) 사동주의 사태와 관련되는 것도 있고 피사동주의 사태와 관련되는 것도 있다.
(나) 사동주와 피사동주의 사태 중 어느 하나와만 관련된다.
(다) '-게 하다'에 의한 사동문에서는 (3)의 예와 같이 '-사'가 어디에 결합하느냐에 따라 사동주를 높이기도 하고 피사동주를 높이기도 한다. 이는 '-게 하다'에 의한 사동문의 주어가 둘임을 나타낸다. 이것이 의미하는 바가 무엇인지 생각해 본다.

2. (나) 두 개의 사태가 두 개의 절로 표현되는가, 하나의 절로 표현되는가의 차이가 있다.
(다) 두 개의 사태가 두 개의 절로 표현되는 것과 하나의 절로 표현되는 것 중 두 사태가 더 긴밀하게 결합되어 표현되는 것이 무엇인지 생각해 본다.
(라) '-게 하다'에 의한 사동은 간접 사동으로만 해석되고 사동사에 의한 사동은 간접 사동뿐만 아니라 직접 사동으로도 해석될 수 있다.
(마) 두 개의 사태를 하나의 절로 나타내는 것은 두 사태가 긴밀하게 결합되어 표현되는 것이므로 직접 사동을 나타낼 수 있지만 두 개의 사태를 두 개의 절로 나타내는 것은 두 사태를 별개로 나타내는 것이므로 간접 사동만을 나타낼 수 있다고 설명할 수 있다.

3. (가) (1)은 사동사에 의한 사동을 보인 것이고 (2)는 '-게 하다'에 의한 사동을 보인 것이다.
(다) '-게 하다'에 의한 사동은 간접 사동으로만 해석되고 사동사에 의한 사동은 간접 사동뿐만 아니라 직접 사동으로도 해석될 수 있다.
(라) 직접 사동은 사동주와 피사동주 간의 물리적 접촉을 함의하는 경우가 많지만 간접 사동은 그렇지 않다.
(마) 직접 사동은 그 인지적 거리가 짧을 뿐만 아니라 사동을 나타내는 문법적 수단의 길이도 짧다. 간접 사동은 그 인지적 거리가 길 뿐만 아니라 사동을 나타내는 문법적 수단의 길이도 길다. 즉, 사동주와 피사동주 간의 인지적 거리와 사동을 나타내는 문법적 수단의 길이가 일정한 관련이 있다고 설명할 수 있다.

4. (나) (2)는 피사동주에 대한 사동주의 '강요'를, (3)은 피사동주에 대한 사동주의 '약한 명령'이나 '권유'를, (4)는 피사동주에 대한 사동주의 '허락'을 나타내는 맥락이다. 각각의 맥락에서 피사동주의 격 표지 실현 양상이 어떠한지를 살펴본다.
(다) (1-1)은 피사동주가 '이/가'로 실현되어 내포절의 주어와 주절의 주어가 명확히 구분되는 복문 구조이다.
(라) 내포절의 주어와 주절의 주어가 명확히 구분되는 복문 구조라면 사동문이 나타내는 두 사태가 완전히 별개의 사태임을 나타낼 것이다. 그렇다면 이때 사동주가 피사동주에게 미치는 영향력이나 통제력이 어떠할지 생각해 본다.
(마) 어떠한 문장 성분이 목적어로 나타나느냐 부사어로 나타나느냐에 따라 타동성의 차이가 생기고 이는 그 대상에 대한 영향력의 차이로 이어진다.

5. (나) '수리공에 의해', '저절로'에 의해 문법성의 차이가 생김에 주목한다. '수리공에 의해'

는 동작주를 나타내는 것이고 '저절로'는 동작
주의 개입 없이 사태가 일어났음을 나타낸다.
(다) 전형적인 피동은 능동문의 목적어가 주어
로 승격되고 능동문의 주어가 부사어로 강등되
거나 사라지는 과정을 겪는다.
(라) '가능'과 '상태 변화'.
(마) "철수는 집에 올 수 있다."는 두 가지 의미
로 해석될 수 있다. 하나는 철수의 능력을 나타
내는 문장이고 다른 하나는 철수가 집에 올 가능
성을 나타내는 문장이다. '능력'은 사태의 실현
요인이 주어인 '철수' 내부에 있는 것이고 '가능
성'은 사태의 실현 요인이 주어인 '철수' 외부에
있는 것이다. 이를 고려한다면, (4-1)과 (5-1)에
서 '가능'의 의미가 성립하는 것은 어떠한 사태
가 동작주의 존재 여부와 크게 상관없이 일어나
는 것임을 나타내기 때문일 것이다. 이처럼 동작
주의 존재가 부각되지 않는 것은 (6)의 어떠한
특성과 관련되는지 생각해 본다.
(바) "방이 따뜻하다."는 동작주의 존재가 전제
될 수 없지만 "방이 따뜻해졌다."는 동작주의
존재가 전제될 수 있다. 이와 같이 동작주의 존
재가 전제되는 것은 (6)의 어떠한 특성과 관련되
는지 생각해 본다.
(사) (6)에서 제시한 모든 조건을 만족해야 피동
으로 볼 수 있는 것은 아니다. 전형성의 관점에
서 (6)의 조건 중 일부만을 만족하면 비전형적
피동으로 볼 수도 있다. 예컨대, (4-2)의 문장은
(6-2)와 (6-4)를 만족하는 비전형적 피동문이라
고 할 수 있을 것이다.

7. (가) (1)과 (2)의 밑줄 친 성분에 실현된 조사
에 주목한다. 한편, (1)과 (2)의 문장을 능동문으
로 바꾸면 "경찰이 도둑을 잡았다.", "나는 칠판
의 글씨를 잘 보았다."가 될 것이다.
(나) 표면적으로만 보면 (1)과 (2)의 밑줄 친 성
분은 능동문의 주어가 강등된 부사어이다. 따라
서 이들은 주어의 문법적 특성을 만족한다고

기대하기 어려울 것이다.
(다) 제시된 문장만을 그대로 적용하지 말고 (3)
에서 제시한 주어의 문법적 특성에 적용시킬
수 있게 적절히 변형할 필요가 있다. 예컨대 (2)
의 문장을 그대로 활용하면 '나'는 높임의 대상
이 되지 않으므로 '-(으)사'와의 호응이 불가능
하지만 "아버지에게는 칠판의 글씨가 잘 보이셨
다."와 같은 문장을 활용하면 '-(으)사'와의 호
응이 가능해지므로 (2)의 '나에게는'은 (3-2)를
잘 만족하는 결과를 얻을 수 있다.
(라) 주어의 문법적 특성을 만족한다면 해당 문
장 성분은 주어이다.
(마) (4)의 '에게' 성분은 심리, 지각 등을 경험하
는 경험주의 의미역을 지니고 (4)의 서술어는
심리, 지각 등을 나타내는 이른바 심리 술어이
다. 이러한 문장과 (2)가 어떠한 유사성을 지니
는지 생각해 본다.

8. (가) '자타 양용 동사'의 자동사 구문은 '자타
양용 동사'의 타동사 구문에서 자릿수가 한 자
리 줄어들고 동작주가 사라진 것이다.
(나) '자타 양용 동사'의 타동사 구문은 '자타
양용 동사'의 자동사 구문에서 자릿수가 한 자
리 늘어난 것이고 새로운 사태 참여자가 추가된
것이다.
(다) '자타 양용 동사'의 자동사 구문은 '자타
양용 동사'의 타동사 구문에서 자릿수가 한 자
리 줄어들고 동작주가 사라진 것이다.
(라) '피동', '사동', '반사동'은 모두 문법 형태
소든 우언적 구성이든 문법적 표지의 존재를
전제로 한다.

13장 부정문

■ 연습 문제

1. (다) 예컨대, (10)은 '안' 부정문이 형성되지
않는데 이는 '깨닫다'의 의미적 특성에 의한 것

으로 보인다. 이러한 의미적 특성으로 인해 '안' 부정문이 형성되지 않는 이유를 생각해 본다.

(라) 가령, (15)는 '못' 부정문이 형성되지 않는데, 이는 '들리다'의 의미적 특성에 의한 것으로 보인다. 이러한 의미적 특성으로 인해 '못' 부정문이 형성되지 않는 이유를 생각해 본다.

(마) '못' 부정문은 '능력 부정', '상황 부정', '불급 부정' 등 다양한 의미를 나타낸다.

(바) 'X하다' 형식의 동사는 짧은 부정문이 잘 형성되지 않고 'X 안 하다'의 형식으로 짧은 부정문이 형성되는 것이 일반적이다. 예컨대, (19)의 '다운로드했다'는 '안 다운로드했다'가 어색하고 '다운로드 안 했다'가 자연스럽다.

3. "그런 일이 일어나기란 도무지 불가능하다.", "저로서는 전혀 뜻밖의 일입니다." 등이 부정 극어가 긍정문에서 사용된 대표적인 예이다.

4. 가령, (1)의 문장은 부정의 범위에 따라 '아버지', '지수', '며느리', '삼다'가 각각 부정될 수 있다. 만약 '아버지'가 부정의 범위에 든다면, '누군가가 지수를 며느리로 삼았는데, 그 누군가가 아버지는 아니다'로 해석된다. 일상 구어에서는 '아버지'가 부정의 범위에 든다는 것을 명확하게 해 주기 위해서 '아버지가'에 운율적 돋들림을 주어 발음할 것이다. 한편, (3)의 문장은 부정의 범위에 따라 '손님들', '다', '오다'가 각각 부정될 수 있는데 만약 '다'가 부정의 범위에 들면, '손님이 오긴 왔는데 일부만 왔다'로 해석된다. 이때 '다'가 부정의 범위에 든다는 것을 명확하게 해 주기 위해서는 보조사 '은/는'을 이용하여 "손님들이 다 오지는 않았다.", "손님들이 다는 오지 않았다."와 같이 표현하는 것이 일반적이다.

■ 탐구 문제

1. (가) (2-1)의 '견디다', (2-2)의 '알다'는 주어의 의도가 개입될 수 없는 행위를 나타낸다.

(나) '목적'이나 '의도'의 '-기 위해', '-려면'과 '희망'의 '-고 싶다'는 주어의 의도를 나타내는 표현이다.

(다) (3-2)는 일반적인 긍정 평서문이다. 이러한 문장도 의도를 나타낸다고 보아야 한다면 맥락에 따라 의도의 범위에 들어가지 않는 것이 없을 것이다.

(라) 학생은 선생님의 '안' 부정을 의도 부정으로 해석하였지만 일부러 안 온 것이든 아파서 못 온 것이든 이를 '안' 부정으로 표현하더라도 선생님은 거짓말을 한 것이 아니다.

2. (다) (4-1)은 긍정적 의미를 지니고 (4-2)는 부정적 의미를 지닌다. 어떠한 상태가 기대에 미치지 못함을 나타낸다면 그 상태는 긍정적인 의미를 지녀야 할지 부정적인 의미를 지녀야 할지 생각해 본다.

(라) (4-3)의 형용사는 심리 상태를 나타내는 심리 형용사이다. 경험주가 겪는 심리 상태에 대한 기대치가 성립할 수 있는지에 대해 생각해 본다.

(사) 부정 극어와의 호응이 가능해야 부정문으로 볼 수 있다. 한편, (5-2)에서는 부정소가 합성어의 구성 요소로 존재한다. 이는 '비합리적이다'가 부정의 접두사 '비'를 포함하고 있음에도 '*전혀 비합리적이다'와 같이 부정 극어와 호응하지 않는다는 사실과 비교해 볼 수 있다.

(아) '열등'을 나타내는 '못'이 쓰인 문장이 부정 극어와 호응을 한다면 이는 부정문으로 인정될 수 있다.

3. (가) (1-1), (1-2), (1-3)의 밑줄 친 문장은 각각 주체 높임의 '-사', 현재 시제, 추측의 '-겠'을 부정하는 예이다. 이것이 성립 가능한지 생각해 본다.

(나) 부정은 어떠한 명제에 반대되는 명제를 도출하는 것이다. 즉, 부정의 대상이 되는 것은

명제의 일부이다. 따라서 "아버지가 회사에 가셨겠다."라는 문장에서 명제를 이루는 부분이 무엇인지 생각해 본다.

(다) 적어도 (2-3)과 (2-4)는 성립하지 않는 듯하다.

(라) 우언적 구성의 종류에 따라 그것이 나타내는 의미가 명제 의미의 일부냐 그렇지 않느냐의 차이가 있을 것이다. 예컨대 (2-3) '추측'의 '-을 것 같다', (2-4) '가능성'의 '-을 수 있다'는 명제 의미의 일부가 아니므로 부정의 범위에 들지 않고 이로 인해 (2-3), (2-4)의 B가 성립하기 어려운 것으로 이해된다.

(마) (3-1)은 후행절만 부정의 범위에 드는 예이고 (3-3)은 선행절과 후행절이 모두 부정의 범위에 포함될 수 있는 예이다.

(바) 선행절이 후행절로부터 독립되어 있어 후행절의 부정소가 선행절까지 영향을 미치지 못하는 경우에는 후행절만 부정의 범위에 들 것이다. 그리고 이는 접속문의 통사 구조와 관련이 있을 것이다.

(아) 예컨대, (3-3)은 긴 부정문일 때에는 선행절과 후행절이 모두 부정의 범위에 들 수 있었는데 짧은 부정문일 때에는 후행절만 부정의 범위에 들 수 있다. 이는 부정의 보조 용언 '-지 않다'와 부정 부사 '안'이 결합하는 단위가 다르기 때문이다. 그 차이에 대해서 생각해 본다.

(자) 기존 연구에서는 관형절은 전제되는 내용을 나타내므로 부정의 범위에 포함되지 않는다고 하였다. 그러나 "지수는 얼굴이 잘생긴 청년이 다가오기를 바랐다. 그러나 얼굴이 잘생긴 청년이 지수에게 다가오지 않았다."와 같은 맥락을 고려해 보면 관형절도 부정의 범위에 포함된다고 볼 수밖에 없을 것이다.

(차) 전제되는 것은 부정의 범위에 들지 않는다. '사실', '소문'은 전제 유발자로서 이들이 취하는 동격 관형절은 늘 사실로 전제되는 것임을 나타낸다.

4. (가) 부정 극어와의 호응은 부정문을 판별하는 가장 대표적인 기준이다. 그런데 (1)에서 제시된 '싫다', '어렵다', '힘들다', '-기 전에' 구성, 수사 의문문이 부정문을 형성한다고 볼 수 있을지 명확하지 않다. 특히, '-기 전에' 구성, 수사 의문문은 대응되는 긍정문을 상정하기도 어렵다.

(나) 예컨대, (1-1)의 '싫다'는 [NOT 좋다] 혹은 [NOT 싶다] 정도로, (1-2)의 '어렵다'는 [NOT 쉽다] 정도로 도식화할 수 있을 것이다.

(마) '허둥대다', '금물'에 주목해 본다. 『표준국어대사전』을 이용하여 이들의 뜻풀이를 찾아보고 그 뜻풀이 내에서 부정의 의미로 해석될 만한 것이 있는지 생각해 본다.

(바) 부정 극어와 부정문의 호응은 통사적 현상인지 의미적 현상인지를 생각해 보고 의미적 현상이라면 부정 극어가 부정의 접두사와는 왜 호응을 하지 않는지, 통사적 현상이라면 자료에 제시한 예들이 왜 존재하는지 논의해 본다. 생각의 한계를 두지 말고 자유롭게 논의해 본다.

5. (가) (2)의 '-을까'는 화자 자신의 행위에 대한 청자의 허락이나 의도를 묻는 것이다. 화자 자신의 행위에 대해 청자의 허락이나 의도를 묻는 것은 자신이 행위를 수행하기 위해 청자에게 협력을 구하는 행위로 볼 수 있다.

(나) (3)의 연결 어미 '-을지니'와 우언적 구성 '-어야 하다'는 '당위'나 '의무'를 나타낸다. 명령은 화자에게 일정한 의무를 부여하는 행위이다.

(다) (4)는 모두 '기원'이나 '바람'을 나타낸다. 명령문은 기본적으로 실세계에 실현되지 않은 사태가 일어나기를 바라는 것이다.

저자 소개

남기심(南基心)(ksnam@yonsei.ac.kr)
연세대학교 문과대학 국어국문학과와 같은 대학원 마침(문학박사).
연세대학교 문과대학 국어국문학과 교수 지냄. 전 국립국어원장
주요 업적
『국어완형보문법 연구』(1973), 『국어문법의 시제문제에 관한 연구』(1978), 『언어학 개론』(공저)(1977), 『국어의 통사 의미론』(공편)(1983), 『국어 조사의 용법』(1993), 『국어 문법의 탐구 Ⅰ Ⅱ Ⅲ』(1996), 『현대국어 통사론』(2001), 『왜 다시 품사론인가』(공저)(2006)

고영근(高永根)(komorph@hanmail.net)
서울대학교 문리과대학 국어국문학과와 같은 대학원 마침(문학박사).
서울대학교 인문대학 국어국문학과 교수 지냄. 현재 같은 대학교 명예교수
주요 업적
『중세국어의 시상과 서법』(1981/2011 제4판), 『국어형태론연구』(1989/1999 증보판), 『역대한국문법의 통합적 연구』(2001), 『한국어의 시제 서법 동작상』(2004/2007 보정판), 『표준 중세국어문법론』(1987/2010 제3판), 『우리말 문법, 그 총체적 모습』(2018), 『한국어와 언어 유형론』(2018), 『우리말 문법론』(공저)(2008/2018 개정판)

유현경(劉賢敬)(yoo@yonsei.ac.kr)
연세대학교 문과대학 국어국문학과와 같은 대학원 마침(문학박사).
현재 연세대학교 문과대학 국어국문학과 교수
주요 업적
『국어 형용사 연구』(1998), 『왜 다시 품사론인가』(공저)(2006), 『한국어 사전편찬학개론』(공저)(2006), 『한국어의 문법 단위』(공저)(2015), 『우리말 연구의 첫걸음』(공저)(2015), 『형태 중심 한국어 통사론』(2017), 『한국어 표준 문법』(공저)(2018)

최형용(崔炯龍)(chy@ewha.ac.kr)
서울대학교 인문대학 국어국문학과와 같은 대학원 마침(문학박사).
현재 이화여자대학교 인문대학 국어국문학과 교수
주요 업적
『국어 단어의 형태와 통사』(2003), 『주시경 국어문법의 교감과 현대화』(공저)(2010), 『한국어 형태론의 유형론』(2013), 『한국어 연구와 유추』(공저)(2015), 『한국어 형태론』(2016), 『한국어 분류사 연구』(공저)(2017), 『한국어 의미 관계 형태론』(2018)

전면개정판
표준 국어문법론

초 판 발행	1985년 9월 30일
개 정 판 발행	1993년 8월 14일
3 판 발행	2011년 2월 28일
4 판 발행	2014년 2월 24일
전면개정판 1쇄	2019년 2월 25일
전면개정판 2쇄	2019년 3월 22일
전면개정판 3쇄	2019년 7월 22일
전면개정판 4쇄	2019년 8월 23일
전면개정판 5쇄	2020년 1월 30일
전면개정판 6쇄	2021년 7월 10일
전면개정판 7쇄	2022년 2월 28일
전면개정판 8쇄	2023년 2월 28일
전면개정판 9쇄	2024년 2월 28일

지 은 이 | 남기심·고영근·유현경·최형용
펴 낸 이 | 김진수
펴 낸 곳 | 한국문화사
등 록 | 제1994-9호
주 소 | 서울시 성동구 아차산로49, 404호(성수동1가, 서울숲코오롱디지털타워3차)
전 화 | 02-464-7708
팩 스 | 02-499-0846
이 메 일 | hkm7708@daum.net
홈페이지 | http://hph.co.kr

ISBN 978-89-6817-723-1 93710

오류를 발견하셨다면 이메일이나 홈페이지를 통해 제보해주세요.
소중한 의견을 모아 더 좋은 책을 만들겠습니다.